Nachmansohn · Schmid
Die große Ära der Wissenschaft in Deutschland 1900 bis 1933

Die große Ära der Wissenschaft in Deutschland 1900 bis 1933

Jüdische und nichtjüdische Pioniere in der Atomphysik, Chemie und Biochemie

Von
Professor Dr. David Nachmansohn,
New York

Aus dem Englischen überarbeitet und erweitert
von Professor Dr. Roswitha Schmid, München

Mit 62 Abbildungen und Personenverzeichnis

WVG

Wissenschaftliche Verlagsgesellschaft mbH Stuttgart 1988

Titel der englischen Originalausgabe:
„German-Jewish Pioneers in Science 1900—1933
Highlights in Atomic Physics, Chemistry, and Biochemistry“
by David Nachmansohn

Aus dem Englischen überarbeitet und erweitert von Prof. Dr. Roswitha Schmid, München

CIP-Titelaufnahme der Deutschen Bibliothek:

Nachmansohn, David:
Die grosse Ära der Wissenschaft in Deutschland 1900 bis 1933 :
jüd. u. nichtjüd. Pioniere in d. Atomphysik, Chemie u.
Biochemie / von David Nachmansohn. Aus d. Engl. überarb. u.
erw. von Roswitha Schmid. – Stuttgart : Wiss. Verl.-Ges., 1988
Einheitssacht.: German Jewish pioneers in science 1900—1933 <dt.>
ISBN 3-8047-0662-2
NE: Schmid, Roswitha [Bearb.]

Printed in Germany
Satz und Druck: Karl Hofmann, 7060 Schorndorf
Umschlaggestaltung: Hans Hug

Inhaltsverzeichnis

I. Historischer Hintergrund

II. Die Atomphysik im frühen 20. Jahrhundert

III. Chemie und Physiologie im 19. Jahrhundert

IV. Chemie und Biochemie im frühen 20. Jahrhundert

V. Weltweite Wirkung der Judenverfolgung auf die Biochemie

VI. Schlußbetrachtung: Wissenschaft und Gesellschaft

VII. Anhang

KORREKTUREN
Nachmansohn / Schmid
Die große Ära der Wissenschaft in Deutschland

Seite:
27, 9. Zeile von unten:
540 000 (nicht 450 000)

243:
Abb. 37. Carl Cori (rechts) und Otto Meyerhof, Sommer 1941 in Madison

398, Nachtrag, 6. Zeile von unten:
1957 (nicht 1937)

Personenverzeichnis:

386: Meyerhof, Otto: *243* einfügen

388: Ochoa, Severo: *243* streichen

Wissenschaftliche Verlagsgesellschaft Stuttgart

Vorwort

Die einzigartige Epoche der deutschen Wissenschaft, die mit Max Plancks Entdeckung des Wirkungsquantums im Jahr 1900 begann und durch das nationalsozialistische Regime eine schwere Erschütterung und unersetzliche Verluste erlitt, stellt eines der glorreichsten Kapitel in der Geschichte der Wissenschaft dar. Deutschland war in diesen drei Jahrzehnten unumstritten *das* führende Land in der Wissenschaft. Die beiden Titanen Max Planck und Albert Einstein sind Symbole der Revolution der Wissenschaft des zwanzigsten Jahrhunderts; ihre Auswirkung auf die Technik hat eine beispiellose Umwälzung hervorgerufen und eine völlig neue Situation der Menschheit geschaffen.

Der Autor hatte das Glück, in den zwanziger Jahren in den Kaiser-Wilhelm-Instituten in Berlin-Dahlem zu arbeiten, die zu jener Zeit zu den bedeutendsten wissenschaftlichen Zentren zählten und auf der Höhe ihres Ruhmes standen. Er arbeitete im Institut für Biologie bei Otto Meyerhof, Nobelpreisträger und einer der Gründer der modernen Biochemie. Die Kleinheit der Institute machte es selbst für einen jungen Wissenschaftler leicht, besonders in den Haber-Kolloquien, viele der berühmten Gelehrten persönlich kennen zu lernen. Diese Jahre haben das wissenschaftliche Denken des Autors und die Entwicklung seiner Persönlichkeit entscheidend beeinflußt. Es war daher natürlich, daß er Kollegen, Schülern und Freunden öfters von dieser Epoche erzählte.

Seit mehr als 10 Jahren begannen Kollegen mir nahezulegen, über diese Epoche als einer der wenigen überlebenden Augenzeugen ein Buch zu schreiben. Ich wurde einige Male eingeladen, Vorträge über diese Zeit zu halten. 1976 lud mich der Präsident der Freien Universität Berlin ein, bei den Zweihundertjahrfeiern der Gründung der Vereinigten Staaten einen Vortrag zu halten. Die Universität veranstaltete diese Feiern als Zeichen der Dankbarkeit für die moralische und finanzielle amerikanische Unterstützung bei ihrer Gründung nach dem Zweiten Weltkrieg. Ich hatte an der Freien Universität seit 1957 eine Reihe von Vorträgen über meine wissenschaftlichen Arbeiten gehalten, aber bei dieser Gelegenheit, bei der Mitglieder vieler Fakultäten anwesend waren, hielt ich ein historisches Thema für angebracht. Ich sprach über die große Zeit in den zwanziger Jahren in Berlin-Dahlem, wo sich heute die Freie Universität befindet. Der „begeisterte Beifall", den der Vizepräsident der Universität noch vier Jahre später in seinem Glückwunschbrief anläßlich eines internationalen Symposions in Liège zu meinen Ehren erwähnte, zeigte mir, wie groß das Interesse für diese Epoche ist, über die die heutige Generation leider wenig weiß. Dieses Erlebnis bestärkte mich in meinem Beschluß, das geplante Buch zu schreiben.

Wie aus dem Untertitel hervorgeht, beschränkt sich das Buch auf drei Gebiete: Atomphysik, Chemie und Biochemie, und beschreibt auch da nur einige Höhepunkte. Es betont die enge Zusammenarbeit zwischen deutschen jüdischen und nichtjüdischen Gelehrten, die zu großartigen Resultaten geführt hat. Die vielen bedeutenden Beiträge in anderen Ländern sind nur begrenzt erwähnt, da ein beschränkter Umfang geplant war. Der Autor ist Biochemiker. Die zwei letztgenannten, eng zusammenhängenden Gebiete bilden daher einen wesentlichen Teil. Die Atomphysik ist aus mehreren Gründen eingeschlossen. Auf diesem Gebiet fanden die gewaltigsten Umwälzungen unseres Jahrhunderts statt; sie revolutionierten die gesamten Wissenschaften und die Technik. Die Atomphysik hat wie die Relativitätstheorie Einsteins einen tiefen Einfluß auf Philosophie und besonders Epistemologie ausgeübt, die für das wissenschaftliche Denken von größter Bedeutung ist. Außerdem war auf keinem Gebiet die Zusammenarbeit zwischen Juden und Nichtjuden so eng und fruchtbar wie auf diesem. Es gab nur eine relativ kleine Zahl von Atomphysikern, und diese bildeten beinahe eine Art von Familie.

Es war weder beabsichtigt noch möglich, eine systematische Darstellung der wissenschaftlichen Entwicklung auf diesen drei Gebieten zu geben. Die Geschichte der Biochemie zum Beispiel ist in ganz hervorragender, gründlicher und kompetenter Weise von Marcel Florkin (1977) in mehreren Bänden beschrieben worden; ferner gibt es einige weitere, speziell für Biochemiker geschriebene Bücher (z. B. Fruton 1972). Dasselbe gilt für die zwei anderen Fachgebiete. Das Hauptziel dieses Buches ist aber ein ganz anderes: Es soll dem Leser eine Idee vermitteln von der geistigen und kulturellen Atmosphäre, die in dieser Periode in Deutschland herrschte, von dem Enthusiasmus und der Aufregung hervorgerufen durch die großartigen und sensationellen Errungenschaften, von dem Gefühl, eine neue Ära der Wissenschaft zu erleben. Die humanistische Tradition und der Respekt für ethische Werte waren sehr stark. Viele führende Gelehrte waren in humanistischen Gymnasien ausgebildet worden. Die Werke von Platon, Kant, Goethe usw. waren für viele nicht nur Dokumente einer großen, aber vergessenen Vergangenheit; die Ideen waren lebendige Wirklichkeit. Viele waren ausgezeichnete Musiker, wie zum Beispiel Max Planck, Albert Einstein, Max Born, Werner Heisenberg, und liebten es, zusammen Kammermusik zu spielen. Die gemeinsamen Leidenschaften und Ideale führten zu engen Freundschaften. Die tiefe Hingabe an die Erforschung der Natur, die Versuche, ihr Wirken zu verstehen und ihre Geheimnisse zu enthüllen, waren verknüpft mit der Hoffnung, ja der festen Überzeugung, daß diese Bemühungen und neuen Erkenntnisse früher oder später zu einer besseren Zukunft der Menschheit beitragen und sie vorbereiten würden. Eine Reihe der faszinierenden Persönlichkeiten, ihre Triumphe und Tragödien, werden beschrieben. Bei mehreren ist die Familiengeschichte erwähnt, die manchmal für ein besseres Verständnis von Haltungen, psychologischen Faktoren und Reaktionen wertvoll ist; diese mögen sonst, besonders in der heutigen Zeit, schwer verständlich sein.

Einige der großen Errungenschaften sind ebenfalls beschrieben, in so allgemeinverständlicher Form als es dem Autor möglich war; gerade das fällt einem Wissenschaftler oft nicht leicht. Da die Beschreibung der Zusammenarbeit zwischen Juden und Nichtjuden eine wichtige Rolle spielt, sind auch ihre erfreuliche Wiederaufnahme in den letzten zwei Jahrzehnten und die immer enger werdenden Beziehungen zwischen der Max-Planck-Gesellschaft (der früheren Kaiser-Wilhelm-Gesellschaft) und dem Weizmann-Institut in Rehovot (Israel) erwähnt, leider nur kurz, wiederum aus Rücksicht auf den Umfang des Buches.

Parallel zu dieser Entwicklung, die mich zum Schreiben des Buches veranlaßte, fanden zwei Ereignisse statt, die mit dem Leo-Baeck-Institut in Zusammenhang stehen. Dieses Institut wurde im Jahr 1955 in Jerusalem von deutsch-jüdischen Intellektuellen gegründet und trägt den Namen der letzten führenden deutsch-jüdischen Persönlichkeit während der

Hitlerzeit, des Rabbiners Leo Baeck. Es besteht aus drei Niederlassungen: in Jerusalem, New York und London. Das Hauptziel des Instituts ist die Sammlung von Material und die Förderung der Erforschung der Geschichte der jüdischen Gemeinschaft in Deutschland seit der Emanzipation bis zur Katastrophe 1933. Die 25 Jahrbücher, die seit der Gründung erschienen sind, viele Sonderbände, Bulletins usw., bilden eine hervorragende Quelle für das Verstehen und die Kenntnis der vielen bewunderswerten Ergebnisse auf vielen Gebieten: Literatur, Kunst, Geisteswissenschaften, Wirtschaft, Zeitungswesen usw. Ein Gebiet wurde jedoch ignoriert: die Resultate der Zusammenarbeit deutscher jüdischer und nichtjüdischer Wissenschaftler, obwohl sie eines der glorreichsten Kapitel dieser Assoziation bilden und für die ganze Menschheit von großer Bedeutung geworden sind.

Auf Veranlassung von Dr. Franz Winkler, einem führenden Mitglied des Leo-Baeck-Instituts in New York, hielt ich im Jahr 1972 im Institut einen Vortrag über deutsch-jüdische Wissenschaftler. Ich versprach dann, einen Artikel darüber zu schreiben, mußte aber meine Absicht auf Grund von Ereignissen, die mich völlig absorbierten, verschieben. 1976 wurde ich eingeladen, die erste Siegfried Moses Gedenkrede in Jerusalem zu halten. Moses war zwei Jahrzehnte Präsident des Instituts in Jerusalem, und ich kannte ihn schon in Deutschland. Auch dort sollte ich über deutsch-jüdische Wissenschaftler sprechen. Die Einladung war mit der Verpflichtung verbunden, den Vortrag zu publizieren. In einer Diskussion erwähnte ich meine Absicht, ein Buch über die große Epoche der deutschen Wissenschaft zu schreiben. Man hat mir vorgeschlagen, dieses Buch Siegfried Moses zu widmen, und ich akzeptierte die Idee, da ja die Schilderung der Zusammenarbeit von deutschen Juden und Nichtjuden von Anfang an geplant war. Diese Epoche stellt ja ein Ruhmesblatt in der Geschichte der beiden ethnischen Gruppen dar.

Wie ursprünglich beabsichtigt, habe ich versucht, in diesem Buch einige Höhepunkte der ganzen Ära — auf den ausgewählten Gebieten — zu schildern. Jedoch die Betonung einiger jüdischen Aspekte und die Widmung an den Präsidenten des Leo-Baeck-Instituts ließen den Titel: „German-Jewish Pioneers in Science 1900—1933“ als geeignet erscheinen. In den zwei Jahren seit dem Erscheinen der ersten englischen Ausgabe habe ich, auf Grund verschiedener Reaktionen, eingesehen, daß der Titel irreführend ist. Amerikaner sind Einwanderer oder Abkömmlinge von Einwanderern, meistens aus Europa; sie sind „Italian-, Irish-, Scandinavian-Americans“ usw. Gerade die Wissenschaftler sind an ethnischen Fragen uninteressiert. Viele Kollegen und Freunde haben mir erklärt, daß sie nach dem Titel annahmen, das Buch beschränke sich auf deutsch-jüdische Wissenschaftler und jüdische Probleme. Erst beim Lesen wurde ihnen klar, daß dieses keineswegs der Fall ist. Die Leserschaft, die sich speziell für die jüdischen Forscher und jüdischen Aspekte interessiert, ist sehr begrenzt. Völlig absorbiert durch die Beschreibung dieser Zeit habe ich diese Gesichtspunkte leider nicht genügend durchdacht. Selbstverständlich trage ich allein die Verantwortung. Ich glaube, daß der deutsche Titel dem Inhalt des Buches mehr entspricht als der ursprüngliche.

Die Beschreibung des Werkes, des Lebens und der Persönlichkeit des größten deutsch-jüdischen Wissenschaftlers, Albert Einstein, ist ausgelassen. Der Grund ist offensichtlich: Eine riesige Zahl von Büchern ist über ihn geschrieben worden, auf jedem Niveau und leicht zugänglich. Einsteins Ideen und seine Persönlichkeit sind daher nur erwähnt, wo sie für die diskutierten Probleme wesentlich erschienen.

Das Buch ist ein Monument für die geschilderten brillanten Wissenschaftler. Gleichzeitig ist es ein Tribut des Autors an all diejenigen, die — persönlich oder durch ihre Schriften — seine wissenschaftliche und kulturelle Bildung beeinflußt haben.

Mein besonderer Dank gilt meinen Freunden, die die Anregung zur deutschen Ausgabe des Buches gaben, den Herausgebern der Zeitschrift „Naturwissenschaftliche Rundschau", Hans Rotta und Roswitha Schmid. Hans Rotta, Stuttgart, hat als erfahrener Verleger mit Rat und Tat wesentlich zum Gelingen des Werkes beigetragen. Dr. Roswitha Schmid, München, hat sich mit viel Einfühlungsvermögen um die Abfassung des deutschen Manuskriptes bemüht. Von Nutzen war ihr dabei auch die Vertrautheit mit der Materie, die sie als Ko-Autorin von Hans Krebs bei der Biographie „Otto Warburg" gewonnen hat und ferner ihre persönliche Bekanntschaft mit manchem der im Buch genannten Wissenschaftler, ihre engen Beziehungen zur Max-Planck-Gesellschaft sowie ihre Tätigkeit als Biologin und Wissenschaftsjournalistin. Mir war es — aus zeitlichen Gründen — nicht möglich gewesen, die Übertragung ins Deutsche selbst vorzunehmen; doch habe ich vor der Drucklegung Teile des Textes kritisch durchgelesen. Denn ich darf wohl mit Thomas Mann sagen: „Das Vaterland kann man verlieren, aber die Muttersprache nicht."

New York, Januar 1982 David Nachmansohn

Danksagung

Der Autor dankt zahlreichen Freunden und Kollegen für ihre Hilfe bei der Fertigstellung des englischen Manuskripts. In erster Linie ist er Professor Hans Herken (Berlin) dankbar, der das gesamte Manuskript las und eine Reihe von äußerst wertvollen Vorschlägen machte. Er dankt Sir Hans Krebs (Oxford) für die Erlaubnis, seine hervorragenden biographischen Notizen über Otto H. Warburg zu benutzen. Viele der Formulierungen waren so ausgezeichnet, daß einige Sätze mit seiner Erlaubnis unverändert übernommen wurden. Professor John T. Edsall (Harvard Universität, Cambridge, Mass.) gab wertvolle Kommentare zu dem Porträt von Otto Meyerhof. Diese Beschreibung wurde unterstützt von Professor Severo Ochoa (Nutley, N. J.), einem engen Freund Meyerhofs und des Autors seit 1929, als sie in Meyerhofs Laboratorium zusammentrafen. Sie wurde auch von Sir Hans Krebs und Professor Hermann Blaschko (Oxford) gelesen; der letztere war ebenfalls ein Assistent von Meyerhof. Professor Daniel Greenberg überarbeitete einige Teile des Kapitels über Atomphysik. Ich bin sehr dankbar für die Hilfe von Elisabeth Heisenberg (München), die mir wichtige Informationen über die Persönlichkeit ihres Mannes gab, Tatsachen, die ich nirgendwo sonst finden konnte, und für die Erlaubnis, im Text ihre noch unveröffentlichten Memoiren über ihren Mann zu erwähnen. Elisabeth Lisco, Tochter von James Franck und Frau von Professor Hermann Lisco (Harvard Universität) stellte dem Autor freundlicherweise die Familiengeschichte ihres Vaters zur Verfügung. Dr. Irene Forrest, Tochter von Carl Neuberg, war so freundlich, das Kapitel über ihren Vater zu lesen und einige Korrekturen vorzunehmen. Severo Ochoa las und korrigierte die Seiten, auf denen seine Arbeit beschrieben wird. Professor Eberhard Neumann (München) half dem Autor freundlicherweise bei der Diskussion von ΔH- und ΔG-Werten im Licht der Thermodynamik des Ungleichgewichts. Der Autor möchte seinen Dank ausdrücken für die Hilfe und Ermutigung von Professor Louis P. Rowland, dem Vorsitzenden der Abteilung für Neurologie, Columbia Universität, New York, der ihm alle notwendigen Einrichtungen zur Verfügung stellte. Die große Hingabe und die tatkräftige Hilfe von Eva-Renate Busse (New York) und ihre unschätzbare Mitarbeit bei der Vorbereitung des Manuskripts wird dankbar anerkannt.

Ohne die Ermutigung vieler Freunde und Kollegen in den Vereinigten Staaten, in Israel, Deutschland, Frankreich und anderen Ländern wäre dieses Buch nicht geschrieben worden.

New York, Mai 1979 — David Nachmansohn

Als Mitautorin der deutschen Ausgabe danke ich all denen, die mich bei der Abfassung unterstützt haben, an erster Stelle Hans Rotta, Stuttgart, insbesondere für die Beschaffung des Bildmaterials und seine unschätzbare Hilfe bei der Erstellung des Personenregisters, ferner Ulrich Meyer-Berkhout, München, für die kritische Durchsicht des Kapitels „Atomphysik" und Ferdinand Hucho, Berlin, für die Rohübersetzung der Kapitel „Chemie und Biochemie". Otto Kratky, Graz, Jost Lemmerich, Berlin, Severo Ochoa, Madrid, Fritz Freiherr von Rehlingen, München, und Hans-Georg Schweiger, Ladenburg, danke ich für wertvolle Hinweise.

München, Ostern 1988 — Roswitha Schmid

Widmung

Das Buch ist Siegfried Moses zum Andenken gewidmet, dem Präsidenten des Leo-Baeck-Instituts, der zwei Jahrzehnte lang einer seiner dynamischsten Leiter war. Im November 1976 hielt ich in Jerusalem die erste Siegfried Moses Gedenkvorlesung, in der ich über Leben und Wirken deutsch-jüdischer Pioniere der Wissenschaft gesprochen habe. Der Inhalt des Buches geht jedoch weit über das in der Vorlesung behandelte Thema hinaus.

David Nachmansohn

Die deutsche Ausgabe ist David Nachmansohns Frau Edith und seinem langjährigen Freund Severo Ochoa gewidmet, die mir auch nach Davids Tode stets mit Verständnis und gutem Rat zur Seite standen. Severo Ochoa hat uns beim XII. International Congress of Biochemistry in Hamburg im Sommer 1976 zusammengeführt. Ihm verdanke ich nicht nur die Freundschaft mit David und Edith Nachmansohn, sondern auch die persönliche Bekanntschaft mit vielen der im Buch Genannten, was meine Arbeit wesentlich erleichtert hat.

Roswitha Schmid

Einleitung

Die modernen Naturwissenschaften beginnen am Ende der Renaissance, im späten 16. und frühen 17. Jahrhundert, mit Copernicus, Kepler, Galilei, Harvey und Newton. Von der griechischen Philosophie unterscheidet sich die moderne Naturwissenschaft durch die zentrale Rolle des Experiments als Basis aller Begriffe, Theorien und Konzepte, durch die gegenseitige Abhängigkeit von beobachteten Fakten und Theorien, durch die Entdeckungen, die von Theorien ausgingen, und ihre Wirkungen auf den Fortschritt und das schnelle Wachstum der wissenschaftlichen Erkenntnisse. Die Komplexität der Faktoren, auf denen der wissenschaftliche Fortschritt basiert, wird später bei der Erörterung moderner Konzepte der Epistemologie verdeutlicht. Einige der großartigen Spekulationen der griechischen Philosophie, wie zum Beispiel der Theorie der Kontinuität und die Atomtheorie, waren um die Jahrhundertwende noch immer Teil des Gedankengebäudes der Physiker. Dieses Gedankengebäude wurde dann aber durch die spektakulären Fortschritte der Physik des 20. Jahrhunderts grundlegend revidiert und erweitert.

Im 17. und 18. Jahrhundert kam die Naturwissenschaft relativ langsam voran, und es gab eine geringe Zahl von hervorragenden Forschern. Aber während des 19. Jahrhunderts beschleunigte sich der wissenschaftliche Fortschritt erheblich. In den letzten drei Jahrzehnten des 19. Jahrhunderts entwickelte sich Deutschland zum Zentrum der Wissenschaften, aus Gründen, die später kurz erörtert werden sollen. Und im 20. Jahrhundert gab es eine Revolution, die die kühnsten Träume der früheren Wissenschaftler übertraf. Man kann wohl sagen, daß die Wissenschaft im 20. Jahrhundert die Technik dermaßen revolutionierte, daß nicht nur das tägliche Leben der Menschen, sondern die Gesellschaft als Ganzes — in der Tat das Schicksal der Menschheit — vollständig verändert wurde.

Natürlich wurden selbst in alten Zeiten wissenschaftliche Entdeckungen für technische Verbesserungen genutzt, und technische Erfindungen haben zu allen Zeiten die Wissenschaftler angeregt, die damit verbundenen wissenschaftlichen Probleme zu erforschen. Aber der enge Zusammenhang zwischen der Grundlagenforschung und ihrer praktischen Anwendung, dem technischen Fortschritt, bedeutete noch mehr: Seit den ersten Anfängen im 19. Jahrhundert wurden die Naturwissenschaften im 20. Jahrhundert allmählich zu einem integrierenden Bestandteil bei der Profilierung der Gesellschaft. Deutschland spielte bei dieser Entwicklung eine hervorragende Rolle. Dieses Buch behandelt einige Höhepunkte jener Zeit, insbesondere die glücklichen und so bedeutenden Wirkungen der engen Zusammenarbeit zwischen deutschen jüdischen und nichtjüdischen Wissenschaftlern, ihre Persönlichkeiten und die Atmosphäre, die während dieser Epoche herrschte.

I. Historischer Hintergrund

Der Aufstieg der Wissenschaft in Deutschland

Der gewaltige Aufstieg der deutschen Wissenschaft und Technik in den letzten drei Jahrzehnten des 19. Jahrhunderts und in den ersten drei Jahrzehnten des 20. Jahrhunderts verwandelten Deutschland aus einem relativ mittellosen und in vieler Hinsicht rückständigen Land in eine der größten Mächte der Erde. Das Ergebnis war eine Umwälzung von noch nie dagewesenen Ausmaßen. Wir sind Zeugen einer neuen Ära in der Geschichte der Menschheit. Um das unerhört schnelle und beispiellose Wachstum der deutschen Wissenschaft und Industrie zu verstehen, müssen wir zunächst einige der Faktoren betrachten, die zu diesen Entwicklungen führten.

Als der Dreißigjährige Krieg mit dem Westfälischen Frieden im Jahr 1648 beendet wurde, war Deutschland ein verwüstetes Land. Es dauerte dann mehr als ein Jahrhundert, ehe sich Deutschland intellektuell, politisch und wirtschaftlich zu erholen begann. Es gab natürlich einige Ausnahmen, wie Johann Sebastian Bach (1685—1750) und seine Familie und Gottfried Wilhelm von Leibniz (1646—1716). Aber allgemein war Deutschland im 18. Jahrhundert, verglichen mit den anderen westeuropäischen Ländern, insbesondere Frankreich und England, noch recht rückständig. Während der Zeit der Aufklärung, in der zweiten Hälfte des Jahrhunderts, begann das Land sich zu erholen und sich wieder intellektuell zu entwickeln, eng verbunden mit den Namen Klopstock und Herder, Lessing und Schiller, Goethe und Hölderlin, Kant und Beethoven. Aber sonst befand sich das Land immer noch in einem bedrückenden Zustand. Die Mittelklasse war arm und hatte praktisch keinen Einfluß. Armut, Hunger, Elend und Krankheiten waren weit verbreitet.

Bei der Wiedergeburt der deutschen intellektuellen Kräfte spielte ein unerwarteter Faktor eine Rolle: die Niederlage, Besetzung und Demütigung Deutschlands durch Napoleon. Der deutsche Nationalstolz war tief verletzt. Da der Wiederaufbau einer starken Armee unter französischer Besatzung nicht in Frage kam, erkannten viele führende Köpfe, daß die Wiederherstellung von Deutschlands Macht nur durch die Schaffung und Entwicklung einer zu starker Führung befähigten Elite möglich wäre. Dieses Ziel erforderte die starke Unterstützung der vorhandenen Universitäten und den Aufbau von neuen Hochschulen, denn die Universität war der natürliche Platz für die Entwicklung potentieller Talente zu Führern auf all den Gebieten, die für den Wiederaufbau einer starken Nation benötigt wurden. Es gelang dann Wilhelm von Humboldt, unterstützt von den Philosophen Fichte, Schleiermacher und Hegel, das Widerstreben von Friedrich Wilhelm III., dem König von Preußen, zu überwinden; Humboldt war die treibende Kraft bei der Gründung der Berliner Universität (Friedrich-Wilhelms-Universität) im Jahre 1810 mitten in den Napoleonischen Kriegen. Preußen war damals die einzige potentiell starke Militärmacht in Deutschland, seitdem der

Hohenzollernkönig Friedrich II. eine starke Armee geschaffen hatte, der keine der anderen etwa 30 deutschen Staaten vergleichbar war. Der Schwerpunkt der neuen Universität in Berlin waren die klassischen Geisteswissenschaften — Philosophie, Geschichte, Theologie und Kunst. Der erste Rektor war der Philosoph Fichte, dessen Vorlesungen „Reden an die deutsche Nation" ein feuriger Aufruf zur geistigen Erneuerung der Nation waren. Erst um 1820 begann dann die Entwicklung der naturwissenschaftlichen Fächer an der Universität Berlin. Außer in Berlin wurden neue Universitäten 1811 in Breslau und 1818 in Bonn gegründet.

Die Mittelklasse und die einfache Bevölkerung blieben aber in einer traurigen Verfassung. Sie hatten keinen Einfluß, keine Repräsentanten. Die Versuche, eine Nationalversammlung zu gründen, wurden zerschlagen, als die Revolutionen in Frankreich und Österreich 1848 als Mißerfolge endeten. Die revolutionäre Bewegung unter Studenten, die fortschrittliche Ideen vertraten, wurde durch ein Massaker unterdrückt, angeführt von Truppen unter dem Kommando von Prinz Wilhelm, dem späteren Kaiser Wilhelm I.; der Prinz gehörte einer reaktionären Gruppe an und wurde nach seiner unrühmlichen Tat gezwungen, nach England zu fliehen.

Der dramatische Wendepunkt des deutschen Schicksals wurde durch Otto von Bismarck eingeleitet, einem der größten Staatsmänner der Geschichte. In ihm verbanden sich ein brillanter Geist, ein herausragender Intellekt, eine außergewöhnliche Sehergabe und weite Zukunftsperspektiven mit einem eisernen Willen; er war ein perfekter Autokrat, der Kanzler von „Blut und Eisen"; er galt als skrupellos und brutal; jede Intrige, jedes Komplott, jede Fälschung (die berühmte Emser Depesche[1]) waren ihm recht, um sein Ziel zu erreichen. Er gehörte zu den aristokratischen, reaktionären Junkern der herrschenden Klasse in Preußen. Drei siegreiche Kriege innerhalb von sieben Jahren (1864—1871), die Bismarck geführt hat, veränderten die Machtverteilung in Europa: Der Krieg mit Dänemark führte zum Anschluß Schleswig-Holsteins an Preußen; der provozierte Krieg mit Österreich machte Preußen zur dominierenden Macht im deutschen Sprachraum; der Krieg mit Frankreich endete mit der Rückgliederung von Elsaß-Lothringen und der Etablierung des deutschen Kaiserreichs unter Wilhelm I.

Die Einigung Deutschlands unter der Führung von Preußen und seine starke Armee waren nur potentielle Faktoren bei der Entstehung einer neuen großen Macht in Europa. Sie schufen günstige Bedingungen für die Umwandlung eines Landes mit einer relativ rückständigen Bevölkerung in eines der stärksten und blühendsten Länder Europas. Deutschland war arm an natürlichen Reserven. Anders als Frankreich oder England hatte es kein großes Weltreich zur Ausbeutung. Bismarck und viele andere weitsichtige Führer erkannten die lebenswichtige Bedeutung der Entwicklung von Wissenschaft und Technik, um eine mächtige Industrie und Landwirtschaft aufzubauen. Nur durch wirtschaftlichen Wohlstand konnte Deutschland eine wirkliche Großmacht werden. Die Industrie mußte mehr tun, als nur mit den fortschrittlichen, blühenden Industrien Frankreichs und besonders

---

[1]) Emser Depesche, das Telegramm des Geheimrats H. Abeken aus Bad Ems vom 13. 7. 1870, das den Bericht über die Unterredung König Wilhelms mit Benedetti und die ständigen Forderungen Napoleons III. enthielt. Dieser wünschte eine bindende preußische Verzichtserklärung hinsichtlich der spanischen Thronkandidatur eines Hohenzollern; schließlich lehnte es der König ab, den Botschafter nochmals zu empfangen. Die Depesche wurde von Bismarck in gekürzter, den Wortlaut nicht verändernder Fassung am 14. 7. veröffentlicht. (Anm. R. Sch., nach: Brockhaus Enzyklopädie, Fünfter Band 1968.)

Englands zu konkurrieren; sie mußte qualitätsmäßig weit überlegen sein durch stark verbesserte Technologie. Die Universitäten erhielten von der Regierung großzügige finanzielle Unterstützung, in einem bisher noch in keinem anderen Land vorgekommenen Ausmaß. Viele neue Institute wurden errichtet und neue Positionen geschaffen. Der Umfang von Fakultäten und der Studentenschaft nahm schnell zu, und eine großräumige Expansion fand statt. Darüber hinaus wurde die Anzahl der mehr industrieorientierten Technischen Hochschulen fortlaufend erhöht. Die erste Technische Hochschule wurde 1825 in Karlsruhe gegründet. Am Ende des Jahrhunderts gab es bereits etwa ein Dutzend davon. Ihr Niveau war außergewöhnlich hoch, und die Absolventen waren vergleichbar mit an der Universität promovierten Akademikern. Viele wurden dynamische Führer in der Industrie, kompetent für ihr Fachgebiet, mit Voraussicht und Weitblick, und sich völlig bewußt, daß die Grundlagenforschung die Hauptquelle neuer Erfindungen und technischer Verbesserungen war, das Tor zu unvorhergesehenen neuen Möglichkeiten. So errichteten sie große Forschungslaboratorien, die man den Herstellungsbetrieben anschloß. Die Ausstattung und Atmosphäre entsprach akademischen Instituten. Um die Jahrhundertwende war Deutschland die führende Industrienation geworden. Es besaß eine gigantische pharmazeutische und chemische Industrie; zum Beispiel wurden 80 % aller Farbstoffe in Deutschland hergestellt. Auch die optische Industrie war von unerreichter Qualität. Zwischen der Industrie und den Universitäten gab es eine enge Zusammenarbeit zu beiderseitigem Nutzen. Die Vereinigten Staaten waren das erste Land, das dem deutschen Weg folgte und Forschung und Industrie vielfach unter einem Dach vereinte (zum Beispiel Du Pont und General Electric); Frankreich und England kamen bald ins Hintertreffen. Die Wirkung dieser bemerkenswerten Entwicklung läßt sich an den Veränderungen erkennen, die in Deutschland stattfanden: Im Jahr 1840, mit einer Bevölkerung von rund 35 Millionen, war das Land von Armut, Elend, Hunger und Krankheit geplagt, der Schauplatz von Hauptmanns „Die Weber". 1910 war es mit einer Bevölkerung von rund 70 Millionen ein reiches Land mit einer hochgebildeten Mittelklasse und einer Arbeiterklasse, die in vielerlei Hinsicht bessere Lebensbedingungen und fortschrittlichere soziale Einrichtungen besaß als die entsprechenden Bevölkerungsschichten in Frankreich und England, obwohl beide Klassen praktisch keine politische Macht hatten.

Der Eingang der Juden in die deutsche Wissenschaft

Über die Geschichte der deutschen Juden gibt es eine umfangreiche Literatur (zum Beispiel die Publikationen des Leo-Baeck-Instituts). Es sollen im Folgenden aber nur die Charakteristika erörtert werden, die im Themenkreis dieses Buches liegen, nämlich die Faktoren, welche die Entwicklung einer engen wissenschaftlichen Zusammenarbeit zwischen Juden und Nichtjuden in Deutschland möglich machten.

Die Zeit der Aufklärung im 18. Jahrhundert führte zwar nicht zur Emanzipation der Juden in Deutschland, bereitete jedoch den Weg für diesen Schritt, besonders bei den intellektuellen und fortschrittlichen Führern. Eine wegweisende und entscheidende Rolle in dieser Entwicklung spielte Moses Mendelssohn (1729—1786), durch seinen hervorragenden Beitrag zu Literatur und Philosophie, durch seinen Einfluß auf eine Anzahl von führenden Persönlichkeiten und durch spezielle Aktionen mit dem Ziel, die Lebensbedingungen seiner Mitjuden zu verbessern.

Moses Mendelssohn wurde in Dessau als Sohn eines armen Lehrers in dem kleinen jüdischen Ghetto der Stadt geboren. Von Jugend auf lernte er mit außerordentlichem Eifer alles was ihm zugänglich war. Durch einen seiner Lehrer erhielt er das Buch „Führer des Ratlosen", eines der berühmten philosophischen Werke von Moses Maimonides, und studierte es mit großem Enthusiasmus. Dieses Buch hatte einen großen und fortdauernden Einfluß auf seine Denkweise. Als sein Lehrer nach Berlin zog, folgte ihm Mendelssohn — eine ziemlich mutige Tat für einen vierzehnjährigen jüdischen Jungen in dieser Zeit. Nach einigen sehr harten Jahren, die ihn indessen nicht davon abhielten, seine Studien mit großer Hingabe und Energie fortzusetzen, wurde er Hauslehrer der Söhne eines reichen jüdischen Kaufmanns, Isaak Bernhard, und später Bernhards Buchhalter. Diese Stellung sicherte ihm und seiner Familie ein angenehmes Leben und erlaubte ihm, sich weiterhin all seinen anderen Aktivitäten zu widmen.

Das Wissen, das Mendelssohn fast ausschließlich im Selbststudium erwarb, war wirklich erstaunlich. Er lernte nicht nur elegantes Deutsch zu sprechen (was damals selten bei Juden war), sondern auch fließend Französisch und Englisch; darüber hinaus lernte er Latein und Griechisch. Ferner interessierte er sich leidenschaftlich für Philosophie und Literatur und in gewissem Maße sogar für die Naturwissenschaften; nur für Geschichte hatte er kein Interesse. Im Alter von 25 Jahren wurde er ein enger Freund von Gotthold Ephraim Lessing (1729—1781), der ebenso alt war und zu den herausragenden Persönlichkeiten der deutschen Aufklärung gehörte. Als Schriftsteller und Dichter war Lessing ein energischer Kämpfer für Toleranz und Freiheit. Der Held eines seiner berühmtesten Dramen „Nathan der Weise" ist ein jüdischer Kaufmann von großer Weisheit, für den Mendelssohn ohne Zweifel als Vorbild diente. Das Drama, das heute noch aufgeführt wird, war bei den ersten Vorstellungen um das Jahr 1780 eine große Sensation. Es wurde von Liberalen und Progressiven begeistert gefeiert, aber scharf kritisiert von antisemitischen Teilen der Bevölkerung.

Mendelssohn schrieb viele Artikel und Bücher und übersetzte Teile einiger Shakespeare-Dramen ins Deutsche. Sein erstes Buch „Philosophische Dialoge" war das erste Buch, das in der Neuzeit von einem Juden in Deutsch geschrieben worden ist. Aber das Werk, das ihn in ganz Europa berühmt machte, war sein Buch „Phädon oder über die Unsterblichkeit der Seele", publiziert im Jahr 1767. Der erste Teil war eine Übersetzung von Platons „Phädon" aus dem Griechischen in ausgezeichnetes Deutsch, während der zweite Teil eine philosophische Diskussion über das im Titel aufgeworfene Problem war, in der gleichen Dialogform, die Platon benutzt hatte. Das Buch war ein sensationeller Erfolg; übersetzt in die meisten europäischen Sprachen wurde es eines der meist gelesenen Bücher dieser Zeit. Auch Goethe und Herder sowie viele andere haben es hoch gelobt. Kant schrieb, daß Mendelssohns Genie möglicherweise eine neue Epoche in der Philosophie einleiten würde. Lessing nannte ihn einen zweiten Spinoza. Die Königliche Akademie der Wissenschaften in Berlin wählte Mendelssohn zum Mitglied, aber Friedrich II. strich ihn von der Liste.

Mendelssohn war eine internationale Berühmtheit geworden. Sein Heim wurde ein Zentrum, in dem sich viele Intellektuelle trafen, Juden und Christen, Deutsche und Ausländer. Alle waren von seiner Persönlichkeit tief beeindruckt. Einer von ihnen war Johann Kaspar Lavater, ein Theologe, Philosoph und Wissenschaftler in Zürich. Als ein Buch des Genfer Professors Charles Bonnet erschien, das die Überlegenheit der christlichen Religion pries, schickte Lavater dieses Buch an Mendelssohn mit dem Vorschlag, er solle entweder die Argumente widerlegen oder zum Christentum übertreten. Mendelssohn hatte immer versucht, Diskussionen über Religion zu vermeiden. Er betrachtete die jüdische Religion nicht als eine, die bestimmte Glaubenssätze verlangte, sondern als eine Religion, die Anweisungen gibt, was und wie etwas zu tun sei. Er hing sehr stark an der jüdischen Religion und ihren Traditionen. Seine Antwort an Lavater war energisch, würdig und eindrucksvoll. Lavater bedauerte seinen Vorschlag tief und entschuldigte sich.

Das Ereignis hatte jedoch eine andere Wirkung: Mendelssohns Aufmerksamkeit richtete sich von nun an noch stärker auf die schreckliche Not der Juden in Deutschland und anderswo in der Welt. Die meisten von ihnen lebten in Ghettos in unglaublicher Armut, in Schmutz und Unwissenheit. Sie sprachen Jiddisch, und nur wenige kannten die Bibel im Originaltext. Sie lebten völlig isoliert und wußten nichts von den revolutionären Bewegungen, die Westeuropa während der Aufklärung erzittern ließen. Mendelssohn beschloß, die Bibel ins Deutsche zu übersetzen und mit hebräischen Buchstaben zu schreiben, um dadurch die deutsche Sprache den jungen Juden in den Ghettos leichter zugänglich zu machen. Innerhalb von wenigen Jahren erschienen einige wichtige Teile der Bibel in dieser Form. Dieses Werk kennzeichnet einen Wendepunkt in der Geschichte der deutschen Juden. Die jüngere Generation studierte diese Übersetzung mit Begeisterung, wenn auch gegen den Rat vieler reaktionärer Elemente. Die junge Generation lernte Deutsch, und das öffnete ihr den Weg zur Teilnahme am kulturellen Leben Europas, Jahrzehnte vor ihrer gesetzlichen Gleichstellung. Viele von ihnen, besonders in der zweiten und dritten Generation, gingen sogar so weit, sich selbst oder ihre Kinder taufen zu lassen, ein Ereignis, das Mendelssohn nicht vorhergesehen hatte. Viele andere Juden ergriffen die Initiative zu Reformbewegungen, um das Leben und die Traditionen der Juden zu modernisieren. Die Übersetzung der Bibel muß als einer der Hauptfaktoren für die Verbindung der beiden ethnischen Gruppen betrachtet werden.

Mendelssohn galt als der führende Kopf der Juden dieser Zeit und versuchte wiederholt, seinen Einfluß im Kampf um die Verbesserung der harten Lebensbedingungen, unter denen die meisten Juden lebten, geltend zu machen. Er hatte eine große Familie, und einige seiner sechs Kinder wurden getauft. Zwei seiner Söhne gründeten ein Bankhaus, das sich zu einer der größten Privatbanken Deutschlands entwickelte und erst in den 30er Jahren von den Nationalsozialisten geschlossen wurde. Wohl das berühmteste Familienmitglied war sein Enkel Felix Mendelssohn-Bartholdy. Er war ein große Komponist, Pianist und Dirigent, der das Musikleben nicht nur in deutschen Städten, sondern auch in Paris und London stark beeinflußte. Einen faszinierenden Bericht über die gesamte Familie hat Kupferberg (1972) geschrieben.

Mendelssohns Heim war nicht das einzige, in dem sich Juden und Christen lange vor der Emanzipation trafen; viele vornehme Diplomaten, große Künstler und Schriftsteller nahmen gegenseitig Beziehungen auf. Die berühmtesten der sogenannten „Salons" führten Henriette Herz, die Frau des Arztes Marcus Herz, und Rahel Levin, Ehefrau von Karl Varnhagen von Ense. Ein häufiger Gast bei Henriette Herz war Graf Mirabeau, dessen Verbindungen und Erfahrungen mit angesehenen Juden seinen Kampf um die Rechte der Juden in Frankreich beeinflußten. Wilhelm von Humboldt, der energisch für die Rechte der Juden in Preußen eintrat, verkehrte im Salon von Rahel Levin-Varnhagen von Ense. Man muß sich jedoch vergegenwärtigen, daß diese Salons Ausnahmen waren und wenig zu tun hatten mit der wirklichen Situation der Juden in Deutschland.

Die Emanzipation der Juden und die Gewährung von Staatsbürgerrechten in Preußen erfolgten erst nach dem Befreiungskrieg, mit dem „Judenedict" vom 11. März 1812, erlassen vom Kanzler Karl August von Hardenberg. Dieses Emanzipationsedikt hat Wilhelm von Humboldt stark unterstützt. Preußen war der Staat, in dem die große Mehrheit der deutschen Juden lebte (Österreich nicht eingeschlossen). 1816 gab es in Preußen 124000 Juden, über die Hälfte davon waren Polen, die in den Provinzen Posen und Westpreußen lebten. 1846 war ihre Zahl auf etwa 220000 gestiegen, das heißt mehr als zwei Drittel sämtlicher Juden in Deutschland. 1910 lebten 70 Prozent aller nicht getauften Juden in Preußen (ungefähr 400000).

Die rechtliche Anerkennung als Staatsbürger führte jedoch nicht automatisch zu einer echten Gleichstellung. Die völlige Assimilation wurde als Voraussetzung erwartet, selbst von vielen liberal Eingestellten. Die Bereitwilligkeit der Deutschen, die Juden als ebenbürtig zu akzeptieren, war noch an einen anderen Schritt gebunden: die Taufe als Zeichen der vollständigen Identifikation mit der übrigen Bevölkerung. Dies war die „Eintrittskarte für die europäische Zivilisation", um einen Ausdruck von Heine zu gebrauchen. Viele Juden zahlten den Preis; viele andere, die aus verschiedenen Gründen zögerten, diesen Schritt zu tun, ließen ihre Kinder taufen, um ihnen die Kämpfe und Konflikte zu ersparen, verursacht durch die Zugehörigkeit zu einer religiösen Gemeinschaft, die für viele schon längst nebensächlich oder völlig bedeutungslos geworden war.

Trotz aller Anstrengungen der Liberalen und trotz der eifrigen Bemühungen der Juden selbst, durch Assimilation die Schranken gegen ihre volle Aufnahme zu beseitigen, blieben antisemitische Kräfte mächtig. Sie führten häufig zu heftigen Ausbrüchen und Tumulten, deren Stärke und Ausmaß in den Städten und Staaten unterschiedlich war. Derartige Unruhen begannen unmittelbar nach dem Befreiungskrieg und hielten bis in die Mitte des 19. Jahrhunderts an. Die Bemühungen von Metternich, Hardenberg und Humboldt auf dem Wiener Kongreß im Jahre 1816, die Rechte der Juden auszuweiten und ihre Situation zu verbessern, hatten wenig Erfolg. 1846 besaß mehr als ein Drittel der Juden in Preußen immer noch nicht das Bürgerrecht. Wenn immer widrige Ereignisse eintraten — wirtschaftlich, politisch oder gesellschaftlich — dann brachen die feindseligen Gefühle aus. Nach der Errichtung des Kaiserreichs gab es zwar keine offenen Kämpfe mehr, aber die antisemitischen Bewegungen kamen auf andere Weise zum Ausdruck.

Die mächtigsten Gestalten im Kaiserreich in der Zeit zwischen 1871 und dem Ersten Weltkrieg waren Bismarck und nach seiner Entlassung 1890 Kaiser Wilhelm II. Da in diesem Zeitraum der rasche Aufstieg der deutschen Wissenschaft stattfand, wobei die Juden eine hervorragende Rolle spielten, war die Einstellung dieser beiden Staatsmänner zu den Juden sachdienlich. Bismarck entstammte einer der ältesten preußischen Adelsfamilien. Er hatte großen Respekt vor der hohen Befähigung, den großen Talenten und dem Sachverstand vieler Juden, und zögerte nicht im geringsten, ihre Dienste für Deutschland oder für seine eigenen Interessen in Anspruch zu nehmen. Das berühmteste und bekannteste Beispiel ist seine enge Beziehung zu dem jüdischen Bankier Gerson Bleichröder. Die Geschichte und Bedeutung von Bleichröders Hilfe und Rat für den Aufbau des Kaiserreichs hat Fritz Stern (1977) in seinem Buch „Gold und Eisen. Bismarck, Bleichröder und der Aufbau des Deutschen Reiches" beschrieben. Es ist eine großartige Schilderung der vielen Facetten der persönlichen Beziehung zwischen Bismarck und Bleichröder, und es ist auch eine durchdringende und aufklärende historische Analyse der gesamten Ära. Sie gibt eine ungewöhnlich interessante Einsicht in viele einschlägige Faktoren, die Deutschlands Gesellschaft beherrschten, die wirtschaftlichen Revolutionen und die Erfolge und Mißerfolge der Juden im Kampf um ihre Rechte. Bleichröder hatte geholfen, zwei von Bismarcks Kriegen zu finanzieren; er war sein intimster Ratgeber, selbst in vielen politischen Problemen während dieser äußerst kritischen Zeit. Sie trafen sich häufig zu Beratungen und gemeinsamen Essen. Bleichröder verbrachte einige Wochen in Versailles und war der einzige Jude, der an der Proklamation des Kaiserreichs im Januar des Jahres 1871 teilnahm. In den folgenden zwei Jahrzehnten war er einer der mächtigsten und prominentesten Gestalten, die Bismarck beim Aufbau des Reiches halfen (oft als der „deutsche Rothschild" bezeichnet). Er war auch Bismarcks (äußerst erfolgreicher) Ratgeber bei all seinen persönlichen finanziellen Transaktionen und Investitionen. 1872 wurde Bleichröder in den erblichen Adelsstand erhoben, ein außergewöhnliches Ereignis in Preußen für einen Juden, besonders für einen, der immer noch einen jiddischen Akzent hatte. Er wurde sogar eingeladen, mit Kaiser Wilhelm I. zu speisen, und er wurde einer der berühmtesten Juden Deutschlands. Unter den führenden Ministern verschiedener europäischer Länder, die bei ihm Rat und Hilfe suchten, war Benjamin Disraeli. Bleichröder korrespondierte mit Königen; aber seine Beiträge zur Größe Deutschlands brachten ihm nicht den Beifall der Bevölkerung; im Gegenteil: Seine Macht und sein Erfolg machten ihn zur Zielscheibe heftiger antisemitischer Angriffe. Obwohl der Adel offiziell gezwungen war, ihn zu akzeptieren, wurde er als Eindringling abgelehnt und verachtet, ein Schicksal, das er mit vielen reichen Juden teilte. Wohlhabende Juden wurden zum Symbol des Kapitalismus und waren bei allen unbeliebt, die den Kapitalismus als eine Gefährdung des deutschen Charakters und Lebensstils betrachteten. So entstand ein neuer Typ von Antisemitismus, der mit Hilfe politischer Aktionen den jüdischen Einfluß auszuschalten versuchte.

Bismarck und Bleichröder blieben enge Freunde bis zum Tode Bleichröders, selbst noch nach dem Sturz Bismarcks und trotz der Ressentiments von Bismarcks anderen Freunden. Bismarcks Haltung gegenüber den Juden im allgemeinen war aber vor allem von politischem Opportunismus beeinflußt. Er nutzte den Antisemitismus in seinem Kampf gegen Liberale und Sozialdemokraten, weil viele davon Juden waren. Der Antisemitismus war für Bismarck eine geeignete politische Waffe, ohne echte oder tiefsitzende Animosität. Er erkannte sehr wohl den großen Wert vieler talentierter und begabter Juden und ihre Bedeutung für die Stärke Deutschlands. So duldete er keine gewalttätigen Aktionen gegen Juden und erlaubte auch keine Verletzung ihrer Bürgerrechte. Im Prinzip unterschied sich der Antisemitismus in Deutschland nicht grundlegend von dem in vielen anderen westlichen Ländern, wie zum Beispiel Frankreich, den Vereinigten Staaten oder selbst in Großbritannien, obwohl er sich dort wohl am wenigsten offenbarte. Aber in Deutschland war der Bevölkerungsanteil der Juden sehr viel höher und ihre Macht und ihre Einfluß viel stärker als in anderen westlichen Ländern. Die Kombination dieser beiden Faktoren war sicherlich verantwortlich für verbreitetere und heftigere Reaktionen gegen die Juden.

Die Einstellung Kaiser Wilhelm II. gegenüber den Juden unterschied sich in mancher Hinsicht von der Bismarcks; sie war komplexer und manchmal viel emotionaler, ein wichtiger Grundzug seines Charakters ganz allgemein. Unter seiner Regierung, von 1888 bis zum Ersten Weltkrieg, verbesserte sich die Situation der Juden in Deutschland zunehmend und ebenso rasch wie in der Bismarck-Ära, vielleicht sogar noch schneller. Die Zahl der Juden in akademischen Berufen nahm ständig zu, und viele wurden anerkannte und respektierte Führer, besonders in den Naturwissenschaften, aber auch in vielen anderen Gebieten. Diese Tatsachen reflektieren jedoch nicht Kaiser Wilhelms Gefühle gegenüber den Juden. Seine Eltern hatten sicherlich keine Vorurteile. Seine Mutter, eine Tochter von Königin Viktoria und Prinz Albert, verabscheute jeglichen Antisemitismus; sie bezeichnete die Hetze und

Ausschreitungen in Rußland als „barbarische Tyrannei" und beeinflußte mit ihrer Einstellung auch ihren Mann, den glücklosen Kaiser Friedrich, der nach einer Regierungszeit von nur 99 Tagen an Krebs starb. Aber auf ihren Sohn hatten die Eltern weniger Einfluß als der Großvater, Kaiser Wilhelm I., der äußerst konservativ und voreingenommen gegen die Juden war. Er bestand darauf, daß sein Enkel nach Abschluß des Gymnasiums ein halbes Jahr in der Armee diente. Anschließend ging der Prinz an die Universität Bonn, jene Hochschule, die von den Herrscherfamilien und dem Adel besonders bevorzugt wurde. Dort trat er der Studentenverbindung „Borussia" bei und nahm mit großer Begeisterung am Verbindungsleben teil. Nach nur zwei Jahren ging er dann zurück zur Armee in Potsdam. Die Atmosphäre im Militär verstärkte seine konservative Einstellung, sehr zum Verdruß seiner Eltern. Zu dieser Zeit, in den 1880er Jahren, wurden die allzeit gegenwärtigen antijüdischen Gefühle durch den wirtschaftlichen Niedergang der herrschenden Großgrundbesitzer und Adelsklasse verschärft. Da ihr Wohlstand im wesentlichen auf ihrem großen Grundbesitz basierte, führte der aufsteigende Kapitalismus und die Industrialisierung zu einer starken Verminderung ihres Vermögens. Die Juden jedoch begannen, dank ihres neu erworbenen Wohlstandes eine prominente Rolle in der Gesellschaft zu spielen. Deshalb schrieben die adeligen Großgrundbesitzer ihr Mißgeschick nicht den in Westeuropa herrschenden wirtschaftlichen Tendenzen zu, sondern schoben die Schuld auf die Juden; wenngleich sie wirtschaftlich nicht konkurrieren konnten, so gelang es ihnen doch, mit voller Unterstützung von Kaiser Wilhelm, den Juden den Zugang zur Regierung und besonders zum Militär zu versperren (abgesehen von sehr wenigen Ausnahmen).

Schon bevor Wilhelm Kaiser wurde (1888), waren alle seine engen Freunde ausgesprochene Antisemiten. Dazu gehörten Bismarcks Sohn Herbot Graf von Bismarck, A. von Waldersee und Philipp von Eulenburg. Durch Eulenburg lernte Wilhelm den berühmten Dirigenten Hans von Bülow und seine Frau Cosima kennen, eine Tochter von Franz Liszt, die 1870 Richard Wagner heiratete; durch sie kam Wilhelm in Kontakt mit der Familie Wagner. Die Beziehungen zwischen Cosima und Wilhelm blieben ziemlich kühl. Im Jahr 1901 begegnete er dann ihrem Schwiegersohn Houston Stewart Chamberlain, dessen Buch „Die Grundlagen des Neunzehnten Jahrhunderts" (1899) außerordentlich populär war. Chamberlain vertritt in seinem Werk den Vorrang der „arischen" Rasse; er hielt den Juden für den Todfeind der „arischen" Deutschen. Das Buch hatte einen starken Einfluß auf die ideologische Grundlage des deutschen Antisemitismus. Wilhelm war von Chamberlains Persönlichkeit tief beeindruckt und derartig begeistert von dem Buch, daß er seine Lektüre zur Pflicht für alle Gymnasiallehrer machte. Aber obwohl er Chamberlains Lobpreisung des Deutschtums uneingeschränkt guthieß, war er sehr viel zurückhaltender gegenüber der Unterstellung, daß die Juden die gefährlichsten Feinde Deutschlands seien. Der Kaiser hielt die gelbe Rasse („die gelbe Gefahr") und die Schwarzen für die wirkliche Bedrohung der westlichen Zivilisation.

In diesem Zusammenhang ist es interessant, einen Meinungsaustausch zwischen Graf Balfour und Chaim Weizmann zu zitieren, den man in Weizmanns Briefen und Dokumenten von August 1914 bis November 1917 (publiziert 1975) fand. In einem Gespräch, das im Dezember 1914 stattfand, beschrieb Balfour seinen Besuch bei Cosima Wagner in Bayreuth und ihre Ansichten über die Juden. Weizmann schrieb darüber: „Frau Wagner ist der Meinung, daß die Juden in Deutschland die deutsche Bühne, die Presse, den Handel, die Universitäten usw. gekapert haben; daß sie — nach nur hundert Jahren der Emanzipation — alles in ihre Taschen stecken, wofür die Deutschen jahrhundertelang gearbeitet haben, und daß sie selbst und alle, die wie sie denken, sehr ärgerlich darüber sind, daß man sämtliche moralische und materielle Kultur aus den Händen der Juden empfangen muß."

In dieser Diskussion mit Balfour formulierte Weizmann seine Ansichten über das jüdische Problem, wobei er den Fall der deutschen Juden als Beispiel verwendete: „Der wichtige Punkt, den die meisten Nichtjuden übersehen und der die Crux der jüdischen Tragödie bildet, ist, daß die Juden, die ihre Energie und ihr Gehirn für die Deutschen einsetzen, dies als Deutsche tun, und damit Deutschland bereichern und nicht das Judentum, das sie preisgeben. Die Tragödie dabei ist, daß während wir sie nicht als Juden anerkennen, Madame Wagner sie nicht als Deutsche betrachtet, und so stehen wir da als das am meisten ausgebeutete und mißverstandene Volk."

Die extremen Ansichten von Cosima Wagner teilten um die Jahrhundertwende nur wenige Leute, jedoch später, in der Zeit der Weimarer Republik, fanden sie weite Verbreitung und viele Anhänger. In diesem Zusammenhang ist es bemerkenswert, wie wenig Juden und auch viele Nichtjuden sich dieser tiefwurzelnden Gefühle bewußt waren, nahezu bis in die Zeit, als die Nationalsozialisten zur Macht gelangten.

Kaiser Wilhelms antisemitischen Gefühle kamen nur gelegentlich zum Ausbruch; das entsprach seinem impulsiven Charakter. Er konnte keinerlei Kritik hinnehmen. Die Presse, in der eine Anzahl von Juden eine prominente Rolle spielten, war ein Hauptziel seiner feindseligen Ausbrüche, sobald über ihn oder seine engen Freunde kritische Bemerkungen publiziert wurden. Er versuchte sogar — allerdings erfolglos — die Pressefreiheit einzuschränken. Auch hielt er die Sozialdemokraten, unter deren Spitzenfunktionären auch Juden waren, für höchst gefährliche subversive Elemente. So hat Wilhelm den Präsidenten der Columbia University, Nicholas Murray Butler, bei einem Besuch zu überzeugen versucht, daß die Sozialdemokraten eine ernste Bedrohung für die Gesellschaft seien.

Aber wie immer auch seine Gefühle und gelegentlichen emotionalen Reaktionen waren, so wurde seine Einstellung gegenüber den Juden auch von vielen anderen Faktoren bestimmt. Der Ruhm Deutschlands war sein Hauptanliegen. Wilhelm war intelligent genug um zu erkennen, wieviel die Juden zum Aufbau des Reiches, zu der Macht und Größe Deutschlands beigetragen hatten. Er bewunderte die reichen jüdischen Industriellen und Bankiers und war mit einigen sogar befreundet. Albert Ballin, der Generaldirektor der Hamburg-Amerika-Linie galt allgemein als Freund des Kaisers, der Ballin häufig in seiner Villa in Hamburg besuchte und ihn auch in seinen Palast in Berlin einlud. Andere vom Kaiser höchst respektierte Juden waren die Bankiers Max Warburg und Karl Fürstenberg sowie der bekannte Kunstmäzen und Besitzer einer großartigen Kunstsammlung James Simon.

Der Kaiser war außerordentlich stolz auf Deutschlands zunehmende Führerschaft in Wissenschaft und Technik. Gelegentlich interessierte er sich für spezielle technische Entwicklungen und wollte darüber informiert werden, manchmal sogar mit einer Demonstration. Er war sich der hervorragenden Beiträge der Juden auf diesem Gebiet wohl bewußt. So war er auch begeistert von den Plänen Friedrichs Althoffs, in Dahlem auf einer Domäne der Hohenzollern eines der größten Forschungszentren der Welt zu errichten. Nach dem Tode Althoffs ergriff Wilhelm persönlich die Initiative zur Fortführung der Pläne und unterstützte energisch die Gründung der Kaiser-Wilhelm-Gesellschaft. Daher war es auch für die liberalen Führer der deutschen Naturwissenschaften (zum Beispiel Walther Nernst, Emil Fischer und Max Planck) nicht schwierig, ihn zu überzeugen, die Leitung dieser Institute den brillantesten deutschen Gelehrten zu überlassen, darunter auch Juden. Denn sie wären die beste Garantie für Deutschlands Führungsstellung auf diesem Gebiet, und sie könnten dazu beitragen, das Prestige des deutschen Reiches weiter zu heben. Dies war für Wilhelm ein überzeugendes Argument. Es mag daher kaum überraschen, daß viele den Kaiser als im Grunde liberal betrachteten und seine gelegentlichen antisemitischen Ausbrüche dem schlechten Einfluß seiner Umgebung zuschrieben, besonders jenen seiner Freunde, die als ausgesprochene Antisemiten bekannt waren. Es sei hier erwähnt, daß selbst viele Adelige — trotz ihres Antisemitismus — nicht im geringsten zögerten, Juden als Leibärzte, Bankiers oder Ratgeber zu haben.

Entscheidend war schließlich, daß der Kaiser keine gewalttätigen antisemitischen Demonstrationen duldete. Gesetz und Ordnung waren unantastbar, es waren heilige Prinzipien in seinem Land. Ferner wußte er von seinen Besuchen bei seiner Großmutter Königin Viktoria, für wie barbarisch man in England solche Tumulte und Kundgebungen hielt und wie sehr sie verachtet wurden. Er hätte niemals irgendwelche Aktivitäten zugelassen, die mit Deutschlands Würde und Ruf als hochzivilisierte Nation nicht vereinbar waren. Eine ausführliche Beschreibung und Analyse der Einstellung des Kaisers zu den Juden, seiner Reaktionen im Exil nach der Niederlage Deutschlands und seiner Flucht nach Holland im Jahr 1918 findet man in einer Schrift von Cecil (1976); diese letzte Periode hat jedoch keine Beziehung zu unserem Thema.

Der Schutz des Lebens und des Eigentums und die in der Verfassung festgelegten Rechte, gefordert von Bismarck und Wilhelm II., erlaubte es den Juden in Deutschland, ihre Position langsam aber stetig zu verbessern, besonders im späten 19. Jahrhundert. Übrigens war ihre Position erheblich besser als in Österreich, wo Kaiser Joseph II. durch das „Toleranzedikt“ schon 1782 eine Ära der Toleranz eingeleitet hatte, lange vor der Emanzipation der Juden in Deutschland. In Frankreich begann die Emanzipation der (zahlenmäßig kleinen) jüdischen Bevölkerung im Jahr 1806 unter Napoleon. Dessen Einstellung gegenüber den Juden war von sehr starken Schwankungen geprägt, und er brachte ihnen ebenso viel Böses wie Gutes. Obwohl die Juden nur einen kleinen Teil der Bevölkerung bildeten, waren die antisemitischen Gefühle stark, besonders in der unteren Mittelklasse. Sie kamen dann in der berühmten Dreyfus-Affäre an die Oberfläche. Es war der Schock über diesen Ausbruch, der bei dem Wiener Journalisten Theodor Herzl (1860—1904) eine heftige Reaktion auslöste. Für ihn war Frankreich das Symbol für die wahre Freiheit, Menschenwürde und die Menschenrechte und, wie er glaubte, ein Land frei von Antisemitismus. Unter dem Eindruck der Dreyfus-Affäre schrieb er das Buch „Der Judenstaat“, und im Jahre 1897 beim ersten Zionisten-Kongreß in Basel gab er den Anstoß zur politischen Organisation der zionistischen Bewegung für die Etablierung eines jüdischen Heimatlandes in Palästina. So wurde er zum eigentlichen Gründer des Zionismus.

Was jedoch im Rahmen unseres Themas besonders interessiert, ist die Frage nach den Faktoren, die es den Juden in Deutschland ermöglichten, eine wichtige Rolle im akademischen Leben zu spielen und darüber hinaus am raschen Aufstieg der Wissenschaft im Wilhelminischen Zeitalter und später in der Weimarer Republik bis hin zu Hitler Wesentliches zu leisten. Sogar schon vor der Emanzipation gab es manche Juden in guten und privilegierten Positionen. Diese Juden standen unter dem besonderen Schutz der Landesherren einiger der vielen Kleinstaaten, in die Deutschland geteilt war; denn man zog Nutzen aus ihrer Intelligenz, ihrer Geschicklichkeit und ihrem Wissen. Zum Beispiel konnten ihre internationalen Verbindungen im Bankgeschäft den Landesherren helfen, in finanzieller Bedrängnis das dringend benötigte Geld zu bekommen. Die Söhne dieser Juden durften dann auch an der Universität studieren. Es ist interessant, wie viele jüdische Studenten die deutschen Universitäten während des 18. Jahrhunderts besuchten: Von 1710 bis 1800 waren nach einer Erhebung von Richarz (1974), die die meisten deutschen Universitäten umfaßte, 430 jüdische Studenten registriert. Die Anzahl der Studenten in ganz Deutschland im Jahre 1796 betrug etwa 6000.

Nach der Emanzipation im 19. Jahrhundert verbesserten sich die wirtschaftliche Lage der Juden und die ihnen offenstehenden Möglichkeiten. Betrachtet man die jüdische Geschichte, so zeigt sich immer wieder, daß wenn eine liberalere Einstellung den Juden die Entfaltung in einem Lande ermöglichte, in dem sie zuvor praktisch keinerlei Rechte hatten, bereits viele der traditionellen Positionen besetzt waren und ihnen daher verschlossen blieben. Sie mußten also neue Tätigkeitsbereiche finden, in denen die alten Gesellschaftsstrukturen keine Sperrschranken errichtet hatten. Die Expansion und zunehmende Mannigfaltigkeit der Wirtschaft in Westeuropa und insbesondere in Deutschland in der zweiten Hälfte des 19. Jahrhunderts war ihrem wirtschaftlichen Aufstieg äußerst förderlich. Dabei spielten mehrere Faktoren eine entscheidende Rolle, zum Beispiel das schnelle Anwachsen der großen Städte, das viele neue Möglichkeiten und neuartige Positionen in den verschiedensten Gebieten eröffnete. Solch günstige Umstände gab es kaum in kleinen Dörfern, die zudem oft die Niederlassung von Juden verboten. Die wachsenden Städte hingegen boten talentierten, intelligenten Juden, mit ihrer Willenskraft und ihrem Drang nach besseren Lebensbedingungen, eine unerwartete Chance.

Ein weiterer, vielleicht noch wichtigerer Faktor war die schnelle Entwicklung der kapitalistischen und industriellen Wirtschaft um die Mitte des 19. Jahrhunderts (Mosse 1976). Die gesamte Wirtschaft veränderte sich völlig; sie brachte neue Lebensformen, eine neue Elite und neue Ideologien. So entstand eine neue obere Mittelklasse in guten wirtschaftlichen Verhältnissen, während der vorher herrschende Adel viele seiner Privilegien verlor. Die Assimilation und die Taufe der Juden wurde erleichtert, obwohl jene, die unter den neuen und unaufhaltbaren Entwicklungen zu leiden hatten, verbitterte Gegner des jüdischen Eindringens in die Wirtschaft wurden. Nicht die wirtschaftliche Situation, sondern vielmehr die Juden machten diese für ihr Mißgeschick verantwortlich, und sie provozierten stark antisemitische Gefühle. Man darf dabei nicht vergessen, daß die deutsche Industrie zu dieser Zeit noch weit hinter der von Frankreich und England lag. Aber in den vielen neu geschaffenen und sich entwickelnden Industriebetrieben um die Mitte des 19. Jahrhunderts spielten die Juden eine wichtige Rolle; die Zahl der Juden, die dadurch wohlhabend wurden, betrug etwa 5 Prozent, ein bemerkenswert hoher Prozentsatz im Vergleich mit ihrem Anteil an der Gesamtbevölkerung. Als dann der rasche Aufstieg der deutschen Industrie im Kaiserreich begann und Deutschland die führende Industriemacht in Europa wurde, nahm der Prozentsatz der Juden in hohen Positionen schnell zu. Im Jahr 1910 waren etwa 13 Prozent der Direktoren in den wichtigsten Industrieunternehmen Juden (108 von insgesamt 808). In den Aufsichtsräten, in denen Bankiers eine wichtige Rolle spielten, war der Prozentsatz noch höher (ungefähr 25 %). Im Wilhelminischen Zeitalter gehörten manche der Berliner Juden zu den reichsten Familien, mit einem Vermögen von etwa 20 Millionen Mark oder noch mehr.

Der dritte Faktor war die starke Expansion der Universitäten und Technischen Hochschulen. Die Forschungsstätten dieser akademischen Lehranstalten, eine Grundbedingung für das Wachstum von Industrie und Handel, benötigten gut ausgebildete und fähige Leute. Die Juden erwiesen sich als dafür besonders geeignet. Ihr traditionelles Streben nach Lernen und Lehren reicht zurück in die Zeit der Zerstörung des Zweiten Tempels, das heißt es hat eine Tradition von zwei Jahrtausenden. Der ständige, jahrhundertelange Kampf ums Überleben in der Diaspora zwang sie, ihre geistigen Fähigkeiten zu nutzen, um in allen ihren Tätigkeiten hoch qualifiziert zu sein. Ein anderes wichtiges Element mag auch ihre genetische Ausstattung bilden, begünstigt durch einen Selektionsprozeß. Denn in den gebildeten jüdischen Familien war es seit langem Tradition, für ihre hochbegabten und gelehrten Söhne entsprechend begabte Heiratspartner zu finden.

Ein paar Zahlen mögen die Teilnahme von Juden am Wachstum der deutschen Universitäten illustrieren. Bis 1870 war die Expansion langsam. Zum Beispiel stieg die Zahl der Studenten an den deutschen Universitäten insgesamt von 6000 im Jahre 1796 auf etwa 11000 im Jahre 1850. Aber nach 1870 wuchs die Zahl schnell. 1810, im Jahre der Gründung der Universität Berlin, waren dort 252 Studenten immatrikuliert. Im Jahre 1906 schrieben sich 5000 Studenten für das Wintersemester ein und 4000 für das Sommersemester; etwa 10 Prozent davon waren Juden. Dabei muß man bedenken, daß ein großer Teil der deutschen Juden, etwa ein Drittel, zu dieser Zeit in Berlin lebte. Als die Nationalsozialisten an die Macht kamen, lebten in Berlin etwa 160000 nichtgetaufte Juden, in ganz Deutschland etwa 450000. Große jüdische Gemeinden gab es auch in anderen großen Städten, besonders in Breslau, Frankfurt am Main und Hamburg. Während des Kaiserreichs stellten die Juden 7 bis 8 Prozent der gesamten Studentenschaft fast aller Universitäten. Das ist eine bemerkenswert hohe Zahl, wenn man sich vergegenwärtigt, daß die Juden mit weniger als 1 Prozent an der Gesamtbevölkerung beteiligt waren. Nahezu 70 Prozent aller deutschen Juden lebten in Preußen.

Es überrascht daher kaum, daß die Zahl von Juden in akademischen Berufen sehr hoch war. Im Jahre 1907 waren 6 Prozent aller deutschen Ärzte und Zahnärzte, 14 Prozent der Rechtsanwälte und 8 Prozent der Privatgelehrten, Journalisten und Schriftsteller Juden (Hamburger 1968). Diese Zahlen gewinnen noch mehr an Bedeutung angesichts ihrer Konzentrierung in wenigen großen Städten, besonders in Berlin. Bei der Machtergreifung der Nationalsozialisten waren fast die Hälfte der 6000 Ärzte in Berlin Juden. Im Gegensatz zu dem verhältnismäßig großen Anteil an freiberuflichen Akademikern war die Anzahl jüdischer Fakultätsmitglieder an den Universitäten vergleichsweise klein. So gab es im Jahr 1910 ungefähr 200 jüdische Fakultätsmitglieder, die Hälfte davon in der Medizinischen Fakultät. Die Beförderung zum Rang des Ordinarius war für einen Juden ziemlich schwierig, trotz der zum Teil außergewöhnlichen Qualifikation. Der Widerstand kam vor allen Dingen von den Fakultäten selbst: Antijüdische Gefühle waren ziemlich stark in einigen Bereichen der Geistes- und Rechtswissenschaften, weniger ausgeprägt in der Medizin und am geringsten in den Naturwissenschaften. Der Kampf des Historikers und Hochschullehrers Heinrich von Treitschke (1834—1896) gegen die „schlechten" Auswirkungen des jüdischen Einflusses auf das deutsche Schicksal ist bekannt. Seine haßerfüllten Ausbrüche gegen die Juden und seine Versuche, die Studenten zu verhetzen, stießen bei liberalen Professoren, wie Rudolf Virchow, Emil Du Bois-Reymond und Theodor Mommsen auf starke Opposition. Tatsächlich kamen aber durch Treitschke die Gefühle vieler konservativer und reaktionärer Elemente an den Universitäten zum Ausdruck. Zwischen 1882 und 1909 hatten stets etwa 20 bis 25 Juden die Position eines Ordinarius inne. Für jüdische Mediziner und Naturwissenschaftler gab es jedoch andere Möglichkeiten, ihre kreativen Forschungsarbeiten zu betreiben, nämlich in privaten, industriellen oder halbprivaten Instituten. Mit der Gründung der Kaiser-Wilhelm-Gesellschaft im Jahr 1911 begann dann eine neue Ära. Viele Juden wurden Direktoren von vorzüglich ausgestatteten Instituten. Die Tatsache, daß 1150 jüdische Wissenschaftler, viele davon außergewöhnlich brillant und in hohen Positionen, zwischen 1933 und 1935 Deutschland verließen, ist ein Indiz für die große Bedeutung der Juden in der deutschen Wissenschaft vor dem Aufstieg Hitlers.

Die Akzeptierung der Juden an den Universitäten wurde stark erleichtert durch ihre Assimilation der deutschen Kultur. Um die Jahrhundertwende hatten viele Juden fast alle Verbindungen zu der jüdischen Tradition und der jüdischen Gemeinschaft verloren. Viele von ihnen betrachteten sich als deutsche Staatsbürger jüdischen Glaubens. Sie gründeten den „Central Verein", der in Wirklichkeit eine Widerstandsbewegung gegen die Diskriminierung der Juden war und um eine völlige Gleichstellung kämpfte. Aber die jüdische Religion hatte für viele von ihnen tatsächlich nur eine geringe Bedeutung. Da sie die gleiche Erziehung, Ausbildung und kulturelle Erfahrung besaßen wie die Nichtjuden, wurden zumindest in gewissen Kreisen enge Kontakte und Freundschaften mit Nichtjuden begünstigt, besonders in der gebildeten Mittelklasse. Mischehen waren häufig und beschleunigten die Lockerung der Bindungen an die jüdische Gemeinschaft. Die Freundschaften, die sich in der wissenschaftlichen Gemeinde entwickelten, waren so fest, daß viele davon sogar auch in der Hitlerzeit fortdauerten und vielfach zu Tragödien selbst unter nichtjüdischen Wissenschaftlern führten. Dieser besondere Aspekt wird später noch diskutiert.

Sogar im liberalen Wilhelminischen Zeitalter, mit florierendem Wohlstand und relativem Überfluß, war die Freiheit, die die Juden in den akademischen und freien Berufen genossen, in anderen Bereichen beschränkt. So wurden selbst getaufte Juden nur in geringer Zahl zum Staatsdienst und Beamtenstand zugelassen. Von der Regierung und dem Militär waren sie praktisch ausgeschlossen, abgesehen von wenigen Ausnahmen, die aber im Hinblick auf die Gesamtsituation ohne Bedeutung gewesen sind. In diesem Bereich veränderte sich die Lage erst im Ersten Weltkrieg, als viele Juden in der Armee kämpften; etwa 1000 wurden Offiziere, doch keiner erreichte einen hohen Rang. Der jüdische Chemieprofessor Fritz Haber (wir werden später auf ihn zurückkommen) spielte bei der Beschaffung sowie der Herstellung von neuartigem Kriegsmaterial eine wichtige Rolle, und der Generalstab sah sich — höchst widerstrebend — gezwungen, seinen Rat anzunehmen.

In der kurzlebigen Weimarer Republik waren unter den Kabinettsmitgliedern sieben Juden. Zwei dieser Männer sollen hier erwähnt werden, um die Rolle der Juden im Kabinett der Weimarer Republik zu illustrieren. Der erste Innenminister war Hugo Preuss (1860—1925), der von Friedrich Ebert im November 1918 ernannt wurde (Hamburger 1975), obwohl Ebert wußte, daß Preuss kein Sozialdemokrat war. Preuss war ein außergewöhnlich brillanter Gelehrter, der eine beachtliche Zahl von Büchern über Staatsrecht geschrieben hat und sich auch besonders für Geschichte interessierte. Im Alter von 29 Jahren wurde er Privatdozent an der Universität Berlin, aber wegen des starken Antisemitismus in der dortigen Fakultät konnte er nicht den Rang eines Professors erreichen. 1906 wurde er dann zum Professor an der Handelshochschule ernannt, an der mehrere jüdische Hochschullehrer, die an der Universität aufgrund von Antisemitismus blockiert wurden, unterrichten konnten. Preuss gehörte zum linken Flügel der Liberalen. Er gilt allgemein als der Vater der Weimarer Verfassung. Aber im Juni 1919 trat er aus Protest gegen den Versailler Vertrag von seinem Kabinettsposten zurück. Preuss war verheiratet mit Else, aus dem Hause Liebermann, einer prominenten und wohlhabenden jüdischen Familie. Elses Vater war der Chemiker Carl Liebermann, ein Lehrer von Fritz Haber. Max Liebermann, einer der größten deutschen Maler, stammt ebenfalls aus dieser Familie. Preuss war ein energischer und mutiger Kämpfer für die jüdischen Rechte und wurde wiederholt persönlich in Fälle der Diskriminierung von Juden verwickelt. In den letzten Jahren seines Lebens nahm er sogar am jüdischen Leben teil und schloß sich 1924 demonstrativ der Verwaltung der „Akademie für die Wissenschaft des Judentums“ an. Er fühlte sich mit Leib und Seele der deutschen Nation zugehörig, der er tief und aufrichtig ergeben war. Er sah in dieser seiner Haltung keinen Widerspruch zum Judentum. Wie auch viele andere Juden betrachtete er den Antisemitismus als Irrsinn, der seiner Überzeugung nach mit dem Fortschritt der Zivilisation und in einer Gesellschaft, in der ein fortschrittliches Völkerrecht herrschte, von selbst verschwinden würde.

Ein zweites jüdisches Mitglied des Kabinetts war Walther Rathenau (1867—1922), der 1922 Reichsaußenminister wurde. Er war der Sohn von Emil Rathenau, dem Gründer der Allgemeinen Elektricitäts-Gesellschaft (AEG) (Schulin 1976). Sowohl Vater als auch Sohn waren außerordentlich begabte und hochgebildete Menschen; beide spielten bei der Entwicklung der Großindustrie in Deutschland eine wichtige Rolle. Emil gründete zuerst eine Maschinenfabrik, offensichtlich beeinflußt von seinem Großvater (Mitglied der oben genannten Familie Liebermann), der Verbindungen zu einer Maschinenfabrik in Schlesien hatte. Emil war weniger ein technischer Erfinder oder Bankier als vielmehr ein großartiger und tatkräftiger Organisator. Nach der Gründung der AEG förderte er die Einführung der Elektrizität in Deutschland auf vielen Gebieten; die Rolle der AEG war ihrer Bedeutung nach vergleichbar mit der des gewaltigen Siemens-Konzerns (Siemens & Halse und Siemens & Schuckert). Dank dieser beiden Industriegiganten wurde Deutschland um die Jahrhundertwende führend auf diesem Gebiet und übertraf nicht nur England und Frankreich, sondern selbst die Vereinigten Staaten. Die AEG errichtete in vielen Ländern Europas und in der ganzen Welt große Kraftwerke.

Emils Sohn Walther studierte Mathematik, Physik, Chemie sowie Philosophie und schloß sein Studium mit dem Dr. phil. ab. Er war der Prototyp eines Intellektuellen mit vielseitigen Interessen und einem großen Freundeskreis, zu dem auch bekannte Schriftsteller gehörten. Seine Intuitionen und sein Seherblick waren außergewöhnlich. So erkannte er sehr bald, daß der Kapitalismus in der damals herrschenden Form im Laufe der Zeit durch eine Planwirtschaft ersetzt werden mußte. Diese revolutionären Ansichten führten zu Konflikten und auch zu Unstimmigkeiten mit seinem Vater über die Geschäftsführung der AEG und die Politik des Konzerns; jedoch stand er in kritischen Lagen voll und ganz zu seinem Vater. Walther Rathenau interessierte sich auch sehr für Politik. Schon vor dem Ersten Weltkrieg hat er eine europäische Wirtschaftsgemeinschaft vorausgesehen, viele Jahrzehnte, bevor sie Wirklichkeit wurde.

Einige Tage nach dem Kriegsausbruch im August 1914 wurde Rathenau die Verantwortung für die Bereitstellung und Verteilung von Kriegsmaterial übertragen, eine Funktion, die er mit außergewöhnlicher Erfindungsgabe bewerkstelligte. Er verließ dann das Kriegsministerium im Juli 1915, nach dem Tod seines Vaters, und wurde Aufsichtsratsvorsitzender der AEG. Im Jahre 1921 war er als Wiederaufbauminister einer der Fachberater bei den Verhandlungen in Spa und führend beteiligt bei den Konferenzen in London und Cannes. Im Februar 1922 wurde er Reichsaußenminister und unterzeichnete in Rapallo den ersten Vertrag mit der Sowjetunion nach dem Krieg. Von den Angehörigen des linken Flügels wurde er ganz besonders gehaßt; für sie war er einer der schlimmsten jüdischen Verräter. Im Juni 1922 wurde er der dann von Rechtsradikalen in Berlin ermordet.

Walther Rathenau war nie getauft worden. Seine Haltung gegenüber den beiden ethnischen Gruppen war hin- und hergerissen durch viele Konflikte. Er liebte Deutschland tief und aufrichtig, erkannte aber auch die Schwächen der deutschen Gesellschaft und bestimmter Charakterzüge der Deutschen. Immer wieder stellte er sich die Frage nach der Verpflichtung seiner jüdischen Herkunft und kam schließlich zu der Antwort: entweder Zionismus oder totale Assimilation. Im April 1922 besuchte ihn, den damaligen Außenminister, einer der prominentesten Zionistenführer in Deutschland, Kurt Blumenfeld, zusammen mit Albert Einstein. Sie flehten Rathenau an, seine Funktion als Außenminister aufzugeben; denn ein Jude, so meinten sie, sollte nicht der Repräsentant Deutschlands sein, unter den demütigenden Umständen, in denen sich das Land befand. Blumenfeld sagte zu ihm: „Postminister dürften Sie sein, aber nicht Außenminister", das heißt, daß Deutschland zu helfen als Fachexperte nicht vergleichbar sei mit dem Wirken in der exponierten Position eines Außenministers, als der Repräsentant der deutschen Nation, der ständig gezwungen wurde, die verheerenden Forderungen der Alliierten zu akzeptieren, die Deutschland schwächen und demütigen sollten. Blumenfeld und Einstein waren überzeugt, daß die Situation unvermeidbar zu einer Katastrophe für Rathenau führen würde.

Aber all diese Geschehnisse sind nur Marginalien zu unserem Hauptthema. Viel wichtiger ist der starke Einfluß der Juden in der Weimarer Republik auf das kulturelle Leben und auf die Universitäten. Am meisten ausgeprägt war ihr Einfluß auf die bildenden Künste, auf Schauspiel und Oper, Musik und Architektur, aber auch bedeutend in der Literatur, dem Journalismus und manchen anderen Bereichen. Im zweiten Teil der zwanziger Jahre erlebte Deutschland eine wahre Renaissance. Der verlorene Krieg, die Revolution und die sozialen und wirtschaftlichen Umwälzungen mobilisierten die schöpferischen Kräfte auf allen Gebieten. Berlin wurde eine besonders reizvolle Stadt für alle Intellektuellen. Viele Besucher aus dem Ausland, insbesondere aus den Vereinigten Staaten, betrachteten Berlin als die geistige Hauptstadt der Welt. Dies war nicht zuletzt dem Beitrag der Juden zu verdanken (4,3 Prozent der Berliner Bevölkerung waren Juden, von der Gesamtbevölkerung Deutschlands nur etwa 0,9 Prozent; Leschnitzer 1954, 1956).

Unglücklicherweise blendete dieser Erfolg die Juden und verführte sie dazu, die unheilvollen Vorzeichen zu ignorieren. Der verheerende Krieg und die Niederlage von 1918 erzeugten einen Judenhaß, der anders als bisher mehr auf rassistischen als auf vorwiegend religiösen Gründen beruhte. Die meisten Juden hielten den Antisemitismus immer noch für ein vorübergehendes Phänomen, das im Zuge der Verbesserung der allgemeinen wirtschaftlichen und politischen Lage genauso abklingen würde wie früher gegen sie gerichtete Feindseligkeiten. Sie lebten in dem Glauben, daß in einem Land mit derart hohem Kulturniveau ein Rückfall ins „finstere Mittelalter" unmöglich wäre. Dies war mit ein Grund, daß sich nur ein sehr kleiner Teil der deutschen Judenschaft der am Ende des 19. Jahrhunderts gegründeten zionistischen Bewegung anschloß; die große Mehrheit lehnte sie entschieden ab. Anfang der dreißiger Jahre, als die Stärke der nationalsozialistischen Bewegung schon recht deutlich spürbar war, gab es unter den 450000 Juden in Deutschland nur etwa 10000, die den Zionismus aktiv oder auch nur mit Lippenbekenntnissen unterstützten. In diesem Zusammenhang sei daran erinnert, daß ganz allgemein viele hochgebildete Deutsche, ob Juden oder nicht, die nationalsozialistische Bewegung nicht ernst genommen haben. Als sie dann ihre katastrophale Stoßkraft erkannten, war es für irgend einen ernsthaften Widerstand bereits zu spät. Hitler hatte seit April 1933 die absolute Macht eines Diktators, und jeglicher Versuch einer Opposition wurde skrupellos zerschlagen. Nur wenige Leute außerhalb Deutschlands wußten etwas von der Brutalität dieses Terrors, bis zur Perfektion durchorganisiert und angewendet gegen die geringsten Ansätze eines Widerstands, mit

Meuchelmord, Hinrichtungen und Konzentrationslagern. Es war die Tragödie Europas, daß selbst in Frankreich und noch weniger in England die führenden Staatsmänner die wirkliche Bedeutung der Ereignisse in Deutschland nicht rechtzeitig erkannt haben.

II. Die Atomphysik im frühen 20. Jahrhundert

Im 18. Jahrhundert waren Frankreich und Großbritannien führend auf dem Gebiet der Naturwissenschaften. Diese Vorherrschaft unterlag im 19. Jahrhundert ausgeprägten Schwankungen. So war Frankreich in den ersten Jahrzehnten das führende Land, besonders in der Chemie, trotz der durch die Französische Revolution erlittenen Rückschläge. In der Mitte des Jahrhunderts übernahm dann Großbritannien die Führung, und gegen Ende des Jahrhunderts, besonders in den letzten drei Jahrzehnten, ging die Führung auf Deutschland über. Einige der wissenschaftlichen Entwicklungen in Deutschland, besonders im letzten Teil des Jahrhunderts, sollen im Folgenden zuerst erörtert werden. Denn diese Entwicklungen bereiteten die Bühne für die raschen Fortschritte im 20. Jahrhundert.

Entwicklungen in der Physik im späten 19. Jahrhundert

Die Universität Berlin, gegründet 1810, war anfänglich im wesentlichen eine akademische Lehranstalt für Geisteswissenschaften und Philosophie. Die Physik wurde erst 1834 in den Lehrplan aufgenommen, mit Heinrich Gustav Magnus (1802—1870) als Extraordinarius; er wurde dann im Jahr 1845 der erste Ordinarius für Physik. Sein Hauptinteresse galt der Ballistik, doch befaßte er sich auch mit anderen Gebieten, zum Beispiel mit Physiologie. Ein physikalisches Institut gab es damals noch nicht, sowohl Physik als auch Chemie wurden in sehr kümmerlicher Form gelehrt. Erst um 1860 hat man dann damit begonnen, für die Studenten ein paar Laboratorien einzurichten. Magnus, ein getaufter Jude, stammte aus einer vornehmen jüdischen Familie. Sein älterer Bruder Eduard war ein begabter und populärer Maler des Berliner Biedermeier (frühe Viktorianische Zeit), von dem sich viele berühmte Leute portraitieren ließen. Andere bemerkenswerte Familienmitglieder waren der Pharmakologe Rudolf Magnus (1873—1927), zuletzt Ordinarius in Utrecht; Paul Wilhelm Magnus, Extraordinarius für Botanik an der Universität Berlin; Adolf Magnus-Levy (1865—1955), ein angesehener Arzt, der eine Reihe hervorragender Beiträge zur Medizin lieferte, besonders auf dem Gebiet des Stoffwechsels. Magnus-Levy verließ Deutschland in der Hitlerzeit und verbrachte den Rest seines Lebens in den Vereinigten Staaten.

In Berlin veränderte sich die Situation im Jahr 1871 dramatisch, als Hermann von Helmholtz (1821—1894) den Lehrstuhl für Physik übernahm, unter der Bedingung, daß die Universität eigens für ihn ein Institut errichte. Helmholtz war zuerst Militärarzt, dann Anatomielehrer an der Kunstakademie in Berlin; 1852 wurde er Professor für Physiologie, zuerst an der Universität Königsberg, 1858 an der Universität Bonn und dann in Heidelberg. Sein Hauptinteresse galt dem Problem der Sinneswahrnehmung. Seine klassischen

Arbeiten über die Physiologie des Auges und des Ohres bedeuteten einen Durchbruch in der Physiologie. Helmholtz war einer der hervorragendsten Naturwissenschaftler des 19. Jahrhunderts. Seine Arbeiten lieferten nicht nur einschlägige Kenntnisse auf dem Gebiet der Optik und Akustik, sondern insbesondere der Thermodynamik, einem Teilgebiet der Physik und der Chemie. Den Ersten Hauptsatz der Thermodynamik hatte schon 1842 Robert Mayer (1814—1878), ein Arzt aus Heilbronn, postuliert. Experimentelle Unterstützung erhielt er dann durch den britischen Physiker James Prescott Joule (1818—1889), der das mechanische Wärmeäquivalent exakt bestimmte. Die Formulierungen von Helmholtz übertreffen aber bei weitem diejenigen seiner Vorgänger an Klarheit und Tiefe.

Helmholtz war eine ungemein starke Persönlichkeit, mit einem brillanten Verstand und einem erstaunlichen Allgemeinwissen auf sämtlichen Gebieten der Naturwissenschaften. Er hatte zwar nicht die Gabe, gute Vorlesungen zu halten, aber sein glänzender Geist zog einige der berühmtesten Physiker an, deren Arbeiten Meilensteine in der Entwicklung der Physik bedeuten. Unter ihnen war Ludwig Boltzmann (1844—1906), ein gebürtiger Wiener, der auf Grund seines Interesses an der Mathematik umwälzende statistische Methoden in die Physik einführte. Wie wichtig diese Methoden waren, zeigte sich mit der Zeit immer deutlicher; er und der eminente britische Physiker James Maxwell (1831—1879) gelten als die Gründer der statistischen Mechanik. Ein anderer brillanter Helmholtz-Schüler war Wilhelm Wien (1864—1928), dessen Arbeiten über die Strahlungsgesetze den Grund für Plancks Arbeiten über Wärmestrahlung legten und damit für die Entwicklung der Quantentheorie. Zu Helmholtz' Schüler gehörte auch Albert Abraham Michelson (1852—1931), ein in Posen (damals Deutschland) geborener Jude, der in die Vereinigten Staaten emigriert war. Für die Erfindung optischer Präzisionsinstrumente (zum Beispiel das Interferometer) und die damit durchgeführten Forschungen (wie beispielsweise eine Präzisionsmessung der Lichtgeschwindigkeit) erhielt er 1907 den Nobelpreis für Physik. Seinen Experimenten (zusammen mit E. W. Morley) verdanken wir letztlich auch die Elimination des Begriffs des „Äthers" aus der Physik, die wichtigste Erfahrungsgrundlage der speziellen Relativitätstheorie Einsteins (Michelson-Versuch). Die Arbeiten eines weiteren Schülers, Heinrich Rudolf Hertz (1857—1894) waren nicht nur von großer theoretischer Bedeutung, sondern wegweisend (nach ihm wurde die Einheit der Frequenz „Hertz" benannt) für aufsehenerregende technische Entwicklungen auf dem Gebiet der Elektrodynamik. Der ungewöhnlich begabte Physiker, der aus einer prominenten jüdischen Familie in Hamburg stammte (sein Vater war Rechtsanwalt), doktorierte bei Helmholtz und wurde 1880 sein Assistent. Helmholtz war von Hertz' Intelligenz stark beeindruckt und schlug ihm vor, die Existenz von elektromagnetischen Wellen experimentell nachzuweisen. Maxwell hatte nämlich vorausgesagt, daß bestimmte Ereignisse, wie elektrische Entladungen, elektromagnetische Wellen erzeugen, die sich mit Lichtgeschwindigkeit in allen Richtungen ausbreiten; aber er hatte diese Vorstellung nicht experimentell verfolgt. Nach jahrelanger Arbeit gelang es dann Hertz 1887, die Existenz dieser Wellen erstmals experimentell nachzuweisen. Er war damals Professor an der Technischen Hochschule in Karlsruhe. Seine Entdeckung hatte umwälzende Auswirkungen auf die Telephon- und Radiotechnik — Folgen, die Hertz (der im Alter von 37 Jahren starb) nicht vorausgesehen hatte. Die Entwicklung der neuen Kommunikationssysteme, einschließlich des Radios, gelang dann durch die Zusammenarbeit mehrerer prominenter Physiker und Ingenieure. Einer davon war der italienische Physiker Guglielmo Marconi (1874—1937), dessen Arbeiten unter anderem zur Verwirklichung der ersten drahtlosen Verbindung zwischen Europa und Amerika führten. Für die Entwicklung der drahtlosen Telegraphie erhielt er (zusammen mit Carl Ferdinand Braun) 1909 den Nobelpreis. Viele technische Probleme waren aber noch zu lösen, ehe die komplizierten Geräte entwickelt werden konnten, die heutzutage die Übertragung von Tönen, wie beispielsweise der menschlichen Stimme oder von Musik, ermöglichen. Einer der dabei wesentlich beteiligten Pioniere war der amerikanische Physiker und Ingenieur Lee de Forest. Aber es war Hertz' bahnbrechende Entdeckung, die das ganze Gebiet erschlossen hat.

Helmholtz' Anziehungskraft, die so begabte Schüler in sein Institut zog, war aber nicht der einzige Faktor, durch den Berlin zu einem bedeutenden Physik-Zentrum wurde. Er setzte es auch durch, das Gustav Robert Kirchhoff (1824—1887), der den Lehrstuhl für Theoretische Physik in Heidelberg innehatte (schon als Helmholtz in Heidelberg war), an den neu geschaffenen Lehrstuhl für Theoretische Physik in Berlin berufen wurde; Kirchhoff nahm den Ruf an und kam 1875 nach Berlin. Einer seiner hervorragendsten Leistungen war die Entdeckung und Begründung der Spektralanalyse, mit der man Substanzen durch Messung der Wellenlänge der für sie charakteristischen Spektrallinien identifizieren kann. Er hat diese Arbeiten in Heidelberg, zusammen mit dem Chemiker Robert Wilhelm Bunsen (1811—1899) gemacht. Nach Kirchhoffs Tode im Jahr 1887 wurde, auf Vorschlag von Helmholtz, Max Planck von der Universität Kiel zu seinem Nachfolger berufen; Planck kam dann 1889 nach Berlin — einer unter den Genies, die dazu bestimmt waren, die Naturwissenschaften zu revolutionieren.

Helmholtz und seine Frau Anna, geborene von Mohl, bewohnten eine prächtige und elegante Villa (Dienstwohnung der Phys.-Techn. Reichsanstalt) und gaben häufig große Gesellschaften, die viele Intellektuelle, Wissenschaftler, Künstler und prominente Persönlichkeiten der Regierung und Industrie zusammenbrachten. Damit förderten sie nicht nur den Glanz und den neuen Geist der schnell wachsenden Hauptstadt des Kaiserreichs, sondern sie halfen auch, Interesse an der Wissenschaft und ihrer Bedeutung für die Gesellschaft zu wecken. Ihre Tochter Ellen heiratete den Sohn des berühmten Elektroingenieurs und Industriellen Werner von Siemens (1816—1892). Siemens stiftete der Regierung eine halbe Million Mark für die Errichtung der Physikalisch-Technischen Reichsanstalt, deren Präsident Helmholtz 1888 wurde, ohne aber den Lehrstuhl für Physik aufgeben zu müssen. Er behielt beide Positionen bis zu seinem Tode im Jahr 1894.

Die Physik gewann auch an anderen deutschen Universitäten immer mehr an Bedeutung, unter der Führung eminenter Ordinarien. Einer davon war Wilhelm Conrad Röntgen (1845—1923), dem viele wesentlichen Beiträge zur Physik zu verdanken sind, dessen Weltruf aber auf der Entdeckung der nach ihm benannten Strahlen (1895) beruht. Er wurde dafür im Jahr 1901 mit dem (allerersten) Nobelpreis ausgezeichnet. Welch eine ungemein wichtige Rolle die Röntgenstrahlen in der Physik, der Chemie, der Biochemie und der Medizin spielen, ist eine allgemein bekannte Tatsache. Röntgen war ein Schüler von August Kundt (1839—1894), dem er in Zürich begegnete. Als Kundt Ordinarius in Straßburg wurde, setzte er dort die Gründung eines zweiten Physik-Lehrstuhls für Röntgen durch, den dieser 1876 übernahm. Schon damals war Röntgen international bekannt. 1879 wurde er Ordinarius für theoretische Physik in Gießen, 1888 in Würzburg (als Nachfolger von Kohlrausch) und 1900 in München, wo er im Jahr 1923 gestorben ist.

Vor der Kaiserzeit war nicht Berlin, sondern München mit Abstand führend in Physik und Chemie. Dort wurde 1840 Georg Simon Ohm (1767—1854) Professor für Physik, weltbekannt durch seine Arbeiten auf dem Gebiet der Elektrizität, insbesondere durch die Formulierung des Gesetzes über die Beziehung zwischen Spannung, Stromstärke und

Widerstand (Ohmsches Gesetz). Manche seiner Beiträge findet man noch heute in den Physik-Lehrbüchern. Er erhielt 1841 die Copley-Medaille der Royal Society, eine Auszeichnung, die damals etwa dem heutigen Nobelpreis entsprach. Auch in Würzburg gab es eine renommierte physikalische Abteilung, zuerst unter Kundt und dann unter seinem Nachfolger Friedrich Wilhelm Kohlrausch (1840—1910), der 1875 den Lehrstuhl für Physik an dieser Universität übernahm. Kohlrauschs Hauptforschungsgebiet war die physikalische Meßtechnik; so konstruierte er unter anderem Meßgeräte zur Bestimmung elektrischer und magnetischer Größen. Am bekanntesten sind seine Leitfähigkeitsmessungen von elektrolytischen Lösungen (Kohlrauschsches Gesetz). Er zog viele Studenten an, auch aus den Vereinigten Staaten. Aus seiner Schule kamen Ostwald, van 't Hoff und Nernst, die später einige von Kohlrauschs Theorien weiter ausarbeiteten.

Wilhelm Ostwald (1853—1932), ein brillanter Physiker und Chemiker, gilt als einer der Gründer der physikalischen Chemie. Er war äußerst dynamisch, hatte eine unglaubliche Vitalität und einen weiten Interessenbereich, wozu zum Beispiel physikalische Chemie, Thermodynamik, Farbwahrnehmung, aber auch die Philosophie gehörten, und er war Maler und Musiker. Im Jahr 1887 übernahm er den (damals einzigen) Lehrstuhl für physikalische Chemie in Leipzig. Ostwald machte sein Institut sehr bald zum führenden Zentrum der Welt. Unter der großen Zahl seiner Studenten waren Arrhenius, van 't Hoff und Nernst. Für seine Arbeiten und Entdeckungen auf dem Gebiet der Katalyse (auch für das Industriewachstum von wesentlicher Bedeutung) wurde Ostwald 1909 mit dem Nobelpreis für Chemie ausgezeichnet.

Abb. 1. Walther Nernst

Walther Nernst (1864—1941) hat bei Helmholtz und Boltzmann studiert. Im Laboratorium von Kohlrausch, bei dem er doktorierte, begegnete er Ostwald, der ihn so tief beeindruckte, daß er zu ihm nach Leipzig ging. In seiner ersten Arbeit in Ostwalds Institut kombinierte Nernst auf brillante Weise Boltzmanns atomistische Ideen mit den Gesetzen der Thermodynamik, die von Helmholtz und Clausius entwickelt worden waren. Nernst erkannte, daß die Elektrochemie die Möglichkeit bot, die beiden Denkrichtungen zu integrieren. Eine der wichtigsten Größen bei chemischen Reaktionen ist ihre freie Energie, das heißt der Energiebetrag, der aus der Reaktion zur Leistung von Arbeit extrahiert werden kann. Die freie Energie ist zu unterscheiden von der Gesamtwärmetönung, die die Reaktion charakterisiert. Dieser Unterschied spielt eine entscheidende Rolle bei vielen physikalischen und biologischen Reaktionen (wir kommen später darauf ausführlich zurück). Die beteiligten Größen lassen sich als mechanische Arbeit, Wärmemenge und Temperatur messen, ohne Berücksichtigung der zugrundeliegenden Vorgänge auf atomarer Ebene. Elektrische Ströme erzeugen Arbeit und Wärme, so daß thermodynamische Berechnungen möglich sind; man kann sie aber auch mit atomaren Konzepten, auf der atomphysikalischen Grundlage des Verhaltens der Ionen beschreiben. Auf Nernsts Ideen und Experimente gründet sich seine Theorie (1889) der galvanischen Stromerzeugung. Dies war eine außerordentliche Leistung mit weitreichender Bedeutung, die allgemeine Anerkennung fand und Nernst in den Ruf eines führenden physikalischen Chemikers brachte.

Ein attraktives Angebot des Physikprofessors Riecke veranlaßte Nernst im Jahr 1890 nach Göttingen zu gehen. Dort wurde er Direktor eines neuen Instituts für physikalische Chemie und erhielt einen eigens für ihn geschaffenen Lehrstuhl. Das war der Grund, daß er den Ruf auf den Lehrstuhl für Physik an der Universität München, als Nachfolger von Boltzmann ablehnte. Verantwortlich für diese Entwicklung war insbesondere Dr. Friedrich Althoff, Beamter, Geheimer Rat, im preußischen Kultusministerium (von 1882 bis 1907), ein ausgeprägter Autokrat und wohlwollend belehrender Diktator, der sich eifrig um den Ausbau der Universitäten und wissenschaftlichen Anstalten bemühte und dabei häufig über die Köpfe der Fakultätsmitglieder hinweg seine Entscheidung traf. Sein Hauptziel war die Schaffung großer internationaler Zentren in Berlin und Göttingen, was ihm dank seiner Zielstrebigkeit, seiner ausgezeichneten Urteilskraft und Hingabe an seine Aufgaben entgegen allen Erwartungen gelang. Er führte Buch über jeden vielversprechenden Wissenschaftler. Auf seine Initiative hin wurden in den neunziger Jahren des 19. Jahrhunderts drei Mathematik-Lehrstühle in Göttingen geschaffen und zwar einer für Felix Klein, einer für David Hilbert und einer für Herbert Minkowski, die für den Ruhm der Universität Göttingen anfangs des 20. Jahrhunderts ausschlaggebend waren.

Nernst fand in seinem neuen Institut in Göttingen sämtliche Möglichkeiten, sein Genie voll zu entfalten, und wurde bald eine der einflußreichsten Persönlichkeiten in der deutschen Wissenschaft. Im Jahr 1901 ging er dann an die Universität Berlin, worauf wir später zurückkommen werden.

Zu den namhaften Physikern des 19. Jahrhunderts gehört Rudolf Clausius (1822—1888), ein Schüler von Magnus, Professor für Physik zuerst an der Königlichen Ingenieur-Schule in Berlin (1855), dann an der Technischen Hochschule in Zürich, 1867 in Würzburg und 1869 in Bonn. Clausius gilt als der Entdecker des Zweiten Hauptsatzes der Wärmetheorie (1850). Die Wärmelehre (Thermodynamik) baut sich auf drei grundlegenden Erfahrungssätzen auf, die man deshalb als Hauptsätze bezeichnet. Der Erste Hauptsatz bezieht sich auf der Erhaltung der Energie und die Äquivalenz aller ihrer Formen; aber er macht keine

Aussage über die Umwandelbarkeit von einer Energieform in eine andere. Die Beobachtungen des französischen Physikers und Ingenieurs Nicolas L. S. Carnot (1796—1832), der sich mit Problemen der Dampfmaschine befaßte, führten zu der Erkenntnis, daß mechanische Energie vollständig in Wärme umgewandelt werden kann, der umgekehrte Prozeß jedoch unmöglich war. Nach dem von Clausius formulierten Zweiten Hauptsatz sind nicht alle Arten der Energieumwandlung möglich, und selbst die möglichen finden nur unter bestimmten Bedingungen statt; der Zweite Hauptsatz definiert somit eine Richtung des spontanen Ablaufs physikalischer Prozesse in einem abgeschlossenen System. Der II. Hauptsatz ist allgemein gültig und läßt sich auf viele physikalische und chemische Prozesse anwenden, auch auf die Vorgänge in lebenden Zellen; dieser Erfahrungssatz macht jedoch in seiner verallgemeinernden Form keine detaillierten Aussagen über die ihm zugrundeliegenden verschiedenen physikalischen (und chemischen) Prozesse. Schon Helmholtz und bereits etwas früher der amerikanische Physiker Josiah Willard Gibbs (1839—1903) haben unabhängig voneinander unterschieden zwischen der nutzbaren freien Energie und der möglichen freigesetzten Gesamtwärme, die aber nicht vollständig genutzt werden kann.

Der II. Hauptsatz beinhaltet auch den Begriff *Entropie* („Verwandlungsgröße"), den Clausius als erster eingeführt hat. Boltzmann betrachtete in seiner statistischen Interpretation der Thermodynamik die Entropie als ein Maß für die Unordnung eines Systems auf atomarer Ebene. Der Begriff der Entropie, als Zustandsgröße der Wärmelehre, gewann bei der Weiterentwicklung der Thermodynamik zunehmend an Bedeutung, und viele Forscher befaßten sich mit dieser wichtigen Größe; wir werden später darauf zurückkommen. Clausius ist übrigens auch der Begründer des wissenschaftlichen Ausbaus der kinetischen Gastheorie (1857). Im Zusammenhang mit der Thermodynamik sei noch erwähnt, daß in den letzten Jahrzehnten ein neues Gebiet, unter der Bezeichnung „instabile Thermodynamik" entwickelt wurde, eine Forschungsrichtung, die besondere Bedeutung für biologische Systeme hat, da lebende Zellen und Gewebe sich niemals, außer im Tode, im Gleichgewichtszustand befinden. Dieses Gebiet entwickelte sich jedoch erst lange Zeit nach der in diesem Buch beschriebenen Epoche.

Abgesehen von den genannten Physikern gab es in Deutschland im 19. Jahrhundert noch manche andere namhafte Physiker; doch die wenigen Beispiele mögen genügen, um sich eine Vorstellung von den Ereignissen zu machen, die zu der spektakulären Entwicklung der Physik in Deutschland im 20. Jahrhundert führten.

Die Zeit vor dem Ersten Weltkrieg

Zu den Gebieten, die für den wissenschaftlich nicht geschulten Außenstehenden nur äußerst schwer zugänglich sind, gehört zweifelsohne auch die Atomphysik. Schon in den zwanziger Jahren, als die Entwicklung der Atomphysik in eine entscheidende Phase trat, meinte David Hilbert (1862—1943), der berühmte Göttinger Mathematiker (Reid 1970), daß „die Physik zu schwierig für die Physiker wird". Damals wurden zwar mathematische Formulierungen gefunden, aber die physikalischen Phänomene des Atoms waren schwer in befriedigender Weise zu interpretieren. Trotz des schwierigen Themas ist es notwendig, sowohl einige Höhepunkte als auch die Grundprinzipien der Atomphysik kurz zu erörtern, und zwar aus zweierlei Gründen. Erstens: Wie jeder Laie weiß, haben die Erkenntnisse über das Atom eine neue Ära nicht nur in der Physik, sondern in vielen anderen Gebieten eröffnet, und wir sind uns über die große Bedeutung dieser Kenntnisse für die Zukunft der menschlichen Gesellschaft voll bewußt. Zweitens lassen sich gerade auf dem Gebiet der Atomphysik die tiefgreifenden Auswirkungen der wechselseitigen Stimulierung von jüdischen und nichtjüdischen Wissenschaftlern exemplarisch demonstrieren. Es war nur eine kleine, aber äußerst stark verbundene Gruppe brillanter Physiker, eine glänzende Schar von Genies, die dieses Gebiet geschaffen und weiterentwickelt und somit Deutschland zum Zentrum einer Revolution in der Physik gemacht haben.

Wie bereits erwähnt, war die von James Clerk Maxwell postulierte Existenz elektromagnetischer Wellen von Heinrich Hertz experimentell bewiesen worden. Die Vielfalt elektromagnetischer Wellen unterscheidet sich durch ihre Wellenlänge: Radiowellen sind sehr langwellig, Wärmewellen haben eine viel kürzere Wellenlänge und sind nur wenig langwelliger als die Wellen des sichtbaren Lichtes, welche die Netzhaut des Auges erregen. Lichtwellen haben eine Wellenlänge von etwa 400 bis 750 Nanometer (1 Nanometer = 10^{-9} m = ein Milliardstel Meter). Die kürzesten Lichtwellen haben eine Wellenlänge, die ungefähr 4000mal länger ist als die Wellenlänge typischer Röntgenstrahlen und etwa 40000mal länger als die Wellenlänge der von Radium ausgestrahlten Gammastrahlen.

Die Natur der Wärmestrahlung wurde bereits im späten 19. Jahrhundert erforscht, unter anderem von Ludwig Boltzmann, Wilhelm Wien (Nobelpreis für Physik 1911) sowie John W. S. Rayleigh und Sir James Hopwood Jeans. Man hat damals schon viele einschlägige Informationen gesammelt, aber es gab viele unerklärte Widersprüche und sonstige ernste Schwierigkeiten.

Im Jahr 1895 begann Max Planck das Problem aufzugreifen und neu zu prüfen, wobei er zunächst einige Beobachtungen von Wilhelm Wien weiterverfolgte. Ein Großteil der früheren Arbeiten war hauptsächlich auf thermodynamischen Erwägungen aufgebaut worden. Planck erkannte jedoch, daß vor allen Dingen erforscht werden mußte, wie die Materie Wärmestrahlung emittiert und absorbiert. Daher richtete er sein Hauptinteresse nicht auf die Wärmestrahlung selbst, sondern auf das strahlende Atom, mit der Überzeugung, daß dieser Richtungswechsel die Interpretationen der empirischen Fakten erleichtern könnte. Im Verlauf seiner Arbeiten machte er dann Beobachtungen, die zu einem völlig neuen und revolutionären Konzept führten: Materie emittiert und absorbiert Strahlungsenergie nicht kontinuierlich, sondern in einzelnen diskreten Paketen (Energiequanten). Am 14. Dezember 1900 trug er vor der Berliner Physikalischen Gesellschaft über seine „Quantenhypothese“ vor; dieser berühmte Vortrag gilt allgemein als der Beginn der modernen Atomphysik. Plancks ungemein aufregendes Postulat war, daß Materie Strahlungsenergie quantenhaft ausstrahlt, wobei die Größe der endlichen Energiequanten der Strahlungsfrequenz (ν) proportional ist, das heißt der Anzahl von Wellen, die pro Sekunde emittiert werden. Der Proportionalitätsfaktor ist eine Universalkonstante, mit der Dimension einer mechanischen Wirkung; es ist die berühmte Plancksche Konstante h, das sogenannte Plancksche Wirkungsquantum. Demnach entspricht der Ausdruck $h \cdot \nu$ der Energie eines Quants. Je kürzer die Wellenlänge ist, desto höher ist ihre Frequenz. Daher wird das Energiequantum mit abnehmender Wellenlänge größer. Ein Quantum ultravioletten Lichts enthält mehr Energie als ein Quantum von rotem Licht, ein Quantum von Röntgenstrahlen sogar noch mehr. Das Wirkungsquantum, das Planck mit einem Genie-Blitz eingeführt hat, gilt heute allgemein als einer der bedeutendsten und revolutionierendsten Marksteine in der Wissenschaftsgeschichte. Die Quantenhypothese und die Relativitätstheorie Einsteins haben die Physik in diesem Jahrhundert so tiefgreifend wie keine andere Erkenntnis beeinflußt. Die Plancksche Konstante — die Energie eines einzigen Wirkungsquantums — ist unvorstellbar klein: $6{,}624 \cdot 10^{-27}$ erg sec (erg ist die Einheit der Arbeit, 1 erg = 1 dyn·cm). Zum Vergleich: Eine gewöhnliche 100 Watt-Glühlampe strahlt 300 Billionen Quanten pro Sekunde aus.

Auf Grund von Plancks Beobachtungen mußte der althergebrachte Begriff des „Kontinuums in der Natur" aufgegeben werden, eine Vorstellung, die seit Aristoteles in der Wissenschaft vorherrschte (natura non facit saltus — Die Natur macht keine Sprünge). Isaac Newton hatte diese Möglichkeit eine Zeitlang in Erwägung gezogen, aber schließlich wieder verworfen. Die öfters geäußerte Behauptung, Planck selbst habe den revolutionierenden Charakter seiner Experimente nicht erkannt, ist unrichtig; denn er wies immer wieder nachdrücklich auf die große Bedeutung seiner Beobachtungen für die Physik und Chemie hin. Werner Heisenberg erzählte einmal, daß Planck während eines Spaziergangs im Grunewald zu seinem Sohn Erwin sagte, er habe Beobachtungen gemacht, die entweder völliger Unsinn oder aber die größte Entdeckung seit Newton seien. Jedoch hatte Planck an den Folgen seiner Entdeckungen kein besonderes Interesse. Er war ein konservativer Mensch und versuchte jahrelang — ohne Erfolg — die Tatsachen mit der klassischen Theorie in Einklang zu bringen.

Der offene Bruch mit der klassischen Physik kam aber erst einige Jahre später, durch Albert Einsteins Arbeit, die 1905 in den „Annalen der Physik" erschien. Einstein, damals ein unbekannter Angestellter am Eidgenössischen Patentamt in Bern, stellte darin eine kompromißlose Korpuskulartheorie des Lichtes vor.

Seine Theorie postulierte, daß sowohl der Emissions- als auch der Absorptionsakt von Licht nur im Rahmen der Quantenhypothese zu verstehen sei, Licht also aus kleinen Korpuskeln, sogenannten Lichtquanten, bestehe. Er begründete seine Vorstellung auf Beobachtungen, die man allgemein als „photoelektrischen Effekt" bezeichnet: Lichtwellen, die auf eine Metalloberfläche treffen, verursachen den Austritt von Elektronen, die in jedem Metall in großen Mengen vorhanden sind. Elektronen sind sehr kleine, negativ geladene Teilchen, die in der Hülle aller Atome vorkommen. Sie haben an der Masse des Atoms nur einen geringen Anteil, zum Beispiel beim kleinsten Atom, dem Wasserstoffatom, nur $^1/_{1840}$ der Gesamtatommasse. Den Beweis ihrer Existenz erbrachte 1897 der englische Physiker Joseph John Thomson (1856—1940) durch seine Experimente mit einer Kathodenstrahlröhre, einem Vorläufer des heutigen Oszillographen. Thomson wurde für die Entdeckung des freien Elektrons 1906 mit dem Physik-Nobelpreis ausgezeichnet.

Wie bereits erwähnt, gibt es in jedem Metall eine große Zahl von Elektronen, die sich leicht und schnell bewegen; sie sind zum Beispiel in einem Kupferdraht die Träger der beweglichen elektrischen Ladung und damit verantwortlich für den Ladungstransport. Einsteins Hypothese erklärt, warum rotes Licht keine Elektronen aus Metallen freisetzen kann, sondern nur violettes Licht (oder, bei einigen Metallen, sogar nur ultraviolettes Licht), da seine Energiequanten energiereicher als die des roten Lichtes sind. Jedes einzelne hinreichend energiereiche Lichtquant kann die Emission eines Elektrons aus dem Metall verursachen. Je energiereicher die auffallenden Lichtquanten, desto größer ist die kinetische Energie der austretenden Photoelektronen. Einstein gelangte zu der spektakulären Feststellung, daß die Konstante des photoelektrischen Effektes genau mit der Planckschen Konstanten übereinstimmte. Einstein war sich voll darüber bewußt, welche ungeheuren Auswirkungen seine Lichtquantenhypothese auf die Atomforschung haben würde. Diese atomphysikalischen Vorstellungen standen im Gegensatz zur Newtonschen Physik, welche aus der Beobachtung makroskopischer Phänomene entwickelt wurde und in diesem beschränkten Sinn oder Bereich auch richtig ist. Einstein ging so weit, die Energiequanten als einzelne „Lichtpfeile" zu bezeichnen, und brachte seine Überzeugung deutlich zum Ausdruck, daß seine Theorie ein Bruch mit der klassischen Physik bedeutete, so wie er auch später mit seiner revolutionären Relativitätstheorie die Begriffe von Zeit und Raum relativierte, Größen, die in der Newtonschen Physik absoluten Charakter hatten und somit für alle Beobachter galten. Es gibt jedoch zwei Phänomene, die sich nicht erklären lassen, wenn man das Licht als aus Quanten bestehend annimmt, nämlich die Beugung (Diffraktion) und die Interferenz des Lichtes. (Beugung ist die bei jeder Welle auftretende Abweichung von der Geradlinigkeit der Ausbreitung in einem homogenen Medium, falls es sich um begrenzte Strahlenbündel handelt. Interferenz: Wenn sich Licht tatsächlich als Welle ausbreitet, dann müßten zwei geeignete überlagerte Lichtwellen Dunkelheit ergeben, was auch tatsächlich der Fall ist. Diese Beobachtung unterstützt die Wellentheorie des Lichtes. Mit der Quantentheorie lassen sich Interferenzphänomene nicht erklären.) Einstein versuchte nicht einmal, diesen Widerspruch zwischen der durch diese beiden Phänomene unterstützten Wellentheorie und der Vorstellung von den Lichtquanten zu erklären. Er nahm einfach an, daß sich eines Tages eine Erklärung für diesen Widerspruch finden würde.

Im Jahr 1905 erschienen zwei frühere revolutionäre Arbeiten von Einstein in den „Annalen der Physik", nämlich die über die spezielle Relativitätstheorie und eine Arbeit zur Brownschen Bewegung (Bewegung von kleinen Partikeln, die auf der ungeordneten Wärmebewegung beruht). Die in diesen Arbeiten aufgestellten Hypothesen wurden voll bestätigt. 1922 erhielt Einstein den Nobelpreis für Physik (für das Jahr 1921), und zwar für seine Verdienste um die theoretische Physik und insbesondere für seine Deutung des photoelektrischen Effekts. Aus den eingangs genannten Gründen soll jedoch hier nicht näher auf die Arbeiten von Einstein eingegangen werden, sondern nur insoweit wie es für das Verständnis der von uns erörterten Fragestellung wichtig ist.

Die schweren Konsequenzen, die sich aus der Quantenvorstellung ergaben, zog Einstein kraftvoll und mit Überzeugung — eine Kühnheit, die Planck sehr bewunderte. Einstein selbst aber äußerte sich längere Zeit nicht mehr dazu; er kämpfte immer noch darum, einen Kompromiß mit der klassischen Physik zu finden, und hielt jahrelang mannigfache Einwände aufrecht, in der Hoffnung, einen völligen Bruch vermeiden zu können. Hingegen erkannten Planck und Arnold Sommerfeld (Professor für theoretische Physik in München) sofort den genialen und umwälzenden Charakter von Einsteins Relativitätstheorie. Sie waren nicht nur die ersten, welche die Theorie öffentlich unterstützten, sondern wurden auch ihre Hauptförderer. Sie priesen die Relativitätstheorie als das wohl größte Ereignis in der Geschichte der Physik seit Isaac Newton. Ein begeisterter Anhänger und Förderer der Theorie war auch Hermann Minkowski, ein in Litauen (damals russisch) geborener jüdischer Mathematiker, der in Deutschland aufgewachsen war und damals (1908) als Professor für Mathematik an der Universität Göttingen lehrte. Er war einer von Einsteins Lehrern am Polytechnikum in Zürich. Obwohl die Relativitätstheorie zwar noch von vielen Physikern abgelehnt wurde, gewann Einstein zunehmend an Ansehen.

Die erste persönliche Begegnung zwischen Planck und Einstein ergab sich beim Physikerkongress in Salzburg im Jahr 1909. Zwei Jahre später trafen sie sich wieder bei einer Solvay-Konferenz in Brüssel. Bei diesen (nach dem belgischen Chemiker und Industriellen Ernest Solvay benannten) Treffen kamen alle paar Jahre etwa zwanzig der bekanntesten Physiker der Welt zusammen. Planck führte lange Diskussionen mit Einstein und war so

Abb. 2. Albert Einstein und Max Planck, der Einstein die erste Max-Planck-Medaille in Gold im Jahre 1929 überreicht

tief beeindruckt, daß er versuchte, Einstein nach Berlin zu holen. Unterstützt von Walther Nernst bemühte er sich zunächst darum, eine für Einstein angemessene Stelle zu schaffen. 1913 reisten die beiden dann nach Zürich, um Einstein persönlich zu überreden, nach Berlin zu kommen und die Stellung anzunehmen, die sie ihm anbieten konnten. Nach einigem Zögern stimmte Einstein zu und nahm das Angebot an. Mit Einstein wurde Berlin ohne Frage eines der größten Physik-Zentren der Welt.

Planck und Einstein wurden enge Freunde. Trotz ihrer in vieler Hinsicht verschiedenen Persönlichkeit und häufiger Meinungsverschiedenheiten in wissenschaftlichen Diskussionen beeinflußten und stimulierten sie sich gegenseitig stark. Planck war von Natur aus konservativ, Einstein hingegen ein Rebell. Der Titel von Banesch Hoffmanns Biographie „Albert Einstein, Creator and Rebel" (1972) charakterisiert ausgezeichnet Einsteins einschlägigste Charakterzüge. Es ist kein Zufall, daß Einstein niemals zögerte, seinen Standpunkt energisch zu vertreten, selbst wenn er den wohlbegründeten Gesetzen der Newtonschen Physik widersprach. Zusätzlich zu den fundamentalen Charakterunterschieden mögen auch Einsteins jüdische Herkunft und gewisse Jugenderlebnisse zu den unterschiedlichen Ansichten beigetragen haben. Trotz alledem teilten Planck und Einstein eine große gegenseitige Bewunderung und eine echte und tiefe Zuneigung. Beide waren passionierte Musikliebhaber und spielten häufig zusammen Kammermusik. Dabei spielte Einstein Violine und Planck Klavier. Planck war ein hervorragender Pianist. Nach seinem Abitur ist es ihm sehr schwer gefallen, zu entscheiden, ob er Musik oder Physik studieren sollte.

Einsteins Leben, Persönlichkeit und Werk sind allgemein bekannt; doch scheint es mir angebracht, etwas näher auf Planck einzugehen. Max Planck, geboren in Kiel, entstammte einer angesehenen Familie, die sich bis ins 16. Jahrhundert zurückverfolgen läßt. Unter seinen Ahnen waren einige ganz außergewöhnlich begabte Persönlichkeiten. Akzeptiert man die Auffassung, daß die genetische Ausstattung ein wichtiger Faktor bei der Festlegung der Begabung und schöpferischen Befähigung sowie anderer Charakterzüge eines Menschen ist, so bietet Planck ein gutes Beispiel dafür. Er soll nämlich seinem Urgroßvater Gottlieb Jacob Planck (1751—1833) auffallend ähnlich gewesen sein. Gottlieb Jacob war Professor

> Einstein, Albert, Schöpfer der Relativitätstheorie, stammt aus Wien, war am Patentamt in Bern, dann Professor in Zürich und Prag. 1914 berief ihn die Berliner Akademie und 1922 erhielt er den Nobelpreis, ein Forscher von weltbewegender Bedeutung, der uns das räumlich-zeitliche Bewußtsein gab. Eine Persönlichkeit von ganz eigenem Gepräge. Hervorstechend ist seine Einfachheit. Er fährt am liebsten, wenn es sich nicht gerade um eine offizielle Einladung handelt, 4. Klasse, die jetzt abgeschafft ist. Selbst wie ein besserer Handwerker oder kleiner Beamter angezogen, fühlt er sich unter Leuten aus dem Volk am wohlsten. Seine Mitreisenden halten ihn wohl für einen wandernden Musikanten, wofür auch seine zarten Frauenhände sprechen. Sein Lieblingssport ist Rudern; er fühlt sich am wohlsten, wenn er am Wasser ist. Das Rudern war auch der Grund seiner letzten ernsten Erkrankung, während derer er intensiv an seiner jetzt bekannt gewordenen Feldtheorie arbeitete. Um sein Befinden befragt, antwortete er, krank und leidend aussehend, aber zufrieden lächelnd: „Das Kranksein hat doch sein Gutes: man lernt denken. Ich habe erst jetzt zu denken begonnen." An diesem Tage hatte er seine neue Arbeit an seine Assistenten geschickt. Der Begleitbrief begann mit „Halleluja". Es ist weise von der Natur, daß sie ihre Geheimnisse Menschen wie Einstein anvertraut, die die Bescheidenheit der Natur nicht verletzen. (Aus: Minerva-Lexikon berühmter Persönlichkeiten aller Zeitalter. Leipzig 1929)

für Theologie an der Universität Göttingen, ein großer Gelehrter mit einem umfangreichen Interessenbereich. Die Lehrer, die den größten Einfluß auf ihn ausübten, waren zwei Philosophen, die Schüler von Leibniz gewesen waren. Gottlieb Jacobs großes Interesse für Mathematik und Philosophie fand sich bei seinem Urenkel wieder, deutlich zum Ausdruck kommend in Max Plancks Leidenschaft für die theoretische Physik ebenso wie durch seine Hingabe an die Suche nach einer sämtliche Aspekte des Lebens umfassenden Philosophie, wobei seine Vorstellungen, Theorien und Anschauungen stark von der Philosophie Platons beeinflußt waren. Sein Großvater Heinrich Ludwig war Theologieprofessor in Göttingen, sein Vater, Wilhelm Johann Julius, Juraprofessor an der Universität München, wo er 1900 starb. Es gab auch noch andere hervorragende Gelehrte in der Familie, insbesondere auf dem Gebiet der Rechtswissenschaften.

Max Plancks tiefer religiöser Glaube entsprach der Familientradition. Für ihn war die Wissenschaft kein Hindernis für einen starken Glauben an eine göttliche Macht, die über die physikalische Welt herrschte, eine Macht, die keiner wissenschaftlichen Analyse zugänglich war und dem menschlichen Geist verborgen blieb. Jedoch war er ganz wie sein Großvater weit davon entfernt, streng orthodox zu sein. Er erkannte die Notwendigkeit der völligen und absoluten Freiheit der Wissenschaft und Forschung und lehnte alle dogmatischen Anschauungen und Vorurteile entschieden ab. Toleranz, Fairness und Gerechtigkeit gegenüber entgegengesetzten Meinungen, Verständnis und Güte, all diese Eigenschaften lagen verankert in seiner Persönlichkeit. Niemals unterstellte er anderen schlechte Motive, ehe er dafür Beweise hatte. Sein Verhalten gegenüber Boltzmann enthüllt uns viel über seinen Charakter. Anfangs war er ein Gegner von Boltzmanns statistischen Ansätzen, und einer seiner Mitarbeiter griff Boltzmann in einer Veröffentlichung an. Als Planck dann später erkannte, daß Boltzmann recht hatte, gab er seinen eigenen Irrtum zu und lobte den Erfolg der statistischen Methode. Auch schrieb er Boltzmann sofort einen persönlichen Brief. Sein Genie und die Klarheit seines Geistes bei der Analyse wissenschaftlicher Probleme waren somit verbunden mit außerordentlich großen menschlichen Qualitäten.

Ein weiterer Charakterzug war die Ergebenheit an sein Heimatland. Für ihn war die Liebe zum Vaterland kein abstrakter Begriff, sondern eine tief empfundene Beziehung, welche die Pflicht aller Bürger, ihr Bestes für das Wohlergehen und die Zukunft des Landes zu tun, beinhaltete.

Planck hatte (vielleicht wegen seines familiären Hintergrundes) großen Respekt vor dem Gesetz, im täglichen Leben wie auch in der Wissenschaft. Dies mag ein Grund für seine konservative Einstellung gewesen sein, nämlich für sein Zögern, Gesetze zu verwerfen, die so fest etabliert erschienen wie zum Beispiel die Newtonschen Gesetze. Obwohl es einige Zeit dauerte, überwand er allmählich seinen Widerstand und akzeptierte neue und umwälzende Vorstellungen, sobald er die Überzeugungskraft und das Gewicht der sie unterstützenden Fakten erkannt hatte.

Die Machtergreifung der Nationalsozialisten in den dreißiger Jahren hat ihn tief entsetzt. Er war schockiert über die Verfolgung der Juden allgemein und der jüdischen Wissenschaftler, zu denen einige seiner am meisten bewunderten und liebsten Freunde gehörten. Er sah die Katastrophe voraus, zu der das NS-Regime führen würde. Eine Zeitlang blieb er stumm. Als er sich dann entschloß, Hitler aufzusuchen, und es wagte, ihm die vernichtenden Auswirkungen der Judenverfolgung auf die Wissenschaft und die Zukunft Deutschlands zu erläutern, wurde er einfach hinausgeworfen.

Sein anfängliches Zögern mag unter anderem dem Einfluß seines Sohnes Erwin zuzuschreiben sein, der in der Regierung Schleichers (Reichskanzler 1932/33) Staatssekretär war. Wie viele Deutsche (und die meisten Menschen in England und Frankreich) glaubte Erwin nicht, daß sich Hitler länger als einige Monate würde halten können. Etwa acht Wochen bevor Hitler Kanzler wurde, erhielt Erwin den Besuch von Kurt Blumenfeld, dem Leiter der Zionistischen Organisation in Deutschland. Blumenfeld bat Erwin um Rat bezüglich der Vorsichtsmaßnahmen, die die jüdische Gemeinschaft treffen könnte für den Fall, daß Hitler die Macht übernehmen würde. Erwin Planck wies diesen Gedanken glatt zurück. Er versicherte Blumenfeld, daß den Juden nichts geschehen würde, daß Deutschland schließlich ein zivilisiertes Land sei und ein Mann wie Hitler höchstens einige Monate an der Macht würde bleiben können.

Max Planck hatte den Mut, die wissenschaftlichen Anschauungen seiner jüdischen Freunde nicht nur zu verteidigen, sondern auch zu lehren. 1934 wagte er es, in einer öffentlichen Vorlesung Einstein als den größten Physiker seit Isaac Newton zu bezeichnen. Möglicherweise war sein Alter (er war 76) der Grund, daß er wegen dieser Aussage, die für die Nationalsozialisten eine gröbliche Beleidigung bedeutete, nicht in ein Konzentrationslager geschickt wurde.

In seiner Funktion als Präsident der Kaiser-Wilhelm-Gesellschaft (eine Position, die Planck seit 1930, nach dem Tode von Adolf von Harnack bis 1937 innehatte), gestaltete Planck 1935 eine Gedächtnisfeier für Fritz Haber (siehe Seite 200). Auf Anordnung des damaligen Reichsministers für Erziehung, Wissenschaft und Volksbildung, Bernhard Rust, durften die Universitätsprofessoren nicht daran teilnehmen. Von diesem Verbot war auch Karl-Friedrich Bonhoeffer betroffen, ein Schüler von Haber. Planck organisierte diese Feier entgegen allen Hindernissen, und Otto Hahn (siehe Seite 200) hielt die Gedächtnis-Vorlesung, die Bonhoeffer verfaßt hatte. Im selben Jahr wurde Planck nach Kopenhagen eingeladen, wo er einige Tage die Luft der Freiheit hätte atmen können, aber er lehnte die Einladung ab. Er brachte es nicht fertig, ins Ausland zu reisen. Einst war er stolz darauf, die deutsche Wissenschaft zu repräsentieren, doch jetzt meinte er, das Gesicht vor Scham verhüllen zu müssen (James Francks Introduction, in Planck 1959).

Im Jahr 1943 mußte der damals 85jährige Max Planck aus Berlin fliehen. 1944 wurde sein Haus sowie seine prächtige, kostbare Bibliothek fast völlig zerstört. Freunde in Rogätz (nördlich von Magdeburg) nahmen ihn herzlich auf, aber bald wurde auch diese Gegend zum Schlachtfeld. So mußte er mit seiner Frau erneut die Flucht ergreifen und all sein Hab und Gut zurücklassen. Stundenlang saß Planck in einem Luftschutzraum gefangen, der bei einem Luftangriff eingestürzt war. Schließlich wurde er von amerikanischen Kollegen gerettet, die den von Arthritis gebeugten Mann in ein Krankenhaus nach Göttingen brachten.

Bei einer Newton-Gedenkfeier in London, die die Royal Society im Jahr 1946 veranstaltete, war Planck der einzige deutsche Wissenschaftler, der offiziell eingeladen wurde. Einer der Beweggründe dafür war die große Bewunderung für einen der größten Wissenschaftler in der Geschichte der Menschheit, den geistigen Vater der Quantentheorie. Aber die Einladung war auch ein Tribut an den Mann als ein Symbol des anderen, besseren Deutschlands, einen Mann von großem Mut und Integrität und aktiven Gegner des Hitler-Regimes. Sein tragisches Schicksal war weit bekannt. Triumph und Ehren, die allgemeine Anerkennung seines Genius und die innere Befriedigung über seine Errungenschaften — all dies war verbunden mit bitteren persönlichen Tragödien. So verlor er während des Ersten Weltkrieges seine erste Frau, seinen ältesten Sohn auf dem Schlachtfeld und seine beiden Töchter, die sehr jung starben. In den grausamen und bitteren letzten Jahren seines Lebens, in sehr hohem Alter, mußte er die Zerstörung seines Landes erleben. Seine besten Freunde wurde vertrieben, die deutsche Wissenschaft und alle geistigen und ethischen Werte, denen er sein Leben gewidmet hatte, waren vernichtet. Sein einziger ihm noch verbliebener Sohn Erwin, sein Stolz, ein starker und aktiver Gegner der Nationalsozialisten, war in abscheulicher Weise umgebracht worden (er wurde am 23. Januar 1945 in Berlin-Plötzensee gehängt). In einem bewegenden Brief sprach Planck von seinem Sohn als seinem engsten und besten Freund. Die unglaublichen geistigen und physischen Leiden, die er erdulden mußte, erinnern an die Leiden von Hiob. Als Lise Meitner, seine treue Schülerin und langjährige Assistentin, ihn bei der Feier der Royal Society in London traf, war sie tief beeindruckt; so schrieb sie am 17. August 1946 an Margarethe Bohr: *„Planck has grown very old; it was grieving to see him. Even his intellectual vigour sometimes deserts him. But when he was at his best — and he often was — and I had him to myself, one could discuss everything with him. And I was happy to see that his human and personal qualities were wonderful as ever“* (zitiert nach Hermann 1977).

Am Rande dieser Feier fand auch, unabhängig davon, eine Zusammenkunft statt, bei der die Zukunft der Kaiser-Wilhelm-Gesellschaft diskutiert wurde. Der Name Kaiser Wilhelm war wegen seiner Assoziation mit dem preußischen Militarismus untragbar geworden, worauf Sir Henry Dale und A. V. Hill brieflich hingewiesen haben. Auch Lise Meitner, Niels Bohr und andere äußerten sich gegenüber Planck und von Laue in diesem Sinne. So beschloß man, die Nachfolgerin „Max-Planck-Gesellschaft“ zu nennen. Max Planck stimmte zu; es war sein letzter Dienst an der Gesellschaft. Er starb 1947 im Alter von 89 Jahren.

Einstein war zutiefst bekümmert, als er von den Prüfungen hörte, die Planck in der Hitler-Zeit hatte erleiden müssen, und die Nachricht von seinem Tod hat ihn tief getroffen. Bei der Max-Planck-Gedächtnisfeier in der National Academy of Sciences in Washington 1948 erinnerte Einstein daran, daß Plancks Entdeckung, seine große schöpferische Idee, zur Basis der gesamten physikalischen Forschung im 20. Jahrhundert wurde und große und vielfältige Auswirkungen hatte. Seiner Meinung war es eine Pflicht für all jene, die nach

Wahrheit und Wissen streben, von überall auf der Welt zu dieser Feier zusammenzukommen. „Sie sind hier, um Zeugnis davon abzulegen, daß selbst in diesen unseren Zeiten, in denen politische Leidenschaft und brutale Gewalt wie Schwerter über den Köpfen der von Schmerz und Angst gequälten Menschen hängen, der Wert unserer idealistischen Suche nach Wahrheit stets leuchtend emporgehalten wird. Dieses Ideal, ein Band, das die Wissenschaftler aller Zeiten und aller Orten ewig vereint, wurde mit seltener Vollkommenheit von Max Planck verkörpert“ (Seelig 1954). Die Geschichte wird auf das Werk dieser beiden Persönlichkeiten zurückblicken als eines der besten Beispiele für die großartigen Ergebnisse und den wechselseitigen Nutzen der Zusammenarbeit zwischen deutschen jüdischen und nichtjüdischen Wissenschaftlern. Vor allem aber werden diese beiden Titanen, Einstein und Planck, als Gründer eines neuen Zeitalters der Physik in die Geschichte eingehen. (Eine Biographie Max Planck ist kürzlich von J. L. Heilbron erschienen.)

Rutherfords Atomtheorie

Eine revolutionäre Entdeckung legte den Grundstein für das Verständnis der Struktur des Atoms und führte sehr bald zur Einführung der Quantentheorie in die Atomphysik. Es zeigte sich nämlich, daß die Strahlung, die das Element Radium (entdeckt 1898 von Marie und Pierre Curie) aussendet, aus drei Kompementen besteht, nämlich Alpha (α)-, Beta (β)- und Gamma (γ)-Teilchen. Zu dieser Erkenntnis führten vor allem die Arbeiten von Ernest Rutherford (1871—1937), aber auch die anderer Forscher. Die α-Teilchen erwiesen sich als die Helium-Kerne, die β-Teilchen als Elektronen, und die γ-Teilchen ähnelten den von Röntgen entdeckten X-Strahlen. Wie schon erwähnt, hat der englische Physiker J. J. Thomson die Existenz von Elektronen nachgewiesen. Sie waren von Michael Faraday (1791—1867) vorausgesagt worden; diese Elektronentheorie wurde dann um 1890 von einigen Physikern weiter ausgearbeitet, insbesondere von dem großen holländischen Physiker Hendrik A. Lorentz (1853—1928). Beobachtungen über die Ausstoßung von Teilchen wiesen darauf hin, daß radioaktive Atome zerfallen konnten. Das widersprach somit der lange Zeit vorherrschenden Annahme, daß Atome unveränderlich und ewig sind (das griechische Wort „atomos“ bedeutet „unteilbar“). Rutherfords Arbeiten haben gezeigt, daß in der Natur Uran in Radium und Radium in Blei zerfällt.

Aber wie war dann die innere Struktur eines Atoms? Die erste Theorie über den Aufbau der Atome hat Rutherford 1911 und 1912 vorgeschlagen. Er und seine Mitarbeiter hatten nämlich festgestellt, daß α-Teilchen in der Lage waren, eine dünne Goldfolie zu passieren; einige Teilchen wurden abgelenkt, und einige prallten zurück. Das war für Rutherford eine unglaubliche Offenbarung, die ihn sehr bald dazu führte, ein Bild von der inneren Struktur des Atoms zu entwerfen.

Aber bevor wir Rutherfords Vorstellungen über den Aufbau des Atoms näher diskutieren, mag es nützlich sein, an einige elementare Tatsachen zu erinnern, die das Atom betreffen. Atome sind außerordentlich klein; sie haben einen Durchmesser von etwa 0,1 bis 0,5 nm (1 nm ist ein Millionstel eines Millimeters). Sie bestehen aus negativ geladenen Elektronen und aus positiv geladenen Protonen, wie Rutherford nachgewiesen hat. Die Protonen bilden den Kern des Atoms. Das Elektron hat nur $^1/_{1840}$ der Masse des Protons.[2])

[2]) Es gibt etwa 100 verschieden Arten von Atomen beziehungsweise chemischen Elementen. Sie unterscheiden sich in der Größe und in ihrer Komplexität, die durch ihre Ordnungszahl entsprechend der Anzahl der Protonen und Elektronen charakterisiert ist. Das kleinste, leichteste Atom oder Element

Auf der Grundlage seiner Beobachtungen kam Rutherford zu der wahrhaftig höchst überraschenden Folgerung, daß die Atome hauptsächlich aus *leerem* Raum bestehen! Die Elektronen umkreisen gemäß der klassischen Vorstellung den Kern und werden dadurch am Sturz in den entgegengesetzt geladenen Kern gehindert. In diesem Bild ist das Atom vergleichbar mit einem Sonnensystem, in dem die Planeten um die Sonne kreisen. Obwohl unser Sonnensystem ebenfalls zum größten Teil aus leerem Raum besteht, ist der leere Raum im Atom unverhältnismäßig viel größer. Als Rutherford später Kerne von Stickstoffatomen mit α-Teilchen (Helium-Kernen) beschoß, erhielt er Sauerstoff, ein Ergebnis, das im Prinzip eine Umkehrung der Resultate von Henri Becquerel (1852—1908) beim Zerfall von radioaktivem Uran darstellte. Rutherford war der erste, dem die künstliche Umwandlung eines Atoms in ein anderes gelang.

Bohrs Atomtheorie

Rutherfords Modell ließ viele Fragen offen und konnte auch viele experimentelle Ergebnisse nicht erklären. Schon Einstein hatte angenommen, daß im Gegensatz zur klassischen Ansicht ein Atom einer Wandlung seines Zustandes unterliegen muß, wenn es Licht emittiert. Er erkannte auch, daß dieser Strukturwandel des Atoms eine Quantenänderung war, und daß die Quantenphysik die Information zum Verständnis der fundamentalen Gesetze der Atomstruktur liefern könnte. Er postulierte, daß ein Atom Strahlung nicht nur in Form von Quanten aussendet, sondern auch fähig sein sollte, Energie in Form einzelner Quanten zu absorbieren.

1912 kam Niels Bohr (1885—1962) zu Rutherfords Arbeitsgruppe, ein dänischer Physiker, der kurz zuvor in Kopenhagen zum Doktor der Physik promoviert wurde. Bohr hatte Rutherford in Cambridge im Cavendish Laboratorium kennengelernt, wo er nach seiner Promotion vier Monate verbrachte. Bohr war von dessen Persönlichkeit und seinen Ideen so fasziniert, daß er beschloß, nach Manchester zu gehen und mit Rutherford an den vielfältigen Problemen zu arbeiten, die sich aus dessen Modell über den Aufbau des Atoms ergaben. Eine der wichtigsten ungeklärten Fragen betraf das Kreisen der Elektronen um den Kern. Nach der klassischen Elektrodynamik sollte das Elektron allmählich an Energie (infolge von Abstrahlung elektromagnetischer Energie) verlieren; wenn seine sämtliche Ener-

---

ist Wasserstoff, das aus einem Proton und einem Elektron besteht. Es hat daher die Ordnungszahl 1. Helium besteht aus 2 Protonen und 2 Elektronen und hat die Ordnungszahl 2; Lithium besteht aus 3 Protonen und 3 Elektronen und hat die Ordnungszahl 3 usw. Uran, eines der schwersten Elemente, besteht aus 92 Protonen und 92 Elektronen und hat demgemäß die Ordnungszahl 92. Die zweite kennzeichnende Größe eines Atoms ist seine Masse oder das Atomgewicht. Die Masse des Atoms hängt fast nur vom Kern ab, der aus geladenen Protonen und ungeladenen Neutronen besteht; letztere hat James Chadwick (1891—1974), ein Schüler von Rutherford, 1932 entdeckt. Da Elektronen im Verhältnis zum Proton sehr viel leichter ($^1/_{1840}$) sind, können sie bei der Betrachtung des Atomgewichts vernachlässigt werden. Jedes Proton und Neutron trägt 1 Einheit zur Masse des Atoms bei. Daher ist das Atomgewicht näherungsweise gleich der Gesamtzahl von Protonen und Neutronen im Kern. Das Wasserstoffatom besteht (normalerweise), wie erwähnt, aus einem Proton und hat daher die Ordnungszahl 1; Helium hat 2 Protonen und die Ordnungszahl 2, aber es hat außerdem zwei Neutronen und damit das Atomgewicht 4. Sauerstoff hat 8 Protonen und die Ordnungszahl 8, aber außerdem 8 Neutronen und somit ein Atomgewicht von 16. Eisen hat 26 Protonen und 50 Neutronen; Uran hat 92 Protonen und 146 Neutronen (in der Form, in der es am weitesten verbreitet ist). Dieser Aspekt wird noch später diskutiert (siehe Seite 113).

gie verbraucht war, würde das Elektron dann in den Kern stürzen. Die offensichtliche Stabilität des Atoms bedeutete also, daß sich die klassischen Prinzipien nicht auf das Atommodell anwenden ließen.

Bohr gelangte zu der Überzeugung, daß die Elektronenstruktur des Atoms, wie sie Rutherford vorgeschlagen hatte, insbesondere die Stabilität der Elektronen auf ihren Umlaufbahnen, nur durch Plancks Wirkungsquantum erklärt werden könnte. Diese überraschende Annahme erwies sich als richtig. Bohr konnte aufgrund jener Hypothese auch die Größe des Atoms und die Anzahl der Elektronen in der äußersten Umlaufbahn bestimmen.

Eine der verwirrendsten Beobachtungen, die sich durch das Rutherfordsche Modell nicht erklären ließen, betrafen die Frequenzen der von den Atomen produzierten Spektrallinien. Ein Spektrum besteht aus einer Folge von Spektrallinien mit bestimmten Frequenzen, die ein Atom (oder ein Molekül) in der gasförmigen Phase in der Form elektromagnetischer Strahlung emittieren oder absorbieren kann. Die Atome der verschiedenen Elemente sind durch wohldefinierte Spektrallinien ihres Spektrums charakterisiert. Jedes Element hat ein spezifisches Spektrum, wobei die Struktur des Spektrums und die Anzahl der Spektrallinien und deren Frequenzen sehr unterschiedlich sind. Die zur Messung von Spektren angewandte Methode nennt man Spektroskopie oder Spektralanalyse. Sie wurde im 19. Jahrhundert von Robert W. Bunsen und Gustav R. Kirchhoff in Heidelberg zu hoher Perfektion entwickelt und ermöglichte die Bestimmung der verschiedenen Frequenzen bei der Emission oder Absorption von Wärmestrahlung oder Licht. Seit jener Zeit wurde die Spektroskopie stark verfeinert, so daß man heute die Spektren, die für die einzelnen Wellenlängenbereiche charakteristisch sind, einschließlich die im Bereich der Röntgenstrahlen,

Abb. 3. Niels Bohr, Nobelpreisträgertagung Lindau 1962

sehr genau bestimmen kann. Ferner findet die Spektroskopie vielfältige Anwendungen bei Untersuchungen über Atome, über Atomkerne und Elementarteilchen, Moleküle sowie auch bei den Reaktionen zwischen Komponenten in der lebenden Zelle und bei einer großen Vielzahl von Problemen in der Chemie und Biochemie.

Der schweizerische Sekundarschullehrer und Physiker J. J. Balmer hatte beim Studium des einfachsten Atoms, nämlich dem des Wasserstoffs, 1885 festgestellt, daß dessen Spektrum aus nur drei Folgen von Spektrallinien besteht, deren Frequenzen aber auffallende Regularitäten zeigten. Niemand konnte diese sonderbare Gesetzmäßigkeit erklären. Wenn ein um den Kern kreisendes Elektron Licht ausstrahlt, sollte dies in Form eines kontinuierlichen Frequenzspektrums erfolgen und nicht in der Gestalt diskreter Spektrallinien wohldefinierter Frequenzen, wie sie Balmer beobachtet hatte.

Aufgrund der Studien der von Balmer gesammelten Daten entwickelte Bohr ein völlig neues Konzept der atomaren Struktur, das man heute als Bohrsches Atommodell bezeichnet. Nach Planck und Einstein wird Energie nicht in einem kontinuierlichen Strom abgegeben, sondern in Gestalt einzelner Teilchen. Dasselbe Prinzip ließe sich auch beim Atom anwenden, das heißt, man müßte die Plancksche Konstante, das elementare Wirkungsquantum, einführen. Energie wird vom Atom in Form von Lichtquanten abgegeben oder aufgenommen. Durch Anwendung der Quantentheorie für die Erklärung der Struktur und des Verhaltens des Atoms machte Bohr eine Reihe von ad hoc Annahmen: Die Elektronen umkreisen den Kern in bestimmten Bahnen. Solange ein Elektron in der selben Bahn bleibt, strahlt das Atom keine Energie ab. Aber wenn das Atom ein Energiequantum absorbiert oder emittiert, springt das Elektron aus einer kleineren in eine größere Bahn und umgekehrt; das heißt wenn das Elektron aus einer größeren in eine kleinere Bahn zurückfällt, gibt es ein Lichtquantum ab. Die Elektronen folgen keiner zufälligen Bahn, sondern sind auf ganz bestimmte Bahnen beschränkt, die durch die Bohrsche Quantisierungsbedingung definiert sind, in welche ein ganzzahliges Vielfaches des Planckschen Wirkungsquantums eingeht. Wohl das wichtigste Charakteristikum von Bohrs Modell war, daß es ermöglichte, eine befriedigende Erklärung für die Frequenzen der speziellen Spektrallinien des einfachsten Atoms, also des Wasserstoffs, zu geben. Das erklärt die sofortige und starke Resonanz, die Bohrs Theorie in der wissenschaftlichen Welt fand. Seine Theorie war für viele Physiker leichter zu begreifen als die vorhergehenden Theorien, ferner war die Spektroskopie eine weit verbreitete Methode, deren Anwendung eine überaus große Forschungsaktivität auslöste. So hatte Bohrs Modell enorme Auswirkungen auf den Fortschritt der Atomphysik. Einige Forscher glaubten, Bohr betrachte sein Modell als eine bewiesene Tatsache, ganz im Gegensatz zu Bohrs eigener Meinung. Zwar ließen sich damit einige Tatsachen erklären, und die Einführung der Quantenhypothese und des Wirkungsquantums beim Versuch der Erklärung der atomaren Struktur war ein außerordentlich wichtiges neues Prinzip, aber Bohr war sich völlig bewußt darüber, daß noch viele Probleme ungelöst blieben. Es war aber ein neuer Ausgangspunkt für zukünftige Forschungen, und das Modell wurde modifiziert und angepaßt, sobald neue Informationen vorlagen. Mit diesem Modell und vielen anderen großen Leistungen (die später beschrieben werden) hat Bohr dieses Jahrhundert ungemein stark beeinflußt.

Im Jahre 1916 kehrte Bohr nach Kopenhagen zurück und übernahm dort den Lehrstuhl für theoretische Physik. Er und seine Frau Margarethe blieben ihr Leben lang enge Freunde der Rutherfords. Das nach dem Krieg neu aufgebaute und erweiterte Institut wurde bald eines der größten Physik-Zentren der Welt, mit berühmten Gästen und Studenten aus der ganzen Welt. Sein Einfluß auf die Geschichte der Physik läßt sich kaum überschätzen, wie wir später noch sehen werden.

Noch einige Worte zu der Familie von Niels Bohr: Sein Vater, Christian Bohr, war ein angesehener Physiologieprofessor an der Universität Kopenhagen. Seine Mutter Ellen, geborene Adler, stammte aus einer bekannten jüdischen Familie (ihr Vater war ein hochrespektierter Bankier und Finanzier in Kopenhagen). Niels Bohr war also Halbjude. Er war sich dessen wohl bewußt, ja sogar stolz auf seine jüdische Abstammung. Als die Nationalsozialisten Dänemark 1941 besetzten, war sein Leben dauernd in Gefahr, denn man betrachtete ihn als Jude. Trotzdem blieb er aber zunächst in Kopenhagen (aus Gründen, die später besprochen werden); jedoch 1943 wurde die Lage gefährlich, und er entkam mit einem kleinen Fischerboot nach Schweden. Von dort ging er nach USA, wo er in Los Alamos an der Entwicklung der Atombombe mitarbeitete. 1945 kehrte er nach Kopenhagen zurück. Nach der Gründung des Staates Israel und des Weizmann-Instituts unterstützte er das neue Institut mit allen Kräften und besuchte es mehrere Male. Er hatte Weizmann 1911 in Manchester kennengelernt, bei einer der Dinner-Parties, die Rutherford einmal im Monat veranstaltete. Bei der Eröffnung der Physikalischen Abteilung des Weizmann-Instituts in Rehovot im Jahr 1958 war er der Ehrengast. (Eine Biographie Niels Bohr ist kürzlich von U. Röseberg erschienen.)

Experimenteller Nachweis der Quantenstruktur des Atoms durch James Franck und Gustav Hertz

Planck und Einstein hatten postuliert, daß Atome durch eine quantisierte Struktur charakterisiert seien; auf dieser Annahme basierte Bohrs Modell. Aber es gab keinen direkten experimentellen Beweis für dieses Konzept. Bohr hatte sein Modell im Jahr 1913 vorgeschlagen. 1914 wurde dann der Beweis erbracht von zwei Physikern, die an der Universität Berlin arbeiteten, James Franck (1882—1964) und Gustav Hertz (1857—1975). Mit ihren berühmten Experimenten, für die sie mit dem Nobelpreis für Physik 1925 (verliehen 1926) ausgezeichnet wurden, zeigten sie, daß einzelne Quecksilberatome Energie in bestimmten gequantelten Schritten absorbieren oder emittieren. Diese Ergebnisse bewiesen eindeutig die Existenz von Plancks Energiequanten und brachten die Planck-Einsteinschen Postulate und Bohrs Atommodell auf eine solide experimentelle Grundlage. Darüber hinaus lieferten sie eine neue Methode für die Messung der Planckschen Konstanten. Ferner wurde durch diese Experimente auch klar, daß die spektroskopischen Befunde zur Identifizierung von chemischen Elementen einen Ausdruck für die Quantelung der Energieschritte, welche für diese Atome charakteristisch sind, bedeuteten.

Die zwanziger Jahre

Obwohl der Erste Weltkrieg die meisten wissenschaftlichen Aktivitäten erheblich verlangsamte, so gingen doch manche Forschungen in der Atomphysik weiter, insbesondere spektroskopische Untersuchungen im Hinblick auf die Ergebnisse von Bohrs Arbeiten. Bis zum Ende des Krieges war in Arnold Sommerfelds Institut in München beträchtliche Arbeit geleistet worden. 1919 veröffentlichte Sommerfeld das Buch „Atombau und Spektrallinien“, das viele Neuauflagen erreicht hat und das zu einem Standardwerk für diejenigen Physiker wurde, die an der neuen Welt der Quanten und Atome interessiert waren.

Bald stellte sich heraus, daß es viel mehr Spektrallinien gab, als man nach Bohrs Modell erwartete. Sommerfeld wies auf die Möglichkeit hin, daß sich die Elektronen nicht in Kreisen, sondern in Ellipsen um den Kern bewegen. Die Geschwindigkeit eines Elektrons in einer elliptischen Bahn verändert sich von Ort zu Ort, und darüber hinaus muß man bei den Berechnungen relativistische Korrekturen berücksichtigen. Sommerfeld reiste dann nach Kopenhagen, um Bohr zu besuchen. Dort erfuhr er, daß Bohr zu ähnlichen Folgerungen gekommen war und diese gerade publizieren wollte. Obwohl das neue Bild des Atoms, das Bohr-Sommerfeld-Atommodell, einen gewissen Fortschritt darstellte, war es bei weitem noch nicht vollkommen zufriedenstellend. Das verbesserte Modell erforderte eine zweite Quantenzahl für die Charakterisierung jedes Energieniveaus. Aber als die Daten mit den Berechnungen von Sommerfeld verglichen wurden, zeigte sich, daß das Bild immer noch unvollständig war und die Notwendigkeit bestand, eine dritte Quantenzahl einzuführen.

Zu dieser Zeit erhob sich ein neuer Stern am Firmament der Atomphysik: Wolfgang Pauli (1900—1958), dessen Bestimmung es war, eines der größten wissenschaftlichen Genies in der ersten Hälfte dieses Jahrhunderts zu werden. Er wurde in Wien geboren, als Sohn eines jüdischen Vaters, Wolfgang Joseph, Professor für physikalische Chemie an der Universität Wien. Pauli studierte bei Sommerfeld in München. Mit 20 Jahren schrieb er einen Artikel über die Relativitätstheorie. Einstein war über die reiflich überlegte und grandios konzipierte Arbeit so erstaunt, daß er kaum glauben konnte, daß sie von einem so jungen Mann geschrieben worden war. Mit 21 schlug Pauli die Einführung einer dritten Quantenzahl zur Beschreibung der „Richtungsquantelung" vor. Das Bohr-Sommerfeld-Atommodell war grundsätzlich noch immer das klassische Bild des Atombaues. Die Theorien über das Verhalten des Atoms beinhalteten zwar das Quantenprinzip, aber niemand konnte erklären, warum sie tatsächlich brauchbar waren.

Einstein hatte bereits erkannt, daß es zwischen makroskopischen physikalischen Phänomenen und solchen, die auf atomarer Ebene stattfinden, einen grundlegenden Unterschied gibt. Auch Pauli erweiterte diese Vorstellung und kam zu dem Schluß, daß das Atom eine

Abb. 4. Wolfgang Pauli und Max von Laue, Nobelpreisträgertagung Lindau 1956

Abb. 5. Gustav Hertz und Walther Gerlach 1917

eigene physikalische Welt war, in der völlig andere Gesetze herrschten, die sich nicht im Rahmen der bekannten klassischen Gesetze verstehen ließen, und daß das Verständnis dieser Gesetze völlig neue, umwälzende physikalische und philosophische Konzepte verlangte. Pauli, sein Lehrer und Freund Bohr sowie sein Freund Werner Heisenberg (siehe später) sind drei der großen Genies, die das Fundament für den Übergang von der alten zur neuen Physik legten, der von Planck und Einstein eingeleitet worden war. Pauli, ein ebenso ausgezeichneter Mathematiker wie genialer Physiker, gab sich nie mit mathematischen Formalismen zufrieden, wenn sie nicht mit physikalisch einsichtigen Sachverhalten in Zusammenhang gebracht werden konnten.

Bohr und Sommerfeld hatten die Quantelung von Größe und Form der Elektronenbahn postuliert. Pauli schlug nun vor, daß ihre Orientierung im Raum nur in bestimmten, gequantelten Richtungen zulässig war. Diese neue Idee war weit von allen klassischen Konzepten entfernt. Jedoch nur ein Jahr, nachdem Pauli diese Idee vorgebracht hatte, wurde die Richtungsquantelung durch die Experimente von Otto Stern direkt nachgewiesen. Stern (1888—1969) wurde in Sorau (Niederschlesien) als Sohn jüdischer Eltern geboren und wuchs in Breslau auf, wo er 1912 an der Universität promovierte. Stern ging dann zu Einstein an die Universität Prag und später mit ihm nach Zürich, wo er Privatdozent an der Eidgenössischen Technischen Hochschule wurde. 1914 kam er als Privatdozent an die Universität Frankfurt am Main. 1921 wurde er Extraordinarius in Rostock, 1923 Professor für physikalische Chemie in Hamburg. Dort baute er eine der besten Physik-Schulen in Deutschland auf (näheres darüber später).

Stern begann seine Arbeit über Molekularstrahlen in Frankfurt im Jahr 1920. Bei seinen

Experimenten ließ er Dampf durch ein winziges Loch in einem elektrisch beheizten Ofen austreten und dann in ein Hochvakuum eintreten. Dabei entstand ein räumlich scharf begrenzter Strahl, der durch eine Schlitzblende im Weg der entweichenden Moleküle noch weiter eingeengt werden konnte. Das wichtigste Ergebnis der Anwendung solcher Molekularstrahlen erhielt Stern, als er mit dieser Methode die Wirkung eines inhomogenen Magnetfeldes auf die Bewegung von Atomen untersuchte. Zusammen mit Walther Gerlach (1921 in Frankfurt) schickte er einen Strahl aus Silberatomen zwischen zwei verschieden geformte Magnetpole, einer in Form einer Messerschneide, der andere in U-Form. Die Breitseite des Strahls ging sehr nahe an der Messerschneide vorbei und teilte sich nach dem Passieren des inhomogenen Magnetfeldes im Polbereich in zwei Linien (Stern-Gerlach-Versuch). Diese Aufspaltung bewies das Phänomen der Richtungsquantelung und lieferte eine quantitative Grundlage für die Bestimmung des magnetischen Moments der Atome. So bewiesen diese Experimente nicht nur die Richtungsquantelung und die Existenz magnetischer Momente, sondern boten auch eine direkte Methode für die Bestimmung ihrer Größe. Paulis postulierte Richtungsquantelung war experimentell nachgewiesen und als Folge der Existenz des mit dem Drehimpuls der Atome verknüpften magnetischen Moments erklärt worden.

Als man jedoch die Spektren schwerer Atome in einem Magnetfeld analysierte, erhoben sich neue Schwierigkeiten. Sommerfeld hatte bereits die Möglichkeit einer vierten Quantenzahl in Erwägung gezogen, aber ihre Bedeutung und Natur waren noch völlig im Dunkeln. Pauli postulierte, daß die vierte Quantenzahl kaum in irgendeiner klassischen Form beschrieben werden konnte; nur etwas bisher noch nicht Erkanntes konnte eine Lösung bieten. Als er darüber mit Niels Bohr in Kopenhagen diskutierte, hörten zwei junge Holländer zu, Samuel Goudsmit und Georg Uhlenbeck, die dann Experimente begannen, um Paulis Vorstellungen zu testen. Die Lage der Elektronenbahnen im Raum wird, wie bereits erwähnt, von der dritten Quantenzahl bestimmt, zusammen mit den magnetischen Effekten, die durch die kreisende Bewegung der negativen Ladung des Elektrons entstehen.

Bei ihren Bemühungen, einen Hinweis auf die postulierte zusätzliche Quantenzahl zu finden, machten die beiden Holländer eine aufregende Entdeckung: Sie fanden, daß sich das Elektron nicht nur kreisförmig um den Kern bewegt, sondern daß es sich auch, klassisch gesprochen, um seine eigene Achse dreht. Diese Bewegung wird als Elektronenspin bezeichnet, sie ist ähnlich der Drehung der Erde um ihre eigene Achse, während sie als Ganzes um die Sonne kreist. Obwohl dieser Befund schwer mit klassischen Konzepten vereinbar war, hat Pauli nach gewisser Skepsis die Richtigkeit der Elektronenspin-Hypothese anerkannt. Ihm wurde auch bewußt, daß der Elektronenspin auf atomarer Ebene eine große Bedeutung hat. Er ist eine typische Eigenschaft des Elektrons, ebenso wie seine Masse und seine Ladung. Pauli postulierte nun, daß in einem Atom nicht mehr als zwei Elektronen im gleichen Energiezustand sein können, und daß diese beiden Elektronen entgegengesetzte Spins haben müssen. Dieses Gesetz (ausgesprochen 1925) ist bekannt geworden als „Ausschließungsprinzip" oder „Pauli-Prinzip". Es hatte eine tiefgreifende Wirkung auf das Konzept der Konstitution der Materie. Obwohl es sich dabei um eine auf Erfahrung gegründete Erkenntnis handelte, für die es zu jener Zeit keine theoretische Begründung gab, ist das Ausschließungsprinzip für das Symmetriekonzept essentiell und auch von grundlegender Bedeutung für das Verständnis der Ereignisse im Atom sowie der chemischen Eigenschaften der Elemente. Der Einfluß des Ausschließungsprinzips auf die Atomphysik und auf unsere Konzepte der Chemie wird später noch diskutiert.

Der Compton-Effekt

Bevor wir mit der Beschreibung der weiteren Entwicklung in der Atomphysik, die gerade in ihre aufregendste Phase trat, fortfahren, sei kurz erwähnt, daß die Korpuskulartheorie von Planck und Einstein durch Experimente mit Röntgenstrahlen starke Unterstützung erhielt. Die Wellenlänge der Röntgenstrahlung ist etwa so groß wie die Entfernung zwischen den Atomschichten in einem Kristall. Das beinhaltet, daß Interferenzerscheinungen, wie wir sie vom Licht kennen, auftreten, wenn Röntgenstrahlung beim Auffall auf einen Kristall gestreut werden. Die Streuung erfolgt dann nicht mehr oder weniger gleichmäßig in sämtliche Richtungen, sondern nur in ganz bestimmten und wohldefinierten Richtungen. Diese sind durch die Wellenlänge der Röntgenstrahlen und den Abstand der Atomgitterebenen im Kristall gegeben. Mit einem Kristall von bekannter Struktur läßt sich dieser Effekt also dazu verwenden, die Wellenlänge der Röntgenstrahlen verschiedener Strahlungsquellen zu bestimmen. Andererseits kann man mit Röntgenstrahlen, deren Wellenlänge bekannt ist, die Anordnung der Atome in einem Kristall, dessen Geometrie nicht bekannt ist, analysieren.

Die Beugung von Röntgenstrahlen in Kristallen wurde 1912 von Max von Laue (1879—1960) entdeckt. Er wurde dafür im Jahr 1914 mit dem Nobelpreis ausgezeichnet. Von Laue stammte aus einer bekannten Berliner Familie. Als Schüler von Max Planck promovierte er in Berlin und wurde dort 1909 Privatdozent. Dann ging er nach München, wo er die Methode zur Untersuchung der Kristallstruktur durch Röntgenstrahlbeugung entwickelte. Seine Entdeckung hatte ungeheure Konsequenzen, nicht nur für die Physik und Chemie, sondern auch für die Biologie. So wurde die Röntgenstrahlbeugung erfolgreich bei der Analyse der dreidimensionalen Struktur lebenswichtiger Makromoleküle in lebenden Zellen, wie Nucleinsäuren und Proteine, angewendet. Sie schuf nicht nur die Grund-

Abb. 6. Max von Laue

lage für eine der wichtigsten Untersuchungsmethoden in der Kristallographie, sondern leitete den Beginn einer neuen Epoche in der Biologie ein, besonders in Kombination mit anderen physikalischen und chemischen Methoden. Von Laue blieb seinem Lehrer Planck tief verbunden und ergeben. Zwischen ihnen entwickelte sich eine enge Freundschaft, die zeit ihres Lebens fortdauerte. Als Professor für theoretische Physik lehrte von Laue an der Universität Zürich (1912—1914), an der Universität Frankfurt (1914—1919) und von 1919 bis 1943 an der Universität Berlin; gleichzeitig war er stellvertretender Direktor des Kaiser-Wilhelm-Instituts für Physik in Berlin-Dahlem, später Direktor des Max-Planck-Instituts für physikalische Chemie und Elektrochemie in Berlin-Dahlem. Er war ein großer Bewunderer Einsteins, mit dem er bis zu dessen Tod eng befreundet blieb. Auch zu vielen anderen jüdischen Wissenschaftlern hegte er enge freundschaftliche Beziehungen. In der Hitlerzeit hat er oftmals gewagt, seine Opposition mutig und offen zum Ausdruck zu bringen.

Im Jahre 1922 beobachtete der amerikanische Physiker Arthur H. Compton, daß die Wellenlänge eines Röntgenstrahls nach Streuung durch einen Kohlenstoffblock länger war als die des ursprünglichen Strahls. Dies bedeutete, daß der gestreute Strahl eine geringere Frequenz hatte, das heißt, er mußte Energie verloren haben. Dieser Energieverlust läßt sich durch die Quantentheorie erklären, nämlich als die Folge des Zusammenstoßes einzelner Röntgenquanten mit Elektronen, wobei die Elektronen die Energie aufnehmen, die die Quanten (Photonen) verlieren. Diese Energieübertragung nennt man den Compton-Effekt. Er zeigt, daß Röntgenstrahlen in gleicher Weise wie Lichtwellen Elektronen freisetzen können. Die Entdeckung war eine neue Bestätigung der Quantentheorie. Ähnliche Experimente hat auch der englische Physiker C. T. R. Wilson durchgeführt. Compton und Wilson erhielten 1927 den Nobelpreis für Physik.

Die Universität Göttingen

Bevor wir uns mit den beiden wichtigsten Theorien auf dem Gebiet der Atomphysik in den zwanziger Jahren befassen, ist es notwendig, einige Worte über die Universität Göttingen zu sagen, denn diese war dazu bestimmt, eine wichtige Rolle bei den damaligen Entwicklungen zu spielen. Wir wollen damit den historischen Hintergrund beleuchten, der eine außerordentliche Atmosphäre und einen fruchtbaren Boden für die Entwicklung eines der berühmtesten Zentren der Atomphysik, wie auch der Physik im allgemeinen und der Mathematik, in den zwanziger Jahren geschaffen hat. Die Vorgänge in Göttingen haben die Entwicklung dieser Gebiete stark beeinflußt.

Die Stadt Göttingen gehörte zum Kurfürstentum Hannover. Die Universität wurde 1734 vom Kurfürsten von Hannover, König Georg II. von England, gegründet. Von Anfang an herrschte an der Universität ein liberaler Geist, der selbst nach der Annexion Hannovers durch Preußen im 1866er Krieg fortbestand. Der internationale Ruf der Universität im 19. Jahrhundert beruhte auf dem außerordentlich hohen Niveau ihrer mathematischen Fakultät, mit so genialen Forschern wie Carl Friedrich Gauß (1777—1855), P. G. Lejeune-Dirichlet (1805—1859) und Bernhard Riemann (1826—1866). 1886 wurde Felix Klein (1849—1925) Ordinarius für Mathematik in Göttingen. Er war einer der größten Mathematiker seiner Zeit. Mit 23 Jahren wurde er Ordinarius in Erlangen, später ging er nach Leipzig, und von dort holte ihn sein Freund Friedrich Althoff nach Göttingen. Schon zu dieser Zeit war er eine fast legendäre Gestalt, eine machtvolle, dynamische und dominierende Persönlichkeit und allgemein anerkannt als der führende Mathematiker Deutschlands. Sein ganzes Streben zielte darauf, in Göttingen eines der größten Mathematik-Zentren der Welt zu schaffen, wobei er von Althoff begeisterte Unterstützung erhielt. Als durch die Berufung Heinrich Webers nach Straßburg eine Stelle frei wurde, schlug Klein dafür David Hilbert vor. Klein hatte Hilberts Vorlesungen in Leipzig gehört und sofort dessen ungewöhnliche Begabung erkannt. Hilbert kam dann 1895 zu Klein nach Göttingen.

David Hilbert (1862—1943) wurde in Königsberg geboren. Sein Vater war Richter, seine Mutter eine ungewöhnliche Frau, die sich für Philosophie, Astronomie und Mathematik interessierte. Hilbert besuchte das humanistische Gymnasium und studierte nach dem Abitur Mathematik, hauptsächlich an der Universität Königsberg, die eine ausgezeichnete mathematische Fakultät besaß. Dort lehrte auch Adolf Hurwitz (1859—1919), der später Ordinarius an der Eidgenössischen Technischen Hochschule in Zürich wurde. Hilberts außerordentliche mathematische Begabung kam schon sehr früh zum Ausdruck. Darüber hinaus war es in Königsberg, der Stadt Kants, fast unmöglich, sich nicht für Kant und seine Philosophie zu interessieren. Kant hatte Philosophie und Mathematik gelehrt. Erinnerungen an Kant gab es vielerorten, und nur wenige Studenten wußten nichts von Kants berühmten Ausspruch, für ihn seien die beiden größten Wunder „der gestirnte Himmel über mir und das moralische Gesetz in mir". Es war die Atmosphäre in Königsberg und in Hilberts Elternhaus, die Hilberts Interesse an der Philosophie, insbesondere an der Kantschen, weckte.

Ein wichtiges Element in Hilberts Leben bildete seine enge Freundschaft mit Hermann Minkowski. Minkowski war der jüngste Sohn einer russisch-jüdischen Familie. Er war in Alexoten bei Kowno (Litauen) geboren und beim Umzug seiner Eltern nach Königsberg acht Jahre alt. Dort besuchte er das Altstadt-Gymnasium (gleichzeitig mit Max und Willy Wien und Arnold Sommerfeld), das ein weit höheres Niveau hatte als die Schule, die Hil-

Abb. 7. David Hilbert

bert besuchte. Minkowski las mit Vorliebe Shakespeare, Schiller und Goethe und konnte fast den ganzen Faust auswendig rezitieren. Sein älterer Bruder Oskar (1858—1931) wurde ein berühmter Arzt; zusammen mit Joseph von Mering (1849—1908) entdeckte er im Jahre 1889, daß die Entfernung der Bauchspeicheldrüse Diabetes erzeugte. Diese Entdeckung führte später zur Entdeckung des Insulins durch Frederick G. Banting und Charles H. Best.

Im Alter von nur 17 Jahren bewarb sich Hermann Minkowski mit einer Arbeit um den Grand Prix des Sciences Mathématiques der Pariser Akademie, eine unglaublich mutige Tat. Und er erhielt dann den Preis im April 1883, geteilt mit dem (kurz vorher verstorbenen) großen englischen Mathematiker Henry Smith (1826—1883), als er 18 Jahre alt war. Es überrascht kaum, daß diese Nachricht in Königsberg eine Sensation darstellte. Hilbert und Minkowski lernten sich kurz darauf kennen und wurden bald unzertrennliche Freunde (die „Unzertrennlichen"); man nannte sie Kastor und Pollux.

Hilberts Ruf wuchs sprunghaft. Er wurde in mehrere Akademien gewählt, und die Regierung verlieh ihm den Titel Geheimrat. Aber er war in Göttingen nicht ganz glücklich. Zwischen ihm und Klein herrschten Vertrauen und gemeinsame Interessen, aber es gab keine enge Beziehung. Er vermißte die lebhaften Diskussionen und die enge und anregende Freundschaft mit Minkowski. Dieser lehrte als Professor für höhere Mathematik am Polytechnikum in Zürich (unter seinen Schülern befand sich Einstein); aber auch er war dort nicht gerade glücklich. Mit Kleins Zustimmung gelang es Hilbert, Althoff davon zu überzeugen, einen dritten Mathematik-Lehrstuhl zu errichten, speziell für Minkowski, der dann 1902 nach Göttingen kam. Das bedeutete einen Wendepunkt im Leben Hilberts. Jetzt, nahe seinem lieben Freund, war er vollkommen glücklich. So konnten die „Unzertrennlichen" ihre endlosen Diskussionen fortsetzen und viele Spaziergänge, Parties und Picknicks zusammen genießen.

Mit Klein, Hilbert und Minkowski als Vorstände der Mathematischen Fakultät hatte sich Kleins Traum erfüllt: Göttingen war jetzt eines der größten Mathematik-Zentren der Welt und Hilbert ebenso berühmt und angesehen wie der große französische Mathematiker Henri Poincaré (1854—1912). Zudem waren alle drei Männer sowohl an reiner als auch an angewandter Mathematik interessiert. Das deckte sich völlig mit der Tradition von Gauß, der beide Gebiete stark beeinflußt hat. So entwickelten sich enge Beziehungen zu jenen Gebieten, in denen die Mathematik eine wichtige Rolle spielt, insbesondere zur Physik, zur angewandten Mechanik, Aeronautik, Geophysik und Astronomie, Fachgebiete, die in Göttingen hervorragend vertreten waren. Diese Tendenz wurde noch weiter bestärkt durch Carl Runge (1856—1927), ein Experimentalphysiker in Hannover, der (wiederum auf Kleins Vorschlag) 1904 eine Mathematik-Professur in Göttingen erhielt. Minkowski hatte sich schon immer sehr für Physik interessiert; so war er während seiner Zeit in Bonn Heinrich Hertz nahegekommen. Und bei der Versammlung der Gesellschaft Deutscher Naturforscher und Ärzte im Jahr 1908 in Köln hielt er einen Vortrag über Raum und Zeit, in dem er Einsteins Relativitätstheorie begeistert unterstützte, allerdings mit einigen Vorbehalten gegenüber bestimmten Formulierungen.

Kurz nach seinem Vortrag in Köln, im Januar 1909, starb Minkowski an einem durchgebrochenen Blinddarm im Alter von 44 Jahren. Für Hilbert war das ein Schock und eine Tragödie: Eine 25jährige, tiefe und geradezu einzigartige Freundschaft hatte schlagartig ein Ende gefunden. Hilbert verkündete die Nachricht den Studenten unter Tränen; es war ein seltenes Ereignis, besonders in Deutschland, einen Ordinarius weinen zu sehen. In einer be-

Abb. 8. Felix Klein

wegenden Gedenkrede sagte Hilbert, sein Freund sei für ihn eine Gabe der Götter gewesen, ein Geschenk, das nur selten einem Menschen zufalle, und er müsse dankbar dafür sein, daß er diese Gabe so lange Zeit besessen habe. Minkowskis Nachfolger wurde Edmund Landau (1877—1938), dessen Frau Maria die Tochter von Paul Ehrlich war.

Für Hilbert gab es niemanden, der Minkowski zu ersetzen vermochte; doch suchte er unter der jüngeren Generation nach Gesprächspartnern, mit denen er die Probleme, die ihn beschäftigten, diskutieren konnte. Dabei ergaben sich freundschaftliche Kontakte mit dem Philosophen Leonard Nelson (1882—1927), einem Anhänger der Kant-Fries-Schule (siehe Seite 265). Mit ihm diskutierte er viel über Probleme, die sich bei der Begegnung von Philosophie und Mathematik erhoben.

Einen weiteren jüngeren Freund fand er in Theodor von Kármán (1881—1963), ein ungarischer Jude, zu dessen Ahnen der berühmte Rabbiner Judah Loew (1525—1609) in Prag gehörte. Kármán ging 1930 nach Amerika und wurde einer der führenden Aerodynamiker (Entwicklung der Theorie der Wirbelstraße). Er bezeichnete Hilbert als „den größten Mathematiker in der Wissenschaftsgeschichte". Hilbert befreundete sich dann auch mit seinem Schüler Richard Courant (1892—1972), der in den zwanziger Jahren zu denen gehörte, die das Niveau der Mathematischen Fakultät in Göttingen bestimmten (Reid 1976). Schon vor Minkowskis Tod hatte sich Hilbert für die theoretische Physik interessiert, und zwischen 1910 und 1930 wurde dieses Interesse zunehmend größer. So hielt er oft Vorträge über physikalische Themen, erweiterte ständig seine Kenntnisse auf diesem Gebiet und verstärkte seine Kontakte zu Physikern.

Einige Aspekte von Hilberts Persönlichkeit mögen im Zusammenhang mit diesem Buch von besonderem Interesse sein. Hilbert war ausgesprochen international eingestellt; er fühlte und gab sich als Weltbürger. Seine äußerst liberale Einstellung kam unter anderem dadurch zum Ausdruck, daß er aus der evangelischen Kirche austrat. Als sein Sohn Franz in der Schule gefragt wurde, welcher Religion er angehöre, wußte er es nicht. Der Sohn des Philosophen Edmund Husserl, ein getaufter Jude, sagte dann zu ihm, wenn er seine Religion nicht kenne, sei er sicherlich ein Jude. Hilbert war ein heftiger Gegner des Ersten Weltkrieges; er hielt ihn für einen Akt der Dummheit. Im Gegensatz zu vielen Kollegen wagte er es, seine Meinung offen auszudrücken. Als im Oktober 1914 die berühmte Botschaft „An die kultivierte Welt" herauskam, in der bestritten wurde, daß Deutschland den Krieg verursacht hatte, und „die Lügen und Verleumdungen des Feindes" zurückgewiesen wurden, war Hilbert unter den zur Unterzeichnung aufgeforderten der einzige, der sich weigerte, diese Deklaration zu unterschreiben. Viele der berühmtesten deutschen Künstler und Wissenschaftler, darunter viele Juden, haben sie unterzeichnet. Der einzige Name, der auffallend fehlte, war der Einsteins, aber er war ja kein deutscher, sondern schweizerischer Staatsbürger. Später, als der berühmten Mathematisch-physikalischen Fakultät in Göttingen die Vernichtung durch die Nationalsozialisten drohte, war Hilbert verzweifelt, aber als alter und kranker Mann war er nicht mehr fähig, den Kampf aufzunehmen. Bei einer Zusammenkunft in Göttingen im Jahre 1934 fragte ihn der Reichsminister für Wissenschaft Bernhard Rust, wie es seiner Fakultät gehe. Hilbert entgegnete, welche Fakultät er meine. Als Rust sagte, er meine natürlich die Mathematisch-physikalische Fakultät, antwortete Hilbert, daß sie nicht mehr existiere, denn er, Rust, habe sie zerstört, indem er die besten Wissenschaftler fortgejagt habe (weitere Einzelheiten siehe in der Hilbert-Biographie von C. Reid 1970).

Nach dem Ersten Weltkrieg gab es in Göttingen zwei physikalische Institute, denen zwei hervorragende Physiker, Robert Pohl und Peter Debye, vorstanden. Der durch den Weggang von Debye frei gewordene Lehrstuhl wurde im Frühjahr 1920 Max Born angeboten, der als Professor der Physik an der Universität Frankfurt lehrte. Nachdem Born das Institut besucht und eingehend über seine Zukunft nachgedacht hatte, wurde ihm klar bewußt, daß es notwendig war, eine Abteilung für Experimentalphysik, insbesondere für Atomphysik, aufzubauen, da er sich selbst mehr als theoretischer Physiker betrachtete. Born war ein großer Bewunderer von James Franck, mit dem er sich während ihrer gemeinsamen Studentenzeit in Heidelberg angefreundet hatte, und kannte seine Fähigkeit und Leistungen auf dem Gebiet der Atomphysik. Auf Borns Drängen wurde ein dritter Lehrstuhl geschaffen und Franck angeboten, der damals Abteilungsleiter im Kaiser-Wilhelm-Institut für physikalische Chemie in Berlin-Dahlem war. Franck kam dann 1921 als Professor für Experimentalphysik nach Göttingen und wurde Direktor des 2. Physikalischen Instituts.

Mit Hilbert, Courant und Runge war das Interesse der Mathematiker an der Physik sehr stark, und es gab zwischen den beiden Fakultäten eine außerordentlich aktive Zusammenarbeit. Sie schuf eine aufregende und geradezu einzigartige Atmosphäre, die viele Studenten und berühmte Gelehrte beider Gebiete nach Göttingen zog. Göttingen wurde das Mekka der Physiker und Mathematiker. Mit den umwälzenden Entwicklungen in der Atomphysik und der Herausforderung durch viele neue Probleme, für die es noch keine befriedigenden Lösungen gab, erlangte die Zusammenarbeit zwischen den Physikern und Mathematikern höchste Bedeutung. Aus diesen Gründen spielte Göttingen eine außerordentlich große Rolle bei der dynamischen und schnellen Entwicklung der Atomphysik in den zwanziger Jahren.

Wellenmechanik

Zur Zeit der Entdeckung des Compton-Effekts konnte man die Diskontinuität der Strahlung und die Existenz von Teilchen (Korpuskeln, Photonen) kaum anfechten. Doch ließen sich bestimmte Phänomene, wie Interferenz und Beugung, nicht mit Hilfe der Teilchentheorie erklären. Diese Phänomene schienen die Annahme des Wellencharakters der Strahlung zu unterstützen, der für Licht- und die Röntgenstrahlung so gut demonstriert werden konnte. So blieb das große Dilemma zwischen Wellen und Teilchen ungelöst. Man mußte also unbedingt eine Antwort auf die Dualität der Strahlung, die sowohl Wellen- als auch Teilchencharakter zu haben schien, finden. Nach Einsteins berühmter Gleichung $E = mc^2$ ist die Energie eines Teilchens gleich seiner Masse multipliziert mit dem Quadrat der Lichtgeschwindigkeit.

1923 machte Louis-Victor de Broglie den ersten Versuch, eine Antwort auf das Wellen-Teilchen-Problem zu finden. Er kombinierte die Gleichungen von Einstein und Planck (die Energie eines Photons ist gleich seiner Wellenfrequenz multipliziert mit der Planckschen Konstante h). Dabei stellte er sich die folgende Frage: Da die Existenz von stationären Zuständen bei Atomen den Einfluß des Wirkungsquantums auf die Eigenschaften des Elektrons zeigt, sollte man dann nicht annehmen, daß das Elektron ebenso eine Dualität besitzt, analog jener des Lichtes? Man hatte damals noch keine Beweise für den Wellencharakter des Elektrons, das Elektron wurde stets als elektrisch geladenes Teilchen betrachtet. Einige Beobachtungen deuteten zwar auf die Unzulänglichkeit dieser Ansicht hin und ließen vermuten, daß die Eigenschaften des Elektrons nicht immer denen eines einfachen Korpuskels entsprachen, aber diese Hinweise waren vage und nicht eindeutig.

De Broglie versuchte daher, dem Elektron und allgemein allen Korpuskeln eine Doppelnatur zuzuschreiben und postulierte, daß Wellen- und Korpuskelaspekte durch das Wirkungsquantum miteinander in Beziehung stehen. Das Problem lag darin, eine Möglichkeit zu finden, die Ausbreitung einer bestimmten Welle und die Bewegung eines Korpuskels zu assoziieren, Größen, die festlegen, daß die Welle zu den dynamischen Größen in Beziehung steht, die die Plancksche Konstante h enthalten. Diese Beziehung sollte so dargestellt werden, daß die allgemeinen Regeln, die den Zusammenhang zwischen Welle und Korpuskeln ausdrücken, bei der Anwendung auf das Photon die bekannte, von Einstein demonstrierte Beziehung ergeben, ebenso aber auch die Beziehung zwischen Photonen und Lichtwellen einschließen. Als de Broglie zu analysieren versuchte, wie sich die den Elektronen zugehörigen Wellen im Inneren eines Atoms verhalten könnten, gelangte er zu folgender Schlußfolgerung: Die Quantelung ist ein Ausdruck der Tatsache, daß die Welle, die mit dem stationären Zustand eines Elektrons im Atom in Zusammenhang steht, im Sinne der Wellentheorie eine stationäre, also stehende Welle ist. Dies war ein brillantes und revolutionäres Konzept. Für die Entdeckung der Wellennatur der Elektronen erhielt de Broglie 1929 den Nobelpreis. 1926 baute Erwin Schrödinger (1887—1961) die Ansätze de Broglies zu einer umfassenden Wellentheorie der Materie aus.

Schrödinger hatte ebenso wie Planck eine Abneigung gegen die Diskontinuität des Quantenkonzeptes und gegen die Vorstellung, daß Elektronen, entsprechend dem Bohrschen Atommodell, von einer Bahn in eine andere springen. Als er de Broglies Arbeit las, interessierte er sich sofort sehr dafür und versuchte, mit der Wellentheorie ein neues Bild vom Atom zu erstellen. Unter der Annahme, daß die atomaren Bahnen begrenzte Wellen mit bestimmten, wohldefinierten Formen und Frequenzen seien (analog zu den Schwingungen einer Saite), würde die jeder Bahn zugeordnete Welle eine eigene, fest definierte Form haben. Mit diesem Konzept konnte Schrödinger die Stabilität und Identität der Atome erklären, Eigenschaften, die sich auf der Basis des nur aus Teilchen bestehenden Planetenmodells des Atoms nicht verstehen ließen. Die Stabilität beruht darauf, daß sich das niedrigste Bahnmuster erst dann verändert, wenn dem Atom ein endlicher und erheblicher Energiebetrag zugeführt wird. Ohne Energiezufuhr, die das Elektron auf ein höheres Niveau hebt, ist die Bahn stabil. Da das begrenzte Wellenmuster immer das gleiche ist, muß jedes Atom seine eigene, klar definierte Identität besitzen. Ein Wasserstoffatom unterscheidet sich in nichts von allen anderen Wasserstoffatomen, sofern sich die Atome im gleichen Zustand befinden.

Auf der Grundlage dieser Ideen bemühte sich Schrödinger dann, die geeigneten mathematischen Gleichungen zu finden und zu formulieren, was ihm nach einigen Anfangsschwierigkeiten auch gelang. Damit hat Schrödinger das Fundament für die Wellenmechanik gelegt.

De Broglies Postulat lag zugrunde, daß jedes Materieteilchen mit einer Welle assoziiert ist, deren Wellenlänge durch seine Masse und Geschwindigkeit bestimmt wird, wobei die Plancksche Konstante die Größenordnung bestimmt. In Schrödingers Konzept wurden die Bohrschen Bahnen zu stationären Zuständen, welche die den Elektronen zugeordneten Wellen um den Atomkern bilden. Vom mathematischen Standpunkt aus war Schrödingers Theorie befriedigender als die von Bohr. Das Bild des Elektrons, welches sich nicht mehr auf einer wohldefinierten Bahn, sondern als diffuse stehende Welle im Atom manifestiert, trat an die Stelle des unbefriedigenden Bohrschen Modells. Während die physikalische Realität von Materiewellen weiterhin heftig diskutiert wurde, machten zwei amerikanische Physiker, Clinton J. Davisson und Lester H. Germer, eine neue und aufregende Entdeckung. Sie maßen die Streuung von Elektronen an einer Nickeloberfläche. Durch Zufall wurde die Nickelplatte zeitweilig erhitzt, was dazu führte, daß sich an der Metalloberfläche Nickelkristalle bildeten. Anstatt in alle Richtungen gestreut zu werden, wurden die Elektronen jetzt nach bestimmten Richtungen gestreut. Überrascht von diesen Ergebnissen schrieb Davisson an Max Born und fragte ihn, ob er eine Erklärung anbieten könne. Born diskutierte diese Angelegenheit mit James Franck und brachte sie in Verbindung mit de Broglies Postulat (von dem die amerikanischen Wissenschaftler offenbar nichts wußten); sie baten dann einen jungen Mitarbeiter, Walter Elsasser, an dem Problem zu arbeiten. Aus seinen Berechnungen ging hervor, daß die von Davisson beobachtete Streuverteilung tatsächlich das Beugungsmuster von Elektronenwellen war. Sie entsprach dem Muster, das Max von Laue bei der Anwendung von Röntgenstrahlen auf Kristalle erhalten hatte. Born und Franck schrieben an Davisson, daß seine Beobachtungen eine große Entdeckung darstellten, und schlugen einige Modifikationen seiner experimentellen Anordnung vor, um seine Daten noch weiter zu erhärten. Nahezu gleichzeitig und unabhängig davon beobachtete George P. Thomson (Sohn von Sir Joseph John Thomson) in England ein Elektronenbeugungsmuster bei seinen Studien über die Streuung von Elektronen. Thomson und Davisson erhielten 1937 den Nobelpreis für Physik für ihre experimentelle Bestätigung der Interferenzerscheinungen beim Bestrahlen von Kristallen durch Elektronen.

Neben dem Nachweis der Bewegung energiereicher Elektronenstrahlen an Kristallen, welche die Theorie der Wellennatur der Elektronen unterstützte, lieferten die Experimente von Otto Stern in Hamburg einen weiteren Beweis für den Wellencharakter von Teilchen, in dem sie zeigten, daß auch Protonen an Kristallen gebeugt werden können und somit einen Wellenaspekt haben.

Die Existenz von Materiewellen war somit experimentell bestätigt. Ihre Existenz war nicht mehr nur ein rein theoretisches Postulat oder ein auf mathematischen Gleichungen basierendes Konzept. Eine weitere Bestätigung der Vorstellungen der Wellenmechanik ergab sich aus neuen Berechnungen von Wolfgang Pauli. Er benutzte dabei die Matrizenmechanik, ein mathematisches Verfahren, das im 19. Jahrhundert von Göttinger Mathematikern eingeführt worden war. Diese Matrizenmechanik wurde von Max Born, Werner Heisenberg und Pascual Jordan auf die Quantenmechanik angewendet (siehe folgendes Kapitel). Nach der Bestätigung der Wellenmechanik, das heißt des Teilchen-Wellen-Dualismus von de Broglie und Schrödinger war es jetzt noch dringender, für das Dilemma dieses Dualismus von Welle und Teilchen eine befriedigendere Lösung zu finden und die zwei scheinbar entgegengesetzten Ansichten in Übereinstimmung zu bringen.

Erwin Schrödinger wurde 1887 in Wien geboren; sein Vater, ein Chemiker, hatte sich der Malerei zugewendet, seine Mutter war die Tochter eines Chemieprofessors an der Universität. Die kulturelle Atmosphäre des Elternhauses beeinflußte Schrödingers Persönlichkeit stark und stimulierte seine künstlerischen Neigungen. Er studierte Physik und Mathematik an der Universität Wien, wo er 1910 Privatdozent wurde. Nach dem Krieg (1920) ging er an die Universität Jena. 1921 wurde er Extraordinarius an der Universität Breslau, dann Ordinarius an der Technischen Hochschule in Zürich, und 1927, nach seiner großen Entdeckung der Wellenmechanik, Nachfolger von Max Planck an der Universität Berlin. Zusammen mit Paul Dirac, Cambridge, erhielt er 1933 den Nobelpreis für Physik für seine Verdienste um die Entwicklung der Wellenmechanik. Als Hitler die Macht übernahm, verließ er Deutschland (obwohl er keine jüdischen Vorfahren hatte und nicht dazu gezwungen war) aus Protest gegen das Regime. Nach dreijährigem Aufenthalt in Oxford kehrte er 1936 zurück in seine Heimat Österreich, an die Universität Graz. Als die Nationalsozialisten in Österreich eindrangen, ging er zunächst nach Gent und schließlich nach Irland, wo er

Abb. 9. Erwin Schrödinger

Abb. 10. Paul Dirac und Roswitha Schmid. Nobelpreisträgertagung Lindau 1982

Direktor des neu gegründeten Institute for Advanced Studies in Dublin wurde. Im Jahr 1956 kehrte er in seine Heimatstadt Wien zurück, als Professor an der Universität. Schrödinger hat es nie über sich gebracht, die Interpretationen von Born, die Unschärferelation von Heisenberg und den Begriff der Komplementarität von Bohr zu akzeptieren. Er hoffte noch immer, daß der Determinismus der klassischen Physik letztendlich siegen und auf die Physik der Atomstruktur anwendbar werden würde. Im Gegensatz dazu hat de Broglie schließlich die Bedeutung von Bohrs und Heisenbergs Interpretationen anerkannt.

Quantenmechanik

Nahezu parallel zur skizzierten Entwicklung der Wellenmechanik durch Schrödinger entwickelten Heisenberg, Born und Bohr ihre an Geschlossenheit der Wellenmechanik gleichwertige, in ihrer Begründung aber unzweifelhaft klarere und tiefere Quantenmechanik zur Deutung atomarer Zustände und Prozesse. Während dieser Zeit, zwischen 1924 und 1927, gab es heftige Diskussionen, nicht nur zwischen den Vertretern entgegengesetzter Ansichten, sondern auch im eigenen Lager, also insbesondere auch unter denen, die die neue Quantenmechanik entwickelt hatten. Selten wurde ein Kampf mit solcher Leidenschaft und Intensität geführt. Er schuf eine intellektuell ungeheuer anregende Atmosphäre. Die Konzepte, die daraus hervorgingen, waren revolutionär und führten zu einem größeren und noch vollständigeren Bruch mit der klassischen Physik als es die Relativitätstheorie vermocht hatte. Die Schlüsselfiguren bei der Entwicklung der Quantenmechanik waren Max Born, Werner Heisenberg und Niels Bohr, die Orte der Ereignisse vor allem Göttingen und Kopenhagen.

In Bohrs ursprünglicher Theorie gab es zwischen der Umlauffrequenz der Elektronen auf ihrer Bahn und der Frequenz der emittierten Strahlung eine Diskrepanz, die als eine

Abb. 11. Werner Heisenberg, Linus Pauling und Max Born. Nobelpreisträgertagung Lindau 1964

Einschränkung des Konzeptes der Elektronenbahn, das ohnehin von Anfang an zweifelhaft erschien, interpretiert wurde. Die niedrigsten Bahnen verändern sich nicht ohne Energiezufuhr. In den höheren Bahnen jedoch sollten sich die Elektronen in größerer Entfernung vom Kern bewegen. Hier sollte man wenigstens näherungsweise von Elektronenbahnen sprechen können. In diesen höheren Bahnen nähern sich die Frequenzen der emittierten Strahlung tatsächlich den Orbitalfrequenzen und ihren höheren Harmonischen. Schon 1916 hatte Bohr vorgeschlagen, daß in diesem Fall die Intensität der ausgestrahlten Spektrallinien der Intensität der entsprechenden Harmonischen nahekommt. Dieses *Korrespondenzprinzip* hatte sich als nützlich erwiesen für die näherungsweise Berechnung der Intensitäten der Spektrallinien. So schien diese Theorie wenigstens eine qualitative, wenn auch noch keine quantitative Beschreibung dessen zu geben, was innerhalb eines Atoms geschieht. Jedenfalls glaubte man, daß die Quantenbedingungen irgendwie mit dem Dualismus von Wellen und Teilchen zusammenhingen.

Ehe wir uns mit der Entwicklung der Quantenmechanik näher befassen, wollen wir einen Forscher porträtieren, der bei der Ausarbeitung dieser Theorie eine Schlüsselrolle spielte: *Werner Heisenberg*. Er wurde am 5. Dezember 1901 in Würzburg geboren. Im Jahr 1910 zog die Familie nach München, wo sein Vater August Ordinarius für griechische Philologie wurde; Werner wuchs also in München auf und betrachtete immer München als seine Heimat. Seine außerordentliche Begabung zeigte sich bereits im Gymnasium, insbesondere auf dem Gebiet der Physik, der Mathematik und der griechischen Philosophie. In seinem wissenschaftlichen und philosophischen Denken offenbarte sich der tiefe Einfluß von Platon, besonders in seiner Schrift über die Einheit der Theorie der Materie, die Heisenberg 1958 bei der Hundertjahrfeier von Max Plancks Geburtstag vorstellte. Nach dem Abitur 1920 (etwas verspätet wegen des Krieges) ging er zu Arnold Sommerfeld, einem inspirierenden Lehrer, dessen Institut viele hochbegabte Studenten anzog; es war der ideale Platz für Heisenberg mit seinem leidenschaftlichen Interesse an der neuen Welt der Atomphysik von Planck, Einstein und Bohr. Hier lernte er auch Wolfgang Pauli kennen, der (noch als Student und nur 19 Monate älter als Heisenberg) Assistent bei Sommerfeld war. Zwischen Heisenberg und Pauli entwickelte sich sehr bald eine enge Freundschaft, die für die beiden geistesverwandten Persönlichkeiten nicht nur beglückend und anregend, sondern auch nützlich für ihre wissenschaftliche Entwicklung und Denkweise war. Heisenberg war begeisterungsfähiger und besaß eine lebhaftere Vorstellungskraft als Pauli. Dieser war berühmt für sein scharfes und kritisches Urteilsvermögen sowie auch für seine außerordentliche tiefe Einsicht in die Probleme der Atomphysik. Viele eminente Physiker fragten sich, wenn sie eine neue Theorie vorschlugen, wie wohl Pauli darauf reagieren würde. Niemand war vor seinen beißenden Kommentaren sicher. Als beispielsweise Einstein jahrelang vergeblich versuchte, eine einheitliche Feldtheorie zu erstellen, meinte Pauli, der Mensch solle nicht zusammenfügen, was Gott geschieden hat. Er wurde Heisenbergs Mentor und kritisierte ihn regelmäßig, oft sehr hart. Pauli und Heisenberg blieben nur ein Jahr (zwei Semester) zusammen in Sommerfelds Institut. Nach seiner Promotion ging Pauli zuerst zu Born nach Göttingen und dann zu Otto Stern nach Hamburg, bis er 1928 als Professor für theoretische Physik an die Eidgenössische Technische Hochschule in Zürich berufen wurde. Pauli und Heisenberg blieben aber ständig in Kontakt. Sie tauschten häufig ihre Ansichten über wichtige mathematische, physikalische und philosophische Probleme in Briefen aus und trafen sich oft. Ihre enge Freundschaft, die der Wissenschaft so sehr nützte, dauerte bis zum Tode Paulis im Jahr 1958.

Eines der größten Ereignisse für die Atomphysiker war eine Reihe von Vorlesungen über die Quantentheorie, die Bohr im Jahr 1922 in Göttingen hielt (die sogenannten „Bohr-Festspiele"). Nicht nur Born und Franck und ihre Mitarbeiter, sondern auch viele berühmte Mathematiker nahmen daran teil. Außerdem kamen auch auswärtige Wissenschaftler nach Göttingen, um diese Vorlesungen zu hören, zum Beispiel Pauli aus Hamburg und Sommerfeld und Heisenberg aus München. Heisenberg war tief erregt, besonders von Bohrs philosophischer Einstellung. Nach den Vorlesungen gab es lebhafte Diskussionen. Zum großen Erstaunen aller Anwesenden forderte Heisenberg, damals ein 21jähriger Student, Bohr nach der ersten Vorlesung heraus, und es erhob sich eine heftige Debatte. Bohr war so beeindruckt, daß er vorschlug, Heisenberg möge ihn auf einem Spaziergang begleiten. Für Heisenberg war dies die intensivste Diskussion, die er jemals über physikalische und philosophische Probleme der Atomphysik gehabt hatte. Sie beeinflußte seine Gedanken entscheidend. Er stellte fest, daß Bohr gegenüber seiner eigenen Theorie skeptischer war als viele andere Physiker, Sommerfeld eingeschlossen. Bohr gewann seine Einsicht in die Vorgänge im Atom weniger mit mathematischem Formalismus, sondern vielmehr durch intensive Bemühungen, die physikalische Realität zu erkennen und zwar mehr durch Intuition als durch exakte Analysen. Er glaubte, daß die physikalische Realität die Grundlage unserer Konzepte bilden sollte, und erst dann sollte man versuchen, daß Konzept mathematisch zu formulieren. Heisenberg war von Bohr fasziniert und zwar sowohl von seiner Persönlichkeit als auch von ihm als Wissenschaftler. Aber auch er machte seinerseits einen tiefen Eindruck auf Bohr, welcher nach der Rückkehr von ihrem gemeinsamen Spaziergang zu einigen Freunden sagte: „Er versteht alles." Dies war ein außergewöhnliches Kompliment von einem Mann, der an Diskussionen mit den brillantesten Zeitgenossen gewöhnt und als äußerst kritisch gegenüber neuen Ideen bekannt war. In den folgenden Wochen fanden nach den Vorlesungen viele lange Diskussionen statt, an denen sich auch James Franck und Max Born sehr aktiv beteiligten. Für Heisenberg hatte Bohr eine neue Welt geöffnet. Jahre später schrieb er einmal an seinen Freund Bohr, daß es diese Vorlesungen waren, die ihn befähigten, die wahre Natur der Atomphysik zu begreifen.

Den folgenden Winter, 1922/23, verbrachte Heisenberg bei Max Born in Göttingen, da Sommerfeld eine Gastprofessur in Madison (Wisconsin) angenommen hatte. Obwohl Heisenberg noch ein Student war, lud Born ihn zu einem Seminar über Bohrs Theorie ein, an dem nur acht Physiker und Mathematiker teilnahmen. Die Seminare fanden in Borns Wohnung statt. Nachdem Pauli von Göttingen nach Hamburg gegangen war, meinte Born, daß er nie wieder einen so ausgezeichneten Mitarbeiter haben würde. Nun stellte sich heraus, daß Heisenberg ebenso talentiert war. Außerdem schätzte Born Heisenbergs Persönlichkeit, seine Bescheidenheit und seine Begeisterungsfähigkeit, und es freute ihn besonders, daß Heisenberg, wie er selbst, ein hervorragender Klavierspieler war. So bemühte er sich darum, Heisenberg in sein Institut zu holen. Nach seiner Promotion in München ging Heisenberg dann im Herbst 1923 zu Born nach Göttingen.

Obwohl Borns größte Stärke in der Mathematik lag, hatte er die Entwicklung der Atomphysik immer mit Leidenschaft verfolgt, und seine eigenen Arbeiten standen in enger Beziehung dazu. 1915 publizierte er das Buch „Dynamik der Kristallgitter", das allgemeine Anerkennung als hervorragender Beitrag zum Verständnis der Atomstruktur fand. Es war ein großer Glücksfall, daß er und sein Freund Franck, der Experimentalphysiker, im gleichen Institut arbeiteten. Da sie sich einander nahezu vollkommen ergänzten, waren ihre häufigen, ja fast täglichen Gespräche ungemein anregend für beide. Als Franck in Göttingen in den frühen zwanziger Jahren mit einer großen, talentierten Gruppe von Mitarbeitern über Quanteneffekte bei der Wechselwirkung zwischen Atomen und Molekülen arbeitete, verfolgte Born ihre Arbeit sehr genau; und die Erkenntnisse aus den vielen Diskussionen mit Franck bildeten die Grundlage für eine interessante gemeinsame Publikation über die Anwendung der Quantentheorie auf die Kinetik chemischer Reaktionen.

Einer der brillanten Beiträge Borns zur Quantentheorie war seine Interpretation der Wellenfunktion. Zu den ungelösten Problemen bei Einsteins Beschreibungen des photoelektrischen Effektes gehörte die Erklärung der Beugungsflecke auf einer photographischen Platte, die auftreten, wenn ein Elektronenstrahl auf ein Kristall gerichtet wird. Dieses Phänomen deutete eher auf eine Wellenstruktur als auf eine Teilchenstruktur hin. In Schrödingers und de Broglies Konzepten wurden dem Teilchen gewisse (damals jedoch noch nicht entdeckte) Welleneigenschaften zugeschrieben, die das beobachtete Beugungsmuster verursachen sollten. Dieses Konzept führt aber zu einem Dilemma. Ein Elektronenstrahl, der von einem Kristall gebeugt wird, erzeugt räumlich getrennte Flecken. Aber wohin geht die Ladung des Elektrons, das ja eine Einheitsladung hat, die nicht unterteilt werden kann? Born schlug eine geniale Lösung vor. Schon Einstein hatte 1905 die Möglichkeit erörtert, daß Beugungseffekte nur als Ergebnis vieler Einzelakte zu verstehen sind. Nach Borns Interpretation kommt der Beugungseffekt nicht durch ein, sondern durch viele Teilchen zustande. Ein einzelnes Elektron könnte niemals ein ganzes Beugungsmuster erzeugen; es würde, nach seiner Ablenkung durch den Kristall, auf der photographischen Platte an einem Ort auftreffen, der einem der registrierten Flecke entspräche. Einige Ablenkungswinkel werden statistisch stärker begünstigt als andere; diese sind daher die Richtungen im Raum, denen die meisten Elektronen folgen. Die geschwärzten Bereiche auf der photographischen Platte entsprechen diesen wahrscheinlichsten Richtungen, während die hellen Felder zwischen ihnen Regionen anzeigen, wo die Wahrscheinlichkeit für das Auftreffen eines Elektrons geringer ist. Bezogen auf Schrödingers Wellenbild deutete Borns Vorschlag darauf hin, daß die Intensität der Teilchenwelle lediglich ein Maß für die Wahrscheinlichkeit ist, die Teilchen in einer bestimmten Raumregion zu finden. Dies beinhaltete auch, daß die diffusen Beugungsringe in Schrödingers Theorie nunmehr eine physikalische Bedeutung erlangt hatten und die Bohrschen Bahnen ersetzten.

Borns Hauptinteresse richtete sich dann auf die Quantentheorie der Atomstruktur. Er stellte sich die Frage, inwieweit Bohrs Theorie mit den beobachteten Fakten vereinbar war und wo ihre Grenzen lagen. Nach Bohr läßt sich das Atom in einem seiner stationären Zustände durch Gleichungen der normalen Mechanik beschreiben, wobei die Bahnen durch bestimmte Quantenregeln bestimmt werden. Im stationären Zustand gibt das Atom keine Strahlung ab, hingegen erfolgt beim Übergang von einer in eine andere Bahn eine Emission oder Absorption elektromagnetischer Strahlung, wobei die Energiedifferenz gleich der Energie hν des emittierten oder absorbierten Lichtquants ist. Diese Hypothese erwies sich zwar beim Wasserstoffatom als richtig, aber wie weit ließ sie sich verallgemeinern? Eine Antwort auf dieses Problem zu finden, war das erste Ziel von Born und seinen Mitarbeitern. Die Anwendung einer neuen Methode beim Heliumatom erbrachten Ergebnisse, die nicht mit denen übereinstimmten, die Bohr mit seinen Methoden erhielt. So kamen Born und seine Mitarbeiter immer mehr zu der Überzeugung, daß es notwendig war, die Grundlagen der Physik radikal zu verändern und eine neue Mechanik, die „Quantenmechanik" einzuführen, ein Begriff, den Born erstmals im Jahr 1924 in einem Artikel in der Zeitschrift für Physik verwendete.

Die *Quantenmechanik,* die sich in den folgenden drei Jahren, 1924 bis 1927, ungemein schnell entwickelte, hat eigentlich nicht erst in Göttingen ihre Anfänge gehabt; denn diesbezügliche Beobachtungen sind schon früher von anderen gemacht worden, insbesondere von Hendrik A. Kramers (1894—1932), der die Wechselwirkungen zwischen den Elektronen im Atom und dem elektromagnetischen Feld der Lichtwelle studierte. Seine Beobachtungen waren im Grunde genommen die ersten Schritte weg von der klassischen Mechanik und hin zu der obskuren und unerforschten Welt der Quantenmechanik.

In Borns Institut versuchte Heisenberg, einen Übergang von der qualitativen Modellmechanik zu einer echten Quantenmechanik zu finden. Seine Vorstellungen faßte er dann in einer Arbeit über eine Abänderung der formalen Regeln der Quantentheorie am Beispiel des anomalen Zeemann-Effekts zusammen. Born war von der außerordentlichen Qualität dieser Arbeit so beeindruckt, daß er sie als Habilitationsschrift annahm, obwohl Heisenberg erst 22 Jahre alt war und seit seiner Promotion noch kein Jahr vergangen war. Im Herbst dieses Jahres (1924) lud Bohr Heisenberg ein, ein halbes Jahr bei ihm in seinem Institut in Kopenhagen zu arbeiten, das damals eine Hochburg der Atomphysik war. Zum tiefen Bedauern von Born nahm Heisenberg die Einladung an, was im Hinblick auf dessen große Bewunderung für Bohr kaum überraschen konnte. Diese sechs Monate in Kopenhagen und die späteren Besuche dort waren Höhepunkte in Heisenbergs Leben und Karriere. So sagte er einmal, er habe von Sommerfeld Optimismus, in Göttingen Mathematik und von Bohr Physik gelernt.

Inzwischen hatte Heisenberg ein Manuskript mit neuen Ideen verfaßt. Er gab es Born zur Durchsicht im Sommer 1925, vor seiner Abreise nach Cambridge, wo er im Cavendish Laboratorium eine Reihe von Vorträgen halten sollte. Heisenberg war mit seinen Analysen nicht völlig zufrieden und hoffte auf Borns kritische Überarbeitung, besonders der mathematischen Formulierungen. Als Born das Manuskript las, war er fasziniert: Heisenberg hatte eine Reihe von neuartigen mathematischen Formulierungen entwickelt. Es war ihm gelungen, Bohrs Quantentheorie in einem neuen mathematischen Formalismus auszudrücken. Born erkannte die wegweisende Bedeutung dieser Arbeit und reichte sie sofort zur

Publikation ein. Er war äußerst erregt über die neuen Berechnungen und dachte sehr viel darüber nach. Eines Tages erkannte er plötzlich, daß Heisenbergs Formulierungen den Matrizenrechnungen sehr ähnelten, mit denen er selbst dank seinem Lehrer Rosanes seit seiner Studentenzeit in Breslau gut vertraut war. In Göttingens mathematischer Atmosphäre war man mit dem Matrizen-Formalismus gut vertraut. Obwohl Heisenbergs Formulierungen zwar in einigen wichtigen Punkten befriedigten, bedurften andere noch Verbesserungen und weiterer Verfeinerungen.

Nach der Rückkehr aus Cambridge machte sich Heisenberg mit Born und Jordan intensiv und mit hektischer Eile daran, eine endgültige und verständliche Darstellung zu finden. Diese Arbeit war dazu bestimmt, die mathematische Grundlage der Quantenmechanik zu werden, ein Meilenstein in ihrer Entwicklung. Das Manuskript wurde in ziemlich kurzer Zeit verfaßt, weil Born es fertig haben wollte vor seiner Reise in die Vereinigten Staaten, um am Massachusetts Institute of Technology eine Reihe von Vorlesungen zu halten. Die Arbeit enthielt die wichtigsten mathematischen Elemente der Quantenmechanik, darunter die Darstellung physikalischer Größen durch nichtkommutative Größen, die Verallgemeinerung der Hamiltonschen Mechanik, die Störungstheorie, die Behandlung zeitabhängiger Störungen mit Anwendung auf die optische Dispersionstheorie (abgeleitet von Kramers Gleichung) und Theoreme über den Impuls und den Drehimpuls (Richtungsquantelung, anomaler Zeeman-Effekt). Sie erschien im Frühjahr 1926 in der Zeitschrift für Physik. Es ist natürlich unmöglich, diese komplexe und grundlegende Arbeit in einzelne Beiträge der drei Autoren zu trennen. Sie war das Ergebnis der gemeinsamen Anstrengungen dreier genialer Geister. Allerdings sei darauf hingewiesen, daß der Matrizen-Formalismus die mathematische Grundlage dieser Arbeit bildete und somit Born als der unbestrittene Meister auf diesem Gebiet eine Hauptrolle spielte. Während Born seit langem mit Matrizen gut vertraut war, fing Heisenberg gerade erst an, sich mit diesem speziellen Gebiet zu befassen. Sein Genius befähigte ihn jedoch dazu, diese Disziplin nicht nur sehr schnell zu begreifen, sondern sie auch effizient anzuwenden.

Als Pauli etwa um dieselbe Zeit den Matrizen-Formalismus der Wellenmechanik auf das Wasserstoffatom anwendete, erhielt er das richtige Ergebnis. Ein Jahr später wandte er denselben Formalismus auch auf das Heliumatom und sogar auf einige der schwereren Atome an. Das Paradoxon des Dualismus von Welle und Partikel war jedoch nach wie vor ungelöst und blieb im mathematischen Schema verborgen. Die Grundlage der mathematischen Behandlung der Quantenmechanik war ein philosophisches Postulat, das Heisenberg während eines Aufenthaltes auf Helgoland (wo er nach einem in Göttingen erlittenen Heufieberanfall zur Kur war) ausgearbeitet hatte. Er betonte darin, daß nur beobachtbare Größen in die Berechnungen eingehen sollten. Elementarteilchen waren aber zu klein, um als normale Objekte einer makroskopischen Physik betrachtet zu werden. Man bemühte sich jedoch nicht, physikalische Modelle in den mathematischen Formalismus einzuführen.

Der rein mathematische Formalismus erklärt die Vorgänge im Inneren eines Atoms nicht in physikalischen Begriffen. Dieses Fehlen einer physikalischen Interpretation war für viele Physiker unbefriedigend, auch für Heisenberg und Pauli, die danach strebten, die Realität der im Atom stattfindenden Ereignisse zu verstehen. In Göttingen, wo die Mathematik eine vorherrschende Rolle spielte, nahm man die neue Entwicklung mit großer Befriedigung auf. Nur Heisenberg war unglücklich; so schrieb er an Pauli, daß ohne eine Einsicht in die zugrundeliegenden physikalischen Vorgänge der ganze mathematische Formalismus für ihn bedeutungslos bliebe. Pauli war ganz und gar derselben Meinung. So suchten beide nach einer neuen Art von physikalischem Begriff, der ihnen helfen würde, den Kern der mathematischen Struktur zu begreifen.

Im folgenden Jahr lud Bohr Heisenberg ein, nach Kopenhagen zu kommen und zwar als Dozent für theoretische Physik in seinem Institut. Heisenberg nahm diese Einladung an und ging im Mai 1926 zu Bohr. In weniger als einem Jahr gelang es dann Bohr und Heisenberg, eine Theorie auszuarbeiten, die die Grundlage für die fehlenden physikalischen Konzepte bildete.

Kurze Zeit vorher (1924) hatten Bohr, Kramers und Slater eine Arbeit veröffentlicht, in der sie das Konzept der *Wahrscheinlichkeitswelle* einführten, etwas völlig Neues in der theoretischen Physik. Dieser Begriff stand etwa in der Mitte zwischen der Vorstellung von einem Ereignis und dem tatsächlichen Ereignis, eine seltsame Art von physikalischer Realität, die man sich irgendwo zwischen Möglichkeit und Wirklichkeit denken mußte, in gewisser Hinsicht ähnlich dem Begriff der „Potentia" in der alten Aristotelischen Philosophie. Born griff diese Idee der Wahrscheinlichkeitswelle auf und gab dieser mathematischen Größe in dem Formalismus eine klare Definition und Interpretation als ein Maß für die Wahrscheinlichkeit eines Zustandes oder Ereignisses.

Während Heisenbergs Zeit in Kopenhagen gab es zwischen ihm und Bohr leidenschaftliche Diskussionen. Beide waren von dem Problem besessen, eine befriedigende Lösung für das Welle-Teilchen-Dilemma zu finden. Im Herbst 1926 verbrachte Schrödinger einige Wochen in Bohrs Institut und nahm an den bis zur Erschöpfung aller Teilnehmer fortgesetzten Diskussionen teil. Schrödinger hatte kurz zuvor gezeigt, daß sein Formalismus der Wellenmechanik jenem der Quantenmechanik mathematisch gleichwertig war. Er bemühte sich insbesondere intensiv darum, die Vorstellung von Quanten und Quantensprüngen ganz und gar aufzugeben und die Elektronen im Atom durch seine dreidimensionalen Materiewellen zu ersetzen. Aber während der Diskussionen in Kopenhagen zeigte es sich sehr bald, daß solch eine Interpretation zu großen Schwierigkeiten führte, ja sie genügte sogar nicht einmal, Plancks Formel der Wärmestrahlung zu erklären; dies war ganz offensichtlich unakzeptabel.

Nach Schrödingers Abreise erneuerten Bohr und Heisenberg ihre Anstrengungen, eine befriedigende physikalische Interpretation der verfügbaren Informationen zu finden. Ihre Diskussionen gingen weiter, Tag für Tag und Woche für Woche, und endeten oft in reiner Verzweiflung. Beide waren starke Kämpfer, und ihre intellektuellen Kontroversen waren dermaßen erschöpfend, daß Bohr schließlich müde wurde. So entschloß er sich im Februar 1927, zum Skifahren nach Norwegen zu gehen, um mit seinen Ideen allein zur Klarheit zu kommen, entspannt und abseits von allen anderen. Während dieser Ferien legte er dann seine Vorstellungen schriftlich nieder. Zur selben Zeit brachte auch Heisenberg seine Ideen zu Papier.

Die Lösung wurde in zwei verschiedenen Formulierungen vorgeschlagen, denn es gab einen feinen Unterschied zwischen dem Ansatz von Bohr und dem von Heisenberg. Bohr nahm den Dualismus von Welle und Teilchen zum Ausgangspunkt seiner Formulierungen. Heisenberg hingegen legte das Hauptgewicht auf die Quantenmechanik. Aber ein Vergleich ihrer Vorstellungen zeigte, daß sie sich sehr viel näher standen, als ihnen zuvor bewußt gewesen war. So führten beide Formulierungen zu entscheidenden Einschränkungen der Vorstellungen, die die Basis der klassischen Physik bildeten.

Will man den Wert einer physikalischen Größe exakt kennen, ist es unabdingbar, sie präzise zu messen. In der klassischen Physik sind solche im Prinzip beliebig genauen Messungen möglich, weil man die Beobachtungen machen kann, ohne dabei den Zustand des Objektes merklich zu stören. Die Messung dient der Bestimmung des augenblicklichen Zustands des Systems, sie führt kein neues Element ein. Da auf dem makroskopischen Niveau die Bedingung des Fehlens jeglicher signifikanter Störung erfüllt wird, ist es im Rahmen der klassischen Physik möglich, ein Phänomen quantitativ zu untersuchen und folgende Ereignisse genau vorauszusagen. Diese Möglichkeit einer exakten Vorhersage, wenn man von dem System nur eine hinreichend genaue Kenntnis seines gegenwärtigen Zustands hat, also seine Parameter exakt kennt (beispielsweise in der Astronomie), ist die Grundlage des Determinismus der klassischen Mechanik. Dieser Determinismus von Naturphänomenen, der zumindest im Prinzip ihre völlige Vorhersehbarkeit impliziert, ist ein wissenschaftliches Dogma geworden.

In der mikroskopischen Welt hingegen, wie in der Atomphysik, ist die Existenz des Wirkungsquantums die Ursache dafür, daß die Störung im Verlauf einer Messung nicht unter einen bestimmten Grad verringert werden kann; als Folge davon stört die Messung sozusagen materiell das zu untersuchende Phänomen. Nach Heisenbergs Theorie, die radikaler war als jene von Bohr, können Ort und Geschwindigkeit eines Elektrons niemals gleichzeitig mit beliebiger Genauigkeit bestimmt werden. Je genauer der Ort spezifiziert wird, desto unschärfer wird unsere Kenntnis seiner Geschwindigkeit und umgekehrt. Die empfindlichste verfügbare Methode zur genauen Lokalisierung eines Korpuskels bedient sich elektromagnetischer Strahlung mit möglichst kurzer Wellenlänge. Diese Methode erlaubt die Unterscheidung von zwei Punkten im Raum, deren Abstand mindestens so groß ist wie diese Wellenlänge. Um zum Beispiel die Position eines Elektrons möglichst genau zu bestimmen, muß man Gammastrahlen verwenden. Aber hier kommt nun die Existenz des Wirkungsquantums ins Spiel, und zwar in Form von Strahlungsquanten. Je kürzer die Wellenlänge, desto größer ist die Strahlungsfrequenz und folglich die Energie ihrer Photonen; diese würden daher bei ihrer Wechselwirkung mit dem Elektron dessen Bewegung beeinflussen und damit die Messung seiner Geschwindigkeit unmöglich machen. Wenn man andererseits die Energie des Photons reduziert, indem Photonen von geringerer Frequenz benutzt werden, würde das energieärmere Photon bei seiner Wechselwirkung mit dem Elektron gebeugt oder abgelenkt. Das Elektron erschiene verschwommen, die Messung seiner genauen Position zu einer bestimmten Zeit wäre unmöglich. Wenn die Unsicherheit über eine der beiden zusammenhängenden Größen, Position und Geschwindigkeit, sehr klein ist, dann ist die Unsicherheit über die andere Größe sehr groß.

Tatsächlich zeigte sich, daß das Produkt der beiden Ungenauigkeiten der Orts- und Impulsmessung mindestens gleich der Planckschen Konstanten ist. Durch eingehende Analysen des Meßverfahrens konnten Heisenberg und Bohr dann zeigen, daß sämtliche Messungen nur zu Ergebnissen führen können, die mit der Unsicherheitsbeziehung übereinstimmen.

Dies ist der Kern von Heisenbergs berühmter *„Unschärferelation“*. Die Einschränkung des Determinismus in der klassischen Physik und dessen Ersatz in der Quantentheorie durch das Prinzip der Unbestimmtheit und durch die allgemeinen Prinzipien der Wahrscheinlichkeitsinterpretationen bedeuteten eine tiefgreifende Veränderung (auf die wir später noch zurückkommen). Der Wahrscheinlichkeitsbegriff wurde übrigens auch in der klassischen Physik verwendet, allerdings mit einer völlig anderen Bedeutung. Man benützte ihn zur Beschreibung von makroskopischen Phänomenen in Beziehung auf eine immense Zahl von Elementarprozessen. Der grundlegende Unterschied zwischen diesem und dem von Heisenberg in die Quantentheorie eingeführten Wahrscheinlichkeitsbegriff ist seine direkte Anwendung auf den Ablauf der Elementarprozesse im Atom.

Unmittelbar nachdem Heisenberg sein Manuskript vollendet hatte, schickte er es an seinen Freund Pauli. Dieser antwortete voller Begeisterung, daß er das neue Konzept als die Morgenröte einer neuen Epoche betrachte: „. . . der Tag beginnt in der Quantentheorie . . ."

Bohrs Ideen, die er gleichzeitig (während seiner Ferien in Norwegen) ausgearbeitet hatte, resultierten im Konzept der *Komplementarität.* Schrödingers Vorstellung vom Atom als ein System, das nicht aus einem Kern und Elektronen, sondern aus einem Kern und Materiewellen besteht, enthielt auch ein Element der Wahrheit. Bohr betrachtete das Partikel- und Wellenbild als zwei komplementäre Beschreibungen der gleichen Realität. Ferner betonte er (in voller Übereinstimmung mit Heisenberg) die Schwierigkeit, gleichzeitig die Position und die Geschwindigkeit (bzw. den Impuls) eines Elektrons zu bestimmen, und die daraus sich ergebenden Konsequenzen. Die Kenntnis von der Position des Teilchens kann man als komplementär zu der Kenntnis seiner Geschwindigkeit betrachten. Teilchen und Wellenbild sind zwei komplementäre, also einander ergänzende Beschreibungsweisen derselben Realität. Wenn man beide akzeptiert, war eine vollständigere Beschreibung, eine neue Synthese, möglich. Dann ließen sich Voraussagen machen, allerdings nicht genau darüber, was zu jedem Augenblick geschehen würde, sondern über die Wahrscheinlichkeiten des Auftretens von bestimmten Ereignissen. Auch hier waren sich Bohrs und Heisenbergs Vorstellungen sehr ähnlich.

Nach Bohrs Ansicht ist die Komplementarität zwingend in den Naturgesetzen verankert und ein unverzichtbares logisches Werkzeug für ihr Verständnis. Diesem Begriff zufolge lassen sich atomare Systeme mit verschiedenen Bildern beschreiben, deren jedes für bestimmte Experimente völlig zutreffen, für andere aber nicht; sie schließen sich m. a. W. gegenseitig aus. Man kann zum Beispiel das Elektron als Korpuskel ansehen, oder, in einem anderen Zusammenhang, als Welle. Die Unbestimmtheitsrelation ist ein direkter Ausdruck für diesen Teilchen-Wellen-Dualismus, die sich bei allen atomaren Prozessen bemerkbar macht. Das Bild der Materiewellen ist angebracht, wenn man sich mit der vom Atom ausgehenden Strahlung zu befassen hat. Aus den beobachteten Frequenzen und der Intensität der Strahlung erhält man Informationen über die oszillierende Ladungsverteilung im Atom. Hier kommt das Wellenbild der Wahrheit näher als das Teilchenbild. Da die beiden Bilder sich gegenseitig ausschließen, weil etwas nicht gleichzeitig ein Partikel (also eine Substanz, die einen sehr kleinen Raum einnimmt) und eine Welle (ein Feld, das sich über einen großen Raum verteilt) sein kann, postulierte Bohr, daß die beiden Bilder einander komplementär sind, also einander ergänzen.

Der Dualismus zwischen den beiden verschiedenen Beschreibungen der gleichen Realität ist für uns keine Schwierigkeit mehr, da wir durch den mathematischen Formalismus der Theorie wissen, daß Widersprüche nicht auftreten können. Der Dualismus zwischen den beiden komplementären Bildern — Wellen und Partikel — kommt auch in der Flexibilität des mathematischen Schemas deutlich zum Ausdruck. Der Formalismus wird normalerweise so geschrieben, daß er an die Newtonsche Mechanik erinnert, das heißt in Form von Gleichungen, die die Parameter der Teilchen enthalten. Aber durch eine einfache Transformation kann er so umgeschrieben werden, daß er einer Wellengleichung einer normalen dreidimensionalen Welle gleicht. Somit ist die Möglichkeit, mit verschiedenen komplementären Bildern zu spielen, analog den verschiedenen Transformationen des zugehörigen mathematischen Formalismus. Sie führt zu keinerlei ernsthaften Schwierigkeiten der Interpretation im Rahmen der Quantenmechanik.

So war also im Frühjahr 1927 eine widerspruchsfreie Interpretation der Quantentheorie erstanden, die man bisweilen auch als *„Kopenhagen-Interpretation“* bezeichnet. Mehr als ein Vierteljahrhundert hat es gedauert, bis man von der ersten Idee der Existenz des Wirkungsquantums zu einem tieferen Verständnis der Gesetze der Quantentheorie gekommen war. Große Veränderungen der fundamentalen Konzepte waren erforderlich, ehe man die neu erschlossene Welt der Atomphysik verstehen konnte. Eine der einschneidensten und umwälzendsten Veränderungen war die notwendige Modifizierung des Kausalgesetzes; in Kants Philosophie wird es als selbstverständlich angenommen, als einer der a priori Begriffe, genau wie Zeit und Raum. Einsteins Relativitätstheorie hatte eine neue und präzisere Formulierung der letzten zwei Begriffe unvermeidbar gemacht. Nun zwangen das Unbestimmtheitsprinzip und die Unsicherheitsbeziehungen von Heisenberg sowie der Begriff der Komplementarität von Bohr zu einer Neuformulierung des Kausalgesetzes. Der Determinismus hat nur einen begrenzten Gültigkeitsbereich; bei makroskopischen Ereignissen stellen die Aussagen und Begriffe der klassischen Physik in der Regel eine ausreichende Näherung dar. Im Gegensatz dazu kann man im atomaren Bereich den augenblicklichen Zustand eines Systems nicht mehr exakt bestimmen, und daher sind auch nachfolgende Ereignisse nicht mehr mit Sicherheit vorauszusagen.

Bei vielen Physikern löste die neue Quantentheorie Verwirrung aus, und manche, besonders der älteren Generation, lehnten einige der neuen Konzepte ab. Andere jedoch betrachteten die neue Theorie als einen der größten Durchbrüche in der Geschichte der Naturwissenschaft. Robert Oppenheimer nannte sie den Beginn einer neuen Phase in der Evolution des menschlichen Denkens. Paul Dirac sagte, daß die Theorie zu einer drastischen Veränderung des Weltbildes des Physikers führen würde. John A. Wheeler, Physikprofessor an der Universität Princeton, bezeichnete die Theorie als das revolutionärste Konzept dieses Jahrhunderts. Paulis begeisterte Kommentare haben wir bereits erwähnt.

Inmitten weiterer intensiver Diskussionen über die neue Theorie zwischen Bohr und Heisenberg erhielt Bohr eine Einladung zu einem internationalen Physik-Kongreß, der zum Gedenken an den 100. Jahrestag des Todes von Allessandro Volta in Como (wo Volta im 18. Jahrhundert einige Jahre Physikprofessor war) im September 1927 stattfinden sollte. Es war insbesondere Enrico Fermi, der großen Wert auf die Teilnahme von Bohr an diesem Treffen legte. Fermi war einige Zeit bei Born in Göttingen gewesen, bevor er der erste Professor für theoretische Physik in Rom wurde. Er hat als erster die Relativitätstheorie, die neue Atomphysik, die Wellen- und die Quantenmechanik in Italien eingeführt. Bohr nahm die Einladung nach Como an und hielt einen Vortrag mit dem Thema „Das Quantenpostulat und die neue Entwicklung der Atomtheorie“, wobei er die neuen Konzepte der Quantenmechanik vorstellte. Man kann sich gut vorstellen, welche Erregung seine Ausführungen unter seinen Zuhörern verursachten, und daß viele Einwände erhoben wurden.

Obwohl so berühmte und anerkannte Physiker wie von Laue und Schrödinger die Theorie heftig ablehnten, war die große Frage aller: Was würde Einstein sagen? Einstein war aber nicht in Como. Doch ergab sich sehr bald die Gelegenheit, seine Reaktion kennenzulernen, nämlich im Oktober bei der 5. Solvay-Konferenz in Brüssel, an der Einstein wie auch Bohr, Born, Heisenberg und Pauli teilnahmen. Das Thema der Tagung war „Elektronen und Photonen“, und Bohr wurde gebeten, ausführlich über sein Konzept der Komplementarität zu berichten. Unmittelbar nach Bohrs Vorstellung der neuen Quantentheorie erhob sich Einstein und verwarf die neuen Konzepte. Denn er war ein Gegner der Unschärferelation und hielt die Komplementarität nicht für eine akzeptable Lösung. Seiner Meinung nach stellte die neue Theorie keinen engeren Zusammenhang zum Wellenkonzept her; darüber hinaus überließ sie die Zeit und Richtung der Elementarprozesse dem Zufall. Hitzige Diskussionen folgten, abends dann noch allein zwischen Einstein und Bohr. Beide hegten die größte Bewunderung füreinander. Ihr Meinungsaustausch fand in freundlicher Atmosphäre statt, aber die Differenzen waren fundamental, und beide verteidigten energisch ihren Standpunkt. Bohr erinnerte Einstein an seine eigenen so genialen Ideen: Einstein hat schon im Jahr 1905 darauf hingewiesen, daß das Photon sowohl ein Teilchen als auch eine Welle ist. Im Jahr 1917 hatte er Regeln formuliert, denen zufolge das Atom spontan Strahlung emittieren kann, wobei die Emissionsrate einer Übergangswahrscheinlichkeit entspricht. Nur die Wahrscheinlichkeit des Zerfalls ließe sich berechnen, aber nicht der exakte Moment, in dem beispielsweise ein radioaktives Element zerfällt. Nachdem er damit selbst die Grundlagen der Atomphysik gelegt habe, solle er sich nicht den drastischen Veränderungen der Quantentheorie, die aufgrund neuer Beobachtungen notwendig würden, entgegenstellen.

Einstein brachte dann einige „ideale“ Experimente zur Sprache, also gedachte experimentelle Anordnungen, sogenannte „Gedankenexperimente“, die zeigen sollten, daß die Unbestimmtheitsbeziehungen überflüssig seien. Diese vorgeschlagenen Experimente führten zu weiteren intensiven Diskussionen, die immer damit endeten, daß Bohr zeigen konnte, daß auch diese Experimente nicht an der von ihm gegebenen Interpretation vorbeiführen könnten. Aber es gelang ihm nicht, Einstein zu überzeugen. Einstein sagte, er glaube nicht, daß Gott Würfel spielt, ein Ausdruck, den er auch später bei anderen Gelegenheiten benützte. Bohr antwortete darauf, daß Vorsicht geboten sei, wenn man der Vorsehung bestimmte Eigenschaften in der Umgangssprache zuschreiben wolle. Aber Einstein blieb fest bei seiner deterministischen Haltung und weigerte sich, jedwede Modifikation des Kausalitätsgesetzes hinzunehmen. Eine Darstellung von Bohrs Ideen, die er bei der Konferenz in Brüssel und bei späteren Gelegenheiten vorgebracht hat, findet man in seinem Artikel „Discussions with Einstein on Epistemological Problems in Atomic Physics“ (Bohr 1949), publiziert in einem Band, der zu Einsteins 70. Geburtstag erschienen ist. Der Artikel beginnt mit einem Tribut an die epochemachenden Beiträge Einsteins zum Fortschritt der Physik und der Philosophie und mit der Anerkennung, daß die ganze Generation für die Führung, die sein Genius ihr gegeben hat, in seiner Schuld stehe. Aber dann faßte Bohr in scharfer und klarer Weise die Argumente für die neue Interpretation zusammen, unter Einbeziehung der von Einstein erhobenen Einwände.

Einstein blieb unnachgiebig, er akzeptierte diese neuen Ideen nie. Born, der Einstein nicht nur sehr bewunderte, sondern ihm auch tief und aufrichtig zugeneigt war, versuchte in vielen Briefen, seine Haltung zu beeinflußen. Dieser Briefwechsel zwischen Einstein und Max (und seiner Frau Hedwig) Born (1969), der fast vier Jahrzehnte umfaßt, ist eine faszinierende Dokumentation der Persönlichkeiten und der dramatischen Ereignisse jener Epoche und offenbart viele menschliche, politische, philosophische und wissenschaftliche Aspekte. Wie Heisenberg in seinem Vorwort zu Borns Buch schreibt, werden die außerordentlich großen Schwierigkeiten beim Verständnis der atomaren Phänomene gut durch die Tatsache illustriert, daß zwei so berühmte Wissenschaftler und enge Freunde nicht in der Lage waren, sich über die Quantentheorie zu einigen. Einstein akzeptierte zwar den mathematischen Formalismus der Quantentheorie, bei dem Born eine wichtige Rolle gespielt hatte.

Aber er war nicht gewillt, die Interpretation der Quantenmechanik als eine genaue oder vollständige Darstellung der im Atom stattfindenden physikalischen Vorgänge zu akzeptieren.

Am Schluß der Solvay-Konferenz gab es kaum Zweifel, daß Bohrs und Heisenbergs Interpretationen gesiegt hatten. Diese Konferenz im Jahr 1927 wird weithin als der bedeutendste Wendepunkt in der Geschichte der Atomphysik betrachtet. Aber viele bekannte Physiker, besonders der älteren Generation, ließen sich ebenso wie Einstein, von Laue und Schrödinger nicht überzeugen. Hier erinnert man sich wieder wie so oft in der Wissenschaftsgeschichte an Plancks Äußerung, daß die wissenschaftliche Opposition erst mit dem Tod der Opponenten stirbt.

Viele andere jedoch erkannten, daß die neue Interpretation der Beginn einer neuen Epoche war. In seinem Buch „The Revolution in Physics“ (1953) diskutiert de Broglie ausführlich die Konzepte von Bohr und Heisenberg und betont ihre Wichtigkeit. Einige Physiker waren vorsichtiger und verhielten sich neutral. Sie erkannten zwar die Stärke der vorgebrachten Argumente, meinten jedoch, daß eines Tages neue analytische Methoden verfügbar sein würden, mit denen sich die gegenwärtige Schwierigkeit hinsichtlich der Unbestimtheitsbeziehungen, das heißt beispielsweise die Unmöglichkeit der genauen und gleichzeitigen Bestimmung von Position und Geschwindigkeit eines Teilchens überwinden ließe. Diese Art der Argumentation ist aber nicht stichhaltig. Jedes wissenschaftliche Konzept muß auf experimentellen Tatsachen basieren. Sobald neue Tatsachen verfügbar sind, muß die Theorie dem angepaßt werden. Betrachtet man aber eine Theorie als noch nicht das letzte Wort, weil eines Tages in der Zukunft neue Beobachtungen eine Änderung erfordern könnten, so bedeutet dies ein Vorbehalt, der schlechthin für jede Theorie gültig ist.

Quantentheorie, Quantenmechanik und Relativitätstheorie hatten nicht nur auf die Physik eine tiefgreifende Wirkung, sondern auch auf viele andere Gebiete der Wissenschaft und Technik. Bevor wir jedoch näher auf diese Aspekte eingehen, wollen wir uns mit dem familiären Hintergrund und der Persönlichkeit von Franck und Born sowie von Gustav Hertz (über den relativ wenig bekannt ist) befassen. Alle drei spielten bis zum Jahre 1933 eine wichtige Rolle in der Atomphysik in Deutschland. Darüber hinaus beeinflußten Franck und Born die späteren Entwicklungen auf diesem Gebiet durch ihre Arbeiten außerhalb Deutschlands nach 1933 und durch ihre Schulen, aus denen viele berühmte Physiker hervorgingen, vor allem in den Vereinigten Staaten.

James Franck, Max Born und Gustav Hertz

James Franck

James Franck wurde am 26. August 1882 in Hamburg als Sohn eines jüdischen Bankiers geboren. Seine Familie läßt sich bis 1760 zurückverfolgen, in das Jahr, in dem Jacob Franck als Sohn von Moses Franck in Cuxhaven zur Welt kam. Jacob Franck war der Urgroßvater von James. James Vater, der ebenfalls Jacob hieß, heiratete seinc Cousine Rebekka Nachum Drucker, unter deren Vorfahren zahlreiche Rabbiner waren, der berühmteste der Berliner Rabbi Lase. Jacob Franck jr. gründete eine Bank in Hamburg (J. Franck und Co.), zog dann aber 1910 nach Berlin. James Franck heiratete im Dezember 1907 die schwedische Pianistin Ingrid Josephson, eine Tochter von Hendrick und Ellen (geborene Delemonte) Josephson in Göteborg (Schweden). Hendrick war Geschäftsmann und Teilhaber bei einem Kurzwaren-Großhandelsgeschäft. Die Familie Delemonte stammte ursprünglich aus Portugal. Ingrid (geboren 1882) war James innig verbunden; nach längerer Krankheit starb sie 1942 in Chicago. Vier Jahre später heiratete Franck Hertha Sponer, eine Physikerin, die mit ihm in Berlin und Göttingen gearbeitet hatte und dann Professor an der Duke University wurde. James und Ingrid hatten zwei Töchter (beide sind in Berlin geboren): Dagmar, die den Physiker Arthur von Hippel heiratete (der später an das Massachusetts Institute of Technology ging und 1961 emeritiert wurde) und Elisabeth, die Hermann Lisco heiratete (Pathologieprofessor an der Harvard Medical School in Boston).

Francks Vater war tief religiös und befolgte die jüdischen Feiertage mit Fasten und Singen. An der Hamburger Talmud-Thora-Realschule hatte er eine streng religiöse Erziehung erfahren. Er war außerordentlich großzügig, hatte aber keine Geduld mit Menschen, die in Geldangelegenheiten nicht exakt oder in irgendeiner Weise unehrlich waren. Als unersättlicher Leser beeindruckte er seine Enkel mit der Fähigkeit, täglich mindestens ein Buch zu lesen. Im Gegensatz zu seinem Vater war James nicht nur unorthodox, sondern sehr liberal. Wie er sagte, war die Wissenschaft sein Gott und die Natur seine Religion. Er bestand auch nicht darauf, daß seine Töchter in der Schule am Religionsunterricht teilnahmen. Aber er war sehr stolz auf seine jüdische Herkunft und dachte nie daran, sich taufen zu lassen. Wie die meisten seiner Zeitgenossen war er ein patriotischer Deutscher, ein deutscher Jude. Und wie so viele deutsche Universitätsprofessoren interessierte er sich nicht für Politik. Beim Kriegsausbruch im Jahr 1914 meldete er sich freiwillig zum Kriegsdienst. Obwohl er Jude war, wurde er Offizier, eine Auszeichnung für seinen Mut und die Qualität seiner militärischen Fähigkeiten.

Franck hatte in Hamburg das Gymnasium besucht. Dann studierte er ein Jahr lang Chemie in Heidelberg, wo er Born kennenlernte. Beide wurde Freunde, und, wie Born einmal schrieb, waren weder die Professoren noch die romantische Atmosphäre der Stadt die wichtigsten Dinge in seinem Leben, sondern seine Freundschaft mit Franck. Franck ging 1902 nach Berlin, wo er dann, beeinflußt von dem Experimentalphysiker Emil Warburg, mit dem Physik-Studium begann. Mit Rutherfords Methode führte er Messungen über die Beweglichkeit von Ionen durch. Nach seiner Promotion (unter Emil Warburg) an der Universität Berlin im Jahr 1906 befaßte er sich insbesondere mit Arbeiten über die Kräfte zwischen Elektronen und Atomen. Kurze Zeit verbrachte er dann in Frankfurt am Main, kehrte aber 1911 an die Universität Berlin zurück. Zusammen mit seinem sechs Jahre jüngeren Kollegen und Freund Gustav Hertz forschte er auf dem Gebiet der Gasentladungsphysik. Mit

Abb. 12.
James Franck mit seiner Frau Ingrid

ihren Experimenten (heute unter dem Namen „Franck-Hertz-Versuch" bekannt) bewiesen sie die Richtigkeit der von Planck entwickelten Vorstellung der Energiequantisierung noch überzeugender als die Beobachtungen von Einstein es ermöglichten. Es war ein Meilenstein in der Geschichte der Quantentheorie, und sie erhielten für ihre Entdeckung der Gesetze beim Zusammenstoß zwischen einem Elektron und einem Atom gemeinsam den Nobelpreis für Physik 1925.

Franck war bei den Kämpfen in Rußland schwer erkrankt und nicht mehr kriegsdienstverwendungsfähig. Er wurde 1917 nach Berlin zurückgeschickt, um bei Fritz Haber (siehe Seite 176) im Kaiser-Wilhelm-Institut für physikalische Chemie und Elektrochemie zu arbeiten. An diesem Institut leitete er von 1918 bis 1920 die physikalische Abteilung. Während dieser Zeit traf er zum ersten Mal mit Niels Bohr zusammen. Bohr betonte bei seinen Diskussionen mit jüngeren Physikern immer wieder die provisorische Natur und die philosophischen Unzulänglichkeiten seiner Quantentheorie. Franck war tief beeindruckt von Bohrs Weisheit und Persönlichkeit; er wurde ein großer Bewunderer Bohrs und besuchte ihn auch in Kopenhagen. Aus ihrer gegenseitigen Sympathie entwickelte sich dann eine dauernde und tiefe Freundschaft.

1920 wurde Franck dank der Bemühungen seines Freundes Born der Lehrstuhl für Experimentalphysik am Zweiten Physikalischen Institut der Universität Göttingen angeboten. Franck und Born begannen ihre Tätigkeit in Göttingen etwa um dieselbe Zeit, nämlich im

Sommersemester 1921. Die neue Positioin war in vielerlei Hinsicht für Franck ideal. Das Physikalische Institut hatte man nach der Berufung Borns in drei unabhängige Abteilungen gegliedert: 1. Physikalisches Institut (Pohl), 2. Physikalisches Institut (Franck) und Institut für Theoretische Physik (Born). Borns Abteilung bestand nur aus wenigen Räumen. Die Kleinheit der Abteilungen begünstigte eine sehr enge und intime Zusammenarbeit. Franck mußte keine Vorlesungen halten und konnte daher seine Zeit ganz seinen Interessen widmen. Es war nicht leicht, bei ihm als Student anzukommen, aber wenn er einen akzeptierte, wurde er sofort ein Teil der Familie. Die Kontakte waren völlig unformell, damals eine Seltenheit an deutschen Universitäten, wo zwischen Professoren und Studenten gewöhnlich nur steife und förmliche Beziehungen bestanden.

Am wichtigsten aber war für Franck seine Freundschaft und Zusammenarbeit mit Born. Ihre beiden Gebiete, Experimentalphysik und theoretische Physik, ergänzten sich gegenseitig in idealer Weise. Sie diskutierten jedes einzelne ihrer Probleme und ihre Publikationen während der zwölf gemeinsamen Jahre in Göttingen, obwohl sie nur wenige Arbeiten zusammen veröffentlichten. In diesen Jahren, als die Quantenmechanik entstand und mathematischer Formalismus vorherrschte, waren Francks Kompetenz, sein intuitives Verständnis für die experimentelle Atomphysik und seine Ansichten und seine Kritik von unschätzbarem Wert für Born.

Zwischen allen drei Abteilungen bestanden enge Verbindungen, und die wöchentlichen Kolloquien wurden von den drei Physikprofessoren gemeinsam veranstaltet. Wenn wichtige Besucher Seminare gaben, nahmen die Mitarbeiter aller Abteilungen daran teil.

Die Jahre in Göttingen gehörten zu den glücklichsten und schöpferischsten Perioden in Francks Leben. Er befaßte sich mit einer Vielfalt von Phänomenen auf dem Gebiet der Atomphysik. Dabei galt sein Hauptinteresse den Stoßprozessen zwischen Atomen, der Bildung und der Dissoziation von Molekülen, Fluoreszenzphänomenen und Elementarprozessen chemischer Reaktionen. In den ersten Jahren interessierte er sich immer noch besonders für die Zusammenstöße zwischen Elektronen und Atomen, ein Problem, mit dem er sich schon in Berlin beschäftigt hatte. Diese Arbeiten faßte er gemeinsam mit Pascual Jordan in einem Buch zusammen (Anregung von Quantensprüngen durch Stöße. Julius Springer. Berlin 1926). Ferner befaßte er sich mit der Analyse der Elementarprozesse bei photochemischen Reaktionen. Durch Kombination einer Reihe von Beobachtungen konnte er ein klares Bild von dem Zusammenhang zwischen Elektronenübergängen und der Bewegung des Atomkerns erstellen. Später wurde das Problem von dem amerikanischen Physiker Edward U. Condon aus dem Blickwinkel der Quantenmechanik aufgegriffen. Seine Beobachtungen und Francks Überlegungen führten dann zu der später und heute als „Franck-Condon-Prinzip" bezeichneten Regel, die seither auf eine große Zahl von Phänomenen in der Chemie und der Spektroskopie angewendet werden konnte. Nachdem Franck viele der grundlegenden Beziehungen, die die Wechselwirkungen zwischen einfachen Molekülen und Lichtquanten bestimmen, aufgeklärt hatte, befaßte er sich mit dem fundamentalen photochemisch-biologischen Prozeß der Photosynthese, bei der die Energie des Sonnenlichtes von Pflanzen genutzt und umgewandelt wird. Diesen Arbeiten in Göttingen wurde durch die Nationalsozialisten ein Ende gesetzt, doch nahm Franck seine Photosyntheseforschungen 1935 in den Vereinigten Staaten wieder auf.

In den frühen dreißiger Jahren war Franck einer der führenden Experimentalphysiker in Deutschland und der erste Kandidat für den Lehrstuhl für Physik an der Universität Berlin, als Nachfolger von Walther Nernst, dessen Emeritierung im Frühjahr 1933 bevorstand.

Nernst hatte den Lehrstuhl im Jahre 1924 nach dem Tode von Heinrich Rubens (1922) übernommen. Darüber hinaus wollte Haber, daß Franck das Physikalische Institut im Kaiser-Wilhelm-Institut in Berlin-Dahlem übernehmen sollte, für das endlich Mittel zur Verfügung standen, zum Teil von der Rockefeller Foundation und zum Teil von der deutschen Regierung. Als wissenschaftliches und kulturelles Zentrum Deutschlands hatte Berlin eine große Anziehungskraft. Aber die Situation veränderte sich drastisch, als Hitler im Januar 1933 Kanzler wurde.

In den ersten paar Wochen war die Lage ziemlich konfus. Offiziell hatte die nationalsozialistische Partei nur 40 % der Sitze im Reichstag. Viele Leute, Juden und Nichtjuden, bezweifelten, daß sich das Regime lange halten würde und besonders auch, daß die Nationalsozialisten ihre angekündigten Ziele wahrzumachen wagten, allen Juden die Staatsbürgerschaft abzuerkennen und insbesondere alle Juden aus dem Staatsdienst zu eliminieren. Dazu gehörten Richter, Universitätsprofessoren, Lehrer und viele andere. Aber bereits Ende März und Anfang April gab es keinen Zweifel mehr, daß die NS-Regierung an den von Hitler proklamierten antisemitischen Prinzipien festhielt: Nach dem neuen „Gesetz zur Wiederherstellung des Berufsbeamtentums", das am 7. April 1933 in Kraft trat, mußten alle „Nichtarier" — alle Volljuden sowie diejenigen, die ein jüdisches Elternteil oder Großelternteil hatten — aus dem Staatsdienst entlassen werden. Als Zugeständnis gegenüber dem Reichspräsidenten Hindenburg wurden die Juden, die im Ersten Weltkrieg gekämpft hatten, davon ausgenommen, zumindest für die erste Zeit.

Die Universität Göttingen wurde besonders hart betroffen. Dort war die Anzahl brillanter Juden in prominenten Positionen äußerst hoch, insbesondere in der Physikalischen und Mathematischen Fakultät. In Francks Abteilung waren seine Assistentin Hertha Sponer, sein Schwiegersohn Arthur von Hippel sowie Eugen Rabinowitch betroffen, in Borns Abteilung Walter Heitler und Edward Teller, in der Mathematischen Fakultät Richard Courant, Edmund Landau, Emmy Noether und Hermann Weyl, der zwar kein Jude war, aber eine jüdische Frau hatte. Es gab ständige harte Diskussionen darüber, wie man auf die neue Situation reagieren solle. Franck, der als Kriegsteilnehmer und dekorierter Offizier im Ersten Weltkrieg von den Maßnahmen gegen jüdische Beamte nicht betroffen war, entschloß sich, die Lage nicht zu akzeptieren: Am 17. April trat er unter Protest von seinem Amt zurück. Er war einer der ersten unter den berühmten und prominenten jüdischen Wissenschaftlern, die diesen Schritt taten. Einstein, der im Winter 1932/33 in den Vereinigten Staaten war, blieb nach seiner Rückkehr nach Europa in Belgien; er betrat Deutschland nie wieder. In seiner Rücktrittserklärung schrieb Franck an den Erziehungsminister, daß diese Handlung wegen der Haltung der Regierung gegen das deutsche Judentum eine innere Notwendigkeit für ihn sei. In einem Brief an den Rektor der Universität wies er mit Nachdruck darauf hin, daß man nicht dulden dürfe, daß Deutsche jüdischer Abstammung wie Ausländer und Feinde des Vaterlandes behandelt würden. Schon um der Kinder willen könne er dies nicht akzeptieren. Franck hatte aber nicht die Absicht, Deutschland sofort zu verlassen. Denn er hoffte, auch außerhalb der Universität nützliche Arbeit leisten und vielleicht beim Kampf gegen die Nationalsozialisten helfen zu können. Aber die Bedingungen für die Juden verschlechterten sich schnell, und es war kein Widerstand möglich. Im Herbst 1933 verließ er Deutschland. Er verbrachte zunächst ein Jahr bei Niels Bohr in Kopenhagen und ging dann in die Vereinigten Staaten, zuerst nach Baltimore an die Johns Hopkins Universität, und drei Jahre später an die Universität Chicago, wo er 1938 einen Lehrstuhl für Chemie übernahm.

Während des Zweiten Weltkrieges beteiligte sich Franck als einer der führenden Atomphysiker am Manhattan-Projekt zum Bau der Atombombe, denn er wie auch andere Physiker befürchteten, daß diese Waffe möglicherweise in Deutschland hergestellt würde (siehe Seite 143). James Franck und seine Kollegen meinten jedoch, daß diese Atombombe nur dann eingesetzt werden sollte, wenn Deutschland in der Lage war, solch eine Waffe zu produzieren. Franck war Vorsitzender des Komitees für soziale und politische Auswirkungen der Atomenergie. Nach der totalen Niederlage Deutschlands und dem Kriegsende im Mai 1945 waren er und manche seiner Kollegen sehr darüber besorgt, daß die (noch nicht fertige) Waffe im immer noch fortdauernden Krieg mit Japan zum Einsatz kommen könnte. So beschlossen sie, ein Memorandum auszuarbeiten, in dem sie eindringlich auf die umwälzenden Folgen, die der Einsatz der Atombombe auf die Kriegsführung mit sich bringen würde, hinwiesen. Und sie betonten die großen Gefahren, welche die Anwendung dieser zerstörerischen Waffe mit völlig neuen Dimensionen für die zukünftige Sicherheit aller Nationen, einschließlich der Vereinigten Staaten, heraufbeschwören würde. Solch eine Handlung wäre eine verhängnisvolle politische Entscheidung. Die Regierung sollte besonders auch an die Gefahr denken, damit ein Kernwaffen-Wettrüsten einzuleiten (Rabinowitch 1954). Dieses berühmte, allgemein als „Franck-Report" bekanntgewordene Memorandum, adressiert an den Kriegsminister Henry L. Stimson, wurde am 12. Juni 1945 dem Sonderberater des Kriegsministers, George Harrison übergeben. Unterschrieben hatten Franck, Hugles, Hogness, Nickson, Rabinowitch und Szilard. Leo Szilard, der 1939 mit allen Mitteln versucht hatte, die Produktion der Atombombe voranzutreiben, war einer der Haupturheber des Franck-Reports. Voller Furcht, daß die Bombe angewendet werden würde, wollte Szilard sich direkt an den Präsidenten Truman wenden und damit den Kriegsminister übergehen, womit Franck aber nicht einverstanden war.

Offenbar ist der Franck-Report nie in Trumans Hände gelangt: Hiroshima wurde am 6. August 1945 und Nagasaki am 9. August 1945 durch eine Atombombe zerstört. Die Voraussagen des Franck-Reports haben sich mit den nachfolgenden Ereignissen verwirklicht, die Bedrohung der Menschheit wurde eine Realität. Aber es ist das immerwährende Verdienst von James Franck, daß er, einer der größten Atomphysiker der Welt, die Initiative ergriff bei dem Versuch, die Katastrophe abzuwenden. Für seinen Seherblick und seine Handlung gebührt ihm die Dankbarkeit nicht nur der Wissenschaftler, sondern der ganzen Menschheit.

Die Stimme der Vernunft kam mit aller Stärke zum Ausdruck. Es war nicht der Fehler der Wissenschaftler, daß die Staatsmänner nicht darauf hörten. Der Franck-Report tritt hervor als ein Dokument, an das wir uns immer erinnern sollten. Francks Leben gehörte voll und ganz der Wissenschaft. Aber mit dieser Tat wurde er zum Symbol und zum Pionier einer neuen Generation von Wissenschaftlern, die die große Verantwortung, die ihnen ihre Arbeit auferlegte, erkannten, ebenso wie ihre Verpflichtung, die möglicherweise gefährlichen Konsequenzen ihrer Forschung sorgfältig abzuwägen.

Nach dem Kriege setzte Franck seine Arbeit über die Photosynthese an der Universität Chicago fort. Wahrscheinlich hatte er, der sein Leben in der Welt der Atome und Moleküle verbrachte, die unendlich viel größere Komplexität der lebenden Zellen unterschätzt. Denn es dauerte noch viele Jahre, bis die raschen Fortschritte der Molekularbiologie die Aufklärung einiger der wichtigsten Schritte dieses komplexen Prozesses ermöglichten. Auf Francks Kontroverse mit Otto Warburg über die Zahl der erforderlichen Lichtquanten bei der Photosynthese kommen wir später zurück (siehe Seite 244). Heute gibt es keinen Zweifel darüber, daß Francks Annahme eines Bedarfs von mindestens 8 Lichtquanten für den Reaktionsverlauf bis zum Kohlenhydrat die richtige war.

Franck war eine große und bewunderswerte Persönlichkeit. Seine hohen ethischen Werte, seine Integrität, seine Wärme und seine umfassende Allgemeinbildung kamen in allen Diskussionen zum Ausdruck. Sein edler Charakter offenbarte sich in den ausdrucksvollen und schönen Zügen seines Gesichts. Er wurde von seinen Studenten und Kollegen geliebt und bewundert, und es überrascht nicht, daß er eine große Zahl ausgezeichneter Schüler anzog, von denen viele führend auf ihrem Gebiet wurden.

Franck war immer stolz auf sein jüdisches Erbe, aber kein Zionist. Doch als Weizmann ihn 1934 einmal fragte, ob er bereit wäre, seine Arbeit in Palästina fortzusetzen, sagte er, daß er sehr interessiert daran wäre; aber er hat nie wieder etwas von Weizmann gehört. Viele von Weizmanns Plänen für den Aufbau der Wissenschaft in Palästina waren nicht durchführbar, weil Mittel und Möglichkeiten fehlten.

1964 kehrten Franck und seine Frau zu einem Besuch nach Göttingen zurück. Die Stadt hatte ihn 1953 zum Ehrenbürger ernannt. Dort, wo er einige seiner schöpferischsten und ruhmreichsten Jahre verbracht hatte, starb er, ganz plötzlich, im Alter von 83 Jahren.

Abb. 13.
James Franck mit Otto Hahn (links). Nobelpreisträgertagung Lindau 1962

Max Born

Max Born wurde am 11. Dezember 1882 in Breslau geboren. Er stammte aus einer außergewöhnlichen Familie. In dem faszinierenden Buch „Mein Leben" (1975) beschreibt er viele interessante Persönlichkeiten, Ansichten und Haltungen der großen väterlichen und mütterlichen Familie. Es ist eine lebendige Darstellung der Familiengeschichte und der vielen Faktoren, die sein Leben von frühester Kindheit an beeinflußten, und eine fesselnde Dokumentation der wirtschaftlichen, wissenschaftlichen, künstlerischen und politischen Aspekte im Leben einer (jüdischen und nichtjüdischen) Wohlstandsgesellschaft in Deutschland während eines halben Jahrhunderts vor Hitler.

Borns Großvater Marcus war Arzt, verheiratet mit Fanny, geborene Ebstein, der Tochter eines reichen Industriellen. Marcus Born praktizierte zuerst in Kempen (Provinz Posen) und später in Görlitz, wo der hochangesehene Arzt viele adelige Patienten hatte. Die preußische Regierung ernannte ihn zum Kreisarzt, eine seltene Auszeichnung für einen jüdischen Arzt. Sein ältester Sohn Gustav, der Vater von Max, heiratete Margarete Kauffmann, die aus einer großen, wohlhabenden und prominenten Familie stammte. Margaretes Großvater, Meyer Kauffmann, war der Gründer einer großen und blühenden Textilfabrik. Er hatte fünf Söhne: Salomon, Julius, Robert, Wilhelm und Adolf. Vier von ihnen betätigten sich erfolgreich im Familienunternehmen, Adolf wurde Arzt. Er war ein leidenschaftlicher Musikliebhaber und der Gründer des Breslauer Orchesters.

Salomon war der Vater der Mutter von Max. Seine Frau, Marie Joachimsthal, entstammte einer reichen Kaufleutefamilie in Berlin. Einer ihrer Vorfahren hatte Friedrich dem Großen im Siebenjährigen Krieg sehr geholfen und dafür, lange vor der allgemeinen Emanzipation, die vollen Bürgerrechte erhalten. Salomon und seine Frau lebten in großem Stil, entsprechend ihrem Reichtum und ihrem guten Geschmack. Sie liebten große Feste, zu denen sie viele Künstler und Musiker einluden. Max' Mutter, eine hervorragende Klavierspielerin, hat in ihrem Elternhaus viele berühmte Musiker kennengelernt, unter ihnen Johannes Brahms, Clara Schumann und Max Bruch. Ihr Bruder Max heiratete Luise Helfft, die Tochter eines der größten Berliner Bankiers, der eine große Privatbank besaß. Seine Bank überlebte die Krise der 1890er Jahre, als die rasche Wirtschaftsexpansion riesige Banken benötigte und die meisten der kleineren Banken dazu zwang, sich mit großen Bankkonzernen zu vereinigen. Die Helfffts besaßen eine prachtvolle Villa in einem der elegantesten Viertel von Berlin, am Pariser Platz in der Nähe des Brandenburger Tors. Max und Luise hatten ein prächtiges, kostbar und geschmackvoll eingerichtetes Haus in Breslau, waren große Gönner von Künstlern und Musikern und luden viele Berühmtheiten zu Konzerten in ihr Heim ein.

Gustav Born, Embryologe und Professor an der Breslauer Universität, hatte zwei Kinder, Käthe und Max. Die Mutter starb, als Max vier Jahre alt war. Bei der Erziehung der beiden Kinder ergaben sich schwerwiegende Probleme. Großmutter Kauffmann, eine sehr dominierende Dame, versuchte, die Erziehung der Kinder völlig unter ihre Regie zu nehmen; doch ihre Vorstellungen widersprachen oft denen von Vater Gustav. Diese Unstimmigkeiten hielten die Kinder aber nicht davon ab, die Verwandten beider Seiten der Familie zu besuchen, die sie mit großer Wärme empfingen und jegliche Anstrengungen machten, damit sie sich heimisch fühlten. Die Atmosphäre in den Häusern der beiden Familienzweige war sehr verschieden. Die Kauffmanns liebten den großen Stil; die Borns waren mehr für Einfachheit und schätzten mehr die intellektuellen Werte. Zwischen den beiden Zweigen gab es nur wenig Beziehungen. Die zunehmenden Probleme bei der Erziehung der Kinder brachten Gustav dazu, an eine zweite Heirat zu denken. Seine zweite Frau wurde dann Bertha Lipstein. Ihr Vater war ein reicher Kaufmann in Rußland. Wegen des dort herrschenden starken Antisemitismus und der häufigen Progrome hatte er seine Söhne und Töchter nach Deutschland oder in die Schweiz geschickt, um sie dort erziehen zu lassen. Schließlich emigrierte auch er und ließ sich in Königsberg nieder, starb aber kurze Zeit später. Seine Witwe Ida zog nach Berlin, wo zwei ihrer Töchter lebten. Eine von ihnen, Helene, war die Frau von Ismar Mühsam, einem hochgebildeten Mann und passionierten Musikliebhaber. In seinem eleganten Haus am Tiergarten gab es oftmals Kammermusikkonzerte. Max und seine Frau Hedwig waren während ihrer Berliner Zeit häufige Gäste der Mühsams und lernten dort viele berühmte Musiker kennen.

Die neue Stiefmutter, eine außerordentlich liebenswürdige und warmherzige Frau, gab sich große Mühe, Käthe und Max eine gute Mutter zu sein. Die Ehe war sehr glücklich, und Gustav konnte wieder all seine Zeit und Energie seinen Verpflichtungen an der Universität und insbesondere auch seinen Forschungen widmen. (Ein Sohn, der aus der Ehe hervorging, Wolfgang, war zehn Jahre jünger als Max.) Max besuchte ein humanistisches Gymnasium, interessierte sich aber weniger für Latein als vielmehr für die griechische Literatur, besonders Homer. Rückblickend bezweifelte er den Wert seiner humanistischen Schulbildung, mußte aber doch zugeben, daß er ihr einen wichtigen Beitrag zu seiner allgemeinen Weltanschauung verdanke. Besonders nach seinen Reisen in Italien und Griechenland wurde ihm bewußt, wie wertvoll die Kenntnis dieser beiden Kulturbereiche, die die Kulturgeschichte Europas so sehr beeinflußt haben, für ihn war.

Als Max 16 Jahre alt war, zeigten sich bei seinem Vater die Symptome einer schweren Herzkrankheit. Er konnte kaum noch ausgehen und verbrachte die meiste Zeit zu Hause.

Abb. 14. Max Born (rechts) mit Lise Meitner und Otto Hahn. Nobelpreisträgertagung Lindau 1962

Das gab ihm Gelegenheit, seinen Kindern viel Zeit zu widmen, die aus den Gesprächen mit ihrem Vater, einem hochgebildeten und intelligenten Mann mit einer starken Persönlichkeit, großen Nutzen zogen. Er war ein ausgesprochener Kriegsgegner und verabscheute den preußischen Militarismus. Sein Bruder Julius hatte an zwei Kriegen, 1866 und 1870/71, teilgenommen und war bis zum Oberstabsarzt befördert worden. Gustav beeindruckte seine Kinder tief mit seinen Beschreibungen der Schrecken des Krieges, von Massenmorden und unvorstellbarem Leid und Elend; er führte ihnen vor Augen, wie die Wirklichkeit im Gegensatz stand zu den Heldengeschichten, die den Krieg glorifizieren und die sie in der Schule hörten und lasen. Die Gespräche hatten eine tiefe Wirkung auf Max, der zeit seines Lebens ein starker Kriegsgegner blieb. Diese Haltung spielte eine große Rolle in seinem Leben während des Ersten Weltkrieges und auch bei seiner Freundschaft mit Albert Einstein, der bekanntlich ein überzeugter Pazifist war. Gustav erhielt häufig Besuche von Universitätskollegen, unter ihnen Albert Neißer, der Entdecker der Gonokokken, der mit einer Cousine von Max, Antonia Kauffmann, verheiratet war. Das Zuhören bei den Unterhaltungen des Vaters mit den Besuchern bedeutete für die Kinder eine große Anregung. Bei den Gesprächen wurden nicht nur medizinische Probleme diskutiert, sondern auch Literatur, Philosophie und Politik, und sie waren voller amüsanter Geschichten und Anekdoten. In den letzten Schuljahren entwickelte Max eine große Geschicklichkeit für handwerkliche Arbeiten und spielte mit dem Gedanken, Ingenieur zu werden. Sein Vater warnte ihn vor einer voreiligen Entscheidung und riet ihm, ein oder zwei Jahre lang Vorlesungen über alle ihn interessierenden Themen zu besuchen, bevor er sich endgültig entschied. Ein halbes Jahr vor Max' Abitur ist Gustav gestorben.

Am Anfang seines Studiums an der Universität Breslau besuchte Max eine Reihe von verschiedenen Vorlesungen, wobei er sich zunehmend für Physik, Astronomie und insbesondere für Mathematik interessierte; seine Lehrer waren Rosanes und London, der Vater von Fritz London, der später ein berühmter Physiker und Schüler von Max wurde. Auf Rat seines Freundes Dr. Lachmann, ein Arzt und früherer Assistent seines Vaters, der etwa zwanzig Jahre älter und eine Art Mentor für Max war, entschloß er sich, Physik und Mathematik zu studieren. Er verbrachte einige Semester in Heidelberg, Zürich und Göttingen. In Heidelberg befreundete er sich mit James Franck. Die beiden ahnten damals nicht, welch große Rolle diese Freundschaft in ihrem späteren Leben spielen würde. Ein anderer enger Freund war der Physiker Rudolf Ladenburg, der Sohn von Albert Ladenburg, Chemieprofessor an der Universität Breslau. Sie verbrachten häufig ihre Ferien zusammen und blieben ihr Leben lang gute Freunde. Als James Franck 1921 von Berlin nach Göttingen ging, wurde Rudolf Ladenburg sein Nachfolger in Habers Berliner Institut und später Physikprofessor in Princeton (USA). In Zürich war Max begeistert von den Mathematikvorlesungen von Adolf Hurwitz aus Königsberg, wo dieser der Lehrer von David Hilbert und Hermann Minkowski gewesen war. Wieder zurückgekehrt nach Breslau hatte Max keinen Lehrer mehr, der ihn wirklich interessierte, und nur wenige Freunde. Das Haus der Neißers war eine große Attraktion; er traf dort viele interessante und berühmte Leute, unter ihnen Gerhard Hauptmann, Richard Strauß, Arthur Schnabel und Edwin Fischer. Aber so sehr er auch diese Atmosphäre genoß, konnte sie das Fehlen jeglicher Inspiration an der Universität nicht kompensieren. So folgte er dem Rat seines Freundes Otto Toeplitz, nach Göttingen zu gehen.

In Göttingen erregte Borns Brillanz das Interesse von zwei der größten Mathematiker Deutschlands, David Hilbert und Felix Klein. Durch einen Empfehlungsbrief seiner Stiefmutter lernte er auch Minkowski kennen, der ihn zum Essen einlud und anschließend zu einem Spaziergang auf den berühmten Hainberg, wo sich Hilbert und Klein hinzugesellten. Zur großen Überraschung von Minkowski begrüßte Hilbert Born sehr warm und begann sofort eine wissenschaftliche Diskussion mit ihm. Klein war von Born so beeindruckt, daß er ihm vorschlug, eine Arbeit über ein bestimmtes Thema zu schreiben, ein Thema, das er als Preisaufgabe der Göttinger Universität stellen ließ, mit der Erwartung, daß Born sich um den Preis bewerben würde. Aber Born lehnte das Angebot ab, weil ihn das Thema nicht interessierte. Das war recht naiv, eine unglaubliche Beleidigung für einen Ordinarius, besonders für Klein, der daran gewöhnt war, selbst von seinen älteren Kollegen wie ein König behandelt zu werden. Klein war wütend, und Born mußte noch einige Zeit lang für seinen Fehler leiden. Im Juli 1906 promovierte er dann bei Carl Runge. (Im selben Jahr heiratete seine Schwester Käthe den Architekten Georg Königsberger; sie lebten in Grünau bei Berlin.)

Nach seiner Promotion erfuhr Born zu seiner Überraschung und zu seinem Ärger, daß er zum Militärdienst mußte. Denn nach dem Abitur, als die meisten ihren Dienst ableisteten, war er wegen chronischen Asthmas zurückgestellt worden. (Trotz seiner zarten Konstitution erreichte er ein hohes Alter — er starb mit 88 Jahren.)

Born widerstrebte der Militärdienst auch aus anderen Gründen. Er war ein ausgesprochener Antimilitarist und Pazifist, hatte er doch den Erzählungen seines Vaters über die Schrecken des Krieges gut zugehört. Er lernte auch zum ersten Mal in seinem Leben den Antisemitismus kennen, denn ein starker antisemitischer Geist durchdrang die Armee; so war es für einen Juden sehr schwierig, einen Offiziersrang zu erlangen, wohingegen noch in der vorhergehenden Generation viele Juden den Rang eines Reserveoffiziers erreicht hatten. Für Born hat es das Judenproblem zuvor nicht gegeben. In der Grundschule hatte er am christlichen Religionsunterricht teilgenommen, weil es keinen anderen gab. Sein Vater wollte, daß er die Bibel kennenlernte, da sie die europäische Zivilisation stark beeinflußt hat, aber wer sie ihn lehrte, erschien ihm nebensächlich. Im Gymnasium gab es zwar einen jüdischen Religionsunterricht, aber Max mochte ihn nicht, und sein Vater drängte ihn auch nicht dazu, als er nicht mehr daran teilnehmen wollte. Born und sein Vater betrachteten sich, wie die meisten assimilierten Juden, als deutsche Juden oder vielmehr einfach als Deutsche, denn die einzige Bedeutung, die das Judentum für sie hatte, war die Tatsache, daß ihre Vorfahren Juden waren.

Aber trotz all seiner Abneigung mußte Born nun zum Militärdienst. Auf Rat und mit Hilfe des Bruders seiner Stiefmutter trat er in ein Kavallerieregiment ein, das in Berlin stationiert war. Dieses Regiment zog viele Aristokraten und junge Männer aus reichen Familien an, die ihre Pflichten nicht allzu ernst nahmen. Die Feldwebel waren daran gewöhnt, für die Gewährung einer Menge von Freizeit bestochen zu werden. Born machte das Reiten Spaß, außerdem meinte er, daß er seine Schwester in Grünau öfters besuchen könnte und vielleicht auch Zeit hätte, ins Theater, in die Oper und in Konzerte zu gehen. Sein Freund James Franck diente zur gleichen Zeit in Berlin, wenn auch in einem anderen Regiment.

Die Wirklichkeit des Militärlebens war jedoch ganz anders als Born erwartet hatte. Er litt fast ununterbrochen an Asthmaanfällen und war viel zu müde, um irgend etwas zu genießen. Es gab auch andere Komplikationen, die Folge der berühmten Geschichte des „Hauptmann von Köpenick“ waren, die sich zu jener Zeit ereignete und welche zu außerordentlich strengen Dienstvorschriften und Kontrollen führte. Während einer Parade zu Ehren von Kaiser Wilhelms Geburtstag mußte Born stundenlang marschieren. Er war an derartige Anstrengungen nicht gewöhnt und betrachtete solche Aufmärsche als erniedrigend und unvereinbar mit der Menschenwürde. Nach dieser Parade wurde er krank und lag eine Zeitlang im Krankenhaus. Zu seiner großen Erleichterung hat man ihn dann vorzeitig, als „ungeeignet für den Militärdienst", entlassen. Nach Breslau zurückgekehrt, war Born sich zunächst nicht im Klaren, welche Richtung er einschlagen sollte. So beschloß er, mit seinem Vetter nach England zu gehen, beeinflußt von James Francks großer Bewunderung für die englischen Physiker, wie zum Beispiel J. J. Thomson und Rutherford. Eine ernsthafte Schwierigkeit bestand allerdings darin, daß er kein Englisch sprach, und er machte sich deshalb daran, es zu lernen.

Im Frühjahr 1907 reiste er dann nach Cambridge, aber sein erbärmliches Englisch war ein großes Hindernis bei dem Versuch, in ein College aufgenommen zu werden. Zufällig traf er eine Gruppe deutscher Studenten, unter ihnen H. O. L. Fischer, der Sohn von Emil Fischer, und sie versuchten, ihm zu helfen. Es war nicht leicht, da alle Colleges überfüllt waren, aber schließlich wurde er angenommen. Er hörte viele Vorlesungen, unter anderem die Physikvorlesungen von J. J. Thomson, dessen brillante Experimente ihn faszinierten; aber wegen seiner schlechten Englischkenntnisse und geringen Vertrautheit mit dem Gebiet war er nicht in der Lage, den theoretischen Ausführungen zu folgen. So besuchte er einen ziemlich einfachen Grundkurs in Experimentalphysik. Nach Semesterende reiste er durch England, besichtigte viele berühmte Kathedralen und kam nach Edinburgh, wobei er nicht vorhersehen konnte, daß das Schicksal ihn eines Tages für viele Jahre dorthin verschlagen würde. Das wohl wichtigste Ergebnis dieser Reise war seine Entscheidung, Physiker zu werden und die reine Mathematik aufzugeben, soweit sie nicht für die theoretische Physik von

Abb. 15. Gustav Hertz, Max von Laue, Sir Joseph Thomson und Paul Dirac. Nobelpreisträgertagung Lindau 1959

Bedeutung schien. In Göttingen hatte er die Physikvorlesungen von Voigt gehört, der aber ein schlechter Lehrer war und Borns Interesse an diesem Gebiet nicht anzuregen vermochte.

Ehe er mit seinem Studium beginnen konnte, wurde er wieder zum Militärdienst einberufen und mußte noch einige qualvolle Wochen in der Armee verbringen. Auf Rat eines Arztes, eines Schülers seines Vaters, ging er zu einem höchst aristokratischen und exklusiven Regiment, das in Breslau stationiert war. Der dortige Arzt, ebenfalls ein Schüler seines Vaters und ein freundlicher Mensch, stufte ihn sofort als körperlich völlig untauglich für die Armee ein, und so wurde er nach einem Monat wieder entlassen. Jetzt konnte er endlich sein Studium fortsetzen.

An der Universität Breslau gab es zwei Physik-Lehrstühle: O. von Lummer lehrte Experimentalphysik, E. Pringsheim theoretische Physik. Beide waren vorher an der Physikalisch-Technischen Reichsanstalt in Berlin gewesen und von dieser Zeit her gute Freunde, trotz ihrer großen persönlichen Verschiedenheit. Lummer war äußerst vital, dynamisch und impulsiv und ein hervorragender Experimentator. Pringsheim war ein stiller Denker, äußerst reserviert, vorsichtig in seinem Urteil und sehr bescheiden. Pringsheim war Jude, Lummer nicht. Lummer hatte den Lehrstuhl nur angenommen unter der Bedingung, daß Pringsheim den Lehrstuhl für theoretische Physik erhielt. Ihre Arbeiten haben sehr dazu beigetragen, daß Plancks Begriff des Wirkungsquantums schließlich Anerkennung fand. Pringsheim gab Born dann eine Forschungsaufgabe, die mit Plancks Arbeiten über die Wärmestrahlung in Beziehung stand.

Born hatte im Institut drei gute Freunde, Rudolf Ladenburg, Fritz Reiche und Stanislav Loria. Rudolf Ladenburg kannte er von früher Kindheit an. Sie hatten viele gemeinsame Interessen, sowohl in der Wissenschaft als auch in der Musik und Kunst. Sie waren große Naturliebhaber, machten viele Ausflüge zusammen und gingen oft Skilaufen. Born bewunderte Ladenburgs Fähigkeit, schnelle Entscheidungen zu treffen, seine Eleganz und seinen gut trainierten Körper. Fritz Reiche, der aus Berlin stammte und aus Plancks Schule kam, war Jude und hatte den typischen Berliner Witz und Humor, neigte jedoch zu Depressionen und Pessimismus. Von ihm lernte Born viel über die Quantentheorie. Reiche wurde später Professor für theoretische Physik an der Universität Breslau, als Nachfolger auf dem Lehrstuhl, den Pringsheim einst inne hatte.

Stanislas Loria, ein Pole aus Krakau (das damals zu Österreich gehörte), war ein hochgebildeter, eleganter Mann, der Prototyp eines polnischen Aristokraten und sehr stolz auf seine polnische Nationalität; er haßte Österreich. Born erfuhr erst viel später, daß Lorias Mutter Jüdin war. Während des Zweiten Weltkriegs kam er in ein Konzentrationslager, aber er überlebte und wurde Professor für Physik in Breslau (das nun zu Polen gehörte).

Born führte ein sehr geselliges Leben. Er genoß die Feste, die die verschiedenen Mitglieder seiner großen Familie gaben und bei denen er viele berühmte Künstler und Musiker kennenlernte. Er spielte oft Klavier, nahm an Kammermusikabenden teil und ging häufig ins Theater, in die Oper und in Konzerte.

Aber im Labor ereignete sich ein schreckliches Mißgeschick. Born benützte bei seinen Arbeiten über Wärmestrahlung einen schwarzen Körper, der von einem Metallbügel gehalten wurde, durch den ununterbrochen Wasser zur Kühlung floß. Nach Beendigung eines Experiments mußte er immer eine Stunde lang warten, bis er das Wasser abdrehen konnte. Eines Tages zog sich die Arbeit hin; und da Born eine Verabredung einhalten wollte, beschloß er, das Wasser über Nacht laufen zu lassen. Am nächsten Morgen fand er nicht nur sein Labor, sondern auch das Labor auf dem Stock darunter überschwemmt; die Decke war dem Einsturz nahe. Der Gummischlauch war vom Hahn abgesprungen. Lummer war wütend, Pringsheim sehr ärgerlich. Born mußte alle Kosten für die Reparatur tragen, eine beachtliche Summe. Born war nicht sehr geschickt und hatte nur wenig Erfahrung mit experimenteller Arbeit. Lummer war nicht nur darüber unzufrieden, sondern auch über Borns Kenntnisse auf anderen Gebieten der Physik. Nach dieser Katastrophe wurde es klar, daß Borns Chancen für eine akademische Karriere nur sehr gering waren. Er setzte sein gewohntes Leben fort und ging sogar auf eine Reise nach Griechenland. Aber er war unglücklich. Denn viel wichtiger als alles übrige war für ihn, seine Arbeit in dem gewählten Beruf fortsetzen zu können. In dieser Hinsicht schien es jedoch nur wenig Hoffnung zu geben. Er wußte nicht, was er tun sollte. Gerade zu dieser Zeit fragte ihn Reiche, ob er von Einsteins Relativitätstheorie gehört habe. Er verneinte dies, doch weil ihn seit den Vorlesungen von Hilbert und Minkowski die Elektrodynamik und die Optik faszinierten, interessierte er sich sehr für dieses Problem. Zusammen mit Reiche begeisterte er sich immer mehr dafür, und sie diskutierten die Theorie auch mit Ladenburg und Loria. Born dachte viel über das Problem nach, und als er dabei auf einige Schwierigkeiten stieß, schrieb er an Minkowski und fragte um Rat. Minkowski antwortete ihm, daß er an ähnlichen Problemen arbeite und dafür einen Mitarbeiter suche. Hätte Born Lust, zu ihm zu kommen? Dies wäre der Anfang einer akademischen Laufbahn. Er schlug Born vor, an einer Tagung in Köln teilzunehmen, wo er einen Vortrag über Raum und Zeit halten werde. Dort könnten sie alles weitere besprechen.

Born war von dem Vortrag fasziniert und ging zu Minkowski nach Göttingen. Wenige Wochen später, im Januar 1909, starb Minkowski. Born geriet in tiefe Verzweiflung und Depression. Kurz darauf bat man ihn, Minkowskis Manuskripte über mathematische Physik durchzusehen. Dabei zeigte sich, daß die meisten bereits veröffentlicht waren. Nur ein Forschungsprojekt war weit genug fortgeschritten, Born vollendete es, und die Arbeit wurde veröffentlicht. Dann fing er an, das Gebiet intensiv zu studieren und versenkte sich völlig in die Probleme, die damals im Zentrum des Interesses standen. Den ganzen Winter lang arbeitete er an einer bestimmten Frage und bat dann um die Erlaubnis, über seine Ergebnisse vor der Mathematischen Gesellschaft zu berichten. Dieser Vortrag — vor einem illustren Publikum wie unter anderen Klein, Hilbert, Landau, Runge, Voigt und Weyl — wurde eine Katastrophe. Klein trug gegen einige Aspekte der Relativitätstheorie Einwände vor und hatte wahrscheinlich noch gewisse Vorurteile gegen Born. Er erhob eine ganze Reihe von Einwänden und Fragen. Born, der keine Erfahrungen mit Vorträgen hatte, wurde bald völlig verwirrt. Schließlich sagte Klein, er habe nie im Leben einen so erbärmlichen Vortrag gehört. Born war dem Zusammenbruch nahe. Aber als er den Raum verließ, sagte Runge zu ihm, daß er die Arbeit interessant fände, und er möge doch am nächsten Morgen kommen, um ihm seine Ideen zu erklären. Nach einer langen Diskussion am nächsten Morgen schien Runge überzeugt und sagte, er müsse mit Hilbert darüber reden. Runge und Hilbert versuchten dann, Klein davon zu überzeugen, daß er sich unfair benommen und unrecht gehabt habe, und daß die Lage bereinigt werden müsse. All das erfuhr Born erst viel später. Er fühlte sich so elend und deprimiert, daß er beschloß, Göttingen zu verlassen, seine akademische Karriere aufzugeben und an eine Technische Hochschule zu gehen, um Ingenieur zu werden. Dies waren die schlimmsten Tage seines Lebens. Andere schwere Zeiten, zum Beispiel die Kriege und das Exil, ließen sich auf ein allgemeines Schicksal zurückführen, das er mit anderen teilte. In diesem Falle aber glaubte er, daß ihm einfach die Fähigkeit fehle, Wissenschaftler zu werden, ein Schlag, der ihn sehr hart traf.

Eines Tages jedoch erhielt er einen Brief vom Sekretär der Mathematischen Gesellschaft, in dem es hieß, daß sein Vortrag offenbar nicht richtig verstanden worden sei und ob er bereit wäre, ihn zu wiederholen. Dies war ein ganz großes Ereignis: „Felix der Große", wie Klein genannt wurde, der ungekrönte König der Mathematik in Deutschland, gab damit öffentlich zu, daß er sich geirrt haben könnte und der junge Bursche vielleicht recht hatte. Welch ein Zeugnis des Geistes dieser Zeit, der wissenschaftlichen Atmosphäre in Göttingen, der Vorherrschaft von Großherzigkeit und Gerechtigkeitssinn! Born hatte große Angst und zögerte, den Vorschlag anzunehmen, aber ließ sich schließlich von seinen Freunden überreden. Der zweite Vortrag war dann ein Triumph: Gleich danach kam Voigt auf ihn zu und bot ihm eine Position als Privatdozent in seinem Institut an. Den Vortrag konnte er als Basis für seine Habilitationsschrift verwenden. In jenem Sommer, im Jahr 1909, wurde er dann Privatdozent.

Fünf glückliche Jahre folgten, bis 1914 der Krieg ausbrach. Born hielt nicht nur Vorlesungen, die viele begabte Studenten anzogen, sondern er war auch in der Forschung sehr aktiv. Die hervorragendste, brillanteste Arbeit dieser Periode befaßte sich mit dem Aufbau von Kristallen, die er zusammen mit Kármán durchführte. Es war eine ideale Zusammenarbeit. Obwohl Kármán von der Schönheit der reinen Mathematik fasziniert war, galt seine wahre Leidenschaft und sein eigentliches Interesse der angewandten Mathematik. Seine Berühmtheit als einer der größten Pioniere auf dem Gebiet der Aerodynamik erlangte er in den USA (wohin er 1930, also bevor Hitler an die Macht kam, auswanderte). Von ihm lernte Born die Grundzüge der mathematischen Physik zu erkennen und die Probleme in der richtigen Perspektive zu sehen. Die außerordentliche Bedeutung ihrer Arbeiten über Kristallgitter fand allgemeine Anerkennung, allerdings mit erheblicher Verzögerung. Born wurde mehrmals für die Arbeit geehrt, die ihn zeitlebens interessierte und zu der er im Lauf seines Lebens immer wieder zurückkehrte. Peter Debye hat gleichzeitig (und unabhängig von Born und Kármán) ebenfalls über die Eigenschaften von Kristallen gearbeitet und auch darüber publiziert; aber die Born-Kármánschen Formeln erwiesen sich später in mancher Hinsicht befriedigender als Debyes Theorien (ein Beispiel für das lateinische Sprichwort: Si duo faciunt idem, non est idem).

Außer seiner Arbeit genoß Born diese Jahre noch in vielfältiger Weise. Als Privatdozent wurde er häufig von den Professoren eingeladen und traf viele interessante Leute. Er widmete der Musik viel Zeit und machte interessante Reisen, einige davon zusammen mit Ladenburg nach Italien, wo sie Florenz und viele reizende kleine Städte in der Toscana besuchten. Einen Sommer verbrachten sie in Südtirol, das Born zeit seines Lebens besonders geliebt hat. So sehr er auch Wagner-Opern schätzte, so wenig mochte er den „Snobismus" von Bayreuth. Trotzdem konnte er der Einladung von Toni Neißer (die mit ihm verwandt war) nicht widerstehen, mit dem Auto nach Bayreuth zu fahren und auf dem Weg viele schöne Orte in Süddeutschland zu besuchen. Albert Neißer war ein begeisterter Wagner-Anhänger. Er hatte den Bau des Opernhauses in Bayreuth stark gefördert und große Geldsummen beigesteuert. Aber als man dort für die Gäste eine große Gesellschaft gab, wurden die Neißers nicht eingeladen. Juden waren absolut ausgeschlossen. Neißer war zutiefst verletzt, aber das Thema durfte nicht berührt werden. Cosima Wagners Judenfeindlichkeit und der Antisemitismus ihrer Tochter und ihres Schwiegersohnes Houston Stewart Chamberlain haben wir schon erwähnt.

Göttingen hatte in jenen Jahren eine große Anziehungskraft für viele berühmte Mathematiker und Physiker, die dort einige Zeit als Gastprofessoren verbrachten. Born befreundete sich mit einigen von ihnen, besonders mit H. A. Lorentz und A. Michelson. Die Michelsons luden ihn ein, einige Monate in Chicago zu verbringen. Er nahm die Einladung an und reiste im Sommer 1912 in die Vereinigten Staaten. Dort genoß er nicht nur die Gastfreundschaft der Michelsons, sondern hielt auch eine Reihe von Vorträgen über die Relativitätstheorie, die großen Anklang fanden. Im Anschluß an seinen Aufenthalt in Chicago machte Born eine große Rundreise, bei der er viele Teile des Landes besuchte, darunter auch Kalifornien, die Rocky Mountains und den Grand Canyon.

Im Jahr darauf, im Frühjahr 1913, verlobte er sich mit Hedwig Ehrenberg. Ihr Vater, Professor Victor Ehrenberg, war Jude, ihre Mutter war die Tochter des Göttinger Juristen und berühmten Rechtsanwalts Rudolf von Ihering, ein direkter Nachkomme von Martin Luther. Sie mochte Born zwar sehr gern, aber er war ein Jude, der es ablehnte, sich taufen zu lassen. Sie wollte eine Trauung in der Kirche. Da dies nicht möglich war, wurde ein Kompromiß gefunden: Die Hochzeit fand im Haus von Borns Schwester Käthe in Grünau statt, und ein evangelischer Pastor vollzog die Trauung. Es war eine Hochzeit im großen alten Stil mit vielen Gästen aus beiden Familien. Hedwigs Mutter aber drängte Born weiterhin, sich taufen zu lassen, und schließlich gab er nach. Er hatte die jüdische Religion nie praktiziert und kannte auch nicht die jüdischen Riten und Traditionen. Wie sein Vater war er Jude geblieben, weil das, was für ihre Ahnen gut war, auch für sie gut sein sollte. Seine Abneigung gegen die christlichen Kirchen begründete er unter anderem damit, daß es in der Geschichte der Christenheit grausame Verfolgungen und Verbrechen gegeben hat, die im Namen Christi begangen worden waren. Aber im Grunde genommen hatten religiöse Überzeugungen und Kirchen für ihn keine Bedeutung. Obwohl er einige Stunden christlichen Glaubensunterricht nahm, veränderte ihn die Taufe nicht. Er hat jedoch seinen Entschluß nie bereut, denn er lebte ja nicht in der jüdischen Welt und wollte auch nicht als Außenseiter in einer christlichen Welt leben. Aber er hat auch nie versucht zu verbergen, daß er Jude war. Als die Verfolgung durch die Nationalsozialisten begann, fühlte er sich trotz seiner Taufe den Juden zugehörig und litt mit ihnen. Einmal gestand er Einstein, daß er nach dem Aufstieg der Nationalsozialisten stärker als je zuvor das Gefühl hatte, dem jüdischen Volk zuzugehören. Diese Reaktion war unter seinen jüdischen Kollegen nicht ungewöhnlich; allerdings gab es große Unterschiede im Ausmaß dieser Gefühle und in der Stärke der Reaktionen.

Kurz nach Borns Heirat trat Voigt in den Ruhestand, und Peter Debye wurde 1914 sein Nachfolger. Born begann mit seinem Freund Richard Courant eine Arbeit über die Quantentheorie, die durch Bohrs Atommodell gerade eine so aufregende Wende genommen hatte. Aber sein Hauptinteresse konzentrierte sich auf Probleme von Kristallen. Er arbeitete eine Theorie aus, hatte aber weder Mittel noch Möglichkeiten, sie zu testen. (Zu seiner großen Befriedigung wurde seine Theorie drei Jahrzehnte später von einem indischen Physiker bestätigt.) Die Epoche des Glanzes und des Ruhmes von Europa näherte sich jedoch rasch ihrem Ende. Ganz unerwartet für viele Menschen, darunter auch Born, brach der Erste Weltkrieg aus. Nur wenige kannten den tatsächlichen Hintergrund dieser Katastrophe. Dennoch herrschte überall der Geist patriotischer Begeisterung. Für Born, mit seinem tiefen Kriegshaß und seiner stark pazifistischen Einstellung, war der Krieg die allergrößte Dummheit, ein Ausbruch von Verrücktheit und Irrsinn. Der größte Alpdruck war für ihn das Massentöten von jungen, talentierten Menschen, den Blüten vieler Nationen. Selbst heute erkennen nur wenige die Tatsache, daß der Schlüssel zu dem Unglück, das Europa überkam, nicht seine physische oder wirtschaftliche Vernichtung war, sondern der Verlust einer ganzen Generation, darunter die Elite, der Verlust vieler potentieller Genies auf sämtlichen Gebieten, die Zukunftshoffnung aller am Krieg beteiligten Nationen. Allein Frankreich verlor fast 2 Millionen (von einer Bevölkerung von 38 Millionen) Menschen, Deutschland verlor mehr als 2 Millionen (von einer Bevölkerung von 70 Millionen). Kurz nach dem Krieg erklärte Churchill, daß es zwei Generationen — sechzig Jahre — dauern werde, bis die Folgen dieses Massenschlachtens offenkundig würden. Born machte sich ständig Gedanken über dieses Töten, an das er fortwährend erinnert wurde, wenn er von dem unglaublichen Todeszoll hörte oder las. Ohne zu wissen, was wirklich geschehen war, dachte Born wie die meisten anderen Deutschen, daß ihr Land das Opfer eines ruchlosen und unprovozierten Angriffs geworden sei.

Da Born für den Militärdienst untauglich war, half er freiwillig bei der Getreideernte auf einem Bauernhof. Bald zeigte sich, daß selbst diese Arbeit zuviel für ihn war, und er mußte sie aufgeben. Weil die meisten seiner Studenten eingezogen waren, hatte er viel Zeit, die er dazu nutzte, ein Buch über die Dynamik von Kristallen zu schreiben, eine Arbeit, die ihn vom Kriegsgeschehen etwas ablenkte.

Am Tage als der Krieg ausbrach, erhielt Born einen Brief von Planck, in dem ihm eine Professur für theoretische Physik in Berlin angeboten wurde. Planck hatte das Ministerium um eine weitere Professur gebeten, da er all seinen vielen Verpflichtungen nicht mehr nachkommen konnte. Born hatte Planck bei einigen Tagungen getroffen, kannte ihn aber nicht sehr gut. Er fühlte sich jedoch geehrt und nahm dankbar an. Dann ergab sich jedoch eine peinliche Situation, weil Max von Laue, der schon sehr berühmt war, unbedingt von Würzburg weg und nach Berlin wollte, um seinem geliebten Lehrer nahe zu sein. Die Schwierigkeit fand eine unerwartete Lösung: Das Ministerium bestand darauf, daß von Laue den Lehrstuhl für Physik an der neugegründeten Universität Frankfurt (am Main) übernahm. So zogen die Borns im Mai 1915 nach Berlin und mieteten eine Wohnung in Grunewald, einem schönen Vorort, aber ziemlich weit von der Universität entfernt.

Auch in Berlin war die Zahl der Studenten gering. Um die Verluste auf den Schlachtfeldern auszugleichen, wurden die Anforderungen an den Gesundheitszustand herabgesetzt und mehr und mehr Studenten zum Militärdienst einberufen. Das Buch über die Kristalle war abgeschlossen. Born befürchtete, daß sogar er, trotz seiner körperlichen Schwäche, eingezogen werden könnte. Zu dieser Zeit wurde eine Gruppe von Physikern und Ingenieure zusammengestellt, die helfen sollten, das Kommunikationssystem zwischen Flugzeugen und den Landstreitkräften zu verbessern. Born wurde ein Mitglied dieser Gruppe, die bei Spandau, ganz nahe bei Berlin, stationiert war. Eines Tages mußten sie in strömendem Regen marschieren; Born holte sich dabei eine schwere Bronchitis. Nach seiner Genesung wußte er nicht, was er tun sollte, zumal er immer noch von der Sorge über eine mögliche Einberufung geplagt wurde. Ladenburg hörte von seiner mißlichen Lage und schlug ihm vor, sich seiner Gruppe anzuschließen, die alle für die Artillerie wichtigen Erfindungen zu prüfen hatte. Die Arbeit war leicht, und man arbeitete nur von 9 Uhr vormittags bis 4 Uhr nachmittags. Die meisten Assistenten waren Physik- und Mathematikstudenten, und Born war glücklich, daß sie auf diese Weise dem Schlachtfeld und womöglich dem Tod entkamen. Ein Student wurde dennoch eingezogen; Born, der in ihm ein wirkliches Genie sah, versuchte verzweifelt, ihn zu retten. Als dann die Nachricht von seinem Tod kam, war er völlig zerschmettert.

Einstein gehörte zu den ersten, die Born in Berlin besuchte, obwohl die beiden sich vorher nur kurz gesehen hatten. Aber bald danach kam Einstein mit seiner Geige in Borns

Heim. Hedwig war entzückt. Von nun an musizierten sie häufig zusammen, und alle drei wurden gute Freunde. Sie hielten ihre Freundschaft später brieflich aufrecht bis zu Einsteins Tod im Jahre 1955. Dieser Briefwechsel, der von Born veröffentlicht wurde (1969), ist hochinteressant; er reflektiert ihre Gedanken über viele Aspekte jener Ära, die nahezu vier Jahrzehnte umfaßt.

Born und Einstein diskutierten viel über Physik. Born hatte Einsteins neueste Arbeiten über die allgemeine Relativität gelesen und war sehr beeindruckt von Einsteins Denkweise und seinem Glauben an die Einfachheit der Grundgesetze. Zwar beruhten alle Theorien Einsteins auf experimentellen Tatsachen, doch bewunderte Born dessen Fähigkeit, gut bekannte, aber unauffällige Fakten, die jedem anderen entgangen wären, zu interpretieren. Wohl das wichtigste Beispiel dafür ist die Äquivalenz zwischen Gravitations- und Trägheitsfeld, die zwar seit Newtons Tagen bekannt ist, aber erst von Einstein als der Schlüssel zum Verständnis des Kosmos erkannt worden ist. Diese außergewöhnliche Intuition war das Geheimnis von Einsteins Genie, nicht seine mathematischen Kenntnisse, wie wir schon früher (siehe Seite 37) am Beispiel seiner Interpretationen des photoelektrischen Effektes in Zusammenhang mit dem Planckschen Wirkungsquantum gezeigt haben. In der Zeit, als Born und Einstein sich trafen, versuchte Einstein, sein mathematisches Wissen zu vertiefen und zog sich dabei immer mehr von der Physik zurück. Als Born, Heisenberg und Bohr die Quantenmechanik entwickelten, stimmte Einstein mit deren Interpretation der Quantentheorie nicht überein. Er und Born wurden wissenschaftliche Gegner, aber das betraf ihre Freundschaft nicht im geringsten.

Im Jahr 1916 lernten die Borns die Blaschkos kennen, die bald ihre besten Freunde wurden. Alfred Blaschko war ein bekannter Dermatologe. Die beiden Familien trafen sich sehr häufig und sprachen viel über Politik. Blaschko war ein überzeugter Sozialist, allerdings vom gemäßigten Flügel. Er interessierte sich besonders für soziale Probleme und Angelegenheiten der öffentlichen Gesundheit; so war er unter anderem der Initiator von Reformen im Prostituiertenwesen und setzte sich für eine geeignete Gesetzgebung zur Bekämpfung der Geschlechtskrankheiten ein. Born folgte auch mit großem Interesse den leidenschaftlichen Diskussionen zwischen Blaschko und Eduard Bernstein, einem führenden Sozialisten, über volkswirtschaftliche Theorien und Probleme. Besonders beeindruckten ihn aber Blaschkos ethische und religiöse Anschauungen. Die Blaschkos waren verwandt mit der Familie Ullstein, den Eigentümern des berühmten Berliner Verlagshauses. Im gastlichen Heim der Ullsteins lernten die Borns viele interessante Leute kennen, besonders Schriftsteller und Künstler. Alfred Blaschkos Sohn Hermann wurde ein führender Wissenschaftler in England.

Neben der Tätigkeit in Ladenburgs Gruppe hatte Born genügend Zeit für seine wissenschaftlichen Arbeiten. Nachdem sein Buch über die Dynamik von Kristallen veröffentlicht worden war, wandte er sich anderen Problemen zu, wie den Eigenschaften optisch aktiver Moleküle, dem Elektromagnetismus von Kristallen und Sommerfelds Arbeiten über die Quantentheorie (basierend auf Bohrs Atommodell), die ihn tief beeindruckten. Seiner Meinung nach fand die große Bedeutung dieser Arbeiten nicht die verdiente Anerkennung und Würdigung, zum Beispiel durch den Nobelpreis, den Sommerfeld seines Erachtens hoch verdient hätte.

Der Krieg ging schließlich zu Ende, mit der Niederlage Deutschlands, das sich unter den Bedingungen der Vierzehn Punkte von Präsident Wilson ergab. Aber die europäischen Siegermächte hielten sich im Friedensvertrag von Versailles (abgeschlossen am 28. Juni 1919) bekanntlich nicht an das in 14 Punkte gegliederte „Programm des Weltfriedens“ des Präsidenten Wilson. Einstein und Born waren entsetzt über die harten Konditionen des Versailler Vertrages. Sie befürchteten, daß die unglaublichen Demütigungen, zum Beispiel die Leistung von phantastisch hohen Reparationen über vier Generationen (120 Jahre), früher oder später zu schrecklichen Reaktionen in der deutschen Bevölkerung führen würden, mit verheerenden Folgen für ganz Europa. Die Nachkriegszeit in Deutschland war entsetzlich, mit dauernden Kämpfen zwischen den verschiedenen Parteien von links und rechts, häufigen Mordtaten, wirtschaftlichem Zerfall und ähnlichem. In manchen Städten, darunter auch Berlin, machten Straßenkämpfe mit plötzlich ausbrechenden Schießereien das Leben gefährlich.

Seit Januar 1919 arbeitete James Franck bei Fritz Haber im Kaiser-Wilhelm-Institut für physikalische Chemie in Berlin-Dahlem. Born anerkannte zwar die großen Leistungen Habers, aber er lehnte seine Arbeiten über chemische Kriegsführung ab, obwohl er von Habers guter Absicht wußte. Haber hatte nämlich die Hoffnung, mit dem Einsatz von Giftgas den Stellungskrieg zu beenden und dadurch eine schnelle Entscheidung herbeizuführen, damit also letztendlich unzählige Menschenleben zu retten. Born begegnete Haber zum ersten Mal bei einem Besuch in Francks Laboratorium. Er war fasziniert von Habers dynamischer Persönlichkeit, seinem Charme, seiner Energie, seinem glänzenden Verstand und seiner Vertrautheit mit verschiedenen Fachgebieten der Wissenschaft. Born erhielt von Haber unschätzbare Informationen, die ihm entscheidend bei seiner Arbeit halfen. Er verbesserte auch Borns Berechnungen der Energiebilanz bei der Bildung von Kristallen aus Ionen und schlug eine graphische Darstellung vor, die später als der Born-Haber-Zyklus bekannt wurde. Born wurde häufig zu Chemiker-Tagungen eingeladen, um über seine Arbeiten zu berichten. Trotz einiger Einwände, besonders von Nernst, fand die Bedeutung seiner Arbeit volle Anerkennung und brachte ihm eine erste Auszeichnung, die Ehrendoktorwürde der Universität Bristol, die ihm 1927, zusammen mit berühmten und gefeierten Persönlichkeiten wie Ernest Rutherford, William Bragg und Paul Langevin, verliehen wurde.

1918 versuchte Max von Laue erneut, in die Nähe seines geliebten Lehrers Planck zu kommen, und er schlug Born einen Tausch der Lehrstühle vor, ein recht ungewöhnlicher Vorgang. Dieses Mal glaubte Born, dem Wunsch Laues willfahren zu müssen und nahm die Position in Frankfurt an. Seine Bestallung als ordentlicher Professor an der Universität Frankfurt (in Berlin war er Extraordinarius gewesen) erfolgte im Januar 1918.

In seinem Institut in Frankfurt hatte er zwei Assistenten, Elisabeth Bermann und den Privatdozenten Otto Stern, mit dem er sich gut befreundete. Stern begann damals mit Messungen der magnetischen Eigenschaften des Atoms durch die Ablenkung von Atomstrahlen in einem inhomogenen Magnetfeld, die zu seiner berühmten Arbeit führten (Stern 1921). Der Professor für Experimentalphysik F. B. R. Wachsmuth war zwar ein charmanter Mann, aber nicht besonders an der Forschung interessiert. Sein Assistent, Walther Gerlach, fühlte sich von Born stark angezogen und arbeitete mit ihm an mehreren Problemen. Später, als Born von Frankfurt wegging, wurde Gerlach ein Mitarbeiter von Stern. Bald machte sich die Inflation bemerkbar, so daß auch die Instrumente zu teuer für die im Institut verfügbaren Geldmittel wurden. Zu eben dieser Zeit wurde Einsteins Relativitätstheorie bestätigt und bildete *die* große Sensation. Borns Vertrautheit mit der Theorie ermöglichte es ihm, darüber eine Vortragsreihe zu halten, für die ein paar Mark als Eintrittsgeld erhoben wurden, und er benutzte dieses Geld zum Kauf von Instrumenten. Aber diese Quelle versiegte bald. Als einer seiner Freunde in die Vereinigten Staaten ging, sagte Born im Scherz zu ihm, falls er einen an Deutschland interessierten Deutsch-Amerikaner fände, möge er ihm davon erzählen, wie dringend man hier Geld brauche, um wichtige Experimente fortsetzen zu können. Bald darauf erhielt Born einen Brief von seinem Freund, in dem er schrieb, er solle sich an Henry Goldmann wenden, den Enkel eines jüdischen Emigranten, der Deutschland wegen des dortigen, ihm unerträglichen Antisemitismus verlassen hatte. Born schrieb dann an Goldmann und erhielt alsbald einen charmanten Brief mit einem Scheck über mehrere hundert Dollar, damals eine große Summe, mit der er alle seine Geldprobleme lösen konnte. Goldmann war Direktor einer der größten Privatbanken in New York. Nach einem Deutschlandbesuch verstärkte er seine Unterstützung für Born und stellte auch anderen Wissenschaftlern und Künstlern Gelder zur Verfügung. Viele andere in den Vereinigten Staaten boten großzügig ihre Hilfe an; die finanzielle Unterstützung durch die Industrie, Stiftungen und andere Quellen wurde ein entscheidender Faktor für die eindrucksvolle Entwicklung der Wissenschaft in Deutschland in den zwanziger Jahren. Später zeigte sich, daß dies eine ausgezeichnete Investition gewesen war; denn als die Nationalsozialisten so viele hervorragende Wissenschaftler aus dem Lande vertrieben, ließen sich die meisten von ihnen in den Vereinigten Staaten nieder.

Borns Lehrstuhl war mit Hilfe der Spenden eines sehr reichen jüdischen Frankfurter Kaufmanns, Moritz Oppenheim, eingerichtet worden. Dessen Frau, eine Wienerin, spielte begeistert Klavier (sie hatte bei Clara Schumann Unterricht genommen). Borns waren häufig zu Gast in ihrem Haus, und er und Frau Oppenheim musizierten oft zusammen. Sie wurden auch in die Oper mitgenommen und erlebten gemeinsam viele großartige Vorstellungen. 1933 begingen Oppenheim und seine Frau Selbstmord.

Als begeisterter Anhänger der sozialistischen Regierung erregte sich Born sehr über den Kapp-Putsch, bei dem eine rechtsradikale Gruppe die Regierung zu stürzen versuchte. Zu seiner großen Erleichterung scheiterte der Umsturzversuch am Generalstreik der Gewerkschaften. Born, wie auch die gesamte Bevölkerung, ärgerte sich auch über die französische Besatzung, die er für eine Demütigung hielt.

Als Hedwigs Eltern einmal zu Besuch kamen, wurde ihre Mutter das Opfer einer weltweiten Grippeepidemie, die viele Menschen dahinraffte. Es war ein harter Schlag für Hedwig wie auch für Born, dem sie wie eine eigene Mutter gewesen war. Sie beschlossen, ihre Sommerferien in Südtirol zu verbringen, und Hedwig verliebte sich in das Land. Sie besuchten auch Venedig. Etwa zur selben Zeit erschien ein Buch, in dem Born Einsteins Relativitätstheorie ohne den Gebrauch von höherer Mathematik darstellte. Das Buch war ein großer Erfolg. Aber der Name Einstein löste Feindseligkeit und Haß aus. Die Führer dieser Anti-Einstein-Bewegung waren die stark antisemitischen Physiker Philipp Lenard und Johannes Stark, die Hauptvertreter der sogenannten „Deutschen Physik" während der Hitlerzeit. Bei einer Tagung in Nauheim im Jahr 1920 griffen sie Einstein heftig an, während Planck, Wilhelm Wien und von Laue ihn verteidigten. Damals lebte Einstein in Borns Haus in Frankfurt.

Im Jahre 1920 wurde Born ein Lehrstuhl für Physik in Göttingen angeboten. Dort waren E. Riecke, der Lehrstuhlinhaber für theoretische Physik, und W. Voigt, der Experimentalphysiker, inzwischen gestorben. Peter Debye, der Nachfolger von Riecke, hatte einen Ruf nach Zürich angenommen, da ihm die Lebensbedingungen in Deutschland zu schwierig waren. Robert W. Pohl leitete die Abteilung für Experimentalphysik, und Born sollte die theoretische Physik übernehmen. Wie bereits erwähnt, erkannte Born sofort, daß es Platz und Bedarf für einen zweiten Lehrstuhl für Experimentalphysik gab, und er schlug vor,

James Franck diesen Lehrstuhl anzubieten. Die Fakultät stimmte zu, Franck nahm den Ruf an und kam wie Born 1921 nach Göttingen. Zur selben Zeit ging der Mathematiker Felix Klein in den Ruhestand, und Richard Courant, ein Freund Borns aus der Zeit in Breslau, wurde sein Nachfolger. Hedwig war mit Courants Frau Nina, der Tochter von Carl Runge, eng befreundet. Nina war eine hervorragende Geigerin, und so wurde das Courantsche Haus bald nicht nur ein Zentrum der Mathematik, sondern auch der Musik.

Das nächste Jahrzehnt war die Epoche, in der Göttingen Weltruf als eines der größten Zentren für Physik und Mathematik genoß, und sie war gleichzeitig auch Borns schöpferischster und glücklichster Lebensabschnitt. Seine Beiträge zur Quantenmechanik hatten ebenso große Bedeutung wie die von Heisenberg und Bohr. Als Heisenberg 1933 den Nobelpreis erhielt, schrieb er an Born, er habe ein schlechtes Gewissen, weil der Preis nicht auch an Born verliehen worden sei, und er fügte hinzu, daß jeder gute Physiker wisse, wie groß Borns (und Jordans) Anteil an seiner Leistung war, und daß er leider nichts tun könne, außer sich zu schämen. Dieser Brief ist ein großartiges Zeugnis für Heisenbergs Persönlichkeit und einer Großherzigkeit, für die es nur wenige Beispiele gibt. Born erhielt diesen Brief 1933, als er bereits im Exil in Cambridge war. Es brauchte dann 22 Jahre, bis das Nobelpreiskomitee sein Versäumnis erkannte: Born erhielt den Nobelpreis im Jahr 1954.

Die Quantenmechanik, besonders ihre mathematische Formulierung, ist vielleicht Borns größte Leistung, aber keineswegs die einzige. Er war auch auf vielen anderen Gebieten der theoretischen Physik äußerst kreativ. Ein hervorragender Beweis seines wissenschaftlichen Status, der Hochschätzung als akademischer Lehrer, die er genoß, und seiner großen menschlichen Qualitäten ist die beeindruckende Zahl von außerordentlich begabten Schülern. Pascual Jordan, Werner Heisenberg und Wolfgang Pauli haben wir bereits erwähnt; weitere, später weltbekannt gewordene Schüler, die als Doktoranden, als Assistenten oder als Gäste einige Zeit in seinem Institut verbrachten, waren Edward U. Condon, Max Delbrück, Paul Dirac, Maria Göppert-Mayer, W. Heitler, Erich Hückel, Friedrich Hund, Fritz London, John von Neumann, Robert Oppenheimer, Linus Pauling, Edward Teller und Eugen Wigner. Selbst wenn einige von ihnen nicht direkt seine Schüler waren, wurden sie doch alle von Born inspiriert und später führend auf ihrem Fachgebiet (sieben erhielten den Nobelpreis). Aber natürlich gab es auch noch zahlreiche andere aus vielen Ländern, die zu Borns Schule gehörten.

Im Sommer 1928 wurde Born von dem russischen Physiker Joffe zu einem Physiker-Kongreß in Leningrad eingeladen. Im Anschluß daran besichtigten die Teilnehmer einige andere Städte, aber Born war so erschöpft, daß er die Gruppe verließ und nach Hause fuhr. Im darauffolgenden Winter wurde er müde und schwach und litt zunehmend unter Schlaflosigkeit. Er war gezwungen, seine Arbeit zu unterbrechen und ging zunächst in ein Sanatorium in Konstanz am Bodensee. Es war ein sehr kalter Winter, so daß man kaum das Haus verlassen konnte. Die meisten Patienten waren Kaufleute, Rechtsanwälte oder Beamte in mittleren Jahren. Ihre Unterhaltungen waren für Born ein großer Schock: Alle sprachen über Politik, und alle waren Nationalsozialisten. Born hatte bis dahin keine Ahnung davon, wie stark dieser fanatische Nationalismus, Militarismus und Antisemitismus unter gewöhnlichen Bürgern verbreitet war. Sie glaubten offenbar den von Hitler verbreiteten Lügen, nämlich daß der Krieg nur durch Verräter im eigenen Land verloren worden war („Dolchstoß-Legende"), daß nicht die Militärs, sondern die Juden schuld an dieser Niederlage hatten, daß man Sozialismus und Liberalismus unterdrücken müßte und Deutschland wieder um seine verlorenen Gebiete kämpfen solle. Es war für ihn eine fast unglaubliche

Erkenntnis, denn wie so viele seiner Kollegen hatte auch er nicht bemerkt, was in Deutschland vor sich ging. Etwa um diese Zeit (1930—1933) wurde der Machtkampf der Nationalsozialisten immer heftiger, jedoch das Leben in Göttingen nahm (zumindest an der Oberfläche) weiter seinen normalen Gang. 1932 wurde Born sogar zum Dekan der Naturwissenschaftlichen Fakultät gewählt und damit erstmals in der Verwaltung tätig. Aber die Wirtschaftskrise verstärkte sich zunehmend, die Anzahl der Arbeitslosen stieg, und schließlich wurde Hitler Kanzler. Zwischen Franck, Courant, Weyl und anderen gab es häufige Diskussionen über die Situation, und Freunde in der Schweiz rieten ihnen, Deutschland so bald wie möglich zu verlassen. Nach der Verkündung des neuen Beamtengesetzes trat Franck am 17. April 1933 zurück (siehe Seite 74). Eine Woche später veröffentlichten die Zeitungen die Namen der entlassenen Professoren, unter ihnen Born. Alles, was er in Göttingen aufgebaut hatte, war zerstört. Obwohl die Nachricht nicht unerwartet kam, war Born zutiefst erschüttert, Hedwig litt noch mehr darunter. So fuhren sie Anfang Mai nach Südtirol, wo sie in Wolkenstein in Gröden (Selva di Val Gardena) eine Ferienwohnung gemietet hatten. Ende Mai wurden sie von Einladungen aus vielen Teilen der Welt überschüttet, eine davon kam aus Cambridge (England). In Zürich war damals gerade ein Physiker-Kongreß, an dem auch Blackett, den Born gut kannte, teilnahm. Er kam aus dem Cavendish Laboratorium in Cambridge. Born besprach mit ihm die Anstellungsbedingungen und akzeptierte dann die Einladung. In Zürich traf er auch einige seiner deutsch-jüdischen Kollegen, darunter Otto Stern, der in die Vereinigten Staaten auswanderte, und Franz Simon, der nach einigem Zögern eine Einladung von F. A. Lindemann in Oxford annahm. Lindemann reiste durch ganz Deutschland und versuchte, möglichst viele der vortrefflichen jüdischen Wissenschaftler zur Emigration nach England, insbesondere Oxford, zu bewegen, da er glaubte, daß England davon großen Nutzen haben würde. Er besuchte auch Born, der jedoch schon die Einladung nach Cambridge angenommen hatte. Lindemann (der spätere Lord Cherwell) hatte viele Verbindungen zum britischen Adel. Er war ein guter Freund Churchills und sein wichtigster wissenschaftlicher Berater während des Krieges. Born erfuhr erst nach dem Kriege, daß Lindemann für die wahllose Bombardierung und Zerstörung der deutschen Städte verantwortlich war, die den Widerstandswillen der deutschen Bevölkerung brechen sollte. Born verabscheute dies, was erwartungsgemäß der Einstellung entsprach, die er von Jugend auf gegenüber dem Krieg hatte. Daß die Nationalsozialisten die ersten waren, die mit dieser Art der Kriegsführung Warschau, Rotterdam, Coventry und zahllose andere Städte zerstörten, schien ihm keine Entschuldigung für solch eine Vergeltung. Born war jedoch damals, wie auch sein Freund Einstein, kein Pazifist mehr. Er betrachtete das NS-Regime als das größte Übel für die Menschheit und glaubte an die Notwendigkeit, dieses Übel zu bekriegen, bis es völlig zerstört war.

Anfang Juli 1933 zogen die Borns nach Cambridge, wo sie auch Fritz Haber wieder trafen, ein kranker, deprimierter und einsamer Mann, nur noch ein Schatten seiner selbst. Auch Hedwig war in Cambridge sehr unglücklich. Sie fühlte sich jäh abgeschnitten von ihrer geliebten Heimat, ihren Freunden, ihrer Sprache. Vor ihrem Mann und ihren Kindern verbarg sie ihre Misere, um die Situation nicht zu komplizieren; erst viel später hat sie es gestanden. Born fand wenigstens einen gewissen Ausgleich durch seine Arbeit und den engen Kontakt mit den Kollegen im Cavendish Laboratorium, wo er viel über Kernphysik, ein Gebiet, mit dem er sich vorher kaum befaßt hatte, lernte. Er traf auch den Astronomen Sir Arthur Eddington, dessen Beobachtungen über die Ablenkung des Lichtes durch die Sonne Einsteins Vorhersagen bestätigt und entscheidend zum großen Triumph der Relativitätstheorie beigetragen haben; über Nacht hatten sie Einstein zu der größten Berühmtheit des Jahrhunderts gemacht. Unter Borns Studenten in Cambridge war Maurice Pryce, der später Borns jüngere Tochter Margarete heiratete. Besonders Freude machten Born die häufigen Besuche bei Erwin Schrödinger und Franz Simon in Oxford. Ihre gleiche Situation förderte eine enge freundschaftliche Beziehung. Durch Simon und Kurt Mendelssohn sowie auch andere deutsch-jüdische Flüchtlinge wurde das Clarendon Laboratorium in Oxford zu einer der führenden Institutionen, besonders auf dem Gebiet der Thermodynamik bei niedrigen Temperaturen. Born reiste viel; häufig wurde er eingeladen, Vorträge zu halten, manchmal auch in Paris, im Institut Henri Poincaré. Viel Zeit widmete er der Korrespondenz, um Freunde und Kollegen aus Deutschland zu retten. In vielen Fällen hatte er Erfolg, aber nicht immer. So war er besonders erschüttert darüber, daß es ihm nicht gelang, den hervorragenden Geiger Alfred Wittenberg (ein Mitglied des berühmten Klingler-Quartetts) zu retten.

Ende des Jahres 1934 wurde Born von dem indischen Physiker Chandrasekhara Venkata Raman eingeladen, ein halbes Jahr im Indian Institute of Science in Bangalore zu verbringen. Raman war berühmt geworden durch seine Entdeckung der mit einer Änderung der Lichtfrequenz verbundenen Lichtstreuung, des sogenannten Raman-Effektes, für den er 1930 den Nobelpreis erhielt. Das Leben in Indien war für Born und seine Frau eine neue und recht interessante Erfahrung. Sie lernten nicht nur viele Inder, sondern auch Engländer kennen. Einmal wurden sie von einem Maharadscha eingeladen und bekamen dabei einen Eindruck vom Luxus des Palastlebens. Den beiden, besonders Hedwig, gefiel das Leben in Indien, und Raman versuchte, eine Dauerstellung für Born zu erreichen. Born war aber nicht allzu begeistert. Ihn störte vor allem der große Kontrast zwischen dem Luxus einiger weniger und der unheimlichen Armut und dem Elend der großen Mehrheit des Volkes wie auch die vielen Vorurteile und veralteten Gebräuche. Trotzdem war er bereit, eine langfristige Anstellung zu akzeptieren. Die Entscheidung hing jedoch von der Zustimmung des Institutsrates ab. Bei der entscheidenden Sitzung (bei der Born anwesend war) erhob ein Engländer, Professor Aston, heftigen Einspruch gegen Borns Nominierung und sagte, einem zweitklassigen Ausländer, der aus seinem eigenen Land vertrieben worden war, dürfe man keine Stelle im Institut geben. Born war tief verletzt und kehrte im Frühjahr 1936 mit Hedwig nach Cambridge zurück. Kurze Zeit später wurde sein Freund und Kollege Charles G. Darwin (Professor für theoretische Physik in Edinburgh) Direktor eines College in Cambridge, und sein Lehrstuhl Born (wahrscheinlich auf Darwins Rat hin) angeboten. Da dessen Anstellung in Cambridge abgelaufen war, nahm er dieses Angebot gerne an.

Im Herbst 1936 zogen die Borns nach Edinburgh, wo sie während der nächsten 17 Jahre lebten. Das war der längste Zeitraum, den sie je an einem einzigen Ort verbrachten. Sie wurden in Edinburgh warm aufgenommen und hatten dort bald viele Freunde. Das Institut war räumlich sehr beengt und nur primitiv ausgestattet; trotzdem hatte Born im Laufe der Zeit viel begabte Mitarbeiter und Schüler, unter ihnen Klaus Fuchs, der mit seinem Vater Emil (ein protestantischer Pastor) Deutschland verlassen hatte, weil sie überzeugte Kommunisten waren. Der Vater lebte in Oxford und wurde Quäker. Fuchs war ein hervorragender Student und spezialisierte sich auf die Kernphysik. Während des Krieges beteiligte er sich an dem Atombombenprojekt. Nach dem Krieg war er in die berühmte Spionage-Affaire verwickelt, bei der den Russen Geheimnisse über die Atombombe übermittelt wurden. Born war über die Mittäterschaft von Fuchs höchst erstaunt und betroffen.

Noch vor Ausbruch des Zweiten Weltkrieges erhielten die Borns die britische Staatsbürgerschaft, die deshalb so begehrt war, weil ihnen dadurch Härten, denen die deutschen Flüchtlinge während des Krieges ausgesetzt waren, erspart blieben. Dennoch mußten sie so manches schwere Jahr durchmachen. Lange vor Ausbruch des Krieges war Born sehr beunruhigt darüber, daß die britische Regierung die deutsche Kriegsdrohung nicht ernst nahm und deshalb völlig unzureichend für einen Krieg vorbereitet war. Denn sogar politisch naive Deutsche wie Born nahmen die Kriegsdrohung sehr ernst. Churchill selbst war zuerst ein Bewunderer von Hitler. Er hat auch den Versailler Vertrag immer als schrecklichen Fehler betrachtet (er nannte ihn „eine traurige und komplizierte Idiotie") und hoffte, Hitler würde die unmögliche Situation verbessern. Erst Ende des Jahres 1934 öffnete ein deutscher Journalist, Leopold Schwarzschild, Churchill die Augen über das, was wirklich in Deutschland vor sich ging. Aber wie der Autor aus persönlicher Erfahrung weiß, nahmen lange Zeit nur wenige Engländer Churchill ernst. Dann kamen die schrecklichen Kriegs- und Nachkriegsjahre, die Großbritannien viel Leid und Elend brachten.

Im Jahr 1953 wurde Born (im Alter von 71 Jahren) pensioniert, und er und Hedwig beschlossen, nach Deutschland zurückzukehren[3]). So zogen sie 1954 nach Bad Pyrmont, ein kleiner und ruhiger Kurort in der Nähe von Göttingen. Die Entscheidung für eine Rückkehr nach Deutschland fiel ihnen außerordentlich schwer. Deutschland war von Verbrechern beherrscht worden, Millionen Deutsche mußten für Hitler sterben. Viele von Borns Verwandten und Freunde waren umgebracht worden und Millionen von Juden in den Konzentrationslagern umgekommen. Trotz alledem haben sich die Borns immer nach ihrer Heimat gesehnt, nach der deutschen Sprache und dem Land, das sie liebten. Schottland hatte sie eingeladen und mit großer Freundlichkeit und Wärme aufgenommen. Sie erlebten eine echte Demokratie und faire Gesinnung. Aber sie waren keine Schotten und würden niemals Schotten sein, sondern den Rest ihres Lebens Fremde bleiben. Es war ein Kampf zwischen Liebe und Haß auf der einen Seite und Liebe und Fremdheit auf der anderen. Der Ausweg aus diesem Dilemma wurde ihnen wohl letztendlich durch finanzielle Probleme aufgezwungen. Die Pension eines emeritierten Professors in Schottland war damals sehr gering. In Deutschland hingegen konnten sie gut von den Wiedergutmachungsgeldern leben, deren Ausbezahlung im Ausland damals nicht möglich war. Sie waren an ein angenehmes Leben gewohnt, und es wäre für sie sehr hart gewesen, in diesem Alter und mit ihrem schlechten Gesundheitszustand in wahrer Armut zu leben. Nach Deutschland zurückgekehrt schrieb Born zahlreiche Aufsätze und einige interessante Bücher, eines davon über die Verantwortung des Naturwissenschaftlers (Born 1965). Born starb am 5. Januar 1970 in Göttingen im Alter von 88 Jahren. Sein Sohn Gustav ist Professor für Pharmakologie an der Universität London und Vorsitzender der Abteilung für Pharmakologie in Cambridge.

Franck und Born werden in die Geschichte der Physik als zwei der größten Architekten des Atomzeitalters eingehen. Sie hatten einen entscheidenden Einfluß auf die Entstehung und Entwicklung der Atomphysik. Ihr Glanz überstrahlte die große und glorreiche Ära der

[3]) Aus einem Brief von Born an Einstein (8. 11. 1953): Ich liebe das schöne Land um Pyrmont, wo wir uns ein Häuschen bauen (das natürlich Zentralheizung haben wird, die es hier nicht gibt, weil die Schotten so harte Burschen sind, daß sie sich aus Frostbeulen und Arthritis nichts machen). Was die Menschen anbetrifft, so will ich Dir sagen, daß in Pyrmont das Hauptquartier der deutschen Quäker ist. Die sind keine „Massenmörder", und manche unserer Freunde dort haben viel Schlimmeres erlitten als Du und Ich. (Aus M. Schwarzbach: Auf den Spuren unserer Naturforscher. S. Hirzel Verlag. Stuttgart 1981.)

Universität Göttingen in den zwanziger Jahren. Für die Wissenschaft bedeutete ihre Vertreibung einen großen Verlust. Sie setzten jedoch ihre Forscher- und Lehrtätigkeit in der Emigration fort, zum großen Nutzen des Landes ihrer Wahl. Die beiden Männer gehören zu den besten Vertretern der deutsch-jüdischen Wissenschaftspioniere, die nicht nur wegen ihrer außerordentlichen wissenschaftlichen Leistungen hohes Ansehen genossen, sondern auch wegen ihrer großen menschlichen Qualitäten und ihrem hohen kulturellen Rang. Jene einzigartige Ära, in der sie lebten, war geprägt von der engen Zusammengehörigkeit und aufrichtigen Freundschaft zwischen jüdischen und nichtjüdischen Wissenschaftlern. Sie waren die Repräsentanten einer außerordentlich glücklichen Synthese zwischen ihrem jüdischen Erbteil, mit seinen hohen ethischen, geistigen und intellektuellen Werten und seiner generationenlangen Lust am Lernen und Studieren, und den besten Traditionen der deutschen Kultur.

Gustav Hertz

Gustav Hertz wurde am 22. Juli 1887 in Hamburg geboren. Sein Vater, ein Rechtsanwalt, stammte aus einer angesehenen jüdischen Familie; sein Onkel war Heinrich Hertz, jener Physiker, der die Existenz von elektromagnetischen Wellen nachgewiesen hat. Gustavs Mutter war keine Jüdin, er war also Halbjude. Nach dem Abitur im Jahr 1906 studierte er Mathematik und mathematische Physik bei David Hilbert und Carl Runge in Göttingen. Dann ging er nach München, wo er von Arnold Sommerfeld in die neue Welt der theoretischen Physik eingeführt wurde. Von München ging er nach Berlin. Unter dem Einfluß von James Franck und Robert Pohl begann er sich zunehmend für die Experimentalphysik zu interessieren. Nach seiner Promotion (1911) arbeitete er zusammen mit Franck über Probleme der Wechselwirkung zwischen Elektronen und Atomen. Ihre Arbeiten führten zu den klassischen Franck-Hertz-Beobachtungen, für die sie 1926 mit dem Nobelpreis (für 1925) ausgezeichnet wurden.

Während des Ersten Weltkrieges wurde Hertz als Offizier schwer verwundet und kehrte 1917 nach Berlin zurück. Da die Aussichten auf eine akademische Laufbahn nur gering waren, ging Hertz in die Industrie und verbrachte einige Jahre bei Philips in Eindhoven (Holland). Im Jahr 1925 kehrte er in das akademische Leben zurück, als Professor für Physik zuerst an der Universität Halle und zwei Jahre später an der Technischen Hochschule in Berlin-Charlottenburg. Schon damals war er ein berühmter Physiker und Nobelpreisträger. In Berlin baute er ein hochmodernes Institut für Physik auf, mit vielen begabten Studenten und Mitarbeitern. Die von ihm entwickelte Methode zur Trennung von Isotopen mittels Diffusion (Hertzsches Isotopentrennverfahren) wird heute noch zur Trennung von Uranisotopen angewendet. Als die Nationalsozialisten an die Macht kamen, weigerte er sich, den Treueeid zu leisten. 1934 trat er von seiner Stellung als Hochschullehrer zurück und ging zu den Siemens-Werken, wo er der Leiter eines eigens für ihn errichteten Forschungslaboratoriums wurde.

Nach dem Zweiten Weltkrieg ging er zusammen mit etwa 12 seiner Mitarbeiter mehr oder weniger freiwillig in die Sowjetunion, nach Agudsery (bei Suchumi), wo man für ihn ein Laboratorium bauen ließ. Er war wohl der berühmteste unter den Physikern, die in der Sowjetunion am Bau der Atombombe mitarbeiteten. Im Jahr 1954 kehrte er nach Ostdeutschland zurück, wo er an der Universität Leipzig eine Physik-Professur übernahm.

Abb. 16. Gustav Hertz

Dort baute er ein modernes Institut auf (das alte war während des Krieges zerstört worden), das heute eines der besten physikalischen Institute in der DDR ist. Hertz erhielt viele Auszeichnungen für seine Nachkriegsarbeiten, unter anderem die Planck-Medaille, den Staatspreis der DDR und den Lenin-Preis der UdSSR. Nach seiner Emeritierung im Jahr 1961 zog er nach Berlin, wo er im Oktober 1975 im Alter von 88 Jahren starb. (Näheres über G. Hertz findet man in der Biographie von G. Richter: Physik und Industrie — Aus dem Leben und Wirken des Nobelpreisträgers Gustav Hertz. Karl-Marx-Universität, Leipzig, Neue Folge, Heft 49, 1982.)

Wirkungen auf die Philosophie und Epistemologie

Die Naturwissenschaft als systematisches Streben des Menschen nach Erkenntnissen über den Aufbau und die Entstehung des Universums, über kosmische Ereignisse und die sie treibenden Kräfte, über die Materie, aus der unsere Welt besteht, über die menschliche Natur, über biologische Phänomene usw., begann im 6. Jahrhundert vor Christus in Griechenland. Thales (den manche auch als „Vater der Naturwissenschaft" bezeichnen) und seine Schule in Milet, Anaximander und sein Schüler Anaximenes stehen am Beginn dieses Strebens. Es erreichte seinen Höhepunkt etwa in den Jahren 400 bis 200 v. Chr., mit Demokrit, Leucippus, Sokrates, Platon, Aristoteles und Chrysippus. Man bezeichnet diese Zeit als die klassische Periode der griechischen Philosophie. Ihr folgte das Hellenistische Zeitalter, das bis zum zweiten Jahrhundert nach Christus dauerte. Dann begann allmählich ein Niedergang. Abgesehen von einigen wenigen Gebieten, wie der Astronomie und der Geometrie, basierte die griechische Philosophie auf Spekulationen, Hypothesen und Theorien. Jedoch die außergewöhnliche Intuitionsgabe der griechischen Philosophen, ihr Scharfsinn und ihre große Vorstellungskraft brachten Begriffe und Konzepte hervor, die sich zwar in vielerlei Hinsicht von den Vorstellungen unterscheiden, die auf den Ergebnissen der modernen Wissenschaft beruhen, ihnen aber in mancher Hinsicht erstaunlich nahe kommen, besonders in der Physik. Eine faszinierende Darstellung und Bewertung der Ähnlichkeiten und Unterschiede zwischen den von den griechischen Philosophen entwickelten Begriffen und jenen der modernen Physik findet man in dem meisterhaft geschriebenen Buch von S. Sambursky (1965) „Das physikalische Weltbild der Antike."

Seit Beginn der modernen Naturwissenschaft im 16. und 17. Jahrhundert gab es eine stetige Parallelentwicklung neuer philosophischer Anschauungen und Systeme, welche von den Vorstellungen angeregt wurde, die aus den neuen wissenschaftlichen Kenntnissen hervorgingen. Diese Entwicklungen verstärkten sich besonders im 20. Jahrhundert; die Quantentheorie, die Quantenmechanik und besonders die Relativitätstheorie hatten einen großen Einfluß auf die philosophische Denkweise. Viele der großen Forscher, die die moderne Atomphysik schufen, waren gleichzeitig Philosophen, die sich eingehend mit philosophischen Fragen im Lichte der neuen wissenschaftlichen Konzepte und Theorien beschäftigten. Dazu gehörten vor allem Einstein, Planck, Bohr, Born, Heisenberg und Pauli. In ihren Schriften und Vorträgen versuchten sie häufig, die philosophischen Implikationen der neu gewonnenen Erkenntnisse und Erfahrungen zu analysieren und die philosophischen Vorstellungen entsprechend anzupassen oder zu modifizieren, besonders die Erkenntnistheorie. Sie alle waren an den philosophischen Aspekten ebenso interessiert wie an ihren wissenschaftlichen Problemen. Adolf von Harnack sagte einmal: „Die Menschen klagen darüber, daß es in unserer Generation keine Philosophen gibt. Ganz zu Unrecht: Die heutigen Philosophen sitzen ganz einfach in einer anderen Abteilung, sie heißen Planck und Einstein."

Zu den großen Philosophen der Frühzeit gehören Francis Bacon (1561—1626) in England und René Descartes (1596—1650) in Frankreich. Bacon war in erster Linie Philosoph; er schätzte die Bedeutung der Mathematik gering ein und betonte den Empirismus und die Naturbeobachtung. Seine Ansichten hatten in England großen Einfluß, während auf dem Kontinent die Philosophie von Descartes vorherrschte. Er wird allgemein als der erste gro ße Philosoph der Neuzeit betrachtet. Zwei seiner Bücher, „Discours de la Méthode" und „Principia Philosophiae", waren die ersten klassischen Werke, in denen der ernsthafte Versuch unternommen wurde, Brücken zu schlagen zwischen den aufregenden neuen Informationen aus wissenschaftlichen Beobachtungen und Kenntnissen und dem philosophischen Denken, das bis zu dieser Zeit noch stark von der griechischen, insbesondere Aristotelischen Philosophie beeinflußt war. Descartes betonte die grundlegende Bedeutung der Mathematik und leistete wichtige Beiträge zur Geometrie. Er glaubte fest an die Macht des menschlichen Verstandes, den er als die Basis der Erkenntnis von Natur und Mensch betrachtete. Obwohl er die Notwendigkeit von Beobachtung und Experiment anerkannte, war er davon überzeugt, daß sich die Wissenschaft hauptsächlich auf deduktive Methoden verlassen müsse. Gewisse Teile seiner Philosophie beeinflußten das wissenschaftliche Denken über mehr als zwei Jahrhunderte. Er betrachtete die physikalische Welt als eine Art Maschine oder Teile einer Maschine; deshalb ließen sich physikalische Phänomene durch mechanische Modelle und Analogien erklären. Obwohl ein Großteil seiner Theorien früher oder später verworfen wurde, vor allem auf Grund der Newtonschen Mechanik, beherrschten einige davon weiterhin das wissenschaftliche Denken, insbesondere sein dualistisches Konzept, das die Welt in zwei grundsätzlich verschiedene Kategorien einteilt: die „res extensa", die nach mechanischen Gesetzen geordnete physikalische Außenwelt, und die „res cogitans", der menschliche Geist, der sich nicht durch mechanistische Ansätze analysieren läßt. Die Trennung von Verstand und Materie oder von Seele und Körper war im Grunde genommen keine völlig neue Idee, sondern vielmehr die scharfe, präzise Formulierung von ähnlichen Gedanken, die bereits in Platons Philosophie und dann wieder in der Zeit der Renaissance zu finden sind.

Descartes' Zweiheitslehre, die Antithese von Geist und Körper, beherrschte das philosophische Denken noch bis zum Beginn dieses Jahrhunderts, als sich immer deutlicher zeigte, daß viele Aspekte seiner Philosophie erheblich abgeändert werden mußten. Die scharfe Unterscheidung erscheint anders im Lichte der Quantentheorie: Die Wissenschaft dient nicht einfach nur zur Beschreibung und Erklärung der Natur; sie ist Teil eines Wechselspiels zwischen Natur und Mensch. Die neue Theorie hat uns gezwungen, in unterschiedlichen Räumen zu denken, zwischen denen es vorher nicht erkannte Beziehungen gibt, die Niels Bohr „komplementär" nannte. Die betreffenden Bereiche mögen sich stark unterscheiden, aber sie ergänzen sich auch gegenseitig. Nur durch das Wechselspiel zwischen ihnen wird ihre volle Bedeutung erkennbar. Übrigens wurden gegen einige von Descartes' Theorien fast von Anfang an heftige Einwände erhoben, unter anderem von Gottfried Wilhelm von Leibniz (1646—1716), ein Universalgenie mit ebenso großer Bedeutung als Wissenschaftler wie auch als Philosoph. Er führte einen völlig neuen mathematischen Formalismus in das philosophische Denken ein. Der Leibnizschen Philosophie folgten zahlreiche andere philosophische Schulen (zum Beispiel Empiriokritizismus und Positivismus), meist unter dem Einfluß der ständig wachsenden wissenschaftlichen Kenntnisse.

Wenn wir uns nun speziell der Rolle zuwenden, die das Atom in der Geschichte der Philosophie gespielt hat, ist es notwendig, einige Begriffe der griechischen Philosophie kurz in Erinnerung zu rufen. Auf kaum einem anderen Gebiet gibt es in der modernen und griechischen Philosophie so viele erstaunlich ähnliche Vorstellungen wie in den Theorien über die kleinsten Bausteine der Materie. Die Idee von den kleinsten Einzelbauteilen der Materie kam schon in der Epoche der griechischen Philosophie durch Thales und seine Milesische Schule auf, besonders durch Anaximander und Anaximenes. Ihre Spekulationen über Eigenschaften und Natur der Grundelemente enthalten verschiedene Vorstellungen. Es ist jedoch bemerkenswert, daß Anaximander als erster die Möglichkeit der Umwandlung einer Primärsubstanz in eine andere in Erwägung zog. Noch eindrucksvoller ist der Begriff des ständigen Wandels in der Philosophie von Heraklit. Wenn man nämlich von der Annahme ausgeht, daß die Materie aus einem Grundprinzip zusammengesetzt ist, wäre es schwierig, daraus die unendliche Vielfalt der Dinge abzuleiten. Daher war für Heraklit das oberste Grundprinzip die Vorstellung, daß sich alles in ständigem Fluß befindet (das berühmte πάντα ῥεῖ). Und er nahm an, daß das Feuer das Grundelement sei, das sowohl Materie als auch bewegende Kraft ist. Heisenberg (1954) wies darauf hin, daß wenn man das Wort „Feuer" durch „Energie" ersetzt, die moderne Atomphysik in gewisser Hinsicht den Lehrsätzen des Heraklit äußerst nahekommt. Energie ist tatsächlich die Substanz, aus der alle Dinge geschaffen sind, und Energie ist das, was bewegt. Durch die Erkenntnisse auf dem Gebiet der Elementarteilchen wissen wir, daß diese tatsächlich durch Energie erzeugt werden können. Energie kann in Bewegung, Wärme, Licht und Spannung umgesetzt werden. Daher läßt sich die Energie als die Grundursache für alle Veränderungen in der Welt bezeichnen.

Das Konzept des Atoms wurde zuerst von Demokrit und Leucippus vorgeschlagen. Sie betrachteten das Atom als die kleinste unteilbare Einheit der Materie, ewig und unzerstörbar. Demokrits Atome bestanden alle aus der gleichen Substanz, sie hatten aber verschiedene Größen und Formen. Obwohl diese Vorstellung vom Atom im Prinzip bis Anfang unseres Jahrhunderts vorherrschte, wurde die Vorstellung von der Einheit der Materie von späteren griechischen Philosophen stark verändert, besonders von Platon. In dem Dialog „Timaios" beschreibt er seine Gedanken über die Schöpfung des Universums und erörtert seine Philosophie der Wissenschaft und seine Vorstellungen vom Kosmos. Für Platon beruhte jede Theorie notwendigerweise auf Ideen, auf dem suchenden Intellekt. Die Wissenschaft kann niemals mit absoluter Sicherheit einen Schluß ziehen. All die Phänomene, die wir mit unseren Sinnen wahrnehmen können, die physischen Objekte also, sind nur ein Abbild der transzendenten Gedankenwelt, die für Platon die wirkliche Welt darstellte. Während die physikalische Welt einem ständigen Wandel unterliegt und aus vorübergehenden Phänomenen besteht, verändert sich die Welt der Ideen niemals. Damit lehnte Platon den absoluten Charakter der Wissenschaft ab. Er gab zwar im „Timaios" zu, daß die Wissenschaft ein gewisses Maß an Präzision haben könne. In diesem Falle aber mußte sie sich der Mathematik bedienen, die für ihn die natürliche Sprache der Wissenschaft war. Stark beeinflußt von der Pythagoreischen Schule erkannte er die große schöpferische Kraft des mathematischen Formalismus. Die Mathematik steht irgendwo in der Mitte zwischen der Welt der Ideen und der beobachtbaren Welt. Platons Betonung der überragenden Bedeutung der Mathematik für die Wissenschaft gilt als einer der wichtigsten und weitreichendsten Beiträge zur Entwicklung des menschlichen Denkens. Seine Philosophie wurde einige Jahrhunderte später stark erweitert und ausgearbeitet durch den Neuplatonismus, besonders durch seinen bedeutendsten Vertreter Proclus.

Die von Demokrit und Leucippus vorgeschlagene Vorstellung des Atoms hat Platon glatt verworfen. Für ihn waren die kleinsten Teilchen geometrische Formen: Die der Erde verglich er mit Würfeln, die des Feuers mit Tetraedern, die der Luft mit Oktaedern und die des Wassers mit Ikosaedern (Körper mit einer Oberfläche von vier, acht und zwanzig Dreiecken). Darüber hinaus hielt er diese kleinsten Teilchen nicht für unteilbar. Die Elemente können ineinander umgewandelt werden; sie können auseinandergenommen und neue Feststoffe gebildet werden. Ganz offensichtlich war für Platon die Form wichtiger als die Substanz, aus der sie bestand. Das Atom entsprechend dem Bild von Demokrit und Leucippus hat dann in der klassischen Physik des 19. Jahrhunderts eine Wiederauferstehung erfahren. In der modernen Physik sind es die Elementarteilchen (Protonen, Neutronen, Elektronen, Mesonen, Quarks usw.), die eher als das Atom selbst dem Originalbegriff des Atoms entsprechen.

Planck, Heisenberg, Pauli und andere führende Atomphysiker wurden in ihrer Philosophie stark von Platon und dem Neuplatonismus beeinflußt und inspiriert. Sie fühlten sich Platon und den Pythagoräern viel näher als dem materialistischen Standpunkt von Demokrit. Die Elementarteilchen sind keine ewigen und unzerstörbaren Materieeinheiten. Wie die moderne Physik tatsächlich gezeigt hat, können sie ineinander übergeführt werden. Wenn zwei sich mit hoher kinetischer Energie fortbewegende Teilchen zusammenstoßen, können aus der verfügbaren Energie viele neue Teilchen entstehen und die alten Teilchen beim Zusammenstoß verschwinden. Solche Ereignisse sind schon oft beobachtet worden und unterstützen die Vorstellung, daß alle Teilchen aus der gleichen Substanz bestehen, nämlich aus Energie. Diese moderne Anschauung ähnelt in bemerkenswerter Weise der von Platon im „Timaios" ausgedrückten Vorstellung. Letztendlich sind die Elementarteilchen für Platon keine Substanz, sondern mathematische Formen. In der modernen Teilchenphysik sind die Elementarteilchen durch ihre Symmetrieeigenschaften bestimmt, also ebenfalls durch Formen, allerdings mit einer viel komplizierteren Natur. In der griechischen Philosophie wurden diese Formen für statisch gehalten, während die moderne Physik ihre dynamische Form betont.

Obwohl einige Lehrsätze der Philosophie des Altertums denen der modernen Naturwissenschaft erstaunlich nahekommen und von der Genialität und Intuition der griechischen Philosophen zeugen, gibt es einen grundlegenden Unterschied: Die moderne Wissenschaft basiert seit ihren Anfängen im 16. und 17. Jahrhundert auf detaillierten, experimentellen Studien der Natur und auf dem Postulat, daß nur solche Feststellungen, die experimentell nachgewiesen oder nachweisbar sind, Gültigkeit haben.

Diese wenigen Bemerkungen über die Vorstellungen der griechischen Philosophen von der Natur und Einheit der Materie dürften für die Erörterung des Einflusses der modernen Physik auf die Philosophie nützlich sein. In diesem Rahmen ist aber nur ein Überblick möglich. Leser, die sich für dieses Thema interessieren, mögen auf die allgemeine Philosophie-Literatur zurückgreifen und, sofern es sich um das spezielle Problem der Beziehungen zwischen den alten und modernen Konzepten des Atoms handelt, auf die Literatur, die sich ausführlich mit diesem Thema befaßt (zum Beispiel Sambursky 1965, 1975, 1977; Heisenberg 1958, 1971, 1973, 1974; Planck 1959).

Wenn wir uns wieder der Wirkung der modernen Physik auf die Philosophie zuwenden, ist es notwendig, einige der Konzepte von Immanuel Kant (1724—1804) zu erörtern. Das wichtigste seiner Werke, die sich mit Wissenschaftsphilosophie und Erkenntnistheorie befassen, ist die 1781 erschienene „Kritik der reinen Vernunft". Darin analysiert Kant die Frage, ob Wissen nur auf Erfahrung oder auch auf andere Quellen zurückgeht, und er kommt, wie schon andere Philosophen vor ihm, zu dem Schluß, daß nur ein Teil unseres Wissens auf Erfahrung basiert. Selbst wenn all unsere Erkenntnis mit Erfahrung beginnt, bedeutet dies keineswegs, daß sie ausschließlich auf Erfahrung beruht. Die Welt, die wir beobachten, ist nur ein Teil der Realität, die wir wahrnehmen können. Ein anderer Teil wird nicht induktiv aus der Erfahrung abgeleitet. Er ist offen für empirische Beobachtungen durch unsere Sinne; diese werden jedoch durch unseren Verstand, unser Denken und unsere Intelligenz gefiltert und verarbeitet. Solche geistigen Vorgänge erlauben eine rationale, empirische Erkenntnis. Es ist die Vernunft, die in die beobachteten Phänomene Prinzipien, Regeln und Ordnung bringt. Daher sind die aufgestellten Gesetze das Ergebnis eines Vorganges in unserem Verstand, der sie nicht aus der Natur ableitet, sondern sie ihr zuschreibt. Wir verstehen diese Phänomene, weil wir mit bestimmten Begriffen und Konzepten, wofür Kant den Ausdruck „a priori" benutzte, an sie herangehen. Zu diesen notwendigen Begriffen gehören Raum und Zeit; sie sind die Grundstrukturen, in die wir alle unsere Wahrnehmungen einbetten müssen. Wir können uns nicht vorstellen, daß es keinen Raum gäbe, selbst wenn wir uns vorstellen können, daß nichts in dem Raum enthalten wäre. Dieselbe Überlegung gilt für die Zeit. Ohne diese zwei a priori Begriffe wären wir nicht in der Lage, ein wohlgeordnetes Universum wahrzunehmen. Das Kausalgesetz ist ein weiterer a priori Begriff. Ein Ereignis, das man beobachtet, muß von einem vorhergehenden Ereignis bestimmt sein. Für Kant bildet die a priori Einteilung des Kausalgesetzes eine absolute Notwendigkeit für jegliche Wissenschaft; es ist keine empirische Behauptung, die sich experimentell beweisen oder widerlegen läßt, sondern es bildet vielmehr die Basis für sämtliche Erfahrungen.

Diese apriorischen Konzepte basieren auf der Newtonschen Mechanik, die nicht nur Kants philosophisches Denken, sondern auch jenes im 19. Jahrhundert stark beeinflußte.

Die physikalischen Gesetze waren für Kant absolut gültig und in keinerlei Weise in Frage zu stellen. Ihre beschränkte Anwendbarkeit offenbarte sich erst durch die Ergebnisse der modernen Physik. Ferner war die Geometrie, die eine wichtige Basis der Konzepte der Newtonschen Physik bildete, noch die Geometrie von Euklid. Erst im 19. Jahrhundert wurde eine neue Geometrie entwickelt, besonders durch die bahnbrechenden Arbeiten von Gauß (1777—1855), die dann das Denken in der Physik und Philosophie stark beeinflußten.

Einsteins Relativitätstheorie hat bekanntlich die Vorstellungen von Raum und Zeit verändert und erweitert. (Da über Einsteins Theorien und Konzepte, wie schon im Vorwort erwähnt, eine umfangreiche Literatur vorliegt, wollen wir sie hier nicht näher erörtern.) Aber die Quantentheorie hat dazuhin den a priori Charakter des Kausalgesetzes verändert, soweit es das Verhalten der Elementarteilchen im Atom betrifft, eine Veränderung, die noch weitreichender und grundlegender ist als die von Zeit und Raum, eben weil Kant dieses Gesetz als die notwendige Basis für jede weitere wissenschaftliche Analyse hielt. Es schien einfach unmöglich, eine Wirkung zu beobachten, die keine bestimmte Ursache hatte.

Selbstverständlich konnte Kant die überraschenden Entwicklungen in der modernen Physik nicht voraussehen, weder die Relativitätstheorie noch die Quantentheorie. Die erstere erzwang die Veränderung des a priori Konzeptes von Raum und Zeit, die letztere zeigte, daß das Kausalgesetz nicht auf die Ereignisse im Atom anwendbar ist. Nehmen wir zum Beispiel die Radiumatome, die Alphateilchen abstrahlen können. Der genaue Zeitpunkt der Emission der Alphateilchen läßt sich nicht vorhersagen, vielmehr nur die mittlere Lebensdauer des Mutterkerns bestimmen, wobei aber die Lebensdauer jedes einzelnen Kerns sehr viel kürzer oder auch sehr viel länger sein kann als die mittlere Lebensdauer. Wenn wir den Emissionsakt beobachten, wissen wir nichts über das vorhergehende Ereignis, das den Zerfall in einem bestimmten Augenblick veranlaßt haben könnte. Theoretisch könnte man fragen, ob es nicht möglich wäre, nach solch einem vorhergehenden Ereignis zu suchen, und sich dabei nicht von der Tatsache entmutigen lassen, das bisher keine solche Ursache gefunden worden ist. In der klassischen Physik wäre die Antwort, daß der Mißerfolg bei der Suche nach der Ursache eines bestimmten Effektes nicht bedeutet, daß solch eine Ursache nicht existiert. Nun haben die Gesetze der Quantentheorie aber gezeigt, daß sich eine derartige Argumentation nicht mehr halten läßt. Quantentheoretisch ist nur die Berechnung einer Wahrscheinlichkeitsfunktion möglich, welche den Zerfall des Kerns bestimmt. Wenn es grundsätzlich unmöglich ist, die Ursache genau zu erfassen, kann es keine absolute Voraussage der Wirkung geben. In der Quantentheorie muß man eine neue Methode zur Objektivierung der Wahrnehmung anwenden, eine Methode, die die Kantsche Philosophie unmöglich voraussehen konnte. Jede Wahrnehmung bezieht sich auf eine Beobachtungssituation, die in Einzelheiten erfaßt werden muß, wenn daraus eine Erfahrung folgen soll. Das betrifft sowohl die benützten Instrumente als auch den Beobachter selbst. Dieses subjektive Element gab es in der klassischen Physik nicht. Mit anderen Worten, im Falle von atomaren Ereignissen kann eine Wahrnehmung nicht mehr nach Art und Weise der klassischen Physik objektiviert werden. Wenn zwei Beobachtungssituationen in einer Beziehung stehen, die Bohr komplementär nennt, dann bedeutet die vollständige Kenntnis der einen notwendigerweise eine unvollkommene Kenntnis der anderen und umgekehrt. Daher ist im System der atomaren Ereignisse das Kausalgesetz nicht mehr enthalten; hier hat Kants Begriff der a priori Kausalität keine absolute Gültigkeit.

Allerdings sei betont, daß die Verwendung der Begriffe Zeit, Raum und Kausalität tatsächlich auch die Bedingung zur Beobachtung atomarer Ereignisse ist. Man hat sie auch keineswegs aufgegeben, sondern nur ihre Relativität aufgezeigt. In beschränktem Sinne des Wortes sind sie noch immer a priori und immer noch die Bedingungen für wissenschaftliche Beobachtungen, obwohl sie nachgewiesenermaßen nur beschränkt anwendbar sind. Das Paradoxon der Quantentheorie ließ sich in einer Philosophie, die auf der klassischen Physik basiert, nicht vorhersehen. Die Quantentheorie führt zu der Erkenntnis, daß die a priori Begriffe den Charakter einer relativen Wahrheit besitzen; doch selbst heutzutage sind sie unentbehrliche Werkzeuge aller wissenschaftlichen Arbeit. Aber was durch die Fortschritte der Wissenschaft erwiesen wurde, das ist ihre nur begrenzte Anwendbarkeit, und es ist sehr wohl möglich, daß in der Zukunft noch weitere Beschränkungen gefunden werden. Kants Philosophie bedeutet daher im Lichte der modernen Physik nur eine unvollkommene Annäherung an die Wirklichkeit.

Obwohl Newtons Physik durch die Errungenschaften der Physik insbesondere in unserem Jahrhundert relativiert und modifiziert wurde, hat sie nichts von ihrem grundlegenden Wert eingebüßt und bildet noch immer die Basis für einen großen Bereich der physikalischen Realität. Fairerweise sei betont, daß trotz der durch die moderne Physik erzwungenen Modifikationen und Anpassungen von Kants Philosophie die fundamentale Bedeutung vieler seiner Grundkonzepte fortlebt und seine Begriffe einen wesentlichen Teil der Philosophie bilden.

Heisenberg war nicht nur einer der Gründer der Quantentheorie, sondern auch einer der fruchtbarsten philosophischen Schriftsteller. Ein Großteil seiner philosophischen Schriften erschien in den Büchern „Physik und Philosophie" (1959), „Schritte über Grenzen" (1971) und „Physics and Beyond" (1971). In seinen Essays befaßte er sich nicht nur mit dem großen Einfluß der Quantenmechanik auf die Physik und auf unser Denken, sondern auch mit einer Vielfalt von philosophischen Begriffen und Konzepten. Unter den vielen faszinierenden Diskussionen gibt es aber nur zwei, die sich auf die durch die Atomphysik entstandenen Probleme beziehen.

In seinem Artikel „Plancks Entdeckung und die Probleme der Atomtheorie" (1974) analysiert Heisenberg die Auswirkungen des Begriffes vom Wirkungsquantum und der Atomtheorie und erinnert dabei an die große Wirkung von Newtons „Principia" auf das Denken der folgenden Jahrhunderte. Ihr Einfluß beschränkte sich nicht einfach darauf, eine Entscheidung zwischen widerstreitenden Philosophien herbeizuführen. Ganz ähnlich erschöpfte sich die Wirkung der Atom- oder Quantentheorie nicht darin, in Stellung für oder gegen eines der früheren Systeme zu gehen. Der Wissenschaftler ist vor allem daran interessiert, Fragen aufzuwerfen. Die Fragestellung wird wertvoll, wenn sie für die Weiterentwicklung des menschlichen Denkens fruchtbar ist. In den meisten Fällen können die Antworten nur das Produkt ihrer Epoche sein. Da sich unsere Tatsachenkenntnisse im Laufe der Zeit vertiefen und verbreiten, sind diese Antworten dazu bestimmt, an Bedeutung zu verlieren und müssen schließlich modifiziert werden.

In Bezug auf Plancks Entdeckung des Wirkungsquantums stellte Heisenberg die Frage nach ihrer Bedeutung für die Philosophie. Seiner Ansicht nach hat sie das Problem, das Platon und Demokrit entzweite, wiederbelebt: Wie bereits erwähnt, waren für Platon die Elementarteilchen nicht unteilbar; die ihnen von Platon zugeschriebenen Formen sind mathematisch gesehen die einfachsten. Demokrits Standpunkt wurde von den Forschern des 19. Jahrhunderts allgemein als Dogma akzeptiert. Die verschiedenen Entdeckungen von

Planck wiesen eindeutig auf eine Unstetigkeit im natürlichen Verhalten der Materie hin. Seine Theorie über die Wärmestrahlung war nur schwer mit der vorherrschenden Vorstellung über die Wechselwirkung von Strahlung und Materie in Übereinstimmung zu bringen, so daß Platons Begriff wiederbelebt wurde, mit starker Betonung der Meinung, daß die Struktur der Materie mathematischen Gesetzen unterliegt. Diese neue Möglichkeit hat Plancks Entdeckung eröffnet und sie damit mit einem Grundproblem der Philosophie in Beziehung gebracht, nämlich der Struktur der Materie. Die Newtonsche Physik, die sich mit makroskopischen Ereignissen befaßt, konnte keine Antwort geben. Sie betrifft Phänomene einer im Vergleich zum Atom sehr hohen Größenordnung. Selbst Plancks Wirkungsquantum zeigte lediglich, daß die Phänomene im atomaren Bereich völlig andere Charakteristika aufweisen können.

Nur wenige Jahre später mußte die Lichtgeschwindigkeit neu interpretiert werden. Denn Einsteins Relativitätstheorie enthüllte Beziehungen zwischen Zeit und Raum, zwischen Begriffen also, die bis dahin völlig unabhängig voneinander schienen, da unsere alltägliche Erfahrung Vorgänge betrifft, die im Vergleich zur Lichtgeschwindigkeit nur äußerst langsam ablaufen.

So hatten sich zwei neue Durchbrüche in unserer Kenntnis und unserem Verständnis ereignet. Diese beiden Theorien führten zu radikalen Veränderungen unseres Weltbildes, weil sie zeigten, daß unsere Erfahrungen und Vorstellungen nur in einem beschränkten Bereich gültig sind und daher keine unerschütterliche Basis der Wissenschaft bilden. Aber es brauchte mehr als ein Vierteljahrhundert und viele weitere dramatische Durchbrüche, um das neu entstandene Bild zu vervollkommnen. Rutherfords und Bohrs Atommodelle ersetzten den ursprünglichen Atombegriff durch eine aus einem Kern und Elektronen bestehende Struktur. Aus der Wellen- und Quantenmechanik entstand der Begriff der Komplementarität und die Unbestimmtheitsrelation. Dies verlangte eine grundlegende Revision des philosophischen Denkens. Selbst wenn man sich diesen neuen Entwicklungen mit einer gewissen Skepsis nähert, läßt sich nicht leugnen, daß die moderne Physik in der Geschichte des philosophischen Denkens eine ebenso große Bedeutung und revolutionären Charakter besitzt wie die Ideen von Platon und die Entdeckungen von Galilei, Kepler und Newton.

Da die Kernphysik, insbesondere die Elementarteilchen noch immer im Zentrum der Physik stehen, kann man sich fragen, ob mit der Lösung dieser Probleme die Physik als Ganzes zu Ende kommen könnte. In diesem Zusammenhang mag der Standpunkt Heisenbergs interessieren, der diese Frage in einem kurzen Artikel „Das Ende der Physik?“ (1974) erörterte. Da alle Materie aus Elementarteilchen besteht, kann eine vollständige Kenntnis der Gesetze, die ihre Eigenschaften und ihr Verhalten bestimmen, in einer Art „Weltformel“ die Aufstellung eines Systems für alle physikalischen Prozesse ermöglichen. In diesem Falle wären die prinzipiellen Fragen alle gelöst und die Grundlagenforschung in der Physik zu Ende gegangen. Heisenberg weist jedoch darauf hin, daß die These der möglichen Vollendung der Physik im Widerspruch steht zu der Erfahrung früherer Epochen, in denen man ebenfalls angenommen hatte, daß die Physik bald das Ende des Weges erreichen werde. So wissen wir aus den Aufzeichnungen von Planck, daß sein Lehrer Jolly ihm vom Studium der Physik abriet, da sie im Grunde abgeschlossen sei, so daß es sich für jemanden, der aktive wissenschaftliche Forschung betreiben wolle, kaum lohnen würde, sich mit diesem Gebiet zu befassen. Das muß um das Jahr 1875 gewesen sein, da Planck 1858 geboren ist. Man muß sich daher fragen, ob es in der Geschichtes der Physik Untergebiete gegeben hat, in denen endgültige Formulierungen der Naturgesetze erreicht worden sind, und in denen man sicher sein kann, daß die Phänomene auch weiterhin genau in Übereinstimmung mit den gleichen mathematisch formulierbaren Gesetzen auftreten.

Solche „abgeschlossenen" Untergebiete, wie Heisenberg sie nannte, gibt es ohne Zweifel. Die von Archimedes formulierten Hebelgesetze und die Newtonsche Mechanik werden immer gültig bleiben. Die Mondfahrer verlassen sich auf diese Gesetze und verhalten sich entsprechend. Aber man könnte fragen, ob die Newtonsche Mechanik nicht doch — zum Beispiel durch die Relativitäts- und die Quantentheorie — verbessert worden ist. Muß man nicht diese Verfeinerungen in Betracht ziehen, um einen höheren Grad an Genauigkeit zu erreichen? Wenn dies der Fall wäre, dann wäre selbst die Mechanik noch weit von ihrer Vollendung entfernt. Umfassende Formulierungen von Naturgesetzen, wie die Newtonsche Mechanik, beziehen sich aber auf eine idealisierte Wirklichkeit und nicht auf die Wirklichkeit selbst. Die Idealisierung wird dadurch erreicht, daß wir die Wirklichkeit mit bestimmten Konzepten, die sich bei der Beschreibung der Phänomene bewährt haben, zu erfassen suchen. So benutzen wir in der Mechanik Begriffe wie Ort, Zeit, Geschwindigkeit, Masse und Kraft und schränken dabei das Bild der Wirklichkeit ein. Solange wir uns dieser Beschränkungen bewußt bleiben, können wir behaupten, daß Newtons Theorie die mechanischen Phänomene vollständig beschreibt, das heißt, sie läßt sich nicht mehr weiter verbessern. In diesem Sinne ist die Theorie abgeschlossen. Doch können wir nicht behaupten, daß sich alle physikalischen Vorgänge mit Hilfe dieser Konzepte beschreiben lassen.

Ein weiteres Beispiel für eine abgeschlossene Theorie ist die Wärmetheorie, die im 19. Jahrhundert eine endgültige Form annahm. Die grundlegenden Axiome dieser Theorie definieren Begriffe wie Temperatur, Wärmeenergie und Entropie, die in der Newtonschen Mechanik nicht in Erscheinung treten. Auch der Elektromagnetismus ist in den letzten zwei Jahrhunderten stark weiterentwickelt worden, denn die Theorien waren unzureichend. Die Relativitätstheorie entstand aus der Elektrodynamik sich bewegender Körper und führte zu neuer Einsicht in die Struktur von Raum und Zeit. Die Quantentheorie gibt Aufschluß über die Prozesse im Inneren eines Atoms, aber sie enthält auch Elemente der Newtonschen Mechanik, wie den Grenzfall, in dem wir in der Lage sind, die Ereignisse zu objektivieren und dabei die Wechselwirkung zwischen dem zu untersuchenden Objekt und dem Beobachter selbst vernachlässigen können. Diese beiden Theorien betrachtet Heisenberg ebenfalls als abgeschlossen, als Idealisierung großer Erfahrungsbereiche, die überall und immer gültig sind, aber wiederum beschränkt auf jene Erfahrungsgebiete, die mit Hilfe dieser Begriffe verstanden werden können.

In der modernen Atomphysik ergaben sich durch Anwendung großer Beschleuniger ganz neue Befunde über die Eigenschaften der Elementarteilchen. Zwar lag die Annahme nahe, daß selbst Protonen und Neutronen weiter zerlegt werden können, wenn man große Kräfte beziehungsweise außerordentlich hohe Energien anwendet. Es zeigte sich jedoch, daß die Elementarteilchen im Beschleuniger zwar nicht weiter zerlegt, wohl aber in neue Teilchen umgeformt werden, die aber nicht kleiner als die Originalteilchen vor der Kollision sind. Demnach findet hier eine Umwandlung von Energie in Masse statt. Obwohl man die große Zahl neuer Teilchen, die in den letzten Jahrzehnten entdeckt wurden, in gewissem Sinne als die kleinsten Teilchen der Materie ansehen kann, haben wir hier sicherlich ein Gebiet, das nicht als abgeschlossene Theorie zu betrachten ist. Nehmen wir aber einmal an, daß eines Tages eine vollständige Theorie entwickelt wird, die sämtliche Phänomene der Elementarteilchen erklärt, die Quantentheorie einschließt und in mathematischen Termini ausgedrückt wird. Können wir dann glauben, daß die vollkommene Kenntnis der Gesetze, die das Verhalten dieser Teilchen beherrschen, gleichbedeutend ist mit der vollständigen Kenntnis aller physikalischen Gesetze, und damit behaupten, daß die Physik am Ende angekommen ist? Heisenberg hielt diese Folgerung für unzulässig. Denn selbst eine abgeschlossene Theorie der Elementarteilchen wird viele Gebiete unerklärt lassen, obwohl sie in eine Vielzahl von Phänomenen Einsicht verschaffen mag. Jedenfalls bezweifeln viele Physiker, daß auf dem Gebiet der Elementarteilchen ein Ende in Sicht ist, und sie glauben, daß die zukünftige Forschung völlig neue und unbekannte Gebiete enthüllen könnte.

Ein besonders eindrucksvoller Beweis für die Unmöglichkeit, sämtliche Aspekte der Naturwissenschaft zu erklären, selbst wenn sich ein völliges Verständnis der Eigenschaften und des Verhaltens der Elementarteilchen erreichen ließe, war für Heisenberg das Gebiet der Biologie. Obwohl alle biologischen Objekte aus Elementarteilchen bestehen, würden die Begriffe, die wir für die Beschreibung von biologischen Prozessen benutzen, zum Beispiel der Begriff des Lebens selbst, keineswegs erhellt. Man könnte einwenden, daß die Biologie nicht zur Physik gehört, aber die Grenzen zwischen der Physik und den Nachbardisziplinen sind so fließend, daß durch solche Beschränkungen nur wenig gewonnen würde. Das gilt ebenso für andere Gebiete, wie zum Beispiel die Mathematik oder die Philosophie. Die Mehrheit der Physiker ist sich darüber einig, daß es angesichts dieser unbestimmten Grenzen nicht richtig wäre, vom Ende der Physik zu sprechen. Heisenberg drückte seine Ansichten über die Beschränkung des Verständnisses von biologischen Phänomenen bei mehreren Gelegenheiten aus. Einige seiner Bemerkungen werden wir in der Diskussion von Meyerhofs philosophischen Ansichten zitieren. Im Lichte der umwälzenden Errungenschaften der modernen Physik im ersten Teil dieses Jahrhunderts, und besonders der biologischen Wissenschaften — nach dem Zweiten Weltkrieg bis heute — gewann das Problem der Grenzen der Wissenschaft eine herausragende Bedeutung nicht nur für Wissenschaftler und Philosophen, sondern auch für alle diejenigen, die sich für die Frage interessieren, wieweit der Mensch fähig sein wird, in die Geheimnisse des Universums einzudringen und die Natur, die Menschheit und das Leben selbst zu verstehen. Es erscheint daher angebracht, im Zusammenhang mit den Auswirkungen der Atomphysik auf die Philosophie kurz die Ansichten von Shmuel Sambursky darzulegen, eine führende Autorität auf dem Gebiet der Geschichte und der Philosophie der Naturwissenschaften. Er studierte bei Planck in Berlin und war später viele Jahre lang Professor für Physik an der Hebräischen Universität in Jerusalem; seit 1958 lehrt er Geschichte und Philosophie der Naturwissenschaften in Jerusalem. Eine Anzahl von Themen, die zu den hier diskutierten Problemen in Beziehung stehen, erschienen in einer Artikelserie in „Naturerkenntnis und Weltbild“ (Sambursky 1977). Der erste Artikel „Das physikalische Denken der Antike im Lichte der modernen Physik“ handelt im letzten Abschnitt von den Grenzen der Wissenschaft bei der Erkenntnis der Natur. Die dort ausgedrückten Ansichten sind im Zusammenhang mit den hier diskutierten Problemen außerordentlich interessant.

Sambursky weist nachdrücklich darauf hin, daß Bohrs Begriff der Komplementarität und Heisenbergs Unschärferelation das Ende der naiv realistischen Konzepte, die zur Zeit Newtons vorherrschten, bedeuten. Die Naturphänomene sind äußerst komplexe Prozesse, an denen die Umgebung und der Beobachter, daß Äußere und das Innere des Menschen untrennbar beteiligt sind. Angesichts der zunehmend tiefer werdenden Einsicht in die Wirklichkeit, die uns die Physik und die Biologie vermitteln, erscheint eine Rückkehr zur klassischen Erkenntnistheorie höchst unwahrscheinlich. Anfang dieses Jahrhunderts betrachteten viele Wissenschaftler den Ausschluß aller subjektiven Elemente aus der wissenschaftlichen Erkenntnis als das wünschenswerte Endziel. Jetzt sprechen alle Anzeichen dafür, daß philosophische Interpretationen der Naturwissenschaften, ihrer Grundprinzipien und Methoden die Wissenschaftler mehr und mehr zwingt, diesen Standpunkt aufzugeben. Die Situation, die durch die Quantentheorie geschaffen wurde, bedeutet eine Einschränkung des Ideals der „objektiven" wissenschaftlichen Forschung, und dessen sind sich viele Wissenschaftler bewußt.

Die Frage der Grenzen der Wissenschaft war immer ein heikles Problem; viele Forscher lehnten es ab, irgendwelche Beschränkungen hinzunehmen. Heutzutage, da die scheinbar unbegrenzte Macht der Wissenschaft zum Mythos unserer Zeit geworden ist, bedeutet solch eine Frage fast ein Sakrileg. Im Jahr 1872 hielt Emil Du Bois-Reymond einen Vortrag über die Grenzen der Naturerkenntnis (Du Bois-Reymond 1881), der in den berühmten Worten: ignoramus, ignorabimus gipfelte. Er behandelte zwei Probleme, die nach seiner Meinung niemals eine Lösung finden würden: das Problem der Materie und die Frage des Bewußtseins. Heute, nach sechzig Jahren Quantentheorie, können wir sagen, daß seine Behauptung, wir würden die Materie niemals verstehen, viel von ihrer Gültigkeit verloren hat. Vor der Entdeckung der Elementarteilchen und der Struktur des Atoms hätte man den Einwand erheben können, daß durch eine Reduzierung der makroskopischen Phänomene der Materie auf die unsichtbaren lediglich festzustellen wäre, daß für beide dieselben Gesetze gelten; daher würde durch ihr Verständnis nichts gewonnen. Die Quantentheorie hat aber gezeigt, daß die makroskopischen Phänomene von viel einfacheren Prinzipien beherrscht werden und sich auch qualitativ von denen im atomaren Bereich unterscheiden. Falls eine Erklärung überhaupt eine Bedeutung hat, dann haben wir erhebliche Fortschritte im Verständnis der Materie gemacht, obwohl wir höchstwahrscheinlich erst einen sehr kleinen Teil des Weges hinter uns haben.

Völlig anders aber ist die Situation im Hinblick auf das Bewußtsein und seine Erklärung durch wissenschaftliche Analysen (das heißt durch Methoden der Physik und Chemie). Hier betrachtet Sambursky das ignorabimus immer noch für gültig. Die Wissenschaft ist auf reproduzierbare Phänomene beschränkt, da ihr grundlegendes Ziel die Erforschung der Naturgesetze ist, und die Methoden dieser Erforschung bestehen aus der Beobachtung von natürlichen oder künstlich erzeugten Ereignissen, die reproduzierbar sind. Das Bewußtsein ist nach dem Begriff von Du Bois-Reymond die innere Erfahrung eines individuellen Prozesses, der die Qualität eines einzigartigen Ereignisses hat und immer neu ist, selbst wenn typische Formen sich wiederholen mögen. Daher können diese Prozesse niemals das Objekt einer wissenschaftlichen Analyse sein, sie entziehen sich einer Behandlung durch wissenschaftliche Methoden. Im Gegensatz dazu benutzt die Kunst den einmaligen Fall als Gegenstand der Darstellung, sei es in der Malerei, in der Musik oder in der Poesie, selbst wenn auch hier typische Formen wiederholt vorkommen können. Die Kunst eröffnet dadurch Realitäten, die ihrer Natur nach der wissenschaftlichen Analyse oder Theorie nicht zugänglich sind. Diese Beschränkung der Wissenschaft auf das unspezifische und reproduzierbare Ereignis macht es offensichtlich, daß der Glaube an die alles durchdringende Macht der Wissenschaft nicht gerechtfertigt ist.

Diese Ansichten und Formulierungen von Sambursky werden vom Autor voll geteilt. Das Bewußtsein, die Gefühle, das Unbewußte, psychologische Phänomene, moralische und ethische Werte, Vorstellungskraft und schöpferische Ideen — selbst wenn sie zugegebenermaßen auf molekularen Ereignissen in unserem Gehirn beruhen — sind der physikochemischen Analyse nicht zugänglich und werden es so bleiben. Das schließt jedoch nicht die

Möglichkeit aus, daß die Wissenschaft eines Tages in der Lage sein wird, einige der allgemeinen Prinzipien und Gesetze zu analysieren und zu verstehen, welche die Filterungs- und Verarbeitungsprozesse in unserem Gehirn steuern. Genauso wie die Naturgesetze alle Lebensprozesse regeln (vgl. z. B. Eigen und Winkler 1975), steuern sie auch weitgehend solche Prozesse wie das Lernen, das Gedächtnis und andere Vorgänge in unserem Gehirn, obwohl der Zufall immer eine gewisse, wenn auch begrenzte Rolle spielen mag, indem er die Ergebnisse beeinflußt und abwandelt. Wir müssen uns immer darüber bewußt sein, wie außerordentlich komplex ein Organ wie das Gehirn ist: Es enthält Billionen von Synapsen, durch die eine ungeheure Zahl von Möglichkeiten gegeben ist, in den regulären Filterungsprozeß und in die Arbeit des Gehirn einzugreifen. Jedoch die Einzigartigkeit der Leistungen eines Gehirns auf dem Gebiet der schöpferischen Kunst (Musik, Poesie, Malerei und ähnliches) und der Genius eines Newton, Einstein oder Planck bieten noch zusätzliche und (nach Meinung des Autors) unüberwindbare Hindernisse für die Erklärung des kreativen Prozesses mit physikochemischen Begriffen. In dieser Hinsicht stimmt der Autor dem ignorabimus zu, wie es Sambursky formulierte. Es gibt viele Wissenschaftler, die diese Ansicht teilen. Max Born zum Beispiel war der Meinung, daß wissenschaftliches Denken nicht auf bestimmte andere Bereiche wie die menschlichen und ethischen Werte anwendbar sei (Born 1965). Er macht dabei sehr deutlich, wie gefährlich es ist, wissenschaftliches Denken in der Religion, Kunst, Literatur, Ethik und den Geisteswissenschaften anzuwenden. Auf diesen Gebieten sind die Methoden außerhalb des Gültigkeitsbereichs des wissenschaftlichen Denkens. Auf dieses Problem kommen wir im Abschnitt über Otto Meyerhof ausführlicher zurück[4]).

Es gibt aber auch Wissenschaftler, welche die oben ausgedrückte Meinung nicht teilen. Angesichts der spektakulären Errungenschaften in der Biologie, besonders auf dem Gebiet der Genetik, unserer Einsichten in die Evolution, unserer Erkenntnisse über den Ursprung des Lebens, sind sie davon überzeugt, daß wir eines Tages in der Lage sein werden, die Offenbarungen des menschlichen Geistes mit Begriffen der Physik und der Chemie zu erfassen.

Bemerkenswert sind in diesem Zusammenhang auch Paulis philosophische Ideen. Obwohl er den meisten Physikern vor allem als brillanter Kollege bekannt ist, der das Wachsen der modernen Atomphysik entscheidend beeinflußte, als ein Mann, der an Größe Heisenberg und Bohr gleichkam, besaß auch er ein tiefes und aufrichtiges Interesse an der Philosophie. Er hielt eine Anzahl von Vorträgen und schrieb eine Reihe von Artikeln über die Theorie und Basis der Erkenntnis (siehe z. B. Pauli 1961). Mit außergewöhnlicher Klarheit zerpflückte er unbarmherzig jede Theorie oder Hypothese, wann immer er eine Schwäche darin fand. Seine verheerende Kritik war oft mit ironischen Bemerkungen und einem beißenden Witz kombiniert. Wenn ein Physiker eine neue Theorie herausbrachte, war für viele

---

[4]) In diesem Zusammenhang sei erwähnt, daß der Autor bei seinem ersten Gespräch mit Einstein in Berlin im Jahr 1926 das Körper-Geist-Problem und das dualistische Konzept von Descartes zur Sprache brachte. Er erwähnte, daß er vor einigen Tagen einen Vortrag über dieses Thema gehört habe. Der Vortragende hatte seinen Vortrag mit den Worten ignoramus ignorabimus beendet. Einstein widersprach energisch. Ein Wissenschaftler sollte niemals „nie“ sagen. Wer hätte im Jahr 1890 den Fortschritt der Atomphysik vorhersehen können, der in den letzten zwei Jahrzehnten stattfand? Der Autor fragt sich, ob Einstein, mit seinen in späteren Jahren mehr skeptischen und vorsichtigen Ansichten über die Grenzen der wissenschaftlichen Erkenntnis und im Hinblick auf seine Bemerkungen über den primitiven und kindlichen Stand der Wissenschaft immer noch so heftig reagiert haben würde.

eine der ersten Fragen: Was wird Pauli sagen? Und sie warteten besorgt darauf, ob er irgendwelche „Schlupflöcher" in der Theorie entdecken würde.

Ehrenfest (1880—1933), ein jüdischer Physiker aus Wien, der mit Boltzmann gearbeitet hatte und im Jahr 1912 der Nachfolger von H. A. Lorentz an der Universität Leiden wurde, nannte Pauli einmal „die Geißel Gottes". Nur wenige waren so bewundert und so gefürchtet wie Pauli wegen seiner scharfen Kritik. Wie Pauli 1933 in seinem Nachruf für Ehrenfest sagte, ist eine objektive wissenschaftliche Kritik, wie scharf sie auch sei, immer stimulierend und konstruktiv (Pauli 1961). Man kann Heisenbergs Beglückung verstehen, als Pauli die Unschärferelation sofort guthieß. Er war auch einer der ersten, die Bohrs Konzept der Komplementarität ohne Vorbehalte anerkannten. Diese beiden Konzepte entsprachen Paulis philosophischer Weltanschauung. Bei vielen Gelegenheiten verteidigte er sie nicht nur heftig, sondern betonte auch ihre weitreichende Bedeutung. Pauli wie Heisenberg gehörten zu einer Generation, die mit dem Begriff des Wirkungsquantums und der Relativitätstheorie aufgewachsen waren. Sie sträubten sich daher auch viel weniger als Planck, von Laue, Schrödinger oder selbst Einstein, mit den klassischen Konzepten der Physik und Philosophie zu brechen.

Pauli äußerte sein Bedauern darüber, daß Einstein nicht gewillt war, das Konzept der Komplementarität zu akzeptieren, das seiner Meinung nach eine neue Denkart, einen entscheidenden Wendepunkt in der Erkenntnistheorie darstellte und viele neue Blickwinkel und Möglichkeiten für ein besseres Verständnis der Naturgesetze öffnete. Es bot die beste Hoffnung auf weitere Entwicklungen in verschiedenen Disziplinen, die mit der Zeit zu einem größeren Einheitskonzept des Universums führen könnten, wenn auch die Quantentheorie wohl noch weit von ihrer endgültigen Form entfernt war und noch viele Probleme ungelöst bleiben ließ.

Pauli teilte voll und ganz Einsteins und Plancks Ansichten über die Hauptrolle des Konzeptes, wie wir später sehen werden. Auch er lehnte den rein empiristischen Standpunkt ab, demzufolge Naturgesetze nur aus experimentellen Daten abgeleitet werden können. Für ihn war der schöpferische geistige Prozeß, für den es keine verstandesmäßige Erklärung gibt, der mächtigste Faktor beim Fortschreiten des Erkenntnisprozesses, obwohl er auf experimentellen Beobachtungen beruhen muß. Er stimmte völlig mit der Ansicht derer überein, die die Rolle der Intuition bei der Formung von Begriffen und Ideen, die für die Erstellung eines Systems von Naturgesetzen notwendig war, betonten. Es gibt keine „unvoreingenommene" Wissenschaft, die auf einfacher Beobachtung von Tatsachen beruht. Paulis Interesse galt der Natur eines Bindegliedes zwischen der Sinneswahrnehmung einerseits und den Begriffen andererseits. Mit reiner Logik ist es grundsätzlich unmöglich, eine solche Verbindung herzustellen.

Obwohl Pauli als einer der rationalistischsten Denker galt, interessierte er sich wohl mehr als die meisten Physiker für die Rolle von psychologischen Problemen, besonders für ihre Beziehungen zu wissenschaftlichen Begriffen. Er wurde von den Ideen des bekannten schweizerischen Psychoanalytikers C. G. Jung beeinflußt, mit dem er einen Artikel über den Einfluß von archetypischen Ideen auf Keplers Auslegung von wissenschaftlichen Theorien (Jung und Pauli 1952) veröffentlichte. Auf die Rolle des Unbewußten im menschlichen Geist haben verschiedene Philosophen hingewiesen, darunter Kant und Hegel. Der psychologische Faktor bei wissenschaftlichen Ideen wurde übrigens schon von Platon und 800 Jahre später von den Neuplatonikern, besonders von Proclus, in Erwägung gezogen. Es war jedoch Sigmund Freud, der als erster das Konzept des Unbewußten aufstellte und systematisch ausarbeitete. Das Unbewußte besteht aus einer Anzahl von Prozessen, die viele Faktoren umfassen, wie instinktive Reaktionen (z. B. Aggression und Libido) und Erfahrungen in früher Kindheit oder im späteren Alter, die aber unterdrückt werden. Jung, ein Schüler von Freud, führte neue Aspekte in die Vorstellung über das Unbewußte ein, wie den Begriff des „kollektiven Unbewußten" und der Urbilder oder Archetypen (nach dem Griechischen ἀρχέτυπος = Muster, Modell oder Prototyp). Für Jung wie auch für Freud ist die Psyche, der Geist die Gesamtheit, in der das Bewußte und die verschiedenen Elemente des Unbewußten vereinigt sind. Bemerkenswert ist in diesem Zusammenhang, daß Jungs Theorien nur relativ wenige Psychiater zustimmen, während Freuds Konzepte weit mehr Anhänger haben. Pauli akzeptierte viele von Jungs Ideen, besonders jene der Urbilder oder Archetypen. Für ihn waren sie komplementär zu den wissenschaftlichen Ideen, die aus neuen Erkenntnissen entstanden. Einige dieser Anschauungen werden in dem Artikel diskutiert, den Pauli zu Jungs 80. Geburtstag schrieb (Naturwissenschaftliche und erkenntnistheoretische Aspekte der Ideen vom Unbewußten, Pauli 1961).

Pauli spürte deutlich, daß wissenschaftliche Erkenntnisse stets begrenzt sind. Für ihn war die Frage für den Physiker nicht, ob die heutigen Theorien Bestand hätten, sondern in welche Richtung sie sich verändern könnten. Seine Einstellung erinnert an die berühmten Worte von Blaise Pascal (1623—1662), der die Wissenschaft mit einem sich ständig vergrößernden Ball verglich: Je größer er wird, desto mehr Kontakt bietet er dem Unbekannten. Paulis philosophische Anschauungen wurden von seinem Freund Heisenberg (1958) eingehend analysiert.

Epistemologie

Epistemologie, die Theorie der Erkenntnis (aus dem Griechischen ἐπιστήμη, die Erkenntnis) ist die philosophische Disziplin, die sich mit den Zielen, Methoden und Leistungen der Erkenntnis, deren Gültigkeit usw. beschäftigt. Sie spielte in der griechischen Philosophie eine bedeutende Rolle. Aber mit Beginn der modernen Naturwissenschaften im 16. und 17. Jahrhundert und mit den schnellen Fortschritten der auf Experimenten basierenden Kenntnisse entstand eine neue Situation. Viele neue Probleme mußten in Betracht gezogen werden, wie zum Beispiel die Frage, wie neue Theorien entstehen, ferner die Bedeutung experimenteller Beobachtungen im Vergleich zu Imagination und Intuition sowie Wert und Grenzen der Interpretation und eine Vielzahl anderer Faktoren, welche die Erkenntnis beeinflussen. Newton glaubte, daß aller wissenschaftlicher Fortschritt durch Beobachtung und Erfahrung erreicht wird. Er hielt unsere Wahrnehmung für die Grundlage allen Fortschritts. Tatsächlich war ihm offensichtlich nicht ganz bewußt, in welchem Maße seine revolutionären Leistungen nicht einfach nur das Ergebnis von Beobachtungen, sondern seines einzigartigen Genies, seiner Theorien, Vorstellungen und Ideen waren, die ihn dazu veranlaßten, seine Experimente durchzuführen. Dies wurde bereits von Leibniz erkannt, der die Bedeutung der Theorien in Newtons Werk betonte. Die Ansichten von Kant über die Grenzen der Beobachtung als Basis wissenschaftlicher Theorie sind bereits erwähnt worden.

Nur wenige Naturwissenschaftler haben so viel Zeit und Mühe auf die Epistemologie verwandt wie die beiden großen Gründer der modernen Physik, Einstein und Planck. Beide lösten durch ihre Beiträge zur Epistemologie eine Revolution in der Erkenntnistheorie aus, die nahezu so tiefgreifend in ihrer Auswirkung auf das philosophische Denken war, wie die auf dem Gebiet der Physik, ausgelöst durch die Theorie der Relativität und des Wirkungsquantums. Viele Naturwissenschaftler führen ihre Forschung durch, ohne die intellektuellen Prozesse, die sie zur Durchführung ihrer Experimente veranlassen, zu untersuchen oder auch nur zu beachten. Während der klassischen Periode der Physik akzeptierten viele Naturwissenschaftler Newtons Ansicht, daß die grundlegenden Gesetze und Konzepte der Physik aus der Erfahrung durch Abstraktion gewonnen werden. Der Erfolg von Newtons Gravitationstheorie war ein wichtiger Faktor, der dazu beitrug zu verhindern, daß die konstruktive und imaginative Natur der Prinzipien und Theorien deutlich wurde. Im Gegensatz dazu hielt Einstein die allgemeine Relativitätstheorie für ein überzeugendes Beispiel dafür, daß Newtons Ansicht, allgemeine Prinzipien und Konzepte seien aus Erfahrung abgeleitet, nicht richtig war. Das theoretische System der Physik hängt ab und wird kontrolliert von der Welt der Sinneswahrnehmung. Aber es gibt keinen logischen Weg, auf dem wir von der Sinneswahrnehmung zu den zugrundeliegenden Prinzipien und theoretischen Strukturen voranschreiten können. Ein Versuch, durch Logik die zugrundeliegenden Konzepte und Gesetze der Mechanik aus Beobachtungen und Erfahrungen abzuleiten, muß scheitern. Es gibt keine induktive Methode, die zu fundamentalen Begriffen oder Prinzipien führt. Die Vorstellungskraft des Wissenschaftlers geht der Theorie voraus, aber dann muß die Theorie durch experimentelle Fakten gestützt werden. Die begriffliche Synthese, das Transkript der empirischen Welt, mag auf einige wenige grundlegende Gesetze reduziert werden, auf denen die ganze Synthese aufgebaut ist. Einstein erkannte klar, daß es bei der naturwissenschaftlichen Erkenntnis zwei unterscheidbare Komponenten gibt: Die eine erhält man empirisch und wird einfach durch Beobachtung sichtbar, die andere aber wird durch Vorstellungskraft und Theorie gewonnen und hat einen von der empirisch erhaltenen Information verschiedenen Charakter. Der Inhalt der Theorie auf der einen Seite und der empirischen Daten auf der anderen stellen eine intrinsische Antithese der zwei untrennbaren Komponenten der Erkenntnis dar. Mit seiner Betonung der Bedeutung der empirischen Fakten befindet sich Einstein in Übereinstimmung mit Kants Philosophie. Er war ein großer Bewunderer von Euklids Geometrie. Sie beeindruckte ihn bereits in früher Jugend als ein Wunder, als ein logisches System, in dem die abgeleiteten Voraussetzungen nicht in Frage gestellt werden konnten. Er hielt Galilei für den Vater der modernen Naturwissenschaft, denn er war der erste, der erkannte, daß alle empirische Erkenntnis mit der Erfahrung beginnt. Jedoch ist dieser empirische Aspekt nur ein Teil der Wirklichkeit. Reines logisches Denken und Beobachtung können die Information nicht liefern, die für das Verständnis der empirischen Welt erforderlich ist. Sie kann nur der Ausgangspunkt für deduktiv formulierte, theoretische Komponenten wissenschaftlicher Erkenntnis sein, die notwendig die freie Erfindung des menschlichen Intellekts erfordert. Dies allein kann die axiomatische Basis der theoretischen Physik (oder wissenschaftlicher Theorien im allgemeinen) liefern. Der Weg von empirischen Daten zu deduktiv abgeleiteten Postulaten oder Axiomen ist extrem schwierig. Und gerade hier zeigt sich das Genie des Wissenschaftlers. Nur vollständig freie und intuitive Phantasie kann zu grundlegenden Konzepten und Postulaten der Naturwissenschaft führen. Es gibt keinen anderen Weg, dieses Ziel zu erreichen. Aus Einsteins Ansichten ergibt sich, daß die Theorie, die man aus Beobachtungen und Fakten der Natur ableitet, ein kreativer Prozeß ist, der seinem Wesen nach ähnlich dem des Künstlers ist. Dies erinnert in überraschender Weise an Goethes Worte: „In jedem Kunstwerk, groß oder klein, kommt es auf die Konzeption an."

Einsteins Standpunkt und Auffassung bedeuten nicht nur einen vollständigen Bruch mit dem Positivismus und mit der rein empiristischen Philosophie von David Hume (1711—1776), sondern sie verwerfen auch Kants epistemologische These, daß die deduktiv formulierte systematische Beziehung wissenschaftlicher Erkenntnis zu den a priori Kategorien gehört. Ferner folgt aus Einsteins Denken, daß Theorien und Axiome in der Naturwissenschaft, die durch die Phantasie und das Genie des Wissenschaftlers auf der Basis empirischer Daten entwickelt wurden, verworfen und durch neue ersetzt werden müssen, wenn neue Fakten bekannt werden. Deshalb kann keine Theorie mit Gewißheit und für alle Zeit formuliert werden. Eine Zeitlang war Einstein davon überzeugt, daß es einen richtigen Weg gibt, und daß wir eines Tages in der Lage sein werden, den Schlüssel zum Verständnis natürlicher Phänomene zu finden, und daß das Denken allein die Wirklichkeit erfassen könne. Aber diese optimistische und affirmative Einstellung scheint sich nach und nach verändert zu haben, als er älter, vorsichtiger und skeptischer wurde. Diese Veränderung drückt sich in seinem Ausspruch aus, der von Hoffmann (1972) zitiert wird: „Eines habe ich in meinem langen Leben gelernt: Daß all unsere Wissenschaft gemessen an der Realität primitiv und kindisch ist, und daß es dennoch das Wertvollste ist, was wir haben."

In diesem Zusammenhang mögen Bemerkungen von Interesse sein, die Einstein einst Heisenberg gegenüber machte. Im Frühjahr des Jahres 1926 wurde Heisenberg, damals 24 Jahre alt, eingeladen, einen Vortrag in einem von Nernsts Kolloquien zu halten. Das war eine große Ehre: An den Kolloquien nahmen üblicherweise führende Physiker, unter ihnen Einstein, Planck, von Laue und Schrödinger teil. Nernst hatte Heisenberg gebeten, die sich gerade entwickelnde Quantentheorie darzustellen. Einstein war von dem Vortrag so fasziniert, daß er Heisenberg einlud, mit ihm nach Hause zu gehen, um die neuen Ideen ausführlicher zu diskutieren (Heisenberg 1971). Er schien ganz besonders interessiert an dem philosophischen Hintergrund der neuen Theorie, und er fragte, was Heisenberg zu seinen Annahmen veranlaßt hatte. Im Verlaufe dieser aufschlußreichen und interessanten Diskussion machte Einstein folgende Bemerkung, obwohl er die Bedeutung beobachtbarer Größen betont hatte:

Im Prinzip ist es völlig falsch, zu versuchen, eine Theorie auf beobachtbaren Größen allein zu begründen. In Wirklichkeit passiert genau das Gegenteil. Es ist die Theorie, die entscheidet, was wir beobachten können . . . Nur Theorie, das heißt Kenntnis der natürlichen Gesetze, befähigt uns, aus unseren Sinneseindrücken die zugrundeliegenden Phänomene abzuleiten. Wenn wir behaupten, etwas Neues beobachten zu können, sollten wir eigentlich sagen, daß wir, wenn wir auch gerade dabei seien, neue Naturgesetze zu formulieren, die mit den alten nicht in Übereinstimmung sind, dennoch annehmen, daß die existierenden Gesetze, die den ganzen Weg vom Phänomen bis zu unserem Bewußtsein abdecken, auf eine solche Weise funktionieren, daß wir uns auf dies verlassen und daher von Beobachtungen sprechen können.

In seiner Antwort betonte Heisenberg, daß es möglich sein müßte, viele Experimente zu erdenken, deren Ergebnis aus der Theorie vorausgesagt wird. Und wenn das Experiment die Voraussage dann bestätigt, bestünde wenig Zweifel daran, daß die Theorie die Natur auf diesem speziellen Gebiet genau widerspiegelt. Mit dieser Ansicht stimmte Einstein überein: „Kontrolle durch Experimente ist natürlich ein essentielles Prärequisit für die Gültigkeit jeder Theorie."

Trotz ihrer gegenseitigen Bewunderung und Zuneigung waren Einstein und Planck wissenschaftlich in mancher Beziehung verschiedener Meinung. Ihre philosophischen Ansichten jedoch und ihre Einstellung gegenüber der Epistemologie waren sehr verwandt, ja man könnte sogar sagen, im Grunde gleich. Planck beschäftigte sich ebenfalls sehr viel mit diesen Problemen, und er stellte seine Ideen häufig in seinen Schriften und Reden dar. Besonders in späteren Jahren, zwischen 1920 und 1940, waren mehrere seiner Vorträge den Problemen der Erkenntnis, den Grenzen der Naturwissenschaft und der kritischen Bewertung wissenschaftlicher Methoden und Theorien gewidmet.

Planck war ganz wesentlich von Platon und dem Neuplatonismus beeinflußt. Für ihn, ebenso wie für Einstein, war jede Theorie das Produkt völlig freier Spekulation des menschlichen Geistes. Der Wissenschaftler war für ihn wie der Künstler, der in der Lage ist, seine Ideen auszuführen, und dessen Vorstellungskraft gar nicht kühn genug sein kann. Physikalische Theorien sind nicht auf Messungen aufgebaut; die Beobachtung wird nur durch Interpretation, abgeleitet aus der Theorie, bedeutungsvoll. Selbst bei Beobachtungen von höchster Präzision können Schlüsse nur auf der Basis einer Theorie gezogen werden. Es gibt wohl kaum eine Behauptung, die mehr Schaden angerichtet hat als die Annahme, die Naturwissenschaft sei frei von vorgefaßten Meinungen. Die feste Grundlage der Naturwissenschaft ist fraglos das Material, das die Erfahrung bereitstellt. Aber es ist ebenso wahr, daß das Material allein oder seine logische Ausarbeitung nicht das Wesen der Naturwissenschaft ausmacht. Das Material ist stets voller Lücken, selbst wenn es aus einer Anzahl individueller Fakten oder sogar eine sehr großen Anzahl von Fakten gebildet wird. Das Material muß daher stets ergänzt und die Lücken geschlossen werden. Dieser Prozeß ist nur durch Ideen möglich. Die Verbindungen können nicht einfach durch Nachdenken und Logik, sondern nur durch schöpferische Imagination des Wissenschaftlers geknüpft werden. Man mag das ganze als Arbeitshypothese, Theorie oder Glaube bezeichnen. Der wichtige Punkt ist, daß der Inhalt der Theorie weit über die aus der Beobachtung gewonnenen Fakten hinausgeht. In diesem Sinne sagte Planck einmal: „Auch in der Physik gilt der Satz, daß man nicht selig werden kann ohne den Glauben“ (Planck 1922). Diese Ansicht wird durch den Fortschritt der Naturwissenschaften in den letzten Jahrhunderten bestätigt.

Es besteht nun natürlich die Gefahr, daß die zur Verfügung stehenden Meßdaten falsch interpretiert und daß widersprüchliche Daten ganz einfach ignoriert werden. In diesem Fall wird die Wissenschaft zur Pseudowissenschaft, eine leere Konstruktion, die unausweichlich kollabieren muß. Es gibt nur einen Schutz gegen diese Gefahr: Respekt vor den Tatsachen. Je mehr Vorstellungskraft und Ideen ein Naturwissenschaftler hat, um so mehr muß er im Gedächtnis behalten, daß die detaillierten Fakten die Basis bilden, ohne die die Naturwissenschaft nicht existieren kann. Alle zur Verfügung stehenden Fakten müssen sorgfältig und verantwortungsbewußt geprüft werden. Besonders katastrophal ist die Gewohnheit mancher Naturwissenschaftler, vielleicht irregeführt durch den Erfolg ihre eigenen Arbeit, neue Daten anderer Wissenschaftler zu ignorieren oder aber zu versuchen, sie herabzuwürdigen. Ein solcher Wissenschaftler wird früher oder später einen hohen Preis dafür bezahlen. Aber wenn er diese Gefahren im Gedächtnis behält, dann bleibt es dabei, daß die wahre Naturwissenschaft nicht allein auf empirischem Material aufgebaut werden kann, sondern die kreative Idee benötigt, durch die eine zufriedenstellende Interpretation, ein neues Konzept erreicht wird.

Trotz der großen Fortschritte der Physik in unserem Jahrhundert war es Planck durchaus bewußt, wie weit wir noch von einem wirklichen Verständnis der physikalischen Welt entfernt sind und wie viele Gebiete noch im Verborgenen bleiben. Gegenwärtig können wir nicht sagen, ob der Mensch jemals in der Lage sein wird, das Universum zu erklären. Es mag Gebiete geben, die der wissenschaftlichen, rationalen Analyse verschlossen bleiben. Er wies jedoch immer wieder auf die unglaublichen Fortschritte hin, die durch die Entwicklungen der Physik ermöglicht wurden, und auf die Tatsache, daß die Menschheit vom Fortschritt des Wissens ganz erheblich profitiert. Für Theorien und neue Entdeckungen gilt als wichtigstes Kriterium, was Goethe mit den Worten ausdrückte: „Was fruchtbar ist, allein ist wahr." Die Tatsache, daß Planck häufig diese Ansicht ausdrückte, zeigt, wie viel Bedeutung diesem Kriterium bei der Bewertung neuer Fakten oder Ideen beigemessen wird.

Auswirkungen auf Chemie, Biochemie und andere Gebiete

Chemie ist die Wissenschaft von den Substanzen, von ihren Strukturen und Eigenschaften. Struktur hat etwas mit Materie zu tun, das heißt mit Atomen und den kleinen Teilchen, aus denen alle Materie besteht, oder den Kombinationen mit anderen Atomen, den Molekülen.

Das Verständnis der Chemie ist in diesem Jahrhundert durch die Atomphysik revolutioniert worden. Um dies zu veranschaulichen, sollen einige Charakteristika und Prinzipien, die auf dem Verständnis des Atoms basieren, kurz erwähnt werden. Eine ausführlichere Darstellung würde nicht in dieses Buch passen, da die meisten der entscheidenden Fortschritte außerhalb Deutschlands erzielt wurden, insbesondere in den Vereinigten Staaten, noch vor Hitler, und sie wurden auch nachher noch wesentlich ausgeweitet. Die Darstellung der Wirkung der Atomphysik auf die Chemie ist deshalb nur auf wenige Seiten beschränkt.

Im 19. Jahrhundert (1805) führte der englische Chemiker und Physiker John Dalton (1766—1844) den Begriff des Atoms im Sinne der alten Griechen als kleinste Einheit aller Materie in das sich schnell entwickelnde Gebiet der Chemie ein. Dieser Begriff wurde von nun an ständig benutzt, bis er durch die Modelle von Rutherford und Bohr drastisch verändert wurde. Wie erwähnt zeigten diese, daß Atome aus einem Kern aufgebaut sind, der von Elektronen mit ungefähr 1 % der Lichtgeschwindigkeit umkreist wird. Der Kern wird aus Protonen und Neutronen gebildet, mit Ausnahme des Wasserstoffatoms, das gewöhnlich nur ein Proton, aber kein Neutron besitzt. Es gibt jedoch eine Form von Wasserstoffatomen, die sowohl ein Neutron als auch ein Proton hat. Diese Form, *Deuterium* genannt, wurde von Harold Urey (1893—1981) im Jahre 1932 entdeckt. Nur eins von 5000 Wasserstoffatomen kommt als Deuterium vor. In Bohrs Atommodell ist der Abstand der Elektronenorbitale quantisiert. Die Elektronenorbitale im einfachsten Atom, dem Wasserstoffatom, sind bezüglich ihres Abstandes vom Kern streng limitiert (0,53 Ångström, 4 × 0,53 Ångström usw.). Die Energie, die mit den Elektronen assoziiert ist, nimmt von einem Orbital zum nächsten stufenweise zu. Die größte Energie ist in dem entferntesten Orbital enthalten, die geringste Energie in dem mit kleinsten Abstand vom Kern. Wenn ein Elektron von einem höheren auf einen niederen Zustand herabfällt, indem es den Abstand seines Orbitals verändert, sendet es Energie in Form elektromagnetischer Strahlung aus. Normalerweise haben Atome ziemlich stabile Strukturen. Elektronensprünge von Orbital zu Orbital kommen in der Regel nicht vor. Nur wenn ein Atom „angeregt" wird, sendet es Strahlung aus. Solch eine Anregung findet beispielsweise in einem heißen Dampf oder Gas (z. B. bei der Gasentladung) statt. Die ausgesendete Strahlung weist eine für jedes Atom charakteristische Wellenlänge auf und ist für die Spektren und ihre Linien verantwortlich, wie früher bereits erörtert wurde. Bohrs Entdeckung war ein ungeheurer Ansporn für das ganze Gebiet der Spektroskopie, für die Analyse von Atomen und Molekülen.

Die Anzahl der Elektronen in einem Atom bestimmt dessen *Ordnungszahl.* Für das Wasserstoffatom mit einem Elektron ist die Ordnungszahl 1, für Helium mit zwei Elektronen 2, für Lithium mit drei Elektronen 3, für Stickstoff 7 und für Sauerstoff 8. Uran, das jedem Laien als die Substanz bekannt ist, aus der man Kernenergie gewinnt, besitzt 92 Elektronen, und deshalb ist seine Ordnungszahl 92.

Das *Gewicht* des Atoms aber hängt von seinem Kern ab. Protonen sind 1840mal schwerer als Elektronen; Neutronen haben ungefähr die gleiche Masse wie Protonen. Die Anzahl der Protonen und Neutronen bestimmt das Atomgewicht.

Während die Anzahl der positiv geladenen Protonen in einem bestimmten Element oder Atom stets gleich ist, kann die Anzahl der ungeladenen Neutronen verschieden sein. Atome des gleichen Elements mit verschiedener Anzahl von Neutronen werden *Isotope* genannt. Sauerstoff zum Beispiel hat 8 Protonen. Sein Atomgewicht ist deshalb 16. Jedoch einige Sauerstoffatome haben 9 oder 10 Neutronen; diese Sauerstoffisotope haben ein Atomgewicht von 17 beziehungsweise 18. Die gewöhnliche Form des Urans hat das Atomgewicht 238, 92 Protonen und 146 Neutronen. Es gibt aber mehrere Isotope des Urans, das wichtigste hat 143 Neutronen und ein Atomgewicht von 235. Dieses Uranisotop eignet sich für die Kernspaltung und wird deshalb für die Produktion von Kernenergie und Atombomben verwendet.

Atome (Elemente) haben eine definierte Bindungskraft, die man als *Valenz* oder Wertigkeit bezeichnet. Durch die Valenz wird die Anzahl der Atome bestimmt, mit denen ein Atom sich unter Bildung von Molekülen kombinieren kann. Es kann sich hierbei um Atome der gleichen oder einer anderen Art handeln. Die Atome einiger Elemente, wie zum Beispiel das Wasserstoffatom (H), verbinden sich nur mit *einem* Atom des Wasserstoffs oder eines anderen Elements; sie werden *einwertig* genannt. Andere Elemente haben die Fähigkeit, mit zwei, drei, vier oder mehreren Atomen Verbindungen einzugehen, sie werden zwei-, drei-, vierwertig usw. genannt. Sauerstoff (O) ist zweiwertig, Stickstoff (N) ist dreiwertig oder vierwertig, Kohlenstoff (C) ist vierwertig. Die Valenz wird durch Striche zwischen den Atomen symbolisch dargestellt. In einigen Molekülen sind die Atome durch doppelte oder sogar dreifache Bindungen verbunden, dargestellt mit zwei oder drei Strichen. So wird zum Beispiel das Wasser aus einem Sauerstoffatom und zwei Wasserstoffatomen gebildet, Ammoniak aus einem N und drei H, Methan aus einem C und vier H. Kohlendioxid enthält ein C, das durch zwei Doppelbindungen mit zwei O verbunden ist. Man schreibt diese Verbindung wie folgt:

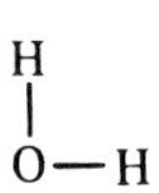

Wasser

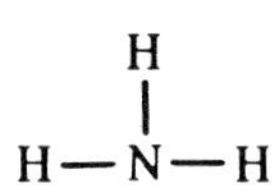

Ammoniak

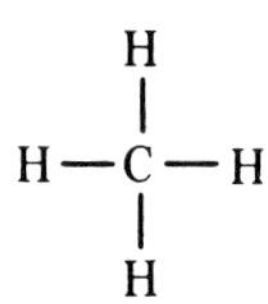

Methan

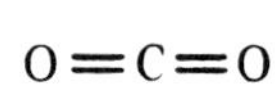

Kohlendioxid

Als die Atomphysik die atomare Struktur der Elemente aufklärte, wurde es möglich, die Natur der Valenz und der Bindungskräfte zwischen den Atomen zu klären. Der Amerikaner Gilbert N. Lewis (1875—1946) erkannte 1916, nur wenige Jahre nachdem Rutherford und Bohr ihre Modelle vorgeschlagen hatten, daß Atome miteinander verbunden werden, indem sie ein Elektronenpaar gemeinsam haben (Lewis 1916). Irving Langmuir (1881—1957) führte dafür den Namen *kovalente Bindung* ein (Langmuir 1919). Nach der Entwicklung der Quantenmechanik im Jahre 1927 wurde eine detaillierte quantitative Theorie der kovalenten Bindung ausgearbeitet. Die Striche zwischen den Atomen, die ein Jahrhundert lang in den Formeln die Valenzbindung repräsentierten, konnten nun durch ein neues Symbol, durch das Paar geteilter Elektronen, ersetzt werden. Anstatt das Wasserstoffmolekül durch H—H darzustellen, konnte es nun H : H geschrieben werden, wobei die beiden Punkte die beiden gemeinsamen Elektronen bedeuten. Entsprechend ließ sich zum Beispiel das Wasser und das Methan schreiben:

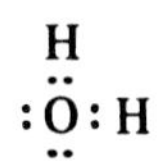

Wasser

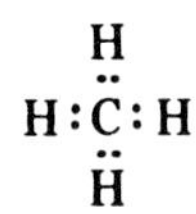

Methan

Die Chemiker verwenden normalerweise noch immer die Striche, da sie aus mehreren Gründen bequemer sind.

Quantenmechanisch dürfen wir jedoch nicht von Elektronenbahnen sprechen, sondern nur von einer Wellenfunktion, die den Raum ausfüllt. Ein realistischeres Bild des Wasserstoffatoms und des Wasserstoffmoleküls ist in der Abbildung 17 gezeigt. Im Raum in nächster Nähe des Protons ist die Dichte des umkreisenden Elektrons am höchsten, mit zunehmendem Abstand vom Kern wird sie immer kleiner. Im Molekül umkreisen die beiden Elektronen die Protonen nicht getrennt, sondern gemeinsam. Die Unmöglichkeit, den genauen Ort des Elektrons und seine Geschwindigkeit gleichzeitig zu bestimmen, stand, wie bereits erwähnt, am Beginn der Quantentheorie und führte zu den Begriffen Unschärfe und Komplementarität. In dem Jahrzehnt nach Bohrs Beschreibung des Wasserstoffatoms wurde die Elektronenstruktur von fast jedem Element durch die Untersuchung physikalischer Phänomene aufgeklärt.

Obwohl es sich bald zeigte, daß etwas bei der ursprünglichen Theorie nicht stimmte, wurden dennoch schnelle Fortschritte gemacht. Die Voraussagen stellten sich als nahezu, aber nicht ganz richtig heraus. Das wichtigste Werkzeug war die Spektroskopie. Die Aussendung von Spektrallinien aus heißen Dämpfen oder Gasen lieferte viele Informationen. Diese neue Kenntnis war für das Verständnis der molekularen Struktur von Atomen und vieler ihrer Eigenschaften grundlegend. Sie lösten eine neue Ära der Chemie aus.

Je schwerer ein Atom, desto größer ist die Anzahl der Elektronen. Einige Elektronen befinden sich in der Nähe des Kerns, einige aber in zunehmender Entfernung. Sie bilden konzentrische „Schalen“ um den Kern. Einige der schwereren Atome haben bis zu sechs Schalen, die man K, L, M, N, O und P nennt. Sie werden mit 1, 2, 3, 4, 5 und 6 bezeichnet, wobei die Zahl zugleich auch den Wert der Quantenzahlen darstellt, die in die Behandlung der Elektronenbewegung in der Quantentheorie eingehen. Die verschiedenen Schalen werden von einer bestimmten Anzahl von Elektronen besetzt. Beginnend mit dem Helium-

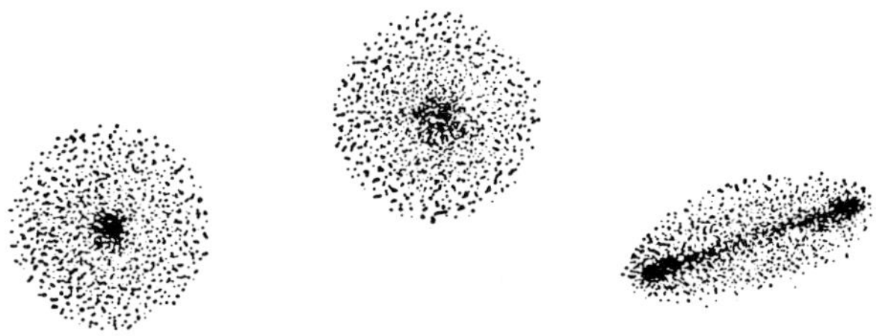

Abb. 17. Zwei Wasserstoffatome und ein Wasserstoffmolekül, mit durchschnittlicher Verteilung der Elektronen. Die bildliche Wiedergabe eines Atoms schließt üblicherweise den Raum mit ein, in dem die Elektronenverteilung konzentriert ist.

atom, dem kleinsten Atom, das zwei Elektronen besitzt, enthält die K-Schale maximal zwei Elektronen und die L-Schale acht; die größte Anzahl von Elektronen befindet sich in der N-Schale, die in einigen Atomen 32 Elektronen enthält. Die Schalen sind in Unterschalen unterteilt, die ebenfalls mit einer bestimmten Zahl von Elektronen besetzt werden können.

Das Ausschlußprinzip von Pauli verlangt, wie bereits erwähnt, daß nicht mehr als zwei Elektronen mit entgegengesetztem Spin ein Orbital besetzen. Das stabilste Orbital eines jeden Atoms ist die K-Schale mit seinen beiden Elektronen. Das normale Wasserstoffatom besitzt nur ein Elektron. Aber im Heliumatom haben die zwei Elektronen entgegengesetzte Spins. Um eine stabile Bindung im Wasserstoffmolekül zu bilden, müssen die beiden Elektronen entgegengesetzte Spins (wie jene des Heliumatoms) haben, und deshalb sind diese Moleküle so stabil. Elektronen mit entgegengesetzten Spins nennt man *gepaart,* ob sie nun das gleiche Orbital eines Atoms besetzen oder aber an der Bildung einer Bindung beteiligt sind.

Kohlenstoffverbindungen. Eine der wichtigsten Eigenschaften des Kohlenstoffatoms ist dessen Fähigkeit, mit anderen Kohlenstoffatomen Einfach- oder Doppelbindungen einzugehen. Diese Fähigkeit kann auf der Grundlage der Elektronenstruktur des Kohlenstoffatoms erklärt werden. Kein anderes Atom hat diese Fähigkeit in solch großem Maße; wohl deshalb spielt das Kohlenstoffatom eine so entscheidende Rolle in den Substanzen der lebenden Zelle.

Ein einfaches Beispiel einer Kohlenstoffverbindung mit einer Doppelbindung ist das Ethylen. Es hat die Struktur

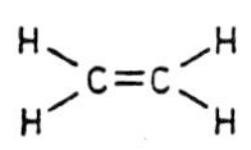

Ein anderes wichtiges Beispiel ist das Benzol, dessen Formel („Benzolring") Kekulé um 1865 als erster postulierte:

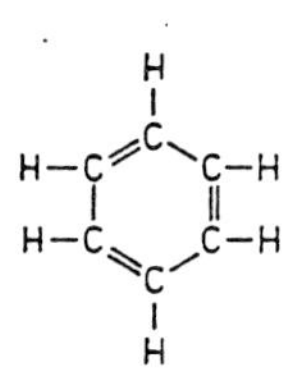

In diesem Molekül, das aus sechs Kohlenstoffatomen besteht, bilden drei Kohlenstoffatome Doppelbindungen. Im Benzol wie auch in vielen anderen Verbindungen können die Doppelbindungen ihre Position verändern. Diesen Platzwechsel nennt man *Resonanz*. Das Konzept der Resonanz hat Heisenberg in die Quantenmechanik im Zusammenhang mit den Quantenzuständen des Heliumatoms eingeführt (Heisenberg 1926). Es wurde ganz wesentlich für den Gebrauch bei der Interpretation bestimmter Eigenschaften chemischer Verbindungen ausgearbeitet, insbesondere durch die Pionierarbeit von Linus Pauling (Pauling 1948). Häufig war es schwierig, einem Molekül eine befriedigende Elektronenstruktur mit Hilfe der Valenzstriche zuzuschreiben. Zwei oder mehrere Elektronenstrukturen schienen gleich gut zu passen. Das Konzept der Resonanz konnte die Elektronenstruktur des Moleküls erklären. Es gibt nur eine Art von Molekül, aber wegen der Elektronenverlagerungen gibt es mehrere „resonierende" Strukturen. Als Folge der Resonanz ist das Molekül durch eine bestimmte Energiemenge, die man *Resonanzenergie* nennt, stabilisiert. Das Benzol ist ein ausgezeichnetes Beispiel für ein Molekül mit Resonanz. Die Verlagerung der Doppelbindung durch den Elektronenwechsel führt zu einer äußerst stabilen Struktur. Wegen dieser vollendeten Resonanz ist das Benzolmolekül erstaunlich reaktionsträge und stabil.

Die Variabilität der Elektronenstruktur in Abhängigkeit von den Atomen, Doppel- und Dreifachbindungen und vieler anderer Faktoren ist zu groß, um hier erörtert zu werden. Die Abbildung 17 mag als Beispiel für die Komplexität der Elektronenverteilung bereits im einfachsten Molekül dienen. Man sieht, daß selbst die Verwendung des Punktsymbols für die Elektronen wenig oder überhaupt keine Information über die Komplexität der Elektronenverteilung liefert.

Es gibt bestimmte Atome, die chemisch inert sind, das heißt, sie reagieren unter gewöhnlichen Bedingungen nicht mit anderen Atomen. Sie treten unter Normalbedingungen gasförmig auf und werden Edelgase genannt. Helium, mit seinen zwei Elektronen, ist ein solches Gas; es hat die ungewöhnliche Eigenschaft, nur in freier Form vorzukommen. Seine Atome reagieren nicht miteinander, auch im Heliumgas sind sie nicht gebunden. Sechs Elemente gehören zu dieser Gruppe: Helium, Neon, Argon, Krypton, Xenon und Radon. Sie haben in ihren Elektronenschalen 2, 10, 18, 36 und 54 beziehungsweise 86 Elektronen. Die Stabilität dieser Gase beruht auf ihrer Elektronenstruktur. Die Energie, die benötigt wird, um ein Elektron aus diesen Atomen zu entfernen, ist sehr hoch, viel höher als bei anderen Atomen. Entsprechend ist die Elektronenaffinität — die Energie, die durch Hinzufügung eines Elektrons frei wird — bei den Edelgasen gleich null. Sie haben nicht die Fähigkeit, ein weiteres Elektron aufzunehmen.

Genau das Gegenteil ist bei einer anderen Gruppe von Atomen der Fall. Ihre besondere Eigenschaft ist es, sehr leicht ein weiteres Elektron aufzunehmen oder abzugeben. Atome, die ein weiteres Elektron aufnehmen, werden dadurch negativ geladen, denn dieses zusätzliche Elektron ist nicht durch Protonen neutralisiert. Atome, die ein Elektron verlieren, werden positiv geladen. Solche positiv oder negativ geladenen Atome werden *Ionen* genannt. Die negativ geladenen Ionen nennt man Anionen, die positiv geladenen Kationen. Die zwischen Anionen und Kationen wirkende Kraft bezeichnet man als *ionische* (oder *elektrostatische) Bindung,* im Gegensatz zur kovalenten Bindung.

Ein Wasserstoffatom zum Beispiel kann leicht ein Elektron abgeben und ein Proton H^+ werden (das $^+$ steht für positive Ladung). Von den Ionen seien die Halogen-Ionen (Halogen bedeutet salzbildend) erwähnt, wie das Chlorid (Cl^-)-Ion und das Bromid (Br^-)-Ion (das $^-$ steht für negative Ladung). Die Halogene verbinden sich mit Alkalimetallen einer Gruppe, zu der zum Beispiel das Natrium (Na) und Kalium (K) und deren Ionen Na^+ und K^+ gehören. Die dabei entstehenden Verbindungen enthalten die gleiche Anzahl von Elektronen wie ein inertes Edelgas. Ihre Stabilität und ihre Reaktionsträgheit kann deshalb der Ähnlichkeit der Elektronenkonfiguration mit den Edelgasen zugeschrieben werden.

Im 19. Jahrhundert entdeckte man, daß die Elemente in bestimmten Gruppen angeordnet werden können, die durch ähnliche Eigenschaften charakterisiert sind. Solch eine Gruppe bildeten zum Beispiel die Halogene oder die Alkalimetalle. Als immer mehr Elemente bekannt wurden, zeigten sich diese Gruppencharakteristika immer deutlicher. Lavoisier (1743—1794) kannte 23 Elemente, im frühen 19. Jahrhundert waren mehr als 50 Elemente bekannt, und um die Wende unseres Jahrhunderts hatte ihre Zahl 92 erreicht. Der wichtigste Schritt bei der Klassifizierung der Elemente nach Gruppenmerkmalen war im Jahre 1869 die Entwicklung des Periodensystems der Elemente durch den russischen Chemiker Dimitrij I. Mendelejew (1834—1907). Er schlug zuerst ein System aus 17 Gruppen vor, revidierte es dann auf 7 Gruppen, die auf dem Zusammenhang zwischen Atomgewicht der Elemente und ihren verschiedenen physikalischen Eigenschaften beruhten, unter besonderer Berücksichtigung ihrer Valenzen. Ungefähr zur gleichen Zeit schlug 1871 der deutsche Chemiker Lothar Meyer (1830—1895) ein ähnliches System vor. Nach der Entdeckung der inerten Edelgase durch Lord Rayleigh (1842—1919) und Sir William Ramsay (1852—1916) wurde 1894 eine „Null"-Gruppe dem Periodensystem der Elemente angefügt, das demnach in seiner endgültigen Form aus acht Gruppen besteht.

Die Theorie von Rutherford und Bohr über die Atomstruktur und die Bestimmung der genauen Werte der atomaren Daten durch Röntgenspektren ermöglichten es Niels Bohr, das Periodensystem der Elemente in Begriffen der Elektronenstruktur zu interpretieren. Das Verständnis der Bedeutung der Valenz, der kovalenten und ionischen Bindung, der Resonanz usw. erlaubte eine Erklärung für einige der grundlegenden Eigenschaften, die die Elemente einer Gruppe gemeinsam haben. Durch diese Aufklärung der Eigenschaften der Elemente auf der Basis ihrer Atomstruktur, den Begriff der Periodizität und die verschiedenen Eigenschaften der Atome wurde die Chemie in zunehmendem Maße Teil der Physik. Die offenbare Vielfalt der Eigenschaften der Elemente ließ sich auf eine kleine Zahl fundamentaler Charakteristika der Elektronenstruktur zurückführen. Die Unterscheidung zwischen Physik und Chemie als zwei gänzlich verschiedene Gebiete der Naturwissenschaft verlor ihre Bedeutung.

Diese wenigen Beispiele, die hier in sehr oberflächlicher Weise beschrieben wurden, mögen hinreichen, um zu illustrieren, wie die Chemie durch die moderne Atomphysik revolutioniert wurde. Viele chemische Reaktionen waren zuvor nur auf Erfahrung begründet, auf Versuch und Irrtum, unterstützt durch Intuition und Imagination. Aber nun konnten viele Prozesse auf der Basis der Elektronenstruktur erklärt und vorausgesagt werden. Das Gebiet, das man allgemein als physikalische organische Chemie bezeichnet, wurde in den folgenden Jahrzehnten ganz wesentlich entwickelt. Es führte zu einem Verständnis des genauen Mechanismus chemischer Reaktionen und erlaubte dadurch eine schnelle Expansion von nahezu unglaublichem Ausmaß. Die phantastische Entwicklung der Chemie während des 20. Jahrhunderts steht daher in unmittelbarem Zusammenhang mit dem Verständnis der Atomstruktur und einiger anderer Aspekte der modernen Physik, die in den ersten drei Jahrzehnten dieses Jahrhunderts entwickelt wurden.

Da die organische Chemie eine der Säulen der Biochemie ist, war es eigentlich unvermeidbar, daß nach einer gewissen Übergangszeit die neuen Einblicke in die Triebkräfte chemischer Reaktionen in zunehmendem Maße auch die Biochemie und das, was man heute Molekularbiologie nennt, beeinflussen würden. Die physikalische organische Chemie wurde einer der entscheidenden Faktoren für das spektakuläre Wachstum der Biochemie in den vergangenen Jahrzehnten, beginnend mit den 40er Jahren; ein Meilenstein, der das Denken vieler Biochemiker beeinflußte, war ein Buch von Linus Pauling mit dem Titel: The Nature of the Chemical Bond (1948).

In den 20er Jahren, das heißt während der Zeit, als schnelle Fortschritte auf dem Gebiet der Biochemie in den Kaiser-Wilhelm-Instituten gemacht wurden, und selbst noch in den 30er Jahren waren nur wenige Biochemiker mit der dramatischen Entwicklung und den neuen Konzepten der Chemie, die durch das Verständnis der Elektronenstruktur ausgelöst wurden, vertraut. Die Situation änderte sich erst in den 40er Jahren, als viele modern ausgebildete Chemiker das Gebiet der Biochemie betraten[5]).

Wirkungen der Atomphysik auf die reine und angewandte Naturwissenschaft und die Industrie

Die Auswirkungen der Atomphysik auf die Chemie, die zum Verständnis der Elektronenstruktur der Atome und Moleküle und der Wechselwirkungskräfte führten, sind nun kurz beschrieben worden. In den vergangenen Jahrzehnten, ungefähr seit 1940, ist eine Vielzahl sehr verschiedener Gebiete durch die neuen Erkenntnisse der Atomphysik revolutioniert worden. Wenn auch heutzutage selbst viele Laien schon davon wissen, mag es angemessen sein, einige Beispiele in Erinnerung zu rufen.

Die Entwicklung verfeinerter Instrumente und Methoden, die durch die Fortschritte der Physik ermöglicht wurde, hat ganz wesentlich zur Biochemie und zu den biologischen Wissenschaften im allgemeinen beigetragen. Die Röntgenstrukturanalyse zum Beispiel ist ein unverzichtbares Werkzeug für das Verständnis der Struktur von Molekülen, denn sie ermöglicht die Aufklärung der exakten Raumstruktur. Die Anwendung dieser Methode bei Untersuchungen über Makromoleküle, Polymere und Biopolymere, wie Proteine, Nucleinsäuren und andere Zellbestandteile, führte zu spektakulären Ergebnissen. Die Kenntnis der dreidimensionalen Molekülstruktur in Kombination mit vielen anderen Methoden hat offenbart, wie Proteine, einschließlich Enzyme, Nucleinsäuren und Polysaccharide, funktionieren. Ein anderes Beispiel ist die Elektronenmikroskopie, die es ermöglicht, ein Objekt mehrhunderttausendfach zu vergrößern (und das mag noch nicht die Grenze sein). Mit ihrer Hilfe kann man Substrukturen und Organellen einer Zelle sichtbar machen, die mit dem Lichtmikroskop nicht erfaßbar sind. Zellmembranen zum Beispiel, deren Existenz seit der Jahrhundertwende postuliert wurde, konnte man erstmals in den 50er Jahren optisch nachweisen. Es zeigte sich dann, daß sie der Ort einiger ganz wesentlicher Zellfunktionen

---

[5]) Der Autor erinnert sich noch lebhaft, was für eine Offenbarung es für ihn war, als Leonor Michaelis ihn in vielen Diskussionen in Woods Hole in den 40er Jahren in das vollständig neue Gebiet der chemischen Konzepte einführte. Anschließend beeinflußte Paulings Buch sein Denken und seine Forschung zutiefst.

sind. Durch Anwendung der Elektronenmikroskopie in Kombination mit biochemischen und biophysikalischen Methoden wurde die Erforschung der Zellstrukturen und ihrer Funktionen auf ein ganz neues Niveau gehoben. Man denke nur an die aufregenden Entwicklungen der Genetik in der Nachkriegszeit, die ohne dieses neue Werkzeug unmöglich gewesen wären. Zahlreiche neue optische Methoden und neue Typen von Spektralphotometern wurden entwickelt. Dazu kam eine Vielzahl ausgeklügelter Verfahren zur Messung von Reaktionen, die extrem schnell, das heißt in einer milliardstel Sekunde oder noch schneller ablaufen. All dies führte zur Eröffnung neuer Forschungsgebiete in der Physik, Chemie und Biochemie. Die Anwendung stabiler und radioaktiver Isotope wurde stark ausgeweitet und zur notwendigen Routinemethode, zum Beispiel in der Medizin. Die zur Altersbestimmung entwickelten Isotopenverfahren haben in der Anthropologie, Archäologie und Geophysik zu völlig neuen Dimensionen geführt. Es wäre unmöglich, all die großen Veränderungen aufzuzählen, die auf der Verwendung neuer Methoden in der reinen und angewandten Wissenschaft, in Technik und Industrie beruhen, Veränderungen, die auch unser tägliches Leben ganz wesentlich beeinflussen. Dabei müssen wir bedenken, daß neue und sehr ausgeklügelte Methoden, die letztendlich alle auf der Atomphysik basieren, entwickelt werden, deren Auswirkungen wir nicht einmal vorhersehen können.

Ein Instrumententyp sei jedoch noch kurz erwähnt, da dessen revolutionäre Wirkung wohl noch größer als die der anderen genannten sein dürfte: der Maser (Akronym für *mi*crowave *a*mplification by *s*timulated *e*mission of *r*adiation) und der Laser (*l*ight *a*mplification by *s*timulated *e*mission of *r*adiation). Es handelt sich dabei um Geräte zur Erzeugung von Strahlung durch stimulierte Emission anstatt durch Spontanzerfall angeregter Atome oder Moleküle. Maser erzeugen, wie der Name bereits andeutet, Strahlung im Bereich der Mikrowellen, Laser erzeugen Strahlung im Bereich des sichtbaren Lichtes. Dabei liegt das folgende Prinzip zugrunde: Die Elektronen, die den Atomkern umgeben, besitzen ein bestimmtes Energieniveau. Wenn sie Photonen oder elektromagnetische Wellen absorbieren, springen sie auf ein höheres Energieniveau. Wenn sie in ihren ursprünglichen Zustand zurückkehren, senden sie Strahlung aus in Form von Wellen mit spezifischer Frequenz, die man in jede beliebige und bestimmte Richtung lenken kann.

Die Intensität des Laserlichtes läßt sich immens steigern. Laser können mehr Informationen übertragen als Radar. Ihre Intensität, das heißt ihre Energie ist so hoch, daß sie Beton und Stahl durchschneiden und Diamanten verdampfen können. Seit den 50er Jahren hat man Laser für die Anwendung auf vielen verschiedenen Gebieten entwickelt. Der Laser ist wohl eine der vielseitigsten Erfindungen, die aus der Atomphysik hervorgingen. Laser werden zum Beispiel im Nachrichtenverkehr eingesetzt, da man das hochgradig monochromatische und kohärente Laserlicht mit extrem hoher Geschwindigkeit in sehr kleinen Volumen, das heißt mit dünnen Fasern übertragen kann. Laser sind ferner nützliche Werkzeuge in der Forschung, in der Medizin (z. B. Augenchirurgie) und in der Industrie geworden; aber unglücklicherweise werden sie auch für ein Arsenal von schrecklichen und entsetzlich wirkungsvollen Waffen verwendet. Sie können beispielsweise Raketen im Flug und Satelliten auf ihrer Umlaufbahn zerstören.

Ein äußerst wichtiges potentielles Anwendungsgebiet ergibt sich aus der Möglichkeit, den Laser zur thermischen Kernverschmelzung einzusetzen und damit eine unerschöpfliche Energiequelle für die Menschheit zu schaffen. Es mag zwar noch Jahrzehnte dauern, bis die damit verbundenen ernsten technischen Schwierigkeiten überwunden sein werden; aber der theoretische Fortschritt, der bereits erzielt wurde, ist sehr vielversprechend. Nach Ansicht kompetenter Physiker könnte man Kernfusionsenergie mit Hilfe von Lasern bereits innerhalb eines Jahrzehntes in kleinem Maßstab im Laboratorium erzeugen. Darüber hinaus wird auch die Anwendung von Magnetfeldern, Elektronenstrahlen und anderen ähnlichen Methoden als vielversprechend für die Kernfusion in Erwägung gezogen. Ein großer Vorteil dieser Art von Atomenergie wäre, daß im Gegensatz zur Kernspaltung bei der Kernfusion weniger radioaktiver Abfall erzeugt wird. Die Tatsache, daß die Vereinigten Staaten im Jahr 1978 eine halbe Milliarde Dollar in die Laserforschung investierten (die Sowjetunion mag noch mehr investiert haben), beweist, welch große Bedeutung man diesen Entwicklungen zumißt. Es gibt nur wenige Ergebnisse der Atomphysik, die das Schicksal der Menschheit — zum Guten oder Schlechten — so sehr beeinflussen mögen wie der Laser. Maser und Laser wurden in den 50er Jahren von Charles H. Townes in Zusammenarbeit mit Arthur L. Schawlow an der Columbia Universität entwickelt. Townes erhielt dafür 1964 den Nobelpreis für Physik, Schawlow erhielt ihn 1981 für die Entwicklung der Laserspektroskopie.

Die meisten dieser Entwicklungen spielten sich nach dem Zweiten Weltkrieg ab. Die Biochemiker, von denen das Kapitel IV handelt, gehören jedoch zum ersten Teil dieses Jahrhunderts und waren in klassischer Chemie ausgebildet. Die weitreichenden Auswirkungen der vorher erwähnten Methoden werden in diesem Buch nicht näher erörtert, denn sie fallen in die Zeit nach 1933. Nur einige davon sollen bei der Behandlung der Nachkriegszeit gelegentlich erwähnt werden. Die Naturwissenschaftler der Nachkriegsgeneration haben eine neue Ära der biologischen Wissenschaften eröffnet dank ihrer Vertrautheit mit den neuen Möglichkeiten. Man sollte aber die überragende Bedeutung der Pionierarbeit der großen Chemiker und Biochemiker, von denen das Kapitel IV handelt, nicht minimieren. Ihre Arbeit legte den Grund für viele atemberaubende Entdeckungen der gegenwärtigen Generation, so wie Newtons Physik, die elektronmagnetischen Wellen, die Thermodynamik und die vielen anderen Leistungen des 19. Jahrhunderts nicht nur Vorläufer, sondern Voraussetzungen für die große Revolution der Physik in unserem Jahrhundert waren.

Die späten zwanziger Jahre und die nationalsozialistische Bewegung

Am 1. Oktober 1927, zwischen dem Physiker-Kongreß in Como und der Solvay-Konferenz in Brüssel, wurde Heisenberg im Alter von nur 25 Jahren zum Ordinarius für theoretische Physik an der Universität Leipzig ernannt. Seine außergewöhnliche Brillanz, sein jugendlicher Enthusiasmus, seine dynamische Persönlichkeit und seine internationale Reputation zogen bald viele hervorragende Physiker aus der ganzen Welt in sein Institut. In kurzer Zeit wurde es eines der großen Zentren der Atomphysik. Als Heisenberg 1933 mit dem Nobelpreis für Physik 1932 ausgezeichnet wurde, war er erst 32 Jahre alt. Unter den brillanten Wissenschaftlern, die zu Heisenberg nach Leipzig kamen, waren Felix Bloch (Nobelpreis 1952), Hans Bethe (Nobelpreis 1967), Lev Davidovič Landau (Nobelpreis 1962) und Edward Teller. Die Herausforderung zu einem tieferen Verständnis der atomaren Eigenschaften, wie sie die Quantentheorie bot, wurde begierig angenommen. Während dieser ganzen Zeit pflegte Heisenberg sehr enge persönliche und wissenschaftliche Kontakte mit Bohr und Pauli. Ein jährlicher Besuch in Kopenhagen für mindestens zwei Wochen war obligatorisch, und keine bedeutenden Ergebnisse wurden ohne vorherige Beratung mit Bohr veröffentlicht.

Mit Einstein, Planck, von Laue und Schrödinger in Berlin, Otto Stern mit seiner großen und blühenden Schule in Hamburg, Franck und Born in Göttingen, Sommerfeld in München und nun Heisenberg in Leipzig war Deutschland eines der bedeutendsten, vielleicht sogar das bedeutendste Zentrum auf dem Gebiet der Atomphysik geworden. Nach den Jahren 1924 bis 1927, die häufig als die „heroische" Zeit dieses Gebietes bezeichnet wird, waren alle diese Zentren aktiv an Forschungen beteiligt, die mit dem großen Durchbruch, ausgelöst durch die Wellen- und Quantenmechanik, in Zusammenhang standen. Physiker aus vielen Ländern verbrachten mindestens einige Zeit in einem oder mehreren dieser Zentren.

In den Vereinigten Staaten war die Atomphysik damals noch wenig entwickelt. Deshalb überrascht es nicht, daß Edward U. Condon sagte, es sei für einen amerikanischen Physiker, der an diesem Gebiet interessiert ist, nahezu obligatorisch, einige Zeit in Deutschland zu verbringen (siehe Morse 1976). Condon selbst arbeitete zuerst mit Born in Göttingen und später mit Sommerfeld in München. Unter den amerikanischen Physikern, die nach Deutschland gingen, war *Isidor Isaac Rabi,* ein gebürtiger Galizier (damals Österreich), der als kleines Kind nach Amerika kam. Ihm war es bestimmt, einer der berühmtesten Wissenschaftler dieses Jahrhunderts zu werden. Er beeinflußte nicht nur die Physik, sondern war einer der Hauptförderer der Naturwissenschaften allgemein in den Vereinigten Staaten. Viele Jahre war er Mitglied und Vorsitzender des Wissenschaftlichen Beraterkomitees des Präsidenten zu Zeiten von Eisenhower. Rabi spielte damals eine wesentliche Rolle beim Aufbau der Vereinigten Staaten zu dem größten Wissenschaftszentrum der Welt (Rabi 1960). Zu den vielen Aktivitäten, die ihm den Ruf einbrachten, ein Staatsmann und Wissenschaftler zu sein, war die Organisation der Bewegung „Atome für den Frieden", die zum Aufbau des großen Europäischen Zentrums für Hochenergiephysik, bekannt als CERN (Centre Européen Recherches Nucléaires) in Genf führte. Rabi hat auch wiederholt Israel besucht und ist Mitglied des Leitungsgremiums des Weizmann-Instituts in Rehovot.

Im Jahr 1927 ging Rabi nach Deutschland, zuerst zu Otto Stern in Hamburg, wo er sich besonders für die Anwendung von Atom- und Molekülstrahlen zur Analyse des Verhaltens von Atomen interessierte. Während seiner Zeit in Hamburg wandte er eine neuartige Methode zur Strahlenablenkung an, und es gelang ihm damit, sehr genaue Messungen des magnetischen Moments von Atomen durchzuführen. Anschließend verbrachte er ein weiteres Jahr in anderen Instituten (unter anderem bei Bohr, Pauli und Heisenberg) und kehrte dann 1929 in die Vereinigten Staaten zurück. 1937 wurde er Professor an der Columbia Universität in New York.

Nach seiner Rückkehr in die Vereinigten Staaten entwickelte Rabi eine neue Methode zur Untersuchung der Struktur der Energieniveaus von Atomen. 1933 hatten Otto Stern und seine Mitarbeiter gezeigt, daß das magnetische Moment eines Protons ungefähr $2^1/_2$mal größer ist als das nach der Theorie von Paul Dirac zu erwarten gewesen wäre. (Dirac, ein genialer britischer Mathematiker und Physiker, wurde 1933 zusammen mit Schrödinger mit dem Nobelpreis ausgezeichnet.) Stern erhielt seine Ergebnisse an molekularem Wasserstoff. Mit ihren Befunden an atomarem Wasserstoff und Deuterium konnten Rabi und seine Mitarbeiter diese Resultate nicht nur bestätigen, sondern sie fanden eine andere Methode zur Messung des magnetischen Moments. Im Verlauf dieser Untersuchungen entwickelte Rabi neue Methoden zur Ausnutzung von Resonanzphänomenen. Rabis bedeutende Leistungen sind viel zu zahlreich, als daß man sie hier beschreiben könnte. Zu erwähnen ist jedoch, daß seine Methoden später verallgemeinert wurden und wichtige Folgen, zum Beispiel für die Entwicklung der Kernresonanz, der Laser und Maser sowie anderer neuer Methoden hatten. Während des Zweiten Weltkrieges war er an der Entwicklung des Radars und am Manhattan-Projekt beteiligt. Rabi erhielt 1944 den Nobelpreis, zur gleichen Zeit wie Otto Stern, der 1944 den Nobelpreis für 1943 bekam. Stern hat Deutschland im Jahr 1933 verlassen und ging in die Vereinigten Staaten, wo er als Forschungsprofessor für Physik am Carnegie Institute of Technology in Pittsburgh seine Arbeiten fortsetzte. Diese wenigen Anmerkungen zu Sterns und Rabis Werk sind eine weitere Illustration der weltweiten Auswirkungen der Atomphysik auf ihrem Höhepunkt in Deutschland in den 20er Jahren.

Ein weiterer berühmter amerikanischer Physiker, der seine Ausbildung in Deutschland erhielt, war Robert Oppenheimer (1904—1967). Er promovierte bei Max Born in Göttingen. Während des Krieges war er Leiter des Atomenergieprojektes in Los Alamos, New Mexico, wo dann die erste Atombombe gebaut wurde.

Auf der Solvay-Konferenz 1930 in Brüssel wurde die Quantentheorie aufs Neue auf die Probe gestellt. Drei Jahre waren seit der Konfrontation zwischen Einstein und Bohr vergangen. Einstein, der die Theorie noch immer heftig bekämpfte, hatte ein neues „ideales" Experiment ausgearbeitet, das diesmal Beobachtungen auf der Basis der Relativitätstheorie beinhaltete. Einsteins neuer Vorschlag, der im Prinzip die Begriffe der Komplementarität und Unschärferelation zu untergraben versuchte, warf ernsthafte Probleme auf. Bohr und seine Kollegen verbrachten die ganze Nacht damit, herauszufinden, wo ein Fehler stecken könnte, denn für sie stand einwandfrei fest, daß Einstein sich irrte. Am nächsten Morgen kamen sie mit einer vollständigen Antwort zur Konferenz. Jeder Aspekt, einschließlich der Mathematik, war ausgearbeitet. Einsteins eigene frühere Beobachtungen wurden gegen ihn verwendet. Einstein mußte den angebotenen Erklärungen zustimmen. Die Argumente waren makellos. Wieder einmal hatte die Quantenmechanik triumphiert. Einstein hatte verloren, blieb aber noch immer unversöhnt. Niemals, bis zu seinem Tode im Jahr 1955, hat er die neue Theorie akzeptiert. Auch sämtliche, über viele Jahre dauernden Versuche von Born, Einstein zu überzeugen, waren erfolglos, wie aus ihrem Briefwechsel hervorgeht (Born 1969). Die persönliche Beziehung zwischen Einstein und Bohr wurde jedoch durch die Kontroverse über die Quantentheorie nicht im Geringsten beeinträchtigt. Die beiden genialen Physiker standen sich sehr nahe, nicht nur wissenschaftlich, sondern mit ihren zahlreichen Interessen und ihrer Hochschätzung der menschlichen Werte. Bohr dachte stets an Einstein, sein Tod war für ihn ein schwerer Schock. Bohr hielt Einstein für einen der größten und kreativsten Geister der Menschheit. Er pries sein tiefes Verantwortungsbewußtsein, seine Bescheidenheit und seine Hoffnung, daß ein besseres Verständnis der physikalischen Welt schließlich dem Fortschritt der Zivilisation helfen würde. Und Einstein hegte für Bohr die gleiche Hochachtung. Er betrachtete ihn als einen der größten Denker seiner Zeit, eine seltene Kombination von Kühnheit und Vorsicht, einen Mann, der durch seine intuitive Auffassungsgabe zu einem der größten Entdecker wurde, den die Menschheit je hervorgebracht hat.

Zwischen den beiden Solvay-Konferenzen von 1927 und 1930 hatten dramatische Ereignisse stattgefunden, welche die ganze Weltsituation schnell veränderten. In der Mitte der 20er Jahre herrschte in der westlichen Welt eine euphorische Stimmung. Der Wohlstand schien zu wachsen, selbst in Deutschland schien sich der ökonomische Horizont zu lichten, dank der großzügigen Hilfe der Amerikaner und trotz der Last der Reparationen. Das kontinuierliche Wachstum der Naturwissenschaften stärkte die Erwartungen auf einen weiteren Fortschritt. Die Bemühungen von Stresemann, Briand und Chamberlain hielt man für hoffnungsvolle Zeichen einer Bewegung in Richtung auf eine friedliche Welt. Stresemann starb Anfang Oktober 1929. Der Zusammenbruch der New Yorker Börse im Jahr 1929 und die anschließende Depression hatten verheerende Auswirkungen auf die Weltwirtschaft. Die Depression nahm ein nie vorher dagewesenes Ausmaß an. Die Zahl der Arbeitslosen in den Vereinigten Staaten stieg auf zehn Millionen, in Großbritannien betrug ihre Zahl im Jahr 1932 drei Millionen.

Aber die größte Katastrophe spielte sich in Deutschland ab. Dort gab es acht Millionen Arbeitslose, in einem Land mit einer Bevölkerung von weniger als der Hälfte der Einwohner der Vereinigten Staaten. Die Mittelklasse hatte all ihre finanziellen Reserven während der galoppierenden Inflation anfangs der 20er Jahre verloren. Die ökonomischen und sozialen Unruhen, die Folgen der andauernden Erniedrigung durch den Versailler Vertrag und die allgemeine Verzweiflung führten zu den heftigen Reaktionen, die dem Wachstum des Nationalsozialismus halfen und Hitler an die Macht brachten. Im Jahre 1930 hatten die Nationalsozialisten im Reichstag 103 Sitze, 1932 hatten sie bereits 230. Ungefähr 40 % der Bevölkerung stimmte für Hitler. Am 30. Januar 1933 wurde Hitler Reichskanzler. Nach dem Reichstagsbrand wurde die Kommunistische Partei verboten, und die Nationalsozialisten, die vorher nur 40 % der Reichstagsabgeordneten stellten, hatten nun die absolute Mehrheit. Die Machtbefugnisse, die Hitler durch Sondergesetze im April 1933 gegeben wurden, machten ihn zum Diktator Deutschlands mit absoluter und unbegrenzter Macht. Darüber, was tatsächlich vor sich ging, oder gar über die tragischen Folgen dieser Geschehnisse war sich kaum jemand bewußt, weder die Bevölkerung Deutschlands noch anderer Länder, nicht einmal deren Politiker und Staatsmänner. Es brauchte Jahre, bis sie die wahre Natur des Hitler-Regimes erkannten, und dann war es zu spät, um geeignete Maßnahmen zu ergreifen, um den Krieg, der zur Verwüstung Deutschlands und Europas führte, zu verhindern.

Abb. 18. Isidor Rabi und Peter Kapitsa. Nobelpreisträgertagung Lindau 1979

Abb. 19. Solvey-Konferenz in Como 1930

Wie schon erwähnt, wurden im April 1933 die rassistischen Beamtengesetze erlassen, deren zerstörerische Wirkung auf die Universität Göttingen bereits beschrieben wurde. Überall wurden jüdische Wissenschaftler gezwungen, ihre Position aufzugeben; viele traten freiwillig zurück. In den Jahren 1933 bis 1935 verließen etwa 1150 jüdische Wissenschaftler Deutschland. Unter ihnen waren zahlreiche berühmte Persönlichkeiten, die bedeutende Schulen gegründet hatten. Viele von ihnen waren Nobelpreisträger oder erhielten diese Auszeichnung später. Die Kaiser-Wilhelm-Institute in Berlin traf ein schwerer Schlag, ähnlich wie Göttingen, wenn auch etwas abgemildert aufgrund der Tatsache, daß diese Institute nicht völlig von der Regierung abhängig waren wie die Universitäten, da sie beträchtliche finanzielle Unterstützung aus privaten Quellen erhielten (die Ereignisse in Berlin werden später ausführlicher beschrieben). Die deutsche Wissenschaft erlitt einen furchtbaren Rückschlag, nicht nur durch den Verlust so vieler hochqualifizierter Wissenschaftler (schätzungsweise etwa 25 %), sondern weil die Naturwissenschaften im Hitler-Deutschland auf eine unbedeutende Rolle zurückversetzt wurden. Wissenschaftliche Qualität war viel weniger wichtig als Parteitreue, Unterstützung der Naziideologie, Loyalität dem neuen Regime gegenüber und andere Werte, die man für die Zukunft Deutschlands für wichtiger hielt. Viele hervorragende Naturwissenschaftler, die nur zum Teil oder überhaupt keine Juden waren, verließen Deutschland freiwillig, weil sie es nicht ertragen konnten, in der durch das Naziregime erzeugten Atmosphäre zu leben. Unter diesen waren Erwin Schrödinger, Max Delbrück und Hans Gaffron.

Einen besonders harten Schlag erlitt die Atomphysik. Der Verlust von Einstein, James Franck, Max Born, Erwin Schrödinger, Otto Stern und vieler ihrer Mitarbeiter war vom Aufstieg zweier antisemitischer Physiker, Johannes Stark und Philipp von Lenard begleitet. Sie betrachteten das ganze Gebiet der Atomphysik als einen jüdischen Betrug. Die Quantentheorie und die Relativitätstheorie waren für sie „jüdische" Physik im Gegensatz zur „deutschen" (oder arischen oder nordischen) Physik. Deutsche Physiker, die die jüdische Physik akzeptierten oder gar unterrichteten, wurden „weiße Juden" genannt.

Sowohl Stark als auch Lenard waren zu Beginn ihrer Laufbahn erstklassige Physiker gewesen. Sie hatten hervorragende Leistungen vollbracht und waren Nobelpreisträger. Aber schon vor dem Ersten Weltkrieg entfernten sie sich zunehmend vom Hauptstrom der Physik. Sie standen in heftiger Opposition zur Deutschen Physikalischen Gesellschaft, da diese zu sehr von Juden beherrscht war. Nach dem Krieg identifizierten sie sich mit der Nazipartei. An Lenards Bürotür in Heidelberg befand sich eine Notiz: „Eintritt für Juden und Mitglieder der Deutschen Physikalischen Gesellschaft nicht gestattet." Stark war seit 1922 von den Universitäten geächtet; so konnte er keine Stelle bekommen und arbeitete in der Industrie. Starks und Lenards Haß und nationalsozialistischen Vorurteile explodierten 1933, und sie wurden zu führenden Beratern der Nationalsozialisten. Ihre persönliche Geschichte, ihre Handlungen während dieser Zeit, ihr Kampf mit den deutschen Physikern, von denen viele nicht bereit waren, ihre Führerschaft anzunehmen, ihre vernichtende Wirkung auf die Physik in Deutschland, all das gehört nicht in dieses Buch. Die Leser, die daran interessiert sind, seien auf das Buch von Beyerchen (1977) verwiesen.

Andererseits ist es zweifellos angemessen, die Einstellung wenigstens einiger der bedeutendsten Atomphysiker zu beschreiben, die während des Hitler-Regimes in Deutschland blieben. Angesichts der vielen engen persönlichen Freundschaften zwischen Juden, Halbjuden und Nichtjuden ist es wichtig zu wissen, wie diejenigen, die am tiefsten verwickelt waren, auf die Vertreibung oder den freiwilligen Rücktritt ihrer Freunde reagierten. Ohne diese Information wäre ein Bild von der Ära der Kollaboration unvollständig; es wäre schwierig, den wahren Charakter dieser Freundschaften zu bewerten.

Die Einstellung von Planck, dem Doyen der deutschen Physiker, ist bereits vorher beschrieben worden. Einige wenige Worte seien hier hinzugefügt, um sein Verhalten und seine Handlungen beziehungsweise seine Nicht-Handlungen zu verstehen. Wie die meisten deutschen Naturwissenschaftler war er politisch naiv. Er unterschied zwischen Dienst an der Regierung auf der einen Seite und Dienst am Staat auf der anderen Seite. Diese Einstellung herrschte auch bei vielen seiner Kollegen, und in der Tat war sie auch in anderen Gesellschaftskreisen, insbesondere während der Weimarer Republik, weit verbreitet. Er war seinem Heimatland zutiefst ergeben und fühlte sich verantwortlich, es für die Zukunft zu stärken und für seine ethischen, geistigen und kulturellen Werte zu kämpfen. Regierungen hingegen hielt man nur für vorübergehende Erscheinungen. Zu Anfang, vielleicht beeinflußt von seinem Sohn Erwin, glaubte Planck, daß das neue Regime nicht lange dauern konnte. Er ging nach Sizilien zu einer Kur. Erst auf dem Rückweg hörte er im Mai von Max Born, als sie sich in Tirol trafen, von den schockierenden Ereignissen in Göttingen, und daß Haber und viele andere Wissenschaftler die Kaiser-Wilhelm-Institute verlassen hatten. Planck war 1933 der Präsident der Kaiser-Wilhelm-Gesellschaft und hatte auch noch andere bedeutende Ämter in der akademischen Welt inne. Aus einer Familie von Beamten stammend war seine Tendenz der Loyalität zu der „legalen" Regierung tief verwurzelt, und es war für ihn sehr schwer, mit dieser Tradition zu brechen. Und obwohl er die Nationalsozialisten haßte und verachtete, wie sollte er in seiner exponierten Position am wirkungsvollsten vorgehen? Er war mit schwierigen Problemen konfrontiert, einem Dilemma, mit dem er nicht fertig wurde. Für ihn war es die Hauptaufgabe, die deutsche Wissenschaft vor der vollständigen Zerstörung in einer sich schnell verschlechternden Situation zu retten. Er fühlte, daß er vorsichtig sein und zu große Provokationen, die zu noch größerem Unglück führen könnten, vermeiden mußte.

Einer der Couragiertesten unter den Atomphysikern war Max von Laue. Er war seinem Land ebenso ergeben wie Planck und hatte ein ähnlich starkes Pflichtbewußtsein. In den ersten Monaten glaubte er ebenfalls, das Regime werde sich nur sehr kurze Zeit halten, aber nach wenigen Monaten begann er die Realität zu sehen und wurde sehr pessimistisch. Von Laue wurde ein Symbol des Mutes, der „Freiheitskämpe" und Meister des aktiven Kampfes gegen die Nationalsozialisten, und er blieb dies während dieser ganzen Zeit. Das war im Ausland gut bekannt, und er wurde für seinen Wagemut sehr bewundert. Einstein und Born waren zutiefst beeindruckt. Während der Newton-Feier der Royal Society im Jahr 1946 war er zufällig in London, und eines der Mitglieder nahm ihn dazu mit. Er wurde von seinen Kollegen aufs Wärmste begrüßt.

Hier einige Beispiele für von Laues Courage: Bei der Jahrestagung der deutschen Physiker im Herbst 1933 sprach von Laue über die Schrecken der Inquisition und deren Verhalten gegenüber Galilei. In seinen Schlußbemerkungen zitierte er Galileis berühmte Worte „Und sie bewegt sich doch". Das Auditorium war sich völlig bewußt, daß seine Rede symbolisch gemeint war und sich auf die Einstellung der Nazis gegenüber Einstein bezog und bedankte sich mit begeistertem Applaus. Die Deutsche Physikalische Gesellschaft war eine der wenigen Organisationen, die es wagte, die Gleichschaltung mit den Nationalsozialisten abzulehnen. Von Laue war einer der aktivsten, die sich darum bemühten, die Gesellschaft unabhängig zu halten und vor einer Einflußnahme von außerhalb zu bewahren. Zum großen Ärger der Nationalsozialisten durften auch Juden Mitglieder der Gesellschaft werden.

Nach Habers Tod im Jahr 1934 veröffentlichte von Laue zwei Artikel, die Habers große Leistungen für Deutschland priesen und sein tragisches Schicksal beklagten. 1937 schickte er seinen Sohn in die Vereinigten Staaten, um ihn dem Einfluß der Nationalsozialisten zu entziehen. Und er pflegte weiterhin seine Freundschaften mit den noch in Deutschland gebliebenen Juden. Unter ihnen war Arnold Berliner, der Herausgeber der „Naturwissenschaften", einer der bedeutendsten Zeitschriften Deutschlands. Berliner wurde 1935 gezwungen, sein Herausgeberamt abzugeben. Als die Lage unerträglich wurde, beging er 1942 Selbstmord. Von Laue nahm an seiner Beerdigung auf dem jüdischen Friedhof teil.

Angesichts des Ausmaßes, in dem von Laue es wagte, die Nationalsozialisten zu übergehen, scheint es überraschend, daß ihm nichts passierte und daß er nicht zum Schweigen gebracht wurde. Man kann über die Gründe nur spekulieren. Ein Faktor mögen seine Berühmtheit und hohe internationale Anerkennung gewesen sein; er war Plancks bedeutendster Schüler und ein Nobelpreisträger. Ein anderer Faktor mag gewesen sein, daß er aus einer alten und prominenten Familie stammte, die viele Verbindungen zu den Spitzen der Reichswehr hatte.

Vielleicht am schwierigsten war die Situation für Werner Heisenberg. Seine Einstellung und sein Verhalten während dieser Zeit sind häufig in Frage gestellt und von einigen Kollegen in den Vereinigten Staaten kritisiert worden. Angesichts seiner führenden Rolle bei der Entwicklung der Quantentheorie, der weltweiten Anerkennung seines Genies, seiner vielen engen Freundschaften mit Juden ist es sicherlich interessant, seine Handlungen und Reaktionen während der Nazizeit kurz zu beschreiben. Seit seinen ersten Studienjahren war Pauli sein bester Freund gewesen. Und diese Freundschaft blieb bis zu Paulis Tod im Jahr 1958 bestehen. Born war sein bewunderter Lehrer, Niels Bohr sein Idol, Einstein war in seinen Augen eines der größten Genies der Menschheit.

Heisenberg war in Kopenhagen von der internationalen Atmosphäre zutiefst beeindruckt, eine Erfahrung, die bei ihm eine tiefe und andauernde Wirkung hinterließ. Als er 1927 Ordinarius in Leipzig wurde, träumte er von einer engen und intimen Zusammenarbeit mit Pauli in Zürich und mit Bohr in Kopenhagen. Seine regelmäßigen Reisen zu Bohr waren für ihn ein integraler Bestandteil seiner wissenschaftlichen Aktivität. Er machte diese Besuche zum Zwecke kritischer Diskussionen und zum Austausch von Ansichten und Informationen. Die meisten seiner Schüler in Leipzig und auch sein Oberassistent Felix Bloch waren Juden. Sie alle waren von seinem Charme, seiner Einfachheit, seinem jugendlichen Enthusiasmus und seinem brillanten Verstand angezogen. Sein Leben war erfüllt von der Physik, der Musik und der Liebe zur Natur. Seit seiner Studentenzeit wanderte er oft mit Freunden, insbesondere in Süddeutschland. Er liebte die Wälder, die Seen, die alten Städte und vor allem die bayerischen Berge. Häufig ging er auch Skilaufen. Er war in seinem Heimatland zutiefst verwurzelt. Musik und Wandern waren seine Erholung, aber seine Leidenschaft war die Physik.

Von besonderem Interesse im Zusammenhang mit seinem Verhalten den Nazis gegenüber ist jedoch seine politische Einstellung während der Weimarer Republik. Wie schon erwähnt, war er durch seine häufigen Besuche bei Bohr und durch seine vielen weltweiten Freundschaften international eingestellt. Trotz seiner Liebe zu Deutschland hegte er keinerlei engstirnige nationalistische Gefühle, sondern fühlte sich als Europäer. Seine allgemeinen Ansichten waren ausgesprochen progressiv und liberal. Er unterrichtete auch in den Volkshochschulen, die von den Sozialdemokraten für die Arbeiterklasse gegründet worden waren, um deren Bildungsstand zu heben. Diese Institutionen waren auf die liberalen Ideen der Weimarer Republik ausgerichtet (sie wurden sofort geschlossen, als die Nazis an die Macht kamen). Nur Leute mit ausgesprochen positiver Einstellung zur Republik nahmen Verbindungen zu diesen Schulen auf und unterrichteten dort. Ein Großteil der Mittelklasse und der Oberschicht, insbesondere in den Universitäten, war skeptisch, unfreundlich oder sogar feindlich gegenüber dem neuen Regime. Nicht wenige der älteren Generation, selbst unter den Juden, blickten mit nostalgischen Gefühlen auf die glorreichen Tage des Kaiserreichs zurück. Die Schwierigkeiten für die junge Demokratie wurden durch die ständigen Erniedrigungen und Härten, die Frankreich und England dem Deutschen Reich auferlegt hatten und selbst Einstein und Born schockierten, noch verstärkt. Sie förderten die reaktionären und antisemitischen Elemente. Für jemanden, der mit den damaligen politischen Ereignissen in Deutschland vertraut ist (so wie der Autor dieser Zeilen) ist Heisenbergs

Lehrtätigkeit an den Volkshochschulen ein sehr bezeichnender Beweis für seine wahrhaft liberalen Ansichten und seine Nähe zu den sozialdemokratischen Zielen, wenn er auch nicht zu irgendeiner politischen Organisation gehörte. Viele von Heisenbergs Ansichten waren so fortschrittlich, daß manche ihn für einen „Sozi" hielten. Die Sozialdemokraten waren damals die heftigsten Opponenten der Nazis, denn sie lehnten jedes totalitäre oder autoritäre Regime ab. Zwischen den Sozialdemokraten und den Nationalsozialisten bestand ein extremer Gegensatz, während einige liberale Demokraten und linksgerichtete Mitglieder der Zentrumspartei (der katholischen Partei) den Zielen und Ansichten der Sozialdemokraten sehr nahe standen.

Die Machtergreifung der Nationalsozialisten traf Heisenberg wie ein Donnerschlag aus heiterem Himmel. Als er im März einige Tage mit Bohr verbrachte, war er noch optimistisch und meinte, daß der Sturm in kurzer Zeit vorübergehen werde. Aber die Illusion dauerte nicht lange. Die Ereignisse im Frühjahr 1933 schienen unfaßbar. Er war zutiefst betroffen und machte sich große Sorgen. Nicht nur verlor die deutsche Physik ihre Führer, sondern er selbst verlor seine glänzendsten Mitarbeiter, unter ihnen Bloch und Bethe. Er bemühte sich sehr, wenigstens einige der führenden jüdischen Physiker auf ihrem Posten zu halten und seinen jüdischen Studenten zu Stellen zu verhelfen, wo sie ihre Arbeit fortsetzen konnten. Heisenberg und einige seiner Fakultätskollegen, besonders Friedrich Hund und Karl-Friedrich Bonhoeffer, waren empört und verzweifelt. Wie sollten sie reagieren? Was konnten sie tun, um die Situation zu verbessern? Sie dachten allen Ernstes daran, von ihrer Stellung an der Universität zurückzutreten. Dabei war ihnen klar, daß dies bedeuten würde, das Land, in dem sie zutiefst verwurzelt waren, zu verlassen. Aber selbst solch drastische Schritte würden keine Wirkung haben. Mehr noch, hatten sie das Recht, ihre Kollegen und Studenten im Stich zu lassen? Dies war für Heisenberg eine ganz besonders wichtige Frage. Als Fackelträger der neuen Quantenmechanik war er am besten in der Lage, eine neue Generation auf dem Gebiet der Atomphysik und der Relativitätstheorie auszubilden.

In diesem Dilemma wandte er sich an Planck um Rat. Planck und auch von Laue drängten ihn sehr, zu bleiben und seine Forscher- und Lehrtätigkeit fortzusetzen. Sie wußten, daß eine Katastrophe früher oder später unvermeidbar war. Sie drängten alle Kollegen, auch die jüdischen, die aus irgendeinem Grunde ihre Arbeit fortsetzen konnten, weiterzuarbeiten und eine neue Studentengeneration auszubilden. Dies würde helfen, ein neues und anständiges Deutschland nach dem Zusammenbruch eines wahnsinnigen und verbrecherischen Regimes aufzubauen. Besonders auf Heisenberg setzte er große Hoffnungen; er war jung und stark und dazu bestimmt, einer der Anführer nach dem Zusammenbruch zu werden. Das Land zu verlassen, hätte keine Wirkung, aber sein Bleiben wäre eine Ermutigung für alle Regimegegner. Selbst sein bewunderter Lehrer und Freund Niels Bohr riet ihm, in Deutschland zu bleiben. Rückblickend muß man fairerweise zugeben, daß der Rat von Franck, von Laue und Bohr und die daraus resultierende Entscheidung Heisenbergs und anderer, in Deutschland zu bleiben, sich als wichtig für den Wiederaufbau eines neuen Deutschlands in der Zeit nach Hitler erwiesen hat; die Zerstörung der Physik und der Naturwissenschaft wäre noch schlimmer gewesen, und keine Führungspersönlichkeiten von Format hätten bereitgestanden, um Deutschland wieder aufzubauen und die politische, geistige, intellektuelle und moralische Verwüstung zu überwinden. Natürlich konnte niemand das Ausmaß der Zerstörung, nicht nur der Wissenschaft, sondern des ganzen Landes, die kriminellen Aktionen und das Holokaust[6]) voraussehen. Obgleich es Heisenberg klar war, daß sein Verbleiben in Deutschland für ihn eine schwere Zeit und das Eingehen auf abscheuliche Kompromisse und Erniedrigungen bedeuten würde, nahm er Plancks Rat an und setzte seine Tätigkeit in Forschung und Lehre unbeirrt im gleichen Sinne wie vorher fort. Sein Institut wurde eine „Insel der Freiheit".

Während der Solvay-Konferenz im November 1933 erfuhr er von Bohr, daß er demnächst den Nobelpreis für das Jahr 1932 erhalten werde, gleichzeitig mit Schrödinger und Dirac. Heisenberg war sich voll bewußt, wie viel er seinen Lehrern Pauli, Born, Franck und vor allem Bohr schuldete. Er drückte Bohr gegenüber seine Gefühle in einem bewegenden Brief aus und erinnerte daran, wie entscheidend all das, was er in Kopenhagen gelernt hatte, für die Arbeit, für die er die Auszeichnung erhielt, gewesen war. Er schrieb auch an Born, er sei beschämt, daß Born nicht an dem Preis teilhabe, angesichts seiner entscheidenden Beiträge zur Quantenmechanik. Als dann bekannt wurde, daß Heisenberg für den Nobelpreis auserkoren war, traf sich eine große Zahl von deutschen Gelehrten, unter ihnen der Chirurg Sauerbruch, der Philosoph Heidegger und der Kunsthistoriker Pinder in Leipzig, um eine Loyalitätserklärung für Hitler zu formulieren. Als sie Heisenberg aufforderten, das Dokument zu unterschreiben, lehnte er dies mit Nachdruck ab.

Heisenberg fühlte sich zunehmend einsam und deprimiert. Sein einziger Trost war, sich noch mehr in seine Arbeit und seine Musik zu vertiefen. Aber die schlimmste Periode sollte erst noch kommen. Die Gruppen um Stark und Lenard wurden immer einflußreicher und aggressiver. Heisenberg und Sommerfeld waren ihre Hauptangriffsziele und wurden besonders heftig attackiert. Sommerfeld, der wohl die größte Anzahl von Studenten in Deutschland in der Quanten- und Relativitätstheorie unterrichtet hat, setzte seine Lehrtätigkeit in der Hitlerzeit unverändert fort. Er war einer der größten Bewunderer Einsteins, und in seinem Briefwechsel mit ihm (Hermann 1968) versicherte er Einstein, daß seine Studenten auch während der Hitlerzeit weiterhin über ihn und sein Werk informiert würden. Selbst nach seiner Emeritierung lehrte er noch „jüdische Physik", bis ein Nachfolger gefunden wurde, der sich als Katastrophe herausstellte. Als Heisenberg als Sommerfelds Nachfolger vorgeschlagen wurde, begannen die „arischen" Physiker einen heftigen Kampf voller persönlicher Attacken, Verunglimpfungen und Beleidigungen. Der Völkische Beobachter und andere Nazizeitungen versuchten, seine Ernennung zu verhindern und stellten ihn als den Mann dar, der den Geist Einsteins (Geist vom Geiste Einsteins), dem größten Feind Deutschlands, repräsentierte. Heisenberg war zutiefst deprimiert. Es war eine schwere Zeit. Er versuchte, sich gegen diese Attacken mit einem von 75 Professoren unterschriebenen Memorandum über die Bedeutung seines Physikunterrichtes zu verteidigen. Es hatte natürlich keine Wirkung; es war nur eine Zeitverschwendung und nicht der Mühe wert. Der Kampf ging mit den schlimmsten Beleidigungen weiter, man bezeichnete ihn als Jude dem Charakter, dem Geist und der Einstellung nach. All dies führte dazu, daß er wieder ernsthaft an eine Emigration dachte. Seine einzigen glücklichen Tage waren damals seine Reisen nach Kopenhagen, wo er viele seiner besten Freunde traf.

1937 heiratete er Elisabeth Schumacher, die Tochter von Professor Hermann Schumacher, Ordinarius für Nationalökonomie an der Universität Berlin. Pauli und Bohr gratulierten ihm wärmstens. Sie waren sehr unglücklich und besorgt über seine mißliche Lage,

---

[6]) Das Wort Holokaust stammt aus dem Griechischen (holos = ganz, kaustos = brennend); ursprüngliche Bedeutung: Brandopfer der Juden.

seine Frustration und seine Bedrängnis und hofften, daß die Ehe ihm eine Hilfe und moralische Unterstützung bringe, was tatsächlich auch geschah. Im Frühjahr 1939 verbrachte das Ehepaar zwei Wochen in Badenweiler. Man wußte, daß der Krieg im Kommen war. Heisenberg litt unter einer tiefen Depression und einem furchtbaren Dilemma. Er hatte Angebote abgelehnt, die es ihm ermöglicht hätten, das Land zu verlassen. Für sich selbst mochte er das Recht haben, das Risiko auf sich zu nehmen, aus einem Verantwortungsgefühl für die Zukunft seines Landes heraus, selbst wenn es von einem verhaßten und kriminellen Regime beherrscht wurde. Aber er war verheiratet und hatte zwei Kinder. Hatte er das Recht, seine Familie den Schrecken des Krieges auszusetzen, wenn es für sie ein Leichtes gewesen wäre, zu entkommen?

Der Autor dieser Zeilen hatte das Privileg, von Frau Elisabeth Heisenberg einen Vorabdruck ihrer Memoiren[7]) zu erhalten, und die Erlaubnis, diese hier zu erwähnen. Wie wiederholt betont, war Heisenberg eines der größten Genies der Atomphysik des 20. Jahrhunderts. Viel ist über ihn geschrieben worden (siehe z. B. Hermann 1977), aber nirgends findet man ein so faszinierendes und vollständiges Bild seiner Persönlichkeit wie in den Memoiren seiner Frau. Mit Brillanz und psychologischem Feingefühl beschreibt sie die inneren Kämpfe, die geistigen Qualen und die schmerzlichen Dilemmas, die ihr Mann während der Nazizeit durchgemacht hat. Es ist die erste Analyse, die mit meisterhafter Klarheit die Gründe für viele seiner Handlungen und Entscheidungen erklärt. Für jemanden, der nicht dabei war, ist es extrem schwierig, zu verstehen, was während jener Jahre in Deutschland vor sich ging: der organisierte Terror, die Meuchelmorde, die Hinrichtungen und die Konzentrationslager, die allen drohten, die es wagten, das Regime zu kritisieren. Zu jener Zeit war es für Heisenberg nicht möglich, seine Freunde im Ausland von seinen wahren Motiven zu überzeugen, denn sie konnten sich einfach nicht vorstellen, was damals in Deutschland vor sich ging. Es wäre auch viel zu riskant gewesen, besonders für seine Familie, alles genau zu erklären. Häufig war er verzweifelt, denn er wußte, daß seine Entscheidung, in Deutschland zu bleiben, ihr Leben gefährdete. Die Folge davon war, daß sein Verhalten während der Nazizeit nur wenige verstanden und von einigen Kollegen sogar falsch ausgelegt worden ist. Die Memoiren seiner Frau haben hier Klarheit geschaffen. Sie erzählt, wie Heisenberg zwischen seinem Haß auf die Nazis und seiner Liebe zu seinem Vaterland hin- und hergerissen wurde. Er hielt sich moralisch dafür verpflichtet, weiterhin auf einem Posten zu bleiben, der es ihm ermöglichte, nach dem unvermeidlichen Zusammenbruch des Naziregimes am Wiederaufbau Deutschlands mitzuhelfen. Frau Heisenbergs Memoiren offenbaren die psychischen Beweggründe seiner Entscheidungen in Details, die nur sie als seine Ehefrau geben kann. Die Memoiren sind von ganz wesentlicher Bedeutung für alle diejenigen, die Heisenbergs Persönlichkeit und die Gründe für seine Handlungen während dieser Zeit verstehen wollen. Außerdem sind sie ein unschätzbares historisches Dokument, das eines der Hauptziele der Naziattacken portraitiert und mit seltener Klarheit die Qualen, die Hilflosigkeit und Verzweiflung der vielen deutschen Intellektuellen beschreibt, denen voll bewußt war, daß ihr Land von einer Verbrechergruppe beherrscht wurde.

Der Autor dieser Zeilen ist mit der Einstellung und der seelischen Verfassung führender deutscher Wissenschaftler jener Ära wohl vertraut; er hat etliche von ihnen persönlich ge-

[7]) E. Heisenberg: Das politische Leben eines Unpolitischen. Erinnerungen an Werner Heisenberg. Piper Verlag. München, Zürich 1980.

kannt. Er gehörte zu denen, die für antisemitische und Pro-Nazi-Sympathien äußerst empfindlich waren. Er fühlt sich daher gezwungen, sein tiefes Bedauern über die Mißdeutungen des großen Opfers, das Heisenberg und manche seiner jungen Kollegen brachten, auszudrücken. Eine derartige falsche Beurteilung weist auf die völlige Unkenntnis der wahren Beweggründe, wie Frau Heisenberg in ihren Memoiren aufzeigt. Heisenberg und seine jungen Kollegen wußten sehr wohl, welch schweren Preis sie zu zahlen hatten, einige sogar mit ihrem Leben. Trotz ihres Hasses auf die Nazis und entgegen ihren persönlichen Interessen harrten sie aus. Sie fühlten sich verpflichtet, zu bleiben, um eines Tages ein neues, freies und demokratisches Deutschland aufbauen zu helfen. Nicht nur ihr eigenes Land, sondern die Menschheit schuldet ihnen ein gutes Maß an Dankbarkeit und Respekt für ihren Mut und ihren Idealismus.

Diese wenigen Beispiele von der Einstellung jener Phyikser, die in Deutschland blieben, illustrieren ihre Dilemmas und Beweggründe, ihre Frustrationen, ihre Pein und Tragik. Häufig wird die Ansicht vertreten, daß wenn diese Menschen gegen die Nazis stärker und in der Öffentlichkeit Widerstand geleistet hätten, selbst unter Einsatz ihres Lebens, dann hätten sie die schlimmsten Exzesse verhindern können. Die Vertreter dieser Ansicht haben keine Vorstellung von der wohlüberlegt geschaffenen Atmosphäre des mit Perfektion organisierten Terrors sowie der Unbarmherzigkeit und sadistischen Brutalität, mit der die Nazis jeglichen Widerstand unterdrückten. Opponenten schickte man in Konzentrationslager, ermordete sie oder ließ sie einfach verschwinden. Öffentliche Todesanzeigen waren nicht erlaubt, so daß diese Art von Protest völlig wirkungslos war. Unter solchen Bedingungen muß man die Stärke, mit der diese Regimegegner den Nazis zu trotzen wagten, eher bewundern als kritisieren. Man muß Max von Laue nachfühlen, daß er tief bestürzt war über die ungerechtfertigten kritischen Meinungen vom Verhalten der deutschen Wissenschaftler; dies geht aus Briefen an seinen Sohn in den Vereinigten Staaten nach dem Kriege hervor. Ihn verletzte besonders die Verallgemeinerung, nämlich daß alle seine Kollegen beschuldigt wurden, sie hätten nicht stark genug protestiert. Die Bemerkungen beziehen sich hier speziell auf die Haltung der Atomphysiker, mit ihren engen Freundschaften und ihrer Zusammenarbeit in der Zeit vor Hitler. Viele dieser Freundschaften wurden in der Nachkriegszeit wieder aufgenommen.

Ein weiterer Faktor, der häufig übersehen wird, war die scheinbar völlige praktische Nutzlosigkeit der Atomphysik. Sie war eine esotherische Wissenschaft von rein theoretischem Interesse, mehr eine Art von Philosophie und geistige Übung, im Gegensatz zu vielen Gebieten der Experimentalphysik, die von potentiellem Wert für Industrie, Landwirtschaft und Rüstung waren. Deshalb hatten die Stimmen auch der prominentesten Atomphysiker wenig Gewicht, viel weniger als die anderer Wissenschaftler, deren Werk sich als nützlich herausstellen konnte. Selbst so machtvolle Industriekapitäne wie Carl Bosch und Albert Vögler hatten keinen Einfluß auf ein Regime, das die Wissenschaft verachtete und äußerst anti-intellektuell eingestellt war.

Vielleicht ist es nützlich, in diesem Zusammenhang an eine vergleichbare Situation in der Geschichte des Vietnamkrieges zu erinnern. Was war der Effekt der eindringlichen Appelle vieler Wissenschaftler, den Krieg zu beenden? Viele führende Universitäten — Harvard, Yale, Columbia, Cornell und andere — protestierten gegen einen sinnlosen und grausamen Krieg, der schreckliche Zerstörungen hervorrief. Das Leben vieler junger Amerikaner wurde geopfert, und Hunderte von Milliarden Dollar wurden verschwendet. Die Vereinigten Staaten sind ein Land mit tiefen demokratischen Wurzeln und mit völliger Meinungsfreiheit. Präsident Johnson war über die Einstellung der akademischen Welt so erbost, daß die Forschungsgelder und die Unterstützung für die Universitäten drastisch gekürzt wurden, eine Handlung, die ernsthafte Auswirkungen auf die Entwicklung der Wissenschaft hatte und noch immer hat. Wie konnte man dann erwarten, daß die wenigen Atomphysiker in Deutschland auch nur den geringsten Einfluß hätten haben können, selbst wenn sie ihr Leben riskierten? Sie hätten Selbstmord begangen. Das einzige Ergebnis wäre ein noch schlimmerer Verfall der wissenschaftlichen Forschung gewesen.

Und schließlich, während die Regierungen der Weimarer Republik, selbst die von Gustav Stresemann, unterstützt von Aristide Briand und Houston Chamberlain, nicht in der Lage waren, irgendwelche Konzessionen von England oder Frankreich zu erwirken, um die Demütigungen des Versailler Vertrags zu mildern, gelang es Hitler, eine Konzession nach der anderen, insbesondere bei der englischen Regierung, durchzusetzen, ja er wurde sogar wiederholt dazu ermutigt. Dies schwächte naturgemäß die Widerstandskraft der Opposition in Deutschland.

Da das Problem der Stärke des Widerstandes der Atomphysiker für die Frage, wie real und echt die Freundschaft zwischen Juden und Nichtjuden war, relevant ist, war es notwendig, diese wenigen Tatsachen ins Gedächtnis zurückzurufen. In der Bibel steht, man soll seine Freunde nicht verurteilen, bevor man nicht in der gleichen Situation ist. Als Hannah Arendt in ihrem wohlbekannten Buch über den Eichmann-Prozeß die Juden wegen ihres fehlenden Mutes und Widerstandsgeistes scharf kritisierte, waren viele ihrer jüdischen Freunde (und der Autor dieser Zeilen war einer von ihnen) zutiefst verletzt und erregt. Über die falschen Aussagen und unvollständigen Beschreibungen in ihrem Buch ist viel geschrieben worden, und auch darüber, wie wenig vertraut sie mit der ungeheuren Menge des vorhandenen Materials war, das allerdings zumeist unpubliziert oder in hebräisch geschrieben war. Obwohl dieses Problem nicht in dieses Buch gehört, so ist die Parallelität offensichtlich. Die lautstärkste Kritik an der Einstellung, dem Verhalten und den Beweggründen der deutschen Atomphysiker kommt von Leuten, die über die Tatsachen und die Realitäten der tragischen Situation im Hilter-Deutschland, als Tausende von Intellektuellen aus alten deutschen Familien getötet wurden, kaum informiert sind.

Die Haltung der Wissenschaftler im allgemeinen soll hier nicht näher erörtert werden. Viele unterstützten das Naziregime, aber eine ganze Reihe von ihnen leistete heftigen Widerstand. Im allgemeinen weiß die Öffentlichkeit nur wenig über dieses ganze Problem. Sehr wenige wissen von der Stärke der Widerstandsbewegung im Nazideutschland. Erst 1977 ist ein informativer und gut dokumentierter Bericht über das Ausmaß des Widerstandes publiziert worden (Hoffmann 1977).

Viele der jüdischen (oder halbjüdischen) Wissenschaftler, die Deutschland verließen, wurden von ihren Kollegen in verschiedenen Ländern, insbesondere in Großbritannien und Frankreich, trotz der Wirtschaftskrise willkommen geheißen. Und man hat große Anstrengungen gemacht, ihnen eine Fortsetzung ihrer Arbeit zu ermöglichen. Niels Bohr nahm eine große Zahl von Physikern in seinem Institut auf, bis sie anderswo geeignete Positionen finden konnten. Aber mit Abstand die größte Zahl ging schließlich in die Vereinigten Staaten. Wie es eine englische Zeitschrift im Zusammenhang mit der Verfolgung der Wissenschaftler ausdrückte, war Deutschlands Verlust der Gewinn für die Welt.

Kernspaltung

Die Katastrophe, die über die deutsche Atomphysik hereinbrach, konnte deren Fortschritt nicht aufhalten. Es gab in Europa und in den Vereinigten Staaten andere bedeutende Zentren, wo in den 30er Jahren wesentliche Fortschritte erzielt wurden. Ein besonderer Aspekt muß im Zusammenhang mit dem Thema dieses Buches erörtert werden.

Der Atomkern rückte in zunehmendem Maße in das Zentrum des Interesses. 1919 hatte Rutherford Stickstoffkerne mit α-Teilchen bombardiert, und heraus kamen Wasserstoffkerne (Protonen). Als er diese Experimente mit James Chadwick weiter verfolgte, erwies sich, daß die α-Teilchen nicht einfach ein Proton aus dem Stickstoff herausgeschlagen hatten, sondern daß sie tatsächlich in den Atomkern eingedrungen waren. Der Stickstoffkern wurde durch die Absorption eines α-Teilchens und die Ausstoßung eines Protons in einen Sauerstoffkern umgewandelt! Rutherford war die Umwandlung eines Elementes in ein anderes gelungen. Aufgrund dieser Ergebnisse postulierten Rutherford und andere Physiker, daß es vielleicht ein weiteres subatomares Teilchen gäbe, das in seiner Masse dem Proton ähnele, aber nicht dessen elektrische Ladung besitze. Jedoch die Experimente zum Beweis dieser Idee waren erfolglos. Im Jahre 1930 bombardierte der deutsche Physiker Walther Bothe (1891—1957) mit seinem Assistenten Herbert Becker Beryllium mit α-Teilchen. Beryllium ist ein leichtes Atom (Atomgewicht 9) mit der Ordnungszahl 4. Das Beryllium sandte eine ungewöhnlich stark durchdringende Strahlung aus. Bothe war ein Schüler von Planck. Er hatte in der Physikalisch-Technischen Reichsanstalt in Berlin gearbeitet. 1934 wurde er Direktor des Physikalischen Instituts im Kaiser-Wilhelm-Institut für medizinische Forschung in Heidelberg, in demselben Institut, in dem Otto Meyerhof seit 1931 tätig war. Für seine großen Leistungen auf dem Gebiet der Atomphysik erhielt Bothe im Jahr 1954 (geteilt mit Max Born) den Nobelpreis.

1932 wiederholten Frédéric Joliot und Irène Joliot-Curie Bothes Experimente und plazierten einen Paraffin-Schirm hinter das Beryllium. Dabei entdeckten sie, daß durch die durchdringende Strahlung Protonen aus dem Paraffin mit hoher Geschwindigkeit herausgeschleudert wurden. Angesichts der Energie dieser Protonen war es schwierig, diese Beobachtungen mit der Annahme, daß die Strahlung aus γ-Strahlen besteht, in Übereinstimmung zu bringen[8]).

Die richtige Auslegung dieser Experimente lieferte James Chadwick. Seine Beobachtungen zeigten, daß die Ausstoßung von Protonen durch die Annahme erklärt werden konnte, daß die Strahlung aus ungeladenen Teilchen besteht: den lange vorausgesagten Neutronen. Seine Beobachtungen wurden immer wieder bestätigt. Neutronen haben etwa die gleiche Masse wie Protonen. Ein neues Kapitel in der Erforschung des Atomkerns wurde aufgeschlagen. Für diese Entdeckung des Neutrons erhielt Chadwick im Jahre 1935 den Nobelpreis für Physik. Heisenberg schlug dann bald ein Schema vor, nach dem der Kern eines Atoms aus zweierlei Teilchen, aus Protonen und Neutronen besteht, die man als Nukleonen bezeichnet.

---

[8]) Die Joliots bombardierten später Aluminium mit α-Teilchen und fanden, daß eine neue Substanz, Phosphor, entstand, aber in 30 Minuten wieder abklang. Sie sandte γ-Strahlen aus und verwandelte sich in Silicium. Für diese Entdeckung der künstlichen Radioaktivität erhielten sie 1935 den Nobelpreis für Chemie. Aber sie gingen ihren Berylliumexperimenten nicht weiter nach und verpassten so die Entdeckung des Neutrons.

Noch im gleichen Jahr beschoßen John D. Cockcroft und Ernest T. S. Walton, die in Rutherfords Laboratorium arbeiteten, Lithium (Ordnungszahl 3) mit einem Protonenstrahl. Dabei ergab sich, daß dieses Element, das aus drei Protonen und vier Neutronen besteht, ein Proton absorbierte und anschließend in zwei Heliumkerne (α-Teilchen) zerfiel, die je aus zwei Neutronen und zwei Protonen bestanden. Die Masse der beiden α-Teilchen ist geringer als die kombinierte Masse eines Lithiumkerns und eines Protons. Nach Einsteins Gleichung $E = mc^2$ sollte dieser Masseverlust in Energie umgewandelt worden sein, die dann als jene Energie auftritt, mit der die α-Teilchen aus dem bestrahlten Lithium herausgeschleudert werden. Cockcroft und Walton maßen die Energie der α-Teilchen, und die Daten stimmten mit Einsteins Gleichung überein. Im Jahre 1951 erhielten sie für ihre Pionierarbeit den Nobelpreis für Physik.

Als Enrico Fermi in Rom von Frédéric und Irène Joliots Entdeckung der künstlichen Radioaktivität erfuhr, beschloß er, auszuprobieren, ob die Verwendung von Neutronen an Stelle von α-Teilchen ebenfalls Radioaktivität erzeugen konnte. Da α-Teilchen und Protonen elektrisch geladen sind, müßte es für sie schwieriger als für die elektrisch neutralen Neutronen sein, die Barriere zu überwinden, die die elektrische Ladung des Kerns darstellte. Deshalb sollten Neutronen leichter in Atomkerne eindringen und deren Struktur zerstören können. Experimente mit Elementen niedriger Ordnungszahl waren nicht zufriedenstellend. Aber als er Uran mit Neutronen beschoß, wurde es sehr radioaktiv. Einige eher zufällig durchgeführte Experimente, die mit der Bombardierung des Urans nicht in unmittelbarem Zusammenhang standen, deuteten darauf hin, daß die erzeugte Radioaktivität

Abb. 20. Otto Hahn und Adolf Butenandt, Nobelpreisträgertagung Lindau 1967

merklich gesteigert wurde, wenn man die Neutronen durch Paraffin oder Wasser hindurchleitete. Fermi interpretierte diesen Effekt als eine Verlangsamung der Neutronen durch Kollision mit den Wasserstoffkernen ähnlicher Größe während des Durchgangs durch Wasser oder Paraffin. Er nahm an, daß die langsamen Neutronen mit größerer Wahrscheinlichkeit eingefangen werden und im Kern steckenbleiben als schnelle Teilchen, die einfach durch das Atom hindurchschossen. Bohr, die Joliots und ihre Mitarbeiter sowie andere Physiker waren durch Fermis Beobachtungen sehr angeregt, und viele befaßten sich mit Arbeiten über die Wirkung von Neutronen. Mehrere Theorien wurden über die Prozesse, die im Atom vor sich gehen, vorgeschlagen. Die meisten nahmen an, daß Uran die Neutronen einfangen und dadurch „Transurane" mit der Ordnungszahl 93 oder 94 gebildet würden; aber Fermi, der natürlich auch an diese Möglichkeit gedacht hatte, blieb weiterhin skeptisch.

Einige Physiker spekulierten, es handele sich bei dem Element um Protactinium, das die Ordnungszahl 91 besitzt, ein Element, das Otto Hahn und Lise Meitner im Jahr 1917 entdeckt hatten. Es war daher ganz natürlich, daß auch sie an den Neutroneneffekten interessiert waren. Damals, Mitte der 30er Jahre, wandte sich ihr Hauptinteresse von der Radiochemie mit zunehmendem Maße der Kernchemie zu. Bevor wir jedoch die Erörterung der wissenschaftlichen Entwicklungen fortsetzen, ist es wichtig, die Geschichte der Zusammenarbeit zwischen Hahn und Meitner wegen ihrer Relevanz für das Thema dieses Buches zu beschreiben.

Otto Hahn (1879-1968) wurde in Frankfurt am Main geboren. Sein Vater stammte von rheinischen Bauern ab, wurde jedoch selbst Glaser und Handwerker und später Kaufmann. Otto studierte Chemie und promovierte an der Universität Marburg. Nachdem er zwei weitere Jahre bei seinem Lehrer Professor Theodor Zincke verbracht hatte, wollte er in die Industrie gehen. Ein Unternehmen bot ihm eine Stelle an, schlug aber vor, er solle zunächst ein halbes Jahr im Ausland verbringen. So ging er 1940 zu Sir William Ramsay nach London. Ramsay war berühmt für seine Entdeckung der Edelgase. Und Hahn entdeckte, während er bei ihm arbeitete, das Radiothor. Ramsay war von Hahns Fähigkeiten sehr beeindruckt und ermutigte ihn, in der Forschung zu bleiben. Obwohl Hahn zu Emil Fischer an die Universität Berlin hätte gehen können, interessierte ihn jetzt die Radiochemie so sehr, daß er beschloß, einige Zeit bei Rutherford, dem führenden Wissenschaftler auf diesem Gebiet, an der McGill-Universität in Montreal zu verbringen. Rutherford war ein inspirierender und enthusiastischer Lehrer, der Hahn stark beeinflußte (Hahn 1962). Er verbrachte dort ungefähr ein Jahr und entdeckte eine andere neue Substanz, das Radioactinium. Viele Jahre später wurden diese „Elemente" als Isotope erkannt.

Nach seiner Rückkehr nach Deutschland ging Hahn dann nach Berlin zu Emil Fischer. Die Radiochemie war noch kein regulärer Bestandteil der Aktivitäten in Fischers Institut, und es gab auch noch kein Labor für radioaktive Messungen. Fischer bot ihm einen Platz in der Tischlerwerkstatt an. Für seine chemischen Experimente durfte er die anderen Laboratorien in den Abendstunden benutzen. Seine Arbeit erschien vielen seiner Kollegen merkwürdig, aber Fischer erkannte das große Potential des neuen Gebietes. Hahn wurde 1907 Privatdozent, drei Jahre später Extraordinarius. Häufig nahm er an Seminaren an der physikalischen Abteilung unter der Leitung von Heinrich Rubens teil. Sein Interesse an der Physik brachte ihn mit vielen hervorragenden Physikern zusammen, und er befreundete sich mit Rubens, Walther Nernst, Emil Warburg, Max von Laue, James Franck und Gustav Hertz.

Bei den Seminaren in der physikalischen Abteilung begegnete er auch Lise Meitner (1878—1968). Sie war das dritte von acht Kindern eines jüdischen Rechtsanwaltes in Wien.

Abb. 21. Lise Meitner und Otto Hahn in der „Holzwerkstatt“ des Chemischen Instituts der Friedrich-Wilhelms-Universität, Berlin 1909

Nach dem Physikstudium und der Promotion in Wien ging sie nach Berlin, um ihre Studien bei Max Planck fortzusetzen. Ihre Arbeiten in Wien in Boltzmanns Institut über die Absorption von α- und β-Strahlen hatten ihr Interesse an der theoretischen Atomphysik geweckt. 1907 ging sie dann zu Hahn auf der Basis eines Teilzeitvertrages. Es war Hahn völlig klar, wie wichtig die Zusammenarbeit mit einem Atomphysiker für seine Arbeit sein würde. Lise Meitner wollte ursprünglich nur zwei Jahre in Berlin bleiben. Statt dessen dauerte die Zusammenarbeit und die Freundschaft zwischen Hahn und Meitner 30 Jahre (nur mit einer durch das NS-Regime verursachten Unterbrechung von ein paar Jahren).

Fischer akzeptierte normalerweise keine Frauen in seinem Institut. Trotz seiner im allgemeinen sehr liberalen Einstellung war er in dieser Beziehung extrem konservativ. Lise Meitners Arbeitsplatz war im Keller; sie durfte in den anderen Laboratorien nicht arbeiten[9]).

Als Ende 1912 das Kaiser-Wilhelm-Institut für Chemie eröffnet wurde, schlug Fischer (der sehr einflußreich war und eine bedeutende Rolle bei der Gründung und Förderung der Kaiser-Wilhelm-Gesellschaft spielte) vor, daß Hahn und Meitner eine eigene Abteilung für

[9]) Fischer, der den preußischen Militarismus nicht mochte, schickte seinen Sohn Hermann nach dem Abitur für ein Jahr an ein College in Cambridge, in der Hoffnung, Hermann würde gegen den preußischen Geist immun werden. Das Ergebnis war, daß Fischers Sohn Deutschland sofort verließ, als die Nazis an die Macht kamen. Er ging zuerst nach Basel, dann nach Kanada. Schließlich nahm er einen Posten an der Universität von Kalifornien in Berkeley an, wo er sehr glücklich war. Der Autor dieser Zeilen traf ihn häufig zusammen mit Otto Meyerhof, mit dem er eng befreundet war. Emil Fischers energische Ablehnung antisemitischer Gefühle war gut bekannt. Als ein Kollege ihn einmal fragte, ob er niemals antisemitische Gefühle gehabt habe, antwortete er, daß er aus dem Rheinland stamme und deshalb keine Minderwertigkeitskomplexe habe.

Radiochemie im Institut für Chemie erhalten sollten. Sie zogen dort im Jahre 1912 ein. Meitner war in diesem Jahr Assistentin von Max Planck geworden. 1917 wurde sie Leiterin einer unabhängigen Abteilung für Physik im Chemischen Institut. Hahn war zwar ein überragender Experimentator, aber theoretische Physik war nicht seine Stärke. So erwies sich die Zusammenarbeit zwischen Hahn und Meitner für beide Partner als höchst wertvoll. Während des Ersten Weltkrieges ging Hahn zur Armee und arbeitete mit Fritz Haber. Im Jahr 1917, als Hahn für kurze Zeit wieder in seinem eigenen Institut in Dahlem arbeitete, isolierte er zusammen mit Meitner das Protactinium aus der Pechblende.

Im Jahr 1933, als die meisten jüdischen Wissenschaftler die Kaiser-Wilhelm-Institute innerhalb kurzer Zeit verlassen hatten, war Hahn ebenso wie Planck und von Laue zutiefst schockiert und verzweifelt. Einige Jahre lang versuchte er mit aller Kraft und großem Mut, das Naziregime zu bekämpfen. Zunächst trat er von seiner Position an der Universität Berlin zurück, um unabhängiger zu sein. Bei Habers Begräbnis verlas er die von Bonhoeffer verfaßte Rede (siehe IV). Nach ein paar Jahren wurde es jedoch sehr schwierig und nahezu sinnlos, sich den Nazis offen zu widersetzen, so daß er schließlich den Widerstand aufgab. Nach dem Krieg wurde er der erste Präsident der Max-Planck-Gesellschaft, der Nachfolgerin der Kaiser-Wilhelm-Gesellschaft. In dieser Funktion besuchte er auch das Weizmann-Institut in Israel, und er spielte eine wesentliche Rolle bei der Aufnahme der Beziehungen zwischen den beiden Institutionen.

Lise Meitner konnte auch nach 1933 noch eine Zeitlang ihre Arbeit in Berlin fortsetzen, da sie Österreicherin war. Nachdem Hitler jedoch im Jahre 1938 in Österreich einmarschierte und das Land annektiert hatte, wurde sie nach dem Anschluß deutsche Bürgerin und somit zum Rücktritt gezwungen. Eine 30 Jahre lange enge und intime Zusammenarbeit von unschätzbarem Wert für beide Partner, die viele großartige wissenschaftliche Ergebnisse erbracht hatte, wurde plötzlich unterbrochen. Es gibt nur wenige Beispiele solch einer langandauernden kreativen und engen deutsch-jüdischen Zusammenarbeit, wie die zwischen Hahn und Meitner. Lise Meitner durfte Deutschland nicht verlassen, aber mit Hilfe deutscher und niederländischer Freunde gelang es ihr, nach Holland zu entkommen. 1939 wurde sie eingeladen, ihre Arbeit in Stockholm fortzusetzen.

Doch kehren wir zurück zur Neutronenforschung. Otto Hahn war damals eine der führenden Autoritäten der Welt auf dem Gebiet der Radiochemie. Die chemische Identifizierung von Elementen, die durch Neutronenbeschuß von Uran entstehen, war eine große Herausforderung an seine Genialität und Geschicklichkeit und vielversprechend für die Aufklärung der tatsächlichen Wirkung auf die Uranstruktur. Die Arbeit wurde schließlich ein Wendepunkt in den Naturwissenschaften und eines der schicksalshaftesten Experimente, die je durchgeführt wurden, mit Auswirkungen, die keiner vorhersehen konnte. Wie wir sehen werden, waren diese Experimente dazu bestimmt, die Zukunft der Menschheit, sei es zum Besseren oder Schlechteren, zu verändern; sie konnten schließlich zur Verwüstung unseres Planeten und zur Auslöschung der ganzen Zivilisation führen, sie konnten aber auch eine neue Ära unschätzbaren Nutzens für die Menschheit eröffnen.

Mehrere Jahre lang befaßten sich Hahn und Meitner, denen sich später Fritz Straßmann anschloß, mit der Identifizierung der Transuranprodukte. Hahn schloß bald die Möglichkeit der Protactiniumentstehung aus. Er war inmitten dieser Aktivitäten, als Lise Meitner gehen mußte. Hahn und Straßmann setzten die Arbeit fort. Bald schon erhielten sie einige unerwartete Ergebnisse. Nach vielen Proben und Gegenproben wurde es offensichtlich, daß Barium (Ordnungszahl 56) unter den Produkten zu finden war, die bei der Bestrahlung

Abb. 22. Fritz Straßmann

des Urans mit Neutronen entstanden. Das war ganz besonders verwirrend. Zu jener Zeit gab es in der Kernphysik nichts, was zu erklären vermochte, wie Barium aus Uran entstehen konnte. Sämtliche Versuche, eine Erklärung zu finden, scheiterten. Angesichts von Hahns Kompetenz wollte niemand die experimentellen Daten in Frage stellen. Barium konnte nur entstehen, wenn das Uranatom gespalten worden war, und das war unmöglich, wie jeder wußte.

Aus dieser Sackgasse heraus schrieb Hahn über seine Ergebnisse im Dezember 1938 an Lise Meitner. Der Brief kam gerade in dem Moment an, als sie Stockholm verließ, um das Weihnachtsfest mit Freunden in Göteborg zu verbringen. Sie hatte ihren Neffen, den Physiker Otto Robert Frisch eingeladen, mit ihr zusammen die Weihnachtsferien zu verbringen. Frisch hatte von 1930 bis 1933 in Otto Sterns Laboratorium gearbeitet, verbrachte dann einige Zeit in Blacketts Labor in London und ging dann zu Bohr nach Kopenhagen. Er mußte also nur das Kattegat überqueren, um nach Göteborg zu kommen. Es war eine denkwürdige und glückliche Wiedervereinigung. Sie hatten früher häufig die Weihnachtsferien miteinander verbracht. Nach all den durchgemachten schweren Zeiten konnten sie nun ihre Ferien in einer relativ entspannten Atmosphäre verbringen. Das Treffen sollte aber bald eine tiefgreifende Bedeutung erhalten.

Lise Meitner war über den Brief Hahns sehr erregt und zeigte ihn sofort Frisch. Dieser war skeptisch, denn das Auftreten von Barium als Ergebnis einer Atomspaltung war einfach undenkbar. Jedermann glaubte damals, ein Atom könnte nicht gespalten werden. Frisch schlug die Möglichkeit eines Irrtums bei der chemischen Analyse vor. Das aber schloß Lise Meitner sofort aus. Hahn war zu kompetent, zu genau und zu sorgfältig, um einen solchen Fehler zu begehen. War es dann aber nicht doch möglich, daß Uran durch den Aufprall eines Neutrons gespalten wurde? Sie gingen spazieren und diskutierten alle möglichen Interpretationen dieses außergewöhnlichen Befundes. Meitner machte mehrere Berechnungen, die auf der Einsteinschen Gleichung beruhten. Bei der Spaltung von einem Fünftel der Masse des Atoms würden 200 Millionen Elektronenvolt freigesetzt werden, eine Energiemenge, die groß genug wäre, um das Atom zu spalten. Die Erregung der beiden steigerte sich immer mehr. Wenn der Prozeß tatsächlich eine Atomspaltung war, oder, wie Frisch es später nannte, eine Fission, so war dies ein Ereignis von unausdenklichen Konsequenzen, ein Durchbruch von gewaltigem Ausmaß.

Beide waren nun sehr begierig darauf, Bohrs Meinung zu hören und machten einige Notizen für ihn. Als Frisch nach Kopenhagen zurückkehrte, war Bohr gerade dabei, Kopenhagen mit seinem Sohn Erik und mit seinem Mitarbeiter Leon Rosenfeld in Richtung Vereinigte Staaten zu verlassen, um einige Monate am Institute for Advanced Study in Princeton zu verbingen. Frisch informierte ihn von Hahns Entdeckung und zeigte ihm die Notizen von seiner und Meitners Interpretation. Bohr verstand sofort. Das war in der Tat genau das, was geschehen sein mußte. Er war schrecklich aufgeregt, da ihm sofort die ungeheure Bedeutung bewußt wurde. Mit seinem großen Lehrer und Freund Lord Rutherford hatte er kurz vor dessen Tod (1937) die Möglichkeit einer Atomspaltung und der Nutzung der freigesetzten Energie diskutiert; Rutherford war äußerst skeptisch und meinte, daß der Mensch niemals in der Lage sein werde, Kernenergie aus der Spaltung von Atomen zu gewinnen und zu nutzen. Jetzt war das Unmögliche geschehen: Das Atom war gespalten worden!

Abb. 23. Otto Robert Frisch am Klavier des Michelson Laboratoriums in China Lake, Kalifornien, 1950

Frisch versuchte sofort experimentell nachzuweisen, daß das Uranatom tatsächlich durch die Einwirkung von Neutronen gespalten worden war. Er hatte Erfolg. Am 16. Januar 1939 schickte er zwei Manuskripte nach England. Das erste enthielt Meitners und Frischs Interpretation des Auftretens von Barium bei der Atomspaltung, das zweite beinhaltete die experimentelle Bestätigung Frischs. Die erste Arbeit erschien am 11. Februar, die zweite am 28. Februar 1939 und eine 3. Mitteilung am 18. März 1939 (Meitner u. Frisch).

Unglücklicherweise blieb der Anspruch von Meitner und Frisch, die Ersten gewesen zu sein, die eines der bedeutendsten Ereignisse der Geschichte der Naturwissenschaft und der Menschheit erkannt und experimentell bestätigt hatten, lange Zeit unbekannt und ihre Priorität angezweifelt. Es dauerte noch viele Jahre, bis die beiden für diese brillante Leistung die gebührende Anerkennung fanden. Es war ein Zeugnis der Genialität und Vision Meitners, daß sie die richtige Interpretation der experimentellen Tatsachen, die mit der herrschenden Konzeption nicht übereinstimmten, gefunden hatte. Akzeptiert man Einsteins und Plancks Ansicht über die entscheidende Bedeutung der Intuition und Imagination für die Erkenntnis der Bedeutung experimenteller Fakten, so hat man hier eine eindrucksvolle und nahezu klassische Bestätigung dafür.

Obwohl Bohr versprochen hatte, über die ihm mitgeteilten Daten und Ideen mit niemanden zu reden, informierte er sofort Rosenfeld. Denn es war ihm einfach nicht möglich, diese ungemein aufregende Neuigkeit für sich zu behalten. Während der ganzen Reise von Kopenhagen nach New York diskutierten sie alle Aspekte des Problems und machten Berechnungen auf der Grundlage der Notizen von Frisch. Als sie in New York ankamen, war Bohr völlig überzeugt von der Richtigkeit von Meitners und Frischs Ansicht: Das Atom war gespalten worden. John A. Wheeler und Enrico und Laura Fermi waren am Pier, um Bohr zu begrüßen. Die Fermis waren im Dezember 1938 nach Stockholm zur Verleihung des Nobelpreises gereist. Frau Fermi war Jüdin, und sie hatten Rom mit der festen Absicht verlassen, nicht mehr zurückzukehren. Fermi arbeitete an der Columbia University in New York.

An jenem Abend, am 16. Januar 1939, lud Wheeler, der von Bohr von der Atomspaltung erfahren hatte, Rosenfeld zu einer Zusammenkunft einer Gruppe von führenden Physikern ein. Bohr hatte völlig vergessen, Rosenfeld darauf hinzuweisen, daß man in der Öffentlichkeit nichts sagen solle, bevor nicht die Publikation von Hahn und Straßmann sowie Meitner und Frisch über die experimentellen Ergebnisse und deren Interpretation erschienen war. So informierte Rosenfeld seine Kollegen über die aufregenden Neuigkeiten. Man kann sich leicht die große Erregung des Auditoriums vorstellen! Als Bohr am nächsten Morgen davon erfuhr, regte er sich furchtbar darüber auf und sagte Rosenfeld, daß man verabredet hatte, die Neuigkeiten geheim zu halten, bis die Veröffentlichungen über die phänomenale Entdeckung erschienen waren. Er sah sofort den Wettlauf voraus, der einsetzen würde, um die Spaltung des Atoms zu testen, zumal diese Experimente nicht schwierig durchzuführen waren. Und er befürchtete, daß durch sein Versehen Meitner und Frisch nun für ihre außergewöhnliche Leistung nicht die gebührende Würdigung erhalten würden. So telegraphierte er nach Kopenhagen und drängte Frisch, sich mit seinen Experimenten und der Publikation zu beeilen. In seiner Besorgnis schickte er eine Notiz an die englische Zeitschrift „Nature", in der er die ganze Geschichte beschrieb und den Anteil aller Beteiligten gebührend darstellte. Aber all seine Bemühungen kamen zu spät. Am 26. Januar 1939 fand an der George Washington University (Washington, D.C.) eine Konferenz über theoretische Physik statt, an der führende amerikanische Physiker teilnahmen. Fermi erzählte Bohr, daß er von der aufregenden Erklärung Meitners und Frischs gehört habe, und daß er gerade daran sei, diese Interpretation experimentell zu testen. Bohr fühlte sich nicht berechtigt, etwas dazu zu sagen. Während der Konferenz kursierte jedoch eine Kopie der Ausgabe der „Naturwissenschaften", in der Hahn und Straßmann über ihre Ergebnisse berichteten. (Wie Hahn später sagte, habe er als Chemiker gezögert, eine revolutionäre Entdeckung auf dem Gebiet der Physik anzukündigen, und daher nur auf die Möglichkeit eines „Zerplatzens" des Atoms hingewiesen.) Jetzt, nachdem die Hahn-Straßmann-Experimente publiziert waren, konnte auch Bohr offen darüber reden. Denn je bekannter die Entdeckungen wurden, um so größer war die Möglichkeit, daß Meitner und Frisch schließlich doch noch die gebührende Anerkennung erhielten. Bohrs Mitteilung erzeugte eine wahre Explosion.

Die anwesenden Physiker aus dem ganzen Land riefen sofort ihre Kollegen an und forderten sie auf, mit Experimenten zu beginnen. Die Geschichte einer ungeheuren Energiefreisetzung durch die Spaltung eines Atoms kam in die Zeitungen, wenn auch in den meisten Berichten die revolutionäre Bedeutung der Entdeckung nicht klar zum Ausdruck kam. Mehrere Physiker begannen innerhalb von Stunden, die Hypothese zu testen. Im Carnegie Institute of Technology lud Merle Tuve Bohr, Rosenfeld und Edward Teller ein, den Versuch noch in dieser Nacht zu beobachten. Und sie sahen tatsächlich die Spaltung des Atoms! Bohrs Befürchtungen wuchsen. Er war nicht sicher, ob Frisch das Experiment bereits durchgeführt und das Ergebnis an „Nature" zur Veröffentlichung geschickt hatte. Am nächsten Morgen, am 27. Januar, wurde bekanntgegeben, daß das Experiment auch in Berkeley, Baltimore und New York durchgeführt worden war. Obwohl Bohr bereits vor neun Jahren (1930) auf die ungeheure potentielle Energie eines Atoms hingewiesen hatte, schien deren Freisetzung nicht realisierbar. Nur einige Schriftsteller, unter ihnen H. G. Wells, spekulierten über den Weltuntergang, der kommen könnte, wenn es gelänge, das Atom zu spalten.

Bohr war weiterhin besorgt über die richtige Darstellung der Ereignisse für die Geschichte. Wenn die Veröffentlichungen anderer Physiker vor denen von Meitner und Frisch erschienen, würden die letzteren nicht die verdiente Anerkennung bekommen, und er wäre dafür verantwortlich. Trotz seiner hektischen Anstrengungen, die Zeitungen zu einer korrekten Berichterstattung zu veranlassen, wurden Meitner und Frisch nicht erwähnt. In den New Yorker Zeitungen schrieb man das Gelingen der Umwandlung von Masse in Energie der Columbia University zu. Bohr schickte dann Anfang Februar eine Notiz an die „Physical Reviews", in der er die Reihenfolge der Ereignisse und den Anteil aller Beteiligten sehr genau beschrieb und würdigte. Bohrs Kämpfen um die Wahrheit war jahrelang wenig erfolgreich. 1945 erhielt dann Otto Hahn den Nobelpreis für Chemie 1944 für die Entdeckung der Urankernspaltung. Hahn war nach dem Krieg, Anfang Juli 1945, mit einer Anzahl von prominenten deutschen Wissenschaftlern in Farmhall, in der Nähe von Cambridge (England), interniert worden. Dort erfuhr er von der Auszeichnung. Da Lise Meitner viele Jahre lang mit Hahn an der Wirkung von Neutronen auf Uranatome gearbeitet hatte, wäre die Veröffentlichung über die Urankernspaltung mit Meitner als Koautorin erschienen; doch sie hatte einige Monate vorher Deutschland verlassen müssen. So wurde sie teils wegen des NS-Regimes, teils weil Bohr die Geschichte Rosenfeld ohne die notwendige Warnung offenbart hatte, bei der Anerkennung der Krönung einer 30jährigen Arbeit übergangen. Aber langsam kam die Wahrheit ans Licht: 1960 erhielten Hahn, Meitner und Straßmann den Enrico-Fermi-Preis, ein amerikanisches Äquivalent des Physik-Nobelpreises.

Neue Experimente von Meitner und Frisch, die in Bohrs Laboratorium arbeiteten und eine Jahrzehnte früher zuerst von Meitner angewandte Methode einsetzten, zeigten dann, daß durch die Bestrahlung von Uran mit Neutronen Krypton (Ordnungszahl 36) zusätzlich zu Barium (Ordnungszahl 56) erzeugt wurde. Weitere Experimente in den folgenden Jahren, die Hahn und amerikanische, britische und kanadische Wissenschaftler durchführten, ergaben, daß eine große Anzahl von Spaltprodukten auftrat, an denen etwa drei Dutzend Elemente beteiligt waren. Es entstanden aber auch echte „Transuran-Elemente", wie Glenn T. Seaborg in Kalifornien gefunden hat, zum Beispiel Neptunium (93) und Plutonium (94).

Zwei andere Ereignisse mögen kurz erwähnt werden. George Placzek, ein tschechischer jüdischer Wissenschaftler, der 1939 in Bohrs Laboratorium arbeitete, fragte ihn einmal, warum nur langsame Neutronen eine Spaltung erzeugten, während die schnellen keine solche Wirkung hatten. Nach angestrengtem Nachdenken und einigen Diskussionen mit Rosenfeld fand Bohr die richtige Antwort. Natürliches Uran enthält hauptsächlich das Isotop 238, dessen Atome zwar Neutronen einfangen, aber dabei nicht gespalten werden; nur das Uranisotop 235, das heißt etwa 0,7 % des natürlich vorkommenden Urans wird gespalten. Uran 235 hat eine ungerade Zahl von Neutronen und Protonen. Mit einem zusätzlichen Neutron würde Uran 236 entstehen. Ein Kern mit einer geraden Zahl von Teilchen wird aber fester zusammengehalten als einer mit einer ungeraden Zahl. Die Störung durch die Aufnahme des Neutrons durch einen Urankern mit einer ungeraden Neutronenzahl ist gerade stark genug, um die Kräfte, die den Kern zusammenhalten, auszugleichen und den Kern unter Freisetzung großer Energiemengen zu spalten. Durch ein zusätzliches Neutron würde Uran 238 zu Uran 239, das als ungeradzahliger Kern weniger wahrscheinlich gespalten würde: Das Neutron würde einfach eingefangen und festgehalten. Bohrs außergewöhnliche Weitsicht und Intuition erwiesen sich wieder einmal als richtig: Ein Jahr später hat sich bestätigt, daß nur Uran 235 für die Spaltung verantwortlich ist.

Ein zweiter wichtiger Faktor war die Entdeckung, daß während der Urankernspaltung Neutronen freigesetzt werden. Sollten diese die Spaltung anderer Uranatome bewirken, so würde eine Kettenreaktion die Folge sein, eine Möglichkeit, über die schon 1934 der Physiker Leo Szilard spekulierte. Szilard, 1898 in Ungarn geboren, hatte in Deutschland Physik studiert, 1922 an der Universität Berlin promoviert und war dort Privatdozent geworden. Im März 1933 gab er seine Stellung auf und ging nach England, in weiser Voraussicht dessen, was ihm als Jude in Deutschland bevorstand. In England wollte er dann seine Idee der Neutronenfreisetzung mit Beryllium testen; aber dies war ein teures Experiment, das mindestens 2000 Pfund kostete. All seine Bemühungen, andere Physiker dafür zu interessieren und das Geld aufzutreiben, scheiterten. Er konnte also das Experiment nicht durchführen, legte aber dann seine Theorie über die bei einer Kettenreaktion herrschenden Gesetze nieder und bewarb sich damit um ein Patent (siehe L. Szilard 1969). 1939, nach den spektakulären Ereignissen um die Urankernspaltung, wandte sich Szilard in New York an Fermi an der Columbia University um Unterstützung seiner Pläne. Fermi war zunächst skeptisch, aber nach Ermutigung durch I. I. Rabi willigte Fermi ein, Szilards Theorie experimentell zu testen. Und bald gelang ihnen der Nachweis, daß Neutronenbeschuß und Spaltung tatsächlich mit der Freisetzung von Neutronen verbunden waren. Aus politischen Gründen hielten sie es aber zunächst nicht für ratsam, ihre Ergebnisse zu publizieren. Gerade zu dieser Zeit, im März 1939, erschien in „Nature" eine Veröffentlichung von Halban, Joliot und Kowarski über die Freisetzung von Neutronen bei der Urankernexplosion (Halban u. Mitarb. 1939). Nun wurden die Ergebnisse von Szilard und Fermi sofort zur Veröffentlichung eingereicht. Die Erkenntnis, daß Uran 235 dasjenige Isotop war, das sich leicht spalten ließ, und die Möglichkeit seiner Isolierung und einer Kettenreaktion öffnete den Weg zur Freisetzung und Anwendung großer Mengen von Kernenergie.

Atomenergie und die Atombombe

Die Entwicklungen, die zur Atombombe führten, gehören ganz offensichtlich nicht in dieses Buch; außerdem gibt es eine umfangreiche Literatur darüber; viele Bücher sind auch für den Laien gut verständlich geschrieben (siehe z. B. Smyth 1945, Goudsmit 1947, Hecht 1947, Laurence 1947, Fermi 1954, Strauss 1962, Davis 1968, Szilard 1969, Blumberg und Owens 1976). Jedoch mögen einige Kommentare, die im Zusammenhang mit unserem Thema stehen, angebracht sein. Der Bau der Atombombe wäre ohne das phänomenale Wachstum der Atomphysik in den ersten dreißig Jahren dieses Jahrhunderts unmöglich gewesen (auf die Rolle der deutsch-jüdischen Zusammenarbeit während dieser Zeit haben wir früher schon hingewiesen). In den 30er Jahren begann die schnelle Entwicklung der Atomphysik in den Vereinigten Staaten, dank einer jungen und energischen Gruppe von genialen Physikern, wie Isidor I. Rabi, Robert Oppenheimer, Edward O. Condon, John A. Wheeler (ein Schüler von Bohr) sowie Arthur Compton, Ernest O. Lawrence und Glenn T. Seaborg. Trotzdem kann kaum in Frage gestellt werden, daß die Entwicklung der Physik in den Vereinigten Staaten durch den Zustrom vieler brillanter Physiker, nicht nur von Juden aus Deutschland, sondern auch Juden und Nichtjuden aus anderen europäischen Ländern, die aus politischen Gründen ihre Heimat verließen, ganz wesentlich gefördert wurde (Weiner 1969). Viele von ihnen waren in den großen deutschen Zentren entweder ausgebildet worden oder hatten dort einige Zeit gearbeitet. Sie wurden von ihren amerikanischen Kollegen mit offenen Armen, mit Wärme und Herzlichkeit empfangen und aufgenommen und großzügig mit allem versehen, was sie benötigten, um ihre Arbeit fortsetzen zu können, trotz der schwierigen wirtschaftlichen Situation in einem Land, das gerade dabei war, sich von einer tiefen Depression zu erholen.

Deutsche jüdische und andere in Deutschland ausgebildete jüdische Physiker, insbesondere ungarischer Herkunft, leisteten wesentliche Beiträge zum Bau der Atombombe. Ohne hier in Details zu gehen, sollen wenigstens einige berühmte Namen erwähnt werden: James Franck, Hans A. Bethe, Felix Bloch, Leo Szilard, Eugen P. Wigner, Edward Teller, Eugen Rabinowitch und John von Neumann; dazu kamen mehrere Physiker aus England, aus Italien Enrico Fermi, und schließlich Niels Bohr, nach seiner Flucht aus dem von den Nazis besetzten Dänemark. Es ist eine alte und immer wieder gestellte Frage, ob die Physiker nicht darüber unglücklich sein sollten, eine Waffe entwickelt zu haben, mit der die Menschheit vernichtet werden könnte. Um die Beantwortung dieser Frage zu erleichtern, möge man sich an einige wichtige Tatsachen erinnern. Als die Möglichkeit zur Entwicklung einer Atombombe im Jahr 1939 naherückte, drohte bereits der Krieg mit Hitler-Deutschland. Viele Physiker befürchteten, daß Deutschland dazu fähig wäre, eine Atombombe zu bauen. Wenn auch mehrere führende Atomphysiker Deutschland verlassen hatten, so gab es dort doch noch genügend brillante und kompetente Wissenschaftler, die dazu in der Lage gewesen wären. Nur wenige aber waren sich über die immensen technischen Schwierigkeiten im Klaren. Die Vereinigten Staaten verfügten über fast unbegrenzte Möglichkeiten, sowohl hinsichtlich technischer Einrichtungen, finanzieller Mittel als auch der geistigen Genialität;

dennoch brauchten sie vier Jahre intensiver Anstrengungen, um die Bombe zu entwickeln. Interessant in diesem Zusammenhang ist, daß Niels Bohr, als man ihn 1939 fragte, ob er es für möglich halte, eine Atombombe zu bauen, dies zwar bejahte, allerdings aber hinzufügte, daß man dazu die Vereinigten Staaten in eine riesige Fabrik umwandeln müsse. Szilard, der mit Schrecken das Heranwachsen der fanatischen nationalsozialistischen Bewegung miterlebt hatte, beredete Einstein, jenen berühmten Brief an Roosevelt zu schreiben. Beide wie auch viele ihrer Kollegen waren leidenschaftliche Pazifisten. Aber der Alptraum, daß in Hitler-Deutschland die Bombe hergestellt werden könnte, überzeugte sie von der Notwendigkeit, an der Entwicklung dieser Waffe zu arbeiten. Einstein und Szilard waren später zutiefst deprimiert wegen ihrer Initiative und litten nach der Katastrophe von Hiroshima und Nagasaki an schwersten Schuldgefühlen. In Wahrheit aber hat Einsteins Brief praktisch keine Wirkung gehabt. Erst nach Pearl Habor, Ende 1941, als die Vereinigten Staaten in den Krieg mit Deutschland und Japan verwickelt wurden, begann die Regierung, das berühmte Manhattan-Projekt mit den dafür notwendigen immensen Mitteln zu unterstützen. Überdies hat das britische Verteidigungsministerium, unter der Führung so brillanter Physiker wie Sir James Chadwick und Sir John Cockcroft, schon früher mit der Entwicklung der Nutzung der Atomenergie begonnen. Dabei muß man bedenken, daß im Sommer 1940 die Nazis bereits Frankreich, Dänemark, Norwegen und andere Länder überrannt hatten und die Briten in einer verzweifelten Lage waren. Sie verfügten zwar über die mit großem Aufwand erworbenen Grundlagen zur Produktion von Atomenergie, besaßen aber weder die Produktionsstätten noch das Geld, um eine Atombombe zu bauen. Die umfangreichen Zerstörungen in England durch die deutschen Bombenangriffe, besonders während der ersten Kriegsjahre, hatten das britische Industriepotential vermindert, und das Land litt durch den U-Boot-Krieg an einem Mangel von lebenswichtigem Nachschub. Es war daher hoffnungslos, unter solchen Umständen und ständig bedroht von neuen Bombardierungen, die gigantischen Fabriken, die für die erfolgreiche Produktion der Atombombe erforderlich waren, zu errichten. Viele Wissenschaftler gingen jedoch in die Vereinigten Staaten, um dort an der Bombe mitzuarbeiten, unter ihnen Franz Simon, Otto R. Frisch und Rudolf Peierls. Für die meisten war aber allein der Gedanke schrecklich, bei der Produktion einer so monströsen Waffe mitzuhelfen, und sie befanden sich dauernd in einem schweren Dilemma zwischen dem moralischen Problem und der Verteidigung der freien Welt gegen einen brutalen Feind. Der Einsatz der Bombe in Japan (am 6. August 1945) löste dann bei den Wissenschaftlern allgemein einen schweren Schock und tiefe Niedergeschlagenheit aus. Den Franck-Report haben wir bereits erwähnt. Viele waren verstört und verzweifelt über diese „monströse Perversion der Wissenschaft", wie Churchill es ausdrückte.

Es wäre jedoch naiv zu glauben, daß die Bombe heute nicht existieren würde, wenn man sie damals in den USA nicht gebaut hätte, und daß die Menschheit in Frieden und Sicherheit ohne den Alpdruck eines Atomkrieges leben würde. Sobald die Möglichkeit zur Herstellung einer solchen Waffe bestand, war es unvermeidbar, daß sie früher oder später einmal irgendwo gebaut würde. In der Sowjetunion gab es viele brillante Atomphysiker, und dort wurden auch kurz nach dem Krieg Atombomben gebaut, sowohl unter Verwendung der Kernspaltung als auch der Kernfusion.

Erst nach der Niederlage und der Besetzung Deutschlands konnten sich die Alliierten Klarheit darüber beschaffen, ob die deutschen Atomphysiker die Anwendung der Kernenergie entwickelt und auch versucht hatten, eine Atombombe herzustellen. Im Jahr 1939 sind in Deutschland große Veränderungen in Gang gekommen. Nach der Entdeckung der

Spaltung des Uranatoms und dem Nachweis von Kettenreaktionen kamen die Physiker allmählich zu der Überzeugung, daß die Anwendung der Kernenergie ein erreichbares Ziel war, und daß diese Energiequelle ein Potential mit unvorstellbar großen Dimensionen bedeutete, einschließlich der Möglichkeit der Entwicklung von Sprengstoffen mit weitaus stärkerer Zerstörungskraft als alle bisher bekannten. Die „Jüdische Physik" erwies sich plötzlich als eine Realität mit ungeheurem Potential. Das war gegen Ende 1939 nicht nur ein harter Schlag für die „Arische Physik" und ihre Führer — es bedeutete ihre totale Niederlage. So gewannen die Atomphysiker zumindest in der Welt der Wissenschaft ihr Ansehen und ihre herausragende Stellung, die sie vor Hitler genossen hatten, wieder zurück. Aber die Auswirkungen der vorhergehenden Jahre waren sehr ernst: Zusätzlich zu dem Verlust vieler hervorragender Wissenschaftler hatten dürftige Berufungen und stark reduzierte Studentenzahlen eine kritische Situation auf diesem Gebiet erzeugt.

Ungefähr zur Zeit des Kriegsausbruches erregten die Spekulationen über die potentielle Anwendung der Kernenergie das Interesse des deutschen Verteidigungsministeriums. Dort fand im September 1939 eine Zusammenkunft statt, zu der auch Heisenberg, weithin als einer der führenden Wissenschaftler auf diesem Gebiet anerkannt, gebeten wurde. Im Mittelpunkt der Gespräche stand die Frage, ob die Anwendung der Atomenergie tatsächlich realisierbar wäre. Heisenberg wurde aufgefordert, ein Memorandum über die Möglichkeit der Konstruktion eines Atomreaktors zu erstellen. Obwohl dieses Problem nicht in sein Fachgebiet gehörte (er war ja kein experimenteller, sondern theoretischer Physiker), gelang es ihm innerhalb von wenigen Monaten, ein Memorandum auszuarbeiten, das zu dem Schluß führte, daß der Bau eines Atomreaktors möglich wäre und solch eine Anlage sich als große Energiequelle nützen ließe. Viele der in diesem Memorandum dargestellten Prinzipien waren so fundamental, daß sie als Richtlinien für die Konstruktion von Kernreaktoren in der Nachkriegszeit dienten; seine Ideen erregten große Bewunderung bei den Experten auf diesem Gebiet.

Das Verteidigungsminsterium übernahm dann das Kaiser-Wilhelm-Institut für Physik in Berlin-Dahlem und holte dort eine Anzahl von Wissenschaftlern, die auf dem Gebiet der Atomenergie arbeiteten, zusammen. Die für die Uranforschung verwendeten Laboratorien nannte man das „Virus-Haus", ein Deckname, um den wahren Zweck zu verbergen. Nach dem Ausbruch des Krieges wurde der Direktor des Instituts Peter Debye aufgefordert, seine niederländische Staatsbürgerschaft aufzugeben und deutscher Staatsbürger zu werden. Debye bat daraufhin um eine kurze Beurlaubung, reiste jedoch nach USA und ging an die Cornell University in Ithaca (er kehrte nie wieder nach Deutschland zurück). Zum stellvertretenden Direktor wurde dann Kurt Diebner ernannt. Einer der prominentesten Physiker des Instituts war Karl Wirtz. Er hatte in Leipzig mit Karl-Friedrich Bonhoeffer, einem engen Freund von Heisenberg, zusammengearbeitet, und er war ein heftiger Gegner des NS-Regimes (Wirtz war von Debye nach Berlin geholt worden). Als die Militärs damit begangen, Atomphysiker im Physikalischen Institut zusammenzuholen, erkannten Wirtz und einige seiner Freunde die drohenden Gefahren. Zunächst einmal bestand die Möglichkeit, daß ein Nazifunktionär als Direktor das Institut in die Hand bekäme. Dies war in mehreren Instituten geschehen, nachdem die Leiter von den Nazis verjagt worden waren. Noch viel größer aber war die Sorge, daß einer jener Physiker, der zu der Gruppe um Stark und Lenard gehörte, Direktor des Institus würde. Dies wäre das Ende aller wissenschaftlichen Freiheit und ernsthafter Forschung gewesen. Am allerschlimmsten war jedoch die Befürchtung, daß diese Physiker versuchen könnten, die Atomenergie zur Konstruktion von Explosivwaffen, möglicherweise sogar einer Atombombe zu verwenden, und dies ihnen, trotz ihrer beschränkten Fähigkeiten, gelingen könnte. Denn die Regierung würde sicher solch ein Projekt mit großen finanziellen Mitteln unterstützen, wahrscheinlich auf Kosten vieler anderer wichtiger Forschungsprojekte.

In dieser schwierigen Situation versuchten Wirtz und seine Freunde, Heisenberg als Berater am Institut zu beteiligen und ihm durch Vorträge am Institut und an der Universität den Weg zu bereiten für seine Wahl als Leiter und Vorsitzender des Instituts, das inzwischen zur höchstrangigen Forschungsstätte auf dem Gebiet der Atomforschung in Deutschland geworden war. Heisenberg überlegte sich die damit verbundenen Probleme gründlich, insbesondere auch, ob es geraten wäre, das Direktorium zu übernehmen, und er besprach die Angelegenheit ausführlich mit seinen Freunden. Alle waren sich völlig bewußt darüber, daß der Bau einer Atombombe im Prinzip realisierbar war, und daß diese Tatsache eine Vielzahl von politischen und ethischen Problemen aufwarf sowie große Verantwortung und Gefahren mit sich brachte. Heisenberg war sich auch bewußt, daß die Existenz von Atombomben die Probleme über das Kriegsende hinaus wesentlich vermehren und schwere Implikationen für die Zukunft der Menschheit haben würde.

In seiner Not entschloß sich Heisenberg, die brennenden Fragen mit seinem bewunderten Lehrer und Freund Niels Bohr zu besprechen. Das tragische Ergebnis dieses Besuches, der 1941 stattfand, ist von mehreren Autoren diskutiert worden (siehe z. B. Moore 1966, Hermann 1977, E. Heisenberg 1980). Die grundlegend verschiedene Situation, in der sich die beiden alten Freunde befanden, schuf Barrieren, die sich nur schwer überwinden ließen. Insbesondere war Heisenberg zum Schweigen gezwungen, als Bohr ihn nach seiner gegenwärtigen Tätigkeit fragte. Er wußte, daß er sein Leben riskierte, welche Antwort auch immer er geben mochte. Denn seine Aussagen würden unvermeidbar bekannt und in Deutschland für Verrat gehalten werden. Man erinnere sich an die ganz ungewöhnlichen Geheimhaltungsmaßnahmen, die die Amerikaner im Zusammenhang mit dem Manhattan-Projekt für nötig hielten. Damals waren in Deutschland Hinrichtungen häufig, wegen mitunter ganz harmloser Bemerkungen, die den Nationalsozialisten mißfielen. Unglücklicherweise mißinterpretierte Bohr Heisenbergs Schweigen völlig. Beide Männer waren über dieses Treffen höchst unglücklich.

Trotz seiner großen Sorgen, Zweifel und Ängste und den schweren Problemen, mit denen er konfrontiert war, entschloß sich Heisenberg, den ihm angebotenen Institutsleiterposten anzunehmen, und er trat sein Amt am 24. April 1942 an. Er fühlte sich dabei gar nicht wohl und war ständig von widersprüchlichen Empfindungen hin- und hergerissen. Aber er glaubte, daß er, als der anerkannte Führer auf dem Gebiet, moralisch verpflichtet sei, die Verantwortung zu übernehmen, auch wenn unangenehme persönliche Konsequenzen damit verbunden waren. Nur wenige Wochen später erreichten die Entwicklungen einen Höhepunkt, der seinen Schritt völlig rechtfertigte. Am 4. Juni 1942 fand das entscheidende Treffen statt, bei dem über den Bau einer Atombombe diskutiert wurde. An dieser Zusammenkunft im Gästehaus der Kaiser-Wilhelm-Gesellschaft in Dahlem nahm auch Albert Speer teil, der mächtige Minister, der für die Mobilisierung sämtlicher Ressourcen für das Kriegswesen verantwortlich war. Als ein General fragte, ob es möglich wäre, eine Atombombe zu bauen, meinte Ernst Telschow, der Generalsekretär der Kaiser-Wilhelm-Gesellschaft, dies sei das erste Mal, daß er das Wort „Atombombe" höre. Heisenberg antwortete, daß der Bau einer Atombombe in der Tat möglich sei. Auf die Fragen von Speer nach den dazu erforderlichen Mitteln, erklärte Heisenberg, daß man zunächst viele große

Fabrikanlagen bauen müsse, daß es viele Jahre ungeheurer Anstrengungen einer gewaltigen Zahl von Physikern und Ingenieuren bedürfe und daß die Kosten für das Projekt viele Milliarden betragen würden. Heisenbergs Feststellungen entsprachen der Realität. Aber er war sich dabei ganz sicher, daß ein solches Projekt gar nicht in Erwägung gezogen werden konnte und würde, denn das Konzept eines „Blitzkrieges“ (das heißt eines relativ kurzen Krieges) beherrschte noch immer die Militärs. Damals (im Juni 1942) befanden sich die Vereinigten Staaten und die Sowjetunion bereits im Kriegszustand mit Deutschland, und wegen der schweren und verheerenden Bombenangriffe war der Bau großer Fabriken, genauso wie in England, völlig unrealistisch. Auf jeden Fall hat Heisenberg mit seinen Ausführungen die Idee von der Konstruktion einer Atombombe praktisch beseitigt. Speer gab den Plan auf, und die Wehrmacht gab das Physikalische Institut der Kaiser-Wilhelm-Gesellschaft wieder zurück. Die Richtigkeit von Heisenbergs damaliger Einschätzung und ähnliche Bewertungen durch Bohr im Jahr 1939 sind durch die Geschichte des Manhattan-Projekts bestätigt worden: Die riesigen Fabriken, die gebaut werden mußten, die große Zahl von benötigten Physikern und Ingenieuren und die Geldmittel, die das Projekt verschlang, kamen Heisenbergs Schätzungen sehr nahe. Und es dauerte vier Jahre, bis die drei ersten Atombomben — im Juli 1945 — fertiggestellt waren. (Die erste Plutoniumbombe wurde am 16. Juli 1945 in New Mexico gezündet.)

Heisenberg überzeugte jedoch das Verteidigungsministerium von der Nützlichkeit der Konstruktion eines Atomreaktors als Energiequelle. Er erhielt dann für diese Forschungen relativ bescheidene Geldmittel, das heißt die Priorität war nicht höher als die für fast alle anderen von Physikern durchgeführten Arbeiten. Wie Max von Laue an seinen Sohn in den Vereinigten Staaten nach dem Krieg schrieb, war es ein Trick, möglichst viele Physiker vom Frontdienst fernzuhalten, indem man ihre Arbeiten als wichtig für die Kriegsanstrengungen ausgab. Trotzdem wurden 2000 von den etwa 6000 Physikern getötet. Projekte, die mit dem Krieg überhaupt nichts zu tun hatten, so wie Heisenbergs Arbeiten über kosmische Strahlung, hat man ebenfalls als „kriegswichtig“ erklärt.

Daß Heisenberg während des Krieges die höchste Position in Deutschland auf dem Gebiet der Atomforschung angenommen hat, ist als indirekter Beweis dafür (miß)interpretiert worden, daß er beabsichtigt habe, die Atombombe zu bauen, und daß die Konstruktion eines Atomreaktors nur als erster Schritt in dieser Richtung geplant wurde. Da diese Unterstellungen Fragen aufwerfen, die für die Beurteilung von Heisenbergs Einstellung zur Atombombe und den Nationalsozialisten im allgemeinen von entscheidender Bedeutung sind, ebenso auch für die Bewertung seiner Persönlichkeit und seiner menschlichen Qualitäten, erscheint es geboten, seine Motive hier detaillierter zu analysieren[10]).

Man mag sich erinnern, daß Heisenberg schon in jungen Jahren internationale Bewunderung und Berühmtheit erlangt hatte. Bereits im Alter von 25 Jahren wurde er Ordinarius, den Nobelpreis erhielt er mit 32. Seine enge Freundschaft mit Bohr, Pauli und anderen großen Wissenschaftlern und der Eindruck, den sein Vortrag im Jahr 1926 auf Einstein gemacht hat, haben wir bereits beschrieben. Der Aufstieg der Nationalsozialisten zur Macht brachte ihm viele schmerzliche Jahre voller Frustration, Angst und Erniedrigung. Er war den gemeinsten Attacken und Beschimpfungen ausgesetzt. Man verwehrte ihm den be-

[10]) Ich bin Frau Heisenberg zu tiefstem Dank verpflichtet dafür, daß sie mir unschätzbar wertvolle Informationen zukommen ließ. Der Leser, der an einer umfassenden Darstellung von Heisenbergs Persönlichkeit interessiert ist, sei auf Elisabeth Heisenbergs Erinnerungen (München 1980) verwiesen.

rühmten Lehrstuhl von Sommerfeld. Jetzt, nach dem Kollaps der „Arischen Physik", bot man ihm die oberste Position mit dem größten Prestige auf dem Gebiet der Atomphysik in Deutschland an. Seine Konfliktsituation und die vielen Probleme, die mit solch einer Position verbunden waren, haben wir schon erwähnt, ebenso wie er sich moralisch verpflichtet fühlte, die Verantwortung für die Entscheidung darüber zu übernehmen, ob — oder ob nicht — man versuchen sollte, die Atombombe zu bauen. Aber einen Atomreaktor zu entwickeln, das war eine große Herausforderung an seine Genialität und deshalb auch sehr verlockend für ihn. Von früher Jugend an hatte er einen unwiderstehlichen Drang zu Spitzenleistungen; er war ein Perfektionist, sei es auf dem Gebiet der Wissenschaft, der Musik, des Sports oder des Spiels. Er war ehrgeizig, jedoch nicht im Sinne des Strebens nach persönlichem Ruhm und Ehre, sondern im Sinne der Fähigkeit, einer Herausforderung zu begegnen. Die Wissenschaftler wissen, daß die tiefste und dankbarste Befriedigung der Forschung darin liegt, den Geheimnissen der Natur auf die Spur zu kommen und Lösungen für schwierige Probleme zu finden. Wie bereits im Kapitel über Epistemologie erwähnt, waren sowohl für Einstein als auch für Planck große Entdeckungen und Leistungen auf dem Gebiet der Wissenschaft kreative Werke des menschlichen Geistes, vergleichbar mit denen großer Künstler. Heisenbergs Genie hat sich in einem der glorreichsten Kapitel der Geschichte der Naturwissenschaft offenbart. Durch die Annahme des angebotenen Postens hoffte er, einen Reaktor bauen zu können, was nicht nur große Genialität erforderte, sondern von großem praktischen Nutzen auch lange nach dem Zusammenbruch des Hitler-Regimes sein würde. Und er besaß genügend Selbstvertrauen, um sich zum Bau des Reaktors befähigt zu halten. Sobald er dann zu der Überzeugung gekommen war, daß der Bau einer Atombombe nicht in Frage kam, fühlte er, wenn auch mit großem Zögern, daß die Faktoren zugunsten der Annahme des Vorsitzes diejenigen zugunsten der Ablehnung übertrafen.

Eine lebendige und faszinierende Darstellung von Heisenbergs Gefühlen und Gedanken während jener Zeit finden wir in Frau Heisenbergs Memoiren (1980). Die Familie lebte damals in einem Haus in Urfeld am Walchensee. Dort konnte Heisenberg frei und offen sprechen. Während eines Wochenendbesuches, kurz nach dem entscheidenden Treffen in Berlin im Juni 1942, sagte Heisenberg seiner Frau, man wisse nun mit Sicherheit, daß es möglich wäre, eine Atombombe zu entwickeln. Frau Heisenberg war zutiefst betroffen und fragte, was er und seine Kollegen täten, wenn sie dazu gezwungen würden. Er beruhigte sie und versicherte ihr, sie brauche sich keine Sorgen zu machen. Denn Deutschland wäre gar nicht in der Lage, ein so riesiges und teures und mit so hohem Zeitaufwand verbundenes Projekt durchführen zu können. Deshalb befänden sie sich in der glücklichen Lage, keine echte Entscheidung treffen zu müssen; die Realität der Situation rettete sie vor diesem Dilemma, und sie mußten dankbar dafür sein. Und, so fügte er hinzu, selbst wenn Hitler sie zum Bau der Bombe zwingen wolle, wäre solch ein Zwang nutzlos; denn das Projekt bräuchte viel Einfallsreichtum und Genialität, was man nicht durch Zwang erzeugen könnte. Kreative Arbeit erfordert völlige Freiheit und läßt sich nur leisten, wenn die Wissenschaftler dazu gewillt sind. Diese wenigen Anmerkungen mögen genügen, um zu zeigen, daß die Verdächtigungen, Heisenberg habe den Vorsitz übernommen, um nicht nur den Reaktor, sondern auch die Bombe zu bauen, unbegründet waren. Denn die Wahrheit ist genau das Gegenteil: Er wollte solch eine Entwicklung verhindern, was ihm auch tatsächlich gelungen ist.

Die Situation in Deutschland verschlechterte sich immer mehr und schneller. Die Luftangriffe auf Berlin nahmen in solch verheerendem Ausmaß zu, daß man gezwungen war, die wissenschaftlichen Institute an sicherere Plätze zu verlagern. Das Physikalische Institut zog nach Hechingen, ein Städtchen im Schwabenland. Fünfzehn Kilometer davon entfernt, in dem Dörfchen Haigerloch, gab es große Felsenkeller, die Schutz vor Bombenangriffen boten. Dort setzte Heisenberg seine Arbeiten an der Entwicklung des Reaktors fort, allerdings unter höchst ungünstigen Bedingungen, so daß die Arbeiten nur sehr langsam vorankamen. Da Walther Bothe, einer der führenden Experimentalphysiker Deutschlands, davon überzeugt war, daß Graphit als Bremssubstanz für die Neutronen im Reaktor ungeeignet sei, verwendete Heisenberg auf seinen Rat hin statt Graphit schweres Wasser. Als Haigerloch gegen Ende des Krieges besetzt wurde, waren die Arbeiten am Reaktor noch nicht beendet. (Zur Erinnerung an diese Forschungsstätte gibt es heute in Haigerloch das „Atomkeller"-Museum.)

An Herrn Theodor v. Laue *Huntingdon (England), 7. 8. 1945*
PRINCETON N.J. (USA)
345 Nassau Street.

Lieber Theodor!

Dieser Brief bezieht sich auf ein weltgeschichtliches Ereignis von unabsehbarer Tragweite. Bin ich auch weit von Hiroshima entfernt gewesen, als dort die Uranbombe platzte, so habe ich doch die Nachricht davon inmitten von Kollegen erlebt, die an dem Uranproblem seit Jahren gearbeitet haben und gleich mir alle unter ganz exceptionellen Umständen, nämlich »detaint for His Majesty's pleasure«, leben.

Bevor ich aber auf die Bombe näher eingehe, muß ich Einiges nachholen, das sich seit meinem letzten, im Juni geschriebenen Briefe bei uns ereignet hat.

Wir sind nämlich am 3. Juli von Facqueval nach England überführt worden. Wir fuhren bis Lüttich, oder richtiger bis zu dem Militärflugplatz bei dem Dörfchen Ans, mit amerikanischen Militärautos, von dort flogen wir in einer Dakotamaschine herüber bis in die Nähe von Cambridge. Wir kamen in ein altes Besitztum in dem jetzt zu Huntingdon gehörenden Dorf Godmanchester, und sind dort sehr gut untergebracht, in mancher Beziehung besser noch, als in Facqueval — doch hatte Facqueval ein schönere Lage. Wir haben hier nach wie vor vortreffliche Verpflegung (wie englische Militärpersonen, also besser als die englische Zivilbevölkerung), haben Bücher, Zeitungen, Rundfunk, ein Klavier, einen Sportplatz hinter dem Hause, wir bekamen kürzlich neue Kleidungsstücke und, soweit Bedarf war, Schuhe. Also es geht uns ausgezeichnet, abgesehen davon, daß wir keinerlei Nachricht von unseren Familien bekommen haben, und auch erst heute Briefe dorthin mit einiger Aussicht auf Beförderung absenden konnten. Die Briefe, die wir am 18. Juni schrieben, gingen zwar bis zu einer Kontrollstelle in Paris, dort aber haben die Amerikaner sie festgehalten. Wir haben das als eine Härte empfunden, die uns bisher ganz unverständlich war. Was nun geschehen ist, wirft freilich darauf und überhaupt auf unsere Detainung einiges Licht.

Um 19.45 Uhr begann gestern, wie stets, unser Abendessen, an dem auch die beiden uns bewachenden englischen Offiziere, Major Rittner und Capten Brodie, regelmäßig teilnehmen (In Facqueval aß Major R., der Capten war noch nicht da, nicht mit uns, sondern mit den amerikanischen Offizieren, welche dort die Bewachung hatten, und die wegen »Nonfraternisation« sich von uns entfernt halten mußten).

Vorher schon hatte der Major dem Kollegen Hahn etwas von einer Rundfunkmeldung angedeutet, dass die Amerikaner eine Atombombe benutzt hätten. Bei Tisch ergänzte er diese Mitteilung, und es erhob sich natürlich sogleich eine lebhafte Diskussion. Wir wollten nicht recht daran glauben. Einige Stimmen meinten, wenn überhaupt etwas Wahres daran wäre, so bedeutete der Name »Atombombe« eben etwas Anderes, als was wir darunter verstehen; mit Uranspaltung könne diese Sache jedenfalls nichts zu tun haben.

Dann aber hörten wir die englischen Rundfunknachrichten um 21 Uhr. Und da wurde nun ja klipp und klar gesagt, daß Engländer und Amerikaner in gemeinsamer, jahrelanger, mühseliger und überaus kostspieliger Entwicklungsarbeit die Uranspaltung zur Konstruktion einer Bombe ausgearbeitet hätten. Ich brauche auf die Meldung nicht näher einzugehen, Du hast sie ja auch, wenn nicht gehört, so doch heute in den Zeitungen gelesen. Daß die Kommentare, welche die Journalisten teilweise neben die offiziellen Darlegungen Churchills setzen, die historischen Zusammenhänge nicht ganz richtig darstellen, ist kein Wunder. Es ist vielleicht sogar ganz gut, daß Hahn's Name nicht genannt ist, weil man nicht übersehen kann, welche Wirkungen eine Nennung in Deutschland gehabt hätte. Nach einem solchen Kommentar, überschrieben »A Jewess found the clue«, wäre Lise Meitner die Entdeckerin der Kernspaltung.

Die Wirkung dieser Meldung auf die hier versammelten deutschen Physiker war natürlich eine sehr tiefgehende. Zwar war ich — wenn ich mit mir einmal beginnen darf — verhältnismäßig unbeteiligt; habe ich doch bei der ganzen Uranspaltungsforschung immer nur die Rolle eines Beobachters gespielt, den die Beteiligten manchmal, aber keineswegs immer, auf dem Laufenden hielten. Auch Otto Hahn, um dessen Stimmung sich Major Rittner ernstliche Sorgen machte, blieb ganz ruhig und sagte nur, er freue sich, an der Konstruktion einer solchen Mordwaffe unbeteiligt zu sein. Aber sehr erregt war Walther Gerlach. Harteck, Hahn, ich und Heisenberg suchten ihn gestern Abend und auch heute Morgen zu beruhigen, was denn auch gelang. Aber die Stimmung blieb bei ihm und auch bei Anderen unserer Runde doch nicht unbeeinflußt. Die Bombe beherrschte heute doch so ziemlich das Gespräch, und die Zeitungen wurden nur so »verschlungen«. Heisenberg stellte noch mehrfach fest, daß man sich auf Grund der hier vorliegenden Kenntnisse und der bisherigen Berichte kein genaues Bild von den Vorgängen in der Bombe machen könne. Die Berichte sind ja auch absichtlich so gehalten, daß dies nicht möglich ist. Die Hauptfrage ist natürlich, warum wir in Deutschland nicht zu der Bombe gekommen sind. Darauf ist zu sagen: 1) Die deutschen Physiker hätten niemals solche Mittel bewilligt erhalten, wie sie in England und USA zu diesem Zwecke zur Verfügung gestellt haben. Weder die Arbeitskräfte noch das Geld wäre in einem annähernd so großen Maße verfügbar gewesen. Darum schon hat kein Physiker ernstlich an die Beantragung solcher Mittel gedacht. Daß die an Stärke dauernd zunehmende Verbombung aller Städte ein weiteres Hindernis gewesen wäre, geht ja auch aus Churchills Erklärung hervor, daß man die Herstellung der Atombombe der Luftgefahr wegen nicht nach England verlegt hat. 2) Die ganze Uran-Forschung war bei uns auf die Schaffung einer Uranmaschine als Energiequelle gerichtet, einmal weil niemand an die Möglichkeit einer Bombe in absehbarer Zeit glaubte, zweitens, weil im Grunde niemand von uns eine solche Waffe in die Hände Hitlers legen wollte. Was die Zeitungen von deutschen Bestrebungen zur Konstruktion der Bombe schreiben, ist reine Phantasie, und was sie über die Störung solcher Bestrebungen durch die Überfälle auf das norwegische Kraftwerk Rjuland berichten, ist nicht viel besser. Das »schwere Wasser«, das das KWI für Physik von dort bezog, eignet sich gar nicht, wenn man eine schnell ablaufende Uran-Explosion erzielen will, wohl aber für den bei uns beabsichtigten langsamen Reactionsablauf in der Uranmaschine. Die an der Bombe beteiligten Kollegen kennen wir zum größten Teil persönlich. Daß Niels Bohr darunter ist, wundert uns etwas. Wir halten auch in der Beziehung die Zeitungsmeldungen nicht für ganz zuverlässig.

Viel geschlafen hat in der letzten Nacht wohl keiner von uns. Aber das heute, wie an jedem Dienstag, stattfindende Kolloquium lassen wir nicht ausfallen. Bagge spricht über angeregte Kern-Zustände.

Eine ungeheure Macht ist durch diese erste praktische Anwendung der Uranspaltung in die Hände von Menschen gelegt. Gott gebe, daß sie nie in andere als reine Hände kommt!

Mit recht herzlichem Gruß an Dich und Hilli, sowie an alle meine Kollegen, Dein Vater M. v. Laue

Huntingdon (England), 19. 8. 1945

Lieber Theodor!

Gestern Abend kam jener englische Commander, der am 7. 7. einen kurzen Brief an Dich nach Amerika mitgenommen hatte, wieder einmal hierher und teilte mir mit, er habe jenen Brief drüben auf die Post gegeben. So mußt Du ihn ja jetzt schon lange haben. Sagt er Dir auch nicht viel, so weißt Du daraus doch wenigstens, daß es mir ganz leidlich geht. Und so ist es seitdem auch geblieben; nur daß ich immer noch nichts von der Mama und von Hilde gehört habe. Aber Briefe, die wir hier am 5. 8. absenden konnten, sind nach den Mitteilungen unseres Majors Rittner durch alle Kontrollstellen hindurch nach Hechingen u.s.w. gelangt; die Antworten hat man uns auf die kommende Woche in Aussicht gestellt.

Unsere Gedanken drehen sich natürlich immer noch um die Atombombe, und wir haben aus den Zeitungen entnommen, daß sie auf der Spaltung des Atoms Uran 235 beruht. Das ist auch leicht zu verstehen; nur hätte bei uns kein Mensch an die Möglichkeit geglaubt, dieses Uranisotop, welches dem gewöhnlichen Uran 238 zu 7/1000 beigemischt ist, von diesem in solchen Mengen zu trennen, daß man damit technisch etwas erreichen kann. Sir Charles Darwin, der Präsident der englischen »Reichsanstalt«, der uns gestern Abend zusammen mit dem Commander aufsuchte, berichtete, den Anstoß zur technischen Ausarbeitung der Bombe hätten zwei deutsche Emigranten gegeben, Franz Simon in Oxford und Peierls in Bristol; die englischen Physiker, die von Kriegsausbruch an andere Heeresaufträge gehabt hätten, wären damit viel zu sehr festgelegt gewesen, um sich um die Ausnutzung der Atomspaltung zu kümmern. Erst später, als die Sache schon in Gang gekommen war, hätte man sie dafür frei gegeben. Sie wären es allerdings dann gewesen, deren Optimismus bezüglich des Gelingens die skeptischeren amerikanischen Kollegen mitgerissen habe. So stellt sich also die Geschichte der Atombombe nach Allem, was wir erfahren konnten, dar. Der leidenschaftliche Haß der beiden Emigranten gegen Hitler war es also, der alles in Bewegung setzte. Hitler bewährte sich auch darin als ein wesentlicher Teil von jener Kraft, die stets das Böse will — und stets das Gute schafft. Denn das Vertrauen habe ich, daß die Atombombe in ihren Auswirkungen zu etwas Gutem führt.

Außerdem kann ich nicht verhehlen, daß ich so einseitig Physiker bin, daß mich das Gelingen einer solchen, im Wesentlichen doch physikalischen (nicht technischen) Neukonstruktion begeistert.

Der Commander berichtet auch noch von der furchtbaren Hitze in Washington. Hier ist es dagegen schon sehr herbstlich. Heute heizen manche von uns in ihren Stuben.

Eine unmittelbare Änderung unserer Lage bedeutet der Besuch Darwins nicht. Eher möchte ich ihn mit der Rückkehr jener Taube vergleichen, die dem Noah in seiner Arche den grünen Zweig als erstes Zeichen der fallenden Wasser brachte. Wir müssen noch Geduld haben.

Mit herzlichstem Gruß gedenkt Deiner und Deiner Hilli
Dein Vater Max Laue.

Zur Problematik der Atombombe schrieb von Laue an seinen Sohn in Amerika, daß Deutschland ganz einfach nicht die Mittel habe, wie etwa die Vereinigten Staaten und England, eine derartige Bombe herzustellen. Dabei betonte er ausdrücklich, daß „keiner von uns solch eine Waffe in Hitlers Hand legen wollte". Niemand, der mit dem Charakter von Planck, Laue, Hahn und Heisenberg vertraut ist und der ihre Handlungen und Reaktionen während der Nazizeit kennt, wird diese Feststellung in Frage stellen. (Ob es Physiker mit einer anderen Einstellung gab, soll hier nicht diskutiert werden.) Auch Irving schreibt in seinem Buch (1967), daß die deutschen Atomphysiker all ihre Anstrengungen auf dem Gebiet der Atomenergie ausschließlich auf die Konstruktion eines Atomreaktors konzentrierten; und Beyerchen (1977) kommt zu dem gleichen Schluß. 1947 wurde Heisenberg eingeladen, in Cambridge einen Vortrag zu halten. Er wurde von seinen Kollegen herzlich empfangen und erhielt große Ovationen von den Studenten, obwohl in England nach all dem durch den Krieg erzeugten Leid noch immer starke Haßgefühle herrschten. Aber die englischen Wissenschaftler waren gut informiert. Daß Heisenberg so kurz nach dem Kriege nach England eingeladen wurde, ist ein klarer Beweis dafür, daß seine antinazistische Einstellung wohlbekannt war und volle Anerkennung fand.

In diesem Zusammenhang mag betont werden, daß Heisenberg in der Bundesrepublik Deutschland eine Schlüsselrolle spielte beim Wiederaufbau der deutschen Wissenschaft, in den Max-Planck-Instituten und an den Universitäten sowie auch anderer Institutionen. Oft führte er lange Gespräche mit Konrad Adenauer, der viel auf seinen Rat gab. Er hatte auch viele Freunde unter den führenden Sozialdemokraten, ganz im Einklang mit seinen fortschrittlichen Ansichten und seinen humanistischen Idealen, die er in seinen zahlreichen philosophischen Schriften so glänzend zum Ausdruck bringt. Wie Planck es damals vorausgesehen hatte, war sein Dienst am Vaterland unschätzbar und bedeutete ein großes Kapital für den Wiederaufbau eines neuen, demokratischen und freien Deutschlands.

Noch einige Bemerkungen zur Kernfusion: 1938 hatte Hans A. Bethe, im Zusammenhang mit seinen Untersuchungen über die Energieerzeugung im Innern der Sonne, einen „Kohlenstoff-Zyklus" vorgeschlagen, der aus einer Reihe von Reaktionen besteht, bei denen Kohlenstoff als Katalysator wirkt und am Ende des Prozesses die Reaktionskette unverändert verläßt. Eine der Reaktionen, die man für eine Quelle der Sonnenenergie und der Wärmeproduktion hält, ist die Verschmelzung von Deuteronen[11]), wobei Helium entsteht. Bei dieser Fusion werden ungeheure Energiemengen freigesetzt. Obwohl nur 1 von 5000 Wasserstoffmolekülen im Wasser in der Form von Deuterium existiert, läßt sich Deuterium leicht in reiner Form gewinnen, viel leichter als Uran 235 aus Natururan. Deshalb dachten viele Physiker sofort an die Möglichkeit, Fusionsprozesse zur Konstruktion einer Atombombe („Wasserstoffbombe") auszunutzen. Aber die extrem hohen Temperaturen, die man zur Auslösung der Reaktion benötigt, schienen unerreichbar.

Hans A. Bethe. Hans Bethe wurde in Straßburg im Elsaß (damals Deutschland) geboren. Sein Vater, der berühmte Physiologe Albrecht Bethe war viele Jahre lang Direktor des Physiologischen Instituts an der Universität Frankfurt am Main; seine Mutter war Jüdin. Er promovierte 1928 in München bei Sommerfeld in Physik. Nach kürzeren Aufenthalten an anderen deutschen Universitäten ging er zu Heisenberg nach Leipzig. 1933 verließ er Deutschland und ging nach kurzem Aufenthalt in England 1935 als Professor für Physik an die Cornell University in Ithaca/New York. Er gehört zu den genialsten Physikern seiner Generation (am bekanntesten sind seine Untersuchungen über die Sonnenenergie), mit einer nahezu einzigartigen Breite von Leistungen auf dem Gebiet der theoretischen Physik. 1967 wurde er mit dem Nobelpreis ausgezeichnet. Seine Frau Rose ist die Tochter von Paul P. Ewald, einem Lehrer von Bethe in Stuttgart. Ewalds Frau ist Jüdin, und es gelang ihnen, noch vor dem Krieg in die Vereinigten Staaten zu emigrieren. Hans Bethe traf Rose bei den Tellers in Washington; er kannte Teller von Leipzig her, als sie beide in Heisenbergs Institut arbeiteten.

Nach dem Zweiten Weltkrieg änderte sich die politische Situation drastisch, indem sich das Verhältnis zwischen den Siegermächten Sowjetunion und Vereinigte Staaten von Amerika immer mehr zuspitzte. In der Sowjetunion gelang der Bau der Atombombe sehr viel früher als die meisten Fachleute in den USA erwartet hatten. Angesichts des Kalten Krieges, der sich zwischen den beiden Großmächten entwickelte, machten einige Physiker (etwa um 1950) den Vorschlag, die Entwicklung einer Wasserstoffbombe zu versuchen. Möglicherweise, so spekulierte man, ließen sich die bei der Kernspaltung freigesetzten hohen Temperaturen zur Auslösung der Fusionsreaktion verwenden. Doch die Meinungen der Physiker zur Fusionsbombe waren sehr geteilt, nicht nur wegen der technischen Probleme, sondern auch aufgrund moralischer und politischer Erwägungen. Einer der stärksten Befürworter der Wasserstoffbombe war Edward Teller. (Die tragische Konfrontation zwischen

---

[11]) Ein Deuteron ist der Kern des Atoms des schweren Wasserstoffs (= Deuterium). Es ist nach dem gewöhnlichen Wasserstoffkern, dem Proton, der einfachste Atomkern und besteht aus einem Proton und einem Neutron.

Teller und Oppenheimer ist allgemein bekannt.) Darüber, ob die UdSSR oder die Vereinigten Staaten als erste die Wasserstoffbombe besaßen, läßt sich nur spekulieren; jedenfalls aber steht fest, daß um 1955 beide Großmächte beide Arten von Bomben hatten.

Edward Teller. Teller wurde 1908 in Budapest als Sohn jüdischer Eltern geboren. Sein Vater Max war Rechtsanwalt, seine Mutter Ilona (geb. Deutsch) die Tochter eines erfolgreichen Bankiers. Beide Familien waren völlig assimiliert und hatten starke Neigungen zur deutschen kulturellen Tradition. In Ilonas Familie wurde deutsch gesprochen. Nach dem Abitur an einem humanistischen Gymnasium in Budapest im Jahr 1926 verließ Teller Ungarn, das damals unter dem stark antisemitischen und faschistischen Regime des ungarischen Reichsverwesers Horthy stand. Teller studierte zunächst Chemie an der Technischen Hochschule in Karlsruhe. Zu seinen Lehrern, die den größten Einfluß auf ihn hatten, gehörten Hermann F. Mark und Paul P. Ewald (dessen Tochter, wie bereits erwähnt, später Hans Bethe heiratete). Tellers Hauptinteresse galt aber seit seiner Schulzeit der Physik und der Mathematik, und er verfolgte die umwälzenden Entwicklungen auf diesen Gebieten mit großem Interesse. 1928 ging er nach München, um bei Sommerfeld Physik zu studieren. Während dieser Zeit verlor er bei einem schweren Unfall einen Fuß. Nach seiner Genesung ging er nach Leipzig zu Heisenberg, dessen Institut eines der aufregendsten Physik-Zentren war und Gelegenheit bot, viele brillante Physiker kennenzulernen. Nach der Promotion in Leipzig im Jahr 1930 verbrachte er einige Zeit bei Max Born in Göttingen. 1933 verließ er Deutschland und ging zunächst nach Kopenhagen, dann nach England und 1935 in die Vereinigten Staaten, an die George Washington University in Washington. Dort heiratete er Augusta Maria (genannt Mici) Harkany, deren Eltern getaufte Juden waren. Ein Teil von Tellers Familie lebt in Israel, und er hat enge Verbindungen zur Universität Tel Aviv.

Angesichts der großen Zahl hervorragender ungarischer Physiker, die eine bedeutende Rolle in der Atomphysik zunächst in Deutschland und später in den Vereinigten Staaten spielten, mögen einige Erläuterungen des historischen Hintergrunds angebracht sein. Die ungarischen Juden hatten seit Mitte des 19. Jahrhunderts bis zum Ausbruch des Ersten Weltkrieges relativ viel Freiheit und Wohlstand genossen. 1914 gab es ungefähr eine Million Juden in Ungarn, das heißt 5 Prozent der Bevölkerung von ungefähr 20 Millionen. Eine unverhältnismäßig große Zahl dieser Juden gehörten zu den höheren Berufsständen. Nach dem Ersten Weltkrieg machte Ungarn schwere Zeiten durch, zuerst unter einem brutalen kommunistischen Regime, dann unter dem faschistischen Regime Horthys, einer der Gründe dafür, daß in den 20er Jahren viele Wissenschaftler das Land verließen und nach Deutschland und später dann in die Vereinigten Staaten gingen.

Unsere bisherigen Erörterungen zum Thema Kernenergie sind jedoch keineswegs die wichtigsten Aspekte der Entwicklung auf diesem Gebiet. Wir haben die Geschichte der Atombombe deshalb so ausführlich behandelt, weil die Kernenergie nahezu ein Vierteljahrhundert lang von den meisten Leuten fast ausschließlich mit der Atombombe identifiziert wurde. Daraus entwickelte sich eine weit verbreitete Feindschaft gegen die Naturwissenschaft im allgemeinen. Viele Leute in der ganzen Welt leiden unter dem Alptraum einer totalen Zerstörung der Menschheit. Und kein Mensch kann mit Gewißheit sagen, ob diese Drohung nicht doch einmal zur Realität wird. In den vergangenen zwei Jahrzehnten jedoch gelangte ein anderer Aspekt der Kernenergie in zunehmenden Maße ins Bewußtsein der Wissenschaftler, Industriellen, Wirtschaftsfachleute und Spezialisten auf dem Energiegebiet. Schon seit langen weiß man, daß die konventionellen Energiequellen, wie Kohle, Erdöl und Erdgas, begrenzt sind. Der Energieverbrauch nimmt auf Grund der Bevölkerungsexplosion, der Expansion der Industrie und der modernen Formen der Landwirtschaft, der gegenwärtigen Transportmittel sowie anderer Faktoren ständig zu. So steigerte sich der jährliche Energieverbrauch seit der Jahrhundertwende weltweit auf über das Fünfzigfache. Dieser Anstieg hält noch immer an, was Wissenschaftler und andere Fachleute veranlaßte, eindringlich vor der ernsten Krise, die unserer Zivilisation durch die schnelle Erschöpfung der konventionellen Energie-Ressourcen droht, zu warnen, was jedoch bei den Regierungen und auch bei der Bevölkerung kaum Beachtung fand. Dann aber kam die „Energiekrise“ nach dem arabischen Ölembargo im Jahr 1973 und der plötzliche Anstieg des Ölpreises, ein Schock, der den Regierungen und breiten Teilen der Bevölkerung die Augen öffnete und dazu zwang, an das mögliche schnelle Ende des Nachschubs an konventioneller Energie zu denken. So erkannte man endlich die Notwendigkeit, nach neuen Energiequellen Ausschau zu halten. Sparmaßnahmen sind zwar in der Lage, einige Jahre Spielraum zu schaffen, um möglicherweise Lösungen für das Problem zu finden; sie können jedoch das Problem selbst nicht lösen. In einer Erklärung, die 75 führende amerikanische Physiker und Biologen unterzeichnet haben, wurde leidenschaftlich und überzeugend betont, daß die einzige ernst zu nehmende Hoffnung für die Menschheit die Entwicklung und kompetente Anwendung der Kernenergie sei.

In diesem Zusammenhang wollen wir ein paar Zahlen nennen, um die Energiemengen, die man durch Kernfusion und Kernspaltung gewinnen kann, zu verdeutlichen. Jeder Leser kennt die starke Sprengkraft der Uranbombe: Ein Kilogramm Uran 235 kann durch Kernspaltung eine Explosionsenergie liefern, die zwanzigmillionenmal größer ist als die Sprengkraft von einem Kilogramm Trinitrotoluol (TNT). Allgemeiner ausgedrückt liefert die Spaltung von einem Kilogramm Uran das Energieäquivalent von 23 Millionen Kilowattstunden. Das ist ungefähr fünfmillionenmal mehr als die Energie aus der Verbrennung von einem Kilogramm Kohle. Die Energiemengen, die man aus der Fusion gewinnen kann, sind noch eindrucksvoller. Helium hat eine geringere Masse als die Summe seiner Bestandteile. So beträgt der Massenverlust bei der Verschmelzung von einem $^1/_2$ Gramm Protonen und einem $^1/_2$ Gramm Neutronen zu 1 Gramm Helium 7,5 mg. Nach der Einsteinschen Gleichung $E = mc^2$ (c = Lichtgeschwindigkeit = 300 000 km/sec) sind 7,5 mg multipliziert mit dem Quadrat der Lichtgeschwindigkeit äquivalent zu ungefähr 200 000 Kilowattstunden. Die Bildung von 1 kg Helium durch Fusion liefert demnach etwa 19 Millionen Kilowattstunden. Diese wenigen Zahlen veranschaulichen die immensen Energien, die sich aus diesem Prozeß gewinnen lassen.

Leider gibt es aber zur Zeit noch viele technische und wissenschaftliche Probleme, die man lösen muß, ehe die Gesellschaft aus der Kernenergie ihren vollen Nutzen ziehen kann. Nur einige davon sollen hier erwähnt werden. Die Energiegewinnung durch Kernspaltung ist bereits weltweit verbreitet. So gibt es zur Zeit an die 400 Kernkraftwerke, die meisten von ihnen in den industrialisierten Ländern; viele weitere befinden sich im Bau. Ein ernstes Problem ist die Schätzung der in der Natur vorkommenden Uranmengen. Diese Schätzungen variieren erheblich; niemand weiß genau, wie viel zur Verfügung steht und wie lange es reichen wird. Mit Schnellen Brutreaktoren läßt sich die Energieausbeute ungefähr um das Fünfzigfache steigern. Aber der Brutstoff Uran 238, den man in diesen Reaktoren einsetzt, wird in Plutonium 239, den Sprengstoff der Atombomben umgewandelt; daher erhöht der Einsatz derartiger Reaktoren die Gefahr der Atombombenproduktion. Effizientere Brutreaktoren (Hochtemperaturreaktoren), in denen aus Thorium erzeugtes

Uran 233 (das kein Plutonium erzeugt) verwendet wird, sind im Versuchstadium. Schließlich aber entstehen bei der Kernspaltung gefährliche radioaktive Abfälle, deren Entsorgung ein weiteres Problem darstellt. Die Bemühungen, dieses Problem zu lösen, haben bereits einige vielversprechende Ergebnisse, insbesondere in Großbritannien und in Frankreich geliefert.

Ganz andere Probleme ergeben sich bei der Anwendung der Fusion zur Energiegewinnung. Hier sind die Quellen unbegrenzt. Die Ozeane liefern Milliarden Liter Deuteronen und könnten die Menschheit mit Energiemengen, die für Millionen von Jahren reichen würden, versorgen. Doch obwohl es uns heute bereits gelungen ist, die Kernfusion bei der Wasserstoffbombe zu verwenden, sind wir noch weit davon entfernt, die Fusion als Quelle zur Energiegewinnung einzusetzen. Viele kompetente Wissenschaftler sind jedoch sehr optimistisch und glauben, daß man das Problem mit der Zeit doch lösen kann. Rutherford hätte nicht einmal im Traum daran gedacht, daß weniger als ein Jahrzehnt nach seinem Tod die Kernenergie zur praktischen Nutzung verfügbar wäre; tragisch ist dabei, daß sie erstmals als mörderische und verheerende Waffe und nicht zum Wohle der Menschheit eingesetzt wurde.

Auf jeden Fall hat die Kernenergie ein neues Zeitalter in der Geschichte der Menschheit eröffnet. Die Wissenschaft ist weder gut noch böse. *Wie* man die Kenntnis der Natur und die Erforschung ihrer Geheimnisse anwendet, hängt vom Menschen, von der Gesellschaft und von ihren führenden Persönlichkeiten ab. Dieses Problem werde ich am Schluß dieses Buches diskutieren. Die Atomphysik hat neue Territorien erschlossen. Dazu machte Heisenberg einmal einen Vergleich mit Kolumbus und der Entdeckung Amerikas: „Wenn man fragt, worin eigentlich die große Leistung des Christoph Kolumbus bestanden habe, als er Amerika entdeckte, so wird man antworten müssen, daß es nicht die Idee war, die Kugelgestalt der Erde auszunützen, um auf der Westroute nach Indien zu reisen; diese Idee war schon von anderen erwogen worden. Auch nicht die sorgfältige Vorbereitung seiner Expedition, die fachmännische Ausrüstung der Schiffe, die auch von den anderen hätte geleistet werden können. Sondern das schwerste an dieser Entdeckungsfahrt war sicher der Entschluß, alles bis dahin bekannte Land zu verlassen und so weit nach Westen zu segeln, daß mit den vorhandenen Vorräten eine Umkehr nicht mehr möglich war. In ähnlicher Weise kann wirkliches Neuland in einer Wissenschaft wohl nur gewonnen werden, wenn man an einer entscheidenden Stelle bereit ist, den Grund zu verlassen, auf dem die bisherige Wissenschaft ruht, und gewissermaßen ins Leere zu springen. Einstein hatte in seiner Relativitätstheorie jenen Begriff der Gleichzeitigkeit aufgegeben, der zu den festen Grundlagen der früheren Physik gehört hatte, und es war eben dieser Verzicht auf den früheren Begriff der Gleichzeitigkeit, der von vielen, selbst bedeutenden Physikern und Philosophen nicht vollzogen werden konnte, der sie zu erbitterten Gegnern der Relativitätstheorie machte. Man kann vielleicht sagen, daß der Fortschritt der Wissenschaft von den an ihr Mitwirkenden im allgemeinen nur fordert, neue Gedankeninhalte aufzunehmen und zu verarbeiten; dazu sind die in der Wissenschaft Tätigen fast immer bereit. Wenn wirkliches Neuland betreten wird, kann es aber vorkommen, daß nicht nur neue Inhalte aufzunehmen sind, sondern daß sich die Struktur des Denkens ändern muß, wenn man das Neue verstehen will." (Heisenberg 1969, S. 101). Kolumbus konnte nicht voraussehen, daß seine Entdeckung einerseits zur Vernichtung der eingeborenen Bevölkerung durch die Eroberer führen würde, andererseits der neue Kontinent ungeheure Chancen für Hunderte von Millionen Menschen bieten würde. Auch Planck und Einstein, Rutherford und Bohr konnten nicht voraussehen, was für eine Bedeutung die neuen Territorien, die sie zugänglich gemacht hatten, für die Zukunft der Menschheit haben würden. Es hängt nun von der Gesellschaft ab, ob sie Selbstmord begehen und die Welt zerstören wird, oder ob sie ungeahnte Wohltaten für kommende Generationen bereitstellen will, für Generationen, deren Zukunft durch den schnellen Verbrauch der konventionellen Energiequellen schwer bedroht ist. Die Wissenschaftler können ganz wesentlich zur Gestaltung einer besseren Zukunft beitragen, sie haben aber nicht die Macht, den Lauf der Geschichte zu bestimmen.

Zusammenfassend läßt sich sagen, daß die ersten dreißig Jahre dieses Jahrhunderts wohl als das brillanteste, revolutionärste und aufregendste Kapitel in der Geschichte der Physik und der Naturwissenschaften im allgemeinen zu betrachten sind. Die neue Ära begann mit Plancks Einführung des Wirkungsquantums, dann folgte Einsteins Relativitätstheorie, und sie gipfelte schließlich in der Wellen- und Quantenmechanik von de Broglie und Schrödinger beziehungsweise Niels Bohr, Heisenberg und Born. Betrachten wir diese Ära unter dem besonderen Aspekt dieses Buches, nämlich der Zusammenarbeit zwischen Wissenschaftlern jüdischer und nichtjüdischer Abstammung: Max Planck, Albert Einstein (Jude), Arnold Sommerfeld, James Franck (Jude), Gustav Hertz (Halbjude), Max Born (Jude), Niels Bohr (Halbjude), Max von Laue, Otto Stern (Jude), Erwin Schrödinger, Wolfgang Pauli (Halbjude), Otto Hahn, Lise Meitner (Jüdin). In dieser Liste sind nur einige der prominentesten Wissenschaftler genannt. Sie enthält auch nicht die Namen der vielen berühmten Wissenschaftler, die in anderen Ländern entscheidende Beiträge zur Atomphysik leisteten, wie zum Beispiel Ernest Rutherford, James Chadwick, Paul Dirac, Louis de Broglie, Enrico Fermi und Frédéric und Irène Joliot-Curie, und auch nicht die vielen anderen deutschen oder in Deutschland ausgebildeten ungarischen Juden, die ihre bedeutendsten Beiträge nach dem Weggang von Deutschland geleistet haben. Wir behandelten in diesem Kapitel auch nicht die Entwicklung der Atomphysik im allgemeinen, sondern betrachteten nur einige Aspekte der Zusammenarbeit von Juden und Nichtjuden vor der Zerstörung der deutschen Wissenschaft durch Hitler. Für die meisten Wissenschaftler dürfte diese ethnische Aufgliederung irrelevant sein, ja die Betonung dieses Aspektes könnte ihnen vielleicht sogar verdächtig scheinen. Aber wenn man versucht, die durch die Pionierarbeit deutscher jüdischer und nichtjüdischer Naturforscher vollbrachten Leistungen für die Nachwelt zu dokumentieren, dann ist das Kapitel der Atomphysik in Deutschland während der ersten drei Jahrzehnte dieses Jahrhunderts ein eindrucksvolles und dramatisches Zeugnis für die hervorragende Zusammenarbeit und gegenseitige Stimulierung zwischen den beiden ethnischen Gruppen. Wohl auf keinem anderen Gebiet kam die Wechselwirkung zwischen den beiden Gruppen so stark zum Ausdruck wie in der Atomphysik. Ob in anderen Gebieten die Situation ähnlich oder anders war, darüber gehen die Ansichten von einem Extrem zum anderen (vgl. Jahrbücher des Leo-Baeck-Instituts). Jedenfalls kann man in der Atomphysik die Stärke der persönlichen Bande und Freundschaften, die Leidenschaft und Intensität der Diskussionen, die das essentielle Element dieses großartigen Kapitels waren, nicht in Frage stellen.

Wie wiederholt betont ist die Naturwissenschaft ihrem Wesen nach übernational. Die Atome, die Moleküle, die lebenden Zellen, die Kräfte, die das Universum in Bewegung halten, sie sind überall die gleichen. Die internationale wisenschaftliche Zusammenarbeit wächst heute immer mehr und schneller hauptsächlich auch wegen der besseren und neuartigen Kommunikationsmittel unserer Tage. Allerdings hatte die gegenseitige Stimulierung der deutschen jüdischen und nichtjüdischen Naturwissenschaftler einen ganz besonderen Charakter. Die gemeinsame Sprache, die Ähnlichkeit von Kultur und Erziehung, der Einfluß von physischer und geistiger Umgebung und viele gemeinsam geteilte Erfahrungen schufen eine ungewöhnliche und einzigartige Atmosphäre. Am Schluß werden wir noch einmal darauf eingehen.

III. Chemie und Physiologie im 19. Jahrhundert

Chemie

Obgleich im frühen 19. Jahrhundert Frankreich auf dem Gebiet der Chemie führend war, erreichte Deuschland bald ein gleichwertiges Niveau und wurde im zweiten Teil des Jahrhunderts das wichtigste Zentrum. Zwei Chemiker spielten in dieser Entwicklung eine entscheidende Rolle: Justus von Liebig (1803—1873) und Friedrich Wöhler (1800—1882). Beide werden für die Gründer der organischen Chemie gehalten. Vielleicht der brillanteste und einflußreichste Chemiker, der den Aufstieg der deutschen Chemie förderte, war Liebig. Schon in jungen Jahren interessierte er sich für die Chemie. Nach der Promotion ging er nach Paris zu dem großen Chemiker und Physiker Joseph Louis Gay-Lussac (1778—1850). Er hörte mit großer Begeisterung dessen Vorlesungen und beteiligte sich auch an einigen seiner Experimente.

Nach der Rückkehr nach Deutschland wurde Liebig Professor in Gießen. Er war damals erst 21 Jahre alt. Schon im folgenden Jahr (1825) wurde er Ordinarius. Durch seine Vitalität, Brillanz und seinen Enthusiasmus zog er eine große Zahl hervorragender Studenten an, und in den folgenden Jahrzehnten spielten seine Schüler eine führende Rolle im schnellen Wachstum der deutschen Chemie, sowohl an den Universitäten als auch in der Industrie. Obwohl Liebig eine Reihe großartiger experimenteller Beiträge leistete, beruhte seine Bedeutung vor allem auf seinen Konzeptionen, seiner inspirierenden Ausstrahlung und seinen vielen genialen Ideen, wenngleich einige davon später von der ungemein schnellen Entwicklung der Chemie überholt wurden. Besonders nach seinem Wechsel an die Universität München im Jahr 1852 widmete er sich viel mehr der Förderung seiner Ideen und Konzeptionen als der Laborarbeit. Seine große Vision vom Potential der Chemie, wesentliche Erkenntnisse auf den Gebieten der Physiologie und der Agrikulturchemie zu ermöglichen, brachte er in zahlreichen Schriften und Vorträgen zum Ausdruck. Sir Frederick Gowland Hopkins (1861—1947) drückte dies in seiner Rede „The Influence of Chemical Thought on Biology“ bei einer Tagung über Kunst und Wissenschaft (aus Anlaß des dreihundertjährigen Jubiläums der Harvard-Universität im Jahr 1936) so aus: „Es war Liebigs Genius, der den triumphalen Aufstieg der modernen organischen Chemie auslöste, und Liebigs großer Wunsch, der auch seine eigenen Anstrengungen beseelte, war es zu erleben, daß sich die Chemie ganz in den Dienst der Tierphysiologie und der Agrikulturchemie stellt“. Interessanterweise meinte Hopkins, als er in der derselben Rede Liebig mit Pasteur, dem anderen großen Genius dieser Zeit, verglich, Liebig habe die biologische Ausbildung gefehlt und somit der Instinkt des Biologen; er sei zu sehr Chemiker geblieben. Dies habe seinen Einfluß auf die Biologen ein wenig behindert. Pasteur andererseits, mit seinen großen Erfolgen auf dem Gebiet der Biologie, sei zu sehr Biologe geworden und habe dadurch in gewissen Maße das Zusammenfließen von Chemie und Biologie verzögert.

Friedrich Wöhler war ein Schüler des berühmten schwedischen Chemikers Jöns Jacob Berzelius (1779—1848). Die beiden wurden enge Freunde und pflegten diese Beziehung bis zu Berzelius' Tod. Wöhlers berühmtester Beitrag zur Chemie war die Synthese von Harnstoff aus Ammoniumcyanat. Diese Synthese bewies, daß es möglich ist, eine organische Verbindung im Reagenzglas aus anorganischen Substanzen herzustellen. Sie stellt (1828 erstmals durchgeführt) einen Meilenstein in der Geschichte der Chemie dar. Harnstoff ist eines der Endprodukte stickstoffhaltiger Metaboliten und wird mit dem Urin ausgeschieden. Wöhlers Beobachtung führte zum Zusammenbruch der Annahme, daß es einen fundamentalen Unterschied zwischen organischer und anorganischer Chemie gäbe. Bis dahin nahm man allgemein an, die Entstehung organischer Verbindungen erfordere eine „Lebenskraft" (vis vitalis). Diese Ansicht wurde noch 1827 von Wöhlers Lehrer und Freund Berzelius vertreten, der auch nach Wöhlers Erfolg noch bei seinem Glauben blieb. Wenn auch viele Chemiker die Unterscheidung von organischer und anorganischer Chemie bald aufgaben, dauerte es noch viele Jahre, bis Wöhlers Standpunkt endgültig und weltweit akzeptiert wurde. Eine wichtige Arbeit war die Isolierung eines löslichen Enzyms aus bitteren Mandeln, des Emulsins, die Wöhler in Zusammenarbeit mit seinem Freund Liebig gelang. (Die Bedeutung dieser Entdeckung soll später in anderem Zusammenhang diskutiert werden). Wöhler wurde 1836 Ordinarius in Göttingen. Er gründete dort eine der bedeutendsten Schulen der Chemie in Deutschland. Ebenso wie aus Liebigs Schule gingen auch aus dieser zahlreiche führende Chemiker hervor. Beide Schulen müssen als die eigentlichen Katalysatoren des Wachstums der Chemie in Deutschland während der zweiten Hälfte des 19. Jahrhunderts angesehen werden.

Einer der prominentesten Schüler Liebigs war August Kekulé von Stradonitz (1829—1896). Sein berühmtester Beitrag war das Konzept der Ringstruktur des Benzols. Molekülstrukturen standen zu jener Zeit im Mittelpunkt des Interesses der Chemiker, und Kekulés Konzept war ein Meilenstein in der Aufklärung aromatischer Verbindungen wie Naphtalin und Anthracen. Das Konzept wurde weiter ausgearbeitet durch andere Chemiker, besonders durch Jacobus Hendricus van 't Hoff. Ganz verstanden wurde es allerdings erst in unserem Jahrhundert, nachdem die Atomphysik die Beschreibung von Elektronenstrukturen ermöglichte (siehe Seite 115). Kekulés Lebenswerk wurde eine der wesentlichen Grundlagen der systematischen industriellen Synthese von Farbstoffen und Medikamenten, zwei Gebiete, auf denen Deutschland bald führend wurde.

Nach seiner Promotion verbrachte Kekulé einige Zeit in Frankreich und England. 1856 wurde er Privatdozent in Heidelberg und 1865 Ordinarius in Bonn. Er war ein inspirierender Lehrer und beeinflußte das Denken seiner zahlreichen Schüler und Mitarbeiter ganz wesentlich.

Ein weiterer hervorragender Chemiker auf diesem Gebiet war Robert Wilhelm Bunsen (1811—1899). Er leistete zahlreiche wichtige Beiträge zur Chemie, aber sein bedeutendstes Werk war die Entwicklung der Spektralanalyse[12]), in Zusammenarbeit mit dem Physiker Gustav Robert Kirchhoff. 1852 wurde Bunsen Ordinarius in Heidelberg und behielt seinen Lehrstuhl fast bis zu seinem Tod im Alter von 78 Jahren. Durch seine beeindruckende Per-

[12]) Ein Spektrum entsteht, wenn das Licht von einem Prisma zerlegt wird. Spektren sind charakteristisch für die verschiedenen Lichtquellen und können daher zu deren Vergleich herangezogen werden. Die Spektroskopie wurde für alle Arten der Energiestrahlung entwickelt und laufend verfeinert. Heute ist sie ein wichtiges Werkzeug auf vielen Gebieten in Wissenschaft und Industrie.

sönlichkeit zog er eine große Zahl von Schülern an, und vor allem sorgte er für die schnelle Verbreitung der Spektralanalyse.

Die Chemie an der Universität Berlin entwickelte sich langsam. Erster Dekan im Jahr 1825 war Eilhart Mitscherlich (1794—1863), ein Schüler von Berzelius und ein hervorragender Chemiker. Um 1830 zeigte er gleichzeitig mit (aber unabhängig von) Charles Cagniard de la Tour (1777—1859) in Frankreich und Theodor Schwann (1810—1882) in Deutschland, daß die alkoholische Gärung die Anwesenheit von Hefezellen, das heißt von lebenden Organismen erfordert. Diese Entdeckung war nicht nur von praktischer Bedeutung für die Produktion von Alkohol. Die Natur der „Gärung", ein Ausdruck, der für viele Reaktionen in lebenden Zellen verwendet wurde, war Gegenstand heißer Diskussionen. In die heftigen Kontroversen um die Interpretation dieses Prozesses waren Liebig, Berzelius, Pasteur, Berthelot und andere berühmte Wissenschaftler verwickelt. Auf Einzelheiten dieser historischen Entwicklung wollen wir hier nicht eingehen, da sie für das Thema dieses Buches unwichtig sind. Außerdem gelang die eigentliche Aufklärung der Gärung erst im 20. Jahrhundert.

Nach dem Tod von Mitscherlich wurde 1865 August Wilhelm von Hofmann (1818—1892) dessen Nachfolger. Er war ein Schüler Liebigs und ein genialer Chemiker. Ihm gelang es erstmals, Anilin aus Teer zu isolieren, eine für die Entwicklung der deutschen Farbstoffindustrie in der zweiten Hälfte des 19. Jahrhunderts grundlegende Leistung. Königin Viktoria und Prinz Albert, die Hofmann 1845 während eines Besuchs in Bonn kennengelernt hatten, waren von seiner Persönlichkeit so beeindruckt, daß sie ihm die Leitung des Royal College in London anboten, wo er dann eine große Schule gründete. Als er später ein Angebot von der Universität Berlin annahm, wurde dort endlich ein Institut für Chemie gebaut. Hofmann zog eine große Zahl guter Studenten an, so daß Berlin bald eines der bedeutenden Zentren für Chemie wurde, vergleichbar mit Heidelberg, Göttingen und Bonn, ohne aber die herausragende Stellung des Chemischen Instituts in München zu erreichen. Als Liebig 1873 starb, nachdem er zwei Jahrzehnte lang den Lehrstuhl in München innegehabt hatte, wurde Adolf von Baeyer sein Nachfolger. Da man Liebig für den größten Genius der Chemie seiner Zeit hielt, war sein Lehrstuhl der begehrteste im Lande. Baeyer hielt nicht nur den Glanz dieses Zentrums aufrecht, sondern er steigerte ihn durch die Brillanz seiner Leistungen und seiner Persönlichkeit. Aus mehreren Gründen scheint es angemessen, etwas genauer auf Baeyer einzugehen. Ein Grund dafür ist sein familiärer Hintergrund, der im Zusammenhang mit diesem Buch von besonderem Interesse sein dürfte.

J. F. W. Adolf von Baeyer (1835—1917) wurde in Berlin geboren. Sein Vater, Johann Jacob Baeyer, gehörte als Generalleutnant zum deutschen Generalstab, war aber viel eher ein Gelehrter als ein Soldat. Er führte geodätische Messungen zunächst in Ostpreußen und später in anderen Gegenden durch. 1870 wurde er Präsident des Geodätischen Institutes zu Berlin. Er war Ehrenmitglied der Preußischen Akademie der Wissenschaften. Seine von Adolf von Hildebrand geschaffene Büste wurde in der Ehrenhalle der Nationalgalerie in Berlin aufgestellt. Baeyers Mutter Eugenie war jüdischer Abstammung. Ihr Vater, Julius Eduard Hitzig, war ein hochangesehener Kammergerichtsrat (Mitglied des Obersten Gerichtshofes von Preußen). Wegen seiner literarischen Interessen bildete sein Haus ein Zentrum des Literaturlebens in Berlin. Zu seinen Freunden zählten auch die Dichter E.T.A. Hoffmann und Adelbert von Chamisso. Mehrere Mitglieder der Familie empfingen große Ehrungen, die zu dieser Zeit nur selten an Juden vergeben wurden, wie zum Beispiel die

Abb. 24. Familie Adolf von Baeyer. Starnberg, 6. Oktober 1895

Aufnahme in den Orden Pour le mérite (die höchste Auszeichnung für Verdienste um das Vaterland, auf dem Gebiet der Wissenschaften und Künste oder für Heldentum im Kampf). Baeyers Frau Lida, geborene Bendemann, stammte aus einer hochangesehenen jüdischen Familie mit vielen bedeutenden Mitgliedern. Ihr Vater war Wirklicher Geheimer Bergrat im Ministerium (eine hohe ministeriale Position). Ein Vetter erhielt den Pour le mérite, ein Bruder von Lida war preußischer General und einer ihrer Vettern Admiral.

Trotz der Atmosphäre in seinem Hause, die durch Großvater Hitzigs Vorliebe für die Geisteswissenschaften geprägt war, hatte der junge Adolf kein Interesse an Literatur, sondern von Kindheit an galt sein Hauptinteresse der Chemie. Nur ein paar Jahre lang, im Gymnasium in Berlin, wurde er von der Physik und Mathematik angezogen. Das war das Verdienst eines inspirierenden Lehrers. Aber als er dann zum Studium an die Universität Heidelberg kam, wandte sich sein Interesse wieder der Chemie zu, und er studierte bei Bunsen. Da es an der Universität Berlin damals (in den Jahren um 1850) keine adäquaten Laboratorien gab, gingen die Studenten an andere Universitäten. Heidelberg hatte eine besondere Anziehungskraft wegen der großen Zahl von hervorragenden Wissenschaftlern in Bunsens Laboratorium. Unter anderem war dort auch Kekulé, von dessen Ideen Baeyer stark beeinflußt wurde. Viele von Baeyers Leistungen beruhen auf der Vertrautheit mit den Struktureigenschaften chemischer Verbindungen, die ihm dieser außergewöhnliche Lehrer vermittelte.

Baeyer kehrte 1860 nach Berlin zurück, wo er mit einer Habilitationsschrift über Harnsäure Privatdozent an der Universität wurde. Aber die mangelhafte Ausstattung zwang ihn, nach einem bessseren Laboratorium Ausschau zu halten. So ging er an ein anderes Institut, das später nach Charlottenburg umzog und Teil der Technischen Hochschule wurde. Dort begann er die Arbeit, der er den größten Teil seines Lebens widmete: die Entwicklung von Farbstoffen. Zunächst entwickelte er eine neue Methode, um aus Indol Indigoblau herzustellen. Indol ist eine der wichtigsten Stickstoffverbindungen, die man aus Teerkohle durch Destillation gewinnen kann. Seine Struktur ist einfach: ein Ring mit 6 Kohlenstoffatomen und ein Ring mit 4 Kohlenstoff- und einem Stickstoffatom. Indigoblau hat eine ziemlich komplizierte Struktur, nämlich 2 Kohlenstoffatome und 2 Indolringe sind durch eine Doppelbindung verbunden. Durch einige weitere Veränderungen dieser Struktur wird daraus eine extrem konjugierte Verbindung mit tiefblauer Farbe. Baeyer arbeitete viele Jahre an diesem Projekt, das zahlreiche neue Schritte und großen Einfallsreichtum erforderte. (Die interessanten Eigenschaften dieser Verbindung wurden auch in unserem Jahrhundert noch von mehreren Chemikern untersucht.) Bald folgte dann die Synthese etlicher anderer künstlicher Farbstoffe; Baeyer gilt allgemein als einer der Gründer und Hauptförderer der deutschen Farbstoffindustrie.

In Berlin arbeiteten zwei seiner Schüler, Carl Graebe (1841—1927) und Carl Liebermann (1842—1914) das Verfahren zur Herstellung von Alizarin aus. Alizarin, ein Farbstoff von großem Wert für die Industrie, ließ sich leicht synthetisch aus Teerkohle herstellen. Früher mußte dieser vielverwendete Farbstoff aus den Wurzeln der Krapp-Pflanze (Rubia tinctorum) extrahiert werden. Carl Liebermann gehörte übrigens zu einer bekannten jüdischen Familie und war mit dem berühmten Maler Max Liebermann verwandt.

In Fortsetzung seiner Arbeit über die Harnsäure entwickelte Baeyer eine Anzahl verwandter Verbindungen, unter diesen auch die Barbitursäure. Es war diese Substanz, aus der sein berühmter Schüler Emil Fischer (1852—1919) später die Barbiturate entwickelte, die auch heute noch als Schlafmittel verwendet werden. (In einer seiner Vorlesungen erwähnte Baeyer, daß er den Namen Barbitursäure gewählt habe, weil er in ein Fräulein Barbara verliebt war.) Aufgrund seiner Arbeiten über die Harnsäure, ein wichtiger Metabolit im menschlichen Körper, interessierte sich Baeyer auch für Probleme der physiologischen Chemie. Ferner leistete er Beiträge zur Photosynthese (ein Problemkreis von höchster Bedeutung für das Leben auf unserem Planeten, wie wir im nächsten Kapitel erörtern werden; denn der Mechanismus der Photosynthese fand erst im 20. Jahrhundert eine weitgehende Aufklärung). 1870 wurde Baeyer ein Lehrstuhl an der neugegründeten Universität Straßburg angeboten. Dort kam er in eine Gruppe hervorragender Mitarbeiter, darunter die Vettern Emil und Otto Fischer. Im Jahr 1873 starb Liebig in München, sein Lehrstuhl war aus Gründen, die wir bereits erwähnt haben, ein Symbol für Spitzenforschung. 1875 wurde Baeyer als Liebigs Nachfolger berufen, und er ging nach München. Dort blieb er Institutsdirektor bis 1916, ein Jahr vor seinem Tod. In dieser Zeit gelang es ihm, eine erstaunlich große Zahl von chemischen Verbindungen zu synthetisieren. Baeyers viele geniale Leistungen sind in einem Sonderheft der „Naturwissenschaften", das aus Anlaß seines 80. Geburtstages 1915 erschien (Baeyer 1915), gut dokumentiert. Es enthält Beiträge unter anderem von R. Willstätter, H. Wieland, P. Karrer, O. Dimroth und W. Schlenck. Wie es sein Schüler und Nachfolger Richard Willstätter in seiner Autobiographie ausdrückt, vollbrachte Baeyer seine wichtigsten Arbeiten in einer Zeit, die seinem großen Talent und seinen Neigungen entsprach, jene Zeit, als das einfache Reagenzglas das wichtigste Werkzeug war. Er arbeitete auch nicht mit komplizierten Materialien, sondern zog einfache Substanzen vor, die leicht zu kaufen oder leicht herzustellen waren, und versuchte, sie in neue Verbindungen umzuwandeln. Die einfache Beschreibung chemischer Reaktionswege war seine große Kunst, dazu vereinigte er eine außergewöhnliche Vorstellungskraft und Intuition mit Geschicklichkeit, Geduld, Hingabe und Energie. Es lag ihm nicht, Theorien vorzuschlagen, aber wenn er es dennoch tat, dann zögerte er nicht, sie zurückzuziehen, wenn die Fakten ihnen widersprachen. Er haßte es, mit kompliziertem Gerät zu arbeiten, wie dies nach der Jahrhundertwende in der organischen Chemie in zunehmendem Maße notwendig wurde. Neben einer großen Zahl anderer Ehrungen und Auszeichnungen erhielt er im Jahre 1905 den Nobelpreis für Chemie für seine Leistungen auf dem Gebiet der Farbstoffsynthese.

Baeyers Bedeutung für die Entwicklung der Chemie beruht jedoch auf weit mehr als nur auf seinen wissenschaftlichen Leistungen. Er inspirierte und unterrichtete eine ungewöhnliche Schar glänzender Schüler. Studenten aus allen Teilen Deutschlands und vielen anderen Ländern kamen in sein Laboratorium. Es war fraglos nicht nur die Qualität seiner Arbeit, sondern auch seine außergewöhnliche Persönlichkeit und seine Weisheit, die diese große Zahl hervorragender Schüler anzog. Ganz offensichtlich hatte er eine besondere Fähigkeit, Probleme ohne Vorurteil anzugehen, und es gelang ihm, seine Methodik und seine Denkweise auf seine Studenten zu übertragen. Seine Integrität, seine Menschenkenntnis, die ihn befähigte, nur hochbegabte Studenten auszuwählen, die Art und Weise, wie er die Selbständigkeit seiner jungen Mitarbeiter förderte, die Hingabe an seine Arbeit und sein Enthusiasmus, all diese Charakteristika erklären seinen Erfolg im Aufbau einer der großartigsten Schulen im 19. Jahrhundert. Aus seiner Schule gingen nicht nur eine Anzahl hochqualifizierter organischer Chemiker hervor, sondern auch mehrere führende Persönlichkeiten, die die Grundlage zu der spektakulären Entwicklung der Biochemie im 20. Jahrhundert legten[13]).

Als A. W. von Hofmann starb, wurde Emil Fischer (1852—1919) Ordinarius für Chemie in Berlin. Fischer hatte Baeyers Laboratorium 1882 verlassen, um nach Erlangen und später nach Würzburg zu gehen. Er wird allgemein für einen der größten Chemiker und einen der echten Giganten des 19. Jahrhunderts gehalten. Wohl mehr als jeder andere trug er zur Aufklärung der Struktur von wichtigen Verbindungen in lebenden Zellen bei. Seine klassischen Arbeiten über die Struktur der Proteine und Zucker, die er in den letzten Jahrzehnten des vorigen und am Anfang dieses Jahrhunderts durchführte, stellen einen entscheidenden Durchbruch in unserer Kenntnis der essentiellen Zellbestandteile und der Methoden ihrer Untersuchung dar. Diese Leistungen öffneten den Weg für die zahlreichen und entscheidenden Fortschritte der Biochemie. Als Emil Fischer nach Berlin kam, war Hofmanns Institut nicht mehr groß genug, und ein neues Institut wurde für ihn gebaut. So konnte er mehr Schüler aufnehmen und ausbilden und moderne Instrumente, die immer schneller

[13]) 1933 wurden zwei Söhne von Baeyer — Otto, Professor für Physik in Berlin, und Hans, Professor für Medizin in Heidelberg — sofort entlassen, da ihre Mutter Jüdin und ihr Vater Halbjude war. Nach der NS-Klassifizierung wurden sie als 3/4-Juden eingestuft.

verfügbar wurden, einführen. Auf seine berühmtesten Schüler, Otto Warburg, Carl Neuberg und Max Bergmann werden wir später zurückkommen (Kap. IV, S. 235, 292; Kap. V, S. 336). Einer seiner Schüler war Hans T. Clarke, der 1929 Leiter der Biochemie-Abteilung an der Columbia University in New York wurde. Als 1933 die Nationalsozialisten die Macht ergriffen und viele jüdische Biochemiker Deutschland verlassen mußten, nahm Clarke mehrere von ihnen in sein Laboratorium auf und unterstützte ihre Arbeit in großzügiger Art und Weise. Sein Department wurde eines der großen Weltzentren der Biochemie (Kap. V, S. 327).

Fischer war extrem liberal und international eingestellt. Er stammte aus dem Rheinland und mochte den preußischen Militärgeist nicht. Seinen Sohn, Hermann Otto Laurentz Fischer (1888—1960) schickte er nach dem Abitur nach Cambridge (England), um ihn mit einem wirklich demokratischen Geist vertraut zu machen. Als Folge davon verließ Hermann Deutschland 1933, angewidert von den Nationalsozialisten, obwohl er hundertprozentiger „Arier" war. Er ging zunächst nach Basel, dann nach Toronto und schließlich nach Berkeley (Kalifornien), wo er mit großer Wärme empfangen und sehr geehrt wurde. Wir verdanken ihm wichtige Beiträge zur Entwicklung der Chemie und Biochemie.

Fischer und Planck überredeten die Akademie der Wissenschaften, Jacobus Hendricus van 't Hoff (1852—1911) eine Stelle anzubieten. Van 't Hoff hatte die Chemie revolutioniert durch seine Beiträge zum Verständnis der räumlichen Struktur von chemischen Verbindungen. Er wurde einer der Begründer der physikalischen Chemie, und sein Werk sowie seine

Abb. 25. Emil Fischer

inspirierende Persönlichkeit fanden nach den üblichen anfänglichen Widerständen allgemeine Bewunderung. Im Jahr 1901 wurde er der erste Nobelpreisträger für Chemie. Er hatte großen Einfluß auf Svante Arrhenius (1859—1927) und Walther Nernst. 1896 ging er nach Berlin. 1906 kam mit Nernst ein weiterer „Star" an die Universität Berlin, die eines der Zentren der Physik, der physikalischen Chemie und der Chemie in der Welt wurde. Fischer war auch einer der Hauptberater von Adolf von Harnack bei der Planung der Kaiser-Wilhelm-Institute in Berlin-Dahlem. Darauf werden wir im Kapitel IV näher eingehen.

Physiologie

Abgesehen von vereinzelten Vorläufern im 17. und 18. Jahrhundert begann die systematische und umfassende Erforschung der Phänomene des Lebens und des Funktionierens des menschlichen Körpers erst im frühen 19. Jahrhundert. Nach der Begründung der Chemie durch Lavoisier begann die „Tierchemie" eine bedeutende Rolle zu spielen. Frankreich, wo die Chemie zu dieser Zeit am weitesten fortgeschritten war, wurde führend in dem sich neu entwickelnden Gebiet, ganz besonders in der frühen Phase. Und auch noch später, im 19. Jahrhundert, wurde mit Louis Pasteur (1822—1895) ein Franzose der größte Biologe seiner Zeit. Dessen Genius und Werk hatten auf das Denken der führenden Forscher auf dem Gebiet der modernen Biologie, die erst im 20. Jahrhundert begann, einen entscheidenden Einfluß. Ein weiterer hervorragender Wissenschaftler war Claude Bernard (1813—1878), der viele bedeutende Beiträge zur Physiologie und zur physiologischen Chemie leistete (siehe z. B. Holmes 1974). Aber darüber hinaus bieten seine allgemeinen Konzepte und Bemerkungen über die Methodik der experimentellen Medizin auch heute noch aufregenden Lesestoff.

Um die Mitte des Jahrhunderts jedoch, als die Zentren der Chemie, besonders der organischen Chemie, sich nach Deutschland verlagerten, wurde auch die Tierphysiologie an deutschen Universitäten schnell entwickelt und erreichte ein hohes Niveau. Johannes Müller (1801—1858) bildete in Berlin eine Gruppe hervorragender Wissenschaftler aus, darunter Hermann von Helmholtz (dessen geniale Beiträge zur Sinnesphysiologie bereits auf Seite 29 erwähnt wurden), Emil Du Bois-Reymond, der Begründer der Elektrophysiologie, und Rudolf Virchow, einer der Hauptförderer der Erkenntnis von der zentralen Rolle der Zelle im Körper (omnis cellula e cellula) und einer der hervorragendsten Pathologen des Jahrhunderts. Ein weiterer Schüler war Theodor Schwann (1810—1882), der sich besonders der physiologischen Chemie zuwandte. Sein Beitrag zur Entdeckung der Rolle der Hefezellen bei der alkoholischen Gärung wurde bereits erwähnt. Er identifizierte auch das Enzym Pepsin als das aktive Agens im Magensaft. Ein bedeutendes Zentrum der Physiologie wurde durch Carl Ludwig (1816—1895) in Leipzig gegründet, einem der großen Physiologen des 19. Jahrhunderts. Seine Persönlichkeit und sein Interesse an verschiedenen Wegen zur Lösung von Problemen zog eine große Anzahl von Studenten an. In Bonn wirkte Eduard F. B. Pflüger (1829—1910), der eine bedeutende Rolle bei der Entwicklung der Physiologie in Deutschland spielte. Er wehrte sich heftig gegen die seiner Meinung nach nicht gerechtfertigte Aufteilung der Physiologie in zwei Disziplinen, die wir heute als Biophysik und Biochemie bezeichnen würden. Obwohl er im Grunde genommen recht hatte, hemmte seine Einstellung die unabhängige und intensive Entwicklung der Biochemie und der physiologischen Chemie. An der Universität Königsberg wirkte damals der angesehene jüdische

Physiologe Ludimar Hermann (1838—1914) als Ordinarius und Direktor des Physiologischen Instituts.

Es war ein glücklicher Umstand, daß, trotz heftiger Opposition, Felix Hoppe-Seyler (1825—1895) das erste unabhängige Institut für physiologische Chemie 1861 an der Universität Tübingen gründete. 1872 (nach der Wiedereingliederung von Elsaß-Lothringen) ging er nach Straßburg. Beide Orte wurden zu großen Ausbildungszentren auf dem Gebiet der physiologischen Chemie. Zu Hoppe-Seylers Schülern gehörte Friedrich Miescher (1844—1895), der erste Chemiker, der Nuclein isolierte. Dies war der Anfang der Entwicklung der Nucleinsäure-Forschung, die auch heute noch im Zentrum des Interesses der Biochemiker steht. Nucleinsäuren hat man in den 40er Jahren unseres Jahrhunderts als das genetische Material erkannt, das die Erbeigenschaften trägt und das Zellwachstum kontrolliert. Ein weiteres wichtiges Zentrum für dieses Gebiet war Heidelberg, unter Wilhelm Friedrich Kühne (1837—1900). Die Entdeckung von zwei wichtigen Zellkomponenten wird mit seinem Namen in Verbindung gebracht: Myosin, ein Protein, das für die Muskelkontraktion essentiell ist, und das für die Elementarprozesse des Sehens essentielle Rhodopsin.

Ein Wissenschaftler, der die biologische Forschung ganz wesentlich beeinflußt hat, sei wenigstens kurz erwähnt: Paul Ehrlich (1854—1915). Obwohl sein wichtigstes Wirkungsfeld die Medizin war, berührten viele seiner fast prophetischen Visionen und experimentellen Beiträge mehrere Randgebiete der biomedizinischen Forschung, unter ihnen die Physiologie und Biochemie. Ein umfassendes Portrait seiner Persönlichkeit und seines Lebenswerkes gehört jedoch in ein Buch über die Geschichte der Medizin (eine Dokumentation der Zusammenarbeit zwischen deutschen Juden und Nichtjuden auf diesem Gebiet befindet sich unter Förderung des Leo-Baeck-Instituts in Vorbereitung); aber in Anbetracht von Ehrlichs Beiträgen zu biologischen Grundfragen halte ich eine kurze Beschreibung auch hier für angemessen.

Zu Ehrlichs wichtigsten Leistungen gehört die Verfeinerung und Weiterentwicklung der Färbemethoden und ihre Anwendung bei der Untersuchung physiologischer Probleme. Für seine Arbeiten auf einem ganz anderen Gebiet, nämlich der Immunologie, erhielt er 1908 den Nobelpreis. Aber der überzeugendste Ausdruck seines Genies ist die Entwicklung der „spezifischen Chemotherapie“. Er ist der unbestrittene Begründer der modernen Chemotherapie. Obwohl sein Ruhm häufig mit der Entwicklung des Salvarsans in Verbindung gebracht wird, liegt seine wahre Größe in der Klarheit, mit der er einige der grundlegenden Prinzipien der Chemotherapie etablierte. Manche seiner Theorien mußten später modifiziert werden, denn sie wurden vorgeschlagen, als das Innere der Zellen, ihre Struktur und Organisation noch unbekannt und unerforscht waren. Daß die Grundprinzipien sich dennoch als richtig herausgestellt haben, macht seine Weitsicht um so bewundernswerter.

Paul Ehrlich wurde in Strehlen in Schlesien geboren, als Sohn einer wohlhabenden und gebildeten Familie. Während er in Breslau das Gymnasium besuchte, verbrachte er viel Zeit im Haus eines Vetters mütterlicherseits, Carl Weigert (1845—1904), ein Pathologe an der Universität Breslau und später in Frankfurt am Main. Weigert war ein Experte auf dem Gebiet der Färbemethoden, insbesondere mit Anilinfarbstoffen. Die Färbung mit Anilinfarben war für den jungen Ehrlich ein aufregendes Gebiet. Schon während seiner Schulzeit dachte er viel über die Mechanismen nach, die der Wechselwirkung zwischen Farbstoffen und Geweben zugrunde liegen. Als er einen Beruf wählen mußte, entschloß er sich, Medizin zu studieren. Seine wirkliche Leidenschaft war aber in Wahrheit die Chemie. Er hat nie daran gedacht, praktizierender Arzt zu werden. Von Anfang an beabsichtigte er, in die Forschung zu gehen.

Ehrlich studierte zunächst an der Universität Straßburg, wo Adolf von Baeyer Professor für Chemie war und Ehrlichs Begeisterung für dieses Fach stimulierte. Seit seinen ersten Studienjahren strebte er danach, die Ernährung der Zelle und die Wirkung toxischer Substanzen und Drogen zu verstehen, unter der Annahme, daß beiden Prozessen chemische und wahrscheinlich ähnliche Mechanismen zugrunde liegen. So glaubte er auch, daß die Färbung durch chemische Reaktion zustande kam und nicht einfach durch physikalische Anlagerung: corpora non agunt nisi fixata. Diese Grundfeststellung leitete sein Werk das ganze Leben lang. Er betonte stets die Notwendigkeit der Theorie, obwohl nur das Experiment entscheidet, ob die Theorie korrekt ist. Selbst eine falsche Theorie schien ihm produktiver zu sein als ein rein empirischer Ansatz, der Fakten ohne Versuch einer Erklärung festhält. Nach seinem Aufenthalt in Straßburg kehrte er nach Breslau zurück und setzte seine Untersuchungen über die Färbung in den physiologischen Instituten von Rudolf Heidenhain und Julius Cohnheim fort.

Nach seiner Promotion zum Dr. med. in Leipzig im Jahre 1878 arbeitete Ehrlich neun Jahre lang in der Klinik von Th. von Frerichs an der Universität Berlin. Mit Hilfe von Färbungen versuchte er Einblick in verschiedene physiologische Probleme zu gewinnen. Unter Bezug auf den großen Erfolg der Anwendung von Anilinfarbstoffen in der Textilindustrie wies er darauf hin, daß das Potential der Färbemethoden bei der mikroskopischen Analyse noch nicht genügend als Werkzeug der Forschung genutzt werde. Eine seiner frühen, großen Leistungen unter Anwendung von Färbemethoden war die Entwicklung der Grundlagen der modernen Hämatologie. Er betonte die Bedeutung der Vitalfärbung, das heißt der Färbung unter Erhaltung der Zellaktivität. Eine weitere wichtige Entdeckung war die Selektivität von Farbstoffen bei der Färbung von Zellen. Unter Verwendung vieler verschiedener Färbemittel fand er, daß bestimmte Farbstoffe speziell bestimmte Organe oder Zelltypen färbten; Methylenblau zum Beispiel färbte nur Nervengewebe, aber nicht andere Zellen. Diese Entdeckung war nicht nur von praktischer Bedeutung, sondern sie warf interessante Fragen auf, für die es noch keine Antworten gab. Aber sie beeinflußten Ehrlichs Denken in einer Richtung, die für seine späteren Ideen von Bedeutung war. Auf ihnen gründete er die Prinzipien der Chemotherapie. Sie führten zu seiner Theorie der Seitenketten, die an den Proteinen des Protoplasmas angeheftet sind: Genau wie die Farbstoffe mußten auch biologisch aktive Substanzen, Toxine, Antikörper und Medikamente mit spezifischen Zellbestandteilen reagieren, die an Seitenketten angeheftet sind. Bei der Verfolgung dieser Ideen führte er 1898 die Vorstellung ein, daß es spezifische Rezeptoren für diese Substanzen gibt, ein glänzendes Konzept von größter Bedeutung, das heute in der Biochemie und der Molekularbiologie weite Verbreitung gefunden hat.

Einige andere interessante Beobachtungen aus dieser Zeit seien noch erwähnt. Bestimmte Farbstoffe wurden in der Zelle auf umkehrbare Weise oxidiert oder reduziert. Wenn man zum Beispiel Alizarinblau oder Indophenol in die Blutbahn eines Tieres injizierte, dann wurden einige Organe blau gefärbt, während andere den Farbstoff zu einem farblosen Produkt reduzierten. Aus diesen Experimenten leitete Ehrlich die Fähigkeit von Geweben ab, Sauerstoff aufzunehmen, und er erhielt so einen Hinweis auf den Sauerstoffverbrauch. 1885 faßte er diese Beobachtungen in einer Monographie „Das Sauerstoff-Bedürfnis des Organismus, eine farbenanalytische Studie“ zusammen. Seine experimentellen Beobachtungen und seine Diskussionen, die er in der Monographie wiedergibt, einschließlich zahlreicher interessanter Kommentare zu den Standpunkten und Ergebnissen von Liebig, Berthelot, Hoppe-Seyler, Pflüger und anderen offenbaren eine ungewöhnliche Vorstellungskraft und eine intuitive Gabe, Daten zu analysieren und Einblick zu gewinnen in die komplizierten Probleme des Sauerstoffbedarfs von Zellen. Leonor Michaelis, ein Schüler Ehrlichs und eine Autorität auf dem Gebiet der Redox-Potentiale, betonte die Bedeutung von Ehrlichs Beobachtungen und Folgerungen. Viele völlig neue Konzepte wurden vorgeschlagen, die der Kenntnis jener Zeit weit vorauseilten. Ehrlichs Ideen sind deshalb so bemerkenswert, da über die intrazellulären Prozesse wenig bekannt war. Emil Fischer hatte gerade seine Pionierarbeiten über die Struktur der Kohlenhydrate begonnen, aber Jahrzehnte mußten vergehen, bevor biochemische Methoden auf die Probleme der Oxidation angewandt werden konnten.

Durch seine Freundschaft mit zwei hervorragenden Wissenschaftlern, Robert Koch (1843—1910) und Emil von Behring (1854—1917) richtete sich Ehrlichs Interesse auf die Immunologie, und er wandte sich in zunehmendem Maße ihren Problemen zu. Ehrlich hatte zwei Jahre lang an Tuberkulose gelitten. 1888 ging er zur Erholung nach Ägypten und kehrte 1889 zurück. 1890 begann er als Mitarbeiter von Koch in Berlin über Tuberkulose zu arbeiten. Als dann Koch diese Forschungen aufgab, tat sich Ehrlich mit Behring zusammen, der versuchte, ein Serum gegen Diphterie zu entwickeln. Auch hier war Ehrlich wieder besonders am Mechanismus der Reaktion zwischen Antigen und Antikörper interessiert; er erkannte die chemische Natur des Problems und versuchte zu zeigen, daß die Wechselwirkung zwischen Toxin und Antitoxin eine chemische Reaktion war und nicht, wie von einigen Forschern angenommen, eine physikalische Wechselwirkung. Die Gifte (Antigene) lagerten sich an spezifische Rezeptoren in der Zelle an, genau wie andere Verbindungen. Da die verschiedenen Seren ganz spezifisch sind, war es notwendig, eine spezielle Konfiguration des aktiven Prinzips anzunehmen. Diese chemische Spezifität war für ihn ein essentieller Bestandteil der Immunreaktionen.

Ehrlichs Ideen und seine Zusammenarbeit mit Behring waren die Grundlage der Entwicklung eines sehr wirksamen und erfolgreichen Serums gegen Diphterie. Eine enge persönliche Freundschaft entwickelte sich zwischen den beiden Männern. Ehrlich setzte seine immunologischen Untersuchungen mehrere Jahre lang fort. Für seine Arbeiten auf diesem Gebiet erhielt er 1908 (zusammen mit dem Russen Ilja Mečnikov) den Nobelpreis für Physiologie und Medizin. In seinem Nobel-Vortrag wies er darauf hin, daß sich die Ära des Mikroskops zu Ende neige, und daß nur zellchemische Forschung die Grundlagen für den Fortschritt der Medizin schaffen könne.

Um die Zeit, als Ehrlich den Nobelpreis erhielt, hatte sich sein Hauptinteresse auf die Entwicklung der Chemotherapie verlagert. Seine Vorstellung von spezifischen Rezeptoren, die Anwendung dieses Konzepts bei der Behandlung von Infektionen auf der Basis spezifischer Agenzien, und seine Erfolge auf diesem Gebiet sind wohl seine hervorragendsten Beiträge zur Medizin und zur Biologie. Er begann seine Arbeiten mit Untersuchungen von Infektionen, die durch Trypanosomen (Flagellaten) verursacht werden. Trypanosoma gambiense zum Beispiel ist der Erreger der Schlafkrankheit des Menschen, ein schlimmes Problem in vielen Teilen Afrikas. Ehrlich fand, daß der Farbstoff Trypanrot eine heilende Wirkung hatte bei Mäusen, die künstlich mit Trypanosomen infiziert worden waren. Es war die erste erfolgreiche Behandlung einer experimentell erzeugten Krankheit durch eine synthetische organische Substanz bekannter chemischer Struktur. Aber ihr Nutzen war begrenzt, der Farbstoff wirkte nur auf eine bestimmte Trypanosomen-Art. Bald zeigte sich dann, daß arsenhaltige Mittel weit vielversprechender waren; so hatte Koch gefunden, daß Atoxyl, das Natriumsalz der Arsanilsäure (Aminobenzolarsonsäure), bei der Behandlung der Schlafkrankheit wirksam ist. Es hatte allerdings giftige Nebenwirkungen, unter anderem Erblindung. Ehrlich erkannte das große Potential von Atoxyl, denn es bot die Möglichkeit der Synthese von Hunderten von Modifikationen durch Substitution der Aminogruppe, die an dem Benzolring haftet. Er war fest davon überzeugt, daß irgendein Homologes die gewünschte Spezifität, das heißt die Zerstörung des Krankheitserregers, besitzen würde, ohne irgendeine Nebenwirkung auf die Wirtszelle beziehungsweise den Organismus zu haben. Dies war die grundlegende Idee, die zur Entwicklung von Salvarsan führte, der berühmten Verbindung 606 (Arsphenamin), die sich als wirksam gegen Trypanosomen sowie Spirochäten erwies, insbesondere auch gegen Spirochaeta pallida (syn. Treponema pallidum), den Erreger der Syphilis. Mit Salvarsan hatte man endlich ein Heilmittel gegen diese gefürchtete Geschlechtskrankheit. Es war ein großer Triumph des menschlichen Verstandes, die größte Leistung der Chemotherapie vor der Entwicklung der Sulfonamide, auf die wenig später die Entwicklung von Penicillin und anderen Antibiotika folgte.

Ehrlich wurde einer der berühmtesten Wissenschaftler seiner Zeit. 1883 hatte er Hedwig Pinkus geheiratet, deren Vater ihn so großzügig finanziell unterstützte, daß es ihm möglich war, seine Zeit ausschließlich der Forschung zu widmen, frei von Verwaltungsarbeiten und anderen Verpflichtungen. 1899 wurde er Direktor des neu gebauten Instituts für experimentelle Therapie in Frankfurt am Main. Zu seinen Förderern gehörten auch der Großindustrielle Arthur von Weinberg sowie der preußische Ministerialdirektor Friedrich Althoff. 1905 gab ihm die Witwe von Georg von Speyer die Mittel für ein neues Institut in Frankfurt als Stätte für chemotherapeutische Forschung. Ehrlichs Schüler kamen aus aller Herren Länder, denn sein Ruhm hatte sich in der ganzen Welt verbreitet. Oft besuchte er England, wo einer seiner berühmtesten Schüler, der Pharmakologe Sir Henry Dale lebte und wirkte. Bei einem Besuch in den Vereinigten Staaten im Jahr 1904 wurde er begeistert willkommen geheißen und triumphal empfangen. In New York hielt er die erste Christian-Herter-Vorlesung, die für hervorragende Beiträge auf dem Gebiet der Biochemie eingerichtet worden war. Außer dem Nobelpreis empfing er viele Auszeichnungen und wurde Mitglied in führenden wissenschaftlichen Gesellschaften. Während einer Tagung der Gesellschaft Deutscher Naturforscher und Ärzte in Königsberg im Jahr 1910 erlebte er die größte Ovation, die es dort je gegeben hat. Aus Anlaß seines 60. Geburtstages wurde er von seinen Schülern und Kollegen aus aller Welt geehrt. Er starb 1915 in Homburg im Alter von 61 Jahren. Die Beerdigung auf dem Jüdischen Friedhof in Frankfurt leitete Rabbi Lazarus. Professor Alexander Ellinger, ein großer Kollege und Freund, bezeichnete Ehrlich als „Fürst der Wissenschaft, der uns reich durch Ehren machte, reicher noch durch das, was er der Welt gegeben hat". Sehr bewegend waren auch die Worte von Emil von Behring. Er nannte Ehrlich einen König der Wissenschaft, die er begründet hat. „Sie schufen eine Schule wie kaum einer vor Ihnen, und Sie wurden Magister mundi in der Wissenschaft der Medizin".

Im Jahr 1976 eröffnete man im Weizmann-Institut in Rehovot (Israel) einen besonderen Flügel zum Gedenken an Paul Ehrlich. Bei der Einweihungsfeier hielt Professor Hans Herken, Direktor des Instituts für Pharmakologie der Freien Universität Berlin, ein Pionier auf dem Gebiet der Anwendung der Biochemie in der Analyse pharmakologischer und pathologischer Mechanismen, eine großartige Gedenkvorlesung (Herken 1976). Bei der Würdigung der großen Leistungen und der Persönlichkeit Ehrlichs betonte Herken nicht nur seine Originalität und seinen Einfallsreichtum, sondern auch seine hohe Moral und seine ethischen Prinzipien, seine Vorsicht bei der Erprobung und Anwendung neuer Medikamente und sein Verantwortungsgefühl für seine Patienten[14]). Diese Einstellung ist besonders heutzutage von Bedeutung, da ständig neue Medikamente entwickelt und mitunter ohne Rücksichtnahme auf mögliche Nebenwirkungen angewendet werden.

Kommen wir zurück auf die Entwicklung der physiologischen Chemie. Obwohl ihre Bedeutung für die biomedizinische Forschung zunehmend erkannt wurde, entwickelte sie sich zunächst ziemlich langsam. So wurde zum Beispiel erst im Jahr 1928 ein selbständiges Institut für physiologische Chemie an der Universität Berlin gegründet. Die meisten Biologen, die an Chemie interessiert waren, arbeiteten in Krankenhaus-Laboratorien oder in pathologischen Instituten. Auch in Frankreich und England ging die Entwicklung ebenfalls sehr langsam voran. In England war der erste Biochemie-Professor Sir Frederick Gowland Hopkins, der 1914 in Cambridge ernannt wurde. In den Vereinigten Staaten andererseits fand die physiologische Chemie in den letzten Jahren des 19. Jahrhunderts und Anfang dieses Jahrhunderts starke Unterstützung, insbesondere seit der Eröffnung des Rockefeller-Instituts für Medizinische Forschung im Jahre 1901. Einer der einflußreichsten Förderer war Jacques Loeb (1859—1924), der die Notwendigkeit erkannte und darauf bestand, die physikalische Chemie und die Biochemie bei der Untersuchung lebender Organismen anzuwenden. Loeb war ein deutscher Jude, der in die Vereinigten Staaten ausgewandert war. Er wurde Professor an dem genannten Rockefeller-Institut. Aber es gab auch eine Reihe anderer, die biochemische Schulen in den Vereinigten Staaten gründeten, zum Beispiel Russel H. Chittenden an der Yale-Universität, der bei Kühne in Heidelberg studiert hatte. Sein Nachfolger an der Yale-Universität war Lafayette B. Mendel (1872—1935). Man sollte sich jedoch klar darüber sein, daß die langsame Entwicklung der Biochemie nicht an einem Mangel an Kenntnis ihrer Bedeutung oder an dem Fehlen adäquater Anstrengungen lag. 1847 schrieb Justus von Liebig in seiner Einleitung zur „Thierchemie", daß keine Form des Lebendigen vorstellbar ist ohne molekulare (d. h. chemische) Reaktionen, und er betonte immer wieder, daß wir nicht in der Lage sein werden, die Lebensvorgänge zu verstehen, ohne die ihnen zugrundeliegenden chemischen Reaktionen zu kennen. Viele führende Physiologen akzeptierten diesen Standpunkt. Ehrlichs Einstellung haben wir bereits erörtert. Aber der entscheidende Faktor, der den schnellen Fortschritt in der Biochemie aufhielt, war das Fehlen der Grundlagen. Die Entwicklung von zwei Gebieten änderte dann die Situation: erstens die Fortschritte der organischen Chemie, in der brillante Chemiker eine hervorragende Rolle spielten, die aus der Schule Baeyers, wie bereits erwähnt, hervorgegangen waren (Emil und Otto Fischer, Richard Willstätter, Heinrich Wieland, Eduard Buchner). So wurde die chemische Struktur einer großen Zahl wichtiger Zellbestandteile aufgeklärt und Methoden für ihre Untersuchung ausgearbeitet. Diese Kenntnisse waren eine Voraussetzung für die systematische Untersuchung des Zwischenstoffwechsels. Zweitens waren es die großen Fortschritte auf dem Gebiet der physikalischen Chemie durch zahlreiche hervorragende Wissenschaftler in Deutschland und anderswo, Männer wie Wilhelm Ostwald, Jacobus Hendricus van 't Hoff, Svante Arrhenius, Walther Nernst, Fritz Haber und Gilbert N. Lewis, deren Arbeiten zum Verständnis wesentlicher Reaktionen in

[14]) Unter den zahlreichen Ehrlich-Biographien halte ich W. Greilings Buch „Im Banne der Medizin" (1954) für besonders gut. Zur wiedergefundenen Dissertation s. L. Michaelis 1919.

lebenden Zellen beigetragen haben. Gemeint sind insbesondere die Fortschritte in der Thermodynamik, Kinetik, Elektrochemie und im Verhalten von Elektrolyten. Beide Gebiete waren von erheblicher Bedeutung für die Leistungen in der sogenannten dynamischen Biochemie in den ersten vier Jahrzehnten unseres Jahrhunderts, besonders auf dem Gebiet der Enzymchemie und der Aufklärung von Stoffwechselwegen. Eine Pionierrolle bei diesen Entwicklungen spielten die Kaiser-Wilhelm-Institute (siehe Kap. IV).

Die Atomphysik brachte (besonders nach dem Zweiten Weltkrieg) neue Dimensionen in die Biochemie: Kenntnisse der Elektronenstruktur von Atomen und Molekülen und als Folge davon eine ungeheure Zahl hochkomplizierter physikalischer Instrumente und Methoden, zum Beispiel die Elektronenmikroskopie, die Anwendung stabiler und radioaktiver Isotope, die Kernresonanz, neue optische Methoden, Laser, das Oszilloskop, die Röntgenstrukturanalyse und Methoden für die Messung sehr schneller Reaktionen. Diese Entwicklungen wirkten als Katalysatoren bei dem spektakulären Aufstieg der Biochemie in unserem Jahrhundert. Während die Biologie im vergangenen Jahrhundert im wesentlichen deskriptive Phänomenologie war, wurde sie in unserem Jahrhundert zunehmend zu einer Wissenschaft, mit der sich die Lebensprozesse auf der molekularen Ebene aufklären ließen.

IV. Chemie und Biochemie im frühen 20. Jahrhundert

Die Kaiser-Wilhelm-Institute in Berlin-Dahlem

Der immense Aufstieg der Naturwissenschaften an deutschen Universitäten und Technischen Hochschulen im letzten Teil des 19. Jahrhunderts bildete die Grundlage für die weltweite Führungsrolle der deutschen Industrie und damit des wirtschaftlichen Wohlstandes im Kaiserreich. So herrschte auch für die Expansion der Forschung im allgemeinen und für die Gründung von reinen Forschungsinstituten eine günstige Atmosphäre. Derartige Institute existierten bereits in Frankreich, in Holland und in den Vereinigten Staaten (z. B. das Pasteur-Institut, das Lister-Institut und das Rockefeller-Institut). Weitblickende Persönlichkeiten in Wissenschaft, Industrie, Wirtschaft und Regierung in Deutschland erkannten die Notwendigkeit, Forschungsinstitute zu gründen, in denen geniale und herausragende Wissenschaftler völlige Freiheit und alle Möglichkeiten hatten, ihre Forschung unter den günstigsten und wirkungsvollsten Bedingungen durchführen zu können.

Schon 1904 hatte Friedrich Althoff, Ministerialdirektor im preußischen Kultusministerium, begonnen, Pläne für einen solchen Institutstyp zu entwerfen. Seine Vision war ein „deutsches Oxford", ein großes Zentrum, das die Physik, Chemie, physikalische Chemie, Elektrochemie, physiologische Chemie, Hirnforschungschemie, Anthropologie und andere Fächer umfassen sollte. Nach Althoffs Tode (1908) interessierte sich Kaiser Wilhelm ernsthaft für die Verwirklichung dieser Pläne, insbesondere aufgrund mehrerer Gespräche mit Nernst. Er war tief beeindruckt von Nernsts Brillanz und dessen direkte Art und Weise, seine Ansichten darzustellen. Und der Kaiser erkannte auch die große Bedeutung solcher Institute für die Erhaltung und Ausweitung der führenden Rolle Deutschlands in Wissenschaft und Industrie, der Basis von Deutschlands Macht. So wurde Friedrich Schmidt-Ott, damals (1908) Ministerialdirektor und später preußischer Kultusminister, beauftragt, die Arbeiten an Althoffs Plänen fortzusetzen, und Professor Adolf von Harnack aufgefordert, ein detailliertes Memorandum vorzulegen. Harnack war ein großer Gelehrter und eine außergewöhnliche Persönlichkeit. Wenn auch seine Stärke bei den Geisteswissenschaften lag (er war Theologieprofessor), so besaß er doch große Neigung und Bewunderung für die Naturwissenschaften (er war ja auch ein Enkel von Justus von Liebig). Mit Hilfe führender Wissenschaftler, unter ihnen Emil Fischer, Walther Nernst und August von Wassermann, schuf Harnack gegen Ende des Jahres 1909 ein klassisches Dokument, das als die Grundlage des Konzeptes zu betrachten ist, nach dem die Kaiser-Wilhelm-Gesellschaft gegründet wurde. Es legte nicht nur überzeugend die Notwendigkeit für die Gründung der Gesellschaft dar, sondern es enthielt auch die Grundprinzipien ihrer Organisation und finanziellen Struktur. Harnack betonte insbesondere die Notwendigkeit völliger Unabhängigkeit und Freiheit sowie die Kooperation von Industrie, Wissenschaft und Regierung. Nur so

Abb. 26. Adolf von Harnack

wäre eine völlig freie Entwicklung der Naturwissenschaften sichergestellt. Überzeugend wies er auf die vielen Gefahren hin, die erwachsen können, wenn nur der Staat oder nur die Industrie für die finanzielle Unterstützung verantwortlich sind. Die außergewöhnliche Weitsicht, die so großartig in diesem Dokument zum Ausdruck kam, ist durch viele spätere Entwicklungen der Naturwissenschaften in diesem Jahrhundert bestätigt worden, vielleicht am eindrucksvollsten in den Vereinigten Staaten.

Bei der Jahrhundertfeier der Universität Berlin im Jahre 1910 präsentierte Kaiser Wilhelm Harnacks Pläne und bat um starke Unterstützung. Er gab Anweisung zur Bereitstellung eines geeigneten Geländes in Dahlem, einem Dorf in der Nähe von Berlin, das zum großen Teil eine Domäne der Hohenzollern-Familie war. Die Gründungsversammlung der Kaiser-Wilhelm-Gesellschaft fand dann am 11. Januar 1911 statt. Führende Industrielle und Bankiers, unter ihnen viele Juden, stifteten großzügig finanzielle Mittel für die vorgeschlagenen Institute. Das gesamte jährliche Einkommen betrug rund 10 Millionen Mark, eine nahezu astronomische Summe, wenn man den damaligen Wert der Mark und den relativ geringen Umfang der für die Forschung notwendigen Ausrüstung im Vergleich zu den Dimensionen unserer Tage in Betracht zieht. Harnack wurde zum ersten Präsidenten der Gesellschaft gewählt. Seine hervorragenden Führungsqualitäten trugen wesentlich zu der eindrucksvollen Entwicklung der Kaiser-Wilhelm-Institute bei. Er blieb bis zu seinem Tode im Jahr 1930 im Amt, sein Nachfolger wurde Max Planck. Harnack kam aus einer großen Familie mit prominenten Persönlichkeiten an Universitäten, in der Industrie und Regierung. Wegen ihrer allgemein bekannten liberalen und progressiven Einstellung wurden viele Mitglieder der Familie von den Nationalsozialisten liquidiert.

Das erste Institut, das fertiggestellt wurde, war das Chemische Institut mit vier unabhängigen Abteilungen. Ernst Beckmann war der Direktor und Leiter der Anorganischen Chemie, Richard Willstätter der Organischen Chemie, Otto Hahn der Chemie radioaktiver Verbindungen, und Lise Meitner, eine Physikerin und Assistentin von Max Planck, die seit 1908 mit Otto Hahn in Emil Fischers Institut zusammengarbeitet hatte, übernahm die Leitung der Abteilung Radioaktivität. Das zweite Institut war das Institut für physikalische Chemie und Elektrochemie, mit Fritz Haber als Direktor. Das Geld für dieses Institut wurde von dem jüdischen Bankier Leopold Koppel gestiftet, der mit seiner Stiftung den ausdrücklichen Wunsch verband, Haber mit der Leitung des Institutes zu betrauen. Im Oktober 1912 wurden dann die beiden Institute mit großem Pomp eröffnet, in Gegenwart des Kaisers, von Regierungsmitgliedern, führenden Industriellen, Bankiers und Wissenschaftlern der Universität Berlin. Das dritte Institut, das Institut für experimentelle Therapie (später Institut für Biochemie genannt), hat man 1913, ebenfalls in Anwesenheit des Kaisers eingeweiht. Sein Direktor, August von Wassermann, war ein Schüler Paul Ehrlichs. Das Gebäude für das vierte Institut, das Institut für Biologie, mit dessen Bau 1913 begonnen wurde, konnte 1915, trotz der Schwierigkeiten durch den Krieg, bezogen werden. Die Errichtung eines Instituts für Physik hatte man im März 1914 beschlossen. Einstein, der 1914 nach Berlin gekommen war, sollte der Direktor werden. Doch im Sommer 1914 brach

Abb. 27. Eröffnung des Kaiser-Wilhelm-Instituts für experimentelle Therapie am 28. Oktober 1913 durch Kaiser Wilhelm II. und Adolf von Harnack, dem Präsidenten der Kaiser-Wilhelm-Gesellschaft (Bildmitte, mit Amtskette). Rechts August von Wassermann, Direktor des Instituts, links Carl Neuberg, Leiter der Chemischen Abteilung.

der Krieg aus, so daß die Pläne für das Physik-Institut aufgeschoben und erst in den 30er Jahren wieder hervorgeholt wurden, als das Institut mit finanzieller Unterstützung der Rockefeller Foundation gebaut werden konnte. Bei seiner Fertigstellung hatte Einstein Deutschland bereits verlassen. Im Zusammenhang mit dem Thema dieses Buches ist es bemerkenswert, daß in den ersten drei Instituten vier Direktoren Juden waren, und einen entsprechenden Posten im Physik-Institut sollte Einstein, ebenfalls ein Jude, erhalten. Dies wirft ein Licht auf die Einstellung der Führung der Kaiser-Wilhelm-Gesellschaft (wir kommen später ausführlicher darauf zurück).

Die Kaiser-Wilhelm-Institute in Berlin-Dahlem waren dazu bestimmt, eines der größten und hervorragendsten Wissenschaftszentren ihrer Zeit zu werden. Es sei aber auch daran erinnert, daß es viele brillante Wissenschaftler an der Universität Berlin und anderen Instituten gab. Nach den schweren Nachkriegsjahren fand eine bemerkenswerte Wiedergeburt von Literatur, Kunst, Musik, Theater, Oper und anderen Gebieten statt, so daß es nicht überrascht, daß in den 20er Jahren Besucher aus Übersee Berlin als die wissenschaftliche und intellektuelle Hauptstadt der Welt beeindruckte, und das trotz des verlorenen Krieges.

Fritz Haber (1868—1934)

Es war Habers außergewöhnliche Genialität, die ihn dazu befähigte, in einem wahrhaft erstaunlichen Ausmaß sowohl in der Naturwissenschaft als auch auf dem Gebiet der Technik außergewöhnliche Beiträge zu leisten. Durch die unglaubliche Breite seines Wissens, durch seine unbestrittene Kompetenz auf beiden Gebieten, durch seine Weitsicht und seinen Überblick wurde er einer der Hauptarchitekten der Verquickung von Naturwissenschaft, Industrie und Landwirtschaft, der Beziehungen zwischen Naturwissenschaft und Regierung und der Anwendung naturwissenschaftlicher Kenntnisse in vielen Bereichen der Gesellschaft in diesem Jahrhundert. Wohl das einzige andere Beispiel solch einer ungewöhnlichen Begabung mag Louis Pasteur auf dem Gebiet der Biologie im 19. Jahrhundert gewesen sein. Pasteur besaß die geniale Fähigkeit, seine großen Leistungen auf dem Gebiet der Grundlagenforschung auf die Lösung dringender Probleme der Volksgesundheit, der Industrie und der Landwirtschaft anzuwenden.

Wir assoziieren Habers Namen gewöhnlich mit der Synthese von Ammoniak aus den Elementen Stickstoff und Wasserstoff. Ammoniak wird für die Herstellung von Nitraten und damit von Düngemitteln verwendet. Durch diese spektakuläre Leistung rettete er die Menschheit vor Hungersnot. Für die Ammoniaksynthese (die Grundlage für das Haber-Bosch-Verfahren) wurde er 1919 mit dem Nobelpreis für Chemie (für 1918) ausgezeichnet. Die Schwedische Akademie gratulierte ihm zu seinem „Triumph im Dienst seines Landes und der ganzen Menschheit“. Aber in Wirklichkeit war dies nur eine seiner vielen außergewöhnlichen Leistungen. Er war ein Anhänger von Fichtes Idee, daß der unmittelbare Zweck der Wissenschaft ihre eigene Entwicklung sein muß (rerum cognoscere causas), aber daß das eigentliche Ziel sein sollte, das Leben der Gesellschaft zu beeinflussen und zu verbessern. Ebenso wie für Pasteur waren auch für ihn Grundlagenforschung und angewandte Wissenschaft zwei Seiten derselben Münze. Die Verantwortung des Wissenschaftlers gegenüber der Menschheit ist heute ein vieldiskutiertes Thema. Niemand stellt diesen Aspekt ernsthaft in Frage. Aber nur wenige haben die seltene Kombination von tiefem Grundlagenwissen und der Fähigkeit, die praktischen Implikationen der Wissenschaft zum Wohle der Menschheit zu erkennen.

Familie und Laufbahn. Fritz Haber wurde am 9. Dezember 1868 in Breslau geboren, als Sohn von Siegfried Haber, einem wohlhabenden Chemikalien- und Farbenhändler und Stadtältester der Stadt, in der seine Familie seit vielen Jahrzehnten zur Prominenz gehörte. Er war ein Mensch höchster Integrität, ehrlich bis zum Extrem. Siegfrieds Vater Jakob war ein erfolgreicher Wollkaufmann gewesen, der als junger Mann an Cholera starb. Seine Witwe Carolina (geb. Friedländer) und ihre sechs Kinder wurden unterstützt von Jakobs Bruder, der zehn Kinder hatte, aber so wohlhabend war, daß er sich um beide Familien kümmern konnte. Fritz Habers Urgroßvater war Pinkus Selig Haber, ein Kaufmann in Schlesien. Siegfrieds Bruder Julius ließ sich taufen, um ein hoher Richter zu werden.

Fritz Habers Mutter Paula war die jüngste der zehn Kinder seines Onkels Julius. Die Ehe mit Siegfried war glücklich, aber kurz. Sie starb im Kindbett, das Kind, Fritz, überlebte. Fritz war neun Jahre alt, als sein Vater Hedwig Hamburger heiratete. Siegfried und Hedwig bekamen drei Töchter. Siegfried liebte seine zweite Frau und seine Töchter sehr. Fritz gegenüber war er streng und bisweilen sogar grob. Die Beziehung zwischen Fritz und seiner Stiefmutter und den Halbschwestern war nicht nur gut, sondern sehr herzlich und blieb so sein ganzes Leben lang. Hedwig stammte aus einer stark assimilierten Familie; obwohl die Familie nicht getauft war, wurden keine jüdischen Bräuche oder Feiertage beachtet. Da auch Siegfried keine Beziehung zur jüdischen Gemeinschaft hatte, wuchs Fritz ohne jede Kenntnis jüdischer Gebräuche und Traditionen auf.

Fritz besuchte ein humanistisches Gymnasium, in dem die Betonung auf Griechisch, Latein, Literatur, Geschichte und Philosophie lag, die naturwissenschaftlichen Fächer hingegen wenig Beachtung fanden. Bereits während seiner Schulzeit wurde er ein eifriger Leser. Goethe war sein Lieblingsdichter, Kant sein liebster Philosoph. Er war Mitglied einer literarischen Gesellschaft, in der die jungen Leute ihre Zeit der Lektüre von Literatur, Dichtung, griechischen Klassikern und dergleichen widmeten. Schon damals schrieb er Verse, besonders Hexameter; diese Lust am Dichten — modern ausgedrückt sein Hobby — behielt er sein Leben lang. So sind viele seiner Postkarten und auch Gratulationsbriefe in dieser Form geschrieben. Er wollte auch einmal Schauspieler werden. Während seiner Ferienreisen wurde er mit vielen Kunstschätzen vertraut, besonders bei den zahlreichen Reisen nach Italien.

Nach dem Abitur studierte er ein Semester Chemie und Physik an der Universität Berlin, die ein berühmtes Zentrum für diese Fächer geworden war. Der Physiker Helmholtz war ein schlechter Lehrer, hingegen der große Chemiker A. W. von Hofmann weckte Habers Interesse an der Chemie. Im nächsten Semester ging er nach Heidelberg, wo Bunsen die Abteilung für Chemie leitete. Bunsen, der mit Vorliebe physikalische Methoden in der Chemie anwendete, beeinflußte Haber sehr, und sein Interesse richtete sich zunehmend auf die Physik und Mathematik. 1889 ging Haber zurück nach Berlin, und zwar an die berühmte Technische Hochschule in Charlottenburg. Dort kam er zu Carl Liebermann (1842—1914), der einer hochangesehenen und einflußreichen jüdischen Familie angehörte. Liebermann war ein hervorragender organischer Chemiker (Schüler von Adolf von Baeyer), und unter seiner Anleitung begann Haber seine chemischen Forschungsarbeiten. Sie beschäftigten sich im wesentlichen mit künstlichen Farbstoffen, einem Zweig der Chemie, der sich in Deutschland sehr schnell entwickelte. Nach der Promotion im Jahre 1891 arbeitete er einige Zeit in Industrielaboratorien, die er aber für schöpferische Arbeit ungeeignet hielt. So ging er 1892 an die Eidgenössische Technische Hochschule in Zürich. Dort befaßte er sich hauptsächlich mit chemischen Methoden und ihren technischen Anwendungen. Seine tiefe und außergewöhnliche Kenntnis auf diesem Gebiet wurde ein wichtiger Faktor in seiner zukünftigen Laufbahn.

Haber trat dann in die Firma seines Vaters ein, aber ihre unterschiedlichen Temperamente und Ansichten ließen keine gute Beziehung aufkommen. So schied er nach einem halben Jahr wieder aus und kehrte zurück zur wissenschaftlichen Arbeit, zuerst für kurze Zeit an der Universtität Jena; von dort ging er dann im Frühjahr 1894 zu Professor Bunte an die Technische Hochschule in Karlsruhe. In Buntes Institut hat Haber seine größten Leistungen in den folgenden zwei Jahrzehnten vollbracht. 1896 wurde er Privatdozent, 1898 Extraordinarius und 1906, im Alter von 38 Jahren, Ordinarius. In Karlsruhe fand er den Weg zur physikalischen Chemie, und dort begann sein meteorgleicher Aufstieg zu einem der Größten in der Welt der Wissenschaft und Technik. Viele seiner grundlegenden Arbeiten stammen aus dieser Zeit. Darüber hinaus war es nicht nur die kreativste, sondern auch die glücklichste Zeit seines Lebens.

Wissenschaftliche Leistungen. Habers erste Forschungen in Karlsruhe befaßten sich mit der Zersetzung und Verbrennung von Kohlenwasserstoffen. Keine anderen zwei Elemente verbinden sich in so vielen verschiedenen Arten wie Kohlenstoff und Wasserstoff. Benzin und Heizöl gehören zu dieser Gruppe, und Kohle besteht zu einem großen Teil aus Kohlenwasserstoffen. Haber entdeckte einige Grundprinzipien des Verbrennungsvorgangs und faßte seine Ergebnisse in dem Buch „Experimentelle Untersuchungen über die Zersetzung und Verbrennung von Kohlenwasserstoffen“ zusammen. Es erschien 1896, als er 28 Jahre alt war. Seine Untersuchungen waren ein Meilenstein in der Erforschung eines sehr wichtigen Prozesses und spielten eine wichtige Rolle bei der Entwicklung der Erdölindustrie. Für dieses Buch wurde ihm die venia legendi erteilt.

Habers Interesse an der physikalischen Chemie erhielt eine neue und starke Anregung durch Hans Luggin. Luggin war ein Schüler des schwedischen Naturwissenschaftlers Svante Arrhenius, der zusammen mit Jacobus Hendricus van ’t Hoff, Wilhelm Ostwald und Walther Nernst zu den Begründern der modernen physikalischen Chemie gehört. Haber war fasziniert von den Perspektiven, die dieses neue und sich schnell entwickelnde Gebiet bot. Unter dem Einfluß von Luggin wurde er bald voll damit vertraut und innerhalb von wenigen Jahren dessen prominentester Vertreter.

Im Zentrum von Habers damaligen Untersuchungen standen die Reaktionen, die wir Oxidations-Reduktions-Prozesse nennen. Derartige Reaktionen zwischen Molekülen beinhalten, wie bereits erwähnt, die Übertragung von Elektronen. Der Verlust eines Elektrons heißt Oxidation, die Aufnahme eines Elektrons Reduktion. Oxidations-Reduktions-Reaktionen spielen eine wichtige Rolle in der Chemie, besonders in der Elektrochemie, und sind ebenfalls zentrale Vorgänge in lebenden Organismen (z. B. wird der Sauerstoff, die eigentliche Energiequelle im menschlichen Körper, in der Zelle durch eine ganze Kette von Oxidations-Reduktions-Prozessen aktiviert). Haber wies die essentielle Rolle der Kraft elektrischer Ströme an der Berührungsfläche zwischen Elektrode und umgebender Lösung nach. Er entwickelte eine große Zahl verschiedener Elektrodentypen. Er schlug einen Mechanismus vor, der es ermöglichte, die Energie von Oxidations-Reduktions-Reaktionen zu berechnen. Diese und viele andere Beobachtungen beschrieb er in dem Buch „Darstellung der technischen Elektrochemie auf theoretischer Basis“, das 1898 erschien. Der Titel weist wieder einmal auf Habers Bestreben hin, Grundlagen- und angewandte Forschung zu kombinieren. Die Elektrochemie wurde zunehmend seine Leidenschaft. Wie viele andere Wissenschaftler jener Zeit war er besonders interessiert an Brennstoffzellen, in denen elektrischer Strom durch atmosphärischen Sauerstoff erzeugt wird. Wenn man Energie durch Verbrennung von Kohle gewinnt, wird nur weniger als 25 % der möglichen Wärmeenergie nutzbar. Der Rest ist verloren. Ein viel wirkungsvollerer Weg der Energieerhaltung ist ihre direkte Umwandlung in Elektrizität ohne den Umweg über die Wärmeerzeugung. Dies läßt sich durch bestimmte Arten von Brennstoffzellen erreichen. Die Bedeutung derartiger Untersuchungen braucht wohl in unserer Zeit kaum betont zu werden, wo die Energieerhaltung und -einsparung so lebenswichtig geworden ist. Eine große Hilfe für Habers Arbeiten auf diesem Gebiet war die Gründung eines Instituts für physikalische Chemie und Elektrochemie in Karlsruhe. 1905 erschien sein Buch „Thermodynamik technischer Gasreaktionen". Dieses Buch, sein drittes, war sofort ein Erfolg. Es wurde von den größten Autoritäten auf dem Gebiet in der ganzen Welt als ein Meilenstein gepriesen. Von nun an gehörte Haber zum Kreise der größten Persönlichkeiten in der Wissenschaft und Technik, und 1906 wurde er im Alter von 38 Jahren Ordinarius und Direktor des neuen Instituts.

Die Ammoniaksynthese. Zu Beginn des 20. Jahrhunderts wurde es offensichtlich, daß die Menschheit sich einer Hungersnot näherte, aufgrund der zunehmenden Knappheit an stickstoffhaltigen Düngemitteln. Wie Liebig ein halbes Jahrhundert zuvor erkannt hatte, ist Stickstoff essentiell für das Pflanzenwachstum, normalerweise aber nicht in hinreichender Menge in der Erde enthalten. In der Natur kommen stickstoffhaltige anorganische Verbindungen, sogenannte Nitrate, im Chilesalpeter in größerem Umfang vor. Dieser war damals die einzige bekannte Stickstoffquelle. Um die Jahrhundertwende lieferte Chile zwei Drittel der in der Welt für Düngemittel gebrauchten Nitrate. Aber der Verbrauch stieg schnell an, ebenso wie der Abbau der natürlichen Nitratlager. So war die Entdeckung einer neuen Stickstoffquelle eine dringende Notwendigkeit.

Stickstoff ist in der Atmosphäre reichlich vorhanden: Die Lufthülle enthält etwa 80 % Stickstoff. Eine Gewinnung aus der Luft erschien so die naheliegende Lösung des Problems. Aber die Schwierigkeit lag darin, einen Prozeß zu finden, durch den diese Quelle effektiv zur Nitratgewinnung genutzt werden konnte. Zahlreiche Wissenschaftler in verschiedenen Ländern haben sich mit dem Problem befaßt; aber keines der vorgeschlagenen Verfahren erwies sich als zufriedenstellend.

Ungefähr 1905 hat Haber mit Arbeiten an der Umsetzung von Stickstoff zu Ammoniak begonnen. Ammoniak ist eine Verbindung aus Stickstoff (N) und Wasserstoff (H). Ein Molekül Stickstoff wird von zwei Stickstoffatomen gebildet (und wird deshalb als N_2 geschrieben), ein Molekül Wasserstoff wird von zwei Atomen Wasserstoff gebildet (deshalb H_2). Wenn sich ein Molekül Stickstoff mit drei Molekülen Wasserstoff umsetzt (3 H_2), werden zwei Moleküle Ammoniak (2 NH_3) gebildet. Die Reaktionsgleichung dieses Prozesses

$$N_2 + 3H_2 \rightleftharpoons 2NH_3$$

ist ein berühmtes Symbol für Habers Lebenswerk geworden. Die beiden Halbpfeile deuten an, daß diese Reaktion leicht in beiden Richtungen ablaufen kann. Deshalb war das eigentliche Problem, einen Zustand zu erreichen, in dem die Reaktion nur in *einer* Richtung, nämlich in Richtung auf die Ammoniaksynthese abläuft.

Etwa um die gleiche Zeit begann sich auch Walther Nernst, der 1906 von Göttingen nach Berlin gekommen war, für das Problem der Stickstoff-Isolierung zu interessieren. Nernst war Professor für physikalische Chemie, einer der bekanntesten Physiker und Physikochemiker und ein genialer, äußerst dynamischer und brillanter Mann, der eine große Rolle in der wissenschaftlichen Gesellschaft jener Zeit spielte. Er war liberal und frei von jeglichem Vorurteil gegenüber den Juden, im Gegenteil, viele seiner engsten Mitarbeiter und Schüler waren Juden. Nernst war ebenso wie Haber einer der Begründer der modernen physikalischen Chemie. Die von ihm erarbeitete Theorie der galvanischen Elemente offenbarte seine außergewöhnliche Gedankentiefe und seine tiefgreifende Kenntnis der Thermodynamik, die zunehmend zu seinem Hauptinteressengebiet wurde. Sein Buch „Theoretische Chemie", das 1903 erstmals erschien, erlebte viele Auflagen. Es war das Standardwerk der Thermodynamik für mehr als zwei Jahrzehnte und unentbehrlich für alle Studenten der Chemie und der Physikochemie. Seit Otto Meyerhof die Thermodynamik in die Biochemie durch seine epochemachende Vorlesung über die Energetik lebender Zellen (siehe Seite 267) im Jahr 1913 eingeführt hatte, wurde es ebenso wichtig für diejenigen Biochemiker, die sich für Physikochemie und Thermodynamik interessierten. 1921 erhielt Nernst den Nobelpreis für Chemie (für 1920). Nach dem Tode von Heinrich Rubens wurde Nernst 1924 sein Nachfolger als Ordinarius für Physik.

Die Gibbs-Helmholtz-Gleichung hatte den Unterschied zwischen der freien Energie einer Verbindung oder eines Systems und seiner Gesamtenergie aufgezeigt. Die Gesamtenergie ist die in einer Verbindung oder einem System enthaltene Energie, und die freie Energie ist diejenige, die bei gegebener Temperatur und unter bestimmten Bedingungen leicht verwendet werden kann. Nernst postulierte auf thermodynamischer Basis, daß der Unterschied zwischen freier und Gesamtenergie mit der Temperatur abnehmen muß und daß die beiden Energien am absoluten Nullpunkt (bei —273°C) gleich werden. Diese Idee wurde als Nernstsches Theorem und später als der Dritte Hauptsatz der Thermodynamik bekannt.

Der Begriff der Entropie wurde bald immer klarer und seine Signifikanz gut definiert. Während der letzten 20 Jahre erkannte man auch seine große Bedeutung für die molekulare Biologie. Biologische Systeme sind nie in einem Zustand der Ruhe, sondern immer im Fluß. Sie befinden sich in einem sich kontinuierlich verändernden dynamischen Zustand, das πάντα ῥεῖ (alles fließt) von Heraklit. Die klassische Thermodynamik ist im wesentlichen nur auf Gleichgewichtszustände anwendbar und daher für die Untersuchung lebendiger Systeme nur von begrenztem Wert. Seit den dreißiger Jahren entstand eine neue Thermodynamik, Nichtgleichgewichtsthermodynamik genannt. Einer der genialsten und ersten Pioniere der Anwendung der Nichtgleichgewichtsthermodynamik auf biologische Systeme war Aharon Katzir-Katchalsky. Mitten in seiner Arbeit an den aufregenden neuen Ideen auf diesem Gebiet wurde er bei dem Massaker von Lod (Tel Aviv) im Jahr 1972 getötet. Kaum ein Ereignis hat die Wissenschaftswelt so sehr schockiert wie dieser Mord an einem der größten Denker unserer Generation und Förderer der modernen Biologie. Sein Tod auf der Höhe seiner Schaffenskraft war ein unersetzlicher Verlust, nicht nur für Israel, sondern für uns alle.

Um Nernst scharten sich bald viele begabte Schüler, nicht nur aus Deutschland, sondern aus der ganzen Welt, und sein Institut wurde ein berühmtes Wissenschaftszentrum. Unter seinen jüdischen Schülern waren Franz Simon und Kurt Mendelssohn[15]), große Autoritäten auf dem Gebiet der Tieftemperaturphysik, für das Nernsts Konzepte ihr Interesse geweckt hatten. Die Tieftemperaturphysik erlangte später eine enorme Bedeutung für Technik und Industrie. Zu Nernsts Schülern gehörten auch die Brüder Charles und Frederick Alexander Lindemann aus England. F. A. Lindemann war sein Lieblingsschüler, er wiederum war ein großer Bewunderer Nernsts, und sie blieben ihr Leben lang gute Freunde.

---

[15]) Beide sind direkte Nachkommen von Moses Mendelssohn (persönliche Mitteilung von Sir Hans Krebs).

Lindemann (der spätere Lord Cherwell) wurde Professor für Physik am Clarendon Laboratory in Oxford; er war mit Winston Churchill während des Zweiten Weltkrieges gut befreundet. Als die Nazis an die Macht kamen, lud er Franz Simon und Kurt Mendelssohn ein, zu ihm nach Oxford zu kommen. Das Clarendon Laboratory wurde mit ihnen ein weiteres berühmtes Zentrum der Physik, während es vorher in keiner Weise vergleichbar gewesen war mit dem Cavendish Laboratory in Cambridge, das insbesondere durch J. J. Thomson und Lord Rutherford das führende Physik-Laboratorium in England geworden ist. Als Thomson im Jahr 1935 in Oxford eine Physikertagung eröffnete, tat er dies mit den Worten „Heil Hitler. Wir haben es Hitler zu verdanken, daß heute Franz Simon, Kurt Mendelssohn, Rudolf Peierls und viele andere bei uns sind".

Nernst hatte zwei Söhne und drei Töchter. Die beiden Söhne fielen im Ersten Weltkrieg. Zwei seiner Töchter waren mit Juden verheiratet und deshalb gezwungen, Deutschland unter der Naziherrschaft zu verlassen. Nernst ging 1933 in Pension. Dank der Großzügigkeit Lindemanns wurde er 1937 nach Oxford eingeladen, so daß er seine Familie treffen konnte. Er starb 1941. Wie für zahllose andere deutsche Wissenschaftler war die Hitlerzeit für ihn in vieler Hinsicht ein persönliches Desaster.

Wenden wir uns nun wieder der Synthese von Ammoniak aus Stickstoff und Wasserstoff zu. Wenn man die beiden Elemente in einem Gefäß zusammenbringt, entsteht praktisch kein Ammoniak, da es sich ebenso schnell zersetzt wie es gebildet wird. Das Gleichgewicht begünstigt nicht die Entstehung von Ammoniak, und die Reaktion verläuft nach links in der Reaktionsgleichung. Zwei Faktoren können jedoch das Gleichgewicht zugunsten der Ammoniakentstehung beeinflussen. Der erste ist die Temperatur. Niedrige Temperaturen begünstigen zwar die Bildung von Ammoniak, jedoch gibt es eine Grenze, bis zu der man die Temperatur ohne unerwünschte Nebeneffekte senken kann. Der andere Faktor ist der Druck. Da Stickstoff und Wasserstoff gasförmige Elemente sind, beeinflussen Änderungen des Drucks ebenfalls das Gleichgewicht. Erhöhter Druck begünstigt die Bildung von Ammoniak. Nernst versuchte es mit hohem Druck, aber das Ergebnis war unbefriedigend. Haber, den er vom Mißlingen seiner Versuche informierte, war deswegen weniger skeptisch als Nernst. Er hatte zusammen mit seinem Mitarbeiter Robert le Rossignol (Sohn eines englischen Arztes) einige positive Ergebnisse mit extrem hohen Drücken und hohen Temperaturen erhalten. Aber es war ganz klar, daß sich damit kein zufriedenstellendes Verfahren für eine industrielle Großproduktion entwickeln ließ. Nernst, der sich hauptsächlich für theoretische Probleme interessierte und dessen Methodik die Thermodynamik war, gab das Problem auf. Dabei spielte wohl auch seine Persönlichkeit eine Rolle: Er trachtete mit aller Macht danach, Ergebnisse schnell zu erhalten und hatte keine Geduld, wenn die Experimente enttäuschend verliefen. Haber hatte sehr viel Erfahrung in der Chemie und besonders mit industriellen chemischen Prozessen. Außerdem war er nicht der Typ, der schnell aufgab, wenn es sich um die Lösung eines Problems mit so weitreichender Bedeutung handelte.

Es war schon damals bekannt, daß viele chemische Reaktionen durch Katalysatoren beeinflußt werden konnten. Sie beschleunigten die Prozesse, ohne sich dabei selbst wesentlich zu verändern. (In lebenden Zellen erfordern nahezu alle chemischen Reaktionen Katalysatoren: die Enzyme, das sind Proteine). Auf der Suche nach einem für die Ammoniaksynthese geeigneten Katalysator fand Haber zwei, die sich als wirksam herausstellten: Uran und Osmium. Die Ergebnisse seiner Versuche (etwa von 1905—1910) waren so vielversprechend, daß er sich damit an die Industrie wandte. Die Badische Anilin- und Sodafabrik (Ludwigshafen) akzeptierte seine Idee nach einigem Zögern, und Carl Bosch, ein genialer Forschungsingenieur wurde der führende Kopf bei der großtechnischen Ausgestaltung der

Ammoniaksynthese (etwa von 1913 an). Die technischen Schwierigkeiten waren ungeheuer groß, und ihre Lösung erforderte großen Erfindergeist und viel Einfallskraft. So dauerte es mehrere Jahre, bis mit dem als „Haber-Bosch-Verfahren" bezeichneten Prozeß die großtechnische Produktion von Ammoniak zur Realität wurde. Heute gibt es viele Hunderte von Ammoniakfabriken in der ganzen Welt.

1931 bekam Carl Bosch den Nobelpreis für Chemie, und 1937 wurde er Plancks Nachfolger als Präsident der Kaiser-Wilhelm-Gesellschaft. Er war entsetzt über die Zerstörung der deutschen Wissenschaft durch Hitler und einer der ersten, der den Mut hatte, die verheerenden Folgen des Verlustes jüdischer Wissenschaftler Hitler persönlich zu erklären. Aber ebenso wie Max Planck, der dasselbe einige Monate später versuchte, erregte er nur Hitlers Zorn.

Erwähnenswert wäre noch, daß Nernst erkannte, daß er das Problem zu früh aufgegeben hatte. Und es ist ganz natürlich, daß Habers Triumph auf einem Gebiet, in dem Nernst die große Autorität war, eine gewisse Abkühlung in seinen Gefühlen gegenüber Haber bewirkte. Aber ihre Beziehungen blieben stets korrekt und freundlich. Nernst konnte auch nicht umhin, die Brillanz von Habers Leistung zu bewundern. So würdigte er in einem Vortrag „Über die Bedeutung des Stickstoffs für das Leben" in München im Jahre 1913 Habers Erfolg in hohem Maße. Von einer Persönlichkeit wie Nernst hätte man auch nichts anderes erwartet. In den zwanziger Jahren nahm er häufig an Habers Kolloquien in Dahlem teil und wurde sogar Mitglied des Organisationskomitees.

Leben in Karlsruhe. Die Jahre in Karlsruhe waren die glücklichsten in Habers Leben. In dem neuen Institut hatte er hervorragend ausgestattete Laboratorien. Seine Studenten kamen nicht nur aus Deutschland, sondern aus aller Herren Länder. Unter seinen mehr als 40 Forschungsstudenten waren hervorragende Mitarbeiter. Mit den englischen und französischen Studenten unterhielt er sich in ihrer Muttersprache. Er war allen ein väterlicher Freund, und alle empfanden eine große Zuneigung für ihn. Seine Einstellung den Studenten gegenüber war in jeder Beziehung äußerst großzügig. Er respektierte auch von den seinen abweichende Meinungen, entgegen der sonst üblichen Einstellung, daß junge Leute immer auf die Älteren hören müßten. Wie sehr seine Studenten ihn liebten, zeigte sich eindrucksvoll in einem zweitägigen Abschiedsfest in Karlsruhe im Jahr 1912, nachdem er ein Angebot des Kaiser-Wilhelm-Instituts in Berlin angenommen hatte. Ungefähr 75 ehemalige Schüler, einige davon aus fernen Ländern, waren gekommen, um an dieser Feier teilzunehmen. Die Zeitschrift für Elektrochemie widmete Haber ein Sonderheft mit Beiträgen von früheren und gegenwärtigen Mitarbeitern, voller Karikaturen, Verse und Anekdoten, die ein lebendiges Bild seiner Persönlichkeit gaben.

Auf Initiative und gefördert von van 't Hoff reiste Haber im Jahr 1902 nach Amerika, um sich an Ort und Stelle über die Forschung und Ausbildung an den Universitäten und in der Industrie auf dem Gebiet der Chemie und Physikochemie zu informieren. Er besuchte viele Universitäten in verschiedenen Teilen des Landes und eine Reihe repräsentativer Industriebetriebe. Der dynamische Unternehmergeist, der Mut und der Stolz der Leute beeindruckten ihn tief. Er bewunderte New York und die Schönheit Kaliforniens. Von seinen Kollegen wurde er herzlich empfangen und oft auch nach Hause eingeladen. So bekam er einen guten Einblick in das Leben der Amerikaner. Er war auch Ehrengast der Amerikanischen Elektrochemischen Gesellschaft bei einer Tagung in Niagara Falls, einer Stadt am Ostufer der Niagarafälle.

Nach Deutschland zurückgekehrt wurde er wiederholt eingeladen, über seine Eindrücke von Amerika zu berichten, insbesondere über die sich dort so schnell entwickelnde Industrie und die Rolle der Elektrochemie in der Technik, ein Gebiet, mit dem Haber besonders gut vertraut war. Er hielt die Ausbildung der Chemiker zu stark praxisorientiert, mit zu wenig Berücksichtigung der theoretischen Grundlagen, die nur oberflächlich behandelt wurden. Amerikanische Ausbilder und Wissenschaftler stimmten mit seinen Berichten völlig überein; besonders schätzte man die kritische, aber konstruktive Art seiner Darstellung.

Trotz seiner leidenschaftlichen Hingabe an die eigene Forschung und trotz der Zeit und Mühe, die er seinen Studenten und Mitarbeitern widmete, interessierte sich Haber auch für andere Gebiete der Wissenschaft, insbesondere für die Biologie. Außerdem beschäftigte er sich viel mit Literatur, Kunst und Philosophie. Seine kräftige Konstitution und seine Willenskraft erlaubten ihm einen langen Arbeitstag. Er hatte gerne Freunde um sich; seine Ausstrahlung, seine natürliche Herzlichkeit und Wärme, sein Witz und Humor, sein fröhliches und offenes Wesen wirkte ungemein anziehend auf seine Mitmenschen. Einer seiner engsten und ersten Freunde in Karlsruhe war August Marx, ein Griechisch- und Lateinlehrer an einem Karlsruher Gymnasium (er war der erste jüdische Lehrer an dieser Schule). Sie machten zusammen Ausflüge und Bergtouren und gingen häufig miteinander essen. In Karlsruhe gab es auch eine Gruppe von Wissenschaftlern, Schriftstellern, Künstlern und Erziehern, die regelmäßig zusammen dinierten und sich eine „Tischgesellschaft" nannten. Ihre Zusammenkünfte waren dem Geschichtenerzählen, ernsthaften Diskussionen, dem Humor, Sonntagsausflügen in den Schwarzwald und anderen Aktivitäten gewidmet. Haber war berühmt für seine originellen Geschichten und Verse. Einmal spielte er auch eine Rolle in einem Schauspiel. Mit seiner starken Persönlichkeit und seinem Witz, mit seiner joie de vivre und seiner umfassenden Allgemeinbildung wurde er bald zur dominierenden Persönlichkeit der Gruppe. Willstätter, ein guter Freund und großer Bewunderer Habers, erinnert sich an eine von Habers Geschichten[16]), die sich am Dorfbrunnen in Alvaneu (Schweiz) abspielte: Nach heißer Wanderung sei er mit brennendem Durst an diesen Brunnen gekommen und zugleich mit ihm ein gewaltiger Ochse. Beide tauchten den Kopf in das kühle Wasser und da widerfuhr es den Durstigen, daß sie die Köpfe verwechselten. Und seitdem . . . Das war 1906, gerade als man Haber ein Ordinariat angeboten hatte. Jetzt, so sagte er, fühle er sich reif für diese Position.

In Karlsruhe heiratete Haber im Jahr 1901 seine Jugendliebe Clara Immerwahr. Sie hatten sich in Breslau getroffen, als Haber achtzehn und Clara fünfzehn Jahre alt war. Bald wurden sie sehr enge Freunde und wollten heiraten, aber ihre Eltern waren dagegen. Denn damals war es nicht üblich, zu heiraten, bevor der Mann sich und seine Frau ernähren konnte. So wurde die Verlobung gelöst, aber sie verloren sich nicht aus den Augen. Clara hatte bei Abegg in Breslau Chemie studiert; sie war die erste Frau, die an der Universität promovierte. Anfang 1901 trafen sie sich auf einer wissenschaftlichen Tagung. Er war jetzt dreiunddreißig und sie dreißig, und sie heirateten im Sommer desselben Jahres. Als Haber nach Amerika reiste, konnte sie nicht mitkommen, weil sie schwanger war. Ihr Sohn Hermann wurde 1902 geboren. Die Ehe war nicht glücklich. Clara wollte ihre Karriere fortsetzen, was aber nach der Geburt des Kindes praktisch unmöglich war. Sie mochte nicht nur Hausfrau sein. Haber war kein guter Ehemann. Er ging völlig auf in seiner Arbeit und seinen vielen anderen Interessen, er war oft zerstreut und geistesabwesend und vernachlässigte Clara. All dies führte zum allmählichen Zerfall ihrer Ehe.

---

[16]) In: Die Naturwissenschaften **16**, Heft 50, S. 1055 (1928).

Die Zeit im Kaiser-Wilhelm-Institut. Obwohl Habers Institut in Dahlem erst 1912 fertig wurde, zog er bereits Ende 1911 nach Berlin, um sich an der Planung des Gebäudes zu beteiligen. Er wollte acht unabhängige Abteilungen haben, eine davon für die physiologische Chemie — wiederum ein Hinweis auf sein leidenschaftliches Interesse für biologische Probleme. Eineinhalb Jahre nach Einzug ins neue Institut (KWI für physikalische Chemie und Elektrochemie) brach der Krieg aus, so daß die gerade begonnenen Arbeiten unterbrochen und die großen Pläne aufgeschoben werden mußten.

Der Erste Weltkrieg. Haber war ein absoluter Kriegsgegner und hoffte bis zur letzten Minute, daß der Krieg vermieden werden könne. Als er dann schließlich doch ausbrach, war dies ein schrecklicher Schock für ihn. Nur widerwillig unterzeichnete er ein Manifest, in dem viele führende deutsche Künstler und Wissenschaftler gegen Deutschlands Kriegsschuld protestierten. Seine Einstellung war, daß in Friedenszeiten die Wissenschaftler für die ganze Menschheit arbeiten sollten, daß sie aber in Kriegszeiten verpflichtet seien, all ihre Energie und ihr Wissen in den Dienst des Vaterlandes zu stellen. Er war ein großer Patriot, seine Liebe zu Deutschland war tief verwurzelt. Er war, wie viele andere Deutsche, überzeugt, daß Deutschland das Opfer eines vorsätzlichen Angriffskrieges war und keine andere Wahl hatte, als sich zu verteidigen. Viele Wissenschaftler in anderen europäischen Ländern, die am Krieg beteiligt waren, hatten eine sehr ähnliche Einstellung.

Der deutsche Generalstab hatte (ebenso wie die führenden Militärs der anderen am Krieg beteiligten Länder) mit einem sehr kurzen Krieg gerechnet; bald mehrten sich jedoch die Anzeichen, daß der Krieg jahrelang dauern könnte. Deutschland befand sich in einer besonders schwierigen Lage: Munition, viele wesentliche Rohstoffe und Nahrungsmittel waren knapp. Das Land war nahezu völlig von Lieferungen aus dem Ausland abgeschnitten. Zum Ärger der Militärs gelang es nur den Zivilisten, mit der Situation zurecht zu kommen. Walther Rathenau wurde zum Organisator der Kriegswirtschaft ernannt, Haber war für die Mobilisierung der wissenschaftlichen und industriellen Ressourcen zuständig. Dabei spielten wiederum die aus Ammoniak hergestellten Nitrate eine Rolle, nämlich für die Produktion von Sprengstoffen. Ohne sie wäre dic deutsche Armee wahrscheinlich gezwungen gewesen, bereits 1915 zu kapitulieren. Man muß in diesem Zusammenhang an die ähnliche Rolle denken, die Chaim Weizmann bei der Großproduktion von Aceton spielte, das für die Herstellung der von der britischen Armee und Flotte verwendeten Sprengstoffe benötigt wurde. Es ist sinnlos, darüber zu spekulieren, daß ein frühes Ende des Krieges für ganz Europa ein Segen gewesen wäre, weil es Millionen junger Menschen gerettet hätte, die auf beiden Seiten geopfert wurden.

Auch Walther Nernst wurde aufgefordert, sich an den Kriegsanstrengungen zu beteiligen; da er sich jedoch hauptsächlich mit Grundlagenproblemen beschäftigte, trug er nichts Wesentliches dazu bei. Überdies war er schon kurz nach Beginn des Krieges davon überzeugt, daß Deutschland verlieren würde.

Habers Erfindergabe und seine Kenntnis von industriellen Problemen qualifizierten ihn in einzigartiger Weise, seinem Vaterland bei der Entwicklung von Ersatzstoffen für Mangelwaren und von kriegswichtigem Material zu helfen. So leitete er auch Versuche, Chemikalien für die chemische Kriegsführung zu entwickeln. Chemikalien sind seit Urzeiten in Kriegen eingesetzt worden, bereits im Kampf zwischen Athen und Sparta und auch im amerikanischen Bürgerkrieg. Bei einer Konferenz in Den Haag im Jahr 1899 unter Teilnahme vieler Nationen beschloß man, keine Giftgase bei kriegerischen Auseinandersetzungen zu verwenden. Interessanterweise weigerten sich die Vereinigten Staaten, das Abkommen zu unterzeichnen. Die Russen und die Franzosen hatten chemische Kampfstoffe eingesetzt, jedoch ohne Erfolg. Haber glaubte, daß man mit Gas die feindlichen Truppen aus den Gräben treiben und somit einen Bewegungskrieg einleiten könnte, der sich schnell beenden ließe. Die Ereignisse von Ypern (22. April 1915) sind wohl bekannt[17]). Der Einsatz von Chlorgas führte zu 150 000 Verwundeten in der französischen Armee, ein Drittel von diesen starb. Später wurden auf beiden Seiten gefährlichere Gase, Senfgas und Phosgen, eingesetzt. Tatsächlich aber waren die durch chemische Kriegsführung Gefallenen nur ein ganz geringer Bruchteil jener des konventionellen Krieges. Die Vorstellung der chemischen Kriegsführung ist abstoßend. Aber ebenso abstoßend ist der Massenmord an Menschen durch andere Methoden. Haber wurde von vielen Kollegen, besonders in Frankreich und England, wegen seiner Rolle bei dieser Art der Kriegsführung verachtet und gehaßt. Aber man sollte in diesem Zusammenhang die Frage stellen, ob diese Waffe krimineller ist als die Flächenbombardierungen im Zweiten Weltkrieg (und in den sechziger Jahren in Vietnam und Kambodscha) oder aber der Abwurf der Atombomben in Japan, durch die 200 000 Menschen getötet wurden und zahlreiche weitere ihr Leben lang schwer leiden müssen. Seit undenklichen Zeiten haben sich Wissenschaftler an der Entwicklung neuer Waffen beteiligt (z. B. Archimedes, Leonardo da Vinci und Galilei). Die Entwicklung der Atombombe wurde durch Einstein und Szilard in ihrem berühmten Brief an Roosevelt unterstützt, weil sie befürchteten, Deutschland könne sie zuerst entwickeln. Viele hervorragende Wissenschaftler arbeiteten hart an der Entwicklung der Atombombe. Sie sahen ihren Gebrauch für das Massaker in Japan nicht voraus. Dennoch werden nur wenige die Wissenschaftler, die an der Herstellung der Bombe beteiligt waren, für Verbrecher halten.

Es ist in der Tat tragisch, daß ein Mann, der den Krieg so sehr haßte wie Haber, so viel Feindseligkeit erregte, weil er die chemische Kriegsführung förderte. Für Haber war jeder Tod ein grausames Erlebnis, sei er durch Krankheit, durch konventionelle oder durch chemische Waffen verschuldet. Eine Erklärung für diese feindseligen Reaktionen mag die völlige Unkenntnis von seinen wahren Motiven gewesen sein, nämlich, wie bereits erwähnt, seine feste Überzeugung, daß die chemische Kriegsführung den Stellungskrieg beenden, eine schnelle Entscheidung durch Bewegungskrieg ermöglichen und zahllose Menschenleben retten würde. Es dauerte Jahre, bis die Ressentiments gegen Haber abklangen. So hat der hervorragende englische Chemiker J. E. Coates 1939 in seiner Haber-Gedenkvorlesung die Anschuldigung, Habers Werk sei eine Verletzung des internationalen Rechts, ausdrücklich verneint. Fairer und realistischer beurteilten das Verhalten Habers auch mehrere andere Experten, wie zum Beispiel die Amerikaner Clarence West und Benedict Crowell, der französische Chemiker Turpin und der englische Chemiker Hartley. Manch einer vergab ihm jedoch nie. Rutherford zum Beispiel weigerte sich, ihm bei einer Party im Jahr 1933 zu begegnen, als Haber als Flüchtling in Cambridge war, ein alter, kranker, gebrochener und deprimierter Mann. Aber wie, fragt man sich, hätte wohl Lord Rutherford reagiert gegen-

[17]) „Die Geschichte der Kriegskunst rechnet den Beginn des Gaskampfes vom 22. April 1915, weil an diesem Tage zum erstenmal ein unbestrittener militärischer Erfolg durch die Verwendung von Gaswaffen erzielt worden ist" (Haber 1924, Seite 77). Dies war jener „Schwarze Tag von Ypern" (belg. Ieper, Westflandern), an dem das Habersche Gasblaseverfahren zum ersten Mal die feindliche Linie überraschte. Eine Chorwolke von 6 km Länge und 600 bis 900 m Tiefe, aus Stahlflaschen in die Luft geblasen, trieb in die gegnerische Stellung bei Langemark und brach den zuvor unüberwindlichen Widerstand einer französischen Division (Willstätter 1949).

über seinen Freunden und engsten Kollegen, wie zum Beispiel Niels Bohr, die an der Atombombe mitgearbeitet haben? Einige Wissenschaftler unterstützten sogar den Einsatz der Atombombe gegen Japan, so zum Beispiel James B. Conant (langjähriger Präsident der Harvard University), worauf die New York Times in ihrem Nachruf hinwies.

Habers Arbeiten über chemische Kampfstoffe führten zu einer persönlichen Tragödie. Seine Frau flehte ihn an, sich nicht an der Produktion solch schrecklicher Waffen zu beteiligen. Sie hatten viele heiße Diskussionen, aber er weigerte sich, ihre Argumente anzunehmen. Als er 1915 wieder einmal zur Front fuhr, hat sich Clara das Leben genommen. Der tragische Tod seiner Frau hinterließ eine tiefe Narbe; er kam über dieses grauenhafte Erlebnis nie hinweg.

Die Niederlage Deutschlands und die zahlreichen Erniedrigungen, die sein Vaterland noch jahrelang danach erfuhr, waren ein schrecklicher Schock und eine tiefe persönliche Tragödie für Haber. Er hatte seine ganze Energie für die Kriegsanstrengungen verausgabt, selbst auf Kosten seiner Gesundheit. Er erkrankte an Diabetes insipidus (eine Störung der Hypophyse), und viele dachten, er würde nicht mehr lange leben. Die Diskriminierung deutscher Wissenschaftler in Frankreich, England und selbst in Amerika, der Ausschluß berühmter Gelehrter aus zahlreichen Gesellschaften und das Odium, das seinem Namen wegen seiner Rolle in der chemischen Kriegsführung anhaftete, trug zu einer tiefen Depression bei. Sein Name stand auf einer Liste von mehreren hundert Kriegsverbrechern, und er mußte in die Schweiz fliehen. 1919 wurde Haber der Nobelpreis für Chemie (für 1918) zuerkannt. Im Dezember 1919 fand wie üblich in Stockholm die feierliche Übergabe statt, an der außer Haber und den neuen Physik-Preisträgern Max Planck (für 1918) und Johannes Stark auch die „alten" deutschen Preisträger Max von Laue (Physik 1914) und Richard Willstätter (Chemie 1915) teilnahmen (der Medizin-Nobelpreis wurde 1919 nicht vergeben). Aber kein einziger französischer Laureat war gekommmen — aus Protest gegen die Anwesenheit von Haber.

Die Nachkriegszeit. Es dauerte ungefähr ein Jahr, bis Haber seine Energie und seine Vitalität, wenn auch nicht die Frische und Fröhlichkeit seiner jüngeren Jahre, wiedergewonnen hatte. Er war sich voll darüber bewußt, daß Naturwissenschaft und Technik die Grundlage für Deutschlands Stärke bildeten. Daher drängte er darauf, daß der Wiederaufbau der Universitäten und Forschungsinstitute höchste Priorität erhalten sollte. Wegen seiner Leistungen in Krieg und Frieden genoß Haber bei Regierung, Landwirtschaft und Industrie sowie auch bei den Unversitätskollegen ein ungeheures Prestige. Kaum einer war daher so gut geeignet wie er, auf die zuständigen Stellen einzuwirken und diese von der Notwendigkeit der raschen Verwirklichung seiner Pläne zu überzeugen. Nachdrücklich wies er darauf hin, daß die deutsche Landwirtschaft nicht in der Lage war, Nahrung für mehr als die Hälfte der Bevölkerung zu liefern. Der Rest hing notwendigerweise von der Industrie ab. Um ihre Vorrangstellung zu halten, benötigte die Industrie intensive wissenschaftliche Forschung höchster Qualität; daher war es lebensnotwendig, die Forschung so stark wie nur möglich zu unterstützen. Aber der Wiederaufbau der Wissenschaft war angesichts der politischen Unruhen und der sozialen, wirtschaftlichen und finanziellen Schwierigkeiten in den Nachkriegsjahren keine einfache Aufgabe. Auf Initiative von Haber, Nernst und Schmidt-Ott wurde dann die „Notgemeinschaft der Deutschen Wissenschaft" gegründet, mit zahlreichen Fachausschüssen, um der Forschung mit maximaler Effizienz zu helfen. Es gingen Spenden nicht nur von der Regierung und der Industrie ein, sondern sogar auch von großen Industriekonzernen im Ausland, wie zum Beispiel von der amerikanischen General Electric Company. Die Notgemeinschaft spielte eine entscheidende Rolle beim Wiederaufbau der deutschen Wissenschaft.

1919 begann Haber mit der Reorganisation seines Instituts in Dahlem. Er war einer der Pioniere und Förderer der multidisziplinären Forschung. Die Zeiten, in denen ein Wissenschaftler nur auf seinem eigenen Gebiet, allein oder mit der Hilfe seiner Studenten und Assistenten forscht, neigte sich dem Ende zu. Haber erkannte, daß die sich schnell erweiternden Kenntnisse auf vielen Gebieten wie auch die Entwicklung hochspezialisierter Technologien und Methoden in zunehmendem Maße eine enge Zusammenarbeit zwischen verschiedenen Disziplinen — Physik, Chemie, physikalische und physiologische Chemie — erfordern würde, um damit das Potential und die Effizienz der Forschung weiter zu steigern. Daher beabsichtigte er, ein Institut mit mehreren (insgesamt acht) weitestgehend selbstständigen Abteilungen aufzubauen, zunächst die Abteilung für Physik (unter Leitung von James Franck) und Kolloidchemie (unter Herbert Freundlich), dann für Pharmakologie und für theoretische Physik. Als Berater für die theoretische Physik kam Albert Einstein einige Monate lang täglich für ein paar Stunden in Habers Institut.

Deutschlands zunehmenden finanziellen Schwierigkeiten, die Inflation und die Reparationen machten aber eine systematische Planung und eine Verwirklichung der Vorhaben schwierig, wenn nicht gar unmöglich. Die Alliierten hatten der erschöpften deutschen Wirtschaft 33 Milliarden US-Dollar an Reparationen auferlegt, die über einen Zeitraum von 120 Jahren zu zahlen waren. Nach Habers Schätzung war diese Summe das Äquivalent von ungefähr 50000 Tonnen Gold. Svante Arrhenius, der berühmte schwedische Physikochemiker, hatte einmal mit Haber über das Vorkommen von Gold in den Ozeanen gesprochen und auf die Möglichkeit hingewiesen, Gold aus Meerwasser zu gewinnen. Über den Goldgehalt des Meerwassers lagen nur einige vage Angaben vor; aber selbst wenn die Schätzungen zu hoch lagen, erschien es nicht unmöglich, erhebliche Goldmengen aus Ozeanwasser zu gewinnen. Viele Kollegen warnten Haber davor, sich in dieses Abenteuer zu stürzen, aber sie konnten seinen Sinn nicht ändern. Vielleicht war er von seinem Erfolg, Reichtum aus der Luft zu gewinnen, beeinflußt und hoffte, mit genügend Energie und Einfallsreichtum, das Gold zum Wohle der Menschheit aus dem Meer zu holen. Er begann seine Goldsuche mit der Hilfe eines älteren Kollegen, Johannes Jaenicke. Unterstützt von der Industrie wurden auf mehreren Schiffen Laboratorien installiert, die verschiedene Stellen des Ozeans testen sollten. Aber das Projekt war ein totaler Fehlschlag, denn es stellte sich heraus, daß man den Goldgehalt des Meerwassers um mehrere Größenordnungen zu hoch eingeschätzt hatte. So blieb Haber nicht anderes übrig, als seinen Plan aufzugeben. Es war eine tiefe Enttäuschung, aber er glaubte, daß die Arbeiten wenigstens der Ozeanographie geholfen haben, was tatsächlich auch der Fall war. Darüber hinaus hatte man für das Projekt eine ganze Reihe von neuen Verfahren entwickelt, darunter Methoden zur Bestimmung unendlich kleiner Mengen von Gold und zur Extrahierung von Chrom und Magnesium aus Lösungen.

Während der Inflation (die im Novemer 1923 mit der Umwandlung von 1 Billion Mark zu 1 Rentenmark beendet wurde) waren alle wissenschaftlichen Aktivitäten drastisch vermindert. Denn es war extrem schwierig, selbst eine kleine Zahl von Mitarbeitern zu halten. Nach der Stabilisierung der Währung begann sich dann Deutschlands Wirtschaft langsam zu erholen, obgleich die Mittelklasse zum großen Teil völlig ruiniert war. Eine wesentliche Hilfe für Deutschland brachten die großen Anleihen von der Regierung der Vereinigten

Staaten und die Investitionen der amerkanischen Industrie. Haber nahm die Arbeiten am Ausbau seines Instituts wieder auf. James Franck war 1921 nach Göttingen gegangen. Rudolf Ladenburg wurde sein Nachfolger als Leiter der physikalischen Abteilung, Michael Polanyi übernahm die Abteilung für physikalische Chemie.

Nach der Inflation lebte die Aktivität im Institut mit voller Intensität wieder auf. Habers Berühmtheit zog viele Studenten und Mitarbeiter aus der ganzen Welt an. Da er eine Professur an der Universität hatte, war er auch berechtigt, Doktoranden auszubilden. Sein Institut erhielt einen völlig internationalen Charakter: Etwa die Hälfte seiner 50 bis 60 Mitarbeiter kam aus dem Ausland, besonders aus Amerika. Bevor er einen Studenten aufnahm, orientierte er sich im Gespräch mit ihm über seine Intelligenz, seine Hingabe an die Wissenschaft und seine Aufrichtigkeit. Dieser persönliche Eindruck von den Qualitäten eines Kandidaten war für ihn wichtiger als ein Empfehlungsschreiben oder schriftliche Informationen über seinen Lebenslauf. Wie schon früher in Karlsruhe war er seinen Studenten ein väterlicher Freund. Er hatte mit ihnen lange Diskussionen, die häufig bis spät in die Nacht dauerten, da er keinerlei Zeitgefühl besaß. Mit seinen vielen Ideen wirkte er ungemein inspirierend auf seine Studenten, und sie lernten auch von ihm, Fakten zu respektieren und nicht an vorgefaßten und dogmatischen Meinungen zu hängen. Bei der Bewertung ihrer zur Publikation bestimmten Manuskripte war er sehr großzügig; sie mußten nicht immer mit seinen eigenen Ansichten übereinstimmen. Im Examen waren Denkfähigkeit und Originalität wichtiger als das Gedächtnis. Es störte ihn gar nicht, wenn ein Student auf eine Frage mit „ich weiß nicht" antwortete. Aber es reizte und ärgerte ihn, wenn einer es mit Raten versuchte. Einmal bat er einen Doktoranden, eine Methode zur Herstellung von Jod zu beschreiben. Nach einigem Zögern sagte der Student, man könne es von einem Baum erhalten. Haber, völlig ruhig, forderte ihn auf, den Baum zu beschreiben. In der Meinung, er habe richtig geraten, beschrieb der Student die Höhe und Form des Baumes und die Art der Blätter. Gefragt, wo dieser Baum denn wachse, antwortete der Student, er wachse in Indien und Brasilien. Schließlich fragte ihn Haber, wann denn die Jod-Blüten erschienen, und er bekam als Antwort „im Herbst". Da legte Haber seinen Arm um die Schulter des Studenten und sagte zu ihm: „Gut, mein Freund, wir werden uns im Herbst, wenn das Jod blüht, wiedersehen".

Habers Güte und Verständnis genossen seine Studenten nicht nur im Institut, sondern er half ihnen auch in schwierigen Situationen, nicht nur mit seinem Rat, sondern auch finanziell. So bezahlte er gelegentlich ihre Arztrechnungen, ohne daß es jemand erfuhr. Oft ging er auch mit ihnen zum Mittagessen. Manchmal, wenn er berühmte Besucher im Institut hatte, lud er diese anschließend zusammen mit einigen seiner jüngeren Studenten zu sich nach Hause ein, so auch Niels Bohr. Haber wußte, was es für die Studenten bedeutete, diesen berühmten Mann kennenzulernen. All dies zeigt Habers Warmherzigkeit und persönliche Anteilnahme an seinen Studenten. Besonders bemühte er sich auch, ihnen bei der Stellensuche zu helfen und ihre Karriere wenn immer möglich zu fördern. Die Gegenliebe seiner Studenten und Assistenten kam unter anderem dadurch zum Ausdruck, daß sie ihn liebevoll „Der Alte Fritz" (nach Friedrich dem Großen) nannten.

Unter Habers älteren Mitarbeitern waren Karl-Friedrich Bonhoeffer, der bei Nernst promoviert hatte, und die beiden Brüder A. und L. Farkas. In den Gesprächen mit Weizmann im Jahr 1933 (siehe später) über die Möglichkeit, in Palästina ein Institut aufzubauen, bezeichnete Haber Ladislaus Farkas als den für dieses Projekt geeignetsten Mitarbeiter. Während der Hitlerzeit verbrachte Farkas einige Zeit in Cambridge und ging dann an die

Hebräische Universität in Jerusalem. Er trug viel zur Entwicklung Israels bei, bis zu seinem tragischen Tod bei einem Flugzeugabsturz. Die persönlichen Beziehungen zwischen Haber und seinen älteren Mitarbeitern — Polanyi, Ladenburg, Freundlich und Bonhoeffer — waren nicht nur herzlich, sondern sehr eng. Zu Habers Gästen, die zeitweise bei ihm arbeiteten, gehörten J. von Neumann, E. Wigner, L. Szilard und H. Eyring.

Mehrere Faktoren trugen dazu bei, Habers Institut zu einem idealen Ort für die Ausbildung junger Wissenschaftler zu machen: die zahlreichen elitären Wissenschaftler, die vielen hochqualifizierten Mitarbeiter, häufige Besucher, die vorzügliche Ausrüstung und die freundliche und entspannte Atmosphäre, die für eine echte Hingabe an die Forschung so wichtig ist. Seine Erfahrung, sein Einblick und seine Kenntnisse auf vielen Gebieten und vor allem seine Vitalität schufen ein außergewöhnliches Ambiente. Er war die dominierende Persönlichkeit der Dahlemer Institute in der zweiten Hälfte der zwanziger Jahre, als sie im Zenit ihres Ruhmes standen. Viele identifizierten die Kaiser-Wilhelm-Institute in Dahlem mit Fritz Haber.

Zum Mittelpunkt des wissenschaftlichen und intellektuellen Lebens in Dahlem wurden die berühmten Haber-Kolloquien, die seit 1919 jeden zweiten Montagnachmittag stattfanden. Kolloquien haben eine alte Tradition. Magnus hatte sie im Physikalischen Institut der Universität eingeführt, und dort wurde diese Tradition fortgesetzt. Aber die meisten Kolloquien bestanden in der Darstellung von Arbeiten aus dem eigenen Institut, mit anschließender Diskussion, an der alle Mitarbeiter teilnahmen. Die Haber-Kolloquien hatten einen völlig anderen und außergewöhnlichen Charakter: Es kamen viele berühmte Gastredner

Abb. 28. Fritz Habers Kaiser-Wilhelm-Institut für physikalische Chemie und Elektrochemie war nicht nur ein hervorragendes Forschungszentrum, es war auch der Platz, wo „man" sich traf. — Im Bild sitzend von rechts nach links: Otto Hahn, der Hausherr Fritz Haber, Lise Meitner, James Franck, seine Frau Ingrid, Albert Einstein und Hertha Sponer. — In der Reihe darüber von rechts nach links: Gustav Hertz, Peter Pringsheim, Adolf von Baeyer, Wilhelm Westphal und Walter Grotrian. Dahlem 1920.

aus verschiedenen Fachgebieten, und die Abteilungsleiter und älteren Wissenschaftler von anderen Dahlemer Instituten hielten Vorträge, wobei alles, „vom Heliumatom bis zum Floh“, das Thema sein konnte. Die Kolloquien waren eine ideale Gelegenheit für Haber, seine Absicht zu realisieren, die Grenzen zwischen Physik, Chemie, Physikochemie und Biologie fließender zu machen. Jedem Vortrag folgte eine leidenschaftliche Diskussion (die Haber absichtlich anfeuerte), bei der Wissenschaftler aller vertretenen Disziplinen zu Wort kamen. So stimulierten die Diskussionen automatisch das Interesse über das eigene Fachgebiet hinaus. Man ermutigte besonders auch die jungen Leute, daran teilzunehmen. Kontroversen hielt Haber für ein notwendiges Element bei der Klärung eines Problems, außerdem hatte er eine große Abneigung gegen dogmatische Ansichten. Die jungen Leute, die an diesen Kolloquien teilnahmen, wurden immun gegen autoritäres und dogmatisches Denken. Die Wissenschaft expandierte auf allen Gebieten ungemein schnell, und niemand konnte beanspruchen, die richtigen Antworten parat zu haben. Für den Autor (D. N.) waren die Kolloquien eine der eindrucksvollsten und wertvollsten Erfahrungen in seiner wissenschaftlichen Reifung, nicht nur durch das Erlebnis, den entgegengesetzten Ansichten so vieler berühmter Leute zuzuhören, sondern es war auch eine faszinierende Demonstration der Grenzen unseres Wissens, eine Warnung, flexibel zu sein und nicht starr an Meinungen festzukleben; und keiner dieser Großen zögerte, Fehler einzugestehen. Der Autor dieser Zeilen erinnert sich noch lebhaft daran, wie Polanyi einmal eine lange mathematische Formel an die Tafel schrieb. Ein junger Mann stand auf und erhob gegen eine der Zahlen Einspruch. Haber stellte sich auf Polanyis Seite, und es folgte eine lebhafte Diskussion zwischen ihm und dem jungen Wissenschaftler. Plötzlich sagte Haber: „Donnerwetter, Sie haben recht“. Dieser Geist der Suche nach Wahrheit, ohne Rücksicht auf Ansehen und Prestige, wenn einer sich irrte, war eines der beeindruckendsten Merkmale dieser Kolloquien. Unter den vielen berühmten Besuchern und Rednern waren Niels Bohr, Richard Willstätter, Peter Debye, E. Newton Harvey und Selig Hecht. Viele Vorträge wurden auch von führenden Wissenschaftlern der anderen Dahlemer Institute gehalten, unter ihnen Hermann Mark, Otto Meyerhof, Otto Warburg und Richard Goldschmidt. Warburg war vielleicht die einzige Ausnahme von der vorherrschenden Einstellung: Er haßte jede Art von Kritik an seiner Arbeit (wir kommen später darauf zurück). Seine Beziehung zu Haber war übrigens ziemlich kühl, was bei so verschiedenen Charakteren kaum verwunderlich ist.

Bei den Kolloquien saß Haber gewöhnlich in der ersten Reihe, und meistens leitete er die Diskussion ein. In diesen Diskussionen wurden Habers außergewöhnliche Qualitäten besonders deutlich. Häufig stand er auf, entschuldigte sich und sagte, er werde wohl alt und habe deshalb dem Vortrag nicht ganz folgen können. Zu seinem eigenen Nutzen wolle er eine kurze Zusammenfassung des Vortrages geben, um sicher zu sein, daß er ihn verstanden habe. Er tat dies dann innerhalb von wenigen Minuten, wobei er mit erstaunlicher Klarheit die wesentlichen Punkte und ihre Bedeutung hervorbrachte. Diese Kommentare waren von unschätzbarem Wert. Manchmal konnte er sehr kritisch sein, aber manchmal auch sehr großzügig mit seinem Lob, besonders bei jungen Rednern. Habers Kommentare offenbarten seine Fähigkeit, das Wesentliche des Gegenstandes zu erfassen, selbst bei Themen, die weit entfernt von seinem eigenen Arbeitsgebiet lagen. Sie zeigten auch seine Fähigkeit, grundlegende Probleme über die Details hinaus zu erfassen und die sich abzeichnenden Perspektiven mit bemerkenswerter Einsicht darzustellen. Polanyi machte einmal in einem Vortrag einige Bemerkungen, die von Einstein und Haber kritisch aufgenommen wurden.

Diese Kritik veranlaßte ihn nicht nur, das ganze Problem noch einmal zu überdenken, sondern sie hatte auch einen großen Einfluß bei der Neugestaltung seiner Ideen.

Durch die Vielfalt der Themen und aufregenden Diskussionen trugen die Kolloquien zur Schaffung einer einmaligen Atmosphäre bei. Sie waren ein unvergeßliches Erlebnis und das intellektuelle Zentrum im Leben der Wissenschaftler, darunter Einstein, Max von Laue, Otto Hahn, Walther Nernst, Leonor Michaelis und Peter Rona. Aber nicht nur aus Berlin, sondern auch von anderen Universitäten, ja sogar aus dem Ausland kamen die Leute. Sie machten die Reise nach Berlin, nur um an den berühmten Haber-Kolloquien teilzunehmen, und dies zu einer Zeit, als das Reisen nicht so leicht war wie heute.

Auch in Nernsts Institut an der Universtiät Berlin gab es Kolloquien mit einer aufregenden Atmosphäre und bei denen ebenfalls heftig diskutiert wurde. In der ersten Reihe saßen Max Planck, Albert Einstein, Max von Laue, Erwin Schrödinger und gelegentlich auch Besucher wie Peter Debye. Die Studenten saßen hinten, und für sie muß es ein ähnliches Erlebnis wie die Haber-Kolloquien gewesen sein. Nernsts Kolloquien waren jedoch streng auf die Physik beschränkt. In den meisten Universitätsseminaren hatte man keine Gelegenheit, entgegengesetzte Ansichten zu hören. Es war gewöhnlich nicht statthaft, einem Geheimrat zu widersprechen; aber selbst heute und in Ländern mit viel liberalerer Einstellung sind solche Kontroversen, wie sie in Habers Kolloquien die Regel waren, eine seltene Ausnahme. In den angelsächsichen Ländern scheint man Kontroversen für „unangenehm" zu halten. Sogar A. V. Hill, einer der führenden englischen Wissenschaftler dieses Jahrhunderts, der stets sehr aufgeschlossen und keineswegs dogmatisch war, schrieb 1965 in seinen Memoiren (Trails and Trials in Physiology), Kontroversen seien „ekelhaft". Die Haber-Kolloquien waren ein besonders großer Ansporn für die bemerkenswerte Entwicklung der Biologie in den Kaiser-Wilhelm-Instituten. Die Physik, die Chemie und die physikalische Chemie sind die Grundlagen, auf denen die moderne Biologie basiert; denn die lebende Zelle gehorcht denselben Gesetzen. Die revolutionären Entwicklungen auf diesen Gebieten lieferten den Biologen neue Einsichten und später auch wichtige Werkzeuge für die Analyse der in der lebenden Zelle ablaufenden Prozesse. So waren die Kolloquien ein wichtiger Faktor für den Fortschritt der Biologie in den zwanziger Jahren. Es begann eine neue Ära in der Biochemie, der Grundlage für alle Bereiche der Biologie, sei es Genetik, Enzymchemie, Immunologie, Zellwachstum oder Zelldifferenzierung. Haber und seine Kolloquien haben eine wichtige und kaum zu überschätzende Rolle bei der Stimulierung neuer Ideen und Entwicklungen auf dem Gebiet der Biologie gespielt.

Für den Autor dieser Zeilen, der an diesen Kolloquien sehr häufig teilnahm, waren Habers Kommentare, besonders jene, die sich auf die Biologie bezogen, höchst inspirierend und wegweisend für sein wissenschaftliches Denken und seine Forschungen. Bei der Eröffnung des Ullmanngebäudes für Biologische Forschung im Jahr 1963 im Weizmann-Institut in Rehovot (ein Projekt, das die Adenauer-Regierung mit erheblichen Geldmitteln großzügig unterstützt hat) sollte eine Gedenktafel angebracht werden zur Erinnerung an Adenauers Hilfe und sechs deutschjüdische Wissenschaftler, die maßgeblich an der Entwicklung der Biologie beteiligt waren, aber Deutschland als Opfer der Naziverfolgung verlassen mußten und im Exil gestorben sind. Der Autor dieser Zeilen wurde aufgefordert, die Namen vorzuschlagen. Er nannte Fritz Haber, Richard Willstätter, Otto Meyerhof, Carl Neuberg, Max Bergmann und Rudolf Schönheimer.

Mitte der zwanziger Jahre wurden die Kaiser-Wilhelm-Institute zu einem der größten Wissenschaftszentren der Welt, insbesondere auf dem Gebiet der Chemie, der physikalischen Chemie und der Biologie. Auch auf dem Gebiet der Physik gab es berühmte Zentren: an der Universität Berlin, besonders für die Atomphysik mit Planck, Schrödinger, von

Fliegeraufnahme der Dahlemer Forschungsinstitute der Kaiser-Wilhelm-Gesellschaft zur Förderung der Wissenschaften

Abb. 29. Die Luftaufnahme zeigt die in Berlin-Dahlem zwischen 1911 und 1931 erbauten Kaiser-Wilhelm-Institute. Im einzelnen sind zu sehen: das KWI für Biochemie (ehemals KWI für experimentelle Therapie) (1), das KWI für Chemie (2) mit Direktorenwohnhaus (2a), das KWI für physikalische Chemie und Elektrochemie, das jetzige Fritz-Haber-Institut der MPG (3) mit Direktorenwohnhaus (3a), das KWI für Biologie (4) mit Direktorenwohnhaus (4a), das KWI für Anthropologie (5) mit Direktorenwohnhaus (5a), das Harnack-Haus (6), das KWI für Zellphysiologie (7) mit Direktorenwohnhaus (7a) und das KWI für Silikatforschung (8).

Laue und Nernst, an der Universität Göttingen mit Franck und Born und deren enge Zusammenarbeit mit den berühmten dortigen Mathematikern, an der Universität Hamburg mit Otto Stern, an der Universität München mit Sommerfeld und an der Unitversität Leipzig mit Heisenberg. Trotz des verlorenen Krieges war Deutschland eines der führenden Länder auf diesen Gebieten geworden.

Habers Berühmtheit, seine brillanten Leistungen in der theoretischen und angewandten Wissenschaft, seine Dienste für das Vaterland in Krieg und Frieden, seine eindrucksvolle Persönlichkeit und die Bewunderung seiner Kollegen, all dies machte ihn zu einem der mächtigsten und einflußreichsten Männer im Nachkriegsdeutschland. Regierung und Industrie, Universitäten und Forschungsinstitute wandten sich häufig an ihn um Rat. Auch international war Haber einer der gefeiertsten Wissenschaftler. Während einer Weltreise (1924/25) mit seiner zweiten Frau nahm er 1924 an der Hundertjahrfeier des Franklin-Instituts in Philadelphia als einer von sechs Nobelpreisträgern teil. Er hielt einen Vortrag über „Technische Anwendungen von theoretischen Entwicklungen in der Chemie", in dem er seine Vorstelllungen über die Beziehungen zwischen reiner und angewandter Wissenschaft erläuterte und besonders das große Potential der Naturwissenschaften für das Wohl der Menschheit betonte. Und er pries die Amerikaner für ihren Schöpfergeist, ihre Effizienz, ihren Fleiß und Einfallsreichtum.

Von Amerika reiste Haber mit seiner Frau über den Pazifischen Ozean nach Japan, wo er mehrere Schüler hatte. Er war Gast vieler berühmter und wichtiger Leute und wurde überall mit außergewöhnlichen Ehren empfangen. Führende Großunternehmer waren begierig darauf, bei ihm Rat zu holen für die Entwicklung der Industrie. Die Laboratorien hielt er für recht gut ausgestattet, aber von den Fabriken war er nicht beeindruckt. Besonders bewunderte er die Gemälde und Skulpturen. Er drängte auf engere Beziehungen zwischen Deutschland und Japan und auf die Gründung eines Instituts in Berlin und Tokio zur Förderung der wechselseitigen Kenntnis des geistigen Lebens und der öffentlichen Einrichtungen in Deutschland und Japan. Tatsächlich wurde dann auch 1926 in Berlin und 1927 in Tokio ein Deutsch-Japanisches Institut eröffnet.

1928 nahm Haber an den Feierlichkeiten zum 50. Jubiläum der Gründung der Spanischen Physikalischen und Chemischen Gesellschaft in Madrid teil. Von 1929 bis 1933 war er Mitglied des Präsidiums der International Union of Chemists, 1931 wurde er deren Vizepräsident und sollte 1934 Präsident werden. Er war Ehrenmitglied vieler Gesellschaften und angesehener Akademien in Amerika, England, Frankreich und anderen Ländern. 1930 nannte ihn die New York Times den „Schlüssel für Deutschlands Überleben".

Haber war ein faszinierender Redner und ein Meister im Portraitieren großer Kollegen. Das schönste Beispiel seiner Portraitkunst ist die Gedächtnisrede auf Justus von Liebig im Jahr 1928. Die beiden Männer waren sich in vielerlei Hinsicht ähnlich. Beide bemühten sich um die Förderung der theoretischen wie auch der angewandten Wissenschaften. Liebig hatte stes eine großes Interesse an der Landwirtschaft (er hat um 1840 die künstliche Düngung eingeführt). Er war wie Haber ein brillanter Redner, eine eindrucksvolle Persönlichkeit, stets voller Ideen, ausgestattet mit reicher Phantasie und sehr international gesinnt. Besonders lag ihm auch daran, die junge Generation zu inspirieren; denn, so sagte er, die jungen Leute sind keine Gefäße, die man auffüllt, sondern Feuer, die angezündet werden müssen. Das war genau die Einstellung, die auch Haber hatte. Jedoch mehr als alles andere pries Haber Liebigs Idealismus und seinen Seelenadel. „Keiner verdient es, zu den Unsterblichen gezählt zu werden, gleichgültig wie groß seine Macht und wie groß sein Intellekt, wenn ihm die Größe der Seele fehlt." Diese Worte über die Bedeutung der Seelengröße als Kriterium für die Größe eines Wissenschaftlers haben Willstätter tief beeindruckt, trafen sie doch genauso auf Haber selbst zu.

Einmal hielt Haber in Frankreich eine Rede (in französischer Sprache) über den großen französischen Chemiker Louis Berthollet (1748—1822). Sein Vortrag wurde vom Auditorium mit großer Begeisterung aufgenommen. Wegen seiner besonderen Fähigkeit, ein lebendiges Bild von einer Persönlichkeit und deren Leistungen zu geben, war er sehr gefragt und wurde oft als Festredner bei Feiern berühmter Leute eingeladen.

Zu Habers 60. Geburtstag (am 9. Dezember 1928) kamen Glückwünsche aus aller Welt, wobei die große Verehrung und Bewunderung der Fachgenossen voll zum Ausdruck kam. Viele Artikel in zahlreichen Zeitschriften wurden der Feier dieses Ereignisses gewidmet. In einem Sonderheft der „Naturwissenschaften" (Heft 50, 1928, Haberfestschrift) erschien eine Reihe von Gedenkartikeln[18]), unter anderem von Richard Willstätter, James Franck,

[18]) Margarete von Wrangell schrieb (S. 1075): Seine Freunde und seine Mitarbeiter kennen den Reichtum seines Herzens, seine Treue, Ritterlichkeit und Zartheit, seine Empörung über Unlauterkeit und Schlechtigkeit und die heitere Ruhe, mit der er die Kleinlichkeit übersieht. Jüngeren gegenüber ist er von nie ermüdender Güte, immer bestrebt, ihnen Hoffnung zu geben und neue Wege zu weisen. Er hat keine Verständnis für Enge und Unduldsamkeit; er schätzt die Erlesenheit andersartiger Länder und Geister, doch seine ganze Liebe gilt dem deutschen Lande, hat er doch wie kein zweiter geholfen, daß dieses Land in schwersten Zeiten seine Kinder schützen und ernähren konnte.

Georg von Hevesy, Otto Stern und Herbert Freundlich. Die „Biochemische Zeitschrift" brachte sogar einen ganzen Band als „Festschrift für Fritz Haber" heraus. Institutskollegen pflanzten eine Eiche zur Feier seines Geburtstages. Rund um den Baum legten sie einen Stein mit der Inschrift: „Zu Ehren von Fritz Haber". An der Zeremonie nahmen zahlreiche Repräsentanten von Regierung, Universitäten und Wissenschaft teil. Haber feierte seinen Geburtstag mit einer Reise nach Ägypten und mit einer Bootstour auf dem Nil, in Begleitung von Verwandten und Freunden, darunter auch seine zweite Frau (obwohl sie damals bereits geschieden waren), sein Sohn Hermann und seine Schwiegertochter Margarete (Tochter des Arztes Rudolf Stern) sowie Habers älteste Schwester Else Freyhan, die ihm schon immer besonders nahestand. Unter den Freunden war auch Richard Willstätter.

In den folgenden zwei Jahren arbeitete Haber zusammen mit Karl-Friedrich Bonhoeffer über den Mechanismus der Autoxidationsreaktionen. Es gelang ihnen, spektrophotometrisch eine Reihe von sehr kurzlebigen Radikalen, die schließlich zum Endprodukt führten, nachzuweisen. Die grundlegenden Vorstellungen dieser Arbeiten wurden später (1931) von Franck und Haber auf die Autoxidationsvorgänge in Lösungen übertragen und führten dann weiter zu den Untersuchungen über biologische Oxidationen, die Haber während der letzten Monate seines Lebens mit seinem Assistenten Joseph Weiss in Cambridge durchführte.

In den letzten paar Jahren hatte sich Habers Gesundheitszustand erheblich verschlechtert. 1927 hatte er den ersten Anfall von Angina pectoris; seither trug er stets ein Fläschchen Nitroglycerin mit sich. In zunehmendem Maße litt er auch an Schlaflosigkeit. Doch mit all seiner Arbeitswut und Willenskraft fiel es ihm nicht leicht, seine Aktivitäten zu beschränken; aber bald war er einfach nicht mehr in der Lage, der ungeheuren Menge von Verpflichtungen und Arbeit, an die er gewöhnt war, nachzukommen. Als die Haber-Kolloquien 1929 in ein neues Klub- und Gästehaus, das Harnack-Haus, verlegt wurden, nahm er nur noch sehr unregelmäßig und auch nicht mehr so aktiv wie früher daran teil. Die Kolloquien verloren dadurch an Glanz; manchmal riefen die Leute sogar vorher an, um zu fragen, ob Haber kommen würde.

Der „Schwarze Freitag" an der Wall Street Ende 1929 und der Beginn der wirtschaftlichen Depression beunruhigten ihn stark, und er machte sich immer mehr Sorgen über die Zukunft Deutschlands. Haber war einer der wenigen Naturwissenschaftler, der sich auch für Politik interessierte. Er war Demokrat und wurde häufig von Mitgliedern der Demokratischen Partei um Rat gefragt, ja selbst von Mitgliedern anderer Parteien. Friedrich Ebert, dem ersten Präsidenten der Weimarer Republik, war er zwar wohlgesinnt, kritisierte aber vieles an der Republik, insbesondere das Fehlen einer starken und kompetenten Führerschaft. Er erkannte auch die Notwendigkeit von sozialen Veränderungen in der neuen Ära. Nun deprimierten ihn der wirtschaftliche Verfall und der schnelle Aufstieg der nationalsozialistischen Bewegung, was sehr wahrscheinlich auch seinen körperlichen Gesundheitszustand negativ beeinflußte. Als er sich 1931 einmal mit einigen hohen Regierungsbeamten unterhielt, war er entsetzt über ihre Ignoranz und fehlende Einsicht in die gefährliche Situation.

Familienbande und gesellschaftliches Leben. Zweieinhalb Jahre nach dem tragischen Ende seiner Ehe mit Clara Immerwahr heiratete Haber Charlotte Nathan, eine junge, geistreiche und intelligente Frau, die er 1917 im Deutschen Club kennengelernt hatte. Sie war weniger als halb so alt wie er. Sie hatten zwei Kinder, Eva und Ludwig Fritz (Lutz). Die Ehe ging einige Jahre lang gut, brach aber dann allmählich auseinander. Die junge Frau gehörte zu einer anderen Generation, sie hatte einen völlig anderen Lebenstil und andere Interessen. Sie ging gerne auf Parties, zum Tanzen, in Nachtclubs und Kabaretts, Aktivitäten, die Haber höchst zuwider waren. So endete die Ehe schließlich 1927 mit der Scheidung. Sie blieben jedoch Freunde. Obwohl Haber zwar ein schlechter Ehemann war und kein Glück in der Ehe fand, so war er dennoch ein Familienmensch, mit liebevoller Zuneigung und enger Beziehung zu seiner Familie, seiner Stiefmutter und seinen drei Stiefschwestern, besonders zu Else (der ältesten), die mit einem Arzt, Dr. Freyhan, verheiratet war. Wann immer sie oder auch andere Verwandte Schwierigkeiten hatten, kam Haber zu Hilfe, finanziell und auf andere Weise. Sehr gern mochte er auch die Familie seines Sohnes Hermann und dessen Frau, und es machte ihm großen Spaß, mit seinen beiden Enkeltöchtern zu spielen. Obwohl er (wie die meisten der deutschen Mittelklasse) sein Vermögen durch die Inflation verloren hatte, gab es für ihn nie wirklich schwere finanzielle Sorgen. Denn bald nach der Inflation erbte er ein beträchtliches Vermögen, dazuhin hatte er weiterhin Einnahmen aus seinen Patentrechten. Das große Haus am Faradayweg, das der Kaiser-Wilhelm-Gesellschaft gehörte, bewohnte er mietfrei. Durch schwere Fehler bei der Investition seines Geldes erlitt er zwar große Verluste, aber er war stets in der Lage, den Bedürfnissen seiner Großzügigkeit nach zu leben und seine Familie und seine Studenten zu unterstützen.

Abb. 30. Eva Lewis geb. Haber und Lutz Haber. Harnack-Haus, 31. Oktober 1986

Abb. 31. Fritz Stern. Berlin-Dahlem, Harnack-Haus. 31. Oktober 1986

Haber war ein warmherziger und zuverlässiger Freund. Wie bereits erwähnt, hatte er freundschaftliche Beziehungen zu seinen älteren Kollegen, aber auch, wegen seiner vielseitigen Interessen und Geselligkeit, viele andere Freunde. Besonders eng befreundet war er mit Richard Willstätter, den er erstmals 1911 in Zürich getroffen hatte. Als beide nach Dahlem gezogen waren und dort in benachbarten Häusern am Faradayweg wohnten, entwickelte sich eine sehr enge persönliche Beziehung (siehe Seite 210). Gewöhnlich machten sie zusammen einen Abendspaziergang vor dem Schlafengehen. Nachdem Willstätter nach München gegangen war, pflegten sie ihre Freundschaft weiter, insbesondere durch gemeinsame Reisen, nach Ägypten (wie bereits erwähnt), ins Engadin, nach Rom, den Kanarischen Inseln und Madeira, Bad Gastein und andere Orte, oder sie verbrachten ihre Ferien zusammen auf dem Lande. Willstätter war ein großer Bewunderer Habers. Bei verschiedenen Anlässen schilderte er in lebhaften Farben Habers dynamische und faszinierende Persönlichkeit, die Größe seiner wissenschaftlichen Leistungen, seine vielseitigen Interessen, seinen Geist und Humor, seine schauspielerische und dichterische Begabung (Willstätter 1928, 1949, darin auch sehr amüsante Beschreibungen ihrer Reisen). Zu seinen engen Freunden gehörte auch sein Hausarzt Dr. Rudolf Stern und dessen Frau Katharine, die Tochter eines Pathologie-Professors in Breslau. Stern hatte im Jahre 1918 als junger Abiturient Haber in Pontresina getroffen, umringt von berühmten Professoren — Naturwissenschaftlern, Medizinern und Juristen — und war tief beeindruckt von Habers Kompetenz auf so vielen Gebieten. Drei Jahre später trafen sie sich wieder, als Haber in tiefer Depression in einem Sanatorium war, in dem Stern als junger Arzt arbeitete. Haber riet ihm, einige Zeit in der wissenschaftlichen Forschung zu verbringen, was für seine medizinische Karriere von großem Nutzen wäre. Er vermittelte dann Stern einen zweijährigen Aufenthalt in seinem Dahlemer Institut bei Herbert Freundlich. In dieser Zeit begann ihre Freundschaft, und Stern, der Haber sehr bewunderte, gab sich alle Mühe, auf Habers Gesundheit aufzupassen. Oft verbrachten sie ihre Ferien zusammen und machten mehrere Reisen, die Stern in einem Artikel im Jahrbuch des Leo-Baeck-Instituts beschrieben hat (Stern 1963). Darin gibt uns Stern ein lebendiges Bild der vielen Facetten von Habers Persönlichkeit und auch einen Einblick in seine politischen Ansichten.

In Habers gastlichem Hause verkehrten nicht nur seine Kollegen und Freunde, sondern er lud auch Schriftsteller, Künstler, Diplomaten und andere interessante Leute ein. (Obwohl er kein großer Musikliebhaber war, gehörte zu seinem Freundeskreis auch Siegfried Ochs, der Gründer und Dirigent des Berliner Philharmonischen Orchesters.) Er war ein sehr charmanter Gastgeber, ein geistreicher Unterhalter und ein berühmter Geschichtenerzähler, der seine zahlreichen Abenteuer oft mit reicher Phantasie ausgeschmückt beschrieb, ohne dabei den Unterschied zwischen Dichtung und Wahrheit allzu ernst zu nehmen.

Einstellung zum Judentum. Haber war in einer Familie aufgewachsen, die keinerlei Verbindungen zur jüdischen Religion hatte. Seine jüdische Abstammung war daher für ihn völlig bedeutungslos. Sein Vater hieß Siegfried, ein Vorname, der häufig von assimilierten Juden, die ihre Kinder mit Deutschland und der deutschen Geschichte identifizieren wollten, gewählt wurde. Habers Stiefmutter kam ebenfalls aus einem gänzlich assimilierten Hause, zu dessen Freunden sowohl Juden als auch Christen gehörten. Dies entsprach der Tendenz eines großen Teils der deutschen Juden (besonders in der zweiten Hälfte des 19. Jahrhunderts), sich vollständig zu assimilieren. Man braucht sich daher nicht zu wundern, daß Haber keinerlei Bindungen an sein jüdisches Erbe besaß. Wie viele gebildete Menschen kannte er die Bibel gut, doch fühlte er keine Beziehung zu den Leuten, deren Vorfahren sie vor Jahrtausenden geschrieben hatten. Anfang der zwanziger Jahre ließ er sich protestantisch taufen, aber nicht wegen der Hoffnung, damit seine Karriere zu erleichtern, sondern unter dem Einfluß von Mommsens Schriften und dessen Attacken gegen Treitschkes Antisemitismus. Mommsen akzeptierte zwar, daß solche Juden, die es aus Überzeugung waren, auch Juden bleiben sollten. Aber diejenigen, die nur aus Konvention Juden waren, ohne echte Bande zur jüdischen Gemeinde, bat er eindringlich, die Gefahr eines zwiespältigen Lebens zu bedenken. Da das Christentum die verschiedenen Zivilisationen und Gesellschaftssysteme verbindet, schien ihm eine Massenkonversion der Juden aus weltlichen Gründen die beste Lösung zu sein. Es war nicht aufgrund irgendwelcher antisemitischer Gefühle, daß er diesen Rat gab, sondern seine Sorge, den Juden damit eine Tragödie zu ersparen. Diese Ansichten von Mommsen sind gut dokumentiert von Hans Liebeschütz (1962) in seinem Artikel „Treitschke und Mommsen über Judentum und Judaismus".

Zu der Zeit, als Haber den Entschluß faßte, sich taufen zu lassen, dachte er nicht an eine akademische Laufbahn. Die Taufe war für ihn einfach eine Formalität ohne jede Bedeutung. Sein schneller Aufstieg beruhte nicht auf diesem Schritt. Es ist auch höchst unwahrscheinlich, daß seine Laufbahn dadurch gefördert worden wäre, in einer Zeit der raschen Expansion der deutschen Wissenschaft, für die man hochqualifizierte und hochtalentierte Leute brauchte und suchen mußte. Die Geschichte der Kaiser-Wilhelm-Gesellschaft dokumentiert diese Situation. Es ist jedoch interessant, daß ihm seine Taufe doch noch ein problematischer Akt wurde und zwar im Jahr 1933. Nach Ansicht von Stern (1963) quälte ihn offenbar der Gedanke an diesen Schritt mehr als der Verlust von Eigentum und Stellung. Es scheint, daß er rückblickend diese Handlung mit einem Verlust an Würde verbunden sah.

Bemerkenswert ist, daß Habers engste Freunde dennoch in der Hauptsache Juden waren: August Marx in Karlsruhe, seine Mitarbeiter in Dahlem (Franck, Ladenburg, Polanyi, Freundlich). Eine interessante Anekdote zeigt, wie er sich instinktiv doch mit den Juden identifizierte. Während seines Aufenthaltes in den Vereinigten Staaten im Jahr 1902 nahm ihn ein jüdischer Freund mit nach Atlantic City. Im Hotel bemerkte er ein Schild: „Keine Juden". Haber war schockiert; es war für ihn eine völlig neue und unerwartete Erfahrung, und er meinte, daß sie dort nicht bleiben konnten. Aber sein Freund versicherte ihm, dies gelte nicht für ihren Typ von Juden, sie könnten das Schild einfach ignorieren.

Selbst nach dem Krieg schenkte Haber der wachsenden Welle von Antisemitismus keine größere Beachtung. Wie die meisten Juden hielt er diese Kräfte für eine vorübergehende Erscheinung, die mit der Verbesserung der wirtschaftlichen und politischen Verhältnisse und mit der ständig wachsenden Assimilierung der Juden verschwinden werde. Gab es nicht Juden in prominenter Position in viel größerer Zahl als je zuvor und in weit größerer Prozentzahl als ihr Prozentanteil an der Bevölkerung? Seiner Meinung nach hatte die Zionistische Bewegung keine Legitimation in Deutschland. Sie mochte zwar eine Lösung für die Juden in einigen östlichen Staaten sein, aber nicht in einem so hoch entwickelten Land wie Deutschland. Hier konnte sie nur entgegengesetzte Wirkungen haben. Er mißbilligte auch Einsteins Reise mit Chaim Weizmann 1921 in die Vereinigten Staaten zur Unterstützung der Zionistischen Bewegung. In diesem Zusammenhang ist eine Anekdote aus dem Jahr 1921 interessant: Nach einer Diskussion mit einem jungen Zionisten über die zahlreichen Probleme, mit denen Palästina konfrontiert wurde, sagte Haber: „Wenn es genügend Juden mit diesem Enthusiasmus gibt, wird Palästina eine große Zukunft haben" (Stern 1963).

Der Aufstieg des heftigen und zunehmend terroristischen Antisemitismus und die Siege der Nazis in den späten zwanziger und frühen dreißiger Jahren hatten jedoch eine starke Wirkung auf Haber und veränderten nach und nach seine Meinung. Anders als vielen anderen Juden wurde ihm klar, daß diese starken irrationalen Kräfte eine Realität waren und sich nicht ignorieren oder mit Vernunft bekämpfen ließen. Man sollte sich vielleicht daran erinnern, daß die Erkenntnis und die Analyse der Macht der Emotionen und irrationalen Kräfte in diesem Jahrhundert wesentlich entwickelt wurden, wozu vielleicht Freuds Betonung des Unbewußten den Anstoß gab. Wir sind uns viel stärker bewußt darüber, daß selbst in fortgeschrittenen Demokratien irrationale Elemente und emotionale Faktoren eine entscheidende Rolle spielen und sehr leicht über die Vernunft siegen können, ganz gleichgültig, wie sehr die gesamte Bevölkerung letztendlich darunter leiden mag. Die Nationalsozialisten haben es verstanden, die Verbitterung und den Haß, ausgelöst durch Deutschlands Erniedrigung und die katastrophalen Bedingungen des Versailler Vertrages, meisterhaft gegen den latenten Antisemitismus auszuspielen. Sie machten die Juden für die Niederlage im Krieg und den schwachen Widerstand der „jüdisch beherrschten" Weimarer Republik gegen die auferlegten harten Bedingungen verantwortlich. Dadurch gelang es ihnen, große Teile der Bevölkerung zu der extremen Form des Antisemitismus aufzustacheln.

Haber sah das Menetekel an der Wand klarer und früher als die meisten seiner Kollegen und Freunde. Er identifizierte sich zunehmend mit den Juden, und seine ganze Einstellung gegenüber dem jüdischen Problem begann sich zu ändern. Wie bereits erwähnt, hatte er sich 1921 ausdrücklich gegen Einsteins Reise mit Weizmann in die Vereinigten Staaten gestellt. Als Weizmann 1932 zu einem Besuch in Berlin war, lud Haber ihn zum Essen ein und zeigte ihm sein Institut. Weizmann, der Habers Kritik im Jahre 1921 nicht vergessen hatte, war überrascht, daß Haber sich sehr für seine Arbeit in Palästina interessierte und mit ihm eingehend über wissenschaftliche Probleme, die für die Entwicklung des Landes wichtig waren, diskutierte.

Bald kam dann das Unheil. Nur wenige Wochen nach Hitlers Machtergreifung erschienen die Beamtengesetze, durch welche die meisten der großen jüdischen Wissenschaftler aus Deutschland vertrieben wurden (vgl. Kapitel II). Im April 1933 reichten Polanyi und Freundlich freiwillig ihren Rücktritt ein, obwohl sie ihre Stellung hätten behalten können. Haber versuchte die Situation zu retten, aber ohne Erfolg. Nach den neuen Gesetzen konnten diejenigen Juden, die im Ersten Weltkrieg aktiv waren, ihre Stellen behalten. Haber konnte deshalb als Direktor im Amt bleiben. Aber er lehnte dies empört ab und reichte sein Rücktrittsgesuch am 2. Mai 1933 ein; er wollte nur noch ein paar Wochen amtieren, um den Übergang zu einer neuen Leitung zu regeln. In seinem Brief betonte er nachdrücklich, daß er zwar nach dem Gesetz im Amt bleiben könne, trotz seiner jüdischen Eltern und Großeltern, daß er es aber nicht akzeptieren könne, seine Mitarbeiter nach rassischen Gesichtspunkten und nicht nach wissenschaftlichen und persönlichen Qualitäten auswählen zu müssen. Dies wäre gegen die Prinzipien, denen er sein ganzes Leben lang gefolgt sei. Er habe seinem Vaterland zeit seines Lebens gedient, aber sein Stolz verbiete es ihm, solche Zustände zu akzeptieren. Im Frühsommer 1933 verließ er Deutschland, seine Heimat, die er nie wiedersehen sollte.

Habers Sohn Hermann, der in einem Unternehmen von Joseph Blumenfeld, ein Industriechemiker in Paris und ein Schwager von Weizmann, angestellt war, vermittelte dann ein Treffen mit Chaim Weizmann in London im Sommer 1933. Man kann nicht umhin, die historische Bedeutung, die dramatische Symbolik dieser Zusammenkunft zweier Giganten des jüdischen Volkes zu übersehen: Haber, der ungekrönte König der deutschen Wissenschaft, und Weizmann, die Verkörperung der jüdischen Träume und Sehnsucht nach einem jüdischen Heimatland, was heute Israel ist. Beide waren Repräsentanten zweier entgegensetzter Standpunkte. Weizmann, der russische Jude, jetzt britischer Staatsbürger, widmete sein Leben der Rettung der Juden in Mittel- und Osteuropa vor dem Unheil, das er kommen sah, ohne dabei zu wissen, wie unheimlich groß die Katastrophe würde. Haber hat sein Leben dem Dienst am Vaterland gewidmet. Die Assimilation war für ihn ein natürlicher und unumgänglicher Prozeß. Nun aber wurde ihm völlig klar, daß Weizmann recht hatte und er unrecht, und er bot Weizmann, der sich bereits über den Aufbau eines chemischen Forschungsinstitutes in Rehovot Gedanken machte, seine Dienste an. Weizmann hoffte, wenigstens für einige der aus Deutschland geflohenen Wissenschaftler Arbeitsmöglichkeiten schaffen zu können. Er war zutiefst betroffen, Haber als Flüchtling im Exil, fast ohne einen Pfennig, wiederzusehen. Sir William J. Pope, ein früherer Mitarbeiter von Haber während der Zeit in Karlsruhe, hatte ihm einen Platz in seinem Laboratorium in Cambridge angeboten. Aber dies war keine Dauerlösung. Zunächst wurde beschlossen, daß Haber sich ein wenig ausruhen sollte und man sich später in diesem Sommer in der Schweiz wieder treffen wolle[19]).

Weizmann verbrachte den Sommer in Zermatt. Wegen politischer Meinungsverschiedenheiten weigerte er sich, an dem Zionistenkongreß in Prag teilzunehmen. Auf der Rückreise von Spanien (nach einem Vortrag in Santander) besuchte Haber Weizmann in dem über 1 600 m hoch gelegenen Kurort Zermatt — entgegen dem Rat seiner Ärzte, die den schwer Herzkranken eindringlich vor einem Aufstieg in solche Höhen gewarnt hatten. Haber flehte Weizmann an, nach Prag zu reisen. Er erinnerte ihn an seine eigenen Leistungen für Deutschland, an seine Machtposition, die er dort gehabt hat; jetzt aber, am Ende seines Lebens, war er bankrott und im Exil. Weizmanns Werk werde als strahlendes Monument in der langen Geschichte des jüdischen Volkes hervorragen. Selbst wenn er in Prag Enttäuschungen erleben müßte, sollte er doch seine Anstrengungen nicht aufgeben. Weizmann, tief bestürzt und bewegt von dieser Begegnung, bot Haber großzügig ein Laboratorium samt Assistenten in Rehovot an, damit er dort in Frieden und Würde arbeiten könne. Es werde eine Heimkehr sein. Haber nahm das Angebot mit Begeisterung an. Als Weizmann nach seinen persönlichen Bedürfnissen fragte, bat Haber um zwei möblierte Zimmer, eines für seine Schwester Else Freyhan und eines für sich. Doch vor der Übersiedlung nach Rehovot wollte er wegen seines schlechten Gesundheitszustandes noch ein paar Monate in einem Sanatorium verbringen. Auf der Rückreise erlitt er in Brig einen Herzanfall, erholte sich aber wieder in ein paar Tagen. Ursprünglich hatte er vor, nach Deutschland zurückzukehren, um seine Emigration offiziell in die Wege zu leiten. Doch auf Anraten seiner Freunde gab er dieses Vorhaben auf, vor allem weil seine Gesundheit so schlecht war, daß er sich den mit einer solchen Reise verbundenen schweren Belastungen nicht aussetzen konnte. So kehrte er für kurze Zeit nach Cambridge zurück, um einige Forschungsarbeiten abzuschließen. Anfang 1934 verließ er England und fuhr zuerst in die Schweiz, wo er sich vor der Weiterreise nach Rehovot ein paar Wochen im Tessin erholen wollte. Aber bei einem Zwischenaufenthalt in Basel hatte er wieder einen Herzanfall und starb wenige Tage danach am 29. Januar an Herzversagen, im Alter von 66 Jahren. Sein Freund Willstätter kam zur Beisetzung und hielt eine bewegende Abschiedsrede.

Wie bereits erwähnt, war Max Planck 1933 bei seiner Rückkehr aus Italien über die Vorgänge in Deutschland tief betroffen. Er wandte sich zunächst an Bernhard Rust, den Minister für Wissenschaft und Erziehung, der ihn mit den lapidaren Worten „der Jude Haber ist für mich erledigt“ abwies. Plancks Gespräch mit Hitler wurde bereits geschildert. Im Frühjahr 1936 hatte Planck den Mut, Haber öffentlich für seine großen Leistungen für Deutschland in Frieden und Krieg zu loben.

---

[19]) Eine interessante Sammlung der Briefe von Haber an Weizmann wurde im Jahrbuch IX des Leo-Baeck-Instituts publiziert. In einem dieser Briefe erwähnt Haber ein Gespräch mit seinen Freunden Einstein und James Franck und schrieb dazu, Franck sei ein großer Bewunderer Weizmanns; sollte Francks Schwiegersohn nach Istanbul gehen, würde er ihn dort besuchen und eventuell von dort aus nach Jerusalem zu einem Besuch kommen.

In den Nachrufen fanden (insbesondere auch in den angelsächsichen Ländern) Habers Persönlichkeit und Leistungen höchstes Lob und Anerkennung. Sein tragisches Ende im Exil betrachtete man als Schande und mit allgemeiner Mißbilligung. Die Kaiser-Wilhelm-Gesellschaft wie auch andere wissenschaftliche Gesellschaften beschlossen, den ersten Jahrestag seines Todes am 29. Januar 1935 feierlich zu begehen. Trotz Rusts heftiger Proteste und Warnungen kamen mehr als 500 Wissenschaftler, Studenten, Industrielle und Hochschullehrer in Dahlem zusammen, um Haber ihr Tribut zu zollen. Max Planck eröffnete die Zeremonie mit einer Würdigung von Habers großen Leistungen. Die Rede von Karl-Friedrich Bonhoeffer, dessen Teilnahme die Nazis verhinderten, wurde von Otto Hahn verlesen. Eine Gedenkfeier fand auch in Rehovot statt, im Daniel-Sieff-Institut, dem Haber seine Bibliothek gestiftet hatte. Die Hauptredner waren Weizmann sowie zwei frühere Studenten von Haber, Ernst David Bergmann und Ladislaus Farkas. (Weizmann hatte zwei Photos auf seinem Schreibtisch im Institut, eines von Haber und das andere von Willstätter.)

Erst im Jahr 1951, sechs Jahre nach dem Ende des NS-Regimes, wurde aus Anlaß des 40. Jahrestages der Gründung der Kaiser-Wilhelm-Gesellschaft (seit 1946 Max-Planck-Gesellschaft) in Berlin ein Denkmal errichtet, mit der Inschrift von Max von Laues Nachruf, den er für „Die Naturwissenschaften" im Februar 1934 geschrieben hat:

Themistokles ist in die Geschichte eingegangen nicht als der Verbannte am Hof des Perserkönigs, sondern als der Sieger von Salamis. Haber wird in die Geschichte eingehen als der geniale Erfinder desjenigen Verfahrens, Stickstoff mit Wasserstoff zu verbinden, das der technischen Stickstoffgewinnung aus der Atmosphäre zugrunde liegt, als der Mann, der auf diese Weise, wie es bei der Überreichung des Nobelpreises an ihn hieß, „ein überaus wichtiges Mittel zur Hebung der Landwirtschaft und des Wohlstandes der Menschheit schuf, der Brot aus Luft gewann und einen Triumph errang im Dienste seines Landes und der ganzen Menschheit".

Richard Willstätter (1872—1942)

Richard Willstätter, der große organische Chemiker, hat um die Jahrhundertwende die Grundlage für die spektakuläre Entwicklung der Biochemie in diesem Jahrhundert geschaffen. Er gehört zu der genialen Gruppe von Adolf von Baeyers Schülern, die den Weg für eine neue Ära in der Biologie bereiteten, indem sie die Struktur der essentiellen Bestandteile der tierischen und der pflanzlichen Zelle aufklärten und uns damit Kenntnisse vermittelten, die eine Voraussetzung für die Analyse und das Verständnis der in den Zellen ablaufenden chemischen Reaktionen sind.

Eine von Willstätters größten Leistungen war seine Arbeit über die Struktur des Chlorophylls — eine der klassischen Arbeiten auf dem Gebiet der organischen Chemie. Seine vielen Beiträge zur Lösung dieses Problems sind unter Mitarbeit von Arthur Stoll in dem im Sommer 1913 erschienenen Buch „Untersuchungen über Chlorophyll" zusammengefaßt. Diese Arbeiten sind ein Meilenstein in der Photosyntheseforschung; dafür und für seine Untersuchungen über die Farbstoffe in Blüten und Früchten, die Anthocyanine, erhielt er 1915 den Nobelpreis für Chemie. Sein Lebenswerk war aber nicht nur für die Biochemie von großer Bedeutung, sondern auch für die Medizin und die Technik.

Es waren jedoch zwei Faktoren, die sein Leben beherrschten, wie er in seiner Autobiographie (Willstätter 1949) schreibt: seine chemischen Beobachtungen und die antisemitische Bewegung, die später zu einer Sturmflut heranwuchs. Seine tiefe und aufrichtige Verbundenheit mit Deutschland, zusammen mit dem starken Bewußtsein seines Judentums, führte zu Tragödien und Dilemmas, wohl weitaus heftiger als bei vielen anderen. Gerade wegen dieser Kombination — ein brillanter Wissenschaftler zu sein und vom Antisemitismus auf dramatische und in mancher Hinsicht einzigartige Weise getroffen zu werden — bildet das Kapitel über Willstätter einen besonders interessanten Teil dieses Buches.

Die Vorfahren. Charakteristisch für die Stärke seines Gefühls, ein Jude zu sein, ist die Tatsache, daß er seine Autobiographie mit dem Satz beginnt: „Meine Vorväter waren Juden". Die Familie war seit 1720 in Karlsruhe und später auch in einigen benachbarten Dörfern ansässig. Der Urgroßvater seines Großvaters, Rabbi Ephraim, war aus Willstatt, einer alten Festung im Elsaß, eingewandert und hat den Namen Willstätter angenommen. Es gab damals nur neun jüdische Familien in Karlsruhe. Zwei Jahre später erhielten sie Privilegienbriefe. Interessant ist Willstätters Bemerkung, daß seine Vorfahren sehr wahrscheinlich mit römischen Legionen nach Germanien gekommen sind; offenbar wollte er damit andeuten, daß er ein ebenso legitimer Deutscher sei wie jeder andere. Unter seinen Vorfahren waren Rabbiner, Lehrer und ein Arzt. Erwerbssinn zeigte sich in der Familie nur selten, Genügsamkeit und Altruismus hingegen waren stark ausgeprägt.

Ephraims Sohn, der Rabbi Elias Willstätter, starb 1795 in Karlsruhe; er hinterließ fünf Söhne und fünf Töchter. Sein ältester Sohn Ephraim (1761—1829), Richards Urgroßvater, machte einige Aufzeichnungen über seinen ersten Sohn, die ein lebendiges Bild von der Familie und der herrschenden Atmosphäre geben. Richards Vater erzählte nie von seiner Familie, denn er hielt Erinnerungen für unwichtig. Ephraim war etwa 15 Jahre lang als Lehrer in Frankfurt am Main tätig, mußte aber dann nach Karlsruhe zurückkommen und Handel betreiben, um seine große Familie versorgen zu können. Damals waren Juden nicht selten gezwungen, Wissenschaft und Unterricht mit kaufmännischer Tätigkeit zu verbinden, um ihren Lebensunterhalt zu verdienen, da die akademische Laufbahn für sie praktisch verschlossen war.

Richards Großvater war ein Kind aus Ephraims zweiter Ehe mit der Tochter des Rabbi Juda Oppenheimer; von den vielen Kindern aus dieser Ehe überlebten acht den Vater, der seine ganze Kraft und sein Geld für die Erziehung seiner Kinder aufwendete. Drei von Ephraims Söhnen erhielten eine wissenschaftliche Ausbildung. In Baden herrschte damals eine liberale Tendenz, und durch das sogenannte „Judenedict" vom Januar 1809 wurde die jüdische Konfession „konstitutionsmäßig geduldet". Es dauerte aber dann noch 53 Jahre, bis das „Gesetz über die bürgerliche Gleichstellung der Israeliten" verkündet wurde.

Richards Großvater Meier (genannt Maximilian) wurde 1810 in Karlsruhe geboren. Er besuchte das Gymnasium und erhielt dort viele Preismedaillen. Er studierte 4 Jahre Medizin in Heidelberg, machte dann das Staatsexamen in Karlsruhe, und nach einem weiteren Ausbildungsjahr in München ließ er sich in Karlsruhe nieder. 1837 heiratete er Johanna Kaula aus Darmstadt, die Tochter des Fabrikanten Michael Kaula und seiner Frau Esther (ihre Eltern gehörten zu einer jüdischen Familie, die in Süddeutschland sehr bekannt und angesehen war). Der Großvater war ein bescheidener, gütiger, stets hilfsbereiter Mann und ein engagierter Arzt, der nie Ferien machte oder sich Erholung gönnte; Rechnungen schrieb er nicht; so war das Leben für die große Familie nicht leicht, besonders als im Jahre

1847 eine schwere Wirtschaftskrise ausbrach. Wegen seines anstrengenden Lebens, seiner Mühen und Sorgen alterte er früh und starb im Alter von 62 Jahren, kurz vor Richards Geburt (Richards Großmutter Johanna war schon 1863 gestorben). Drei der Brüder des Großvaters, so erinnert sich Willstätter, waren „aufrechte, patriarchalische, wenn auch kleinbürgerliche Erscheinungen" — typische Vertreter der unteren Mittelklasse. Der jüngste Bruder Benjamin, Oberrabbiner und Oberrat, stand 52 Jahre im Dienste der badischen Landessynode; er war bekannt für seine fortschrittliche liberale Gesinnung und seine rednerische Begabung.

Richards Vater Max (1840—1912) war das älteste der fünf Kinder seiner Großeltern. Nach einer Lehre in der Tuchhandlung seines Onkels in Karlsruhe verbrachte er einige Jahre in England, mußte aber dann auf Verlangen der Familie nach Karlsruhe zurückkehren, um das Familiengeschäft zu übernehmen. 1870 heiratete er Sophie, die Tochter von Moritz Ulmann, einem wohlhabenden Tuchgroßhändler in Fürth; sie war neun Jahre jünger als er. Die Vorfahren der Ulmanns hatten jahrhundertelang in Augsburg Handel getrieben, ohne aber in der Stadt wohnen zu dürfen. Sie lebten in Pfersee, einer benachbarten kleinen Ortschaft. Die Familiengeschichte geht bis auf Simeon Günzburg ben Ullmo zurück, einen der reichsten Juden seiner Zeit, der in Pfersee am 9. Januar 1585 starb. Richards Urgroßvater Beer (genannt Bernhard) Ulmann[20]) (1751—1837) hatte an der Universität Prag studiert und war ein angesehener Bankier. Zur Ausübung seines Geschäftes, das viel bescheidener war als das seiner Vorfahren in der großen Fuggerzeit, wanderte er täglich nach Augsburg. Da seine Ehe kinderlos blieb, überredete seine brave Frau den Sechzigjährigen zu einer zweiten Ehe, als deren guter Geist sie wirkte. Aus dieser sind fünf Söhne und eine Tochter hervorgegangen, die alle ein hohes Alter erreichten und große Familien hatten. Richard kannte drei der Söhne recht gut. Einer von ihnen war sein Großvater Moritz Ulmann (1814—1890). Er war ausgebildeter Bankier, gründete aber dann eine Tuchgroßhandlung in Fürth in Bayern. Er heiratete Doris Kleefeld, die Tocher eines angesehenen Kaufmanns, dessen Familie sich bis ins 17. Jahrhundert zurückverfolgen läßt. Richards Mutter Sophie Ulmann (1849—1928) war die älteste Tochter. Sie hatte sechs Brüder und zwei Schwestern und ragte unter ihren Geschwistern hervor durch ihre Schönheit und Güte, ihre Intelligenz und hohe Bildung und ihre Warmherzigkeit und Strebsamkeit.

Obwohl Willstätter nicht weniger als 14 Druckseiten seiner Autobiographie der Geschichte seiner Vorfahren widmete, mögen diese Auszüge hinreichend veranschaulichen, daß er von alten und prominenten jüdischen Familien abstammte, unter denen zahlreiche Rabbiner, Gelehrte sowie respektierte und erfolgreiche Geschäftsleute waren. Die ausführliche Beschreibung des großen Stammbaums seiner Vorfahren, die seit Jahrhunderten in Deutschland gelebt und dort in vielerlei Weise eine produktive Rolle gespielt hatten, mag unbewußt auf seinem Verlangen beruht haben, seinen legitimen Anspruch, als deutscher Bürger wie jeder andere zu gelten, zu betonen, ein Recht, das ihm die Nazis absprachen. Die Tatsache, daß seine Vorfahren Juden waren, was er keineswegs ignorieren will, wird einfach als historische Angelegenheit behandelt. (Wir werden darauf später im Zusammenhang mit seinen Reaktionen auf den Antisemitismus nochmals zurückkommen.)

Willstätter verbrachte die ersten zehn Jahre seines Lebens in seiner Vaterstadt Karlsruhe und war dort sehr glücklich. Die Stadt war schön, mit vielen Grünanlagen und Spielplätzen. Häufig ging er mit seiner Mutter im Schloßgarten spazieren. Mit sechs Jahren kam

[20]) Sein Haus in Pfersee stand noch, als Willstätter seine Autobiographie schrieb (1940).

Abb. 32. Richard Willstätter um 1940

er in die Schule, und um diese Zeit hatte er seine erste Begegnung mit dem Antisemitismus; denn obwohl in Karlsruhe eine liberale Gesinnung vorherrschte, war auch dort die Judenfeindschaft tief eingefressen. So konnte es ihm wie auch anderen Judenkindern passieren, daß Rotten von Gassenbuben ihn mit Schmährufen verfolgten und mit Steinen bewarfen.

Im Jahre 1882, als er gerade zehn Jahre alt war, beschloß sein Vater, für einige Jahre nach Amerika zu gehen, um genügend Geld für ein komfortables Leben für seine Familie anzuhäufen. Denn das Geschäft in Karlsruhe ging nicht gut, außerdem langweilte ihn die Art, wie das Geschäft geführt wurde. Mehrere Verwandte waren nach Amerika gegangen und dort sehr erfolgreich gewesen. Doch statt der geplanten 2 bis 3 Jahre wurden daraus 17 Jahre. Nach seiner Abreise zog seine Frau um Ostern 1883 mit der Familie nach Nürnberg, wo ihre zwei verheirateten Schwestern lebten. Für Richard war diese Übersiedlung wie eine Vertreibung aus dem Paradies. Er mochte die düsteren, engen Straßen nicht. Es gab dort keine Bäume, keine vornehmen Anlagen, keine Spielplätze, keine Gelegenheit und Zeit zum Leben im Freien. Er war damals viel zu jung, um die Würde und die Schönheit der alten, großen Architektur dieser Stadt wertschätzen zu können. Das schlimmste aber war der im Vergleich zu Karlsruhe viel stärkere Antisemitismus in den Bürgerkreisen, den er besonders in der Schule zu spüren bekam. Die meisten der Schüler gehörten zur unteren Mittelklasse, die im allgemeinen viel mehr zum Antisemitismus neigte als Beamte und Offiziere, deren Söhne in der Karlsruher Schule tonangebend waren. Er litt erheblich unter dieser judenfeindlichen Atmosphäre, und sehr wahrscheinlich beruhen einige seiner späteren Reaktionen auf diesen unglücklichen Jugenderfahrungen. Zuhause herrschte zwar eine liberale

Einstellung zur Religion; aber die Bande zum Judaismus zu durchschneiden, das war unvorstellbar. Die Bindung an das Judentum, an die Vorfahren, war stark; man blieb ganz selbstverständlich ein Jude, die Taufe war völlig undenkbar.

Willstätters Mutter, eine dominierende Persönlichkeit mit großer Willenskraft, hatte einen starken Einfluß auf Richard. Mit fast übertriebener Sorge verfolgte sie all sein Tun und Lassen, nicht nur während seiner Schuljahre, sondern auch während seiner Studentenzeit, ja bis zu seiner Heirat und sogar bis zu der Zeit, als er den Nobelpreis erhielt. Wie stark ihr Einfluß auf Richard war, ist die Tatsache, daß er obwohl ein begieriger Leser, die Werke von bestimmten Autoren (zum Beispiel Zola, Tolstoi und Dostojewski) sogar noch als Student nicht gelesen hat, weil seine Mutter dagegen war!

In der Schule war er in Latein ziemlich schlecht, dagegen aber hervorragend in Mathematik und Geologie. Wegen seiner Schwäche in Latein beschloß die Familie, ihn auf ein Realgymnasium zu schicken. Schon bald galt sein Hauptinteresse den naturwissenschaftlichen Fächern. (Wer oder was ihn dabei beeinflußt hat, erinnert er sich nicht, denn in der Familie wurde nie über Naturwissenschaften im engeren Sinne gesprochen.) Er war ein glänzender Schüler, fast immer mit der Note I in allen Fächern. Und er hatte hervorragende und inspirierende Lehrer, von denen einige später sogar die akademische Laufbahn einschlugen. Jedoch die Atmosphäre war düster und ernst; Fröhlichkeit und Leichtsinn, sorglose Stunden des Vergnügens oder der Entspannung gab es nicht. Alles konzentrierte sich auf Arbeit und Studium. Willstätter war bei seinen Lehrern sehr beliebt, und seine Leistungen wurden zunehmend besser. Seine Überlegenheit in den wissenschaftlichen Fächern erzeugte bei den Klassenkameraden Neid, Unfreundlichkeit, ja sogar Gehässigkeit, was niemals der Fall war bei Überlegenheit im Sport — hier erntete man nur Bewunderung und Beifall. Durch sportliche Leistung und Überlegenheit macht man sich beliebt, durch wissenschaftliche Leistungen jedoch in der Regel unbeliebt, obwohl diese doch viel mehr zum Wohle der Gesellschaft beitragen als die körperliche sportliche Leistung.

Mitten in seiner Gymnasialzeit, im Frühjahr 1886, erkrankte er so schwer an Diphtherie, daß eine Zeitlang keine Hoffnung auf ein Überleben bestand. Auf eine scheinbare Genesung folgten dann alle Erscheinungen der malignen Krankheitsform (wie Lähmung der Augen und Gliedmaßen), Anzeichen dafür, daß das Diphtheriegift ins Zentralnervensystem eingedrungen war. Schließlich begann aber doch die Genesung, und nach mehr als einem halben Jahr konnte er wieder zurück zur Schule. Doch kurz danach erkrankte er an Scharlach und seiner Nachkrankheit, einer Nierenentzündung, und wieder dauerte Krankheit und Genesung mehrere Monate. Auf sein Weiterkommen in der Schule hatten die Unterbrechungen aber keinen Einfluß.

Willstätter hatte wenig Sinn für Geselligkeit, Kneipen, Trinken und Tanzen. Gelegentlich nahm er dem Kameradschaftsgeist zuliebe oder auf Drängen von Verwandten an solchen Aktivitäten teil, doch er langweilte sich dabei, und insbesondere das Treiben in den Kneipstuben widerte ihn an, so daß er sich wenn immer möglich davor drückte. Am glücklichsten war er mit sich allein. Kurz vor seinem Schulabgang durfte er zum ersten Mal eine Reise allein machen — ein glückliches und wunderbares Erlebnis. Er fuhr für vierzehn Tage nach Oberbayern, wo er die bayerischen Berge genoß, und das Schönste für ihn, das Selbständigsein.

Interessant ist, was Willstätter über seine Abiturientenprüfung im Fach Religion schreibt (der israelitische Religionsunterricht war nach vieljähriger Unterbrechnung erst ein halbes Jahr zuvor wieder eingeführt worden). Das schriftliche Thema lautete: „Was lehrt das Judentum von der Unsterblichkeit der Seele?" Er begann seinen Aufsatz mit der Feststellung, daß weil die jüdische Religion nicht Glaube, sondern Gesetz ist, man darüber zwar viel, aber wenig bestimmtes sagen kann; an seinen Erläuterungen schrieb er dann vier Stunden lang. Er hat sein Abiturientenexamen so glänzend bestanden, daß der Rektor des Gymnasiums ihn für das Königliche Maximilianeum in München vorschlug, eine Stiftungsanstalt für hochbegabte Absolventen bayerischer Gymnasien zur Förderung ihrer Studienzeit. Der Antrag wurde „aus konfessionellen Gründen" abgelehnt.

Akademische Laufbahn. Nach dem Abitur erhob sich die Frage nach seiner Zukunft. Das recht günstige Angebot von einem Onkel, als Teilhaber in sein gutgehendes Textilgeschäft einzutreten, lehnte er ab, denn er wollte Physiologie und Medizin studieren. Da dieses Studium und die Ausbildung bis zum fertigen Arzt jedoch viele Jahre brauchte, meinte die Familie, daß die damit verbundenen Kosten zu hoch für ihre bescheidenen Mittel wären. So entschloß er sich, auf sein früheres Lieblingsfach zurückzukommen, nämlich Chemie zu studieren. Aber sein großes Interesse an der Biologie und der Medizin behielt er sein Leben lang, und viele seiner Forschungsarbeiten waren motiviert durch das Verlangen, einen Beitrag zur Biologe und Medizin durch die Aufklärung der chemischen Struktur von dafür wichtigen Substanzen zu leisten.

Ende Oktober 1890 begann Willstätter sein Studium in München an der Technischen Hochschule und an der Universität, wo Adolf von Baeyer den Lehrstuhl für Chemie innehatte. Nach einigen Semestern und Zwischenprüfungen wollte er seine Doktorarbeit am liebsten unter der direkten Anleitung von Baeyer machen. Dies war jedoch aussichtslos, weil Baeyer schon genügend Doktoranden hatte. Doch vermittelte er ihm einen Platz bei Alfred Einhorn, der ihn gerne als Doktorand annahm. Er begann dann eine Arbeit über die Struktur von Cocain und ähnlichen Verbindungen, ein Problem, an dem er auch noch nach seiner Promotion im Jahre 1894 weiterarbeitete. Noch vor seiner Promotion, im Juni 1893, hielt er einen kurzen Vortrag über seine Arbeit vor der Münchner Chemischen Gesellschaft. Baeyer war von der Arbeit und von der Art ihrer Darstellung sehr beeindruckt. Bald entwickelte sich dann eine persönliche Beziehung zwischen dem berühmten Lehrer und dem jungen, unerfahrenen Studenten, die allmählich immer enger wurde und offene und unbefangene Gespräche gestattete. Schließlich wurde daraus eine echte Freundschaft, die ihr ganzes Leben lang dauerte, trotz der gelegentlich auftretenden Spannungen.

Nach der Promotion nahm Baeyer den 22jährigen Willstätter als Privatassistent in sein Laboratorium und eröffnete ihm damit eine akademische Laufbahn. Und er durfte sogar — eine außergewöhnliche Gunst — seine eigene Arbeit über Cocain fortsetzen, da Baeyer die große Bedeutung dieser Untersuchungen und Willstätters hervorragende Fähigkeiten, seine Originalität und sein kritisches Urteil erkannt hatte. Kaum zwei Jahre später, im Juli 1896, schlug Baeyer ihn für die sofortige Beförderung zum Privatdozenten vor — eine große Überraschung und Auszeichnung für den erst 24 Jahre alten Willstätter und ein entscheidender Schritt in seiner akademischen Laufbahn. Willstätter jubilierte. Frohgemut ging er auf eine Ferienreise nach Österreich, und dann fuhr er zum ersten Mal nach Amerika, um seine Verwandten zu besuchen und New York, Baltimore, Philadelphia, Washington und die Niagarafälle kennenzulernen. Nach seiner Rückkehr stürzte er sich sofort wieder in seine Arbeit, die ihm alles bedeutete und der er alle seine Zeit und Energie widmete.

Seine Hoffnung, mit der Beförderung auch bessere Arbeitsbedingungen zu bekommen, wurden enttäuscht. Er mußte seine Untersuchungen am alten Platz im Studentenlaboratorium fortsetzen, einem unordentlichen, lauten und überfüllten Raum, in dem die notwendigen Einrichtungen fehlten. Andererseits hatte er nun zusätzlich zu seiner Forschungsarbeit größere Lehrverpflichtungen. Er nahm seine Lehrtätigkeit sehr ernst, denn er hielt das Lehren für eine große und wichtige Pflicht eines jeden Forschers. Die Weitergabe von Wissen war für ihn von ebenso großer Bedeutung wie die Entdeckung neuer Fakten und neuer Erkenntnisse. So verstärkte sich seine Arbeitslast in zunehmendem Maße, und er hatte weniger Zeit für seine Forschungsprobleme, ohne dafür einen Ausgleich durch bessere Arbeitsbedingungen im Labor zu bekommen. Allerdings gab es jetzt viel mehr Gelegenheit, Kollegen und interessante Gelehrte aller Fakultäten zu treffen, da jeder Privatdozent automatisch Mitglied des Privatdozentenvereins wurde. Während er vorher völlig isoliert war, traf er nun nicht nur mit Chemikern zusammen, sondern auch mit Physiologen, Zoologen, Geologen, Mathematikern, Astronomen und Historikern. Diese Art von Geselligkeit empfand er äußerst stimulierend und fördernd für seine fachliche Entwicklung und seine Allgemeinbildung.

Drei Jahre später sprach alles dafür, daß Willstätter eine Beförderung zum Extraordinarius in Baeyers Laboratorium bevorstand; denn Baeyer war zunehmend beeindruckt von der Genialität und dem schnellen Fortschritt seiner Arbeiten. Statt dessen, offenbar im letzten Moment und völlig unerwartet, wurde die Stelle Baeyers Schwiegersohn Piloty, ein Assistent von Emil Fischer, angeboten[21]).

Eines Tages sagte Baeyer zu Willstätter, er solle sich doch taufen lassen. Willstätter wies diesen Vorschlag kurz und bündig zurück, vielleicht auf eine etwas unhöfliche Art und Weise. Sich taufen zu lassen nur um der Karriere willen, also aus reinem Opportunismus, das war für ihn unvorstellbar (auf diese Einstellung kommen wir später noch einmal zurück). Als man ihm eine gutbezahlte Stellung als Direktor eines Industrieunternehmens anbot, lehnte er das Angebot ab; Baeyer, dem er eine Kopie seiner ablehnenden Antwort zeigte, war wenig glücklich darüber, denn er machte sich Sorgen, daß Willstätter als nicht getaufter Jude große Schwierigkeiten in einer akademischen Laufbahn haben würde. Willstätter versicherte ihm, daß er an einer akademischen Laufbahn überhaupt nicht interessiert wäre, alles was er wolle sei nur, weiter im Institut arbeiten zu können.

Im Jahr 1901 erhielt Johannes Thiele (Extraordinarius seit 1893, ein energischer und begeisterter Lehrer, der den Unterricht in organischer Chemie wesentlich verbessert hat) einen Ruf auf das Ordinariat für Chemie an der Universität Straßburg. Er nahm den Ruf an, und Willstätter, kaum 30 Jahre alt, wurde sein Nachfolger und zum Extraordinarius ernannt. Seine Lage änderte sich dadurch ganz wesentlich und weit mehr als erwartet. Er bekam ein geräumiges Privatlaboratorium mit guter Ausstattung und technischer Hilfe für seine Forschungen. Und er konnte jederzeit, auch am Abend, am Samstagnachmittag und am Sonntag völlig ungestört arbeiten. Er schätzte dies ungemein und war sehr glücklich über diese Verbesserung seiner Situation, besonders auch darüber, daß er nun mehr Doktoranden annehmen konnte und auch Gäste, die mit ihm zusammen forschen und arbeiten wollten. Bald hatte er eine ganze Anzahl von hervorragenden Mitarbeitern. Einer davon war ein Franzose aus dem Baskenland, Ernest Fourneau (später einer der führenden Chemiker Frankreichs und jahrzehntelang Laboratoriumsdirektor im Institut Pasteur). Er hatte schon zuvor in Deutschland gearbeitet, bei Emil Fischer in Berlin und in zwei anderen

---

[21]) Vermutlich steckten gewisse Intrigen aus Kreisen der Professorenfrauen dahinter. Willstätter schreibt dazu: „Das Kabinett der Damen hatte über Nacht gesiegt."

Laboratorien. Die Zusammenarbeit mit Willstätter lief sehr gut, und bald entwickelte sich eine Freundschaft zwischen den beiden. Oft machten sie zusammen Spaziergänge und auch größere Ausflüge, um sich in Ruhe unterhalten zu können, denn im Labor gab es wenig Zeit und Muße für persönliche Gespräche. Und beide profitierten von diesen Unterhaltungen: Fourneau lernte viel über die Chemie der Alkaloide, und Willstätter ließ sich von ihm über Frankreich erzählen, besonders von Paris und seinen großen Gelehrten, wie Pasteur und Berthelot, über die französische Kultur, Literatur und Kunst. (Er versuchte sogar, ihm französisch beizubringen, hat es aber bald wieder wegen der mangelnden Sprachbegabung seines Schülers aufgegeben.) Eines aber war für Willstätter völlig überraschend und unverständlich: Fourneaus stark nationalistische Einstellung im Wissenschaftsbetrieb, die Verbindung von wissenschaftlichem Eifer mit Patriotismus. In München, wie überhaupt in Deutschland, kannte man keine ähnliche nationalistische Einstellung in der Chemie (Konkurrenz gab es höchstens zwischen München und Berlin). Kurz vor dem Ersten Weltkrieg war Willstätter in Paris zu einem Vortrag, wobei er die Gastfreundschaft von Fourneau genoß. Nach dem Kriege hatten sie (wohl absichtlich) nur flüchtige Begegnungen, denn er mißbilligte Fourneaus heftige Angriffe auf die deutschen Gelehrten in der Nachkriegszeit.

Um die Jahrhundertwende war Baeyers Institut in der ganzen Welt bekannt und berühmt. Nicht nur aus Deutschland, sondern aus vielen anderen Ländern kamen die Chemiker nach München, um Baeyer zu besuchen oder bei ihm zu arbeiten. Unter ihnen waren Wladimir Ipatieff und Moses Gomberg aus Rußland, die später in Amerika zu führenden Chemikern wurden. Willstätter traf sie wieder im Herbst 1933 in Chicago, bei einer Tagung der Amerikanischen Chemischen Gesellschaft. Die Gelegenheit, in Baeyers Institut mit vielen interessanten Leuten in Kontakt zu kommen, war für Willstätter nicht nur fachlich, sondern vielmehr auch in kultureller Beziehung wertvoll. Nach seiner Beförderung zum Extraordinarius nahm er häufiger an wissenschaftlichen Tagungen und Kongressen teil. Aufgrund seiner brillanten und erfolgreichen Forschungen wuchs sein Ansehen zunehmemd, und Baeyer versäumte es nicht, immer wieder auf Willstätters Genialität und die große Bedeutung seiner Leistungen hinzuweisen.

Schon drei Jahre nach seiner Beförderung zum Extraordinarius wurde Willstätter 1905 Ordinarius für Chemie an der Eidgenössischen Technischen Hochschule in Zürich, eines der großen Wissenschaftszentren in Europa, mit einer glorreichen Vergangenheit, besonders auf dem Gebiet der Chemie. So wurden zwei Direktoren des Chemischen Instituts mit dem Nobelpreis ausgezeichnet, L. Ružička (1939) und V. Prelog (1975). Das Polytechnikum wird direkt von der Bundesverwaltung unterstützt (im Gegensatz zu den Universitäten, die den Kantonen unterstehen) und hatte deshalb stets die für die teure Forschung notwendigen Mittel. Der Unterschied zwischen den Arbeitsbedingungen in Zürich und in München war sehr groß. Das 20 Jahre alte Chemiegebäude war relativ modern und sehr zweckmäßig eingerichtet, es gab geräumige Laboratorien, helle, große Hörsäle und — wohl einmalig in dieser Zeit — eine Klimaanlage für das ganze Gebäude. Das Privatlaboratorium war zwar nicht sehr groß, hatte aber genügend Platz für drei oder vier Assistenten. So fiel Willstätter die Entscheidung für Zürich nicht schwer: Hier bot sich die Gelegenheit, seine Forschung frei und unabhängig fortzusetzten und dazuhin eine große und hervorragende Schule aufbauen zu können.

Bei der Abschiedsfeier hielt Baeyer eine warme und bewegte Rede, und die Studenten und Mitarbeiter drückten ihre Gefühle für ihren geliebten und bewunderten Lehrer auf vielerlei Art und Weise aus. (Zum Beispiel kam ein Telegramm mit der Meldung, daß die

Schweiz den Vierwaldstätter See in „Vierwillstätter See" umbenannt hat!) Mehrere seiner besten Mitarbeiter gingen mit nach Zürich. Dort erreichte seine schöpferische Produktivität den Zenit, insbesondere mit den experimentellen Arbeiten über die Struktur von Chlorophyll (deren Konzept er noch in München entwickelt hatte) und über Blütenfarbstoffe. Von all seinen vielen Schülern erwähnt er mit besonderem Stolz Professor Michael Heidelberger, den Begründer der modernen Immunchemie.

Heidelberger lehrte und forschte jahrzehntelang an der Columbia University in New York, und nach seiner Pensionierung 1957 war er noch bis ins hohe Alter von 90 Jahren an der New York University tätig. 1977 erhielt Heidelberger zusammen mit seinem ersten Doktoranden, Professor Elvin A. Kabat, den Louisa-Gross-Horwitz-Preis, die höchste Auszeichnung des Columbia University Medical Center — eine besondere Freude für den Autor (D. N.), seit 1942 ihr Kollege an der Columbia University und ein großer Bewunderer ihrer Leistungen.

Im Sommer 1911, mitten in seiner so produktiven Tätigkeit in Zürich, erhielt Willstätter einen Ruf nach Berlin, als Abteilungsleiter und II. Direktor am Chemischen Institut, das die im Januar 1911 gegründete Kaiser-Wilhelm-Gesellschaft in Dahlem errichten und im Jahr 1912 eröffnen wollte. Willstätter lehnte den Ruf ab, denn er war glücklich in Zürich, in seinem Institut und seinem Haus und hatte keine Lust zum Umziehen. Emil Fischer, der ihn berufen hatte, gab die Hoffnung nicht auf, sondern kam höchstpersönlich nach Zürich, um ihn zur Annahme des Rufes zu überreden. Willstätter war ein großer Bewunderer von Fischer, er hielt ihn für den genialsten und herausragendsten organischen Chemiker seiner Zeit. Und seine Vision vom Aufbau eines großen, in Deutschland einmaligen Wissenschafts- und Forschungszentrums in Dahlem (ein „deutsches Oxford"), die er in den leuchtendsten Farben schilderte, machte auf Willstätter einen tiefen Eindruck. Fischer hatte Erfolg, vor allen Dingen auch durch alle möglichen Zusicherungen, besonders seiner völligen Freiheit und Unabhängigkeit. Entscheidend dafür, daß er den Ruf schließlich annahm, war auch sein Wunsch, in sein gebliebtes Deutschland, in seine Heimat zurückzukehren. Im Januar 1912 machte er einen kurzen Besuch in Berlin, um seinen Berufungsvertrag abzuschließen. Dabei erfuhr er im Ministerium, daß er, zusätzlich zu seiner Position in Dahlem, zum Nachfolger von van 't Hoff mit Rang und Titel eines Ordinarius an der Universität Berlin ernannt würde. Im Sommer 1912, nach Fertigstellung des Wohnhauses in Dahlem, zog er dann mit seiner Familie nach Berlin.

Im Herbst 1912 wurden die ersten Forschungsinstitute in Dahlem eröffnet: das Kaiser-Wilhelm-Institut für Chemie und das Kaiser-Wilhelm-Institut für physikalische Chemie und Elektrochemie (Fritz Habers Institut). Die feierliche Einweihung der beiden Institute, in Gegenwart des Kaisers, vieler Minister, führender Wissenschaftler und Industrieller, fand am 23. Oktober statt (siehe Seite 175). Willstätter freute sich besonders darüber, daß der Präsident der KWG, Adolf von Harnack, in seiner Rede betonte, daß eine der wichtigsten Voraussetzungen für den Fortschritt der Chemie gut eingerichtete Laboratorien seien, und auf die große Rolle der Chemie im Leben der Gesellschaft hinwies. Auch Paul Ehrlichs Festvortrag „Über chemotherapeutische Heilbestrebungen", den er in Gegenwart des Kaisers hielt, war sehr beeindruckend. Beim Rundgang durch das Institut bat Willstätter den Kaiser, seine wunderschönen Chlorophyllkristalle, auf die er besonders stolz war, anzusehen. Zu seiner großen Freude folgte der Kaiser seiner Bitte und würdigte das kristallisierte Chlorophyll mit einem Blick durchs Mikroskop. Sein Laboratorium war in jeder Beziehung hervorragend ausgestattet. Es gab Platz für 12 Assistenten, einen Kühlraum für niedrige Temperaturen bis zu —10 Grad Celsius, eine Dunkelkammer, einen speziellen Arbeitsraum für Präparationen und, im Stock darüber, eine ausgezeichnete Bibliothek des gesamten Instituts. Nicht weniger als zehn seiner Mitarbeiter waren mit ihm von Zürich nach Dahlem gegangen. Diese wie auch andere seiner Schüler und Mitarbeiter kamen aus aller Herren Länder, was zu der internationalen Atmosphäre beitrug, die, mit Ausnahme der Kriegsjahre, so typisch für die Kaiser-Wilhelm-Institute war.

Das größte Erlebnis in Willstätters Dahlemer Zeit wurde die Freundschaft mit Haber, die ihr ganzes Leben lang dauerte. Beide wohnten am Faradayweg in benachbarten Häusern, nur getrennt durch die Hittorfstraße. In seinen Lebenserinnerungen schreibt er, daß zwei Männer die größte Wirkung auf sein Leben hatten, nämlich Baeyer als sein Lehrer und Haber als sein Freund. Leider begegnete er Haber erst in einem Alter, in dem seine wissenschaftliche Arbeit kaum mehr beeinflußt werden konnte.

Die Jahre in Dahlem waren für Willstätter eine sehr glückliche, produktive und ungemein anregende Zeit. Im „Kasino" in Habers Institut — der einzige Ort in Dahlem, wo man Mittagessen konnte — bot sich die Gelegenheit, viele Kollegen zu treffen. Damals gab es nämlich in Dahlem noch keine Gasthäuser. Ein Klubhaus, das man zu Ehren des Präsidenten „Harnack-Haus" benannte, wurde von der Kaiser-Wilhelm-Gesellschaft erst viel später gebaut und 1929 eröffnet: ein elegantes und prunkvolles Gesellschaftshaus, mit Festsälen und Restaurants, einem großartigen Vortragssaal, allen möglichen klubartigen Einrichtungen und einigen Gästezimmern für prominente Besucher.

Willstätter lernte in Berlin viele berühmte und interessante Leute kennen, und er traf auch alte Freunde und Kollegen wieder. Einer der ersten, die ihn zum Essen nach Hause einluden, war der Physikochemiker Walther Nernst, ein überaus aktives Mitglied des Planungs- und Verwaltungsausschußes für das Dahlemer Chemische Institut. Nachdem die anderen Gäste gegangen waren, hielt er Willstätter zurück und erklärte ihm, daß sie alle erwarteten, daß er, Willstätter, sehr bald einen wesentlichen Beitrag zum Ruhm und zur Prominenz des neuen Zentrums leisten werde, wenn auch „natürlich nichts vom Range meines Wärmetheorems" (der 3. Hauptsatz der Thermodynamik von Nernst).

Im Jahr 1913 wurde ein drittes Institut, das Kaiser-Wilhelm-Institut für experimentelle Therapie eröffnet, mit August von Wassermann (ein Schüler von Ehrlich) als Direktor und Carl Neuberg als Leiter der biochemischen Abteilung. Dann wurde (wegen des Kriegsausbruches etwas verspätet) im Frühjahr 1915 das Kaiser-Wilhelm-Institut für Biologie eröffnet, mit dem Botaniker Carl Correns und dem Zoologen Hans Spemann (später mit Richard Goldschmidt) als Leiter. Willstätter fiel auf, daß eine unverhältnismäßig große Zahl der leitenden Wissenschaftler Juden waren. In diesem Zusammenhang erinnert er sich daran, daß Emil Fischer auf die Frage, warum er nicht antisemitisch sei, geantwortet hat: „Wir Rheinländer sind nicht so dumm, daß wir uns vor den Juden fürchten müßten". Emil Fischer, der gute Küche nicht nur schätzte, sondern auch ein großartiger Koch war, lud Willstätter öfters zum Abendessen ein; für das Gesellschaftsleben hatten aber beide weder Lust noch Zeit. Fischer arbeitete immer noch selbst im Labor, trotz seiner Lehrverpflichtungen und administrativen Aufgaben sowie der Betreuung seiner vielen Mitarbeiter. Dazu kam, daß er als weltberühmter Wissenschaftler und wegen seiner starken Persönlichkeit, seinem großen Weitblick und seiner Allgemeinbildung viele andere Verpflichtungen hatte und auch häufig von Regierung und Industrie als Berater zugezogen wurde. Welch unglaubliche Tragik, daß dieser große Mann im Jahr 1919, noch nicht 67 Jahre alt, seinem Leben durch Einnahme von Blausäure ein Ende setzte, nachdem sein Arzt bei ihm ein Darmkarzinom diagnostiziert hatte; bei der Autopsie stellte sich dann heraus, daß die Diagnose falsch war.

Wenn Willstätter auch versuchte, sich vom Berliner gesellschaftlichen Leben so weit wie möglich fern zu halten, gelang es seinem Freund Haber, ihn gelegentlich mit hineinzuziehen. So besuchten sie ab und zu den Bankier Koppel, der das Geld für Habers Institut gestiftet hatte und dessen Haus ein wahres Palais war. Manchmal wurde er auch von Koppel zu einem Spaziergang in den Grunewald abgeholt. Nur in das Haus von Franz Oppenheim, dem Generaldirektor der Aktiengesellschaft für Anilinfabrikation kam er häufig, am liebsten in dessen Sommerhaus am Wannsee. Er war auch mit Oppenheims Frau Margarete, einer großen Kunstliebhaberin, gut befreundet. Die beiden besuchten ihn später öfters in München und waren stets willkommene Gäste in seinem Hause.

Die glückliche Zeit in Dahlem kam am 1. August 1914 zu einem plötzlichen Ende durch den Kriegsausbruch, der Willstätter und viele seiner Kollegen völlig unerwartet, wie eine Naturkatastrophe, überfiel; denn sie hatten gedacht, die Kriegsgefahr würde, wie auch im Jahr zuvor, vorüberziehen. Die meisten von Willstätters Kollegen waren politisch desinteressiert und schlecht informiert. Auch das Problem der politischen Verantwortung wurde kaum ernsthaft erwogen. Diese Frage kam erst viel später auf. Zu Anfang waren die meisten davon überzeugt, daß Deutschland keine Schuld am Krieg habe, sondern das Opfer eines Angriffskriegs sei und daß der Krieg zur Verteidigung des Vaterlandes geführt würde. Die Wirkung des Krieges auf die wissenschaftliche Arbeit war katastrophal. Viele Mitarbeiter mußten gehen, viele kostbare und unersetzliche Präparate wurden aufgegeben und gingen zugrunde. Viele Laboratorien standen leer oder wurden später für kriegswichtige Arbeiten benutzt. Die Forschung wurde zwar nicht völlig aufgegeben, aber drastisch reduziert.

Ende 1914 wurden Willstätter und Haber zu Mitgliedern der Preußischen Akademie der Wissenschaften gewählt. Nach der Verödung des wissenschaftlichen Lebens in Dahlem nahm Willstätter gerne und häufig an den Sitzungen in der Stadt teil, wobei er Gelegenheit hatte, das wissenschaftliche Leben von Berlin und viele große Persönlichkeiten kennenzulernen. Sein Platz in der Akademie war neben Albert Einstein (der meistens seinen Geigenkasten bei sich hatte). Auch Max Planck und Emil Fischer kamen regelmäßig in die Akademie. Nach den Sitzungen ging man zu einem nahen Café Unter den Linden, in dem ein Sonderzimmer für die Akademiker reserviert war. So boten die Zusammenkünfte in der Akademie und die Nachsitzungen im Café eine gewiße Kompensation für die spärliche wissenschaftliche Aktivität. Haber nahm während des Krieges nicht an den Akademieveranstaltungen teil, da er seine ganze Zeit und Energie für kriegswichtige Forschungen und Aufgaben opferte.

Willstätter hatte es in Dahlem sehr viel leichter als vorher in Zürich, da er weder mit Unterrichtsverpflichtungen noch mit Verwaltungsarbeit belastet war. Er nahm deshalb sehr viel häufiger Einladungen zu Vorträgen im In- und Ausland an, und er ging auch öfters zu Tagungen, unter anderem zur Feier von Paul Ehrlichs 60. Geburtstag, um diesem großen Genie Tribut zu zollen. Im Sommer 1915 erhielt er Rufe von drei Universitäten (Göttingen, München und Wien), im Oktober 1915 wurde ihm der Nobelpreis für Chemie zuerkannt (die Übergabe fand erst nach dem Krieg statt).

In der Akademie hörte er davon, daß die Münchner Fakultät ihn primo et unico loco als Nachfolger für seinen achtzigjährigen Lehrer Adolf von Baeyer vorgeschlagen habe. Als das Preußische Ministerium davon erfuhr, versuchte es, Willstätters Weggang nach München zu verhindern, indem es ihm Wallachs Lehrstuhl in Göttingen anbot. Eigentlich hätte er es aus verschiedenen Gründen vorgezogen, nach Göttingen zu gehen, aber ein Telegramm von Baeyer bewirkte dann seine Entscheidung für München. Die Kaiser-Wilhelm-Gesellschaft wollte Willstätter unbedingt in Dahlem behalten, wie ihm ihr Präsident, Adolf von Harnack, zunächst brieflich mitteilte, und dann besuchte ihn der große Mann höchstpersönlich, um ihn zum Bleiben zu überreden. Mitten im Gespräch bemerkte er an der Wand ein großes und schönes Portrait von Justus von Liebig; er unterbrach sich und fragte: „Wissen Sie denn, daß ich ein Enkel von Liebig bin?" Willstätter antwortete: „Ich weiß es, Exzellenz, und ich will ein anderer Enkel von Liebig werden". Harnack verstand und lachte und sagte: „Wenn Sie das meinen, dann ist nichts zu machen". Willstätter wurde dann im September 1915 zum Münchner Ordinarius ernannt, siedelte aber erst 1916 nach München über. Eine seiner Forderungen war ein neues Gebäude, da das alte völlig überholt war. Als König Ludwig III. seine Ernennungsurkunde unterzeichnete, sagte er zum Minister: „Das ist aber das letzte Mal, daß ich Ihnen einen Juden unterschreibe." (Es ist in der Tat das letzte Mal gewesen, denn die Wittelsbacher Monarchie, die über 7 Jahrhunderte lang gedauert hatte, wurde zwei Jahre später gestürzt.) So begegnete er in München wieder dem Antisemitismus, unter dem er in seiner Jugend so sehr leiden mußte, den er in Zürich und Dahlem jedoch völlig vergessen hatte.

Willstätters Beitrag zu den Kriegsanstrengungen, den er auf Bitte von Haber leistete, war die Entwicklung des chemischen Teils der Gasschutzmaske, das heißt von Füllstoffen für die Atemschutzfilter. Mit Hilfe seiner Mitarbeiter konnte er diese Arbeiten in kurzer Zeit erfolgreich abschließen. Der entwickelte Drei-Schichten-Einsatz hat sich im Krieg gut bewährt und zahllose Menschenleben gerettet, wie ihm ein Brief des Kriegsministers im Februar 1917 bestätigte. Willstätter erwähnte diesen Brief nie, aber angesichts der Ereignisse nach 1933 veröffentlichte er ihn in voller Länge in seiner Autobiographie. Im April 1917 wurde er dann in Anerkennung seiner großen Leistung mit dem Eisernen Kreuz ausgezeichnet.

Ein Vierteljahrhundert nach der Immatrikulation an der Universität München kehrte er dorthin zurück, als Ordinarius auf dem berühmten Chemie-Lehrstuhl seines so bewunderten und geliebten Lehrers Adolf von Baeyer, allerdings unter höchst widrigen Umständen: Das Institut war völlig verwahrlost und baufällig, ebenso auch seine Dienstwohnung, aus der Baeyer erst kurz zuvor ausgezogen war. Alles mußte renoviert und teilweise neu gebaut werden, wie zum Beispiel der Hörsaal. Die wegen des Krieges verzögerten Neubau- und Modernisierungsarbeiten dauerten schließlich bis zum Frühjahr 1920. Aber der verlorene Krieg hatte noch andere, viel verheerendere Folgen: Schießereien, Straßenkämpfe mit Maschinengewehren, Meuchelmorde, Revolten extremistischer Studenten und schließlich der Sturz der Regierung machten das Leben elend und unsicher. Erst 1921 konnte Willstätter mit seinen Arbeiten und der Gründung einer Schule beginnen; denn vorher erforderte die große Zahl der aus dem Krieg zurückkehrenden Studenten eine so umfangreiche Unterrichtstätigkeit, daß dafür kaum Zeit blieb. Außerdem waren die Forschungsarbeiten schwer behindert und begrenzt durch die galoppierende Inflation.

Die Professoren in der Fakultät waren meist viel ältere Männer, einige von ihnen schon um oder über Achtzig, denn es gab in München keine Altersgrenze, keine Pensionierung. Zwischen Willstätter und einigen dieser Kollegen entwickelten sich bald freundschaftliche Beziehungen; zu diesen gehörten der Zoologe Richard von Hertwig, der Botaniker Karl von Goebel, der Mineraloge Paul von Groth und der Physiker Arnold Sommerfeld. Besondere Freude machte ihm das gute Verhältnis zu dem um 27 Jahre älteren Wilhelm Röntgen, dessen revolutionäre Entdeckung der nach ihm benannten Strahlen ihn stets fasziniert hatte; Röntgen, den er sehr bewunderte, war für ihn der Sendbote und Vorläufer einer neuen Ära. Er schätzte all diese Freundschaften sehr hoch, denn sie gaben ihm Gelegenheit, seinen Horizont stark zu erweitern und tieferen Einblick in viele neue Gebiete zu gewinnen. Zu den ältesten Kollegen gehörte auch der berühmte Mathematiker Alfred Pringsheim, der aus Berlin stammte. Begünstigt durch ihre benachbarten Häuser entwickelte sich bald eine Freundschaft mit ihm und seiner Frau. Bei ihnen lernte er auch ihren Schwiegersohn Thomas Mann kennen. Es war für Willstätter ein harter Schlag, daß Pringsheim, ein Jude, in seinem 90. Lebensjahr noch auswandern mußte; er fand mit seiner Frau Asyl in der Schweiz.

Vorstand der Organischen Chemie in Willstätters Institut war Heinrich Wieland, der nach kurzer Zeit einen Ruf als Ordinarius an die Münchner Technische Hochschule erhielt. Sein Nachfolger wurde (1918) Kurt H. Meyer, ein Halbjude und Sohn von Hans Horst Meyer, dem bekannten Pharmakologen der Universität Wien. Kurt H. Meyer, Hermann Staudinger und Hermann F. Mark waren die Begründer der Polymer-Chemie (Makromolekulare Chemie), die eine so wichtige Rolle in der Industrie und im modernen Leben spielt, ganz abgesehen von ihrer theoretischen Bedeutung. Zu Willstätters großem Bedauern verließ Meyer 1921 das Institut, nachdem ihm eine leitende Position in der Industrie, bei der BASF in Ludwigshafen, angeboten wurde. Dort blieb er bis 1932 und ging dann, noch vor der Machtergreifung Hitlers, als Professor für Chemie an die Universität Genf.

Willstätter war sich über die große Bedeutung der physikalischen Chemie und der Chemie radioaktiver Verbindungen für die Zukunft der Chemie voll bewußt. Seine Freundschaft mit Haber und seine engen Kontakte mit Otto Hahn und Lise Meitner hatten diese Überzeugung wesentlich bestärkt. So versuchte er, Mittel für die Errichtung eines Institutes für physikalische Chemie zu bekommen. Aber dies war unter den herrschenden Bedingungen, das heißt in Anbetracht der Kriegslage, so gut wie unmöglich. So blieb ihm nichts anderes übrig, als in seinem Institut eigens dafür ein Laboratorium einzurichten, wofür keine besondere Genehmigung erforderlich war. Dann lud er Kasimir Fajans ein, nach München zu kommen und die Leitung des physikalisch-chemischen Laboratoriums zu übernehmen. Fajans (ein Schüler von Georg Bredig in Heidelberg und Lord Rutherford in Manchester) war Privatdozent an der Technischen Hochschule in Karlsruhe, hatte aber dort Schwierigkeiten, da er russischer Jude und noch kein deutscher Staatsbürger war. Er kam zunächst als Privatdozent nach München, bald danach erreichte Willstätter seine Ernennung zum Extraordinarius. Erst Jahre später, unmittelbar nach dem Rücktritt von Willstätter (1924), wurde Fajans Ordinarius und konnte dann mit Geldern der Rockefeller Foundation ein neues Institut neben dem alten Chemischen Institut errichten. Kurz nachdem das Gebäude und dessen Einrichtung vollendet war, übernahmen die Nationalsozialisten die Macht. Fajans, dem man seine Professur aberkannt hatte, mußte sein schönes neues Institut verlassen und folgte einem Ruf an die Universität Ann Arbor in Michigan, wo er dann jahrelang als Professor für physikalische Chemie tätig war.

Einige von Willstätters Mitarbeitern, die mit ihm von Zürich nach Dahlem gekommen waren, sind ihm auch nach München gefolgt. Besonders freute ihn die Anhänglichkeit seines Assistenten Arthur Stoll, mit dem er die Arbeiten über die Photosynthese fortsetzen konnte, insbesondere über die Wirkungsweise der daran beteiligten Enzyme. In den 20er Jahren rückten die Untersuchungen über Enzyme zunehmend ins Zentrum seiner Forschung. Wir werden später darauf zurückkommen.

Im Dezember 1919, ein halbes Jahr nach dem tragischen Tod von Emil Fischer, erhielt Willstätter einen Ruf von der Universität Berlin auf Fischers Lehrstuhl. Aber angesichts der vielen warmen und freundschaftlichen Beziehungen, die er in München geknüpft hatte, und der dringenden Bitten seiner Freunde, der Fakultät, der Universität, des Ministeriums und der Akademie beschloß er, in München zu bleiben. Kurz nach dem Ende der Inflation (November 1923) und gerade als alles etwas vielversprechender und rosiger auszusehen begann, kam der dramatische Wendepunkt, der seiner kometenhaften akademischen Karriere ein plötzliches Ende setzte.

Die Ernennung von drei Juden namens Goldschmidt zu Professoren an der Universität München kam aufgrund antisemitischer Vorurteile nicht zustande. Der erste war Stefan Goldschmidt, Extraordinarius an der Technischen Hochschule Karlsruhe, den Willstätter als Vorstand der organischen Chemie in seinem Institut haben wollte, der zweite war Richard Goldschmidt, zweiter Direktor des Kaiser-Wilhelm-Instituts für experimentelle Biologie in Dahlem, als Nachfolger des Zoologen Richard von Hertwig. Goldschmidt war Hertwigs bester Schüler gewesen. Aber Hertwig sprach sich gegen die Berufung von Goldschmidt aus, angeblich weil dieser eine längere Forschungsreise plane. Einige Zeit später erklärte Hertwig Willstätter in einem privaten Gespräch, es sei sein Herzenswunsch gewesen, Goldschmidt zum Nachfolger zu bekommen, und daß die Begründung mit der Forschungsreise nur ein Vorwand war. Der wahre Grund für seine Ablehnung sei die Rücksichtnahme auf Willstätter und auf die antisemitischen Gefühle der Bevölkerung und der Studenten gewesen. Der dritte war Viktor H. Goldschmidt (Oslo), der als Nachfolger des Mineralogen Karl von Groth vorgeschlagen wurde, ein hervorragender Kandidat, der insbesondere bei der Erschließung neuer Gebiete, wie zum Beispiel die moderne Geochemie, Pionierarbeit geleistet hat. Die Fakultät lehnte ihn jedoch ab, angeblich weil man keinen Ausländer wolle. Aber der eigentliche Grund war die antisemitische Einstellung, insbesondere des damaligen Dekans, des berühmten Physikers Wilhelm Wien, dem es gelang, die Berufung zu hintertreiben. (Willstätter hatte bei dessen Berufung von Würzburg an die Universität München eine entscheidende Rolle gespielt.) Da die Fakultät nicht imstande war, einen anderen geeigneten Vorschlag zu machen, ernannte das Ministerium einen mittelmäßigen Dozenten als Nachfolger von Groth.

Dieser letzte Fall war zuviel für Willstätter. Sofort, noch am Abend nach der Abstimmung, entschloß er sich ohne langes Nachdenken zum Rücktritt. In seinem Entlassungsgesuch, das er am 24. Juli 1924 an das Dekanat richtete, erklärte er seine Motive und schrieb, daß seine Entscheidung endgültig sei und nichts seinen Sinn ändern könne. Dieser Schritt schlug ein wie eine Bombe. Freunde, Kollegen und die ganze Fakultät flehten ihn an, die Sache noch einmal zu überdenken. Zwei seiner berühmtesten Kollegen, der Internist Friedrich von Müller und der Chirurg Ferdinand Sauerbruch kamen zu ihm nach Hause und führten ihn dann unter einem Vorwand in seinen Hörsaal, der voll besetzt war von Assistenten und Studenten, die ihm eine sehr bewegende Ovation entgegenbrachten und in rührenden Worten ihre Bewunderung und ihre Zuneigung zu ihrem großen Lehrer ausdrückten. Sie baten ihn inständig, sie nicht im Stich zu lassen in einer Situation, in der die Universität eine starke Führung benötige, die nur er bieten könne. Man verlas und überreichte ihm dann eine Adresse, die von 337 Namen unterzeichnet war. Darin hieß es, er sei für sie nicht nur der große und geniale Forscher, sondern der hingebungsvolle und engagierte Lehrer, unübertroffen in seiner Fähigkeit, Begeisterung für ihre Wissenschaft zu wecken. Und sie seien tief erregt in dem Gedanken, daß er seine Führerschaft niederlegen wolle, in dieser Zeit tiefer Erniedrigung des Vaterlandes, so arm an Führern und Vorbildern, daß sie eine so seltene Führerpersönlichkeit wie ihn nicht entbehren könnten.

Willstätter war tief bewegt und erregt. In seiner Antwort erklärte er den Studenten die Gründe für seine Entscheidung und wies darauf hin, daß im Interesse einer wirklich qualifizierten Führung und des Niveaus der deutschen Universitäten bestimmte Prinzipien herrschen müßten. Er erhielt dann einen Brief vom Rektor, der in seinem und im Namen des Senats die Gefühle der Trauer ausdrückte über seine Absicht, von dem berühmten Lehrstuhl zurückzutreten, er, der würdigste Nachfolger seines großen Lehrers, der einstimmig von der ganzen Fakultät vorgeschlagen worden war. Sein Weltruf und seine zielbewußte Leitung eines der bedeutendsten Institute seien von unermeßlichem Wert für die Universität. Sie gaben ihre Bewunderung und Hochschätzung zum Ausdruck für seine geniale Begabung, seine eiserne Willenskraft, seine Leistungen für das Vaterland während und nach dem Kriege, für die Verbindlichkeit seiner Formen und die Lauterkeit seiner Gesinnung. Im Namen aller flehten sie ihn an, seine Entscheidung noch einmal zu überdenken und auf seine Rücktrittsabsichten zu verzichten.

Aber Willstätters Entschluß war endgültig und unwiderruflich. Als sein Rücktritt bekannt wurde, empfing er ein Dutzend auswärtige Berufungen, unter anderem von drei amerikanischen Universitäten, zuerst von der Universität Chicago. Ein weiteres Angebot kam aus Madrid für das Amt des Präsidenten des Nationalen Forschungsinstituts für Physik und Chemie. Er zog aber keines der Angebote in Erwägung, da er aus der Angelegenheit nicht eine Sache der Karriere oder des Stellentausches machen wollte. Auch das Angebot der Kaiser-Wilhelm-Gesellschaft, ihm eine unabhängige Forschungsstätte in Berlin-Dahlem nach seine Wünschen zu erbauen, lehnte er ab. Unter den deutschen Universitäten, die ihm einen Lehrstuhl antrugen, waren Heidelberg, Leipzig und Berlin.

Auf Vorschlag von Willstätter wurde Heinrich Wieland, der seit 1921 den Freiburger Lehrstuhl innehatte, als Nachfolger berufen. Gleich nach Willstätters Rücktritt schrieb ihm Wieland, er müsse an sein Pflichtgefühl appellieren und die Toten anrufen: Er solle daran denken, was Baeyer und Emil Fischer zu seiner Absicht sagen würden. Und er fügte hinzu: „Sie sind auch vollständig im Unrecht mit dem, was Sie über Antisemitismus denken. Es gibt in Deutschland keinen Antisemitismus von irgendeiner Erheblichkeit." Diese Feststellung ist geradezu pathetisch. Sie zeigt, daß Wieland, wie auch andere Wissenschaftler und gebildete Leute nicht dazu fähig waren, die große Macht der den Antisemitismus nährenden, irrationalen und emotionalen Kräfte wahrzunehmen. Aber sie war eine Realität, die man nicht ignorieren durfte. Für viele Juden und Nichtjuden war es einfach unvorstellbar, daß die barbarischen Kräfte längst vergangener Zeiten Fuß fassen könnten in einem so hochzivilisierten Lande wie Deutschland; wir haben darüber bereits im Zusammenhang mit der Atomphysik diskutiert.

Willstätters Nachfolger *Heinrich Wieland* wurde am 4. Juni 1877 in Pforzheim geboren. Er studierte Chemie, zuerst in Berlin und dann bei Baeyer in München. Seine Leistungen und seine Persönlichkeit sind von seinem genialen Schüler Bernhard Witkop in einem Artikel in „Angewandte Chemie" 1977 aus Anlaß von Wielands 100. Geburtstag eindrucksvoll dargestellt worden. Witkop ist Halbjude, kam aber erst nach dem Krieg (1947) in die Vereinigten Staaten. An den National Institutes of Health setzte er mit ungewöhnlich großem Erfolg die glorreiche Tradition Wielands auf dem Gebiet der Naturstoffchemie fort, insbesondere mit Untersuchungen über pflanzliche und tierische Gifte, die ein wichtiges Werkzeug in der biologischen Forschung geworden sind. Einige der bedeutendsten Leistungen von Wieland seien im folgenden kurz erwähnt.

Abb. 33. Heinrich Wieland 1953

Eines der Hauptinteressen Wielands galt dem Mechanismus der biologischen Oxidation. Nach seiner Hypothese muß dabei Wasserstoff, ebenso wie Sauerstoff, durch ein reduzierendes Enzym, eine Dehydrogenase, aktiviert werden. Für diese Annahme wurde er von Otto Warburg heftig angegriffen, aber (wie wir im Kapitel über Warburg sehen werden) Wieland hatte recht. Sein Hauptarbeitsgebiet, auf dem er eine ganze Reihe von bedeutenden Beiträgen und Pionierarbeit leistete, waren die Steroide, insbesondere Gallensäuren; für diese Forschungen wurde er 1928 mit dem Nobelpreis für Chemie 1927 ausgezeichnet. Gallensäuren sind Abkömmlinge des Cholesterins, jener Substanz, die im menschlichen Stoffwechsel eine so wichtige Rolle spielt. Die genaue Kenntnis der Vorgänge bei der Biosynthese und den biochemischen Umwandlungen des Cholesterins lieferten erst nach dem Zweiten Weltkrieg die Untersuchungen mit Hilfe von Markierungssubstanzen. Die genialen Arbeiten wurden unabhängig und gleichzeitig von Feodor Lynen in München und Konrad Bloch in Cambridge (USA) durchgeführt, die für diese Arbeit 1964 den Nobelpreis erhielten. Lynen, ein Schüler von Wieland (und verheiratet mit dessen Tochter Eva), spielte auch eine entscheidende Rolle bei der Aufklärung der großen Bedeutung der aktivierten Essigsäure, die bei vielen Stoffwechselvorgängen beteiligt ist (Hartmann 1976). Bloch (geboren in Neisse, Oberschlesien) begann sein Studium an der Technischen Hochschule in München im Jahr 1930. Weil er jüdischer Herkunft war, verließ er Deutschland 1936 und ging nach New York, wo er sein Studium mit dem Ph. D. an der Columbia University abschloß. Dort arbeitete er bei Rudolf Schönheimer (1898—1941), einem der großen Pioniere auf dem Gebiet der Cholesterinforschung. Heute ist Bloch Professor für Chemie an der Harvard University in Cambridge, Massachusetts.

Ein Forschungsgebiet, das von Wieland und seiner Schule stark angeregt und von seinen Schülern weiter bearbeitet wurde, ist die Struktur der Alkaloide, zu denen unter anderen Strychnin, Lobelin und Curare gehören. Amanitin, das Toxin eines der giftigsten Pilze Europas, wurde anfangs der 40er Jahre kristallisiert. Ein besonderes Forschungsprojekt von Wieland und seiner Schule waren die Krötengifte mit Steroidstruktur, wie das Bufotoxin. Die Gifte aus Tieren sind inzwischen zu einem beliebten und vielversprechenden Forschungsgebiet geworden, und die Zahl der neu entdeckten Toxine nimmt ständig zu. Einige Ergebnisse von Wielands Grundlagenforschung führten zu wichtigen Entwicklungen von großem praktischen Wert. Ein Beispiel ist die Verwendung von Steroidhormonen bei der Empfängnisverhütung, ein Gebiet von weitreichender Bedeutung in einer von der Bevölkerungsexplosion bedrohten Zeit.

Blickt man auf Wielands Werk zurück, kann man nicht anders als die Vielfalt seiner herausragenden Leistungen zu bewundern, die seine ungewöhnlich große Phantasie und Intuition offenbaren. Seine Persönlichkeit zog eine große Zahl hochtalentierter Schüler an, mit denen er eine große Schule aufbauen konnte. Er liebte die Natur und die Kunst (wie viele der früher erwähnten Wissenschaftler war er ein leidenschaftlicher Klavierspieler). Einige seiner Charakterzüge müssen im Zusammenhang mit dem Thema dieses Buches erwähnt werden. Er war extrem liberal eingestellt. Ein Beispiel dafür ist die Tatsache, daß er seine Kinder nicht taufen und nicht am Religionsunterricht teilnehmen ließ, denn die Kirche war ihm zu reaktionär, und er wollte seine Kinder in einem echten liberalen Geist, frei von Vorurteilen, erziehen. Er war tief schockiert und angewidert vom Nazi-Regime, aber dabei genauso hilflos wie die vorher genannten Atomphysiker, und aus den gleichen Gründen nicht in der Lage, politisch aktiv zu werden. Als man ihn aufforderte, die Büste von Willstätter aus seinem Institut zu entfernen, ließ er gleichzeitig auch die Büsten von Baeyer und Liebig verschwinden. 1938 traf ihn der Autor dieser Zeilen auf einem Bankett der Chemischen Gesellschaft in Paris. Nach dem Essen zerstreuten sich die Mitglieder in kleinen Gruppen in verschiedene Räume. Und plötzlich explodierte Wielands Haß auf die Nazis, und er drückte seine Verachtung für die „Nazi-Verbrecher, die Deutschland ruinieren“ in starken Worten aus. Es war wohl nur dem Autor dieser Zeilen klar, daß Wieland sein Leben riskierte, denn wenn ein Nazi in ihrer Gruppe gewesen wäre, hätte er ihn denunzieren können. 1943 wurde einer von Wielands Studenten, Hans Konrad Leipelt, von der Gestapo verhaftet und dann im Januar 1945 hingerichtet. Während des Prozesses, an dem Wieland als Zeuge teilnahm, hatte er den unglaublichen Mut, vor den Augen des Richters zu Leipelt hinzugehen und ihm als Ausdruck seines Mitgefühls und seiner Solidarität die Hand zu schütteln.

Im September 1925 verließ *Willstätter* das Institut in der Arcisstraße, um es nie wieder zu betreten. Gleichzeitig gab er auch seine Amtswohnung frei und zog nach Bogenhausen, wo er sich eine kleine Villa hatte bauen lassen. Die neue Gegend war die schönste der Stadt, allerdings ziemlich weit (12 Trambahnstationen) vom Zentrum entfernt. Auf persönliche Bitte des Unterrichtsministers und nur ihm zuliebe und auf seine Veranlassung blieb er Mitglied der Fakultät, was ihn zur Teilnahme an ihren Sitzungen und Veranstaltungen der Universität berechtigte. Seine Ruhestandszeit nutzte er dann zur Überarbeitung und Zusammenfassung der Forschungsergebnisse der letzten Jahre, besonders der Arbeiten über Enzyme. Ferner hielt er Vorträge im In- und Ausland, an Universitäten, bei Tagungen der Chemischen Gesellschaft und anderen Anlässen. Im Grunde aber sehnte er sich nach der experimentellen Arbeit (seiner Meinung nach fühlt sich ein Chemiker am Schreibtisch so wie ein Fisch auf trockenem Strand). Da ergab der Zufall eine neue Verbindung mit der Arcisstraße: Seine alte Schülerin, Dr. Margarete Rohdewald, die als Doktorandin mit Kuhn nach Zürich gegangen war, kehrte nach München zurück und trat im Dezember 1928 bei Willstätter als Privatassistentin ein. Wieland gab ihr einen Platz in seinem Institut in Willstätters früherem Privatlaboratorium. Dort führte sie die von ihm begonnenen experimentellen Arbeiten über Enzyme weiter. Jeden Abend besprach sie dann ihre Ergebnisse telephonisch mit Willstätter, der dabei das Protokoll der Untersuchungen führte und ihr Vorschläge für den folgenden Versuch machte. Er hat Fräulein Rohdewald nie beim Experiment gesehen. Diese ungewöhnliche Zusammenarbeit dauerte mehr als 10 Jahre, bis Anfang 1939. Obwohl diese einmalige Art der Arbeitsteilung für den Experimentator wenig befriedigend war, so gelang es Willstätter, mit Hilfe seiner idealen Assistentin doch zu wichtigen Ergebnissen zu kommen und tiefer in seine Forschungsprobleme einzudringen.

Als Hitler an die Macht kam, blieb Willstätter weiterhin in München. Er machte Reisen ins Ausland, empfing große Ehrungen und erhielt Angebote für mehrere akademische Stellungen. Aber trotz der Opfer, der Erniedrigungen und Schwierigkeiten wollte er in Deutschland ausharren, solange es mit Anstand ging. So erlebte er den Nazi-Terror, die freiwillige oder erzwungene Emigration jüdischer Wissenschaftler, darunter viele seiner Freunde. Ihnen und auch seinen Verwandten und Kollegen versuchte er so viel wie möglich zu helfen, wenn sie nach ihrer Emigration im Exil Schwierigkeiten hatten. Er selbst aber blieb; nichts konnte ihn zum Auswandern bewegen. Im September 1938 folgte er einer Einladung seines früheren Mitarbeiters Stoll zu einer Fahrt in die Schweiz; sie war von Stoll als Reise ohne Wiederkehr geplant. Doch Willstätter kehrte wieder zurück nach München. Nachdem aber die Progrome in der Nacht vom 9. zum 10. November („Kristallnacht"), in deren Verlauf Juden ermordet und zahlreiche jüdische Geschäfte und Synagogen zerstört worden waren, nur zu eindeutig zeigten, daß das Leben aller Juden in Gefahr und ihre Situation unhaltbar war, entschloß sich Willstätter nun doch zum Auswandern, aber nicht nach den Vereinigten Staaten, sondern in die Schweiz, wo er sieben Jahre gewirkt hatte. Seine Hoffnung, München im Dezember verlassen zu können, hat sich nicht erfüllt. Es gab langwierige Verhandlungen mit den Behörden, dazu Besuche der Gestapo (Geheime Staatspolizei). Schließlich, in einem Moment der Verzweiflung über das Warten und all die Schwierigkeiten, versuchte er, ohne Paß und Gepäck, über den Bodensee das Land zu verlassen; aber er wurde von der Gestapo erwischt und zwei Tage festgehalten. Kurz danach erhielt er in München seinen Paß und das Visum für die Schweiz und verließ seine geliebte Heimat anfangs März 1939. Nach mehreren Wochen im Hause seines Freundes in Arlesheim bei Basel zog er ins Tessin in ein kleines Landhaus in Muralto bei Locarno. Hier, in seiner Villa L'Eremittagio, fühlte er sich glücklich und zufrieden. Das Haus bot auch genügend Platz für seine Bücher und die wenigen Kunstwerke, deren Mitnahme ihm die Behörden gestattet hatten. Arthur Stoll kümmerte sich auch weiter rührend um seinen geliebten Lehrer, der seit Ende 1941 zunehmend an Herzbeschwerden litt. Am 3. August 1942, 10 Tage vor seinem 70. Geburtstag, verstarb er in seiner geliebten Eremittagio. Hier hat er auch seine Autobiographie geschrieben, die 1949 von Arthur Stoll herausgegeben wurde. Sie ist ein faszinierendes Dokument, nicht nur von Willstätters Werk und Persönlichkeit, sondern auch von der ereignisvollen Epoche, die er durchlebt hat.

Ehe und Familienleben. Während eines Ferienaufenthaltes in Wiesbaden im Frühling 1903 traf Willstätter Sophie Leser, zusammen mit ihrem Vater und ihren zwei Brüdern. Der Vater, Emanuel Leser, von Haus aus Historiker, war Professor für Nationalökonomie an der Universität Heidelberg, der sich besonders mit Studien über die Geschichte der englischen Wirtschaft befaßte. Sophie war eine Dame von Welt, von großer Bildung, Schönheit und Intelligenz, sehr elegant, lebhaft und warmherzig. Sie hatte einige Semester Vorlesungen über Sozialwissenschaften, Literatur und Kunstgeschichte gehört und war sehr belesen. Ihre beiden Brüder studierten Jura. Die Familie war äußerst gesellig, und in ihrem gastlichen Hause in Heidelberg verkehrten viele interessante Leute. Man erzählte sich zahllose Geschichten und Anekdoten, führte geistreiche Gespräche über Literatur, Politik und Jurisprudenz, und alle waren stets fröhlich und in bester Stimmung und Harmonie.

Emanuel Leser wurde in Mainz geboren, seine Frau, Ida Rohr, stammte aus dem schlesischen Grenzgebiet, dem Herrschaftsgut Langguhle, das nach dem Ersten Weltkrieg an Polen fiel. Als Willstätter Sophie kennenlernte, war ihre Mutter schon sehr leidend. Professor Leser reiste sehr gern; er war mit Sophie häufig in Italien und England und alljährlich mit seiner ganzen Familie in Holland. Kurz vor dem Ausbruch des Ersten Weltkrieges starb er im 65. Lebensjahr, zutiefst betrauert von der Familie, der Universität und seinen zahlreichen Freunden.

Willstätter hatte sich in Wiesbaden sehr schnell in Sophie verliebt. Einige Wochen später besuchte er sie in Heidelberg, wo sie sich verlobten, und bald darauf, im August 1903, folgte die Hochzeit. Willstätter versuchte, seine junge Frau mit den Problemen, über die er arbeitete, vertraut zu machen und ihr Interesse dafür zu erregen. Sie gab sich große Mühe, alles so gut wie möglich zu verstehen und besuchte regelmäßig, ja sogar wiederholt seine Hauptvorlesungen. Die Ehe wurde sehr glücklich, Sophie war eine ideale und ehrliche Partnerin und Lebensgefährtin. Ihr Sohn Ludwig kam in München im Oktober 1904 zur Welt. Er war ein heiterer, lebhafter und begabter Junge. Nach zwei Jahren in München zogen sie nach Zürich, in ein schön gelegenes Landhaus am Zürichberg (Fluntern) mit herrlichem Blick auf den See. Über der Tür stand ein Vers von Horaz: „Ille terrarum mihi praeter omnes angulus ridet". Die nahe dem Haus gelegenen Wälder waren ideal zum Spazierengehen. In Zürich wurde dann ihr zweites Kind, die Tochter Margarete geboren. Sophie war eine gute Mutter und widmete die meiste Zeit den Kindern.

Gesellschaftlichen Verkehr gab es wenig, nur mit zwei bekannten Familien der Heidelberger Zeit und mit einem großen Kollegen Willstätters, Alfred Werner aus dem Elsaß, der Professor für Anorganische Chemie an der Universität war. Zu dessen wichtigsten Leistungen gehören die Theorien über die räumliche Anordnung der Atome in Molekülen anorganischer Verbindungen und Komplexe, insbesondere die 1893 aufgestellte Koordinationslehre. (Für diese Arbeiten wurde er 1913 mit dem Nobelpreis ausgezeichnet.) Da seine Laboratorien räumlich sehr beschränkt und schlecht ausgestattet waren, baute man ihm ein neues Institut, das im Jahr 1909 eröffnet wurde. Bei einem Festessen im Rahmen der Einweihungsfeier saß Willstätter neben Haber. Es war die erste Begegnung mit Haber, der einen tiefen und unvergeßlichen Eindruck auf ihn machte.

Zum Reisen blieb Willstätter nur wenig Zeit; meistens reiste er nur kurz und allein zu irgendwelchen Tagungen; einmal ließ er Sophie nach Paris nachkommen, und ein paar Monate später verbrachten sie noch einmal ein paar Tage zusammen in Paris. Dies war kurz vor dem großen Schicksalsschlag. Eines Abends, anfangs Mai 1908, wurde Sophie krank; der Hausarzt brauchte für die Diagnose Blinddarmentzündung den ganzen folgenden Tag.

Dann erst, am Abend, kam sie ins Krankenhaus, aber der Chirurg, Professor Krönlein, verschob die Operation auf den nächsten Morgen; da war es aber bereits zu spät. Die Operation, 36 Stunden nach dem Blinddarmdurchbruch, ließ nur noch wenig Hoffnung. Sophie hatte mehrere Wochen lang hohes Fieber. Willstätter tat alles, um ihr dies und die Schwere ihres Zustandes zu verheimlichen. Aber eines Tages wurde durch die Bemerkung eines vertretenden Arztes über ihr hohes Fieber alles verdorben; sie hatte ihr Urteil empfangen und wußte, daß sie sterben mußte. In den letzten Wochen ihres Lebens brachte sie ihr tiefes Empfinden und ihre Dankbarkeit für ihre Ehe zum Ausdruck. Sieben Wochen nach der Operation verlor sie das Bewußtsein und starb in der Nacht. Für Willstätter war es eine unbeschreibliche Katastrophe. Jetzt wurde ihm klar, wie ein einziges Menschenleben etwas ganz Großes sein kann, das Leben seiner geliebten Frau. Er hat nie wieder geheiratet. Doch seine Kinder sollten nicht unter dem Verlust leiden; er selbst trat an die Stelle der Mutter und kümmerte sich um sie so viel wie nur möglich.

Im Jahr 1912 übersiedelte Willstätter nach Berlin, wo die Kinder unter recht günstigen Umständen aufwuchsen. Im ländlichen Dahlem gab es viel Grünanlagen und Gärten und reine Luft. Ganz allgemein gilt das Klima von Berlin als ganz besonders gut. Eines Tages, Ende April 1915, bemerkte Willstätter bei dem zehneinhalbjährigen Ludwig, daß der Junge müde aussah und außergewöhnlich durstig war. Der sofort gerufene Arzt kam erst am nächsten Tag und stellte fest, der Junge sei im Wachsen, es fehle ihm gar nichts. Aber in seiner Besorgnis untersuchte Willstätter selbst den Urin und fand Zucker, viel Zucker. Wieder rief er dringend den Arzt, der versprach, am nächsten Tag Diätvorschriften zu bringen. Als er kam, war das Kind bereits im Koma und starb dann in der Nacht. Willstätter hatte seinen Sohn verloren, dessen Anmut und Heiterkeit ihn stets erfreut und dessen Begabung große Hoffnungen geweckt hatten. Er schreibt in seiner Autobiographie, es gäbe Wunden, die nicht heilen können, und er wolle auch gar nicht, daß sie heilten. Die beiden Tragödien, der Verlust seiner Frau und seines Sohnes, waren zweifellos die Wunden, die er dabei im Sinne hatte.

Seine Tochter Margarete heiratete einen jungen Chemiker, Ernst Bruch, der später Arzt wurde. Als die Nazis an die Macht kamen, emigrierten sie in die Vereinigten Staaten und ließen sich in Winnebago, Illinois, nieder. Nach der Geburt seines Enkels, Ludwig W. Bruch, faßte Willstätter den Beschluß, seine Autobiographie zu schreiben.

Wissenschaftliche Leistungen. Willstätters große Zahl von bedeutenden Beiträgen zur Chemie machten ihn zu einem der führenden Wissenschaftler seiner Generation. Sie sind in seiner Autobiographie zusammengefaßt und in seinen Büchern und vielen anderen Publikationen ausführlich beschrieben worden. Hier wollen wir nur einige der hervorragendsten Leistungen erwähnen, um die Natur seiner Forschung und sein Hauptinteresse zu illustrieren. Seine erste große Leistung war die Aufklärung der Struktur des Cocains. Cocain ist das Hauptalkaloid in den Blättern des Kokastrauches (Erythroxylum coca), der in Südamerika und auf Java heimisch ist. Es ist das älteste Lokalanästhetikum. Entdeckt wurde es 1860 von Niemann in Wöhlers Laboratorium, seine pharmakologischen Wirkungen hat B. von Anrep (1879) beschrieben und darauf hingewiesen, daß es als Lokalanästhetikum klinisch nützlich sein könnte. Aber niemand beachtete diese Bemerkung. Sigmund Freud entdeckte in den 1880er Jahren unabhängig davon die narkotisierende Wirkung des Cocains und schlug einem befreundeten Augenarzt vor, diese Beobachtung zu testen. Ein anderer Ophtalmologe, der Wiener Carl Koller, griff dann die Idee auf und machte die entscheidenden Experimente zunächst an Augen von Tieren. Auf einem Kongress in Heidelberg demonstrierte er den anästhesierenden Effekt und führte Cocain 1884 in die Augenheilkunde ein.

Willstätter begann mit Untersuchungen über die Struktur des Cocains im Rahmen seiner Doktorarbeit und leistete damals wesentliche Beiträge zu seiner Aufklärung. Nach Fertigstellung seiner Dissertation war jedoch das Problem noch lange nicht gelöst. Die Frage beschäftigte ihn so sehr, daß er beschloß, die Arbeiten über die Konstitution des Cocains und ähnlicher Verbindungen fortzusetzen. Eines der Spaltprodukte des Cocains und des eng verwandten Atropins ist das Tropin. Die Strukturformel des Tropins war nach dem Breslauer Chemiker A. Ladenburg ein Tetrahydropyridin: ein sechseckiger Ring aus fünf Kohlenstoffatomen und einem Stickstoffatom (ein Pyridinring) mit einer Seitenkette. G. Merling schlug 1881 eine modifizierte Struktur vor, die der Wahrheit schon näher kam. Doch es war Willstätter, der schließlich die endgültige Konstitution des Cocains (1898) und des Atropins aufklärte.

Willstätter und seinen Mitarbeitern gelang die Synthese des Tropins durch die Verwendung einer Reihe von vielen neuartigen und genialen Methoden. Dieses Meisterstück der klassischen Methodik brachte ihm die Bewunderung Baeyers ein, und er wurde dessen bevorzugter Schüler und der Stolz des Instituts. Die phantasievollen Methoden, die er bei der Tropinsynthese angewandt hatte, öffneten neue Wege, die für die chemische und pharmazeutische Industrie von großem Nutzen waren, insbesondere für die Synthese neuer Anästhetika. Der von einer Leistung ausgehende Stimulus ist der beste Indikator für ihre Bedeutung. 1902 gelang Willstätter dann auch die Synthese von Cocain.

Cocain blockiert die Nervenimpulsleitung, hat aber viele unerwünschte Nebenwirkungen, zum Beispiel erzeugt es Euphorie. Willstätters Lehrer A. Einhorn, der Willstätter die Arbeit über die Struktur des Cocains vorgeschlagen hatte, interessierte sich zunehmend für die synthetische Bereitung anästhetischer Mittel durch Modifizierung der Cocainstruktur. So entwickelte er 1905 das Procain (Novocain), das lange Zeit das am meisten angewendete Lokalanästhetikum war. Heute steht eine große Zahl von Lokalanästhetika zur Verfügung, wie zum Beispiel Bupiracain, Tetracain und Cinchocain, die in der Medizin und in der Zahnmedizin angewendet werden. Der molekulare Mechanismus der Blockade der Nervenimpulsleitung wurde erst in den 60er Jahren durch den Autor dieser Zeilen und seine Mitarbeiter aufgeklärt, nachdem nähere Informationen über die chemische und molekulare Grundlage der Nervenimpulsleitung vorlagen (für eine Zusammenfassung siehe z. B. Nachmansohn 1969, 1971)[22]).

Eine weitere Leistung aus der Züricher Zeit waren die Arbeiten über ein im Granatapfelbaum (Punica granatum) vorkommendes Alkaloid Pseudopelletierin, das dem Tropinon ähnlich ist. Willstätter klärte die Struktur und den Abbau zusammen mit seinen Mitarbei-

---

[22]) Lokalanästhetika sind strukturelle Analoga des Acetylcholins, einer Verbindung, die die Nervenleitung steuert. Diese Funktion steht in Zusammenhang mit vier Proteinen, die den Acetylcholinzyklus bilden. Durch seine Einwirkung auf eines der Proteine, das Rezeptorprotein, löst Acetylcholin Reaktionen aus, die zu einem Anstieg der Ionenpermeabilität der erregbaren Membranen von Nerven- und Muskelfasern führt. Der resultierende schnelle Ionenfluß ist der Träger der bioelektrischen Ströme, die Impulse an Nerven- und Muskelfasern weiterleiten. Während Acetylcholin das Rezeptorprotein aktiviert, reagieren seine Analoga, die Lokalanästhetika, ebenfalls mit dem Rezeptorprotein, verhindern aber dessen Aktivierung; sie wirken somit als Hemmstoffe oder Antimetaboliten und blockieren so die Nervenimpulsleitung.

tern Ernst Waser und Michael Heidelberger auf. Die Bedeutung dieser Arbeit wurde erst klar, nachdem man die Substanz als Ausgangsmaterial für die Synthese einer Vielzahl anderer Verbindungen und die angewandten Untersuchungsmethoden als wertvolle Werkzeuge erkannt hat.

Willstätters größte Leistung jedoch, die seinen Weltruf begründete und mit der sein Name in der Geschichte der Chemie stets verbunden bleiben wird, ist die Aufklärung der Struktur des grünen Blattfarbstoffes Chlorophyll. Die gesamte freie, von biologischen Systemen verbrauchte Energie stammt ursprünglich von der Sonne. Die Sonnenenergie wird von den Pflanzen im Verlauf der Photosynthese eingefangen. Bei diesem Prozeß wird das Kohlendioxid der Luft durch eine Reihe von Reaktionen unter Freisetzung von Sauerstoff, den wir für die Atmung benötigen, umgewandelt. Das Chlorophyll spielt dabei eine Schlüsselrolle, denn der erste Schritt in der Photosynthese ist die Absorption des Lichtes durch Chlorophyll. Die Produktion von Sauerstoff bei der Photosynthese wurde 1780 von Joseph Priestley (1733—1804) entdeckt. Antoine Lavoisier (1743—1794) begann, die Prozesse zu erforschen, die der Photosynthese zugrunde liegen. Aber erst nahezu zwei Jahrhunderte später wurde der Mechanismus vollständig aufgeklärt (siehe Seite 244).

Zur Erforschung des Mechanismus der Photosynthese war es notwendig, die Struktur des Chlorophylls zu kennen. Deshalb stellt ihre Aufklärung durch Willstätter einen Meilenstein dar. Sie öffnete den Weg für die Untersuchung eines der wichtigsten Vorgänge in der Natur. Wenn auch Willstätter schon bevor er München verließ bereits einige Vorstellungen über sein Vorgehen hatte, wurde die Hauptarbeit mit einer großen Zahl von Mitarbeitern zwischen 1905 und 1911 in Zürich durchgeführt und dann in Berlin fortgesetzt. Sein hervorragendster Mitarbeiter in Zürich war Arthur Stoll, der auch mit ihm nach Berlin und später nach München ging. Chlorophyll in Form von Kristallen wurde erstmals 1907 erhalten. Diese Kristalle sind von dem russischen Botaniker J. Borodin (1882) beschrieben worden, der sie bei mikroskopischen Untersuchungen entdeckte. Willstätter und seine Mitarbeiter brauchten dann fast ein Jahrzehnt, um die Struktur des Chlorophylls aufzuklären. Die Arbeiten wurden 1913 in dem Buch „Untersuchungen über Chlorophyll" (Willstätter und Stoll 1913) zusammengefaßt.

Jahrelang hatte sich Willstätter gewünscht, Versuche mit lebenden Blättern zu machen, in der Hoffnung, etwas über den Prozeß der Photosynthese sowie der Absorption und der Umwandlung von Kohlendioxid in der Pflanze herauszufinden. Mit A. Stoll hatte er in Dahlem einen wissenschaftlich sehr begabten und gut ausgebildeten Assistenten, der mit biologischen Problemen viel vertrauter war als Willstätter. Mit ihm begann er 1914 mit einer Reihe von Experimenten am lebenden Blatt. Wegen seiner alten Liebe zur Biologie genoß Willstätter, wenn er sich auch über seinen Mangel an Kenntnis von pflanzenphysiologischen Methoden im Klaren war, diese „Spaziergänge" in ein Gebiet, das ihn ungemein faszinierte. Schon bald zeigte sich, daß mit Hilfe von Chlorophyll die Assimilation außerhalb der lebenden Zelle nicht zu verwirklichen war. Ihre vielen interessanten Beobachtungen über Chlorophyll und Assimilation sind in dem Buch „Untersuchungen über die Assimilation der Kohlensäure" (Willstätter und Stoll 1918) zusammengefaßt.

In seinen letzten Züricher Jahren hatte sich Willstätter auch für die Farbstoffe von Blüten und Früchten interessiert. Es handelt sich bei diesen sogenannten Anthocyanen (aus dem Griechischen anthos = Blüte, kyaneos = dunkelblau) um Glykoside, also um Verbindungen, die durch Kombination verschiedener Zucker mit Farbstoffkomponenten, sogenannten Aglykonen, gebildet werden. Die Aglykone der Anthocyane nennt man

Anthocyanidine. Die meisten von ihnen bestehen aus heterocyclischen Doppelringen, an die ein dritter Ring als Seitenkette angeheftet ist. Willstätter machte die überraschende Beobachtung, daß sich das gleiche Pigment aus verschieden gefärbten Blüten gewinnen ließ. So erhält man zum Beispiel das Cyanidinchlorid durch saure Hydrolyse des Pigmentes sowohl der blauen Kornblume als auch der roten Rose. Nachdem Willstätter und seine Mitarbeiter fast zwei Dutzend verschiedener Anthocyane isoliert hatten, begannen sie auch mit der Synthese dieser Verbindungen. Die erste Anthocyanidinsynthese (von Pelargonidin) gelang dann gemeinsam mit seinem Züricher Schüler László Zechmeister im Juli 1914, kurz vor dem Ausbruch des Krieges. Da Zechmeister ungarischer Offizier war, kehrte er sofort zum Militärdienst nach Ungarn zurück. Einige dieser Arbeiten konnten während des Krieges in Berlin-Dahlem fortgesetzt werden, wenn auch unter sehr ungünstigen Bedingungen. Trotzdem wurde die Struktur von ungefähr 20 Farbstoffen aufgeklärt und eine ganze Reihe von ihnen auch synthetisiert. In der Nachkriegszeit ist die Erforschung der Anthocyane in einer großen Reihe meisterhafter Arbeiten von Sir Robert Robinson (Nobelpreis für Chemie 1947) und dessen Frau, Lady G. M. Robinson fortgesetzt und vollendet worden. Ihnen gelang die vollkommene Erforschung der glykosidischen Anthocyane und der komplizierten Erscheinungen natürlicher Blütenfärbungen; ferner machten sie Strukturbestimmungen und Synthesen mit neuen Methoden, nicht nur der Aglykone, sondern auch der natürlichen Glykoside. Ihre Arbeit war eine elegante und gründliche Vollendung von Willstätters Werk. Typisch für Willstätters Charakter ist, daß er diesen Leistungen nicht nur mit großer Bewunderung folgte, sondern auch seine tiefe Befriedigung und Freude darüber ausdrückte, daß seine Arbeit fortgesetzt und verbessert und erweitert wurde. Robinson wäre fast zu Willstätter nach Zürich gekommen, aber die geplante Zusammenarbeit kam aus verschiedenen Gründen nicht zustande; doch sie wurden dann später gute Freunde.

Vor dem Krieg hatte Willstätter mit Untersuchungen über einen Farbstoff der Häm-Gruppe, dem Ätioporphyrin begonnen. Diese Arbeiten wurden wegen des Krieges abgebrochen und später dann von dem Chemiker Hans Fischer (1881—1945), einem seiner Kollegen an der Technischen Hochschule in München, wieder aufgenommen. Fischer befaßte sich auch mit Arbeiten über Chlorophyll und leistete wichtige Beiträge, noch lange nachdem Willstätter diese Forschungsrichtung aufgegeben hatte. Später begann Fischer mit Untersuchungen über den Farbstoff der roten Blutkörperchen, das Hämoglobin. Seine Arbeit über die Struktur und Synthese der Eisenporphyrine stellt die großartigste und bewundernswerteste Leistung auf diesem Gebiet dar. Dafür und im besonderen für die Synthese des Hämins wurde er 1930 mit dem Nobelpreis für Chemie ausgezeichnet.

Nach dem Krieg hielt Willstätter es für besser, anstatt zu alten und abgegrasten Gebieten, so aussichtsreich sie auch sein mochten, zurückzukehren, die Methoden der organischen Chemie zu verbessern und zu versuchen, in unerforschte Gebiete benachbarter Disziplinen vorzudringen und mit ganz neuen Wegen Licht in bis dahin dunkle Bereiche zu bringen. Das waren seine Motive dafür, daß er sich in die Enzymforschung stürzte, insbesondere um neue Methoden zur Enzymreinigung zu entwickeln und damit hochgereinigte Enzyme der Untersuchung zugänglich zu machen. Dies war ein Gebiet, von dem sich klassische organische Chemiker im allgemeinen fernhielten. Seine Liebe zu der Biologie und der Medizin, die auf seine frühe Studienzeit zurückging, und die Hoffnung, wertvolle Beiträge zu diesen Disziplinen zu leisten, mögen, wenn auch unbewußt, die Triebkräfte gewesen sein.

Willstätters erste Kontakte mit einem Enzym, der Katalase, stammten von seinen Untersuchungen über die Photosynthese im Jahr 1910 in Zürich. Außerdem hatten auch die Diskussionen mit Haber sein Interesse an katalytischen Prozessen erregt. Aber erst nach dem Krieg, anfangs der 20er Jahre, begann er in München systematische Untersuchungen über die Isolierung und Reinigung von Enzymen sowie über deren biologische Wirksamkeit. Eine große Zahl verschiedener, am Abbau von Kohlenhydraten, Proteinen, Lipiden und anderen Stoffen beteiligten Enzyme wurden untersucht und wertvolle Informationen gesammelt. Etwa fünfzig Mitarbeiter beteiligten sich, kürzer oder länger, an diesen Forschungen, unter ihnen Heinrich Kraut, Richard Kuhn, Ernst Waldschmidt-Leitz, Kaj U. Linderstrøm-Lang, Arthur Stoll und Wolfgang Graßmann. Die Ergebnisse dieser Arbeiten hat Willstätter in dem Buch „Untersuchungen über Enzyme" zusammengefaßt und „Fritz Haber zum 60. Geburtstag in Freundschaft gewidmet" (Willstätter 1928). Ein Großteil der in dem Buch zusammengestellten Publikationen behandelt die Verfahren für die Reinigung, den erhaltenen Reinheitsgrad sowie die Spezifität und Aktivität der Präparate. Von besonderem Interesse für den Biochemiker und insbesondere für den Enzymchemiker sind jedoch Willstätters Meinungen und Interpretationen über die Natur der Enzyme. Ihm war klar, daß die gereinigten Enzympräparate noch keine homogenen Substanzen waren, sondern Aggregate, in denen das Enzym und mehrere andere Substanzen verschiedener Art vereint waren. Er erkannte auch, daß es schwierig war, das Protein vom Enzym abzutrennen, doch lehnte es ab, diese Schwierigkeit als schlüssigen Beweis für die Proteinnatur der Enzyme zu akzeptieren. Für ihn als organischen Chemiker war es verlockender, die katalytische Funktion einer kleinen aktiven Gruppe zuzuschreiben, die fest an ein Protein gebunden und nicht leicht abzutrennen war. Hartnäckig hielt er an diesem Glauben bis zum Ende seines Lebens fest (obwohl diese Vorstellung damals schon als Irrtum erkannt worden war), und er betrachtete seine Enzymforschungen als eines seiner bedeutendsten Werke.

Viel ist über die Ergebnisse von Willstätters letztem größeren Arbeitsgebiet geschrieben worden, wobei eine Reihe von Biochemikern und Historikern sehr scharf mit ihm ins Gericht gegangen sind. Um aber Willstätters Enzymforschung fair beurteilen zu können, muß man verschiedene wichtige Faktoren berücksichtigen, die erklären mögen, warum einer der gefeiertsten Chemiker seiner Zeit mit seinen Interpretationen in die Irre ging. Als Willstätter seine Untersuchungen begann, geschah dies unter unglücklichen, ja fast untragbaren Umständen. Die galoppierende Inflation der Jahre 1922/23 behinderte eine systematische Arbeit; notwendige Materialien und Laborgeräte standen nicht zur Verfügung, und aus Geldmangel konnten nicht einmal Reparaturen durchgeführt werden! Gerade dann, als sich im Jahr 1924 die Bedingungen wieder normalisierten, trat Willstätter, wie bereits erwähnt, von seinem Lehrstuhl zurück und entfernte sich damit vom Laboratorium, das ein notwendiges Element in der Arbeit eines Chemikers ist.

Es gibt aber noch weitere schwerwiegende Faktoren, die zu bedenken sind. Die schnelle Entwicklung der Proteinchemie und der makromolekularen Chemie im allgemeinen, einschließlich der Enzymchemie, begann erst in den 20er Jahren, gerade zu der Zeit, als Willstätter sein Laboratorium für immer verließ. Hätte er das Angebot eines Kaiser-Wilhelm-Instituts in Berlin-Dahlem (das ganz nach seinen Wünschen gebaut werden sollte) im Jahr 1926 angenommen, dann wäre seine Arbeit vielleicht in eine andere Richtung gegangen. Denn in Dahlem machten Warburg, Meyerhof und Neuberg ihre brillanten Enzymuntersuchungen. Im Jahr 1925 gelang Meyerhof die Isolierung und Reinigung der glykolytischen Muskel-Enzyme; in den 30er Jahren kristallisierte Warburg neun der wichtigsten an der

Atmung und der Glykolyse beteiligten Enzyme. Willstätter wäre mit diesen Kollegen und mit seinem Freund Haber, der mit ihren Fortschritten wohl vertraut war, ständig in Kontakt gewesen. Sicherlich hätte die aufregende und inspirierende Atmosphäre in Dahlem Willstätters Denken und Handeln tief beeinflußt. Die „heroische Ära" der Enzymchemie (um den für die große Zeit der Quantenmechanik geprägten Begriff zu übernehmen) begann gerade zu jener Zeit, als Willstätter seine Arbeit im Laboratorium völlig aufgegeben und sich in eine Villa am Stadtrand von München zurückgezogen hatte. Die Telephongespräche mit Fräulein Rohdewald, die dann (von 1928 an) für ihn in Wielands Laboratorium Experimente durchführte, können kaum als Ersatz für eine Laborarbeit unter den bestmöglichen Bedingungen, umgeben von kompetenten Mitarbeitern und hervorragenden Kollegen, angesehen werden.

Im Jahre 1926 kristallisierte J. B. Sumner (Cornell University, Ithaca, N. Y.) als erstes Enzym überhaupt die Urease, und in den 30er Jahren erhielten dann John Northrop und Moses Kunitz mehrere Enzyme in kristalliner Form (Northrop 1939). Es wird mitunter behauptet, Sumner habe den Nobelpreis deswegen erst viele Jahre später (1946) erhalten, weil seine Entdeckung nicht von der großen Autorität Willstätter anerkannt wurde. Dies ist eine offene Frage; aber die Behauptung von Leicester (1974), daß Willstätters Ablehnung der Proteinnatur der Enzyme die Enzymchemie um Jahre zurückgeworfen hat, scheint kaum gerechtfertigt. Die Enzymforschung lief mit voller Geschwindigkeit, und wenn es Faktoren gab, die einen noch schnelleren Fortschritt verhinderten, dann war es nicht die Frage nach ihrer Natur (daß heißt ob sie Proteine sind oder nicht), sondern das zögernde Verständnis vieler Biologen für die vitale Rolle der Enzyme in der lebenden Zelle und für die Einblicke, welche die Enzyme in die Funktion lebender Zellen vermitteln können. Diese Entwicklungen kamen erst in den 40er Jahren richtig in Gang, wobei die Schulen von Warburg, Meyerhof und Neuberg eine entscheidende Rolle spielten, wie wir später sehen werden. Ein weiteres großes Zentrum der Enzymchemie entwickelte sich, besonders in den 30er Jahren, in Cambridge (England) unter der Führung von Sir Frederick Gowland Hopkins.

Eines steht jedenfalls fest, daß Willstätters Arbeiten das Interesse an der Enzymforschung erheblich stimulierten und auf mancherlei Weise zu ihrem Fortschritt beigetragen haben. Viele seiner Leistungen waren hervorragend. Wenn sie vielleicht auch nicht seinem großen Genie entsprachen, so war das zumindest zum großen Teil bedingt durch den tragischen Konflikt in seinem Leben. Er konnte keine Antwort auf das Dilemma finden, unter dem er litt: seine tiefe Liebe zu Deutschland und seine Entschlossenheit, seine Würde als Jude zu behalten. Als die Nazis zur Macht kamen, waren viele Wissenschaftler mit dem gleichen Dilemma konfrontiert: einerseits ihre tiefsitzende Liebe zu Deutschland, andererseits ihr Haß auf die Nazis und ihre Angst vor dem nationalsozialistischen antisemitischen Terror. Aber sie reagierten, manchmal unter sehr viel schwierigeren Umständen, auf eine Art und Weise, die ihnen die Fortsetzung ihrer schöpferischen Arbeit gestattete. Willstätters so extreme Reaktion bedeutete die Selbstzerstörung eines großen Genies.

Persönlichkeit. Willstätter war eine große Persönlichkeit, die seltenen Adel ausstrahlte; all seinem Streben, Handeln und Fühlen lagen hohe ethische und moralische Werte und Prinzipien zugrunde. In dieser Beziehung war er der echte Sproß einer Familie, bei der diese Prinzipien seit vielen Generationen tief verwurzelte Tradition sind. Geistige, intellektuelle und ethische Werte waren wichtiger als Geld und Wohlstand. Sein edler Charakter zeigte sich in der treibenden Kraft seiner beiden Hauptaktivitäten, denen er sein ganzes Leben widmete: der Forschung und der Lehre. Die Hingabe an seine Arbeit war tief und echt; es beglückte ihn ungemein, wenn er etwas Wichtiges oder Hervorragendes geleistet hatte. Aber typisch für seine Einstellung ist, daß Karriere und Anerkennung keine primären und zwingenden Elemente waren. Tatsächlich bedeutete ihm seine Karriere kaum etwas, er wollte eigentlich nur günstige Bedingungen für seine Arbeit. Was ihm die größte innere Befriedigung gab, war das Gefühl, einen wichtigen Beitrag von ewigem Wert geleistet zu haben. Wirklich bedeutende und außergewöhnliche Entdeckungen werden zum Besitz der Menschheit, wobei der Name des Wissenschaftlers gewöhnlich schnell vergessen wird. Die großen Künstler, die anonymen Architekten der großartigen gotischen Kathedralen müssen eine ähnliche Einstellung gehabt haben. Die Wissenschaft ist ihrer Natur nach progressiv und korrektiv, es gibt keine endgültigen Antworten. Willstätter sagte einmal: Gute wissenschaftliche Beiträge enden stets mit einem Fragezeichen und nicht mit einem Ausrufezeichen. Es war nicht der Ruhm, der für ihn zählte, sondern das beglückende Gefühl, daß es ihm gegeben war, das menschliche Wissen zu erweitern. Echter Fortschritt erfordert normalerweise die Arbeit von Generationen. Zum Beispiel die Aufklärung einer so einfachen Struktur wie die des Harnstoffs ergab sich aus der Arbeit dreier Generationen: Liebig, Baeyer und Emil Fischer. Welch ein Unterschied zwischen der Einstellung Willstätters im Vergleich zu Wissenschaftlern, für die Karriere, Ehrungen und materieller Erfolg die primären Ziele sind, manchmal sogar wichtiger als das Glück, eine wissenschaftliche Leistung vollbracht zu haben. Und was Theorien betrifft, drückte Willstätter seine Meinung in einem Vortrag in Chicago im Jahr 1933 folgendermaßen aus: Für den Wissenschaftler ist es unwichtig, ob seine eigene Theorie sich am Ende als die richtige herausstellt. Es ist überhaupt nicht unrühmlich, sich mit seinen Theorien und Hypothesen geirrt zu haben. Unsere Hypothesen sind eher für die Gegenwart als für die Zukunft bestimmt. Sie sind für uns unabdinglich zur Erklärung gesicherter Fakten, zu deren Belebung und Mobilisierung und vor allem um einen Pfad in unbekannte Regionen und hin zu neuen Entdeckungen zu bahnen. Wie die meisten Wissenschaftler vertrat Willstätter J. J. Thomsons Ansicht, daß eine Theorie ein Werkzeug und nicht ein Glaubensbekenntnis ist.

Nach Willstätters bekanntem und häufig zitierten Ausspruch benötigt ein Wissenschaftler fünf Gs zum Erfolg: Geschick, Geduld, Geld, Glück und Gehirn. Mit „Gehirn" meinte er nicht nur einfach Intelligenz und Wissen, sondern dazuhin Intuition und Imagination. Aber bei dem Ausspruch fehlen zwei weitere, wichtige Qualitäten, die er selbst besaß: Enthusiasmus und idealistische Motivation. In seiner Bescheidenheit erklärte er, daß er all seine Zeit brauche, um sich auf seine Arbeit zu konzentrieren, weil er nicht von dem großen Kaliber anderer Wissenschaftler sei, denen die Leistung leicht falle. In Wirklichkeit ist es so, daß alle kreative Arbeit, sei es auf dem Gebiet der Kunst oder in der Wissenschaft, viel harte Arbeit, gezielte Anstrengungen, Konzentration, innere Triebkraft und Hingabe erfordert. Die großen Künstler und Wissenschaftler waren normalerweise harte Arbeiter, die sich nicht nur durch Qualität, sondern auch durch Quantität auszeichneten. Willstätter beendete sein Studium 1894 und trat bereits 1924 zurück; dazuhin kommt, daß im letzten Jahrzehnt, vom Ausbruch des Krieges bis zu seinem Rücktritt, die Forschung stark behindert und beschränkt, ja manchmal sogar ganz unmöglich war, wegen der damaligen, bereits beschriebenen, mißlichen Umstände. Bewunderung verdient nicht nur seine Genialität, sondern auch die große Zahl seiner Leistungen in einem relativ kurzen Zeitabschnitt.

Den größten Einfluß auf Willstätters wissenschaftliches Denken hatte sein geliebter und bewunderter Lehrer und späterer Freund Adolf von Baeyer. Wie er in seiner Autobiographie schreibt, genügt es nicht, Vorlesungen zu hören und Bücher zu lesen; die persönliche Wirkung des Wissenschaftlers auf seine Studenten und Mitarbeiter ist viel wichtiger als die Vorlesungen. Es kommt hauptsächlich darauf an, den Lehrer bei seinen Experimenten zu beobachten oder mit ihm am Schreibtisch zu sitzen, wenn er die Forschungsergebnisse auswertet, seinem Denken, seinen Überlegungen, seiner Vorstellungskraft zu folgen und seiner Fähigkeit, die eigenen Beobachtungen in jene von anderen Zeitgenossen und von früheren Generationen zu integrieren. Dies alles ist für einen jungen Schüler entscheidend. Die Beobachtung der Persönlichkeit eines Lehrers, mit Bescheidenheit und Respekt, ist viel hilfreicher als Literatur nachzulesen.

Diese Einstellung und die Beziehung zu Baeyer waren wichtige Faktoren in seinem Unterricht. Die moralische Verantwortung für seine Studenten, für den Aufbau einer neuen Generation, die für den Fortschritt auf dem Gebiet ausgerüstet werden sollte, bedeutete für ihn eines der edelsten und wichtigsten Ziele eines Wissenschaftlers. Seine Begeisterung für den Unterricht verband sich mit der Fähigkeit, sich klar und einfach auszudrücken. Er war ein hervorragender Lehrer, der seinen Studenten und Mitarbeitern viel Zeit widmete. Wenn eine Arbeit zur Veröffentlichung geschrieben wurde, saßen sie bei ihm am Schreibtisch, um an der Auswertung und Darstellung der Ergebnisse teilzunehmen. Es überrascht deshalb nicht, daß er ein allseits bewunderter und geliebter Führer wurde. Die einmalige Ovation, die ihm seine Studenten nach Bekanntwerden seines Rücktritts entgegenbrachten, und der Ausdruck ihrer Gefühle in dem bereits erwähnten Manifest, sind ein großartiges Zeugnis seiner außergewöhnlichen Qualitäten als Lehrer. Er gründete eine große Schule, und seine Schüler spielten eine wichtige Rolle in vielen Ländern. Dies erklärt die Herzlichkeit, mit der er überall in der Welt, wo immer er hinkam, empfangen wurde, und die zahlreichen Ehrungen und Auszeichnungen, die ihm aus der ganzen Welt zukamen. Er wurde Mitglied von etwa 20 Akademien und erhielt viele Ehrendoktortitel.

Seine Integrität kommt auch in den Prinzipien, die er seinen Publikationen zugrunde legte, zum Ausdruck. Niemals hätte er seinen Namen als Mitautor über eine Veröffentlichung gesetzt, wenn er nicht wirklich einen wesentlichen Beitrag zu der Arbeit geleistet hätte. Ferner mußte jeder, der daran mitgearbeitet hatte, als Mitautor der Publikation erscheinen. Besonders streng achtete er auch darauf, daß vorhergehende Arbeiten zum selben Thema zitiert wurden. Er verabscheute die Leute, die wichtige Beiträge anderer nicht erwähnten. So schrieb er in seiner Autobiographie: „Armselige Geschöpfe sind die Wissenschaftler, die befürchten, ihren eigenen Ruhm zu schmälern, wenn sie ihren Vorgängern Gerechtigkeit widerfahren lassen". Man hat den Autor dieser Zeilen einmal darauf hingewiesen, daß im Talmud die Bemerkung zu finden wäre, kein Diebstahl sei schlimmer und mehr zu verachten, als das Stehlen von intellektuellem Eigentum und von Ideen. Für Willstätter waren ethisches Verhalten, Großzügigkeit und Anständigkeit, das heißt Charakter und Persönlichkeit, ebenso wichtig bei der Bewertung eines Wissenschaftlers wie seine wissenschaftlichen Leistungen. Er stimmte damit völlig überein mit seinem Freund Haber, der einmal sagte: „Keiner verdient einen Platz unter den Unsterblichen, gleichgültig wie groß seine Stärke und wie erleuchtet sein Verstand, wenn er keine Größe der Seele besitzt".

Während Baeyer den größten Einfluß auf Willstätter als sein Lehrer hatte, so hatte ihn Haber als sein Freund. Als Nachbarn in Berlin-Dahlem begann ihre Freundschaft, und Haber bot Willstätter schon bald das „Du" statt des formellen „Sie" an, um damit auch den freien Ausdruck ihrer oft unterschiedlichen Meinungen zu erleichtern. (Wie bereits erwähnt, hatte Haber eine Vorliebe für heftige Diskussionen.) Er bewunderte Willstätters

Kompetenz und seine Genialität auf dem Gebiet der Chemie. Und Willstätter, von Natur aus ein ruhiger und zurückhaltender Mensch, der fast völlig in seiner Arbeit aufging, war ungemein fasziniert von Habers Dynamik, seiner Vitalität und sprudelnden Lebensfreude, seinem großen Weitblick, seinem Witz und Humor, seinem umfangreichen Interessenbereich, ganz abgesehen von seinen großen Leistungen. Außerdem waren sich die beiden ähnlich in ihren hohen ethischen Anforderungen und in ihrer aktiven Anteilnahme an den jungen Leuten, an ihren Problemen und Sorgen. Beide verachteten Mangel an Integrität, Anstand und Großmut, einen schlechten Charakter fanden sie abstoßend.

Nachdem die glückliche Zeit in Dahlem zu Ende gegangen und Willstätter nach München gezogen war, blieben sie weiter enge Freunde; sie verbrachten die Ferien miteinander und machten zusammen Ausflüge, die Willstätter lebhaft und mit viel Humor in seiner Autobiographie schildert. Seine großartige Beschreibung von Habers wissenschaftlichen Leistungen in der „Festschrift" zu Habers 60. Geburtstag haben wir bereits erwähnt. Der Ausdruck seiner Bewunderung für Habers große menschliche Qualitäten wirft ebenso viel Licht auf seine eigene Persönlichkeit wie auf die seines Freundes. Ihre Geistesverwandtschaft bildete wohl die Grundlage für die enge Verbundenheit der beiden großen Männer.

Nach dem Tode Habers im Januar 1934 in Basel wurde Willstätter gebeten, bei der Beisetzung die Trauerrede zu halten. In dem ergreifenden und mit tiefer Bewegung vorgetragenen Nachruf auf seinen Freund betonte er dessen ungewöhnliche menschliche Qualitäten, die Größe und Wärme seiner Persönlichkeit und seine seltene Vornehmheit. Willstätter litt nicht nur unter dem Verlust seines Freundes, sondern auch unter der Tatsache, daß dieser große Diener seines Vaterlandes, der große Genius, der auf so einzigartige Weise zu Deutschlands Stärke und Macht sowie zum Wohle der Menschheit beigetragen hatte, im Exil sterben mußte. Nach Plutarch antwortete Aristides auf die Frage, was ihm im Exil am meisten weh getan habe, „daß mein Vaterland sich durch meine Vertreibung selbst entehrt hat". In diesem Sinne betrachtete Willstätter auch Habers Exil, in das ihn die barbarischen und brutalen Mächte, die Deutschland regierten, getrieben hatten.

Wie die meisten Wissenschaftler in Deutschland lebte Willstätter bis zum Ausbruch des Ersten Weltkrieges in einem Elfenbeinturm. Er interessierte sich überhaupt nicht für die Politik, in dem Glauben, daß die Wissenschaft durch ihre Errungenschaften stetig zum Fortschritt und zur Verbesserung der Gesellschaft beitrage. Der Krieg kam für ihn und viele andere völlig überraschend. Der Krieg, die katastrophale Niederlage und die Nachkriegszustände waren dann der Anlaß, daß Willstätter wie auch andere Wissenschaftler ihre politische Verantwortung als Staatsbürger zu erkennen begannen. Bei der Diskussion der Kriegsschuldfrage gab er die Hauptschuld dem Staatsbürger. Als Bismarck sein autokratisches Regime im Kaiserreich etablierte, mit einem Parlament, das nur wenig Einfluß und Macht hatte, ahnte er nicht die starke Wirkung der Wissenschaft und Technik auf die Gesellschaft. Diese Veränderungen erforderten die aktive Zusammenarbeit, den Rat und die Verantwortlichkeit einer großen Zahl von Fachleuten, von führenden Bürgern in vielen Bereichen. Bismarck sah auch nicht die Gefahr voraus, daß ein Nachfolger zwar seine Macht erben, aber nicht seine große staatsmännische Fähigkeit besitzen könnte. Jedenfalls braucht eine moderne Gesellschaft die Teilnahme und Verantwortung aller ihrer Staatsbürger. Jedoch die deutschen Bürger haben sich nicht für eine Regierung eingesetzt, die in der Lage gewesen wäre, die drastisch veränderten Bedingungen des modernen Lebens zu meistern. Deshalb waren die Bürger an erster Stelle Schuld an dem Desaster. Willstätter war sein Leben lang ein passionierter Monarchist, ein Befürworter der Monarchie aber nur als

Symbol und würdigen Repräsentanten eines Landes mit einem Parlament, das die Macht ausübt. Für ihn, den Anglophilen, war Englands konstitutionelle Monarchie die bevorzugte Staatsform.

Als Student ging Willstätter mit Begeisterung in die Oper (insbesondere Wagner-Opern) und ins Theater. Später wandten sich seine künstlerischen Interessen mehr der Malerei (besonders den französischen Impressionisten) und der Bildhauerei zu. In seinem Haus in München hatte er eine exquisite Sammlung von Gemälden, Skulpturen und Stilmöbeln; nur einiges davon konnte er 1939 in die Schweiz mitnehmen.

Verhältnis zum Judentum. Von allen in diesem Buch beschriebenen jüdischen Wissenschaftlern gibt Willstätters Verhältnis zum Judentum das komplizierteste, verwirrendste und wohl tragischste Bild. Obgleich eine Analyse sehr schwer ist und der Autor sich nicht in der Lage sieht, eine befriedigende Antwort zu geben, mögen im Hinblick auf Willstätters wissenschaftliche Größe und den Kontext dieses Buches doch einige Bemerkungen dazu angebracht sein.

Wie Willstätter selbst einmal gesagt hat, waren die beiden beherrschenden Faktoren in seinem Leben seine Arbeit und der Antisemitismus. Als erstes erhebt sich die Frage nach seiner eigenen Einstellung gegenüber seiner jüdischen Abstammung und der Tatsache, ein Jude zu sein. Judentum bedeutete für ihn nur Geschichte, Bekenntnis zu seinen Vorfahren. Es war nicht die Befolgung jahrtausendealter Vorschriften, also nicht Treue gegen das jüdische Gesetz, nicht wahres strenges Judentum, geschweige denn irgendeine Glaubenssache. Das Festhalten an den alten religiösen Bräuchen, die im Kulturwandel von Jahrtausenden zum Teil ihren guten Sinn einbüßten, schien ihm Schwäche der Starrheit, die ihm für den Fortbestand des Judentums in hochzivilisierten Ländern gefährlicher schien als liberale Weiterentwicklung. Im Glauben folgte er Albert Einstein, der einmal einem Rabbiner antwortete: "Ich glaube an den Gott Spinozas, der sich in der Harmonie und Schönheit der Natur offenbart, aber nicht an einen persönlichen Gott, der sich um das Schicksal des Einzelnen kümmert". Das Göttliche ist das unerforschte Wunder der Schöpfung. Er bewunderte die Ethik des Neuen Testaments als den größten Fortschritt der Humanität. Unglücklicherweise wurden diese ethischen Werte häufig von der Kirche ignoriert, man denke an die Grausamkeiten, die Verfolgungen, das Foltern und Morden im Namen Jesu Christi. Er war entsetzt und zutiefst erschüttert und deprimiert über die ungeheuerlichen Hetzkampagnen der Nazis und deren rücksichtslose und brutale Verfolgung der Juden. Noch im Jahre 1934 plante man in jüdischen Kreisen in Berlin die Herausgabe eines Sammelwerkes „Juden im deutschen Kulturbereich", und man bat Willstätter, ein Geleitwort für das Buch zu schreiben, was er auch gerne tat. Als Beispiele für große Leistungen von Juden in Deutschland wählte er die drei Männer, die ihm nahe standen, nämlich Baeyer, Ehrlich und Haber. Und am Schluß schreibt er: „Das vorliegende Werk wird zeigen, daß das deutsche Judentum große Männer erzeugt hat, die für das Gemeinwohl lebten, deren Wirken aber durch die Unvollkommenheit der Judenemanzipation gehemmt war". Das Buch ist nie erschienen.

Wenn man bedenkt, wie sehr Willstätter seine Familiengeschichte betonte und wie gut er mit der jüdischen Geschichte vertraut war, dann ist es verwunderlich, daß er sich über ihre Wirkungen auf seine Persönlichkeit nicht bewußt wurde. Hier ist man betroffen von seiner Unfähigkeit, die Implikationen dieser Faktoren zu erkennen und zu verstehen. Wie konnte er übersehen und leugnen, daß seine berühmten Vorfahren, die man väterlicher-

und mütterlicherseits über Jahrhunderte zurückverfolgen kann, auf seine Persönlichkeit, auf sein Erbgut einen starken Einfluß gehabt haben mußten? Selbst wenn die spektakulären Erkenntnisse über die Molekularstruktur der genetischen Faktoren erst nach seinem Tod gewonnen wurden, war ihre Rolle bei der Formung von Persönlichkeit, von ethnischen Gruppen und von Nationen schon lange zuvor wohl bekannt und akzeptiert. Und wie ist es möglich, daß er die Rolle der familiären Umgebung, der Ausbildung und Erziehung, die Wirkung von hohen ethischen und moralischen Werten — solch charakteristische Merkmale des jüdischen Erbes und lang währende Tradition in seiner Familie — für die Entwicklung seiner Persönlichkeit und Einstellung nicht erkannt hat? Dies sind alles Fragen, über die Antworten läßt sich nur spekulieren.

Trotz des starken Antisemitismus, dem er von seinem sechsten Lebensjahr an ausgesetzt war, ging er mit eiserner Willenskraft und Entschlossenheit seinen Weg. Obwohl ihm eine Karriere nichts bedeutete, wie er in seinen Schriften und durch seine Handlungen betonte, war sein Erfolg geradezu spektakulär: Im Alter von 43 Jahren wurde er von der Universität München einstimmig für den berühmtesten und begehrtesten Chemie-Lehrstuhl in Deutschland gewählt, den vor ihm zwei der größten deutschen Chemiker des 19. Jahrhunderts innegehabt hatten: Liebig und Baeyer. Er erreichte diesen Gipfel ohne irgendwelche Anstrengungen oder Konzessionen, die unvereinbar mit seinen hohen ethischen und moralischen Prinzipien gewesen wären. Seine tiefe und aufrichtige Liebe zu Deutschland, die von der überwiegenden Mehrheit der deutschen Juden geteilt wurde, basierte letzten Endes auch auf dem Einfluß der deutschen Kultur, Kunst und Wissenschaft auf seine Persönlichkeit. Fast alle in diesem Buch erwähnten Wissenschaftler fühlten sich ebenfalls stark mit Deutschland verbunden. Die Ausprägung ihrer Persönlichkeit geschah unter dem Einfluß von Kant und Goethe, von Mozart und Beethoven. Die großen deutschen Dichter und Denker und die europäische Zivilisation beeinflußte ihr Denken, ihr Fühlen, ihre Empfindungen, ihre Freude am Leben. Selbst wenn wir nicht in der Lage sind, den genauen Zusammenhang zwischen den genannten Faktoren und wissenschaftlichem Denken und Arbeiten zu erklären, ebensowenig wie wir den Ursprung von Intuition und Imagination aufzuspüren vermögen, können wir dennoch diese Faktoren nicht verneinen oder ignorieren. Der Einfluß der deutschen und europäischen Zivilisation war im Vergleich zur jüdischen Tradition und Geschichte so stark, daß die meisten Wissenschaftler, selbst diejenigen, die sich ihres jüdischen Erbes bewußt und stolz darauf waren, sich zutiefst mit Deutschland verbunden fühlten.

Willstätters glatte Zurückweisung von Baeyers Vorschlag, sich taufen zu lassen, habe ich bereits erwähnt. Baeyer gehörte zu einer kleinen Gruppe von vornehmen jüdischen Familien, die sich im 19. Jahrhundert völlig assimiliert hatten. Taufe und Mischehen waren in diesen Kreisen üblich. Heinrich Heines Dilemma, sein Zynismus, seine Betrübnis über den Preis für die „Eintrittskarte" in die europäische Zivilisation waren eine Ausnahme und nicht die Einstellung der Mehrheit dieser Gruppe. Für Willstätter war der Übertritt zum Christentum, besonders aus opportunistischen Gründen, unvorstellbar. Abgesehen von den damit verbundenen Vorteilen hätte solch ein Schritt die Verleugnung der langen und stolzen Geschichte seiner Familie und eine Trennung von seinen Vorfahren bedeutet.

Sein plötzlicher Rücktritt im Jahre 1924 wegen des opportunistischen Verhaltens einiger seiner Kollegen, das eher auf Furcht vor der öffentlichen Meinung und vor Studentenunruhen als auf wirklich starkem Antisemitismus beruhte, kam für alle völlig überraschend; man war tief bestürzt und sprachlos. Jegliche noch so große Anstrengungen, um ihn zum

Verbleiben im Amt zu bewegen, schlugen, wie bereits erwähnt, fehl. Als Chaim Weizmann davon erfuhr, meinte er, diese Reaktion sei ein Zeichen für Willstätters Bindung an das Judentum. Er, selbst ein Chemiker und großer Bewunderer von Willstätter, glaubte, es wäre von großem Vorteil, Willstätter für den Zionismus zu gewinnen, besonders zu einer Zeit, wo nur wenige prominente Juden daran interessiert, ja viele von ihnen sogar feindlich dagegen eingestellt waren; sie hielten diese Bewegung möglicherweise von Nutzen für die verfolgten Juden in Osteuropa, jedoch nicht für die Juden in den westlichen Demokratien. Weizmann wandte sich alsbald an Kurt Blumenfeld mit der Bitte, Willstätter in München zu besuchen. Blumenfeld war es gelungen, Einstein zur aktiven Unterstützung der Zionistischen Bewegung zu veranlassen; er war bekannt für seine bemerkenswerte Fähigkeit, das Interesse von Intellektuellen, Künstlern, Gelehrten und eminenten Geschäftsleuten zu erregen. Blumenfeld fuhr dann nach München, um mit Willstätter zu reden. Nach Berlin zurückgekehrt, sagte er zum Autor: „Ich kann es Ihnen schriftlich geben, dieser Mann wird das jüdische Problem nie verstehen". Diese Diagnose haben die darauf folgenden Ereignisse als richtig bestätigt.

Willstätters Rücktritt mag durch den plötzlichen Ausbruch lange unterdrückter, bis zu seiner Kindheit zurückgehender Erfahrungen und Emotionen ausgelöst worden sein, eine Gefühlsexplosion, die wohl auch der Grund dafür war, daß er sich strikt weigerte, seinen Schritt zu überdenken, trotz der einzigartigen Ovationen seiner Studenten und der dringenden Bitten all seiner Freunde und Kollegen. Noch schwieriger aber ist es, manche seiner späteren Reaktionen zu verstehen. Warum hat er es zwei Jahre später abgelehnt, nach Dahlem zu kommen, nachdem ihm die Kaiser-Wilhelm-Gesellschaft angeboten hat, eigens für ihn ein Institut ganz nach seinen Wünschen zu errichten? Er wußte doch, daß es in Dahlem eine ganze Anzahl von hochangesehenen jüdischen Wissenschaftlern gab. Haber war sein enger Freund, er kannte Einstein und Lise Meitner, und die Biochemiker Warburg, Meyerhof und Neuberg arbeiteten auf dem Gebiet der Enzymchemie, der damals sein Hauptinteresse galt. In Dahlem herrschte zweifellos keine antisemitische Atmosphäre. Darüber hinaus spielten in Berlin viele Juden eine führende Rolle in Kunst und Literatur, im Theater, in der Oper und in der Musik; viele jüdische Künstler standen in eben dieser Zeit nicht nur in hohem Ansehen, sondern wurden geradezu angebetet. Professor Schlenck, Chemieprofessor an der Universität Berlin (Nachfolger von Emil Fischer) hat ihm seinen Lehrstuhl angeboten und wollte ihm zuliebe zurücktreten, eine sehr bemerkenswerte Geste. Für Willstätter, der so sehr an Deutschland hing, gab es hier die große Chance, seinen schöpferischen Geist unter den günstigsten und angenehmsten Bedingungen zu betätigen und damit etwas für die Zukunft und das Wohlergehen seines Vaterlandes zu leisten. Statt dessen wählte er die Isolation, was für einen Wissenschaftler in seinem Alter (er war damals 52) die Selbstzerstörung bedeutete. Das äußerst merkwürdige Arrangement der telephonischen Zusammenarbeit mit Fräulein Dr. Rohdewald war eindeutig ein Zeichen dafür, wie sehr er darunter gelitten haben muß, daß er seine Forschung, die für ihn alles bedeutete, nicht fortsetzen konnte. Es zeugt auch von seiner Frustration und seinem starken Drang, auf irgendeine Art und Weise als Forscher aktiv zu sein. In Wirklichkeit war es mehr eine Illusion, die ihm ein wenig Befriedigung sowie das Gefühl, etwas zu leisten, gegeben hat. Aber welch ein Unterschied lag zwischen dieser Tätigkeit und jener, die er als Direktor eines Instituts in Dahlem, umgeben von vielen hervorragenden Mitarbeitern und berühmten Kollegen und Freunden, hätte ausüben können. In solch einer Atmosphäre wäre er in der Lage gewesen, weiterhin große Leistungen zu vollbringen.

Jedoch am meisten verwirrt und verblüfft uns sein Verhalten während der Nazizeit. Sein hochbewunderter Freund Haber, ein getaufter Jude, war wenige Wochen nach Hitlers Machtergreifung zurückgetreten; er hat dann Deutschland verlassen und Weizmann seine Hilfe angeboten. Viele jüdische Wissenschaftler, darunter Nobelpreisträger, und viele berühmte Gelehrte und Künstler gaben ihre Stellung auf und gingen freiwillig oder wurden zum Rücktritt und zur Emigration gezwungen. Dabei muß man bedenken, daß viele Leute, Juden wie Nichtjuden, die wahre Natur des NS-Regimes zunächst nicht erkannt haben und meinten, daß es nur kurze Zeit dauern und in ein paar Monaten von einer anderen Regierung abgelöst werden würde. Die Bedeutung der von Hitler im April 1933 etablierten absoluten Diktatur hat man weder in Deutschland und noch weniger in Frankreich, England und anderen Ländern erkannt. Die Nazis waren imstande, jedwede Opposition durch Terror, Verfolgung, Mord und Konzentrationslager zu zerschlagen. Viele der Opfer waren Liberale, Nachkommen prominenter alter deutscher Familien, darunter auch Adelige. Die in ihrem Elfenbeinturm lebenden Wissenschaftler wurden sich der schrecklichen Realität und der verbrecherischen Natur des Regimes erst bewußt, als es bereits zu spät zum Handeln war. Die mutige Haltung von Planck, von Laue und Heisenberg haben wir bereits erwähnt. Selbst nichtjüdische Wissenschaftler verließen Deutschland, einige (wie Erwin Schrödinger) sofort, viele andere, darunter Max Delbrück und Hans Gaffron gingen später.

Kehren wir zurück zu Willstätter. Im September 1933 machte er eine Reise nach den Vereinigten Staaten, wo er überall begeistert empfangen und geehrt wurde. Man hat ihm auch verschiedene ausgezeichnete Posten angeboten. Aber er lehnte sie alle ab und blieb in Deutschland, sogar als die Juden in zunehmendem Maße entrechtet, erniedrigt und bedroht wurden. Es fällt schwer, das Verhalten eines Mannes zu verstehen, der 10 Jahre vorher so heftig auf den Antisemitismus in der Münchener Fakultät reagierte. 1934 hat Weizmann ihn eingeladen, bei der Einweihung des Daniel-Sieff-Instituts in Rehovot (heute Israel) eine Rede zu halten. Das Institut war das erste Gebäude des erst nach dem Zweiten Weltkrieg vollendeten Campus des Weizmann-Instituts für Naturwissenschaftliche Forschung. In seiner 400 Seiten umfaßenden Autobiographie sind nur zwei Absätze dieser Reise nach Palästina gewidmet. Die Feiern in dem unter der Leitung des „verdienstvollen Ch. Weizmann“ errichteten Institut werden nur ganz kurz erwähnt. Ansonsten schreibt er begeistert von dem ergreifenden Blick vom Berge Skopus, von dem unbeschreiblichen Wunder von Jerusalem sowie ein paar Zeilen über das Tote Meer und die am Ufer gelegene Fabrik zur Gewinnung von Salzen und Brom. Nicht das geringste Gefühl für die großen Leistungen der Juden, zum Beispiel die Verwandlung der Wüste in grünes und blühendes Gartenland, kommt zum Ausdruck, keinerlei Gefühle für das Wunder der Juden, die nach zweitausend Jahren aus dem Exil in ihr Heimatland zurückkehren und es mit unglaublicher Schöpferkraft, Hingabe und Begeisterung aufbauen. Ein Mann, der sich seiner berühmten jüdischen Vorfahren bewußt ist, der sein Leben lang unter dem Antisemitismus gelitten und die schreckliche Verfolgung der Juden in Deutschland miterlebt hat, blieb offenbar völlig unberührt von den Leistungen, den Errungenschaften, die selbst nichtjüdische Besucher bewegten und tief beeindruckten. Als Weizmann ihn fragte „Professor Willstätter, warum verlassen Sie Deutschland nicht?“ antwortete er „Man verläßt seine Mutter nicht, selbst wenn sie sich schlecht benimmt“.

Wie bereits erwähnt, war es sein fester Entschluß, in München auszuharren, solange es „mit Anstand, wenn auch mit Opfern“ ging. Erst als Ende 1938 die Situation unerträglich wurde und seinem Leben Gefahr drohte, entschloß er sich schweren Herzens, seine geliebte deutsche Heimat zu verlassen. Als er am 4. März 1939 die deutsche Grenze bei Basel überschritten hatte, waren seine ersten Worte: „Ich hörte, daß viele, die in letzter Zeit, nach Überwindung mancher Ängste und Gefahren Deutschland verlassen konnten, jenseits der Grenze vor Freude den Hut schwenkten; ich möchte weinen". Dank der Bemühungen seines Schülers und Freundes Arthur Stoll konnte Willstätter seine letzten Lebensjahre an einem schönen Örtlein im Tessin verbringen, glücklich und zufrieden, in Ruhe und Behaglichkeit zurückgezogen in seiner Eremitaggio, bestens betreut und umsorgt von seiner langjährigen Dienerin Elise. Im Verlauf des Jahres 1942 verschlechterte sich sein Gesundheitszustand und er litt zunehmend unter Anfällen von Gicht, Angina pectoris und Kreislaufschwäche. Die Hoffnung, daß er sich bis zu seinem 70. Geburtstag am 13. August 1942 wieder erholen würde, hat sich nicht erfüllt: Zehn Tage vorher ist er ruhig eingeschlafen. So fand das Leben dieses genialen Wissenschaftlers, dieses großartigen Mannes, der so viel Triumph und so schwere (zum Teil selbst verschuldete) Tragödien erlebt hat, ein friedliches Ende.

Bevor wir uns wieder der Biochemie zuwenden, sei daran erinnert, daß es nicht die Absicht war, in diesem Buch einen allumfassenden Überblick über deutsch-jüdische Pioniere in der Wissenschaft zu geben, nicht einmal in den drei ausgewählten Gebieten. Wegen der notwendigen Beschränkung des Umfangs sind einfach nur einige Beispiele ausgewählt worden, um die weitreichende Bedeutung der Beiträge einiger dieser Pioniere darzustellen und einen Eindruck von der geistigen und kulturellen Atmosphäre und der Intensität der Zusammenarbeit zwischen jüdischen und nichtjüdischen Wissenschaftlern zu vermitteln. Viele hervorragende deutsch-jüdische Chemiker mußten ausgelassen werden; doch seien wenigstens zwei davon kurz erwähnt: Otto Wallach und Hermann F. Mark.

Otto Wallach (1847—1931) war Professor für organische Chemie in Göttingen. Seine Arbeiten zur Chemie der ätherischen Öle und Terpene trugen wesentlich zur Entwicklung der Duftstoff- und Parfümindustrie bei. 1910 wurde er mit dem Nobelpreis ausgezeichnet.

Hermann F. Mark wurde 1895 in Wien geboren, studierte dort Chemie und promovierte 1921. Als Doktorand synthetisierte er eine Reihe von Verbindungen aus der Gruppe der organischen freien Radikale, die selbst im festen, kristallisierten Zustand unverbunden bleiben. Seine Beobachtungen erwiesen sich als sehr nützlich für die Theorie der Resonanz in organischen Molekülen, die später von Linus Pauling ausgearbeitet wurde, eine Theorie, die für das Verständnis von biochemischen Reaktionen große Bedeutung hat. Von 1922 bis 1927 arbeitete Mark am Kaiser-Wilhelm-Institut für Faserstoffchemie in Berlin-Dahlem, wo seine Röntgenanalysen zur ersten vollständigen Aufklärung der Struktur einiger organischer Substanzen, wie Hexamethylentetramin und Harnstoff führten. Ziel dieser Untersuchungen war die Bestimmung der Abstände zwischen den Atomen und der Valenzwinkel in organischen Molekülen. 1925 begann Mark mit Arbeiten über Polymere, ein Gebiet, auf dem er bald einer der weltweit führenden Forscher wurde. Er gehört mit Hermann Staudinger (1881—1965) und Kurt H. Meyer (1883—1952) zu den Begründern der Polymerchemie, deren große Bedeutung jedem Laien bekannt ist. Mark begann seine Arbeiten mit Untersuchungen über die Zellulose, Kautschuk und Stärke und klärte die molekulare Struktur dieser wichtigen Hochpolymeren innerhalb von wenigen Jahren auf. Anschließend entwickelte er auf der Grundlage von kinetischen Untersuchungen eine allgemeine Theorie des Polymerisationsprozesses. Seine Arbeiten über die Beziehung zwischen Struktur und Eigenschaften der Makromoleküle öffnete den Weg für die Entwicklung neuer Polymere mit bestimmten zweckdienlichen Eigenschaften. Er legte also nicht nur den Grund für das Verständnis der Polymere, sondern auch für die praktische Anwendung der erkannten Prinzi-

Abb. 34. Hermann Staudinger (3. v. links) mit Fritz Lipmann, Hans Krebs und Frits Zernike bei der Nobelpreisverleihung am 10. Dezember 1953 in Stockholm

pien; so wurde er zu einem der großen Förderer des gigantischen Wachstums der Polymerindustrie.

1927 verließ Mark Berlin und setzte seine Forschungen bei der I.G.-Farbenindustrie (BASF) in Ludwigshafen fort. Während dieser Zeit lehrte er auch an der Technischen Hochschule in Karlsruhe. Nach 10jähriger Tätigkeit in Deutschland wurde er 1932 Professor für Physikalische Chemie an der Universität Wien. Wegen seiner jüdischen Abstammung (sein Vater war Jude) mußte er Wien nach dem „Anschluß" ans Deutsche Reich verlassen und ging 1938 nach USA, an das Polytechnical Institute in Brooklyn (New York), wo er 1946 das Polymer Research Institute gründete. Unter seiner dynamischen Leitung entwickelte sich das Institut sehr bald zum Weltzentrum der Hochpolymerforschung, mit einer großen Zahl von hervorragenden Chemikern, Physikochemikern und auch Biochemikern, da man die Polymerchemie auf Forschungen über Biopolymere (Proteine, Nucleinsäuren, Stärke u. ä.) erweitert hatte. Aufgrund ihrer wesentlichen Rolle in der Funktion der lebenden Zelle waren die Biopolymere in das Zentrum biologischer Fragestellungen gerückt. Zu Marks vielen genialen Mitarbeitern gehörten auch die beiden Brüder Aharon und Ephraim Katzir-Katchalsky(i), zwei führende Wissenschaftler des Weizmann-Instituts. Bei den von Mark häufig organisierten Symposien kamen stets hervorragende und namhafte Redner zusammen, was zur Berühmtheit des Instituts und zu seiner Anziehungskraft für die New Yorker Wissenschaftsgemeinde wesentlich beigetragen hat. Insbesondere zwei dieser Tagungen sind im Zusammenhang mit diesem Buch interessant: Das Symposium zu Ehren von Otto Meyerhof, mit drei Meyerhof-Schülern als Hauptredner (Severo Ochoa, Fritz Lipmann und der Autor D. N.) und eine Tagung zum Gedächtnis von Aharon Katzir-Katchalsky, an der nicht nur Wissenschaftler aus dem New Yorker Raum, sondern auch von vielen berühmten Instituten der amerikanischen Ostküste teilnahmen. Hermann Mark ist ein typisches Beispiel für jene führenden Wissenschaftler, die Opfer des NS-Regimes wurden und sich dann als großer Gewinn für die Länder, die sie aufnahmen, erwiesen haben. Marks Leistungen fanden weltweite Anerkennung. Mehr als 40 Universitäten haben ihm den Ehrendoktor verliehen, von einer vergleichbaren Zahl wissenschaftlicher Akademien wurde er zum Mitglied gewählt. Unter der großen Zahl hoher Auszeichnungen ist auch die höchste österreichische Auszeichnung für Wissenschaft und Kunst, das „Ehrenzeichen". Von besonderem Interesse zum Thema dieses Buches sind einige von Marks sonstigen Aktivitäten. Gegen Ende des Zweiten Weltkrieges, unter dem Schock des Holokaust, machten einige reiche Juden das Versprechen, Geldmittel für ein großes Forschungszentrum in Rehovot zum Wohle Israels und der Menschheit zu stiften. Wegen seiner großen wissenschaftlichen und menschlichen Qualitäten und seiner Befähigung und Erfahrung als Organisator wurde Mark Weizmanns oberster und einflußreichster Berater bei der Planung und Errichtung des Rehovot-Instituts, das 1949 eröffnet wurde. Als Mitglied des Führungsgremiums spielte er auch bei der Entwicklung des Instituts in den folgenden beiden Jahrzehnten eine wichtige Rolle. Ein weiteres großes Verdienst um die wissenschaftliche Gemeinschaft der Welt waren seine unermüdlichen Bemühungen um die Wiederherstellung der Zusammenarbeit zwischen deutschen und jüdischen beziehungsweise später israelischen Wissenschaftlern. Er hatte den Mut, schon sehr bald nach dem Krieg deutsche Wissenschaftler in sein Institut in New York einzuladen. Er hielt es für seine Pflicht als Wissenschaftler, an der vordersten Front um den Brückenschlag zwischen den Nationen zu kämpfen. Die wissenschaftliche Zusammenarbeit, besonders zwischen Deutschen und Juden könnte früher oder später der kommenden Generation helfen, den Alptraum einer schrecklichen Vergangenheit zu überwinden und zu konstruktiven Schritten im politischen und wirtschaftlichen Bereich sowie in sonstigen gemeinsamen Interessengebieten führen.

Erwähnt sei auch noch ein prominenter deutscher Physiker, der bahnbrechende Arbeiten auf dem Gebiet der Chemie geleistet hat: *Gerhard Herzberg*. Er wurde 1904 in Hamburg

Abb. 35. Gerhard Herzberg mit seiner Frau Monika. Nobelpreisträgertagung in Lindau 1966.

geboren und begann seine Forschungen 1927 in Darmstadt, kurz nachdem die Quantenmechanik entwickelt worden war. Die neuen Erkenntnisse über die Elektronenstruktur wendete er zur Analyse von zwei- und mehratomigen Molekülen an, eine Arbeitsrichtung, in der er bald als *der* Pionier und größte Kapazität anerkannt und für seine großen Leistungen auf diesem Gebiet 1971 mit dem Nobelpreis für Chemie ausgezeichnet wurde. Später wandte er sich der Astronomie zu, insbesondere Untersuchungen der Spektren von äußeren Planeten, deren glänzende Ergebnisse allgemeine Bewunderung und Anerkennung hervorriefen und ihm einen Ruf als Astrophysiker brachten. Die Wurzeln seines wissenschaftlichen Werdegangs liegen zwar in Deutschland (Darmstadt und Göttingen), doch vollbrachte er seine bedeutendsten Leistungen in Kanada. 1935 mußte Herzberg Deutschland verlassen, weil er mit einer Jüdin verheiratet war; er emigrierte nach Kanada. Aufgrund seiner „jüdischen Versippung" lehnte man im Hitler-Deutschland seine Werke ab. So schreibt L. Glaser (1940) in der Besprechung von Herzbergs Buch „Molekülspektren und Molekülstruktur" (1939 in Deutschland publiziert) folgendes: „Das vorliegende Buch stammt von einem jüdisch versippten Verfasser, der in das heute feindliche Ausland ausgewandert ist. Diese geistige Haltung spiegelt sich auch in dem Buch wider. Es vertritt, um mit P. Lenard zu sprechen, die ‚Börsianer-Optik' und die ‚moderne Physik', die ja P. Lenard mit jüdischer Physik gleichsetzt. (. . .) Ein höchst unerfreuliches Buch, das für das deutsche physikalische Schrifttum abzulehnen ist." (Aus Mehrtens u. Richter 1980, S. 137).

Vom National Research Council Canada wurde 1975 in Ottawa ein Astrophysikalisches Institut errichtet, das Herzbergs Namen trägt (Herzberg Institute of Astrophysics), in dem er heute noch als Forscher tätig ist. Nach dem Kriege kam Herzberg häufig nach Deutschland, seit 1974 nimmt er regelmäßig an der Nobelpreisträgertagung in Lindau teil. Unter seinen 34 Ehrendoktoraten sind drei von deutschen Universitäten (Hamburg, Göttingen und Frankfurt am Main).

Otto Heinrich Warburg (1883—1970)

Otto Warburg und Otto Meyerhof gelten als die Hauptarchitekten der modernen Biochemie und Biologie. Ihre Arbeiten und Ideen beeinflußten ganz entscheidend die Entwicklung dieser Gebiete in der ersten Hälfte des 20. Jahrhunderts. Aus ihren Schulen gingen einige der prominentesten Wissenschaftler unseres Jahrhunderts hervor.

Warburgs Berühmtheit in der Geschichte der Naturwissenschaften ist untrennbar verknüpft mit dem größten Durchbruch bei unserem Verständnis der Zellatmung (Mechanismus der Oxidation) seit Lavoisier gezeigt hatte, daß Leben Sauerstoff benötigt. Der Prozeß der Oxidation ist die eigentliche Energiequelle für alle Zellfunktionen. Warburg ist der unbestrittene Pionier auf dem Gebiet der Enzyme, die praktisch alle chemischen Reaktionen in der lebenden Zelle katalysieren. Für die Analyse von Enzymreaktionen führte er neue stark verfeinerte Methoden ein, welche die Enzymchemie mehrere Jahrzehnte lang beherrschten. Seine Methoden wurden erst in den 50er Jahren durch eine große Zahl noch weiter verfeinerter Verfahren sowie durch hochentwickelte Geräte, die damals noch nicht zur Verfügung standen, ersetzt oder ergänzt.

Warburgs wissenschaftliche Leistung und seine komplizierte Persönlichkeit ist in unübertroffener Klarheit von Sir Hans Krebs (1972, 1979) analysiert und beschrieben worden. Der Autor (D. N.) kannte Otto Warburg seit 1926, als er im selben Institut bei Meyerhof arbeitete. Nach dem Kriege besuchte er Warburg des öfteren in Berlin, zuletzt trafen sie sich dort 1969 (ein Jahr vor Warburgs Tode); Krebs' meisterhafter und objektiver Bewertung kann er voll und ganz zustimmen. Die folgenden Ausführungen basieren im wesentlichen auf Krebs' Publikationen über Warburg, sind aber stark zusammengefaßt und auf einem für einen breiten Leserkreis verständlichen Niveau gehalten, so daß sie auch für diejenigen, denen die Fachkenntnisse fehlen, die sich aber für Warburgs Leistungen im speziellen Zusammenhang mit diesem Buch interessieren, zu verstehen sind.

Vorfahren und Laufbahn. Otto Warburg wurde 1883 in Freiburg im Breisgau geboren, wo sein Vater Emil Warburg (1846—1931), ein führender Physiker seiner Zeit, Professor für Physik an der Universität war. Zu der berühmten Warburg-Familie gehörten viele bekannte Geschäftsleute, Bankiers, Gelehrte und Philanthropen. Otto war der neunte direkte Nachkomme von Jacob Simon Warburg (gest. 1636), der in der Stadt Warburg lebte und sich als Vorsteher der Juden im Fürstbistum Paderborn hohes Ansehen erwarb. Sein Enkel Jakob Samuel Warburg wurde vom Landesherrn gedrängt, sich taufen zu lassen; doch er weigerte sich und zog weg nach Altona, damals eine kleine Stadt bei Hamburg. Die Herrscher dieses Gebietes (die dänischen Könige) waren für die damalige Zeit außergewöhnlich liberal in ihrer Einstellung zu Glaubensbekenntnis, Handel und Gewerbe. Das Bankhaus M. M. Warburg in Hamburg wurde 1798 gegründet. Ein Mitglied dieser Familie war der Kunsthistoriker Aby Warburg (1866—1929), der eine einzigartige kunst- und kulturhistorische Bibliothek gründete. Kurz nach Beginn des Hitler-Regimes gelang es, die gesamte Bibliothek nach London zu evakuieren. Ein weiteres bedeutendes Mitglied war Sir Siegmund Warburg

Abb. 36.
Otto Warburg (rechts) mit Sir Hans Krebs. Nobelpreisträgertagung Lindau 1966

(1902—1982) in London, ein guter Freund Israels, der dem Lande viel geholfen hat; er war auch Mitglied des Führungsgremiums des Weizmann-Instituts. Zur Familie gehörte ferner der Botaniker und Zionistenführer Otto Warburg (1859—1938), der zuletzt an der Hebräischen Universität in Jerusalem tätig war. Schließlich sei noch der Verleger Frederic J. Warburg erwähnt, einer der Chefs des Verlagshauses Secker & Warburg (London), das die Jahrbücher des Leo-Baeck-Instituts veröffentlicht.

Otto Warburgs Mutter Elisabeth, geborene Gärtner, entstammte einer alten süddeutschen Familie, deren Mitglieder sich als Verwaltungsbeamte, Juristen und Offiziere ausgezeichnet hatten. Einer ihrer Brüder, ein General, fiel im Ersten Weltkrieg. Elisabeth war eine äußerst vitale und schlagfertige Frau. Sie und Emil hatten vier Kinder, drei Töchter und den Sohn Otto.

Im Jahr 1895 siedelte die Familie nach Berlin über, nachdem Emil Warburg als Ordinarius für Physik an die Berliner Universtität berufen worden war, auf den berühmten und begehrten Lehrstuhl von H. von Helmholtz. Otto absolvierte seine Schulzeit in einem humanistischen Gymnasium. Das Elternhaus in Berlin wurde sehr bald zu einer äußerst anregenden Begegnungsstätte vieler führender Akademiker und Künstler. Sein Vater, ein ausgezeichneter Klavierspieler, pflegte regelmäßig die häusliche Kammermusik, an der sich auch Albert Einstein beteiligte. Durch seinen Vater lernte Otto berühmte Naturwissenschaftler kennen: Max Planck, Emil Fischer, Jacobus Hendricus van 't Hoff sowie den Physiologen Theodor W. Engelmann, von dem er erstmals von der Kohlensäureassimilation (Photosynthese) der Pflanzen hörte, einem Prozeß, der in seiner späteren Forscherarbeit eine wesentliche Rolle spielte.

Nach dem Abitur studierte er Chemie zuerst an der Universität Freiburg und dann in Berlin, wo er 1906 bei Emil Fischer promovierte. Seine Doktorarbeit befaßte sich mit der Herstellung von optisch aktiven Peptiden und Untersuchungen über ihre enzymatische Hydrolyse. Fischer war für Warburg ein ideales Vorbild, das er sein Leben lang verehrte und bewunderte. (Emil Fischers Statue, die 1952 enthüllt wurde, steht heute noch im Garten des Warburg-Instituts in Dahlem.) Obwohl Fischer zahlreiche Verpflichtungen als Direktor und im Lehrbetrieb hatte, verbrachte er den größten Teil seiner Arbeitszeit im Laboratorium.

Warburg war sehr ehrgeizig. Schon als Student setzte er sich ein hohes Ziel: Er wollte ein Heilmittel gegen Krebs finden. Sein Interesse an medizinischen Problemen veranlaßte ihn, nach seiner Promotion Medizin zu studieren, und zwar in Heidelberg, wo er mit experimentellen Arbeiten im Laboratorium der Medizinischen Klinik begann. Unter der Leitung des großen Arztes und Physiologen Ludolf Krehl war dieses Laboratorium ein Mittelpunkt medizinischer Forschung, wo die Bedeutung der Grundlagenforschung für die klinische Medizin gebührend gewürdigt wurde. Im Jahr 1911 wurde Warburg dann zum Dr. med. promoviert.

Wissenschaftliche Leistungen. Oxidation. Warburgs erste große unabhängige Arbeit erschien im Jahr 1908; sie befaßte sich mit der Energetik des Wachstums. Er maß den Sauerstoffverbrauch vor und nach der Befruchtung des Seeigeleis; dabei entdeckte er, daß der Sauerstoffverbrauch nach der Befruchtung bis um das Sechsfache ansteigen kann. Bereits in diesen Arbeiten zeigte sich sein außergewöhnliches Geschick in der Auswahl des geeigneten Forschungsmaterials und in der Vervollkommnung der experimentellen Methoden. Die Auswahl des Forschungsobjektes entscheidet häufig über Erfolg und Mißerfolg. Beim Seeigelei ist die Masse der lebenden Substanz im Verhältnis zum Eidotter (der lediglich zur Ernährung des Embryos benötigt wird) groß, außerdem entwickelt sich das befruchtete Ei sehr schnell. Er ging von der völlig richtigen Überlegung aus, daß chemische Arbeit geleistet wird, wenn im Verlauf des Wachstums lebende Substanz entsteht, und daß daher die Geschwindigkeit der Energielieferung — und das bedeutet Oxidation — ansteigen müsse. Durch Verbesserung der titrimetrischen Methode zur Sauerstoffbestimmung und Kontrolle möglicher Fehlerquellen waren seine Ergebnisse überzeugend (Versuche früherer Forscher über diese Fragen hatten nicht zu eindeutigen Resultaten geführt). Diese Arbeiten begründeten Warburgs Ruf als hervorragender Forscher.

In seinen folgenden Arbeiten befaßte sich Warburg vorwiegend mit Grundfragen der Zellatmung. Sein Ziel war, die Natur des „Atmungsfermentes“ aufzuklären, das die lebende Substanz befähigt, Nährstoffe in neutraler Lösung und bei physiologischen Temperaturen mit Luftsauerstoff zu oxidieren. In Abwesenheit des Ferments sind diese Substanzen unter sonst gleichen Bedingungen völlig stabil. Derartige Analysen waren mit den damals zur Verfügung stehenden Methoden schwierig, zumal Warburg bald herausfand, daß die wesentlichen oxidativen Prozesse stets an unlösliche Teilchen („Strukturen“) gebunden waren, die er später als „Grana“ bezeichnete. Enzyme in Lösung lassen sich leichter analysieren als strukturgebundene Enzyme. Bereits 1897 war es Buchner gelungen, Gärungsenzyme aus der Zelle zu extrahieren und damit eine Gärung in Lösung zu erhalten. Doch erst über 40 Jahre später erkannte man, daß Warburgs „Grana“ identisch waren mit den Zellorganellen, die Ende des 19. Jahrhunderts als Mitochondrien beschrieben worden sind. Mit Hilfe des Elektronenmikroskops in Kombination mit biochemischen Untersuchungen hat man dann gefunden, daß die Oxidationsreaktionen in den Mitochondrienmembranen vor sich gehen, wobei eine ganze Reihe von Reaktionsschritten beteiligt ist, die als Elektronenübertragung beziehungsweise Oxidationskette bezeichnet wird.

Doch trotz der Schwierigkeiten, die bei der Untersuchung von strukturgebundenen (oder, wie wir heute sagen, membrangebundenen) Enzymen auftraten, gab Warburg seine Bemühungen nicht auf. Bei seinen vielen und einfallsreichen Experimenten zeigte sich, daß zahlreiche Substanzen in Abhängigkeit von ihrer Oberflächenaktivität eine hemmende Wirkung auf die Oxidation ausüben. Entfernt man diese chemisch relativ indifferenten Substanzen, dann setzt die Oxidation beziehungsweise die Atmung wieder ein. Ihre Wirkung beruht darauf, daß sie an der Oberfläche der oxidierenden Strukturen adsorbiert werden und dadurch den Zugang von Substraten zum Enzym verhindern. Eine Ausnahme machte Cyanid, das biologische Oxidationen hemmt, ohne oberflächenaktiv zu sein. Da Cyanid leicht mit Schwermetallen reagiert, schloß Warburg richtig, daß Schwermetallkatalysatoren an der Zellatmung beteiligt sein müssen. Er zeigte dann das Vorhandensein von Eisen in biologischem Material und untermauerte durch „Modell“-Versuche (Beschleunigung der Oxidation von bestimmten Substanzen durch Eisensalze) seine Hypothese, daß das beteiligte Schwermetall eine Eisenverbindung sei.

Im Jahr 1913 wurde der erst dreißig Jahre alte Warburg (mit Wirkung vom 1. April 1914) zum „Mitglied“ (Leiter einer unabhängigen Forschungsabteilung) der Kaiser-Wilhelm-Gesellschaft ernannt. Hinter dieser Beförderung standen in erster Linie der Zoologe Theodor Boveri und vor allem sein hochverehrter Lehrer Emil Fischer. Während der sechs Jahre in Heidelberg glänzte Warburg mit einer erstaunlichen Fülle von Leistungen, darunter ungefähr 30 Publikationen, die er neben seiner Doktorarbeit bewerkstelligte. Unter den damaligen Kollegen waren Otto Meyerhof und Julian Huxley.

Unterbrechung durch den Krieg. Warburg siedelte nach Berlin über, noch bevor sein Laboratorium in Berlin-Dahlem fertiggestellt war, und arbeitete in Nernsts Laboratorium über Oxidations-Reduktionspotentiale in lebenden Systemen; doch wurden diese Arbeiten durch den Ausbruch des Ersten Weltkrieges am 1. August 1914 unterbrochen. Kurz danach trat er in ein Kavallerieregiment ein und wurde bald an die Front geschickt. Er stieg zum Rang eines Leutnants auf, wurde im Kampf verwundet und erhielt das Eiserne Kreuz I. Klasse. Im März 1918 bekam er einen Brief von Albert Einstein, in dem dieser ihn anflehte, den Dienst an der Front aufzugeben, um sein Leben zu retten.

Hoch geehrter Herr Kollege! 23. III. 18

Sie wundern sich gewiss, von mir einen Brief zu bekommen, weil wir bis jetzt nur umeinander herumgegangen sind, ohne einander eigentlich kennen zu lernen. Ich muss sogar befürchten, mit diesem Brief so etwas wie Unwillen bei Ihnen zu erregen; aber es *muß* sein.

Ich höre, dass Sie einer der begabtesten und hoffnungsvollsten jüngeren Biologen Deutschlands sind, und dass Ihr besonderes Fach gegenwärtig hier recht mittelmässig vertreten ist. Ich höre aber auch, dass Sie draussen stehen an sehr gefährdetem Posten, so dass Ihr Leben beständig an einem Haare hängt! Jetzt schlupfen Sie einmal bitte aus Ihrer Haut in die eines anderen sehenden Wesens und fragen Sie sich: Ist das nicht Wahnsinn? Kann Ihre Stelle da draussen nicht von einem phantasielosen Durchschnittsmenschen ausgefüllt werden, von der Sorte, von der 12 auf ein Dutzend gehen? Ist es nicht wichtiger als die ganze grosse Keilerei da draussen, dass wertvolle Menschen erhalten bleiben? Sie wissen es selbst genau und geben mir recht. Gestern sprach ich mit Prof. Krauss*, der auch ganz meiner Auffassung ist und auch bereit, Sie für eine andere Thätigkeit reklamieren zu lassen.

Meine Bitte an Sie, die aus dem Gesagten entspringt, ist daher die, Sie möchten uns in dem Bestreben, Ihre Person zu sichern, unterstützen. Ich bitte Sie, mir nach einigen Stunden ernsthafter Erwägung ein paar Worte zu schreiben, damit wir hier wissen, dass unser Bestreben nicht an Ihrem Verhalten scheitern wird.

In der sehnlichen Hoffnung, dass in dieser Sache ausnahmsweise einmal die Vernunft siege, bin ich mit herzlichem Gruss

Ihr ergebener
A. Einstein.
Haberlandstr. 5
Berlin W.

* Richtige Schreibweise Kraus.

Warburg nahm den Vorschlag von Einstein, dem Freund seines Vaters an und kehrte nach Berlin zurück. Vermutlich teilte er Einsteins Ansicht, daß der Krieg ohnehin verloren sei und daher ein Verbleiben an der Front sinnlos wäre. Möglicherweise hat ihm Einsteins Intervention das Leben gerettet. In einem Interview im Jahr 1966 in Göttingen betonte Warburg jedoch, daß er während des Kriegsdienstes, der einzigen Unterbrechung seiner wissenschaftlichen Arbeit, die Wirklichkeit kennengelernt hat, die ihm in seinem Laboratorium bisher entgangen war.

Nach dem Krieg bekam Warburg eine eigene Abteilung im Kaiser-Wilhelm-Institut für Biologie in Berlin-Dahlem, wo er auf verschiedenen Gebieten zu forschen begann. Doch kehren wir zurück zu seinen Bemühungen, die Natur der Katalysatoren der biologischen Oxidation aufzuklären. Wie bereits erwähnt, hatte er die Anwesenheit von Eisen in atmenden Zellen nachgewiesen. 1926 machte er eine neue Entdeckung auf diesem Gebiet. Da einige Eisenverbindungen, wie zum Beispiel das Hämoglobin, leicht mit Kohlenmonoxid reagieren, untersuchte er die Wirkung von Kohlenmonoxid auf die Atmung von Hefezellen und fand, daß diese Substanz tatsächlich die Atmung hemmt. Während diese Versuche im Gange waren, besuchte A. V. Hill seinen Freund Meyerhof und bei dieser Gelegenheit auch Warburg. Als er von dessen Experimenten hörte, lenkte er Warburgs Aufmerksamkeit auf die Lichtempfindlichkeit von Kohlenmonoxid-Hämoglobin, die Haldane und Smith 1896 entdeckt hatten. Der Test, ob die Kohlenmonoxid-Verbindung des Atmungskatalysators ebenfalls lichtempfindlich sei, wurde unverzüglich ausgeführt. Es ergab sich, daß die Hemmung der Atmung durch Kohlenmonoxid bei Belichtung der Hefesuspension stark zurückging. Warburg erkannte sofort, daß dieser Effekt die Möglichkeit eröffnete, das Absorptionsspektrum des Katalysators, der mit dem Kohlenmonoxid reagierte, zu messen. Er belichtete die Hefesuspensionen mit monochromatischem Licht (Licht, das aus nur einer Wellenlänge besteht) von bekannter Intensität und bestimmte quantitativ die Wirkung des Lichtes auf die Hemmung der Atmung durch Kohlenmonoxid. Diese Messungen ergaben das Absorptionsspektrum des Katalysators, der mit Sauerstoff und Kohlenmonoxid reagiert. Das Prinzip ist einfach: Da nur dasjenige Licht, das vom Katalysator absorbiert wird, die Hemmung aufheben kann, muß eine Beziehung zwischen dem Absorptionsspektrum des Katalysators und der Wirkung des Lichtes bestehen. So einfach auch das Prinzip ist, so erforderte doch die Planung und Durchführung der Versuche sowie ihre mathematisch-theoretische Auswertung außergewöhnliches experimentelles und theoretisches Talent. Zuerst galt es, Quellen von monochromatischem Licht von ausreichender Intensität zu finden. Sodann mußten Methoden zur Messung des Gasaustausches sowie der Lichtintensität entwickelt und schließlich die Theorie für die quantitative Interpretation der Meßdaten ausgearbeitet werden. Das erhaltene Spektrum stimmte beinahe mit dem Spektrum von Eisenporphyrinen, wie Hämoglobin oder Cytochrom überein. Das war eine monumentale Entdeckung. In einem Vortrag im Jahr 1928 stellte Warburg seine Ergebnisse außergewöhnlich einleuchtend und klar vor. Die Aufregung war groß. Der Autor dieser Zeilen wie auch viele andere Zuhörer im Auditorium hatten das Gefühl, daß durch diese Befunde, durch Warburgs „sauerstoffübertragendes Ferment", ein neues Zeitalter in der Enzymchemie eingeleitet wurde. War es doch das erste Mal, daß die aktive Gruppe eines Enzyms identifiziert worden war. Enzyme sind sehr große Proteinmoleküle. Daß ihre Wirkung mit einer spezifischen und relativ niedermolekularen Gruppe in Verbindung gebracht werden konnte, versprach den Weg zur Aufklärung der Wirkungsmechanismen von Enzymen in lebenden Zellen zu öffnen. Auch heute noch sind die aktiven Gruppen der Enzyme ein Hauptgebiet der Enzymchemie, das in den frühen 60er Jahren eine enorme Anregung durch die Röntgenstrukturanalyse der dreidimensionalen Struktur von kristallisierten Enzymen und Untersuchungen der Vorgänge zwischen Substrat und aktiver Gruppe des Enzyms erfahren hat. Warburgs Leistung bedeutete somit einen Meilenstein auf diesem Gebiet, das man auch als molekulare Biologie bezeichnet. 1931 wurde er für die Entdeckung der Natur und Wirkungsweise des Atmungsferments mit dem Nobelpreis für Physiologie und Medizin ausgezeichnet.

Wie immer bei großen Entdeckungen gab es sofort zahlreiche kritische Einwände, einige berechtigt, einige unberechtigt. Denn eine einzelne Leistung, wie genial sie auch sein mag, kann nie alle Fragen beantworten und alle Probleme lösen. Die Naturwissenschaft ist ihrer Natur nach progressiv und akkumulativ. Nach einem halben Jahrhundert mögen viele, auch die größten Entdeckungen, naiv aussehen. Dennoch hatten sie einmal einen entscheidenden Einfluß auf den weiteren Fortschritt.

Ein ernstes Problem für Warburg war die Tatsache, daß Hämoglobin und die Cytochrome ebenfalls Eisenporphyrin enthalten. Die Cytochrome sind elektronentransportierende Proteine, die Eisenporphyrin als aktive Gruppe besitzen. Der britische Biochemiker David Keilin (Cambridge) hatte 1925 die Cytochrome a, b und c und ihre wichtige Rolle bei der Zellatmung entdeckt. Sie kommen in fast allen lebenden Zellen vor. Auch bei ihnen werden die Eisenatome leicht reduziert und oxidiert. Ihre Spektren waren jedoch mit dem der Warburgschen Häm-Substanz nicht identisch. Warburg schloß daraus, daß diese Cytochrome nicht direkt an der Zellatmung beteiligt sind. Dies war der Anlaß zu einer Kontroverse zwischen Warburg und Keilin, die sich über viele Jahre hinzog. Die scheinbaren Widersprüche verschwanden erst, nachdem Keilin 1939 entdeckte, daß Cytochrom a aus (mindestens) zwei Komponenten besteht; eine davon, Cytochrom a_3 oder Cytochrom-Oxidase genannt, reagiert mit Kohlenmonoxid und Cyanid und hat das gleiche Spektrum wie Warburgs „Atmungsferment" von 1926. Heute, sechs Jahrzehnte später, wissen wir, daß es fünf verschiedene Cytochrome gibt, die eine essentielle Rolle bei der Elektronenübertragung in der Atmungskette spielen.

Dehydrogenasen. Der menschliche Organismus bezieht seine Energie aus komplexen Molekülen (wie z. B. Kohlenhydrate, Fette und Proteine), die in der Zelle metabolisiert und deren Abbauprodukte dann schließlich oxidiert werden. Die an der Oxidation und Reduktion der Stoffwechselprodukte beteiligten Enzyme bezeichnet man als Dehydrogenasen. Diese Wasserstoff-aktivierenden Enzyme waren insbesondere durch die Arbeiten von Torsten Thunberg und Heinrich Wieland seit dem ersten Jahrzehnt dieses Jahrhunderts bekannt. Sie hatten entdeckt, daß lebende Zellen Enzyme enthalten, die die Reduktion von Methylenblau und ähnlichen synthetischen Farbstoffen katalysieren, wenn „Wasserstoff-Donatoren", zum Beispiel Succinat, Malat, Citrat, Lactat, Glutamat, vorhanden sind, das sind Verbindungen, die in den Zellen als Stoffwechselprodukte vorkommen. Diese Substanzen wurden durch die Enzyme „dehydrogeniert", das heißt sie gaben ihre Wasserstoffatome ab. Während der 20er Jahre diskutierte man eingehend die Frage, ob die katalytische Aktivierung von Sauerstoff, wie sie Warburg untersuchte, oder die katalytische Aktivierung von Wasserstoffatomen, worüber Thunberg und Wieland forschten, das Wesentliche bei der biologischen Oxidation sei. Zunächst lehnte Warburg die Vorstellung einer Aktivierung des Wasserstoffs ab, weil bei den Versuchen „unphysiologische" Chemikalien (z. B. synthetische Farbstoffe), die in der Natur nicht vorkommen, verwendet wurden. Damals bedachte er aber nicht, daß selbst wenn die verwendeten Reaktionspartner nichtbiologische Substanzen waren, die Enzymkatalysatoren und die den Wasserstoff liefernden Substrate durchaus zelluläre Bestandteile sein konnten. Erst als E. S. G. Barron während eines Besuches an der Johns Hopkins Medical School in Baltimore im Jahre 1929 ihm persönlich Methylenblau-Versuche mit roten Blutzellen vorführte, ließ sich Warburg von der enzymatischen Natur der Methylenblau-Reaktion überzeugen. Er war davon so beeindruckt, daß er nach seiner Rückkehr nach Berlin Versuche über den Chemismus der Wirkung dieses Farbstoffes begann. Dabei zeigte sich, daß Methylenblau auch nach Cytolyse der roten Blutzellen (d.h. in Lösung) eine Sauerstoffaufnahme hervorrief. Damit hatte Warburg die Oxidationsreduktionsreaktionen in homogener Lösung, was eine Untersuchung des Problems mit chemischen Standardmethoden ermöglichte. Die Dialyse der Lösung von roten Blutzellen und ihren Dehydrogenasen ergab, daß an der Wasserstoffübertragung zwei Komponenten, ein Enzym und ein Coenzym, beteiligt waren. (Viele Enzyme benötigen zusätzlich zu dem Proteinmolekül ein kleineres Molekül, ein sogenanntes Coenzym, das, im Gegensatz zum Protein, hitzebeständig ist.) Als nächstes entdeckte Warburg, daß Hefeextrakte unter den gleichen Versuchsbedingungen eine weit größere Aktivität besaßen, als die aus den roten Blutkörperchen erhaltene Lösung; daher führte er von da ab seine Arbeiten mit Hefezellen durch. Es stellte sich dann heraus, daß die Proteinkomponente aus mindestens zwei Fraktionen bestand, eine gelbe (Warburg nannte sie „gelbes Ferment") und eine farblose. Durch Zugabe von Methanol wurde das Enzym denaturiert und die farbige Komponente in Lösung gebracht. Ein Derivat dieser Verbindung hat Warburg kristallisiert: das Luminoflavin, das später als ein methyliertes Alloxozin identifiziert wurde. Wie Hugo Theorell im Jahr 1934 (als er als Gast in Warburgs Laboratorium arbeitete) entdeckte, besteht das „gelbe Ferment" aus einem spezifischen Protein (Enzym) und einem phosphorylierten Riboflavin. Letzteres ist die prostethische Gruppe, das heißt der katalytisch wirksame Teil des Enzyms, also das Coenzym, das reversibel hydriert und dehydriert (Aufnahme und Abgabe von Wasserstoffatomen) wird. In der Folgezeit wurde eine Reihe von gelben Enzymen, die man nun Flavoproteine nannte, entdeckt. Alle enthalten Riboflavinphosphat und können Wasserstoff übertragen. In einigen Fällen ist die aktive Gruppe die gleiche wie in dem zuerst entdeckten gelben Enzym, daß heißt ein Riboflavinphosphat, in der Mehrheit der Fälle ist die aktive Gruppe jedoch eine andere Verbindung, ein „Flavin-adenindinucleotid". Dieses Dinucleotid wurde ebenfalls von Warburg entdeckt. Während die Flavoproteine die Wasserstoffatome *direkt* von den organischen Substraten in der Zelle übernehmen, ist dies nicht der Fall bei der Dehydrogenase der roten Blutzellen. Wie schon erwähnt, enthält dieses System ein Coenzym. Die Aufklärung der Struktur dieses Coenzyms war Warburgs nächstes Ziel. Mit Hilfe klassischer Isolierungsmethoden der organischen Chemie erhielt Warburg 1934 ein reines Coenzym, das Stickstoff und Phosphor sowie Phosphat, Pentose und Adenin enthielt, jedoch zusätzlich noch eine Substanz, deren Vorkommen in Coenzymen bislang unbekannt war, nämlich Nicotinamid. Das war von allergrößter Bedeutung, denn es erwies sich, daß Nicotinamid die katalytisch aktive Gruppe des Coenzyms war. Sie unterliegt Hydrierung und Dehydrierung und überträgt dadurch Wasserstoffatome. Die gleiche Substanz wurde später in den Coenzymen von zahlreichen anderen Oxid-Reduktionen gefunden, insbesondere bei Gärungen. Heute kennt man gut über 150 verschiedene Dehydrogenasen, bei denen das Nicotinamid eine Schlüsselrolle als Wasserstoffüberträger spielt. Die Entdeckung von Nicotinamid und die Aufklärung seiner Wirkungsweise war eine monumentale Leistung. Zwar war die Beteiligung von Coenzymen bei der Hefegärung schon seit den Pionierarbeiten von Arthur Harden im Jahre 1906 bekannt, doch blieb ihre Funktion bei der Gärung völlig im Dunkeln.

Wichtig und hilfreich für die Untersuchung der Reduktion von Nicotinamid-Dinucleotiden war die Tatsache, daß bei der Reduktion des Coenzyms eine Absorptionsbande bei 340 Nanometer entsteht, die sich für einen spektrophotometrischen Test eignet. Die Entdeckung dieser Absorptionsbande war die Grundlage vieler nachfolgender Arbeiten über die Coenzyme, insbesondere bei den Messungen von Metaboliten. Diese elegante Methode war allen bisher bekannten Testverfahren überlegen. Warburg hat damit eine Methode in die Enzymchemie eingeführt, die heute noch für die Biochemiker von unschätzbarem Wert und auch von praktischer Bedeutung in der klinischen Biochemie ist.

Kristallisation von Gärungsenzymen. Dank der Arbeiten von Harden, Neuberg, Meyerhof, Embden, Carl und Gerty Cori, Parnas, Dorothey Needham und Lohmann kannte man seit Mitte der 30er Jahre die Enzyme der Milchsäuregärung und der alkoholischen Gärung. Jedoch kein einziges dieser Enzyme war völlig rein oder gar in kristallisierter Form dargestellt worden. Da die Aufklärung der Enzymwirkung reine Substanzen erfordert, ist die Reinigung von entscheidender Bedeutung, ebenso wie die Verfügbarkeit in kristallisierter Form, und, wie man heute weiß, die Kenntnis der räumlichen Struktur. Warburg und seine Mit-

Abb. 37. Carl Cori (rechts) und Severo Ochoa, Sommer 1941 in Madison

arbeiter griffen die Enzymreinigung mit neuen Verfahren an. Er war der erste, dem es gelang, Gärungsenzyme in kristallisierter Form darzustellen, und zwar nicht weniger als neun innerhalb relativ kurzer Zeit. Vor der Entwicklung der neuen Methoden war die quantitative Auswertung der Enzymaktivität (die für die Reinigung wesentlich ist) sehr schwierig und mühsam. Die neuen optischen Teste konnten innerhalb von Minuten und an kleinsten (Mikromol-)Mengen durchgeführt werden. Im Verlauf der Arbeiten über die Enzymisolierung entdeckte Warburg ein neues wichtiges Zwischenprodukt der Gärung, das 1,3-Diphosphoglycerat; diese Entdeckung war erst nach Reindarstellung des Enzyms Glycerinaldehydphosphat-Dehydrogenase möglich geworden. Die Reinigung der Enzyme führte auch zur Aufklärung der Fluoridhemmung der Gärung. Lohmann und Meyerhof hatten gefunden, daß Fluorid spezifisch das Enzym Enolase hemmt. Versuche mit dem reinen Enzym ergaben, daß der Hemmstoff ein Magnesiumfluorphosphat ist, das sich mit dem Enzym verbindet.

Im 18. Jahrhundert löste Antoine Lavoisier eine Entwicklung aus, die man allgemein als die chemische Revolution bezeichnet; seine Theorien über Atmung und Gärung beherrschten das wissenschaftliche Denken auch noch im ganzen 19. Jahrhundert. Die Leistungen von Warburg und von Meyerhof während des ersten Abschnitts dieses Jahrhunderts bedeuten den größten Durchbruch auf diesen beiden Gebieten seit Lavoisier; dazuhin legten sie den Grund für die spektakulären Fortschritte der Biochemie in der Zeit nach dem Zweiten Weltkrieg. Diese beiden Forscher und ihre hochbegabten Schüler (darunter mehrere Nobelpreisträger) sind ein eindrucksvolles Beispiel für die Auswirkungen der deutsch-jüdischen Zusammenarbeit auf die Entwicklung der Biologie im 20. Jahrhundert.

Photosynthese. Die Assimilation des Kohlendioxids, die Photosynthese, ist der allerwichtigste biochemische Vorgang auf der Erde. Im Verlauf der Photosynthese wird die Energie des Sonnenlichts mit Hilfe des grünen Blattfarbstoffs Chlorophyll aufgenommen und in chemische Energie umgewandelt. Nach der Gleichung $6\ CO_2 + 6\ H_2O \xrightarrow[\text{Chlorophyll}]{h/v} (CH_2O)_6 + 6\ O_2$ entstehen aus Kohlendioxid (CO_2) + Wasser (H_2O) Glucose $(CH_2O)_6$ und molekularer Sauerstoff (O_2). Da von diesem Sauerstoff letzten Endes alles Leben abhängt, ist die überragende Bedeutung und damit das große Interesse an diesem Prozeß verständlich. Joseph Priestley (der unabhängig von Scheele den Sauerstoff 1774 entdeckte) hatte bereits beobachtet, daß ein Tier in einem gasdicht geschlossenen Raum, in dem sich eine dem Sonnenlicht ausgesetzte grüne Pflanze befindet, überlebt, weil die Pflanze die durch die tierische Atmung „verdorbene" Luft wieder "verbessert". Priestley und Lavoisier sowie viele Forscher nach ihnen arbeiteten an dem Problem der Photosynthese; aber die Biochemie war damals noch nicht hinreichend entwickelt, um eine Erklärung des Mechanismus zu vermitteln.

Warburgs allgemeines Interesse an biologischen Energielieferungen führte ihn schon 1914 zum Studium der Photosynthese. Im Jahr 1912 hatte Einstein das Gesetz der photochemischen Äquivalenz formuliert, demzufolge eine photochemische Reaktion die Absorption *eines* Lichtquants pro Molekül „Photolyt" verlangt. Kurz danach lieferte Ottos Vater Emil Warburg den ersten experimentellen Beweis für die Gültigkeit dieses Gesetzes in Untersuchungen über die photochemische Spaltung von anorganischen Säuren. Ottos genaue Kenntnis dieser Entwicklungen war der Ausgangspunkt seiner Forschungen über die Photosynthese. Es war ihm von Anfang an klar, daß sich diese Probleme nur mit neuen Meßmethoden angreifen ließen. Die physikalischen Methoden für die quantitative Bestimmung der Lichtintensität (Bolometrie) waren in Emil Warburgs Laboratorium in der Physikalisch-Technischen Reichsanstalt ausgearbeitet und dort von Otto erlernt worden. Lichtintensitätsmessungen mußten mit Messungen der Geschwindigkeit der Photosynthese verglichen werden, jedoch gab es damals noch keine zuverlässigen quantitativen Methoden für derartige Messungen. Warburg führte dann entscheidende Neuerungen ein, vor allem modifizierte er die manometrischen Methoden, die er bereits für die Messung der Zellatmung benutzt hatte (vgl. Kleinzeller 1965), für seine Versuche über die Photosynthese. Außerdem führte er ein neues Versuchsobjekt ein: die Alge Chlorella. Suspensionen von Einzelzellen (Erythrocyten, Hefezellen) hatten sich schon bei seinen früheren Arbeiten als besonders günstiges Material für quantitative Untersuchungen erwiesen. Bisher hatten die Photosynthese-Forscher grüne Blätter verwendet, die sich jedoch nicht für quantitative Untersuchungen eignen. Die Einführung einzelner Zellen als Versuchsmaterial hat in der Regel zu einem großen Fortschritt in dem jeweiligen Untersuchungsgebiet geführt. Heute sind sogar einzelne Zellorganellen (z. B. Mitochondrien), isolierte Zellmembranen und Zellkerne häufig nützlicher als Versuchsmaterial als die ganze Zelle. Warburg entwickelte ferner die Methode der intermittierenden Belichtung; diese erwies sich als unentbehrlich für die Unterscheidung zwischen der Lichtreaktion und den Dunkelreaktionen der Photosynthese.

Erstes Ziel von Warburg war, die Gültigkeit des Einsteinschen Gesetzes der photochemischen Äquivalenz für die Photosynthese zu prüfen. In Versuchen mit Chlorella-Zellen fand er, daß 4 Lichtquanten nötig waren, um 1 Molekül Sauerstoff aus Kohlendioxid (CO_2) freizusetzen. In rotem Licht von 660 Nanometer, das eine Quantenenergie von 43 kcal pro Mol hat, bedeutet dies einen Nutzeffekt von etwa 65 Prozent, ein für biologische Reaktionen ungewöhnlich hoher Wirkungsgrad. Die Berechnung ging von der Annahme aus, daß für die Reduktion von 1 Mol Kohlendioxid auf die Oxidationsstufe des Kohlenhydrats etwa 115 kcal erforderlich sind: 1 Molekül Kohlendioxid (CO_2) und 1 Molekül Wasser (H_2O) wird durch Licht zu Kohlenhydrat und Sauerstoff (O_2) umgewandelt.

In Anbetracht der damaligen Verhältnisse und Kenntnisse waren Warburgs Versuche und Interpretationen eine ganz außergewöhnlich hervorragende Leistung. Seither hat sich jedoch die Biochemie, das Verständnis der chemischen und molekularen Ereignisse in der Zelle, grundlegend verändert und unser Wissen in jeder Beziehung revolutioniert. Der Nutzeffekt eines chemischen Prozesses ist nur einer von vielen Aspekten, und kaum ein Biochemiker dürfte ihn für den wichtigsten und interessantesten halten. Die Antwort auf ein Problem ist nur dann zufriedenstellend, wenn sie Einsicht in den detaillierten Mechanismus eines Prozesses vermittelt, das heißt wir möchten genau wissen, wie die Pflanzenzelle die Sonnenenergie aufnimmt und dann Schritt für Schritt umwandelt, wobei letztendlich Sauerstoff zur Erhaltung von tierischem Leben entsteht. Mit dem Problem haben sich eine ganze Reihe von brillanten Forschern beschäftigt, und heute besitzen wir eine Fülle von Informationen über die wichtigsten Vorgänge bei der Photosynthese, wenn auch, wie so oft in der naturwissenschaftlichen Forschung, eine ganze Anzahl von Fragen noch offen bleibt. Dieses Buch ist zweifellos nicht der richtige Platz, das Gebiet ausführlich darzustellen, jedoch wollen wir wenigstens einige Meilensteine kurz erwähnen und dann zu Warburg und dessen Reaktionen auf diese Entwicklungen zurückkehren.

Wie wir heute wissen, sind der Ort, an dem die Photosynthese abläuft, die Chloroplasten, die in allen grünen Pflanzenteilen, vor allem in den Blättern vorkommen. Diese Zellorganellen, die Träger des grünen Farbstoffs Chlorophyll, besitzen wie die Mitochondrien eine komplizierte Substruktur, in die uns erst das Elektronenmikroskop näheren Einblick vermittelt hat. Die Chloroplasten enthalten zahlreiche parallele Zysternen, sogenannte Thylakoide, in deren flachen Doppelmembranen in winzigen Vesikeln, den sogenannten Quantosomen, die Photosynthese-Pigmente Chlorophyll a und b lokalisiert sind. Bei der Photosynthese wird die von den Quantosomen absorbierte Lichtenergie für einen Elektronentransport eingesetzt und in Form von chemischer Energie fixiert. Über die Struktur des Chlorophylls haben wir bereits im Zusammenhang mit Willstätters Forschungen berichtet. Ähnlich wie der rote Blutfarbstoff Hämoglobin besteht Chlorophyll aus einem Porphyrinringsystem, in dessen Zentrum sich ein Magnesiumatom, anstatt des Eisens im Häm, befindet.

Versuche von Robert Hill im Jahr 1939 zeigten, daß isolierte Chloroplasten bei Belichtung Sauerstoff bilden, wenn man einen geeigneten Elektronenakzeptor hinzufügt. Dieser Befund unterstützte die Vorstellung anderer Autoren, daß die photochemische Reaktion bei der Photosynthese eine Spaltung von Wasser (H_2O) darstellt und nicht eine direkte Reduktion von Kohlendioxid (CO_2), denn kein Kohlendioxid war in dem von Hill verwendeten System anwesend. Die lichtaktivierte Übertragung eines Elektrons von einem Substrat entgegen einem chemischen Potentialgradienten ist eines der primären Ereignisse bei der Photosynthese. Ein weiterer bedeutender Fortschritt war der Befund von Robert Emerson, daß es zwei verschiedene Systeme gibt, Photosystem I und Photosystem II. Im System I wird NADP zu NADPH reduziert, im System II wird aus Wasser (H_2O) Sauerstoff freigesetzt. Der nächste Schritt ist dann die Bildung von ATP durch Phosphorylierung. Einen entscheidenden Fortschritt bei der Aufklärung der Photosynthese brachten die um 1945 begonnenen Untersuchungen von Melvin Calvin und seinen Mitarbeitern, unter Verwendung von radioaktivem Kohlenstoff zur Analyse der einzelnen Schritte von Kohlendioxid zum Kohlenhydrat. Wie die meisten zellulären Reaktionen ist die Schrittfolge ein Zyklus, der „Calvin-Zyklus“: Das Kohlendioxidmolekül wird in einen Zucker aus fünf Kohlenstoffatomen, das Ribulose-1,5-diphosphat, eingebaut. Hierdurch entsteht ein instabiles Zwischenprodukt, das sofort in zwei phosphorylierte Dreikohlenstoffverbindungen, die 3-Phosphoglycerinsäure zerfällt. Diese wird reduziert und dann in Zucker (Hexose) mit sechs Kohlenstoffatomen umgewandelt. Die Aufklärung des photosynthetischen Stoffwechselweges ermöglichte auch die Schätzung der für die Bildung von Sauerstoff durch Sonnenlicht benötigten Energie, wobei man auf viel höhere Werte für den Quantenbedarf der Photosynthese kam, nämlich acht oder mehr Quanten pro Molekül Sauerstoff, also mindestens doppelt so viele wie Warburg postuliert hatte. Diese Ergebnisse wurden von vielen Forschern bestätigt.

1948 ging Warburg für ein Jahr in die Vereinigten Staaten. Den Sommer 1949 verbrachte er im Meeresbiologischen Institut in Woods Hole (Cape Cod), ein beliebter Treffpunkt von Biochemikern und Biologen aus aller Welt. Hier begegnete Warburg vielen alten Freunden aus Dahlem, unter ihnen Otto Meyerhof, Carl Neuberg, James Franck und Hans Gaffron, der jahrelang mit Warburg über die Photosynthese gearbeitet hatte. Gaffron verließ Deutschland in den 30er Jahren und ging in die Vereinigten Staaten, weil ihm das Nazi-Regime, ebenso wie so vielen anderen Wissenschaftlern unerträglich war. Er setzte dann seine Arbeiten im Laboratorium von James Franck fort, der 1934 in die Vereinigten Staaten gekommen war und sich als Physiker mit Theorien über den Quantenbedarf der Photosynthese befaßte. Es gab dann bittere Kontroversen zwischen Franck, der 8 Quanten berechnet hatte, und Warburg, der hartnäckig an seinen in den 20er Jahren gemachten Befunden von 4 Quanten festhielt. Eines Tages kündigte Warburg eine Demonstration seiner Experimente über den Quantenbedarf der Photosynthese an. Dean Burk (Cancer Institute der National Institutes of Health in Bethesda, Maryland) half ihm bei den technischen Vorbereitungen. Nach der Vorführung folgte ein Vortrag im überfüllten Hörsaal, wo alle mit Spannung ein interessantes Streitgespräch zwischen Warburg und Franck erwarteten, das dann auch in aller Schärfe stattfand, ohne daß einer der beiden seine Ansicht änderte. Solche Kontroversen sind in angelsächsischen Ländern unüblich und selten. Für diejenigen, die an den Haber-Kolloquien teilgenommen haben, waren starke Meinungsverschiedenheiten nichts Ungewöhnliches. Doch weil es sich bei den Diskutanten in der Regel um gute Freunde handelte, war die Atmosphäre zwar aufregend, aber freundlich. In Woods Hole hingegen spürte man die starke Spannung zwischen den Opponenten. Franck war sehr unglücklich über die polemischen Attacken von Warburg, dessen Vater sein hochverehrter Lehrer gewesen war, und er litt unter der peinlichen Situation und der Tatsache, daß eine wissenschaftliche Meinungsverschiedenheit zu einer Beeinträchtigung der persönlichen Beziehungen führte.

Die zahlreichen neuen Ergebnisse auf dem sich schnell entwickelnden Gebiet konnten Warburgs Überzeugung von dem einzigartigen Nutzeffekt der Photosynthese nicht erschüttern. Im Laufe seiner letzten 20 Lebensjahre verteidigte er immer wieder energisch seine früheren Befunde und versuchte, sie durch neue Hypothesen zu stützen. Seine Vorstellungen fanden jedoch keine allgemeine Anerkennung. Wie konnte ein so außergewöhnlicher und brillanter Mensch, dessen bahnbrechende Arbeiten in der Photosyntheseforschung selbst bei seinen schärfsten Kritikern Anerkennung fanden, so kompromißlos auf seinen Vorstellungen beharren, die nicht nur umstritten waren, sondern von vielen für

Fehlinterpretationen gehalten wurden? Wie war es möglich, daß er die dramatischen Fortschritte nicht berücksichtigte, die in der Zeit nach seinen ersten Beobachtungen gemacht worden waren? Seine Haltung ist noch überraschender, wenn wir bedenken, daß für die meisten Forscher der Nutzeffekt eines Prozesses weniger wichtig ist als die beteiligten Mechanismen. (Wir kommen auf Warburgs Verhalten noch einmal im Zusammenhang mit seiner Persönlichkeit zurück.)

Krebs. Das Krebsproblem beschäftigte Warburg bereits während seiner Studentenzeit. Er griff dann das Problem von seinen Grundlagen her an: Er suchte herauszufinden, was sich in einem Gewebe biochemisch verändert, wenn eine normale Zelle (deren Wachstum unter strenger Kontrolle steht) sich in eine Krebszelle mit unbeschränktem Wachstum verwandelt. Die Frage, ob sich der Stoffwechsel von Krebszellen qualitativ von dem eines normalen Gewebes unterscheidet, ist schon vor ihm gestellt worden. Doch nach Warburgs Ansicht waren alle früheren Lösungsvorschläge sowohl theoretisch als auch experimentell unzulänglich gewesen. Wenn man das anomale Wachstum erklären wolle, dann müsse man, so meinte er, zuerst diejenigen Reaktionen untersuchen, die Wachstumsenergie liefern. Er ging dabei von der Tatsache aus, daß sich die Atmung des Seeigeleies, wie er vor 15 Jahren fand, im Augenblick der Befruchtung versechsfacht. So begann er 1923 mit der Messung der Atmungsgeschwindigkeit eines Rattenkarzinoms, mit Hilfe der Gewebeschnittmethode, die er für diesen Zweck entwickelt hatte. Dabei zeigte sich, daß die Atmung des Karzinomgewebes nicht, wie erwartet, größer ist als die Atmung von normalem Gewebe, sondern beträchtlich kleiner. Warburg konnte dann nachweisen, daß im Krebsgewebe durch glykolytische Zuckerspaltung Milchsäure, welche die Atmung hemmt, gebildet wird, und zwar viel mehr und weit schneller als in anderen Geweben, wie zum Beispiel Leber, Niere und Pankreas. Die Umsatzgeschwindigkeit war hoch genug, um erheblich zur Energieversorgung des Gewebes beizutragen. Diese Befunde wurden bald an anderen neoplastischen Zellen, einschließlich menschlicher Tumorzellen, bestätigt. Eine Besonderheit war, daß die hohe Umsatzgeschwindigkeit bei der „Glykolyse“ der Krebszellen in Gegenwart von Sauerstoff erreicht wurde. Schon lange wußte man, daß viele Gewebe, beispielsweise Muskeln, in Abwesenheit von Sauerstoff Milchsäure aus Kohlenhydrat bilden; die Glykolyse steigt während der Muskelkontraktion stark an, nämlich genau dann, wenn zusätzliche Energie benötigt wird.

Warburg fragte sich sofort, ob die Glykolyse in Gegenwart von Sauerstoff für Krebszellen spezifisch sei, und untersuchte deshalb systematisch die Glykolyse vieler verschiedener Gewebe in Gegenwart und Abwesenheit von Sauerstoff. Dabei stellte sich heraus, daß alle stoffwechselaktiven tierischen Gewebe in Abwesenheit von Sauerstoff glykolisieren, aber die meisten nicht in Gegenwart von Sauerstoff. Die wichtigste Ausnahme bildete die Netzhaut der Warmblüter, deren aerobe Glykolyse sogar noch schneller war als die des Krebsgewebes. Warburg interpretierte diesen Befund als Artefakt, nämlich da die Netzhaut ein sehr empfindliches Gewebe ist, könnte sie bei den in vitro Versuchen beschädigt worden sein. Er sah einen Zusammenhang zwischen dieser Entdeckung und analogen Beobachtungen, die Louis Pasteur 60 Jahre früher bei Mikroorganismen gemacht hat, nämlich daß die Gärungsgeschwindigkeit in Abwesenheit von Sauerstoff im allgemeinen hoch, in Anwesenheit von Sauerstoff aber niedrig ist (er prägte auch die Begriffe „aerob“ und „anaerob“). So kam Warburg zu dem Schluß, daß Krebszellen im Unterschied zu normalen Zellen nicht dazu fähig sind, die Glykolyse in Gegenwart von Sauerstoff zu unterdrücken. Zu dieser Zeit hatte Meyerhof bereits gefunden, daß in Muskeln die Milchsäurebildung in Gegenwart von

Sauerstoff abnimmt. Ferner stellte er fest, daß nur ungefähr ein Sechstel der Milchsäure oxidiert wird, und daß der größte Teil der gebildeten Milchsäure zu Kohlenhydraten resynthetisiert wird und zwar auf Kosten der durch die Atmung gelieferten Energie. Warburg führte dann Messungen der anaeroben und aeroben Milchsäurebildung in verschiedenen Geweben durch. Die Ergebnisse zeigten, daß 1 Molekül veratmeten Sauerstoffs 1 bis 2 Moleküle Milchsäure zum Verschwinden bringt. Dies ist die gleiche quantitative Beziehung, die Meyerhof im Muskelgewebe gefunden hat („Meyerhof-Quotient"). Aber der eigentliche Mechanismus, durch den Sauerstoff das Auftreten von Gärungsprodukten verhindert, blieb im Dunkeln. Warburg nahm an, daß Atmung und Gärung durch eine spezifische chemische Reaktion, die er die „Pasteursche Reaktion" nannte, verknüpft seien. Doch die spätere Entwicklung auf diesem Gebiet, die mit den Arbeiten von V. A. Engelhardt begann und hauptsächlich durch F. Lynen, Th. Bücher, E. Racker und A. Sols fortgeführt wurde, zeigte dann, daß Warburgs Vorstellungen über den Mechanismus des Pasteur-Effekts falsch waren. Wir wissen jetzt, daß die Unterdrückung durch einen Regulationsmechanismus geschieht, nämlich durch das Enzym Phosphofructokinase, das die Geschwindigkeit der Glykolyse reguliert. Dieses allosterische Enzym wird durch Adenosin-Triphosphat (ATP) inaktiviert und durch Adenosin-Diphosphat (ADF) aktiviert (siehe Seite 321). Da die Atmung die Synthese von ATP bewirkt, vermindert sie dadurch die Aktivität der Phosphofructokinase. Bei niedriger Konzentration von ATP (das heißt bei geringer Energieladung der Zelle) wird das Enzym aktiv. Auf diese Weise wird der Energiehaushalt der Zelle reguliert. Diese Vorstellungen von dem Wesen des Pasteur-Effekts wurden erst im Laufe der 60er Jahre geklärt, also 40 Jahre nachdem Warburg erstmals das Phänomen formuliert hatte. Wir verstehen jetzt, warum die Lösung des Problems erst nach grundlegenden Fortschritten in der Enzymchemie möglich war.

Als Warburg seine Arbeiten über die Energieversorgung schnell wachsender Krebszellen begann, hatte er eine Zunahme der Atmung erwartet. Er fand jedoch keine Atmungssteigerung, sondern eine zusätzliche Energieversorgung aus der Glykolyse. In der Krebszelle wird die Energieversorgung den normalen Funktionen entzogen und zum Wachstum gelenkt. Dies ist ein Vorgang, den man in der Genetik „Entdifferenzierung" oder „Reorientierung der Gen-Expression" nennt (Gene sind die Träger der genetischen Information).

Warburg behielt sein starkes Interesse am Krebsproblem bis zum Ende seines langen Lebens und führte auch noch eine Vielzahl von Experimenten über die Krebsentstehung durch. Einige der Ergebnisse wiesen darauf hin, daß möglicherweise ein niedriger Sauerstoffdruck die Umwandlung normaler Zellen in Krebszellen auslösen könnte. Aufgrund seiner Befunde kam Warburg zu der Überzeugung, daß der Verlust der normalen Atmung eine entscheidende Rolle bei der Krebsentstehung spielt und die letzte Ursache des Krebses der Ersatz der Sauerstoffatmung der Körperzellen durch eine Gärung ist. Im Jahr 1967, im Alter von 83 Jahren, faßte er seine Ansichten in einer Schrift zusammen mit dem Titel: „Über die letzte Ursache und die entfernten Ursachen des Krebses", aus der die folgenden Zeilen zitiert seien (nach H. Krebs 1979), weil sie auch ein typisches Beispiel für Warburgs klaren, logischen und kraftvollen Stil sind:

„Es gibt entfernte Ursachen und letzte Ursachen von Krankheiten. Zum Beispiel ist die letzte Ursache der Pest der Pestbazillus, aber entfernte Ursachen der Pest sind der Schmutz und die Ratten und die Flöhe, die den Pestbazillus von den Ratten auf den Menschen übertragen."

„Krebs zeichnet sich vor allen anderen Krankheiten dadurch aus, daß es unzählig viele entfernte Ursachen gibt. Fast alles, sogar die Zeit selbst, erzeugt Krebs. Aber auch für den Krebs gibt es nur eine einzige letzte Ursache. In wenigen Worten zusammengefaßt ist die letzte Ursache des Krebses der Ersatz der Sauerstoffatmung der Körperzellen durch eine Gärung. Alle normalen Körperzellen decken ihren Energiebedarf aus der Sauerstoffatmung, die Krebszellen alleine können ihren Energiebedarf aus einer Gärung decken. Alle normalen Körperzellen sind also obligate Aerobier, alle Krebszellen sind fakultative Anaerobier. Vom Standpunkt der Physik und Chemie des Lebens betrachtet ist dieser Unterschied zwischen normalen Körperzellen und Krebszellen so groß, daß man ihn sich größer nicht vorstellen kann. Der Sauerstoff, der Spender der Energie aller höher entwickelten Lebewesen, ist in den Krebszellen entthront und ersetzt durch die energieliefernde Reaktion der niedersten Lebewesen, durch eine Gärung."

„Der Schlüssel zum Krebsproblem ist hiernach die Energetik des Lebens, die das Arbeitsgebiet meines Dahlemer Instituts seit der Gründung durch die Rockefeller-Stiftung im Jahr 1931 gewesen ist. In Dahlem sind die Wirkungsgruppen der sauerstoffübertragenden und der wasserstoffübertragenden Fermente entdeckt worden. In Dahlem ist auch — schon vor Jahrzehnten — die Gärung der Krebszellen entdeckt worden; aber erst in den letzten Jahren ist bewiesen worden, daß die Krebszellen mit der Energie dieser Gärung im Körper tatsächlich wachsen. Erst heute weiß man aus Züchtungsversuchen mit Reinkulturen von Krebszellen, daß Krebszellen beim Wachstum bis zu 99 % ihres Energiebedarfs aus der Gärung decken können. Erst heute liegen alle diejenigen Experimente vor, die Pasteur und Robert Koch als Beweise der letzten Ursache einer Krankheit verlangt haben. Wie es sein muß, wenn der Ersatz der Sauerstoffatmung durch die Gärung die letzte Ursache des Krebses ist, müssen alle Krebszellen fakultative Anaerobier sein, und es müssen alle normalen Körperzellen obligate Aerobier sein."

„Etwa 80 % aller Krebsvorkommen können heute verhütet werden, indem man die bekannten exogenen krebserzeugenden Substanzen von den Körperzellen fernhält. Wie aber kann man die restlichen 20 % des Krebses verhüten, für die äußere Ursachen nicht bekannt sind? Wie kann man den endogenen Krebs, der oft der „spontane" Krebs genannt wird, verhüten?"

„Krebs, exogener wie endogener, entsteht immer dann, wenn die Sauerstoffatmung wachsender Zellen geschädigt wird und der Ausfall an Atmung gleichzeitig ersetzt wird durch den energieäquivalenten Betrag an Gärung. Da es keine Krebszelle gibt, deren Atmung intakt ist, kann man nicht bestreiten, daß Krebs verhütet werden kann, wenn die Atmung der Körperzellen intakt bleibt."

Die meisten Fachleute sind der Meinung, daß Warburgs Beurteilung des Sachverhalts fehlerhaft war und daß seine weitgehenden Verallgemeinerungen auf groben Vereinfachungen beruhten. Warburg vernachlässigte den Kern des Krebsproblems, nämlich die Mechanismen, die für die Regulierung des normalen Zellwachstums sorgen und in der Krebszelle verlorengegangen oder gestört sind. Die letzte Ursache dürfte auf der Ebene der Kontrolle der Gen-Expression zu suchen sein. Wenn wir heute auch einige der Grundprinzipien verstehen, sind viele Details immer noch unbekannt.

Außer den Leistungen auf den beschriebenen Hauptgebieten seiner Forschung — Photosynthese, Krebsforschung und biologische Energieübertragung — machte Warburg eine Anzahl weiterer interessanter und wertvoller Entdeckungen, von denen einige sogar praktische Anwendung in der klinischen Biochemie fanden. Überblickt man Warburgs Errungenschaften, werden viele Biochemiker mit Efraim Racker einig sein, der einmal sagte: „Daß Warburg einer der größten Biochemiker war, wird kaum jemand bestreiten. Seine experimentelle Arbeitsweise war monumental und genial. Trotzdem werden heute Warburgs Theorien auf zwei Gebieten, die ihm sehr am Herzen lagen — Krebs und Photosynthese — fast allgemein als abwegig und naiv abgelehnt" (Racker 1972).

Efraim Racker kam nach dem Anschluß Österreichs im Jahr 1938 als jüdischer Flüchtling aus Wien in die Vereinigten Staaten. Besonders mit seinen Untersuchungen über den Mechanismus der Sauerstoff- und Elektronenübertragung in Mitochondrienmembranen leistete er wertvolle Beiträge zur Molekularbiologie. Er ist Albert-Einstein-Professor für Biochemie und Molekularbiologie an der Cornell University in Ithaca, N. Y. und ein großer Freund Israels, wo er der Hebräischen Universität in Jerusalem in vieler Beziehung sehr geholfen hat.

Noch einmal sei betont, daß die Kritik sich nur auf Warburgs theoretischen Vorstellungen bezieht; niemand bezweifelt die Genialität seiner Experimente oder die tiefgreifende Bedeutung seiner Leistungen für die Biochemie dieses Jahrhunderts. Daß er Versuche und Ideen anderer Forscher ignorierte, beruhte auf seiner Leidenschaft für seine eigenen Theorien, die ihn manchmal blind machte; das war eine seiner Hauptschwächen, auf die wir später noch zurückkommen werden.

Neue Methoden. Wie bereits erwähnt, besaß Warburg eine außergewöhnliche Begabung für die Entwicklung neuer und origineller Methoden oder auch Anpassung alter Methoden an seine spezifischen Forschungsziele. Diese Fähigkeit basierte auf seinen gut fundierten theoretischen Kenntnissen, seiner reichen Erfindungsgabe, seiner Genialität und seinem Verstand, kombiniert mit großer technischer Geschicklichkeit. Einige dieser Methoden haben den Fortschritt der Biochemie im allgemeinen und der Enzymchemie im besonderen zutiefst beeinflußt. Die Anwendung der spektrophotometrischen Methode bei seinen Untersuchungen über die Coenzyme führte zu erstaunlichen Fortschritten bei den Methoden der Enzymreinigung und -kristallisierung. Seit damals ist die Spektrophotometrie sehr vereinfacht worden: Spektralphotometer sind überall im Handel, und ihre Anwendbarkeit ist durch viele Verbesserungen und Verfeinerungen stark erweitert worden. Sie sind heute ein unentbehrliches und allgemein verwendetes Werkzeug der Biochemiker.

Eine weitere Technik, die Warburg entwickelt hat, war die Anwendung der Manometrie zur Messung der Sauerstoffaufnahme. Nachdem er bei einem kurzen Besuch in Cambridge das Haldane-Barcroftsche „Blutgasmanometer" gesehen hatte, begann er 1910 mit solch einem Gerät zu arbeiten. Es unterschied sich von früheren Manometern dadurch, daß eine spezielle Vorrichtung das Volumen des Gasraumes konstant hielt, so daß wenn ein Gas bei konstanter Temperatur gebildet oder verbraucht wird, sich nur der Druck änderte. Die Erfinder hatten dieses Gerät dazu benützt, den an Hämoglobin gebundenen Sauerstoff oder den Kohlendioxidgehalt des Blutes quantitativ zu messen. Warburg modifizierte dann die Apparatur zur Messung der *Geschwindigkeit* des Gasaustausches. Die von Warburg entwickelte Methode erwies sich als viel genauer und praktischer und vielseitiger anwendbar als die klassischen Methoden der Gasanalyse. Sie war nicht nur auf Vorgänge anwendbar, an denen Gase direkt beteiligt sind, wie Zellatmung, Photosynthese und alkoholische Gärung, sondern auch auf andere Reaktionen, die mit einer gaserzeugenden Reaktion gekoppelt werden können. Die Theorie und Praxis der Manometrie wurden im wesentlichen in den 20er Jahren entwickelt, doch kamen in den 50er Jahren noch weitere wichtige Verbesserungen hinzu. Die manometrischen Methoden erwiesen sich außerdem als ein äußerst wertvolles Werkzeug für die quantitative Bestimmung von physiologisch wichtigen Substanzen. Einen Begriff von dem Wert und weiten Anwendungsbereich der von Warburg entwickelten Methoden ist eine im Jahr 1965 erschienene, von A. Kleinzeller herausgegebene Monographie „Manometrische Methoden", die auf etwa 600 Seiten über 100 analytische Verfahren beschreibt. Eine weitere neue Methode ist die Gewebeschnitt-Technik, die Warburg in erster Linie für die Messung der Atmung von Krebszellen entwickelt hat. Bei Gewebeschnitten handelt es sich um Gewebestücke, die dünn genug sind, um durch Diffusion zwischen den Zellen und dem umgebenden Medium eine ausreichende Aufnahme von Nährstoffen und Entfernung der Abfallprodukte sicherzustellen, was normalerweise durch die Blutzirkulation vermittelt wird. Die Schnitte müssen weniger als 0,5 mm dick sein, um dieser Anforderung gerecht zu werden; man machte sie mit einer scharfen Rasierklinge. Warburg entwickelte die mathematische Theorie für die Berechnung der maximalen Schnittdicke, die noch eine Sättigung des Gewebes mit Sauerstoff gewährleistet. Solche Schnitte enthalten etwa 25 bis 100 Zellschichten; da jeweils nur *eine* Zellschicht auf jeder Seite angeschnitten wird, bleibt die Struktur fast aller Zellen intakt. Die Unversehrtheit der Zellstruktur ist wichtig, denn wie bereits erwähnt, können die energieliefernden Reaktionen, wie zum Beispiel die Atmung, nur in intakten Zellen erfolgen.

Ein entscheidender Vorteil der Gewebeschnitt-Technik ist die Tatsache, daß Proben desselben Organs gleichzeitig in Parallelversuchen unter einer Vielzahl von genau kontrollierten Bedingungen inkubiert werden können. Bis dahin verwendete man für derartige Untersuchungen die Perfusion ganzer Organe wie zum Beispiel Leber, Niere oder Herz von größeren Tieren, eine sehr viel mühsamere und teure Methode, mit der dazuhin keine Parallelversuche an demselben Organ durchgeführt werden können. Die Gewebeschnitt-Technik erwies sich in vieler Hinsicht als eine große Verbesserung und war daher auch von großer allgemeiner Wichtigkeit, insbesondere auch für das Studium von Stoffwechselvorgängen.

Warburg hat den Fortschritt der Biochemie nicht nur durch viele originelle und geniale Ideen stimuliert, sondern auch durch die Entwicklung neuer wichtiger Werkzeuge, die mit ihrer Eleganz und Vielseitigkeit unschätzbar und lange Zeit unentbehrlich für den Fortschritt auf diesem Gebiet waren. Zwar hat die Physik in den letzten 20 bis 30 Jahren der Biologie eine Flut von sehr raffinierten Methoden und Geräten verfügbar gemacht (zum Beispiel das Elektronenmikroskop, die Röntgenbeugung, Methoden zur Messung hyperschneller Reaktionen, die optische Rotationsdispersion, die Spektrofluorometrie und die Kernresonanz); doch will man die Größe der Leistung eines Wissenschaftlers bewerten, dann muß man die durch den allgemeinen Wissensstand seiner Zeit gesetzten Grenzen berücksichtigen.

Nach dem Ersten Weltkrieg. Nach der Rückkehr aus dem Krieg war Otto Warburg bis Ende 1931 Direktor einer der 6 Abteilungen des Kaiser-Wilhelm-Instituts für Biologie. Sein Laboratorium war nicht sehr groß, es bot kaum Platz für 10 Mitarbeiter; aber die Ausrüstung für physikalische und chemische Arbeiten war hervorragend. Unter Warburgs Mitarbeiter gab es höchstens drei Akademiker, alle anderen waren technische Assistenten, die in großen Fabriken gut ausgebildet worden waren und sehr geschickt mit komplizierten Geräten umgehen konnten. Warburg hielt Techniker für ideale Mitarbeiter, weil sie, im Gegensatz zu Akademikern, ihre Arbeit ohne viel zu fragen ausführten und nicht auf Beförderung und Karriere bedacht waren. Doch während der langen Zeit seiner wissenschaftlichen Aktivität verbrachten auch zahlreiche Wissenschaftler ein oder mehrere Jahre in seinem Laboratorium, darunter Hans A. Krebs, Hugo Theorell, Hans Gaffron, Baird Hastings, Eric Ball, Theodor Bücher und (nach dem Zweiten Weltkrieg) Dean Burk. Als ein Kollege einmal zu Warburg sagte, daß er Unterricht und Ausbildung von zukünftigen Forschern für sehr wichtig halte, antwortete er: „Meyerhof, Theorell und Krebs waren meine Schüler. Habe ich nicht genug für die nächste Generation getan?“

Nach einem Vortrag in Baltimore im Jahr 1929 über „Enzyme action and biological oxidation“ bot ihm die Rockefeller Foundation Unterstützung für seine Forschung an. Er schlug den Bau eines Instituts für Zellphysiologie vor, das ganz seinen Bedürfnissen und seinen eigenen Plänen entsprechen sollte. Dieses neue Institut wurde dann gebaut und Ende 1931 beziehbar. Warburg wählte als Vorbild für die Außenarchitektur ein Rokoko-Herrenhaus aus dem 18. Jahrhundert, das in der Nähe von Potsdam steht. Das neue

„Kaiser-Wilhelm-Institut für Zellphysiologie" in der Garystraße in Berlin-Dahlem hatte genügend Platz für alles, was er brauchte. Doch vergrößerte er seine Mitarbeitergruppe nicht, sondern nützte die Räume für weitere Apparaturen und insbesondere für Einrichtungen zur Verarbeitung großer Mengen (50 kg und mehr) von Ausgangsmaterial, die für die ersten Stufen der Enzymisolierung benötigt wurden.

Als Hitler die Macht ergriff, war Warburg ein Jahr in seinem neuen Institut, wo er seine Arbeiten während der Nazizeit fortsetzte. Viele haben sich darüber gewundert, warum Warburg, ein Jude und Mitglied der berühmten Warburg-Familie, in Deutschland geblieben ist, und warum er trotz seiner jüdischen Abstammung vom nationalsozialistischen Regime nicht ernstlich behelligt wurde. Dies beruhte zum Teil darauf, daß sein Vater getauft war und seine Mutter aus einer alten, angesehenen, nichtjüdischen deutschen Familie stammte. Nach der Nazi-Ideologie galt er als Halbjude. Wie viele nicht getaufte, aber voll assimilierte Juden, hatte er nicht die geringsten Beziehungen zu der jüdischen Gemeinde oder zu seinem jüdischen Erbe, trotz seiner vielen berühmten jüdischen Verwandten. Durch die Familie seiner Mutter und seinen Dienst in der Armee während des Ersten Weltkrieges hatte er gute und freundschaftliche Beziehungen zu hochrangigen Offizieren, deren Qualitäten er im übrigen mehr schätzte als die seiner Berufskollegen. Wahrscheinlich haben einflußreiche Freunde in der Wehrmacht den Reichsmarschall Göring veranlaßt, eine „Neuberechnung" von Warburgs Abstammung zu arrangieren, mit dem Ergebnis, daß man ihn als Vierteljude eingestuft hat. Möglicherweise, so hörte man reden, kam diese Bevorzugung dadurch zustande, daß einige einflußreiche Kollegen Hitlers Gefolgsleute davon überzeugten, Warburg sei der einzige Wissenschaftler, von dem zu erhoffen sei, ein Heilmittel für den Krebs zu entdecken. Offenbar litt Hitler unter einer starken Krebsangst, was eine zusätzliche Rolle in dieser Sache gespielt haben mag. Während der Kriegsjahre, in denen Warburg mehrfach wegen kritischer Bemerkungen über das Regime denunziert wurde, schützte ihn ein hoher Beamter, Reichsleiter Bouhler von Hitlers Reichskanzlei.

Dazu Warburgs Kommentar: „Das Kaiser-Wilhelm-Institut für Zellphysiologie, dessen Direktor ich seit seiner Gründung war, ist mit Mitteln der Rockefeller-Stiftung erbaut, eingerichtet und teilweise unterhalten worden. Mit Rücksicht darauf behielt ich, obwohl ich Halbjude bin, meine Stellung bis 1941. 1941 wurde ich von der Kaiser-Wilhelm-Gesellschaft entlassen. Von dieser Entlassung erfuhr der damalige Chef der Führerkanzlei, Philipp B. Bouhler, und er beauftragte seinen Stabsleiter Viktor Brack mit einer Revision meines Falles. Viktor Brack erreichte es in wenigen Wochen, daß meine Entlassung zurückgezogen wurde und rettete dadurch wahrscheinlich mein Leben, für die Wissenschaft aber ein ausschließlich für friedliche Zwecke tätiges weltberühmtes Forschungsinstitut. ‚Ich habe dies', sagte mir Brack am 21. Juni 1941, ‚nicht für Sie getan, auch nicht für Deutschland, sondern für die Welt'. Bedenkt man, daß Brack dies zu einer Zeit tat, als Rassenhaß und Kriegspsychose in Deutschland auf der Höhe standen, so wird man den Mut bewundern müssen, mit dem Brack hier der Toleranz und Friedensarbeit der Wissenschaft zum Sieg verhalf gegen die Grundprinzipien des Nationalsozialismus." [Inst. f. Zeitgeschichte, München, I/vDB (d) G2—4: Dr. Brack, O. Warburg, eidesstattliche Erklärung vom 3. 2. 1947.]

Erwähnenswert im Zusammenhang mit Warburgs Verbleiben in Berlin ist die Tatsache, daß die Rockefeller Foundation ihm ein Institut in den Vereinigten Staaten errichten wollte, ein höchst ungewöhnliches Angebot angesichts der damaligen Wirtschaftskrise; doch es zeigt, welch hohes Ansehen Warburg in Amerika genoß. Aber er lehnte das Angebot unter anderem mit der Begründung ab, daß seine Mitarbeiter kaum dazu bereit wären, mit ihm zu gehen. Offenbar befürchtete er, daß selbst unter den günstigsten Umständen seine Forschung, die sein Ein und Alles war, zumindest eine Zeitlang Schaden erleiden würde. Der

Autor erinnert sich an mehrere Gespräche mit A. V. Hill, einem guten Freund von Otto Meyerhof, den er während seiner Pariser Zeit (1933—1939) häufig besuchte. Hill zählte zu der relativ kleinen Zahl von Engländern, die das NS-Regime von Anfang an stark verabscheuten. Es gab nur wenige, die sich so energisch wie Hill darum bemühten, den aus Deutschland geflüchteten Wissenschaftlern die Fortsetzung ihrer Forschungen im Ausland zu ermöglichen. Er war einer der ganz wenigen, die schon relativ früh einen Krieg mit Hitler voraussahen und sich für die Entwicklung des Radar zum Schutze Englands gegen Luftangriffe einsetzte. Wenn auch viele Engländer den Antisemitismus der Nazis mißbilligten und auch gegen das Dritte Reich waren, hatten viele von ihnen doch Sympathie für den Kampf gegen die katastrophalen Folgen des Versailler Vertrages. Sie sahen, welche Gefahr die ständige Erniedrigung einer großen Nation wie Deutschland bedeutete. Man sollte nicht vergessen, daß selbst Winston Churchill bis Ende 1934 ein Bewunderer Hitlers war. Noch 1938 während seiner häufigen Besuche in England mußte der Autor mit Staunen feststellen, wie wenige seiner Kollegen den wahren Charakter des Nazi-Regimes erkannten. Viele waren nach wie vor der Meinung, daß Deutschland schwer unter den harten und ungerechten Bedingungen des Versailler Friedensvertrages leiden mußte und die Nazi-Bewegung eine ganz natürliche Reaktion darauf war. Hinweise des Autors auf Churchills skeptische Äußerungen und Warnungen wurden in der Regel damit abgetan, daß kaum jemand in England diesen „alten Abenteurer" richtig ernst nähme. Zum Unglück für die Welt, für Europa einschließlich Deutschland und England, begann die britische Regierung die wirkliche Lage erst dann zu begreifen, als es viel zu spät war, um entsprechende Vorsichtsmaßnahmen einzuleiten. Für Hill, der die Nazis verabscheute, war Warburg ein Jude und prominentes Mitglied einer alten jüdischen Familie[23]).

Hill betrachtete Warburgs Weigerung, Deutschland zu verlassen, als Charakterschwäche, und verdächtigte ihn sogar als Nazi-Sympathisant. Der Autor versuchte dann wiederholt und mit Nachdruck Hill Warburgs Ausnahmesituation und seinen besonderen Charakter zu erklären, und daß diese negative Reaktion keinesfalls Warburgs Einstellung oder Meinung über die Nazis reflektiere. Tatsächlich hat sich Warburg, wie bereits erwähnt, durch seine kritischen Äußerungen über das NS-Regime wiederholt in Gefahr gebracht. Seinen technischen Assistenten Erwin Haas, ein ungarischer Jude, behielt er bis 1938. Als die Gestapo einmal empört fragte, wie er es wagen könne, derartig wider den Geist des Nazi-Regimes zu handeln, sagte er mit Unschuldsmiene, er habe gedacht, die antijüdischen Ge-

[23]) In England ließen sich die Juden, im Gegensatz zum übrigen Europa, nur sehr selten taufen, ja man lehnte dort die Taufe prinzipiell ab. Ein typisches Beispiel für die Einstellung der englischen Juden ist eine Geschichte, die Hans Krebs einmal dem Autor erzählte. Im Jahr 1934 (oder 1935) wandte sich ein getaufter jüdischer Biochemiker, der Deutschland hatte verlassen müssen, an Sir Frederick Gowland Hopkins (der hervorragendste englische Biochemiker seiner Zeit und Leiter des Sir William Dunn Instituts in Cambridge) mit der Frage, ob er in seinem Institut einen Platz für ihn hätte. Hopkins, bekannt für seine außergewöhnliche Großzügigkeit und seine Bemühungen um die deutschen jüdischen Kollegen, wollte ihm sehr gerne helfen, hatte aber einfach kein Geld. Er bat Krebs, der damals in Hopkins Laboratorium arbeitete, nach London zu gehen und sich zu erkundigen, ob die Möglichkeit bestünde, vom dortigen Jüdischen Hilfskomitee für vertriebene Wissenschaftler einen Zuschuß zu bekommen. Krebs kehrte mit leeren Händen zurück — das Komitee hatte das Gesuch abgelehnt, mit der Begründung, daß es zwar gerne bereit sei, Gelder an Juden und Nichtjuden zu geben, aber nicht an getaufte Juden. Hopkins Tochter, Barbara Holmes, war überrascht und fragte: „Getaufte Juden, was heißt das?" Hopkins erklärte ihr „Siehst Du, Barbara, das sind Juden, die nicht mehr ganz orthodox sind".

setze seien nur für deutsche Juden gültig. Er half dann Haas, einen geeigneten Arbeitsplatz in den Vereinigten Staaten zu bekommen. Warburg hatte ursprünglich vor, am Internationalen Physiologen-Kongreß, der 1938 in Zürich stattfand, teilzunehmen und einen Vortrag zu halten. Doch die Gestapo befahl ihm „seine Teilnahme ohne Angabe von Gründen abzusagen". So schickte er ein Telegramm „Muß Teilnahme absagen ohne Angabe von Gründen". Hill strahlte, als er dem Autor von diesem Telegramm erzählte. Offensichtlich freute er sich nicht nur über diesen Witz, sondern auch darüber, daß Warburg nicht gerade viel Respekt für seinen „Führer" zeigte.

Im Jahr 1943 machten die Luftangriffe das Leben in Berlin gefährlich, und Warburg zog mit seinen Mitarbeitern und Geräten auf ein Schloß, etwa 50 km nördlich von Berlin, das ihm dessen Besitzer, Fürst Eulenburg, zur Verfügung gestellt hatte. Hier wurden die Arbeiten ungestört fortgesetzt, bis Anfang 1945 die Russen dieses Gebiet besetzten und die gesamte Ausrüstung abtransportierten. Es ist nie aufgeklärt worden, wer für diese Aktion verantwortlich war; doch der russische Oberbefehlshaber Marschall Tschuikow teilte Warburg später im Namen der russischen Regierung mit, daß die Beschlagnahmung seiner Laborausrüstung auf einem Irrtum beruht habe. Der Marschall gab dann den Befehl, alles zurückzugeben, jedoch konnte nichts mehr aufgefunden werden.

Warburgs Dahlemer Institut war während des Krieges nicht beschädigt worden. Nach der Besetzung Berlins durch die vier Alliierten gehörte Dahlem zum amerikanischen Sektor, und das Institut diente vier Jahre lang den amerikanischen Streitkräften in Berlin als Sitz ihres Oberkommandos. Die Amerikaner gaben das Gebäude 1949 frei, und mit vielseitiger Hilfe wurde es, wie Warburg sagte, „wieder umgewandelt in das Kaiser-Wilhelm-Institut für Zellphysiologie" und im Mai 1950 offiziell wiedereröffnet. 1953 wurde es in „Max-Planck-Institut für Zellphysiologie" umbenannt. Infolge all dieser Umstände konnte Warburg fünf Jahre lang nicht experimentell arbeiten. In dieser Zeit schrieb er zwei Bücher, in denen er seine früheren Arbeiten zusammenfaßte und ihre Bedeutung, besonders auch in Beziehung zu den Arbeiten anderer Forscher, erörterte. Warburg setzte dann seine Forschungen ziemlich genau auf seinen früheren Hauptarbeitsgebieten fort und machte auch noch eine ganze Reihe wertvoller Entdeckungen. Jedoch waren die meisten Arbeiten nicht mehr von jener bahnbrechenden Qualität, durch die sich seine früheren Leistungen auszeichneten. Und er verlor auch den Kontakt mit den spektakulären neuen Entwicklungen in der Biochemie und Biologie. Doch sein Schwung, sein Fleiß und experimentelles Geschick blieben ihm erhalten, und er arbeitete bis zum letzten Tage seines Lebens.

Im November 1968 erlitt Warburg bei einem Sturz von der Leiter in seiner Bibliothek einen Oberschenkelhalsbruch, doch ging der damals 85jährige bald wieder an seine Arbeit im Laboratorium. (Die Max-Planck-Gesellschaft machte bei ihm nicht von den üblichen Pensionierungsbestimmungen Gebrauch und setzte keine Altersgrenze fest.) Eine Woche vor seinem Tod fühlte er sich nicht ganz wohl und blieb zu Hause. Dann traten Schmerzen in dem gebrochenen Bein auf, verursacht durch eine Venenthrombose; am 1. August 1970 setzte dann eine Lungenembolie seinem Leben ein plötzliches Ende.

Persönlichkeit. Warburgs große Leistungen, die sich auf einen Zeitraum von über 60 Jahren erstrecken, beruhten auf der Kombination einer außergewöhnlichen Intelligenz, Originalität und Ideenreichtum mit dem unbeirrbaren Willen, sein Leben der experimentellen Wissenschaft zu widmen. Die Liebe zur Wissenschaft war die treibende Kraft, die Leidenschaft, die praktisch alle anderen Gefühle unterdrückte. Obwohl er zweimal in seinem Leben verliebt war, hat er nie geheiratet, denn er hielt die Ehe für unvereinbar mit seinen wissenschaftlichen Ambitionen, mit einer totalen Hingabe an die Forschung. Er war im Grunde ein Einzelgänger, selbstzufrieden und am liebsten allein mit sich selbst. Seine Arbeit, Reiten, Lesen (mit Vorliebe Biographien und englische Literatur) und Schallplattenhören (besonders Beethoven und Chopin) füllten ihn völlig aus. Doch die tiefste Befriedigung fand er in seiner schöpferischen Arbeit. Warburgs Persönlichkeit war ohne Zweifel stark durch seine Familie geprägt, sowohl durch seine Erbanlagen als auch durch das Milieu. Viele seiner Vorfahren und engen Verwandten waren fleißige und verantwortungsbewußte Bürger und manche davon wie er ausgesprochene Individualisten. Besonders beeinflußt hat den jungen Gymnasiasten die hochkultivierte und intellektuelle Atmosphäre in seinem Elternhaus, die vornehme Art der Lebensführung seines Vaters und insbesondere auch die vielen berühmten Leute, die im Hause verkehrten, wie Emil Fischer, Walther Nernst, Jacobus Hendricus van 't Hoff, Max Planck und Albert Einstein. Manche Stellen in den Nachrufen auf einen seiner Verwandten, den Kunsthistoriker Aby Warburg, hätten auch auf Otto gepaßt, so zum Beispiel Leonardo da Vincis berühmter Ausspruch „Es kehrt nicht um, wer an einen Stern gebunden ist“. Warburg war sich seiner Genialität und seiner außergewöhnlichen Fähigkeiten voll bewußt. Er war ein großer Bewunderer von Louis Pasteur und der Meinung, daß er dort weitermachte, wo Pasteur aufgehört hatte. Und, wie Pasteur, hatte er den Mut, große ungelöste Probleme seiner Zeit anzupacken. Dahinter stand seine überragende theoretische und praktische Meisterschaft in der Kunst des Experimentierens, die es ihm ermöglichte, immer wieder neuartige Methoden und Geräte zu entwickeln und damit seine Probleme stets in neuer Weise in Angriff zu nehmen. So konnte er in Gebiete vordringen, die nie zuvor erreicht worden waren.

Bescheidenheit war ihm nicht gegeben. Als einmal ein Kollege erwähnte, er habe an einem Gespräch teilgenommen, bei dem die Frage aufkam, ob Warburg oder Meyerhof der größere Wissenschaftler sei, zeigte sich Warburg überrascht und fragte, ob dies wirklich ein Diskussionsthema wäre. Etwas später, nach einigem Nachdenken, kam er auf die Frage zurück und sagte: „Meyerhof war vielleicht klüger, aber ich konnte mehr“. Mit größerem Können hatte er sicher recht. Warburg war ein Genie in der Entwicklung und Handhabung von Methoden, während Meyerhof wenig technisches Geschick besaß. Doch Meyerhofs geistige Interessen und Allgemeinbildung mögen im Vergleich zu Warburg umfaßender gewesen sein. Er war ein tiefer Denker, der viele fundamentale Beobachtungen und Konzepte in die Biochemie einführte. Diese Qualitäten kann man kaum durch das Wort „Klugheit“ ausdrücken. Jedenfalls war die Intelligenz und Genialität der beiden Männer einfach ganz verschiedener Art. (Die Meinung des Autors zu der Frage, welcher von beiden das größere Genie war, wird später erörtert.)

Wenn es um wissenschaftliche Polemik ging, dann war Warburg ein leidenschaftlicher, aggressiver und unerbittlicher Streiter, wie seine Kollegen aus seinen Schriften und von Tagungen her wissen. Sachlichkeit und Klarheit waren seine Ideale. Während seines langen Lebens hat er mit vielen führenden Wissenschaftlern seiner Zeit, unter anderem mit Richard Willstätter, Heinrich Wieland, David Keilin, Hans von Euler, Sydney Weinhouse und James Franck die Klinge gekreuzt. Sein polemischer Stil war oft scharf, sarkastisch und absichtlich lächerlich machend, mitunter geradezu verletzend. Er hielt es für gefährlich, unbegründeter Kritik nicht entgegenzutreten. In diesem Zusammenhang zitierte er als typisches Beispiel Charles A. MacMunn, der 1886 in tierischem Gewebe die Substanz entdeckte, die heute „Cytochrom“ heißt. MacMunn wurde von Hoppe-Seyler, einem der führenden physiologischen Chemiker seiner Zeit, scharf angegriffen; dieser behauptete, Hämoglobin sei die einzige rote Substanz in tierischen Geweben, und MacMunns „Histohämatin“ sei ein aus Hämoglobin entstandenes Kunstprodukt. MacMunn antwortete nicht, was zur Folge hatte, daß der Fortschritt sich über 30 Jahre hinausschob, bis Keilin unabhängig von MacMunn die „Cytochrome“ wiederentdeckte.

Praktisch alle Kontroversen, in die Warburg verwickelt war, betrafen seine Ansichten und Interpretationen. Niemand bezweifelte seine Geschicklichkeit und seine experimentellen Befunde oder deren Gültigkeit und Reproduzierbarkeit, sondern die Kritik betraf die Deutung seiner Ergebnisse.

In diesem Zusammenhang einige Bemerkungen zu wissenschaftlichen Kontroversen: Das Faszinierende an den Haber-Kolloquien waren, wie bereits erwähnt, unter anderem die daran anschließenden Diskussionen und Streitgespräche, an denen sich nicht nur die Kapazitäten beteiligten, sondern auch die jungen Assistenten, und sie wurden ernstgenommen. Die Kontroversen brachten die großen Lücken in der wissenschaftlichen Erkenntnis zutage und die Schwierigkeiten bei der Interpretation von unerwarteten und umwälzenden neuen Ergebnissen. Man mag sich in diesem Zusammenhang auch an Max Plancks großes Dilemma erinnern, als er mit Newtons Physik brechen mußte, um die Korpuskulartheorie der Lichtfortpflanzung im leeren Raum akzeptieren zu können, ein Dilemma, das sogar noch nach Einsteins Bestätigung der korpuskularen Natur des Lichtes bestehen blieb. Charakteristisch für die aufregendste Periode der Atomphysik in den 20er Jahren waren die leidenschaftlichen Kontroversen, wie zum Beispiel die Diskussionen in den bereits erwähnten Haber-Kolloquien. Sie waren aufregende intellektuelle Streitgespräche unter Freunden, die relativ frei von Emotionen die beste Antwort zu finden versuchten sowie die Interpretation, die der Wahrheit am nächsten kam. Und keiner zögerte auch nicht im geringsten, einen Irrtum zuzugeben, wenn er sich geirrt hatte. Sogar Einstein begann einmal einen Brief an Max Born mit der Erklärung, daß er einen groben Fehler begangen habe (Born 1969). Eine nette Illustration ist ein Vorfall, über den Mendelssohn (1973) berichtet, bei einem Nernst-Kolloquium im Physikalischen Institut der Universität Berlin, wo man sich ebenso frei und offen aussprach wie bei den Haber-Kolloquien. Planck, Einstein, von Laue und Schrödinger saßen normalerweise in der ersten Reihe. Eines Tages hatten Nernst und Einstein einen heftigen Streit. Drei Wochen später vertrat Einstein in der Diskussion im Anschluß an einen Seminarvortrag die gleiche Ansicht wie Nernst, die er drei Wochen vorher so heftig abgelehnt hatte. Nernst war erstaunt und fragte: „Aber mein lieber Einstein, jetzt vertreten Sie die gleiche Ansicht wie ich vor drei Wochen, die Sie doch so energisch abgelehnt hatten?“ Einstein antwortete: „Mein lieber Nernst, bin ich daran schuld, daß der liebe Gott die Welt so geschaffen hat, wie Sie bereits vor drei Wochen richtig erkannten, und ich nicht?“

Die Grundeinstellung bei all diesen Kontroversen war das Bewußtsein der Grenzen der wissenschaftlichen Erkenntnis, trotz all der spektakulären Fortschritte und der Fallgruben sogenannter Fakten, die im Licht neuer Ergebnisse ständig eine Revision der früheren Interpretationen erforderten. Diskussionen und Kontroversen waren deshalb notwendig, um komplexe Probleme abzuklären, so wie es bei allen wissenschaftlichen Problemen üblich ist. Einstein sagte einmal (zitiert von Banesh Hoffmann 1972), daß wissenschaftliche Erkenntnis das wertvollste Ding im Besitztum der Menschen sei, wenn sie auch noch so primitiv ist. Ähnliches meinte Isaac Newton, als er die Leistungen seines langen Lebens verglich mit dem Fund eines wertvollen Kieselsteins durch einen Jungen am Strand, aber vor ihm lag der riesige unerforschte Ozean; oder man denke an das οἶδα οὐκ εἰδέναι von Sokrates (Ich weiß, daß ich nichts weiß). All diese Aussagen drücken Weisheit und Bescheidenheit aus.

Es erhebt sich also die Frage, was Warburgs Kontroversen so grundlegend von den soeben erwähnten unterschied. Es war nicht die Tatsache, daß Warburg ein heftiger Kämpe war, der stets ein Gefühl der Frustration und der Nichtigkeit oder gar Verärgerung bei den Kollegen hervorrief. Es war der emotionale Unterton, der diese Kontroversen so unerfreulich machte, seine Reaktion auf Einwände, die er als persönlichen Affront empfand, sein Gefühl, daß seine Überlegenheit in Frage gestellt werde. Er konnte sehr böse werden und seine Kollegen des Vorurteils, der Unfähigkeit oder sogar der Unehrlichkeit beschuldigen.

Dieses Verhalten wie auch seine Neigung zu Streitsucht und Rechthaberei sind Merkmale seines Charakters und daher schwer zu analysieren. Die Charaktereigenheiten spielen ebenso wie im täglichen Leben auch in der Wissenschaft eine essentielle Rolle, und Gefühlsregungen gewinnen meist die Oberhand über den Verstand. Im Besitz des Gefühls der Überlegenheit über seine Fachgenossen war er ganz einfach nicht bereit, irgendwelche Zweifel an seiner Kompetenz hinzunehmen. Denn mit seinem außergewöhnlichen Intellekt und seiner kritischen Urteilskraft hätte er wohl kaum meinen können, daß seine Konzepte die endgültige Lösung eines Problems bedeuteten. Wenn er nicht direkt provoziert wurde, muß er sich der vielen Lücken in unserem Wissen bewußt gewesen sein. So sagte er einmal am Schluß eines Vortrages über das Problem der Oxidation (eine vom Autor 1949 in New York organisierte Veranstaltung): „Vor hundert Jahren stellte Claude Bernard fest, daß kein einziger biologischer Prozeß vollständig verstanden sei. Es scheint mir, daß das, was vor hundert Jahren richtig war, auch heute noch richtig ist". Wenige Tage später, bei einer Zusammenkunft von etwa 20 Leuten aus dem Großraum New York (für die der Autor die Teilnehmer ausgewählt hatte) gab er mit bemerkenswertem Freimut Lücken in seinem Wissen zu, im Zusammenhang mit dem Buch von Linus Pauling „The Nature of the chemical Bond", das unter den Biochemikern großes Aufsehen erregt hat. Als man ihn nach seiner Meinung zu einigen Problemen der physikalischen organischen Chemie fragte, wandte er sich an Leonor Michaelis mit der Bemerkung, er sei auf diesem Gebiet nicht genügend kompetent und Professor Michaelis möge diese Fragen beantworten.

Es scheint daher berechtigt zu folgern, daß seine ungewöhnlichen Reaktionen darauf beruhten, daß er nicht dazu fähig war, eine Kritik an seinen Arbeiten zu akzeptieren. Diese übergroße Empfindlichkeit wurde noch verstärkt durch seinen exzentrischen Lebensstil und seine Kontaktarmut, eine Schwäche, die eine intellektuelle Isolierung zur Folge hatte. Der Biochemiker Efraim Racker äußerte sich dazu einmal, leider nicht unberechtigt, folgendermaßen: „Daß Warburg einer der größten Biochemiker war, wird kaum jemand bestreiten. Seine experimentelle Arbeitsweise war monumental und genial. Trotzdem werden heute Warburgs Theorien auf zwei Gebieten, die ihm sehr am Herzen lagen — Krebsforschung und Photosynthese — fast allgemein als abwegig und naiv abgelehnt" (Racker 1972). Es war sicherlich nicht ein Mangel an Intelligenz, weswegen er die neuen Informationen nicht aufgenommen und seine Ansichten nicht geändert hat. Ein solches Verhalten hätte seine Größe und seinen Status in der Geschichte nur noch gesteigert. Nach seinem bereits erwähnten Besuch bei Barron wurde ihm nicht nur die Rolle der Dehydrogenasen klar, sondern als Konsequenz davon leistete er selbst einige wichtige und geniale Beiträge zu diesem Gebiet. Jedoch niemals gab er zu, einen Fehler gemacht zu haben oder im Unrecht zu sein, und er war auch nicht bereit, Theorien, die seinen eigenen widersprachen, anzuerkennen. Zum Beispiel bei der Kontroverse mit James Franck über den Quantenbedarf der Photosynthese waren seine Emotionen so stark, daß Warburg selbst Jahre nach dem Tode von Franck seine Polemik gegen dessen Theorien fortsetzte.

Verärgerung und Verbitterung wegen Kritik an seinen Ansichten und sein leicht verletzbarer Stolz mag der eigenen Bewertung seiner Leistungen zugrunde liegen. In der Einleitung zu einem Band seiner gesammelten Arbeiten schrieb Warburg 1961 (im Alter von 78 Jahren) zusammenfassend über seine Leistungen und die Gründe für seine großen Erfolge. Der Text sei hier auszugsweise zitiert, weil er charakteristische Züge seiner Persönlichkeit enthüllt und einen Eindruck seines klaren und kraftvollen Schreibstils vermittelt.

„Als Mitarbeiter Emil Fischers habe ich in den Jahren 1903 bis 1906 die ersten optisch aktiven Peptide dargestellt und dabei, zum engeren Kreis seiner Mitarbeiter gehörend, die Methoden und Arbeitsweise des größten Organikers unserer Zeit kennengelernt. Später habe ich im Strahlungslaboratorium der Physikalisch-Technischen Reichsanstalt, deren Präsident mein Vater von 1905 bis 1922 gewesen ist, die Arbeiten über den Quantenbedarf der Photosynthese begonnen. Es war das Laboratorium, aus dessen Versuchen Max Planck im Jahr 1900 sein Strahlungsgesetz ableitete und das Wirkungsquantum $h = 6{,}55 \cdot 10^{-27}$ erg·sec berechnete. Es war das Laboratorium, in dem Emil Warburg die ersten Quantenausbeuten photochemischer Reaktionen gemessen hat.

So kam es, daß in dem Kaiser-Wilhelm-Institut für Zellphysiologie die Methoden weit getrennter Gebiete, der Strahlungsphysik und der organischen Chemie, in einer Hand vereinigt wurden. Das Ergebnis war der chemische Mechanismus der Fermentwirkungen, die Zurückführung der Fermentwirkungen auf sehr schnelle Zwischenreaktionen an Proteine gebundener Wirkungsgruppen, die wir von den Fermenten getrennt und kristallisiert haben. Cofermente aber und viele Vitamine erwiesen sich als nichts anderes als freie Wirkungsgruppen von Fermenten.

Mit den Methoden der Strahlungsphysik wurde die Substanz entdeckt, mit der der molekulare Sauerstoff in der lebenden Welt reagiert. Mit den Methoden der organischen Chemie wurde diese Substanz, die eine Eisenverbindung ist, von den Zellen getrennt und kristallisiert. — Mit den Methoden der Strahlungsphysik wurden die Wirkungsgruppen der wasserstoffübertragenden Fermente entdeckt, mit den Methoden der organischen Chemie wurden diese Wirkungsgruppen von den Zellen getrennt und kristallisiert. Aus dem Zusammenwirken der sauerstoff- und wasserstoffübertragenden Fermente ergab sich dann die Kette der Atmungsfermente — die allgemeine Lösung des Problems der Lavoisierschen Atmung. — Mit den Methoden der Strahlungsphysik wurde die Hauptreaktion der Gärungen als Wasserstoffübertragung durch Nikotinsäureamid erkannt, mit den Methoden der organischen Chemie wurde aus gärenden Zellen die 1,3-Diphosphoglycerinsäure isoliert, deren Bildung und Zerfall bei den Gärungen die Verwandlung der Gärungsenergie in Phosphatenergie chemisch erklärt. — Mit physikalischen Methoden wurde die Gärung der Krebszellen entdeckt und damit das ungeordnete Wachstum der Krebszellen durch eine Form der Energiegewinnung erklärt, die zu der Zeit herrschte, als die Erdatmosphäre noch keinen Sauerstoff enthielt — ein Ergebnis, das die letzte Ursache des Krebses in der anaeroben Vergangenheit des Lebens sieht. — Mit den Methoden der Strahlungsphysik wurde der Quantenbedarf der Photosynthese gemessen und gefunden, daß etwas weniger als 3 Lichtquanten zur Spaltung von 1 CO_2 in $C + O_2$ notwendig sind, was im Rot eine fast vollständige Umwandlung von Lichtenergie in chemische Energie bedeutet. Hierbei spaltet 1 Lichtquantum aus einer durch die Atmung veränderten Kohlensäure primär 1 Molekül Sauerstoff ab, von dem aber $^2/_3$ wieder zurückreagieren, so daß in der Bilanz 3 Lichtquanten 1 Molekül CO_2 spalten. Ein Mehrquanten-Problem der Photosynthese existiert hiernach nicht mehr. Die Photosynthese ist eingeordnet in die gewöhnlichen photochemischen Reaktionen der unbelebten Welt. Auf dieser Basis wird heute die spezielle Chemie der Photosynthese mit den Methoden der Manometrie und der organischen Chemie untersucht, wobei unsere Ergebnisse der allgemeinen Energetik in ausgezeichneter Weise bestätigt worden sind.

Anstelle der Durchblutung überlebender Organe wurde die Methode der dünnen Gewebeschnitte, anstelle der Gewebe wurden die einzelligen Versuchsobjekte eingeführt. Rote

Blutzellen, die kernlosen der Säugetiere und die kernhaltigen der Vögel, waren die ersten Objekte bei der Untersuchung des chemischen Mechanismus der Zellatmung. Anstelle der grünen Blätter wurden — zur Untersuchung der Photosynthese — die einzelligen Grünalgen eingeführt; oder die grünen Grana der Spinat-Chloroplasten oder die durch Beschallung gewonnenen noch viel kleineren grünen Grana der Chlorella. Anstelle der Tumoren wurden — zur Untersuchung der Krebszellen — die Ascites-Krebszellen eingeführt, anstelle der ganzen tierischen Zellen — bereits 1914 — die Grana der Leberzellen. Immer war dabei unser Bestreben die Vereinfachung der Versuche und eine mit den Methoden der Maßanalyse vergleichbare Schnelligkeit und Genauigkeit der Versuche. Mit keiner komplizierten Versuchsanordnung haben wir jemals irgend etwas Wesentliches entdeckt" (zit. nach Krebs 1979).

Das Vorhergehende illustriert auch Warburgs Tendenz, komplexe Probleme zu vereinfachen und Ansprüche in Bezug auf die Bedeutung seiner Entdeckungen zu übertreiben. Offensichtlich stammt die Zusammenfassung von einem Menschen, der sein Licht nicht unter den Scheffel stellt. Es geschieht nur selten, daß Wissenschaftler die Genialität ihrer eigenen Leistungen bewerten und preisen; normalerweise überläßt man das dem Urteil der Kollegen oder den Historikern.

Warburgs gefühlsbetonte Reaktionen sind sogar noch erstaunlicher, wenn man einige weitere Faktoren in Betracht zieht. Wir kennen unzählige Fälle in der Geschichte, wo revolutionäre Vorstellungen und Theorien heftig angegriffen, ja selbst lächerlich gemacht wurden, von einer Mehrzahl jener „Autoritäten", welche die gegenwärtig herrschenden Ansichten nicht nur hegten, sondern auch dogmatisch vertraten. Warburg war ein Zeitzeuge von Max Plancks Kampf um die Anerkennung seiner Konzepte und der revolutionären Bedeutung seiner wissenschaftlichen Leistungen. Er zitierte gelegentlich eine Bemerkung von Planck: „Eine neue wissenschaftliche Wahrheit pflegt sich nicht in der Weise durchzusetzen, daß ihre Gegner überzeugt werden und sich als belehrt erklären, sondern vielmehr dadurch, daß die Gegner allmählich aussterben und daß die heranwachsende Generation von vornherein mit der Wahrheit vertraut gemacht ist" (Planck 1949). In den Kaiser-Wilhelm-Instituten in Dahlem wurde dieser Ausspruch oftmals zitiert; man hätte daher erwartet, daß Warburg, in vollem Bewußtsein der Genialität seiner Leistungen, irgendwelche Einwände und Kritik mit Gleichmut ertragen würde. Aber in seinem Fall war die Situation ganz anders. Seine ungewöhnlichen Qualitäten und Errungenschaften wurden schon sehr früh anerkannt, wie aus Einsteins Brief hervorgeht, in dem er ihn um die Schonung seines Lebens um der Wissenschaft willen bittet, oder noch eindrucksvoller durch die Tatsache, daß er bereits im Alter von 30 Jahren zum Vollmitglied der Kaiser-Wilhelm-Gesellschaft gewählt wurde, ein eindeutiges Zeichen allgemeiner Anerkennung. Außerdem wurden ihm dadurch ausgezeichnete Möglichkeiten geschaffen, seiner schöpferischen Arbeit mit größter Effizienz schon in jungem Alter nachzugehen. Man könnte noch viele andere Beispiele der großen Bewunderung anführen, die er unter seinen Zeitgenossen in seinen aktivsten Jahren genoß. Trotzdem war er extrem empfindlich, sobald er das Gefühl hatte, daß seine Größe nicht voll anerkannt wurde. Hierzu ein Beispiel: Anfang Januar 1938 war der Botaniker und Zionistenführer Otto Warburg (ein entfernter Verwandter von Otto) gestorben; am 12. Januar veröffentlichte die Londoner Times einen Nachruf auf den „berühmten Biochemiker Otto Warburg", voller Lob und Anerkennung seiner Leistungen. Der Irrtum wurde am folgenden Tag in der Times mit angemessener Entschuldigung korrigiert. Warburg, ein Abonnent dieser Zeitung, las die Nachricht von seinem Ableben mit einer Mischung von Amüsement und Ärger. Insbesondere verdroß ihn, daß seine wichtigsten Entdeckungen nicht erwähnt wurden, und er war überzeugt, daß dies in böser Absicht geschehen sei und seine Gegner ("poor old Wieland and poor old Thunberg“) dahintersteckten. (Wie dem Autor, der damals in Cambridge arbeitete, zu Ohren kam, hat die Times ein paar Tage später einen empörten Brief von Warburg erhalten, in dem er sich darüber beschwerte, daß ihm mit dem Nachruf überhaupt keine Gerechtigkeit widerfahren sei.)

Die wahrscheinlichste Erklärung für seine heftige Zurückweisung jeder Kritik scheint die Tatsache, daß tiefsitzende Emotionen oft sein klares und normalerweise kritisches Urteilsvermögen trübten. Aber lassen wir einmal seine Schwächen beiseite und betrachten seine positiven Charakterzüge. Alle, die mit Warburg in persönlichen Kontakt kamen, waren tief beeindruckt von seiner Persönlichkeit, ganz egal, ob sie seine Ansichten teilten oder nicht. Abgesehen von seiner hohen Intelligenz, die ihm ein außergewöhnliches Verständnis für seine Wissenschaft ermöglichte, faszinierte er durch seinen Charme, seinen Scharfsinn und seinen Humor. Mit seinen durchdringenden Augen schaute er seinen Gesprächspartner an und hörte ihm aufmerksam zu. Bei persönlichen Diskussionen — ob über wissenschaftliche Probleme oder über Geschichte oder Politik — waren seine Fragen stets pointiert, seine Bemerkungen und Antworten stets treffend und anregend. Intellektuelle Aufrichtigkeit und Geradheit, Zielstrebigkeit und Fleiß waren einige seiner besonderen Qualitäten.

Für Meyerhofs Mitarbeiter war es relativ einfach, mit Warburg in Kontakt zu kommen, da er mit Meyerhof seit den Heidelberger Jahren in Verbindung stand. Als der Autor im Kaiser-Wilhelm-Institut arbeitete, war der einfachste Weg, um Warburg zu treffen, wenn man nachmittags zwischen fünf und sechs Uhr zwei Treppen ins 3. Stockwerk hinaufstieg; dann hatte Warburg nämlich in der Regel seine Experimente beendet und war für Diskussionen zugänglich. Da er keine Sekretärin hatte, brauchte man keine besondere Verabredung zu treffen. Als Warburg 1949 in den Vereinigten Staaten war, hatte der Autor mehrere Gespräche mit ihm, in New York, Washington und Woods Hole. Bei seinen Deutschlandreisen nach dem Zweiten Weltkrieg (nach 1957 fast jedes Jahr) war ein Besuch bei Warburg in Berlin obligatorisch, normalerweise arrangiert von Hans Herken (Professor für Pharmakologie an der Freien Universität), der mit Warburg sehr gut stand und den Autor ganz einfach telephonisch bei Jakob Heiss anmeldete. Diese Besuche waren immer angenehm und anregend. Doch bemühte sich der Autor, das Thema Krebs oder Photosynthese nach Möglichkeit zu vermeiden. Als er dies einmal in einem Gespräch mit Hugo Theorell erwähnte, lächelte Theorell und sagte, er täte das genauso. Warburg war keineswegs gleichgültig gegenüber den Leistungen anderer. So fragte der schon Achtzigjährige den Autor nach dem Fortschritt seiner Arbeit über die Proteine und Enzyme in erregbaren Membranen. Ganz offensichtlich war er sehr interessiert daran und stellte zahlreiche präzise und detaillierte Fragen. Das Gespräch dauerte über anderthalb Stunden, so daß Jakob Heiss das längst fertige Mittagessen warmstellen mußte. Ein Zeichen für sein echtes Interesse an der Diskussion war sein Anruf bei Professor Herken, um ihm zu sagen: „Der tut ja noch was“ — aus Warburgs Munde fürwahr ein hohes Lob.

Lebensstil. Warburgs Lebensgewohnheiten waren sehr regelmäßig. Besonders war er auf seine Gesundheit und Fitness bedacht. Jahrelang pflegte er um halb sechs aufzustehen, um sieben Uhr auszureiten und dann um acht Uhr im Laboratorium zu sein. Abgesehen von einer kurzen Mittagspause blieb er dort bis zum späten Nachmittag, etwa bis sechs Uhr, und wehe dem Mitarbeiter, der das Laboratorium früher verließ. Jedes Jahr im August und September machte er zwei Monate Ferien, bis 1944 in seinem Landhaus auf der Insel Rügen. Dort ging er spazieren und reiten und beschäftigte sich mit allgemeiner Lektüre sowie der Niederschrift seiner Arbeiten. In späteren Jahren, nach der Teilung Deutschlands, verbrachte er seinen Urlaub im Hunsrück, auf dem Landgut von Jakob Heiss.

Reiten war lange Zeit sein liebster Sport. Seitdem er im Jahr 1924 bei einem Sturz vom Pferd einen Beckenbruch erlitten und einige Zeit hilflos im Grunewald gelegen hatte, ritt er nie mehr ohne die Begleitung von Heiss aus. Als dieser 1955 nach einer Operation das Reiten aufgeben mußte, errichtete Warburg in seinem Garten eine Reitbahn, wo er regelmäßig ritt, bis er im Alter von 85 Jahren den Oberschenkelhals brach. Seit 1952 ging er regelmäßig segeln (fast jeden Sonntag auf der Havel), bis im Jahr 1968 sein Oberschenkelbruch auch diesem Sport ein Ende bereitete. Häufig machte er auch Spaziergänge in der Umgebung Berlins, besonders an Wintersonntagen. Er liebte die Landschaft der Mark Brandenburg mit ihren vielen Seen und Wäldern.

In seiner persönlichen Lebenshaltung war er ein Aristokrat im griechischen Sinne des Wortes („Herrschaft der Besten"). Bei dieser Weltanschauung kann man sich leicht vorstellen, wie sehr er den Nazi-Pöbel, die Vulgarität ihrer Massenkundgebungen, das niedrige Niveau der Männer, mit denen sich Hitler umgab, verachtete. Ganz gewiß geschah es nicht aus Sympathie für die Nazis, daß Warburg in Deutschland blieb. Da er an Politik nicht interessiert und mitunter in seinen politischen Ansichten recht naiv war, sah er zweifellos die Katastrophe nicht voraus, die ihn eine fünfjährige Unterbrechung seiner Forschung kostete.

Während seines Militärdienstes im Ersten Weltkrieg lernte er das, was er für die besten Eigenschaften der militärischen Berufsauffassung hielt, kennen und schätzen: Disziplin im Benehmen, Geradheit im Denken und Diskutieren und Eliminierung von Humbug und Untüchtigkeit. Ein General, sagte er, wird seines Amtes enthoben, wenn er sich als unfähig erweist; im Gegensatz dazu dulde man im akademischen Leben sowohl sachliche als auch moralische Untauglichkeit. Als Folge dieser Einstellung hatte er mehr freundschaftliche Beziehungen zu Militärs als zu Berufskollegen. Allerdings handelte er sich bei keiner seiner Freundschaften um eine enge Beziehung, mit einer einzigen Ausnahme, nämlich Jakob Heiss, der ihm vom Jahr 1919 bis zu seinem Lebensende ein treuer Gefährte war. Auf Empfehlung von Bekannten aus Militärkreisen trat er in Warburgs Dienste, um den Haushalt zu besorgen. Er wurde 1899 geboren und diente im Ersten Weltkrieg in einem preußischen Infanterieregiment. Aus dem Diener-Herr-Verhältnis entwickelte sich dann eine enge persönliche Beziehung. Warburg und Heiss wurden mit der Zeit unzertrennliche Gefährten. Heiss war ein verständnisvoller, ergebener und aufopfernder Freund, der alles tat, um Warburg zu helfen und zu schützen und ihm sein Leben so angenehm wie möglich zu machen. Sein Einfluß beruhigte und milderte Warburgs Emotionen und Erregungen, die durch Verdruß und Kontroversen leicht entfacht wurden. Die beiden Männer verbrachten nicht nur den Alltag zusammen, sondern auch ihre Freizeit und Ferien und Reisen. Als sie 1949 in den Vereinigten Staaten waren, nahm Warburg Einladungen nur an, wenn er Heiss mitnehmen konnte. Später wurde Heiss inoffiziell Sekretär und Verwalter des Instituts.

Im Laboratorium arbeitete Warburg höchst intensiv; er haßte jegliche Störung während seiner Arbeit und verabscheute Zeitvergeudung mit unwichtigen Dingen, wie zum Beispiel Interviews mit Journalisten. Als einmal ein Reporter unangemeldet im Laboratorium erschien, war Warburg zufällig der erste, dem er begegnete, und er sagte zu ihm: „Kann ich Herrn Professor Warburg sprechen?" Ohne eine Miene zu verziehen, antwortete Warburg: „Tut mir leid, der ist tot". Er mochte auch nicht die Besuche von Professoren, die den berühmten Warburg nur aus Neugier treffen wollten, ohne die Absicht, ein ernstes Problem mit ihm zu diskutieren. In solchen Fällen konnte er sehr rüde und unhöflich sein. Auch hielt er Antrittsvisiten für reine Zeitverschwendung; solche Besuche waren üblich, wenn jemand seine Tätigkeit als Ordinarius an der Universität Berlin aufnahm. Der Autor erinnert sich, daß er einmal bei Meyerhof im Zimmer war, als ein neuernannter Ordinarius von Warburg zurückkam und nun Meyerhof besuchen wollte. Er zitterte noch und war entrüstet über die Art und Weise, mit der Warburg ihn behandelt hatte. Aber wenn Kollegen, ob alt oder jung, ihn zum Zwecke ernsthafter Diskussionen besuchten, war er in der Regel sehr freundlich, und die Zusammenkunft konnte sehr angenehm und anregend sein, gewürzt von seinen stets originellen und wertvollen Bemerkungen.

Schreibstil. Eine außergewöhnliche Klarheit, die durch Einfachheit, Kürze und streng wissenschaftliche Logik erreicht wurde, kennzeichnen Warburgs Stil. Gelegentlich beleben unerwartete, anschauliche und prägnante Wendungen den Text. Zum Beispiel schrieb er im Zusammenhang mit der Messung des „Wirkungsspektrums" der Kohlenmonoxidverbindung des sauerstoffübertragenden Enzyms in lebenden Zellen: „. . . Findet man aber Reagenzien, die nur mit den Fermenten und nicht mit den übrigen Zellbestandteilen reagieren, so stört diese inaktive Zellsubstanz ebenso wenig wie bei chemischen Reaktionen die Gefäße stören, in denen man die Reaktion ausführt. Dann kann man die Fermente wie reine Stoffe untersuchen und aus ihren Reaktionen auf ihre Zusammensetzung schließen". Dies war übrigens seine Antwort auf die Kritik von Richard Willstätter, der die Ergebnisse aus dem Grunde in Frage gestellt hatte, daß spektrophotometrische Messungen an lebenden Zellen keine präzisen Informationen ergeben, weil zu viele andere Zellkomponenten das Resultat beeinflußen. Die prägnante Formulierung und Logik sind typisch für Warburgs Stil.

Warburg bemühte sich, die Schlußfolgerungen aus seinen Versuchen ohne allzu viele Einschränkungen zu formulieren, da diese den Wert jeglicher Aussage nur verringern würden. In seinem Bestreben, klar und eindeutig zu sein, neigte er gelegentlich dazu, seine Folgerungen absichtlich zu vereinfachen. Krebs schrieb, daß Warburg die Meinung des englischen Physiologen W. M. Bayliss (1860—1924) teilte:

"Truth is more likely to come out of error if it is clear and definite, than out of confusion, and my experience teaches me that it is better to hold a well understood and intelligible opinion, even if it should turn out to be wrong, than to be content with a muddle-headed mixture of conflicting views, sometimes called impartiality, and often no better than no opinion at all."

[„Zur Wahrheit kommt man wahrscheinlich eher durch Irrtümer, die klar und eindeutig ausgedrückt sind, als durch verschwommene Vorstellungen. Die Erfahrung hat mich gelehrt, daß es nützlicher ist, eine leicht verständliche und logische Meinung zu formulieren — selbst wenn sie sich später als falsch herausstellt — als sich zufrieden zu geben mit einem wirren Mischmasch widersprechender Meinungen, etwas was man manchmal als Unparteilichkeit bezeichnet, was aber oft um kein Haar besser ist als gar keine Meinung."]

Diese Bemerkung von Bayliss, die vor über 60 Jahren niedergeschrieben wurde, nehme ich zum Anlaß, ein aktuelles Problem der Wissenschaft kurz zu erörtern. Heute stellen viele Forscher „Fakten" dar, aber sie scheuen sich, irgendwelche Interpretationen, Konzepte, Annahmen oder Arbeitshypothesen, wie immer man es auch nennen mag, zu geben. Wie bereits vorher erwähnt, ist all unser Wissen begrenzt, und neue Fakten liefern nur ein klein bißchen zusätzliche Information über das Gesamtproblem. Die von einem Forscher gesammelten Fakten sind stets nur ein winziger Bruchteil des ganzen, uns interessierenden Problems (siehe Seite 95). Die Fakten müssen daher durch Ideen, Vorstellungskraft, Intuition oder eine vom Forscher vorgeschlagene Arbeitshypothese ergänzt werden. Nur dann haben sie einen wirklichen Wert für den Fortschritt der Wissenschaft. Dies soll natürlich nicht

eine Aufforderung sein zu billigen Spekulationen über wenig fundierte Ergebnisse. Die Naturwissenschaft beruht nun einmal auf Fakten. Die Fakten müssen die Grundlage jeder Theorie oder Hypothese bilden; doch angesichts unseres begrenzten Wissens muß man selbst die scheinbar beste Hypothese modifizieren, verändern oder gar aufgeben, wenn neue Tatsachen entdeckt werden, die ihr widersprechen oder eine befriedigendere Erklärung bieten. Den Wert einer Hypothese sollte man danach beurteilen, inwieweit sie zur Entdeckung neuer wesentlicher Fakten führen und unser Wissen bereichern kann.
Anglomanie. Warburg hatte eine etwas übertriebene Vorliebe für alles Englische. Seit seinem ersten Besuch in London und Cambridge vor dem Ersten Weltkrieg war er anglophil. Er liebte England, weil, wie er einmal sagte, „die Engländer eigensinnige Leute wie mich tolerieren". Er schätzte auch ihre Wahrung alter Traditionen und den würdigen Pomp der Feierlichkeiten, wie er sie persönlich erlebte, als er 1965 ein Ehrendoktorat von der Universität Oxford erhielt. „England ist die letzte Bastion des alten Europas", schrieb er nach seiner Rückkehr. In jüngeren Jahren reiste er gewöhnlich zweimal im Jahr kurz nach England, um sich in London die feinsten Anzüge machen zu lassen. Hill erzählte dem Autor einmal eine typische Geschichte. Er traf Warburg, als dieser gerade aus dem Carlton Hotel, in dem er wohnte, herauskam. Er begrüßte ihn und sagte: „Professor Warburg, ich freue mich, Sie zu sehen; Sie sind wohl hier, um an der Tagung unserer Physiologischen Gesellschaft teilzunehmen." Warburg antwortete: „Nein, tut mir leid, ich bin nur gerade herübergekommen, um ein paar Reithandschuhe zu kaufen." Auch die schönen antiken Stilmöbel, mit denen er seine Dahlemer Villa ausstattete, kaufte er in England. Über allem stand seine Meinung: Was aus England kam, konnte nicht schlecht sein. Viele Jahre lang war er ein treuer Abonnent der Londoner Times.

Exzentrische Eßgewohnheiten. Warburg war in vieler Beziehung ein Sonderling. Nachdem ihm klar geworden war, daß eine große Anzahl von Chemikalien Krebs erzeugen können, war er streng darauf bedacht, Nahrungsmittel zu vermeiden, die mit Chemikalien („Zusatzstoffen") behandelt worden waren. Er hatte gehört, daß Bäcker oft an Ekzemen leiden, und er meinte, daß dies mit den Bleichstoffmitteln, die dem Mehl zugesetzt werden, zusammenhing. Deshalb vermied er es, wann immer möglich, Brot vom Bäcker zu essen. Während der letzten fünfzehn Jahre seines Lebens nahm er nur Brot zu sich, das Heiss zu Hause mit „unverfälschtem" Mehl gebacken hatte. Außerdem hatte er auch Angst vor Kunstdünger und vor Insektiziden. So erweiterte er sein Grundstück durch Ankauf eines benachbarten Schrebergartens auf 4500 Quadratmeter, um seine Lebensmittel selber produzieren zu können. Er hielt Hühner, Enten, Gänse, Truthühner und Kaninchen und stellte einen Gärtner an zur Besorgung der Tiere und des Gartens, wo Obst und Gemüse rein „biologisch" ohne Anwendung von Kunstdünger oder Schädlingsbekämpfungsmittel angebaut wurden.

All die Eigenarten und Schrullen tun der Größe des Genies Warburg und seinem Werk keinen Abbruch. Viele seiner Entdeckungen sind in den allgemeinen Grundstock der Lehrbücher eingegangen. So selbstverständlich sind diese Grundlagen heute, daß der Name des Entdeckers kaum noch erwähnt wird.

Von Warburg dem Wissenschaftler kann man sagen, was Cuvier von Humphry Davy sagte, als er ihn mit anderen führenden Wissenschaftlern seiner Zeit verglich: Andere standen trotz vieler und interessanter Entdeckungen, mit denen sie die Wissenschaft bereicherten, nicht auf der gleichen Stufe wie Davy. Davy schwebte wie ein Adler hoch oben und beschien mit heller Fackel weite Gebiete der Chemie und Physik. Andere erhellten mit ihren bescheidenen Lämpchen begrenzte Gebiete. Davys Name steht an der Spitze vieler Kapitel; die Namen der anderen erscheinen in einer Reihe von Absätzen.

Von Warburg dem Menschen kann man sagen, was Goethe von Faust sagte: Er war einer von denen, „die immer strebend sich bemühn". Und darum war er, wie Faust, ein guter Mensch (Krebs 1979).

Zu seinem 80. Geburtstag ehrte ihn die Wissenschaftsgemeinde durch eine Festschrift, die von Feodor Lynen herausgegeben wurde, mit Beiträgen von 80 prominenten Biochemikern aus der ganzen Welt.

Otto Meyerhof (1884—1951)

Otto Meyerhof gilt als einer der großen Pioniere in der Biologie und Biochemie, zwei Gebiete, auf denen in unserem Jahrhundert spektakuläre Fortschritte erzielt wurden. Meyerhofs revolutionäre Gedankengänge, die Originalität seiner Methodik, die große Vielfalt und Anzahl seiner überragenden experimentellen Leistungen hatten eine tiefgreifende Wirkung auf die ganze Entwicklung der Biologie. Seine monumentalen und epochemachenden Pionierarbeiten sind seiner einmaligen Persönlichkeit, seinen umfangreichen Kenntnissen und breiten Interessen zu verdanken. Seine Berühmtheit in der Geschichte der Naturwissenschaft ist untrennbar verbunden mit einigen grundlegenden Konzepten und Denkansätzen, die heute einen wesentlichen Bestandteil der Biologie bilden. Als Meyerhof seine Arbeiten begann, waren die drei Gesetze der klassischen Thermodynamik bereits gut etabliert. Seine große Leistung bestand darin, daß er erkannte, wie wichtig die Anwendung der Thermodynamik und Energetik auf die Analyse chemischer Prozesse in der lebenden Zelle ist. Diese Denkrichtung, die heute allgemein als Bioenergetik bezeichnet wird, ist ein unabdingbares Element in der Biologie geworden, wenn auch die biologischen Systeme, wie wir heute wissen, außer der klassischen Thermodynamik die Anwendung der Nichtgleichgewichts-Thermodynamik erfordern. Meyerhofs Arbeiten sind der erste Versuch, die Funktion einer Zelle in Begriffen der Physik *und* der Chemie zu erklären. Dieses Ziel bedeutete für ihn eine besondere Herausforderung, weil er die vitalistischen und neovitalistischen Theorien der Zellfunktion entschieden ablehnte. Im Verlauf dieser Untersuchungen entdeckten Meyerhof und seine Mitarbeiter zwei Arten von Phosphatverbindungen: Bei der einen wird bei der Spaltung eine große Energiemenge freigesetzt, bei der anderen hingegen nur eine geringe Menge. Dieser Unterschied war eine monumentale Entdeckung, die sich von unschätzbarer Bedeutung für die Erforschung und das Verständnis von chemischen Reaktionen in lebenden Zellen erwiesen hat. Angesichts der essentiellen Rolle der Phosphate in nahezu allen zellulären Prozessen und Stoffwechselwegen sollte diese Entdeckung ein Schlüssel für die Analyse der Abfolge der Energieumwandlung bei sämtlichen Stoffwechselprozessen in der Zelle werden. Seine Arbeiten eröffneten den Weg zur ersten vollständigen Aufklärung der komplizierten Schritte eines Stoffwechselweges in der Zelle, der sogenannten Glykolyse, das heißt des Abbaus von Kohlenhydrat (Glykogen in Muskeln) durch ein Dutzend enzymkatalysierter Schritte bis zu seinen Endprodukten, Alkohol in der Hefezelle und Milchsäure im Muskel.

Laufbahn. Otto Meyerhof wurde am 12. April 1884 in Hannover geboren, als Sohn von Felix Meyerhof (1849 in Hildesheim geboren) und Bettina, geborene May (1862 in Ham-

Abb. 38. Otto und Hedwig Meyerhof (rechts) mit David und Edith Nachmansohn. Woods Hole 1951

burg geboren). Im Jahr 1888 übersiedelte die Familie nach Berlin, wo Otto zur Schule ging. Im Alter von 16 Jahren trat bei ihm ein Nierenleiden auf, das ihn lange Zeit ans Bett fesselte. Diese Zeit erzwungener Abgeschiedenheit dürfte wesentlich zu seiner großen geistigen und künstlerischen Entwicklung beigetragen haben. Er las ununterbrochen und reifte ungewöhnlich schnell. Im Herbst 1900 schickte man ihn zur Erholung für vier Monate nach Ägypten, in Begleitung des zehn Jahre älteren, entfernt verwandten Augenarztes Max Meyerhof, ein hochgebildeter Mann und namhafter Ägyptologe. Ottos großes Interesse für die Archäologie, das er Zeit seines Lebens behielt, fand seine Anregung durch die Freundschaft mit Max und den Aufenthalt in Ägypten, der auch seiner intellektuellen Entwicklung förderlich war; für einen Jungen in diesem empfänglichen Alter bedeutete diese Reise ein unschätzbares Erlebnis.

Schon während seiner Schulzeit interessierte sich Otto leidenschaftlich für Philosophie, angeregt durch seine Freundschaft mit Leonard Nelson, dem Sohn eines prominenten jüdischen Rechtsanwaltes in Berlin, in dessen Haus viele interessante Leute, insbesondere Schriftsteller und Künstler, ein- und ausgingen. Leonard Nelson, eine starke und dynamische Persönlichkeit, hatte einen tiefen Einfluß auf Meyerhof. Nelsons Hauptinteresse galt der Philosophie, besonders auch der Beziehung zwischen Psychologie und Philosophie. Er wurde 1919 Professor für Philosophie in Göttingen, und Otto stand in engem Kontakt mit ihm und seinen Mitarbeitern bis zu Nelsons Tod im Jahr 1927 (Hieronymus 1964). Es gibt eine große Sammlung von Briefen, die Meyerhof und Nelson austauschten. Ihre Philosophie lehnte sich stark an die Lehre von Kant und insbesondere von Fries an. Ottos aktives Interesse an der Philosophie kommt am besten dadurch zum Ausdruck, daß er mehrere Jahre lang Herausgeber der „Abhandlungen der Friesschen Schule“ war, in denen Nelson und seine Mitarbeiter ihre Schriften veröffentlichten. Außer für Philosophie und Archäologie interessierte sich Meyerhof besonders auch für Geschichte, einschließlich Kunst- und Literaturgeschichte. Zu seinen Lieblingsdichtern gehörten Goethe und später Rilke. All diese Interessen hatten einen starken Einfluß auf Meyerhofs wissenschaftliche Einstellung, sein Denken und sein Lebenswerk.

Nach dem Abitur im Jahre 1903 studierte Meyerhof Medizin, zuerst in Berlin, dann in Straßburg und Heidelberg, wo er 1909 promoviert wurde. Seine Doktorarbeit behandelte ein Thema aus der Psychiatrie: „Beiträge zur psychologischen Theorie der Geistesstörung", eine umfangreiche Arbeit, die 1912 veröffentlicht wurde. Darin zeigt sich wiederum der Einfluß von Nelsons Ideen und von Arthur Kronfeld, einem Experten auf dem Gebiet der Psychologie und Psychiatrie.

Doch dann kam die Hinwendung zur Biochemie. Der Ordinarius für Innere Medizin in Heidelberg, Ludolf Krehl, war ein großer Förderer der Grundlagenforschung in der Medizin. Als Assistent in Krehls Klinik begegnete Meyerhof Otto Warburg, dessen starke Persönlichkeit und Willenskraft und feste Entschlossenheit, die chemischen Reaktionen in der lebenden Zelle zu erforschen, einen tiefen Eindruck auf Meyerhof machten. Mit seinen zahlreichen Interessen und bemerkenswerten Fähigkeiten lag die Gefahr nahe, seine Energie und seine Talente zu verzetteln. Doch als er dann mit Warburg über die Zellatmung zu arbeiten begann, wurde ihm bald klar, daß kreative Arbeit tiefe Hingabe, die Konzentration aller Anstrengungen auf ein bestimmtes Gebiet, Vorstellungskraft und Energie erfordert. Jede schöpferische Tätigkeit, sei es in der Musik, der Kunst oder der Wissenschaft, verlangt die totale Hingabe des Menschen. Um es mit Goethe auszudrücken:

Und solang Du dies nicht hast
Dieses Stirb und Werde
Bleibst Du nur ein trüber Gast
Auf der dunklen Erde.

Vor allem in diesem Sinne wurde Meyerhof ein Schüler von Warburg. Die bereits erwähnten großen Fortschritte der organischen und physikalischen Chemie hatten die Tür zur Erforschung lebender Zellen auf einer ganz neuen Ebene geöffnet. Auf diesem sich schnell entwickelnden Gebiet fand Meyerhof bald seine eigene Forschungsrichtung, die auf seine Hauptinteressen und Fähigkeiten zugeschnitten war. Nachdem er zwei Jahre mit Warburg und einige Zeit bei dem physikalischen Chemiker Georg Bredig (1868—1944) in Heidelberg gearbeitet hatte, ging er 1912 nach Kiel, an das Physiologische Institut der Universität, dessen Direktor Albrecht Bethe, der Vater des berühmten Physikers Hans Bethe, war; sein Nachfolger wurde 1915 Rudolf Höber.

Wissenschaftliche Leistungen. Energetik der Zellen (Bioenergetik). Die ersten Entwicklungen in der Bioenergetik erfolgten auf dem Gebiet der Energieerhaltung, mit J. Robert v. Mayers Formulierung des Konzepts der chemischen Kraft, die bei der Muskelarbeit in mechanische Kraft umgewandelt wird. 1844 schrieb Mayer an seinen Freund Friesinger: „Eine Zeitlang hat ein logischer Instinkt die Physiologen zu der axiomatischen Forderung veranlaßt: Keine Aktivität ohne Stoffwechsel" (zitiert nach Florkin 1975). Mayer war sich bewußt, daß diese Verallgemeinerung nicht richtig war, sondern man brauchte eine Erklärung der genauen chemischen Reaktionen und ihrer Umwandlung in Funktionen, Probleme, die mit den damaligen Methoden und Kenntnissen nicht angegangen werden konnten. Mayers intuitive Ansichten wurden dann durch die experimentellen Beobachtungen von Helmholtz im Jahre 1847 unterstützt.

Das spezielle Problem, wie man Thermodynamik und Energetik auf Untersuchungen der Verwendung von chemischer Energie in lebenden Zellen anwendet, hat Meyerhof im Jahr 1913 in seinem Vortrag „Zur Energetik der Zellvorgänge" diskutiert. Dieser Vortrag, den er am 31. Juli 1913 vor der Philosophischen Gesellschaft in Kiel als junger Privatdozent hielt, bildet einen Meilenstein in der Entwicklung der modernen Biochemie. Mit den von Meyerhof vorgestellten Konzepten sowie mit seinen späteren großen experimentellen Leistungen hat die Anwendung der Thermodynamik und Energetik bei der Analyse chemischer Zellreaktionen ihren Anfang genommen. Der Unterschied zwischen Thermodynamik und Energetik, so erklärte Meyerhof, liegt darin, daß die *Energetik* alle chemischen Energieumwandlungen beinhaltet, während die *Thermodynamik,* zum Beispiel des Muskels, sich lediglich auf das Verhältnis zwischen Wärmeveränderungen und mechanischen Prozessen bezieht[24]).

Seinen oben erwähnten Vortrag begann Meyerhof mit dem Prinzip von der Erhaltung der Energie, das von Mayer, Joule und Helmholtz im Ersten Hauptsatz der Thermodynamik formuliert worden war. Meyerhof hatte erkannt, daß die Aufrechterhaltung der Lebensprozesse auf einem dynamischen und nicht auf einem statischen Gleichgewichtszustand beruht: Der Organismus benötigt eine kontinuierliche Energiezufuhr, die durch die aufgenommene Nahrung gewährleistet wird. Aber das eigentliche Problem beginnt mit der grundlegenden Frage, wie diese Energie für die Verrichtung einer Funktion genutzt wird. Dieser Vorgang erfordert eine ganze Reihe von Schritten, zwischen der anfänglichen Zufuhr von Energie, ihrer Verwendung für eine bestimmte Funktion und ihrer schließlichen Dissipation als Wärme. Zur Erforschung dieser Schritte muß man die ganze Folge der Energieumwandlungen kennen. Eine Voraussetzung für solch eine Analyse ist die Kenntnis des Energiegehaltes der an diesen Reaktionen beteiligten Verbindungen. J. Willard Gibbs (1878) und Helmholtz (1882) haben die Unterscheidung zwischen Gesamtenergie und freier Energie eingeführt. Die Gesamtenergie ist die Energie, die bei der Verbrennung einer chemischen Verbindung erzeugt wird, die freie Energie entspricht jenem Anteil, der zur Leistung von Arbeit genutzt werden kann. Meyerhof betonte in seinem Vortrag, daß für die Bewertung einer Reaktion die Gesamtenergie weniger wichtig ist als die freie Energie. Er nahm auch bezug auf Nernsts Wärmetheorem (später Dritter Hauptsatz der Thermodynamik genannt), mit dem sich eine quantitative Beziehung zwischen Gesamtenergie und freier Energie erstellen läßt. Daß Meyerhof bereits zu jener Zeit die Bedeutung der freien Energie und auch der Entropie erkannt hatte, zeugt von seinem bemerkenswerten Weitblick. Der Begriff Entropie („Verwandlungsgröße") ist eine Zustandsgröße der Wärmelehre, die von Clausius (1850) eingeführt und im Zweiten Hauptsatz der Thermodynamik verankert wurde. Wie sich in den letzten Jahrzehnten erwiesen hat, ist die Entropie auch ein wichtiger Parameter in biologischen Systemen.

Die wenigen Beispiele mögen zeigen, daß dieser außergewöhnliche Vortrag den Beginn einer neuen Ära der Biochemie bedeutete. Es war die erste tiefgreifende Erörterung der Rolle der Thermodynamik und Energetik bei der Analyse zellulärer Reaktionen und ihrer funktionellen Zusammenhänge. Bemerkenswert ist die Tatsache, daß Meyerhof diesen Vortrag vor der Philosophischen Gesellschaft gehalten hat. Es wurden grundlegende philosophische Fragen aufgeworfen und Überlegungen diskutiert, die wohl kaum in eine physiologische Zeitschrift gepaßt hätten. Der Vortrag, der noch im selben Jahr (1913) publiziert wurde, machte einen tiefen Eindruck auf die Wissenschaft. Jacques Loeb (Profes-

---

[24]) Der Begriff Bioenergetik, der in den 50er Jahren eingeführt wurde, unterscheidet sich seiner Bedeutung nach nicht von der „Energetik der Zellvorgänge", dem Titel von Meyerhofs Vortrag im Jahr 1913, und gilt daher nicht als Einführung eines neuen Begriffes.

sor am Rockefeller Institute in New York) bat Meyerhof, eine erweiterte Fassung für die von Loeb herausgegebene Serie „Monographs on Experimental Biology“ zu schreiben. Wegen des Kriegsausbruchs erschien dann die Monographie erst im Jahr 1925, mit dem Titel „Chemical Dynamics of Life Phenomena“ (Meyerhof 1925). Die darin ausgedrückten Ideen beeinflußten die Biochemie und die Biologie dermaßen, daß sie selbst noch in den 50er Jahren den Biologiestudenten der Harvard University als nützliche Einführung in die physikochemische Methodik der Untersuchung von Lebensprozessen empfohlen wurde.

Untersuchungen über die biochemischen Grundlagen der Muskelkontraktion. Als Versuchsobjekt für die Anwendung der Thermodynamik und Energetik bei der Aufklärung von Zellfunktionen wählte Meyerhof den Muskel. Sein Ziel war es, die bei der Muskelkontraktion ablaufenden Prozesse zu erforschen. Der Grund dafür war weniger ein besonderes Interesse an diesen Vorgängen, sondern vielmehr die Erkenntnis, daß in diesem speziellen Fall die chemischen und mechanischen Veränderungen groß genug sind, um sie mit den damaligen ziemlich primitiven und groben Methoden erfassen zu können. Außerdem hatte 1910 auch A. V. Hill mit Untersuchungen über die Wärmeproduktion und andere biophysikalische Phänomene während der Muskelaktivität begonnen und versucht, seine Befunde mit den früheren Beobachtungen von Fletcher und Hopkins über die Milchsäurebildung in Zusammenhang zu bringen. Sie hatten nämlich gefunden, daß bei der Muskelarbeit unter anaeroben Bedingungen Milchsäure entsteht, nicht jedoch in Anwesenheit von Sauerstoff. Meyerhof hat Hills Arbeiten in seinem berühmten Vortrag im Jahre 1913 erwähnt. 1914 brach dann der Krieg aus, was für viele Forscher eine Unterbrechung ihrer wissenschaftlichen Arbeit bedeutete. Auch Meyerhof konnte seine Untersuchungen erst 1918 beginnen. Innerhalb weniger Jahre kam er dann zu wichtigen und eindrucksvollen Ergebnissen, darunter zur Entdeckung der festen Beziehung zwischen Sauerstoffverbrauch und Milchsäuresättigung im Muskel. Dafür erhielt er 1923 den Nobelpreis für Physiologie und Medizin 1922 (geteilt mit A. V. Hill, der den Preis für seine Entdeckungen über die Wärmebildung im Muskel erhielt). Ferner fand Meyerhof, daß die Menge der gebildeten Milchsäure der geleisteten mechanischen Arbeit proportional ist, und daß die Quelle der Milchsäure Glykogen ist, wie bereits Justus von Liebig und Claude Bernard vermutet hatten. Da Milchsäure eine sehr starke Säure ist, muß sie in der Zelle sofort neutralisiert werden. Meyerhof bestimmte dann die Wärmeproduktion bei der Milchsäurebildung und fügte zu diesem Wert die für die Neutralisierung erforderliche Wärme hinzu; dies ergab ungefähr 50 % der von Hill während der Muskelarbeit gemessenen Wärmefreisetzung. Nur ein Fünftel bis ein Sechstel der gebildeten Milchsäure wurde oxidiert. Meyerhof nahm an, daß die Oxidationsenergie für die Rückbildung von Milchsäure in Glykogen verwendet wird. Einige Beobachtungen schienen diese Vorstellung zu stützen. Er schlug dann eine zyklische Reaktion vor: Kohlenhydratabbau über phosphorylierte Zwischenprodukte zu Milchsäure, Verwendung der Milchsäure wiederum über verschiedene phosphorylierte Zwischenprodukte zur Kohlenhydratsynthese unter Ausnutzung der bei der Milchsäureoxidation freigesetzten Energie. Viele Jahre später, im Jahr 1940, formulierten Carl F. und Gerty Cori in St. Louis den tatsächlichen Zyklus („Cori-Zyklus“): Die nichtoxidierte Milchsäure diffundiert aus dem Muskel ins Blut, wird zur Leber transportiert und dort in Glykogen umgewandelt. In der Leber wird Glykogen zu Glucose abgebaut und diese zum Muskel transportiert, wo wiederum Glykogen daraus gebildet wird. Es dauerte dann weitere 10 bis 12 Jahre, bis die gesamte bei der Muskelarbeit erzeugte Wärme einzelnen chemischen Reaktionen zugeordnet werden konnte. Dies gelang erst nach der Entdeckung von zwei neuen, an der Muskelkontraktion beteiligten Phosphatverbindungen.

Meyerhof und Hill waren die ersten in der Geschichte der Biologie, die versuchten, chemische, physikalische und thermodynamische Daten zu korrelieren, was ihnen, wenn auch nur teilweise, gelungen ist. Aber wo hat schon einmal der Versuch, den Mechanismus irgend eines physikalischen oder biologischen Phänomens zu erklären, zu einer endgültigen Antwort geführt? Gaben die Atommodelle von Rutherford oder von Niels Bohr oder selbst spätere Modelle die endgültige Antwort? Nein — aber sie waren monumentale Leistungen, die eine der aufregendsten Entwicklungen in der Geschichte der Wissenschaft initiierten.

Einige Biologen meinten, Meyerhof habe den Nobelpreis für den Nachweis erhalten, daß die Milchsäurebildung nicht nur einen Teil der Energie für die Muskelkontraktion liefert, sondern direkt verantwortlich für den Elementarprozeß der Kontraktion ist. Da es jedoch keinen Beweis für diese Annahme gab, war sie bestenfalls Spekulation. Der Nobelpreis wird aber nicht für Annahmen vergeben. Der Autor hatte einmal Gelegenheit, über den Grund der Nobelpreisverleihung an Meyerhof mit Professor Gören Liljestrand, dem langjährigen Sekretär des Nobelpreiskomitees zu sprechen. Er versicherte, daß jene Annahme nicht einmal in Erwägung gezogen wurde, sondern der Preis sollte eine Anerkennung sein für den brillanten Versuch, biochemische und biophysikalische Daten zu korrelieren. Außerdem war diese Annahme niemals ernsthaft vorgeschlagen worden, im Gegenteil: In einer Veröffentlichung von Meyerhof und Lohmann, die im November 1925 eingereicht und 1926 publiziert wurde (Meyerhof und Lohmann 1926) wiesen sie nachdrücklich darauf hin, daß die Konstanz des Verhältnisses zwischen Milchsäurebildung und mechanischer Arbeit kein Hinweis auf eine direkte Beteiligung sei: „Nun ist es ja niemals in Vorschlag gebracht worden, den chemischen Vorgang der Milchsäurebildung direkt die mechanische Arbeit leisten zu lassen".

Im Jahr 1923, kurz bevor Meyerhof den Nobelpreis erhielt, mußte er in Kiel eine tiefe Enttäuschung erleben. Der Direktor des Physiologischen Instituts, Rudolf Höber, hatte eine gesonderte Abteilung für physiologische Chemie eingerichtet und Meyerhof als ihren Leiter vorgeschlagen. Die Fakultät lehnte dies ab (ein ungewöhnlicher Affront gegen einen Direktor) und ernannte einen anderen, weit weniger qualifizierten Chemiker. Sehr wahrscheinlich spielte dabei die antisemitische Einstellung der Fakultätsmitglieder eine wichtige Rolle. Erinnern wir uns an den wachsenden Antisemitismus in der Weimarer Republik nach dem verlorenen Krieg und der ständigen Erniedrigung Deutschlands in den Jahren nach dem Versailler Vertrag. Höber selbst war Jude. Als die Nazis an die Macht kamen, verließ er Deutschland und ging an die Universität von Pennsylvania in Philadelphia, wo er den Rest seines Lebens verbrachte. Dort traf er Meyerhof im Jahr 1940 wieder.

Nach der Auszeichnung mit dem Nobelpreis hat Meyerhof ein attraktives Angebot von der Yale University erhalten. Dies war der Anlaß, daß sich Warburg und andere Mitglieder des Kaiser-Wilhelm-Instituts für Biologie, darunter die Direktoren C. E. Correns und R. Goldschmidt sowie M. Hartmann an die Kaiser-Wilhelm-Gesellschaft mit der Bitte wandten, für Meyerhof eine neue Abteilung im Institut einzurichten. Jeder von ihnen bot an, einen Raum abzugeben, um die Entscheidung zu erleichtern und zu beschleunigen, die auch bald danach positiv ausfiel, so daß Meyerhof schon 1924 in das Institut einziehen konnte. Obwohl die Räume ziemlich primitiv (selbst für die damaligen Verhältnisse) und über die Stockwerke verteilt waren, bot sich für Meyerhof hier zum ersten Mal die Möglichkeit, eine Arbeitsgruppe aufzubauen. Man stellte ihm technische Assistenten zur Verfügung, und er konnte mehrere wissenschaftliche Mitarbeiter aufnehmen. In Kiel hatte er keinerlei technische Hilfe gehabt; die genialen Experimente und Beobachtungen, für die er den Nobelpreis erhielt, wurden alle von ihm allein gemacht. Nur H. H. Weber arbeitete im Jahr 1922 sechs Monate mit ihm zusammen.

Abb. 39. Otto Meyerhof und Sir Archibald Vivian Hill (sitzend), dahinter Karl Lohmann, Alexander von Muralt, G. Benetato, Hermann Blaschko, Arthur Grollmann, Hans Laser. Kaiser-Wilhelm-Institut für medizinische Forschung. Heidelberg 1930

Meyerhofs erster wissenschaftlicher Mitarbeiter in Berlin war Karl Lohmann (1898—1978), ein brillanter organischer Chemiker, der 1924 zu ihm kam und bei ihm blieb bis zu seiner Berufung 1937 an die Berliner Friedrich-Wilhelms-Universität auf den Lehrstuhl für physiologische Chemie. Zweifellos hat die Zusammenarbeit dieser beiden Männer die Fortschritte in Meyerhofs Laboratorium tief beeinflußt. Trotz ihrer sehr verschiedenen Charaktere ergänzten sie sich wissenschaftlich auf ideale Weise. Es war eine herzliche, glückliche und äußerst erfolgreiche Zusammenarbeit. Ein Höhepunkt war Lohmanns Entdeckung des Adenosintriphosphats (ATP) sowie die Aufklärung seiner Struktur und die Interpretation seiner Funktion, die ihm zusammen mit Meyerhof gelang.

Bald kamen weitere junge Mitarbeiter in Meyerhofs Laboratorium, darunter Hermann Blaschko, Severo Ochoa, Fritz Lipmann, Ken Iwasaki, Paul Rothschild und der Autor. Aber zu jeder Zeit gab es nur sehr wenige Wissenschaftler in seiner Abteilung, was für die Entwicklung einer engen Beziehung zwischen ihnen und Meyerhof und auch untereinander sehr wichtig war. Meyerhofs Persönlichkeit übte eine Anziehungskraft auf eine besondere Art von Menschen aus. Dies mag ein wichtiges Element für die Entwicklung enger und lebenslanger Freundschaften unter den Mitarbeitern gewesen sein. Einige von ihnen wurden führende Persönlichkeiten auf den verschiedensten Gebieten, vor allem aber in der Biochemie.

Erforschung des ersten Stoffwechselweges. Schon Mitte des 19. Jahrhunderts hatte Hoppe-Seyler (1825—1895) die Anwesenheit von Enzymen innerhalb der Zellen vermutet. 1897 veröffentlichte Eduard Buchner, ein Schüler von Adolf von Baeyer, seine berühmte Entdeckung, daß der aus Hefezellen gewonnene Extrakt zu alkoholischer Gärung fähig ist; er hatte also das für die Gärung verantwortliche Enzym in zellfreier Lösung erhalten. Buchner bezeichnete dieses Enzym „Zymase". Wie sich später herausstellte, handelte es sich bei Buchners Zymase um ein Gemisch von mehreren Enzymen. Aber seine Entdeckung war nichtsdestoweniger ein Meilenstein in der Geschichte der Biochemie und Grundlage und Ausgangspunkt eines neuen Konzeptes. Es wurde nämlich eindeutig gezeigt, daß die im Innern einer Zelle ablaufenden Reaktionen auch in Lösung außerhalb der Zelle möglich sind, ohne daß eine „Lebenskraft" mitwirken mußte. Wie so häufig in der Geschichte der Wissenschaft, wenn ein neues Konzept auftaucht, wurde diese Feststellung sofort heftig bekämpft, unter Berufung auf die Vorstellungen großer Autoritäten wie zum Beispiel Pasteur. Buchner wandte sich energisch dagegen, unter anderem mit dem Hinweis, daß selbst Pasteurs Autorität kein Argument gegen experimentelle Fakten sei, eine sehr treffende Feststellung, die man bedenken sollte, wenn Wissenschaftler an dogmatischen Ansichten festhalten, obwohl die Fakten dagegen sprechen. Trotz aller Kontroversen wurden Buchners Befunde bald von vielen anerkannt und unterstützt, zum Beispiel von Emile Duclaux (1840—1904), einem engen Mitarbeiter von Pasteur, und Franz Hofmeister (1850—1922), einem der Vorkämpfer der Enzymtheorie des intrazellulären Stoffwechsels, der bereits damals voraussagte, daß man früher oder später ein spezifisches Enzym für jede lebenswichtige Reaktion in der Zelle finden werde, eine geradezu prophetische Idee in Anbetracht unserer heutigen Kenntnisse. Drei Schüler von Hofmeister (alle waren Juden) spielten eine führende Rolle auf dem Gebiet der Enzymchemie: Gustav Embden (Halbjude) in Frankfurt/Main, Carl Neuberg in Dahlem und Jacob Parnas in Lwow (Polen).

Nach Buchners bahnbrechender Entdeckung wurden zwar wichtige neue Erkenntnisse über die alkoholische Gärung und die Zwischenstufen der Glykolyse im Muskel gewonnen. Aber allgemein gingen die Fortschritte nur langsam voran, vor allem wegen der relativ groben Methoden, die damals zur Verfügung standen. Doch dann, im Jahr 1925, kam wieder ein Durchbruch, als es Meyerhof gelang, die glykolytischen Enzyme aus dem Muskel zu extrahieren und mit dem Extrakt und nach Zusatz von Glykogen die Glykolyse in Lösung nachzuweisen. Diese Leistung ist mit Buchners Entdeckung vergleichbar: Sie öffnete den Weg zur Isolierung der Enzyme und zur Auflösung des komplexen glykolytischen Abbauweges in seine einzelnen Schritte. Die Aufklärung des gesamten Stoffwechselweges vom Glykogen zur Milchsäure dauerte dann noch ungefähr 15 Jahre. Wenn auch die Arbeiten von Meyerhof und seinen Mitarbeitern den größten Anteil an dieser Entwicklung hatten, so trugen dazu auch viele andere Forscher bei, insbesondere Gustav Embden, Jacob Parnas, Carl F. und Gerty Cori, Otto Warburg sowie Dorothy Needham und ihre Mitarbeiter. Embden hat mit bewundernswerter Genialität und Intuition 1932 das Grundgerüst der Reaktionsabfolge bei der Glykolyse vorgezeichnet. Er starb 1933 auf tragische Weise. So blieb es Meyerhof und seinen Mitarbeitern überlassen, die wichtigsten Schritte zu verifizieren. Der glykolytische Abbauweg wird heute auch als „Embden-Meyerhof" oder „Embden-Meyerhof-Parnas-Stoffwechselweg" bezeichnet. Es war der erste Stoffwechselweg, der vollständig aufgeklärt wurde. Diese monumentale Leistung leitete eine Periode eingehender Untersuchungen von anderen Stoffwechselwegen ein, insbesondere in den Vereinigten Staaten. Nachdem man heute die meisten Stoffwechselwege in allen Einzelheiten kennt, hat sich das Hauptinteresse der Biochemiker längst auf eine Vielzahl anderer Fragestellungen verlagert.

Eines der Nebenprodukte bei der Aufklärung der Glykolyse in Hefe- und Muskelzellen ist von allgemeiner Bedeutung: Es stellte sich nämlich heraus, daß die vielen Einzelschritte bei der Glykolyse in Hefe, einem einzelligen Sproßpilz, und im Wirbeltiermuskel die gleichen sind, mit Ausnahme des letzten, wobei in der Hefe Alkohol als Endprodukt und im Muskel Milchsäure gebildet wird. Diese bemerkenswerte Ähnlichkeit im Mechanismus der Glykolyse auf so verschiedenen Evolutionsstufen unterstützte die Idee einer biochemischen Einheitlichkeit des Lebens, eine Vorstellung, die auch Pasteur hegte und die ein Grundelement im Denken von Warburg und Meyerhof war. Natürlich braucht man für diese Vorstellung ein großes Maß von Flexibilität. Denn die Annahme, daß sich im Verlaufe der Evolution nichts verändert habe, wäre naiv; allerdings sind diese Veränderungen meist nur geringfügig. Die Vorstellung der biochemischen Einheitlichkeit des Lebens spielte und spielt auch heute noch eine wesentliche Rolle beim Fortschritt der Biochemie.

Entdeckung energiereicher Phosphatverbindungen. Einer der grundlegenden Beiträge von Meyerhof zur Biochemie war, wie bereits erwähnt, die Entdeckung zweier Arten von Phosphatverbindungen, einer energiereichen und einer energiearmen. Spaltet man die erstere unter Bildung von anorganischem Phosphat, wird eine große Wärmemenge erzeugt. Die Änderung der Gesamtenergie liegt in der Größenordnung von 10000 bis 12000 Kalorien pro Mol, bei der zweiten Art (zu der die meisten Phosphatverbindungen gehören) in der Größenordnung von nur 1500 bis 3000 Kalorien pro Mol. Der Grund für diese Messungen war die Entdeckung einer neuen phosphorylierten Verbindung im Muskel im Jahre 1927, die von den Entdeckern C. H. Fiske und J. SubbaRow (Harvard Medical School) und P. und M. G. Eggleton (London) „Phosphagen" genannt wurde. Fiske und SubbaRow fanden dann, daß es sich beim Phosphagen um Kreatinphosphorsäure (Phosphokreatin) handelte, die möglicherweise eine Rolle bei der Muskelkontraktion spielte. Meyerhof, der stets an der Bioenergetik interessiert war und nach Quellen chemischer Energie zusätzlich zur Milchsäure suchte, begann sofort mit Messungen des Energiegehaltes dieser Verbindung. Da man bisher nur etwa 50 Prozent der während der Muskelkontraktion gebildeten Wärme bestimmten Reaktionen zuordnen konnte, lag die Vermutung nahe, daß das Phosphagen an der Wärmebildung beteiligt war. Meyerhofs erste Veröffentlichung über die bemerkenswert hohe Energiefreisetzung bei der Spaltung von Phosphagen erschien 1927 in den Naturwissenschaften, mit Lohmann als Koautor; eine zweite, detailliertere Veröffentlichung, mit Suranyi als Koautor, erschien noch im selben Jahr in der Biochemischen Zeitschrift. Im Laboratorium war die Begeisterung über diese Entdeckung groß (der Autor arbeitete damals in Meyerhofs Laboratorium), und man war sich völlig im klaren darüber, daß dieser Befund Ausgangspunkt für ganz neue Entwicklungen in der Korrelation chemischer, physikalischer und thermodynamischer Ereignisse bei der Muskelkontraktion wurde.

Wie bereits erwähnt, hatte Meyerhof in seinem Vortrag 1913 darauf hingewiesen, daß der wichtigste thermodynamische Parameter für die Bewertung einer chemischen Reaktion nicht die Änderung der Gesamtenergie, sondern die Änderung der freien Energie ist. Man mag sich fragen, warum er die freie Energie nicht berechnete, obwohl dies mit Hilfe des Nernstschen Wärmetheorems möglich gewesen wäre. Polanyi, ein Freund von Meyerhof in Dahlem, hatte die freie Energie einiger Reaktionen in Lösung bereits im Jahr 1914 berechnet. Hill erörterte dieses Problem in einer Veröffentlichung im Jahre 1912 und wies auf die Schwierigkeiten hin, derartige Berechnungen durchzuführen für Reaktionen, deren Gleichgewichtskonstanten man nicht kannte, wie im Falle der meisten an der Glykolyse beteiligten Reaktionen. Abgesehen davon ist die freie Energie nicht der wirklich entscheidende Faktor bei den an der Muskelkontraktion mitwirkenden Reaktionen, einem äußerst komplexen System, das in den 20er Jahren noch kaum verstanden wurde.

In den folgenden Jahren sammelten sich immer mehr Daten über die Zwischenstufen der Glykolyse an; so entdeckte man auch mehrere neue Phosphatverbindungen, die Meyerhof auf ihren Energiegehalt testete. Dabei zeigte sich, daß bei der Hydrolyse von 1,3-Diphosphoglycerinsäure und Phosphoenolpyruvat relativ viel Energie freigesetzt wurde. Als die wichtigste energiereiche Phosphatverbindung erwies sich aber das Adenosintriphosphat, abgekürzt ATP, eine Verbindung, die von Lohmann 1929 in Meyerhofs Laboratorium entdeckt wurde[25]) und deren Struktur er später bestimmt hat. Bereits 1931 publizierten Meyerhof und Lohmann eine Arbeit, in der sie auf die große Spaltungsenergie von ATP und die Nutzung dieser Energie bei der Biosynthese (und speziell der Glykolyse) hinwiesen. Ferner zeigten sie, daß die Phosphataufnahme beim Kohlenhydratabbau zu Milchsäure mit einer gleichzeitigen Spaltung von ATP verbunden ist. In den anschließenden Reaktionen wird ATP dann wieder neu synthetisiert. Durch diesen Zyklus wird die Milchsäurebildung aufrechterhalten.

Die Wärmebildung bei der Spaltung von Kreatinphosphorsäure beantwortete jedoch nicht die Frage nach der Art und Weise ihrer Beteiligung am Mechanismus der Muskelkontraktion. Mehrere Beobachtungen legten die Vermutung nahe, daß diese Verbindung auf irgendeine Weise mit der Geschwindigkeit der Kontraktion in Zusammenhang steht (Nachmansohn 1928/1929 III, 1929). Wenig später machte Einar Lundsgaard in Kopenhagen eine Reihe sehr wichtiger Beobachtungen. So fand er, daß mit Monojodessigsäure vergiftete Muskeln keine Milchsäure mehr bildeten, jedoch noch weiterarbeiteten, solange Kreatinphosphorsäure vorhanden war. In eleganten Experimenten maß er die Arbeitsleistung und setzte sie mit der Wärmebildung beim Kreatinphosphorsäurezerfall in Beziehung. Diese Korrelierung von chemischen, mechanischen und thermodynamischen Daten beeindruckte Meyerhof zutiefst, da dieses Vorgehen seinem eigenen so ähnlich war. Lundsgaard schickte Meyerhof einen Vorabdruck des noch nicht publizierten Manuskriptes und bat ihn, die Richtigkeit seiner Entdeckungen unter Meyerhofs Anleitung testen zu dürfen, da sie im Gegensatz zu dessen Theorie zu stehen schienen. Dies zeigt Lundsgaards wissenschaftliche Einstellung, nämlich seine Suche nach Wahrheit unter strengster Kontrolle. (Leider ist dieses Verhalten nicht die Regel; wie nützlich wäre es doch für die Wissenschaft, wenn solch eine Einstellung überwiegen würde.) Meyerhofs Reaktion auf Lundsgaards Beobachtungen und dessen Bitte offenbarten seine bewundernswerte geistige Beweglichkeit, wie sie auch Hermann Blaschko in dem von Sir Rudolph Peters für die Royal Society geschriebenen Nachruf (1954) schildert. Obwohl er zwar einige Bedenken gegenüber Lundsgaards Experimenten hegte, zeigte er keinerlei Vorurteil und Starrheit bei der Bewertung der neuen Beobachtungen. Der Autor, der mit ihm lange über die neue Entwicklung diskutierte, war tief beeindruckt von Meyerhofs Aufgeschlossenheit und seiner Bereitwilligkeit, den neuen Befunden nachzugehen. Übrigens waren die neuen experimentellen Ergebnisse gar nicht so verwirrend für ihn oder für uns, da man überhaupt keine klare Vorstellung hatte, welche Substanz direkt für die Kontraktion des Muskels verantwortlich war. In den folgenden Jah-

---

[25]) Bisweilen liest man, daß Fiske und SubbaRow ATP gleichzeitig mit Lohmann entdeckten. Florkin hat in seiner History of Biochemistry (1975) dokumentiert, daß dies nicht der Wahrheit entspricht und daß die Priorität Lohmann gehört. Es ist jedoch möglich, daß sie ATP unabhängig von ihm wenig später entdeckt haben.

ren deuteten Lundsgaards Experimente dann tatsächlich darauf hin, daß Kreatinphosphorsäure direkt an der Muskelkontraktion beteiligt ist. Aber sowohl Lundsgaard selbst als auch Meyerhof blieben skeptisch. Ein entscheidender Wendepunkt war dann Lohmanns Beobachtung (1934), daß zwei Phosphatgruppen von zwei Molekülen Kreatinphosphorsäure mit Adenylsäure ATP ohne Wärmeentstehung bildeten. Lohmann war somit der erste, der erkannte, daß energiereiche Verbindungen biochemische Reaktionen ohne Wärmebildung bewerkstelligen konnten. Die Synthese von ATP aus Kreatinphosphorsäure und Adenylsäure verläuft daher mit nahezu 100%iger Effizienz. Diese Experimente wie auch die unabhängig und gleichzeitig von Parnas und seinen Mitarbeitern durchgeführten Untersuchungen wiesen eindeutig darauf hin, daß Kreatinphosphorsäure als „Speicher" der zur Phosphorylierung von ATP benötigten Energie dient. Damit ließ sich erklären, warum Kreatinphosphorsäure mit der Geschwindigkeit der Muskelkontraktion eng korreliert. Bei schnell kontrahierenden Muskeln muß ATP sehr rasch und mit minimalem zusätzlichem Energieaufwand resynthetisiert werden. Solche Muskeln benötigen daher die Anwesenheit von Kreatinphosphorsäure. So hat die vom Autor bereits 1928, also vor Lundsgaards Befunden erstellte Hypothese endlich ihre Bestätigung gefunden.

Nach der von Meyerhof und Lohmann 1934 vorgeschlagenen Theorie ist ATP jene Substanz, welche die Energie für den noch immer unbekannten Elementarvorgang der Muskelkontraktion liefert. Meyerhof nannte ATP die „spezifische operative Substanz". Dieser Ansicht schloßen sich zunächst die meisten Biochemiker und Physiologen an, besonders nach einer 1939 von V. A. Engelhardt und M. N. Ljubimova gemachten Entdeckung (auf die wir später zurückkommen). Doch angeregt durch eine Publikation von Hill begann eine Reihe von Forschern Meyerhofs Annahme in Frage zu stellen (Hill 1950). Dazu kam, daß alle Versuche, die ATP- oder Kreatinphosphorsäure-Spaltung während einer einzigen Kontraktion zu messen, fehlschlugen. Dies führte zu mehreren Kontroversen. Erst 1963, nachdem gezeigt worden war, daß selbst bei einer einzigen Kontraktion Kreatinphosphorsäure gespalten wird, fand Meyerhofs Theorie allgemeine Anerkennung. So hatte er eines der Hauptziele seines Lebenswerkes erreicht, nämlich die Bestätigung, daß die von Hill während der Muskelkontraktion gemessene Wärmebildung so gut wie ausschließlich auf chemische Reaktionen zurückzuführen ist (Meyerhof 1937). Ein Durchbruch in der Erforschung des molekularen Mechanismus der Kontraktion gelang dann 1939 Engelhardt und Ljubimova, die fanden, daß Myosin (eines der Muskelproteine, die vermutlich am Kontraktionsvorgang beteiligt waren) seine Form bei der Reaktion mit ATP verändert und ATP spalten kann. Wird die Spaltung gehemmt, dann erzeugt ATP keine Formveränderung beim Myosin. Diese Beobachtungen wurden von Dorothy M. Needham (1971) bestätigt und erweitert. Sie stützten Meyerhofs Annahme einer direkten Beteiligung von ATP bei der Muskelkontraktion. Aber Meyerhof war es nicht vergönnt, die Aufklärung der Details des Mechanismus der Muskelkontraktion zu erleben, um die sich besonders H. E. Huxley und seine Mitarbeiter bemühten, unter Verwendung der Elektronenmikroskopie, der Röntgenbeugung und anderer verfeinerter Methoden und Geräte, die nach den 50er Jahren verfügbar wurden. Dank der Arbeit vieler hervorragender Forscher haben wir heute ein bemerkenswert gutes Bild vom molekularen Mechanismus der Muskelkontraktion und der daran beteiligten Proteine.

Nachdem der glykolytische Abbauweg Ende der 30er Jahre in allen Einzelheiten aufgeklärt war, zeigte sich, daß die wichtigste Funktion der Glykolyse in der Lieferung von ATP besteht: Beim Abbau von 1 Molekül Glucose werden 2 bis 3 Moleküle ATP freigesetzt.

Später fand man, daß die Oxidation die gleiche Hauptfunktion hat, jedoch eine viel größere ATP-Quelle darstellt: Die Oxidation von 1 Molekül Glucose ergibt 36 Moleküle ATP, wie erstmals von Severo Ochoa (siehe Seite 290) ermittelt wurde.

Die Entdeckung energiereicher und energiearmer Phosphatverbindungen, die Meyerhof und seinen Mitarbeitern vor über 50 Jahren gelang, war eine der fundamentalen Errungenschaften auf dem Gebiet der Biochemie in unserem Jahrhundert. Daß in den Jahrzehnten danach die aus Phosphatverbindungen, insbesondere ATP, freigesetzte Energie sich als von sehr viel allgemeinerer Bedeutung erwies als ursprünglich angenommen, unterstreicht nur noch ihre Bedeutung. Wir betrachten es ja geradezu als ein Kriterium für die Größe einer Entdeckung, wenn durch sie ausgelöste Untersuchungen zu völlig neuen Erkenntnissen führen. Wie sich in den 40er und 50er Jahren zeigte, ist ATP die allgemein verwendete Energiequelle bei den meisten Stoffwechselreaktionen im menschlichen Körper; man bezeichnet es deshalb auch als „Universalwährung" der freien Energie in biologischen Systemen. Die erste Reaktion, für welche die Verwendung von ATP als Energiequelle für eine Biosynthese außerhalb des glykolytischen Zyklus nachgewiesen wurde, war die Acetylierung, eine Reaktion, die an vielen Prozessen beteiligt ist. Der Autor zeigte 1942, daß mit Hilfe der Energie des ATP eine Verbindung in Lösung acetyliert werden kann (Überblick in Nachmansohn 1972). Diese Entdeckung löste eine ganze Reihe von Untersuchungen über die Rolle von ATP als Energiequelle aus.

Im Frühjahr 1951 organisierten William McElroy und Bentley Glass an der Johns Hopkins University ein Symposium mit dem Thema „Phosphorus Metabolism". Viele führende Wissenschaftler auf dem Gebiet nahmen an der Tagung teil, die sich mit praktisch allen Aspekten der Chemie des Lebens unter dem Gesichtspunkt der zentralen Rolle der Phosphate befaßte. Als der unbestrittene Meister und große Pionier dieses Gebietes wurde Meyerhof gebeten, die Eröffnungsrede zu halten. Er schloß seine Ansprache mit folgenden Worten: "Just as the role of iron in biological oxidation is now made completely understandable by the work of Otto Warburg as being necessary for the catalysis of oxygen transfer, so the role of phosphate compounds is made understandable by their importance for energy transfer." Ergänzend sei hinzugefügt, daß es das Werk von Otto Meyerhof war, das zu diesem Verständnis führte. Meyerhof erlebte die Veröffentlichung des Symposiums nicht mehr, er starb am 6. Oktober 1951 in Philadelphia.

Heidelberg und Hitlerzeit. Gegen Ende des Jahres 1929 übersiedelte Meyerhof von Berlin-Dahlem nach Heidelberg, in das neugegründete Kaiser-Wilhelm-Institut für medizinische Forschung, das auf Initiative von Krehl errichtet worden war. Das Institut bestand aus vier Abteilungen: Physik (Hausser), Chemie (Kuhn), Physiologie (Meyerhof) und Pathologie (Krehl). Zum ersten Mal verfügte Meyerhof über hervorragende Arbeitsbedingungen. Die Laboratorien hatte man nach seinen Plänen gebaut und alles organisiert, um ihm seine Arbeit mit der großen Zahl sehr empfindlicher Methoden und Geräte zu erleichtern. Und es gab auch Platz für mehr wissenschaftliche Mitarbeiter, die bald aus der ganzen Welt zu ihm kamen. Von Dahlem hatte er seine technischen Assistenten Walter Schulz und W. Möhle, die ihm unentbehrlich für die Ausführung seiner Experimente waren, mitnehmen können. Die Kaiser-Wilhelm-Gesellschaft stellte ihm ein eigens für ihn gebautes großartiges Haus mit einem schönen Garten zur Verfügung. Man kann sich leicht vorstellen, wie glücklich er in Heidelberg war. Endlich hatte sich der Traum eines echten Wissenschaftlers erfüllt: nicht Ruhm, sondern die Gelegenheit, seine schöpferische Arbeit unter den besten und angenehmsten Bedingungen durchzuführen. Er war nun 46 Jahre alt und inmitten einer aktiven und dynamischen Phase seiner Forschungen. Viele der wichtigen Zwischenstufen der Glykolyse wurden während seiner Zeit in Heidelberg aufgeklärt.

Aber das Glück sollte nicht von langer Dauer sein. Drei Jahre nach Meyerhofs Umzug nach Heidelberg wurde Hitler Reichskanzler, was zu einer drastischen Änderung der ganzen Atmosphäre führte. Meyerhof machte sich große Sorgen, beschloß aber, zunächst zu bleiben, eine Entscheidung, die von Krehl, Max Planck (Präsident der Kaiser-Wilhelm-Gesellschaft seit dem Tode von Harnack im Jahr 1930) und später auch von Carl Bosch (Plancks Nachfolger als Präsident der KWG) stark unterstützt wurde. Denn gerade in dieser Zeit machten seine Arbeiten aufregende Fortschritte, nicht zuletzt durch die Mithilfe vieler hochqualifizierter Wissenschaftler, darunter M. Dubuisson, André Lwoff, Severo Ochoa, Paul Ohlmeyer und W. Kiessling. Jedoch die politische Lage verschlechterte sich zusehends, und Meyerhof wurde sich bald klar darüber, daß seine Position auf die Dauer unhaltbar war und er früher oder später Deutschland verlassen mußte. Damals, um 1936, war es noch möglich, ohne größere Schwierigkeiten eine Ausreisegenehmigung zu erhalten, und er entschloß sich, in Begleitung seiner Frau Hedwig in die Vereinigten Staaten zu reisen, um dort eine Stelle zu suchen, was allerdings ziemlich aussichtslos erschien in einem Land, das im Begriff war, sich von der großen Depression zu erholen. So war auch das einzige Angebot, das er erhielt, höchst unbefriedigend: Ein kleines Laboratorium in einem Wirtschaftsunternehmen mit einem Jahresgehalt von 5000 Dollar. Der Autor (damals an der Faculté des Sciences in Paris tätig) verbrachte ungefähr zur gleichen Zeit einige Wochen in den Vereinigten Staaten, wobei sich er und Meyerhof ziemlich häufig trafen. Meyerhof war sehr deprimiert. Nachdem sie die mißliche Lage gründlich durchdiskutiert hatten, fragte ihn der Autor, der den großen Respekt und die Bewunderung der Franzosen für Meyerhof kannte, ob er vielleicht Interesse an einem passenden Arbeitsplatz in Paris habe. Meyerhof war begeistert von dieser Idee. Denn er bewunderte schon immer die französische Kunst und Dichtung und die wissenschaftlichen und kulturellen Leistungen der Franzosen. Man verabredete dann einen speziellen Code für die Korrespondenz, da mit einer Briefzensur zu rechnen war. Denn obwohl die Nazis alle Juden loswerden wollten, fingen sie damit an, ihre Auswanderung zu verhindern. Unmittelbar nach der Rückkehr nach Paris wandte sich der Autor mit seinem Anliegen an René Wurmser, Henri Laugier und Jean Perrin, die ihm sofort begeistert ihre Unterstützung zusagten. Die Franzosen schätzten nicht nur Meyerhofs Genialität als Wissenschaftler, sondern auch seine außergewöhnlich hohe Allgemeinbildung. Er hatte 1934 zwei Vorträge in Paris gehalten und alle zutiefst beeindruckt. Bei den Banketten und Empfängen, die man ihm zu Ehren gab, brachten die französischen Kollegen ihre große Bewunderung zum Ausdruck, wie sich der Autor noch lebhaft erinnert. René Wurmser war damals Leiter einer Unterabteilung des Institut de Biologie Physico-Chimique. Er, selbst ein namhafter Biochemiker und Physikochemiker, war mit Meyerhofs Arbeiten gut vertraut und begeistert von der Aussicht, ihn in seine Abteilung aufnehmen zu dürfen. Es gelang ihm dann, recht günstige Arbeitsbedingungen und eine Position als Directeur de recherches für Meyerhof zu arrangieren. Sämtliche Verhandlungen wurden vom Autor unter Verwendung des in New York vereinbarten Codes durchgeführt. Das nächste Problem war nun, ihn und seine Familie aus Deutschland herauszubekommen. Schließlich, im August 1938, erhielt Meyerhof die Genehmigung, für ein paar Wochen mit seiner Frau und seinem jüngsten Sohn Walter aus gesundheitlichen Gründen in die Schweiz zu gehen. Da sie ja unter dem Vorwand eines kurzen Ferienaufent-

Abb. 40. Walter Meyerhof als Humboldt-Stipendiat in München, Mai 1987

haltes ausreisten, konnten sie natürlich nur das Allernotwendigste mitnehmen. Die Tochter Bettina, die damals bereits in Paris war, ging im November 1938 in die Vereinigten Staaten, wo sie am Swarthmore College bei Philadelphia einen Studienplatz bekommen hatte. Der älteste Sohn Gottfried lebte schon seit einiger Zeit in England. Otto und Hedwig Meyerhof kehrten nie mehr nach Heidelberg zurück. Vor einigen Jahren ehrte Heidelberg seinen großen Bürger, indem eine Straße nach ihm benannt wurde: die Meyerhofstraße.

Im September 1938 kamen die Meyerhofs dann nach Paris, wo sie herzlich empfangen und freundschaftlich aufgenommen wurden. Die Rue Pierre Curie, mit mehreren Instituten und zahlreichen namhaften Wissenschaftlern, war ein hochgradiges intellektuelles Zentrum, in dessen Atmosphäre sich Meyerhof ungemein wohl fühlte; sie erinnerte ihn in mancher Beziehung an das Dahlemer Ambiente. Zwischen dem Autor und seinem verehrten Lehrmeister entwickelte sich bald eine Freundschaft, die im Verlauf der Jahre immer enger wurde und bis zu Meyerhofs Tod fortdauerte. Es waren aber nicht nur die Diskussionen über wissenschaftliche Probleme, sondern auch ihre gemeinsamen Interessen an Literatur, Philosophie und zahlreichen anderen Gebieten, durch die sie sich näherkamen. Die beiden Ehepaare machten auch Ausflüge zusammen. Der Autor, der Chartres oder die Loire-Schlösser schon von früheren Besuchen kannte, war tief beeindruckt davon, wieviel mehr er diese Kunstdenkmäler unter der Führung von Meyerhof schätzen lernte und von Meyerhofs Kenntnissen und seinem Verständnis für Kunst und Geschichte.

Die glückliche Zeit in Paris sollte leider nur von kurzer Dauer sein. Genau ein Jahr nach ihrer Ankunft brach der Krieg aus. Im Mai 1940 marschierte die deutsche Wehrmacht in Frankreich ein, in Richtung auf Paris. So flohen die Meyerhofs mit ihrem Sohn Walter nach Südfrankreich, das noch nicht unter deutscher Besatzung stand. Obwohl sie überall herzlich empfangen und von ihren Kollegen unterstützt wurden, war es klar, daß sie Frankreich so bald wie möglich verlassen mußten. Der Autor, der inzwischen eine Einladung der

Yale University angenommen hatte (und dort einige Tage vor Ausbruch des Krieges angekommen war), informierte zuerst A. V. Hill in England, Meyerhofs langjähriger Kollege und Freund, und bat ihn, den Meyerhofs zur Flucht zu verhelfen. Sodann wandte er sich an A. N. Richards, ein bekannter Nierenphysiologe an der Universität von Pennsylvania in Philadelphia und damals Präsident der National Academy of Sciences. Richards erreichte es, daß für Meyerhof eine Forschungsprofessur an der Universität von Pennsylvania im Department für physiologische Chemie (dessen Vorstand Wright Wilson war), eingerichtet wurde. Im Oktober kamen die Meyerhofs dann nach Philadelphia, nachdem es ihnen mit Hilfe von Varian M. Fry vom Emergency Relief Committee (einem Vorläufer des International Rescue Committee) unter dramatischen Umständen gelungen war, über die Pyrenäen nach Spanien zu entkommen. Von dort reisten sie weiter nach Lissabon, ihrer letzten Station in Europa vor der endgültigen Abreise in die Vereinigten Staaten.

Wissenschaftliche Leistungen im Exil. Trotz aller Leiden und Sorgen blieben Meyerhofs geistige Kräfte ungebrochen. Gleich nach seiner Ankunft in Paris stürzte er sich in die Arbeit und setzte seine Experimente über die Anwendung von radioaktivem Phosphor fort, mit denen er in Heidelberg, in Zusammenarbeit mit Niels Bohrs Laboratorium in Kopenhagen, begonnen hatte. Außerdem gelang ihm der Beweis, daß für die Glykolyse in embryonalem Gewebe, ebenso wie im erwachsenen Organismus, Phosphat erforderlich ist. Gegenteilige Befunde hat er nie akzeptiert, da er solch einen grundlegenden Unterschied im Mechanismus der Glykolyse in der frühen und der späten Entwicklungsphase für wenig wahrscheinlich hielt. Wie in Paris begann er auch unmittelbar nach seiner Ankunft in Philadelphia mit dem Aufbau eines Laboratoriums, zusammen mit einigen begabten jungen Mitarbeitern, die er mit seinen Methoden und seinen Grundvorstellungen vertraut machte. Und schon sehr bald kam eine ganze Reihe wichtiger Ergebnisse aus seinem Institut. Alle, die mit ihm in Philadelphia gearbeitet oder ihn dort getroffen haben, sprechen von Meyerhof mit großer Bewunderung und Zuneigung und davon, wie stark sie von seinen Ideen und seiner Persönlichkeit inspiriert und beeinflußt wurden.

Meyerhof nahm häufig an Tagungen und Symposien teil. Sein Ruf und sein Ansehen waren inzwischen so groß, daß er dabei stets im Zentrum stand und eine Quelle der Inspiration bildete, besonders für die Kollegen, die ihn nur aus der Literatur kannten. Bei einer Tagung der New York Academy of Science im Jahr 1944 hielt er einen brillanten Vortrag über sein Lieblingsthema, nämlich die Bedeutung der Thermodynamik und Energetik für die Biochemie und die energetischen Aspekte der Muskelchemie. Während des letzten Jahrzehnts seines Lebens leistete er noch eine ganze Reihe wichtiger Beiträge, wenn sie auch nicht mehr von jener bahnbrechenden Qualität und fundamentalen Bedeutung wie seine früheren Arbeiten waren. Zum Beispiel entdeckte er den Mechanismus, durch den sich Hexosebiphosphat während der Gärung anreichert, ein Befund, der die Biochemiker verwirrt hat. Meyerhof konnte zeigen, daß diese Anreicherung auf der Abwesenheit des Enzyms Adenosintriphosphatase beruhte. Nach Zugabe des Enzyms vergoren die Hefeextrakte Glucose zu Alkohol und Kohlendioxid in gleicher Weise wie lebende Hefezellen. Mit Hilfe seines Heidelberger Mitarbeiters Paul Ohlmeyer, der ein Jahr lang bei ihm in Philadelphia arbeitete, gelang auch die Reinigung des Enzyms. Weitere Untersuchungen führten zu der Entdeckung, daß es zweierlei Arten von Adenosintriphosphatase gibt: Die eine wird von Magnesium-Ionen aktiviert, die andere jedoch nicht. Mehrere Jahre später stellte sich dann heraus, daß ein bestimmter Typ dieser ATP-abhängigen Enzyme eine wichtige Rolle im „aktiven“ Transport durch die Zellmembranen spielt und somit in allen Zellen eine sehr wichtige Funktion ausübt. Ferner erbrachte Meyerhof den Nachweis, daß Phosphatübertragung von einer Verbindung zu einer anderen in Abwesenheit von Adenosintriphosphat (ATP) durch Phosphatasen katalysiert werden kann. Derartige Transphosphorylierungen scheinen vorzugsweise von energiereichen zu energiearmen Phosphaten zu verlaufen. Wie man sieht, spielte auch bei diesen Arbeiten sein Interesse an der Thermodynamik eine besondere Rolle.

Ein Beweis für seine große Aktivität ist die Tatsache, daß während dieses Jahrzehnts aus seinem Laboratorium etwa 50 Arbeiten hervorgingen, womit die Gesamtzahl seiner Veröffentlichungen auf ungefähr 440 anstieg. Seine Arbeitsintensität ist um so bemerkenswerter, wenn man bedenkt, daß er im Sommer 1944 einen schweren Herzanfall erlitt und ungefähr zehn Monate im Krankenhaus verbringen mußte. Den zweiten Anfall hat er nicht überlebt, er starb am 6. Oktober 1951 an Herzversagen. Seine erste (und letzte) Publikation in deutscher Sprache nach der Emigration „50 Jahre Biochemie“ ist im Januar 1951 in der Naturwissenschaftlichen Rundschau erschienen.

Woods Hole. In Philadelphia hat Meyerhof zwar eine Bleibe und beste Bedingungen für die Fortführung seiner Arbeiten gefunden; aber die eigentliche Heimstätte in der Neuen Welt wurde Woods Hole, ein kleines Dorf auf Cape Cod, einer Halbinsel südöstlich von Boston. Bekannt und berühmt wurde Woods Hole durch das dortige Ozeanographische Institut und insbesondere durch die Meeresbiologische Station (Marine Biology Laboratory), die gegen Ende des vorigen Jahrhunderts gegründet worden ist und sich allmählich zu einem der größten biologischen Forschungszentren entwickelt hat. Mit Unterstützung der Rockefeller Foundation wurde in dem inzwischen mehrere Gebäude umfaßenden Campus eine Bibliothek eingerichtet, die geradezu einmalig in ihrer Art ist, besonders wegen ihrer außergewöhnlichen Zeitschriftensammlung; einige dieser Zeitschriften gehen bis in das 17., 18. und 19. Jahrhundert zurück, und alle beginnen mit dem ersten Band, wie zum Beispiel die Proceedings of the Royal Society, die Annales de Physique et Chimie und Poggendorffs Annalen. Einmalig sind auch die Öffnungszeiten der Bibliothek: das ganze Jahr über *täglich* und rund um die Uhr, bei Tag und Nacht. Im Sommer ist Woods Hole ein beliebter Treffpunkt für Biochemiker, Biophysiker und Biologen aus dem ganzen Lande und aus aller Welt. Die Kurse und Seminare bieten Gelegenheit zur Fortbildung und zum Informationsaustausch, wobei man am nahe gelegenen Strand persönliche Kontakte in einer entspannten und angenehmen Atmosphäre pflegen kann.

Im Zweiten Weltkrieg, als man nicht nach Europa reisen konnte, war Woods Hole der ideale Ort für einen Sommeraufenthalt, bei dem sich Ferien und Arbeit, entweder im Laboratorium oder in der Bibliothek verbinden ließen. Man konnte die Ruhe des abseits vom Touristenstrom gelegenen Ortes, dazuhin die reizende Landschaft und das milde und angenehme Klima genießen. Die Unterkunft war zwar primitiv, aber billig, ein ganz entscheidender Gesichtspunkt für die damals schlecht bezahlten Wissenschaftler. Meyerhof und seine Frau verbrachten von 1941 bis 1951 jedes Jahr zwei Sommermonate in Woods Hole. Sie liebten diesen Ort, die intellektuelle und entspannte Atmosphäre. Und dort gab es auch Gelegenheit, viele alte Freunde wiederzusehen und neue zu gewinnen. Der Autor war mehr als zwei Jahrzehnte lang im Sommer als Gastforscher in den Laboratorien, da ihm dort ein besonders gut geeignetes Untersuchungsmaterial zur Verfügung stand. Seine Freundschaft mit den Meyerhofs, die in Paris begonnen hatte, hat sich in dieser Zeit weiter vertieft. Auch ein anderer früherer Mitarbeiter von Meyerhof, Severo Ochoa, kam mit seiner

Frau Carmen regelmäßig im Sommer nach Woods Hole. Meyerhof hielt Severo Ochoa für den brillantesten und hervorragendsten Wissenschaftler, den er je in seinem Laboratorium gehabt hat und verfolgte mit Stolz seinen rapiden Aufstieg zu einem der führenden Biochemiker. Die enge Freundschaft mit den Meyerhofs verstärkte auch die freundschaftlichen Beziehungen zwischen den Ochoas und dem Autor, die sich bereits 1929 in Berlin-Dahlem entwickelt hatten. Unter den Wissenschaftlern, die regelmäßig nach Woods Hole kamen, war auch Leonor Michaelis, ein Schüler von Paul Ehrlich, der seit 1929 am Rockefeller Institute in New York arbeitete (näheres über L. Michaelis s. Scheuch 1979), ferner Carl Neuberg aus Berlin, Otto Loewi aus Graz sowie Hans Gaffron, der Deutschland im Jahr 1936 verließ und mit James Franck in Chicago über die Photosynthese arbeitete. Auch James Franck verbrachte die Sommerferien meistens auf Cape Cod, zwar nicht in Woods Hole, doch kam er öfters zu Besuch dorthin. Ein häufiger Gast war auch Max Delbrück, der Deutschland ebenfalls 1936 verlassen hatte. Im Sommer 1949 verbrachte auch Otto Warburg zwei Monate in Woods Hole. Obwohl es natürlich besondere Bindungen zwischen den aus Europa immigrierten Wissenschaftlern gab, bedeutete dies keineswegs, daß die Europäer eine separate Gruppe bildeten. Im Gegenteil, in Woods Hole traf Meyerhof viele amerikanische Kollegen zum ersten Mal, wobei die besondere Atmosphäre das Kennenlernen und Diskutieren erleichterte. Und alle waren tief beeindruckt von seiner großen Persönlichkeit, seiner Würde und Weisheit und seiner Vertrautheit mit den neuesten wissenschaftlichen Entwicklungen.

Persönlichkeit. Meyerhof war einer der größten Denker unter den Biologen seiner Zeit. Seine tiefe Kenntnis der Philosophie hat seine biologischen Konzepte und seine Vorstellungskraft ganz entscheidend beeinflußt. Die Persönlichkeit eines Wissenschaftlers steht unter dem Einfluß von vielen Faktoren, die eine essentielle Rolle für seine kreative Arbeit spielen, ebenso wie dies auch bei Künstlern und überhaupt bei schöpferisch tätigen Menschen der Fall ist. Es mag zwar schwierig sein, solche Faktoren nachzuweisen, aber ihre Rolle läßt sich nicht ableugnen. Meyerhofs ständige Beschäftigung mit der Philosophie spiegelt sich besonders in seinen Vorstellungen über die Beziehungen zwischen den Phänomenen des Lebens und der Physik und Chemie wider. Seiner Ansicht nach mußten die Gesetze der Physik und Chemie auch auf Kräfte anwendbar sein, die in der lebenden Zelle wirken, und er stellte sich nachdrücklich gegen die vitalistischen und „neovitalistischen" Konzepte von Hans Driesch, mit dem er einen lebhaften Briefwechsel führte. Außerdem war er davon überzeugt, daß sich viele Lebensäußerungen in physikochemischen Begriffen erklären lassen würden, daß es jedoch Phänomene gibt, die mit physikalischen Methoden nicht analysierbar sind, wie Bewußtsein, ethische Werte, Willensfreiheit, schöpferische Kräfte, Empfindungen und psychische Regungen bei zwischenmenschlichen Beziehungen, die Schönheit eines Gemäldes oder einer Symphonie.

Angesichts der zentralen Rolle, die die Philosophie in Meyerhofs Leben und Werk spielte, wollen wir einige seiner grundlegenden Vorstellungen über die neuen Konzepte, die aus den revolutionären Entdeckungen der modernen Physik resultierten, zumindest kurz erörtern. Meyerhof verfolgte mit großem Interesse die Entwicklung der Atomphysik und insbesondere ihre philosophischen Implikationen. Seine Ansichten über die revolutionären Auswirkungen der Quantenmechanik hat er im Januar 1933 in Berlin in einem Vortrag „Betrachtungen über die naturphilosophischen Grundlagen der Philosophie" zusammengefaßt (publiziert in den Abhandlungen der Friesschen Schule, neue Folge, Band 6,

S. 36—65, 1933, und in gekürzter Form in den Naturwissenschaften 1934). In diesem Vortrag erörterte er einige Beispiele aus der physiologischen Forschung im Hinblick auf ihre naturphilosophische Bedeutung. Seine Ausführungen geben ein lebhaftes Bild von Meyerhofs leidenschaftlichem Interesse an den philosophischen Entwicklungen in den ersten Jahrzehnten dieses Jahrhunderts, vor allem angeregt durch die Quantenmechanik und die Relativitätstheorie. Trotz der großen Belastung mit seinen experimentellen Arbeiten verfolgte er ständig, getrieben von seinem philosophischen Geist, die Wirkungen der neuen Erkenntnisse auf die Grundlagen der Biologie und Philosophie. Die revolutionären Fortschritte der Biologie in dem halben Jahrhundert, das seit jenem Vortrag vergangen ist, und die daraus resultierenden Abänderungen zahlreicher Konzepte haben die grundlegenden Ideen von Meyerhof kaum berührt. Sie sind im Prinzip ähnlich den von Heisenberg mehr als zwei Jahrzehnte später formulierten Vorstellungen und den Konzepten von Born, Schrödinger und anderen führenden Physikern, die sich über die Grenzen der Physik bei der Erklärung der Ausdrucksformen des menschlichen Geistes in physikalischen und chemischen Begriffen völlig einig waren. Die Skepsis Meyerhofs und der erwähnten Physiker gegenüber der Möglichkeit, psychische und andere Ausdrucksformen des Geistes in Begriffen der Physik und Chemie zu verstehen, bezog sich keineswegs auf die sonstigen Funktionen des Gehirns. Wie jedes andere Organ des menschlichen Körpers unterliegt auch das Gehirn den Naturgesetzen und ist deshalb trotz seiner Komplexität physikalischen und chemischen Untersuchungen zugänglich. Die meisten Informationen über unser Bewußtsein, unseren Geist und Verstand, liefert uns immer noch die beschreibende Phänomenologie; dazu gehören auch die Verhaltensstudien, ganz gleichgültig, ob sie mit ausgeklügeltem elektronischem Gerät oder mit faszinierenden Beobachtungen an Tieren, wie zum Beispiel von Konrad Lorenz, gemacht wurden.

Erstaunliche Fortschritte gelangen jedoch in Bereichen der Biologie, die vor drei oder vier Jahrzehnten noch völlig obskur waren. Die gewonnenen Einblicke haben eine tiefgreifende Wirkung, nicht nur auf unsere Kenntnis vom lebenden Organismus, sondern auch auf unser philosophisches Denken und Verständnis des Universums. Zum Beispiel beeinflußen die neuen Erkenntnisse in der Genetik ein anderes Gebiet, mit dem sich die Forscher schon seit langer Zeit beschäftigen: der Ursprung des Lebens und die Evolution. Einer der genialsten Wissenschaftler unserer Zeit, Manfred Eigen, ein brillanter Chemiker und Mathematiker mit gründlicher Kenntnis der modernen Physik, der sich seit Jahren mit diesem Problem befaßt, hat einige provozierende biologische und philosophische Fragen aufgeworfen. In seiner Schrift „Selforganization of Matter and the Evolution of Biological Macromolecules" (Eigen 1971), in deren Brennpunkt die Frage steht „Ist die Biologie durch die Physik — in ihrer gegenwärtigen Form — begründbar?", unterbreitet er eine eingehende Analyse der Voraussetzungen für die Selbstorganisation und der Phänomenologie der Selektion. Ferner schlägt er mehrere Reaktionsmodelle für die Entstehung „lebensfähiger" Strukturen (etwa Vorläufer einzelliger Mikroorganismen) vor. Seine stochastische Evolutionstheorie ist die Erweiterung der Wahrscheinlichkeitstheorie auf dynamische Probleme. Er zeigt auch, inwieweit sich mit Hilfe der Physik biologische Vorgänge analysieren und erklären lassen, und daß die Grenzen nicht im Grundsätzlichen, sondern allein in der Komplexität der biologischen Erscheinungen begründet sind. Eigens Analyse führt neue revolutionäre Dimensionen in die Biologie ein, indem fundamentale Konzepte der Physik auf das Verständnis wesentlicher Eigenschaften der lebenden Zelle angewendet werden. Die Vorbedingungen zur Ausbildung dieser Eigenschaften sind vermutlich schrittweise erfüllt worden, so daß der „Ursprung des Lebens“ sich ebensowenig wie die Evolution der Arten als einmalig vollzogener Schöpfungsakt darstellen läßt. Seine Theorie liefert auch die Grundlage zur Ausführung von Evolutionsexperimenten und deren quantitative Auswertung. Die Frage nach der Rolle des Zufalls bei der Evolution wird in zwei Büchern erörtert: „Le Hasard et la Nécessité“ von Jacques Monod (1970) und „Das Spiel. Naturgesetze steuern den Zufall“ von Manfred Eigen und Ruthild Winkler (1975). Während Monod die vorherrschende Rolle des Zufalls beim Ursprung des Lebens und im Verlauf der Evolution betont, haben Eigen und Winkler in einer überzeugenden Analyse die entscheidende Rolle der physikalischen Gesetze, die den Zufall kontrollieren, dokumentiert. Das Buch bietet eine Fülle von faszinierenden neuen Aspekten, die nicht nur für den Physiker, Biologen und Philosophen, sondern von ganz allgemeinem Interesse für Wissenschaft und Gesellschaft sind.

Kommen wir zurück zu Meyerhofs philosophischem Kredo. Bis heute weist jedenfalls nichts darauf hin, daß sich die Lücke zwischen der physikalischen Analyse des lebenden Organismus und den Offenbarungen des Geistes überbrücken ließe. Eine weitere Frage, mit der sich Meyerhof befaßte, ist das Problem des freien Willens, um dessen Lösung schon seit alters her die Philosophen, Naturwissenschaftler und Humanisten bemüht sind. Die griechischen Philosophen der hellenistischen Kultur waren wohl die ersten, die darüber nachdachten. Eine hervorragende Darstellung der Geschichte und eine Analyse des Problems gab Sambursky in dem Vortrag „Die Willensfreiheit im Wandel des physikalischen Weltbilds“, den er bei einer Eranos-Tagung 1969 gehalten hat (Sambursky 1971, 1977).

Unter den Atomphysikern war ganz besonders Planck am Problem der Willensfreiheit, speziell im Zusammenhang mit dem Kausalprinzip, interessiert. In einem Vortrag vor der Preußischen Akademie der Wissenschaften im Jahr 1923 vertrat Planck einen deterministischen Standpunkt. Das Kausalprinzip war für ihn ein Axiom, das für alle Bereiche der Natur und der Wissenschaft gilt; jedoch muß man streng unterscheiden zwischen seiner Gültigkeit und seiner Anwendbarkeit. Die Physik ist diesem Ziel mit Newtons Gravitationsgesetz, Einsteins Gravitationstheorie und Maxwells Elektrodynamik recht nahe gekommen. Obwohl biologische Prozesse sehr viel komplizierter sind, meinte Planck, daß es sich mit der Zeit herausstellen werde, daß das Kausalprinzip auch dabei Gültigkeit habe. Und ebenso wie Kraft Bewegung verursacht, dirigiert das Motiv den Willen und die Handlungen, wobei die Beweggründe im Wesen der Persönlichkeit liegen. Diese Ansicht scheint den von Joseph Priestley Ende des 18. Jahrhunderts vorgebrachten Theorien nahe zu kommen. Priestley hielt den Beweggrund für das entscheidende Element bei der Willensentscheidung und meinte sogar, das es dafür eine besondere Struktur im Gehirn gäbe. In Wirklichkeit besteht aber ein fundamentaler Unterschied zwischen den beiden Ansichten. Die Fortschritte der Physik im 19. Jahrhundert veranlaßten Planck, die Realität der Existenz des physikalischen Universums zu akzeptieren. Es war für Planck nicht nur eine Realität, sondern ein notwendiges Postulat allen wissenschaftlichen Denkens, ein Axiom, das sich durch Logik weder beweisen noch widerlegen läßt. Da die Realität des Universums nicht nur ein legitimes, sondern ein unbedingt notwendiges Element im wissenschaftlichen Denken ist, konnte Planck die große Bedeutung des Bewußtseins, das sowohl die äußere als auch die innere Welt einschließt, nicht ignorieren. Daraus folgt, daß wir zu jedem Zeitpunkt die Möglichkeit haben müssen, nach unserem Willen zu handeln, mag nun die Handlung weise oder töricht, gut oder böse sein. Dies bedeutet aber offensichtlich einen Widerspruch zum deterministischen Weltbild. Planck versuchte dann, diesen Widerspruch mit (wenig überzeugenden) logischen Annahmen auszuräumen. Später distanzierte sich Planck jedoch eindeutig von seinem ursprünglichen Determinismus, blieb aber bei seiner Überzeugung, daß alle physikalischen und geistigen Prozesse kausal bedingt seien.

Andere Physiker, zum Beispiel Born und Schrödinger, lehnten alle deterministischen Betrachtungen über die Autonomie des Willens ab. Niels Bohr wandte die Komplementarität, ein Begriff, den er in die Physik eingeführt hatte, auf das Problem des freien Willens an und erreichte damit eine bessere Definition als Planck. Nach Bohr sind Fühlen und Denken zwei komplementäre Eigenschaften des menschlichen Geistes, deren Kombination eine Voraussetzung für das Verständnis des Willens bildet. Akzeptiert man nur das Gefühl als den determinierenden Faktor des Willens, dann wären wir frei, hingegen würde das andere Extrem, das Denken allein, unsere Entscheidungsfreiheit unterminieren. So müssen Freiheit und Begrenztheit des Willens nicht getrennt, sondern als komplementäre Faktoren betrachtet werden (Bohr 1934, 1958).

Meyerhofs Philosophie wurde stark beeinflußt von der Psychologie, wobei seine Freundschaft mit Leonard Nelson eine besondere Rolle spielte (Hieronimus 1964). Er war mit den modernen, von Freud initiierten Konzepten der Psychoanalyse gut vertraut, und er kannte die Bedeutung des Unterbewußtseins und der Unterdrückung früherer Erlebnisse. Dazuhin hatte er den Vorteil, als Biologe zu wissen, daß viele Komponenten den Geist beeinflussen, wie zum Beispiel Vererbung, Familientradition und Erziehung. Sie alle beeinflussen unsere vom Willen abhängigen Handlungen und Entscheidungen, was das Problem der Willensfreiheit und dessen Untersuchung mit physikalischen Begriffen noch komplizierter und schwieriger macht. Wie bei anderen Offenbarungen des Geistes sind Analogien zu physikalischen Naturgesetzen für die Analyse dieses Problems unbrauchbar.

Wie bereits erwähnt, war Meyerhof einer der standhaftesten Vertreter der Ansicht, daß viele Geheimnisse des Lebens schließlich mit Hilfe der Physik und Chemie erklärbar würden. In einem Gespräch mit dem Autor Anfang der 40er Jahre sagte er, die Chemie der Übertragung genetischer Information sei für ihn eines der größten Mysterien, jedoch er wäre fest davon überzeugt, daß dieses Problem in absehbarer Zukunft gelöst werden würde. Nur ein paar Jahre später (1944) entdeckten O. T. Avery, C. M. MacLeod und M. McCarthy die Nucleinsäuren als die Träger und Überträger der genetischen Information. Meyerhof war es nicht mehr vergönnt, die spektakuläre Entwicklung der molekularen Genetik zu erleben, eine der faszinierendsten und bewundernswertesten Leistungen des menschlichen Geistes in der Geschichte der Naturwissenschaft. Sein Schüler und Freund Severo Ochoa erhielt für seine bahnbrechenden Entdeckungen auf diesem Gebiet 1959 den Nobelpreis.

Meyerhof war in seinem Denken stark von Goethe beeinflußt und zitierte häufig dessen philosophische Ansichten. Er bewunderte Goethes vielseitige und interessante Beobachtungen auf dem Gebiet der deskriptiven Naturwissenschaft, hielt aber Goethes Kritik an Newtons Methoden zur Analyse des Farbensehens für unberechtigt. Er erörterte dieses Thema des öfteren, erstmals 1910 in Berlin in einem Vortrag „Über Goethe's Methode der Naturforschung“ (Meyerhof 1910) und zuletzt im Jahr 1949 bei einer Veranstaltung der Rudolf Virchow Society in New York zu Goethes 200. Geburtstag (Meyerhof 1950). Die Philosophie war jedoch keineswegs das einzige, mit dem sich Meyerhof neben seiner Wissenschaft beschäftigte. Er interessierte sich auch, wie bereits erwähnt, für Kunst, Dichtung und Archäologie und besaß außergewöhnlich breite Kenntnisse auf diesen Gebieten. Außerdem war er selbst ein begabter Dichter. Seine Gedichte zeichnen sich nicht nur durch eine besondere Schönheit aus, sie spiegeln auch seine große Empfindsamkeit wider. Ein Beispiel dafür sei ein Gedicht, das er für seine Frau geschrieben hat. (Es erschien schon 1964 in dem Buch von Hieronimus, dem der Autor das Gedicht zum Abdruck zur Verfügung gestellt hatte.)

Ostergedicht für Hedwig

1951

Der einige Weltgeist, der das All ersann
Und Leben rief aus Millionen Sternen,
Dunkel umkreisend fremder Sonnen Bahn
Endlos in Zeit, in ungemessenen Fernen

Hat uns gesetzt in dieser Erde Raum
Der groß — doch klein — uns hält in seiner Runde,
Schenkt uns des Lebens flüchtig-bunten Traum
Und maß uns zu des Hierseins Ort und Stunde.

Sagt nicht, wir wären nur lebendiger Staub,
Den Motten gleichend die im Lichtstrahl flimmern,
Verweht im Winde wie verwelkend Laub
Halme von Gras, die in der Wiese schimmern.

Nein, Wunderbar, hoch über Erdensinn
Kam uns die Seele und der Seele Reifen
Daß langsam von des Menschseins Anbeginn
Wir lernten unsern Auftrag zu begreifen.

Wir lernten Gott, und daß Er uns erschuf,
Das Heilige Werk der Deutung zu erfüllen,
Daß er uns gab am einzigen Beruf
Voll Staunen Sein Geheimnis zu enthüllen.

Wars mir vergönnt, auch einen Faden nur
Klar zu erschaun an Seines Mantels Saume,
So bleibt ein Hauch von meiner Erdenspur
Unlösbar ausgestreut im Sternenraume.

Und Alle Liebe, die wir uns geschenkt
In Stunden voller Angst, in Glück und Sehnen
Ward in des Weltalls Tiefe eingesenkt
und glänzt vor Gott, wie eines Engels Tränen.

So sei getrost, daß nimmer wir vergehn,
Auch wenn wir lösen uns vom Erdenstaube
Die Seele sucht ein *reines* Auferstehn
Des Wissens Stückwerk überwölbt der Glaube!

Meyerhof war ein tief religiöser Mensch, doch benützte er die Begriffe „Weltgeist“ und „Gott“ wahrscheinlich nicht im Sinne des orthodoxen jüdischen oder christlichen Glaubens, sondern vielmehr in Anlehnung an Einstein oder Spinoza, die sich einen in der Harmonie alles Seins sich offenbarenden Gott (Deus sive natura) vorstellten. Jedenfalls läßt sich aus manchen seiner Äußerungen schließen, daß seine Religiosität eher im Philosophischen verwurzelt war.

Mit leidenschaftlicher Hingabe widmete sich Meyerhof seinen experimentellen Arbeiten. In Dahlem und Heidelberg hatte er in Walter Schulz einen besonders begabten und geschickten technischen Assistenten. Sobald dieser die notwendigen Vorbereitungen für ein Experiment getroffen hatte, war Meyerhof am Labortisch. Doch er hatte stets auch Zeit für Diskussionen mit seinen Mitarbeitern. Bei diesen Gesprächen, die oft ziemlich lange dauerten, konnte man jedes Problem anschneiden, und, was noch wichtiger war, man konnte auch frei und offen seinen Ansichten widersprechen (ganz im Gegensatz zur Einstellung von Otto Warburg!). Er hörte aufmerksam zu, stellte Fragen und nahm Einwände sehr ernst. Bisweilen kam es vor, daß er neue Ideen und Vorschläge für neue Experimente zunächst ablehnte; doch dann konnte es passieren, daß er ein paar Tage später darauf zurückkam, nachdem er noch einmal darüber nachgedacht und festgestellt hatte, daß vielleicht doch mehr daran sei, als ihm zunächst klar geworden war. Diese Diskussionen förderten die Fortbildung seiner Schüler weit mehr als eine perfekte Vorlesung.

Meyerhof besaß bis zu seinem Lebensende eine bemerkenswerte geistige Flexibilität und ein außergewöhnlich gutes Gedächtnis. In Woods Hole, wo viele darauf begierig waren, den „großen alten Mann", den sie nur von der Literatur her kannten, kennenzulernen, überraschte er seine Besucher mit der Frage, ob sie die Autoren eines Artikels seien, der einige Jahre vorher erschienen war und diskutierte mit ihnen über ihre Beobachtungen. Meyerhof war im Grunde ein schüchterner Mensch und fühlte sich am wohlsten, wenn nur wenige Leute da waren. Während seines Aufenthalts in Woods Hole im Sommer 1949 machte Warburg zusammen mit dem Autor eines Abends einen Besuch bei Meyerhof[26]). Es war eine herrliche Sommernacht. Meyerhof war in bester Stimmung und freute sich, mit seinem alten Freund, den er stets als einen der einfallsreichsten und originellsten Experimentatoren in der Biochemie bewundert hat, den Abend verbringen zu können. Man sprach über neue Entwicklungen in der modernen Naturwissenschaft, wobei Meyerhofs Bemerkungen wieder einmal seine außergewöhnliche Fähigkeit bewiesen, mit neuen Entwicklungen vertraut zu bleiben. Warburg, der sehr aufmerksam zuhörte, war ganz offensichtlich tief beeindruckt. Auf dem Rückweg schwieg er zunächst und sagte dann: „Wissen Sie, er ist doch die größte Persönlichkeit von uns allen", eine recht bemerkenswerte Feststellung von einem Mann, der ganz gewiß nicht an Minderwertigkeitskomplexen litt und sich für den „Pasteur unseres Jahrhunderts" hielt (Krebs 1979). Immer wieder wurde gefragt, ob Meyerhof oder Warburg das größere Genie gewesen sei. Der Autor hält dies für eine Frage, die schwer zu beantworten ist. Beide hatten eine umwälzende Wirkung auf die Entwicklung der Biochemie in unserem Jahrhundert, Warburg durch seine monumentalen experimentellen Beiträge und Meyerhof durch seine revolutionären neuen Konzepte, seinen visionären Weitblick sowie die Tiefe seines Denkens. Die Größe eines Genius läßt sich wohl kaum messen. Denken wir an die Begründer der modernen Atomphysik — Niels Bohr, Werner Heisenberg, Wolfgang Pauli, Paul Dirac — sie alle waren große Genies, jeder in seiner Art, und es wäre ein müßiges Unterfangen, ihre Größe gegeneinander abzuwägen.

Schon während seiner Dahlemer Zeit war Meyerhofs Persönlichkeit und sein Laboratorium ein Anziehungspunkt für die Forscher aus aller Welt. Einige von ihnen haben nicht nur seine Ideen weiterentwickelt, sondern neue Gebiete eröffnet und selbst wieder Schulen begründet, die man als „die zweite Meyerhof-Generation" bezeichnet. Viele seiner Mitarbeiter blieben mit ihm ihr Leben lang freundschaftlich verbunden. Man kam in Meyerhofs Laboratorium nur seinetwegen, ohne Erwartungen auf Einkommen oder Karriere. In den Dahlemer Tagen war man schon froh, wenn man ein kleines Stipendium der Notgemeinschaft der Deutschen Wissenschaft erhielt; manch einer arbeitete sogar ohne jede Bezahlung. Es war die Hingabe an die Wissenschaft, die Begeisterung für die Arbeit, für die man

---

[26]) Hans-Georg Schweiger, Max-Planck-Institut für Zellbiologie in Ladenburg bei Heidelberg, verdanken wir den Hinweis auf zwei Publikationen, die aus der Zusammenarbeit von Meyerhof und Warburg an der Zoologischen Station in Neapel entstanden sind. Die eine beschäftigt sich mit der Atmung in abgetöteten Zellen und in Zellfragmenten (Warburg und Meyerhof 1912), die andere mit der Oxydation von Lecithin bei Gegenwart von Eisensalz (Warburg und Meyerhof 1913).

materielle Vorteile zu opfern bereit war. Die Bewunderung und Zuneigung seiner Mitarbeiter kommt besonders lebhaft zum Ausdruck in der Festschrift „Metabolism and Function", die der Autor zu Meyerhofs 65. Geburtstag im Jahr 1949 herausgegeben hat (Nachmansohn 1950), mit Beiträgen seiner Mitarbeiter sowie einer ganzen Reihe von Freunden und Kollegen, darunter A. V. Hill, Otto Warburg, Dorothy Needham, Carl Neuberg, René Wurmser, Sabine Filliti-Wurmser, Claude Fromageot, Hans A. Krebs, Leonor Michaelis, Carl und Gerty Cori. Die Festschrift wurde Meyerhof im Faculty Club der Columbia University in New York nach einem Diner übergeben, an dem etwa 50 Leute teilnahmen. Wie seine Frau Hedwig sagte, war es einer der glücklichsten Augenblicke in Meyerhofs Leben, dieses Zeugnis tiefer Zuneigung und Bewunderung von Schülern und Freunden in Empfang zu nehmen. Die Hochschätzung von Meyerhofs Persönlichkeit und seiner Leistungen kam noch einmal zum Ausdruck beim Zweiten Internationalen Kongreß für Biochemie in Paris im Jahr 1952, ein Jahr nach seinem Tode. Ihm zu Ehren veranstaltete man eine Sonderkonferenz, bei der in drei Vorträgen (André Mayer vom Collège de France, Alexander von Muralt von der Universität Bern und der Autor) seine Persönlichkeit und sein Werk gewürdigt wurde.

Meyerhof gehörte nicht zu den Wissenschaftlern, denen vorzuwerfen ist, daß sie sich in einen „Elfenbeinturm" zurückziehen. Denn obwohl er sich nie in der angewandten Forschung betätigt hat, beschäftigten und beunruhigten ihn die möglichen Wirkungen der Wissenschaft auf die Gesellschaft in hohem Maße. Ein Beispiel dafür ist seine Reaktion auf die Nutzung der Kernenergie für die Atombombe. Wie er in einem Vortrag in New York im Jahr 1946 sagte, war er schockiert und entsetzt über den Mißbrauch der Wissenschaft für zerstörerische Zwecke und zutiefst erschüttert über die Katastrophe von Hiroshima und Nagasaki. Er zitierte einen amerikanischen Dichter, der die Freisetzung der Atomenergie als eine Art „Wiedergeburt des Doktor Faust" ausmalte, jenes Mannes, der seine Seele dem Teufel verkauft hat für das Geheimnis, die Natur durch Schwarze Magie zu erobern. Dieser Bund mit dem Höllenfürsten brachte grausames Unglück und Zerstörung. Meyerhof machte sich auch Sorgen darüber, daß diese Perversion der Wissenschaft, ihr Mißbrauch durch Politiker, sehr gefährliche Konsequenzen für die Wissenschaft selbst haben könnte, nämlich eine Beschränkung jener Freiheit, für die die Naturwissenschaftler seit Urzeiten gekämpft haben: die Freiheit der Forschung, ohne Zwang durch Dogmen, Behörden oder sonstige Mächte. Heute wissen wir, wie berechtigt seine Befürchtungen waren.

Vorfahren und Verhältnis zum Judentum. Otto Meyerhof stammte aus einer alten, jüdischen Hildesheimer Kaufmannsfamilie, deren Stammbaum sich bis etwa 1720, zu Ottos Ururgroßvater, zurückverfolgen läßt. Zu der gutsituierten und großen Familie gehörten auch zwei Künstler: Agnes Meyerhof, eine Malerin, und Leonie Meyerhof, ein Schriftsteller mit dem Pseudonym Leo Hildeck. Isak Meyerhof errichtete 1753 eine Stiftung zum Gedenken an seinen Vater; dank dieses Legats existiert ein Familienregister, mit dessen Hilfe ein anderer Otto Meyerhof im Jahr 1932 den Stammbaum aufgezeichnet hat. Hans Krebs, in Hildesheim geboren und mütterlicherseits mit den Meyerhofs entfernt verwandt, hat sich eingehend mit diesem Register befaßt und uns zahlreiche Informationen über die Familie überliefert (Krebs 1972). Verwandtschaftliche Beziehungen gab es auch zur Familie von Carl Neuberg (siehe Seite 293). Ursache dieser familiären Verbindungen war wohl die Kleinheit der Gemeinde (ungefähr 1000 bis 2000 Juden lebten dort in einem Umkreis von 25 Kilometer), die ein gewisses Maß an Inzucht begünstigte. 1854 zogen Otto Meyerhofs

Großeltern Israel und Therese, geb. Gumpel, nach Hannover. Israel war Kaufmann und 22 Jahre lang bis zu seinem Tode im Vorstand der dortigen Synagogen-Gemeinde. Sein Sohn Felix, ebenfalls ein Kaufmann, heiratete Bettina May aus Hamburg. Otto, ihr zweites Kind, wurde am 12. April 1884 geboren. Die kultivierte Atmosphäre, in der Otto aufwuchs, förderte nicht nur die Lernbegierde, sondern weckte auch sein Interesse an Literatur, Musik und Kunst. Solch ein Ambiente war typisch für die jüdischen Familien des deutschen Bürgertums im 19. Jahrhundert. Es beeinflußte die Familienmitglieder von Kindheit an in ihrem Fühlen und Denken, ihren Handlungen und ihren Einstellungen. Nicht ein einziges der in Deutschland gebliebenen Mitglieder dieser großen Familie hat die Hitlerzeit überlebt; alle verschwanden sie, auch jener Otto Meyerhof, der den Familienstammbaum erstellt hat.

In Heidelberg lernte Otto Meyerhof Hedwig Schallenberg kennen, eine Mathematikstudentin und Malerin. Sie heirateten im Jahre 1914. Aus der Ehe gingen drei Kinder hervor: Gottfried (Professor für Civil Engineering am Nova Scotia Technical College in Halifax, Kanada), Bettina (Ärztin, verheiratet mit Donald Emerson, Professor für Geschichte an der University of Washington in Seattle) und Walter (Professor für Physik an der Stanford University).

Meyerhofs Leben war erfüllt von seiner Liebe zur Philosophie, Kunst und Wissenschaft. An Politik hatte er nur wenig Interesse, eher aber an sozialen Problemen. Schon als Student in Berlin gab er an der Universität Unterrichtskurse für Arbeiter, nicht nur, um deren Bildung zu verbessern, sondern um bei den Studenten das Gefühl sozialer Verpflichtung zu wecken und auszubilden und damit zur Milderung sozialer Gegensätze beizutragen. Was sein Judentum betrifft, so war er, entsprechend seinem familiären Hintergrund, völlig assimiliert. Wie für viele andere Juden seiner Generation hatte sein jüdisches Erbe und die jüdische Religion wenig Bedeutung für ihn. Doch er war sich stets seiner jüdischen Abstammung bewußt und ließ sich auch nicht taufen. Als dann nach dem Ersten Weltkrieg die antisemitische Bewegung in Deutschland zu Gewalttaten ausartete, beunruhigte ihn insbesondere der Gedanke, daß dieser extreme Antisemitismus die Bemühungen um die Gründung einer liberalen, fortschrittlichen und demokratischen Republik schwer beeinträchtigen könnte. Eine gewisse Ermutigung gaben ihm Gustav Stresemanns Bestrebungen zur Herstellung guter Beziehungen mit Frankreich und Großbritannien. Er schätzte Stresemann sehr und war von seinem Tod (1929) tief betroffen. Aber selbst die Katastrophe der Hitlerzeit, die Judenverfolgung und das schwere Leid, das die Nazis ihm und seiner Familie zufügten, änderten seine grundsätzliche Einstellung zum Judenproblem nicht. Er betrachtete diesen heftigen Ausbruch des Antisemitismus als einen Rückfall in das Mittelalter, als eine böse Macht, die mit dem Fortschritt der menschlichen Gesellschaft verschwinden würde. Als nach dem Krieg dann die unvorstellbar schrecklichen Ereignisse des Holokaust bekannt wurden, war dies für ihn ein entsetzlicher Schock. Noch während seiner Zeit in Deutschland war er Zeuge des schnellen Niedergangs der deutschen Wissenschaft gewesen. Obwohl tief verwurzelt in der deutschen Kultur, fühlte er sich, wie viele andere Juden seiner Generation, als Weltbürger und betrachtete nationalistische Gefühle als im wesentlichen irrationale Emotionen, die zur Beschränkung der freien Entwicklung führten und eine ständige Bedrohung des Friedens bedeuteten. Dabei übersah er aber die Tatsache, daß nationaler Ehrgeiz und nationales Erbe starke und legitime Faktoren sind, die man nicht einfach ignorieren darf, und daß diese Kräfte sehr konstruktiv sein können, vorausgesetzt, daß sie in die richtige Bahn geleitet werden. Seine Einstellung gegenüber Israel war jedoch keineswegs gleichgültig. Er bewunderte die großen Leistungen der Juden beim Aufbau einer Heimat in der Wüste und unterstützte auch Weizmanns Bemühungen um die Schaffung eines wissenschaftlichen Zentrums. Leider war es ihm nicht vergönnt, die großen Errungenschaften Israels auf den Gebieten der Kunst, der Geistes- und Naturwissenschaften in den letzten Jahrzehnten zu erleben. Otto Meyerhof starb am 6. Oktober 1951, im Alter von 67 Jahren, in Philadelphia an Herzversagen (Nachruf H. H. Weber 1972).

Severo Ochoa

Severo Ochoa ist weder Deutscher noch Jude, sondern gebürtiger Spanier. Wir haben ihn in dieses Buch eingeschlossen, nicht nur weil Meyerhof ihn für seinen glänzendsten Schüler hielt — er gehört auch zu den größten Biochemikern unserer Zeit. Von Anfang an haben Ochoas klarer und durchdringender Geist, seine schnelle Auffassungsgabe, seine Persönlichkeit, Originalität und Intuition Meyerhof tief beeindruckt, und seine Voraussage, Ochoa werde einer der wahrhaft großen Führer der Biochemie seiner Generation, hat sich voll und ganz bestätigt. Es war für Meyerhof eine Quelle tiefer Befriedigung und großen Stolzes, Ochoas brillante Leistungen in den 40er Jahren, seinen schnellen Aufstieg, seine weltweite Anerkennung sowie die Bewunderung und Zuneigung seiner Kollegen mitzuerleben. Meyerhofs große und herzliche Freundschaft mit Severo und Carmen Ochoa haben wir bereits erwähnt. Ochoa betont immer wieder, welch tiefe Wirkung sein geliebter und bewunderter Lehrer auf sein Denken hatte: „Meyerhof war der Lehrer, der am meisten zu meiner Bildung beitrug und der den größten Einfluß auf mein Lebenswerk hatte" (F. Grande, C. Asensio 1976). Meyerhof hat leider Ochoas größte Triumphe und Leistungen auf dem Gebiet der Molekularbiologie nicht mehr erlebt. Im Jahr 1959 erhielt Ochoa den Nobelpreis, gemeinsam mit seinem Freund und ehemaligen Schüler Arthur Kornberg, für die Aufklärung der Mechanismen bei der biologischen Synthese von Ribonucleinsäure (RNA) und Desoxyribonucleinsäure (DNA). Die beiden Nucleinsäuren DNA und RNA (Symbole, mit denen heute jeder Oberschüler vertraut ist) sind die für den Ausdruck und die Übertragung der genetischen Information verantwortlichen Zellkomponenten.

Die Aufklärung der dreidimensionalen Struktur der DNA durch F. Crick, J. Watson und M. Wilkins, für die sie 1962 mit dem Nobelpreis ausgezeichnet wurden, war die Krönung der Arbeiten zahlreicher Wissenschaftler, die sich ein Jahrhundert lang um die Erforschung der Struktur dieses Moleküls bemüht hatten. Es gibt zwei Makromolekültypen, die für das Leben gleich wichtig sind: Proteine und Nucleinsäuren. Ohne Proteine kann keine Reaktion in der lebenden Zelle stattfinden. Sie sind am Aufbau der Nucleinsäuren beteiligt, sie folgen den in der DNA codierten Instruktionen durch komplexe molekulare Mechanismen. Die Nucleinsäuren regulieren die Synthese der Proteine. Ochoa entdeckte die Polynucleotid-Phosphorylase, ein Enzym, das RNA synthetisiert, und Kornberg das Enzym, das DNA synthetisiert — ein großer Durchbruch in der Geschichte der Genetik, der den Weg öffnete für die Analyse der molekularen Ereignisse bei der Synthese von genetischem Material und dessen Übertragung bei der Zellteilung.

Die Entdeckung der Polynucleotid-Phosphorylase löste im Laboratorium von Ochoa (New York University, School of Medicine), um den sich eine Gruppe hochqualifizierter Mitarbeiter aus der ganzen Welt geschart hatte, eine intensive Aktivität aus. Dabei ging es insbesondere um die Beantwortung der fundamentalen Frage, wie die Vier-Buchstaben-Sprache der DNA und RNA in die 20-Buchstaben-Sprache der Proteine übersetzt wird, das heißt wie können die vier Basen der Polynucleotide (Polymere aus RNA oder DNA) die Synthese von Proteinen steuern? Die meisten Proteine bestehen aus einer großen Zahl von 20 verschiedenen Aminosäuren mit unterschiedlicher Abfolge. Diese Aminosäuresequenz ist für jedes Protein einzigartig. Die in der DNA enthaltene Information für die Synthese eines bestimmten Proteins bezeichnet man als genetischen Code. Eine Zelle enthält in der Regel drei Arten von RNA: ribosomale (rRNA), Transfer(tRNA)- und Boten-RNA (mRNA). Die im Zellkern synthetisierte mRNA wird aus dem Kern ins Cytoplasma befördert, wo sie an den Ribosomen die Herstellung der Proteine steuert. Die tRNA befördert die aktivierten Aminosäuren zu den Ribosomen, an denen sie zu Polypeptidketten zusammengefügt werden, deren Aminosäuresequenz durch die Nucleotidsequenz der mRNA bestimmt wird. Die Ribosomen sind winzige, subzelluläre Partikel, die aus Ribonucleinsäure (rRNA) und etwa 60 verschiedenen Proteinen bestehen; sie funktionieren zusammen mit der als Matrize dienenden Boten-RNA (mRNA) als Montageband für die Verknüpfung der Proteinbausteine zum Proteinmolekül, ein Vorgang, den man als Translation bezeichnet.

Ochoa und seine Mitarbeiter begannen mit ihren Arbeiten über den genetischen Code im Jahr 1960. Noch bevor sie irgend etwas darüber publiziert hatten, berichtete Marshall Nirenberg auf dem Internationalen Biochemie-Kongreß in Moskau im Jahr 1961, daß Polyuridylsäure in einem zellfreien, Protein-synthetisierenden System als Boten-RNA (mRNA) fungiert und zur Synthese von Polyphenylanalin führt. Diese erste öffentliche Bekanntgabe eines Durchbruchs im Verständnis des genetischen Codes löste große Aufregung aus. Einen Monat später berichteten Ochoa und Nirenberg über ihre Ergebnisse auf einer Tagung der New Yorker Academy of Medicine, wobei Ochoa die Codons für elf Aminosäuren vorstellte.

Als Codon bezeichnet man die kleinste spezifische, aus drei unmittelbar aufeinanderfolgenden Nucleotiden („Basentriplett") bestehende funktionelle Untereinheit einer Polynucleotidkette (DNA, RNA), die bei der Proteinbiosynthese den Einbau einer bestimmten Aminosäure in die entstehende Polypeptidkette entsprechend dem genetischen Code steuert (determiniert). Von den 64 möglichen Codons stehen 61 für die 20 Aminosäuren zur Verfügung.

In den folgenden Jahren führten dann die Arbeiten der beiden Forschergruppen zur Aufklärung der wesentlichen Elemente des genetischen Codes. Ihre bahnbrechenden Befunde wurden von Har Gobind Khorana, Charles Yanofsky und vielen anderen weiter untermauert. Unter Ochoas inspirierender Leitung konnte seine Arbeitsgruppe die Kenntnisse über den Mechanismus der Regulation der Gen-Expression und der Replikation von RNA-Viren sowie der biologischen Proteinsynthese wesentlich vertiefen.

Ochoa wurde nicht nur durch seine Beiträge zur Molekularbiologie berühmt, sondern auch durch seine Leistungen auf dem Gebiet des Intermediärstoffwechsels. In den 40er Jahren erweiterte er unser Verständnis des Citronensäurezyklus (Krebs-Zyklus) durch die Aufklärung mehrerer wichtiger Einzelschritte ganz wesentlich, insbesondere durch die Isolierung und Reinigung mehrerer daran beteiligter Enzyme. Für die Oxidation der Brenztraubensäure, die eine zentrale Rolle im Intermediärstoffwechsel spielt, wird Thiaminpyrophosphat benötigt, wie Ochoa in Zusammenarbeit mit R. A. Peters gezeigt hat. Bei dieser Reaktion verliert die Brenztraubensäure Kohlendioxid unter Bildung von Acetyl-CoA (CoA bedeutet „Coenzym zur Acetylierung"). Ochoa konnte nachweisen, daß Acetyl-CoA (das Lynen kurz zuvor isoliert hatte) unmittelbar mit Oxalessigsäure unter Bildung von Citronensäure reagiert, ein Befund, mit dem sich eine der obskursten Stufen des Citronensäurezyklus aufklären ließ. Mit seinem Mitarbeiter Joseph Stern gelang ihm dann

Abb. 41. David Nachmansohn, Severo Ochoa, Hans Rotta. Nutley, New Jersey, September 1980

die Isolierung der Citratsynthetase, jenes Enzyms, das die Bildung von Acetyl-CoA und Oxalacetat katalysiert. Die Citratsynthetase wurde von Ochoas Arbeitsgruppe kristallisiert; es war das erste Enzym des Citronensäurezyklus, dessen Kristallisierung gelang. Ein weiteres wichtiges Enzym haben Ochoa, Alan Mehler und Arthur Kornberg 1948 entdeckt und als „malic enzyme" (Malat-Enzym) bezeichnet. Harland Wood und Chester Werkman hatten entdeckt, daß manche Mikroorganismen für die Synthese von Verbindungen, die mit denen am Citronensäurezyklus beteiligten in Beziehung standen, Kohlendioxid verwendeten; jedoch der Mechanismus dieser „Wood-Werkman-Reaktion" blieb im Dunkeln. Ochoa konnte dann zeigen, daß das Malat-Enzym die Fixierung von Kohlendioxid an Brenztraubensäure unter Bildung von Äpfelsäure (Malat) katalysiert (deshalb auch die Bezeichnung decarboxylierende Malat-Dehydrogenase). Ochoa war auch der erste, der die Menge des durch den Citronensäurezyklus aus Glucose gebildeten ATP ermittelte. Er fand, daß durch die Oxidation von 1 Molekül Glucose 36 Moleküle ATP entstehen. Dies zeigt eindrucksvoll die Effizienz der wichtigsten Funktionen des Citronensäurezyklus, nämlich der Lieferung von Energie für die Zelle; denn die im ATP gespeicherte Energie ist die Hauptenergiequelle für eine unendliche Zahl von zellulären Reaktionen. Ochoa leistete darüber hinaus auch wichtige Beiträge zum Fettsäurestoffwechsel, zur Photosynthese und anderen Prozessen. Die erwähnten Beispiele mögen jedoch genügen, um seine große Rolle bei der Entwicklung der Biochemie zu illustrieren.

Außer dem Nobelpreis hat Ochoa zahlreiche Auszeichnungen erhalten. Er ist Mitglied vieler führender Akademien, unter anderem der Deutschen Akademie der Naturforscher Leopoldina zu Halle und der Päpstlichen Akademie der Wissenschaften. Universitäten und Institutionen in aller Herren Länder haben ihm die Ehrendoktorwürde verliehen (den 25. Dr. h.c. erhielt er von der Universität Valencia im September 1985), im Mai 1986 empfing er diese Auszeichnung erstmals von einer deutschen Universität, der Freien Universität in Berlin, wo er 1929 im Kaiser-Wilhelm-Institut für Biologie bei Otto Meyerhof gearbeitet hat.

Von 1961 bis 1967 war er Präsident der International Union of Biochemistry. Noch heute, im Alter von 82 Jahren, ist er aktiv in der Forschung tätig und nimmt an Tagungen und Symposien in der ganzen Welt teil. Auf all seinen Reisen war seine Frau Carmen eine treue Begleiterin; kaum jemand dürfte so populär und beliebt sein wie Severo und Carmen. Die Bewunderung und Zuneigung seiner vielen Freunde, Schüler und Kollegen aus der ganzen Welt fand lebhaften Ausdruck bei Ochoas 70. Geburtstag im September 1975, mit einem internationalen Symposium über „Enzymatic Mechanisms in Biosynthesis and Cell Function" und Feiern in Barcelona, Figueras (mit Salvador Dalí) und Madrid. Viele der berühmtesten Biochemiker seiner Generation, darunter zehn Nobelpreisträger, nahmen an diesem bewegenden Ereignis teil, um seiner überragenden Persönlichkeit und seinen großen wissenschaftlichen Leistungen Tribut zu zollen. Die Vorträge wurden in einer Festschrift „Reflections on Biochemistry" (Hrsg. A. Kornberg u. Mitarb.) 1976 publiziert. Darüber hinaus hat der spanische Biochemiker Alberto Sols ihm zu Ehren ein dreibändiges Werk herausgegeben, in dem sämtliche Publikationen (1928 bis 1975) aus Ochoas Laboratorium als Faksimile nachgedruckt sind; jeder Band umfaßt etwa 1000 Seiten (A. Sols, C. Estevez 1975). Ferner wurde in Madrid ein Institut für Molekularbiologie, das seinen Namen trägt, eingeweiht, in Gegenwart des damaligen Prinzen Don Juan Carlos und seiner Frau Sophia, dem heutigen spanischen Königspaar.

Severo und Carmen Ochoa sind leidenschaftliche Musik- und Kunstliebhaber. Kunst und Musik, Besuche von Museen, Kathedralen und historischen Monumenten bedeuten für sie nicht nur angenehme Entspannung, sondern sind tiefe emotionale Erlebnisse und bilden einen wesentlichen Bestandteil ihres Lebens. Der Autor machte mit den beiden mehrere größere Reisen, nach Griechenland, Israel, Sizilien, Italien und Spanien; eine kurze Zusammenfassung dieser Erlebnisse gibt der Artikel „Highlights of a Friendship" in dem oben erwähnten Buch „Reflections on Biochemistry".

Lebenslauf. Severo Ochoa wurde am 24. September 1905 in Luarca, einem Städtchen an der nordspanischen Atlantikküste (Asturien) geboren, als jüngster Sohn von Severo Ochoa, einem Rechtsanwalt und Kaufmann, und Carmen de Albornoz. Wegen des milderen Klimas verbrachte die Familie den größten Teil des Jahres (Mitte September bis Mitte Juni) an der Mittelmeerküste in Málaga, wo Severo eine Privatschule besuchte und dann im Jahr 1921 mit dem B. A. seine Schulausbildung abschloß. 1923 ging er nach Madrid und begann an der dortigen Universität Medizin zu studieren. Nachdem er 1929 sein Studium mit der Promotion zum Dr. med. abgeschlossen hatte, ging er zu Otto Meyerhof an das Kaiser-Wilhelm-Institut für Biologie in Berlin-Dahlem. Ochoas starkes Interesse für die Biologie wurde ganz wesentlich angeregt durch den großen spanischen Neurohistologen Santiago Ramón y Cajal. (Sein Traum, bei ihm in Madrid Histologie zu studieren, ging jedoch nicht in Erfüllung, da der 70jährige Cajal kurz zuvor in den Ruhestand getreten war.) Als Meyerhof nach Heidelberg übersiedelte, folgte er dem hochgeschätzten Lehrmeister, um bei ihm in dem neuen Kaiser-Wilhelm-Institut seine Arbeiten fortzusetzen. 1931 kehrte er zurück nach Madrid als Dozent für Physiologie und Biochemie. Im Sommer dieses Jahres heiratete er Carmen Garcia Cobian. Der spanische Bürgerkrieg brachte dann jegliche wissenschaftliche Tätigkeit zum Stillstand, so daß Severo und Carmen beschlossen, Spanien zu verlassen. So gingen sie im September 1936 zunächst nach Heidelberg, wo Ochoa wieder bei Meyerhof arbeitete, dann im Herbst 1937 nach England, zuerst nach Plymouth und 1938 nach Oxford, zu Professor Rudolph Peters. Ein Jahr später brach der

Abb. 42. Carmen und Severo Ochoa. Valencia, 18. September 1985

Zweite Weltkrieg aus, so daß es kaum mehr möglich war (insbesondere für Ausländer), in England wissenschaftlich zu arbeiten. So gingen die beiden wiederum auf Wanderschaft, dieses Mal, im August 1940, in die Vereinigten Staaten, wo Severo einen Arbeitsplatz bei Carl und Gerty Cori an der Washington University in St. Louis bekam. 1942 erhielt er durch Vermittlung eines Freundes in New York eine Stelle als Research Associate an der New York University. Dies war der Beginn einer äußerst fruchtbaren und glücklichen Verbindung mit dieser Universität, die viele Jahre lang dauerte. Hier wurde er Professor für Biochemie und Pharmakologie und im Jahr 1954 Direktor der Biochemischen Abteilung. Zwanzig Jahre danach, nach seiner Emeritierung 1974, setzte er seine Forschungsarbeiten am Roche Institute of Molecular Biology in Nutley, New Jersey, fort, wo er auch heute noch tätig ist. Seit 1976 arbeitet er regelmäßig einige Monate in seinem Institut (Centro de Biologia Molecular, Universidad Autónoma) in Madrid.

Carl Neuberg (1877—1956)

Der Aufstieg der modernen dynamischen Biochemie nach der Jahrhundertwende ist eng mit Carl Neuberg verbunden. Ihm verdanken wir nicht nur eine gewaltige Zahl von Beiträgen zu den verschiedensten Problemen, sondern auch viele wichtige Entwicklungen, die er durch seine Dynamik, seine Begeisterungsfähigkeit, sein enzyklopädisches Wissen und durch die Genialität seiner Konzepte angeregt hat. Er war einer der sogenannten „Großen Drei" der Biochemie an den Kaiser-Wilhelm-Instituten in Berlin-Dahlem (die beiden anderen waren Warburg und Meyerhof). Seine Beiträge zum Verständnis der Gärungsvorgänge, insbesondere die Entdeckung des Enzyms Carboxylase, sind Meilensteine bei der Aufklärung der alkoholischen Gärung, jenes Vorganges, mit dem sich die Forscher im 19. Jahrhundert so sehr beschäftigt hatten. Neubergs Entdeckung zeigte, daß Buchners Zymase tatsächlich nicht ein einzelnes Enzym war, wie Buchner noch angenommen hatte, sondern ein komplexes System von mehreren Enzymen. Es gelang Neuberg dann, ein geniales Reaktionsschema der Gärung aufzustellen. Dies war ein Wendepunkt in der Geschichte der Enzymchemie, denn zum ersten Mal wurde die alkoholische Gärung als ein Vorgang verstanden, an dem eine Reihe von aufeinanderfolgenden enzymatischen Schritten beteiligt ist. Das Schema hatte eine tiefgreifende Wirkung auf das Denken der Enzymchemiker, denn es wies auf die Notwendigkeit hin, die Beteiligung einer Vielzahl von Einzelschritten in Betracht zu ziehen, und es war ein Muster und eine Anregung für die Erforschung von Stoffwechselwegen. Dies ist nur ein Beispiel aus der großen Reihe der wichtigen Beiträge, durch die Neuberg verschiedene Entwicklungen auf dem Gebiet der Biochemie eingeleitet und angeregt hat. Dazuhin war er ein leidenschaftlicher und inspirierender Lehrer, und als Direktor eines sehr großen Institutes konnte er eine große Anzahl von Schülern aufnehmen, die aus der ganzen Welt zu ihm kamen. Er schuf eine der größten Biochemie-Schulen der damaligen Zeit, und viele seiner Schüler und Mitarbeiter wurden führende Wissenschaftler in ihrem Heimatland. So nimmt Carl Neuberg einen obersten Platz in der Frühzeit der „dynamischen Biochemie" ein.

Familie und Laufbahn. Carl Neuberg wurde am 29. Juli 1877 in Hannover geboren. Seine Eltern gehörten zu der relativ kleinen Gruppe jüdischer Familien in der Gegend um Hannover, Pyrmont und Hildesheim, die im Vergleich zu anderen Teilen Deutschlands ziemlich viel Freiheit und Sicherheit genossen. Wie schon erwähnt, waren Heiraten zwischen diesen Familien recht häufig, worauf auch die verwandtschaftlichen Beziehungen zwischen den Neubergs mit den Familien von Otto Meyerhof und von Hans A. Krebs (mütterlicherseits) zurückgehen. Carls Vater, Julius Neuberg, war ein Textilkaufmann und verheiratet mit

Abb. 43. Carl Neuberg

Alma, geborene Niemann. Carl Neuberg heiratete (1907) Hela, die Tochter von Sigmund Lewinski, ein bekannter Rechtsanwalt und hoher Beamter in Posen, und dessen Frau Johanna, geborene Poznanski, die aus der polnischen Industriestadt Lodsch stammte.

Wie viele Naturwissenschaftler seiner Generation in Deutschland besuchte er ein humanistisches Gymnasium. Nach dem Abitur begann er zunächst Astronomie zu studieren, obwohl sein Vater wünschte, daß er Braumeister werden sollte, was er zwar ablehnte, sich aber dann doch einem verwandten Gebiet, nämlich der Chemie zuwendete. Er studierte zuerst an der Universität Würzburg, dann an der Universität Berlin, wo er im Jahr 1900 in Chemie promoviert wurde. Am meisten beeinflußten ihn seine Lehrer Emil Fischer, Ernst Salkowski sowie Alfred Wohl (einer der letzten Assistenten von Rudolf Virchow), unter dessen Anleitung Neuberg im Chemischen Institut von Emil Fischer seine Doktorarbeit über die Chemie des Glycerinaldehyds machte. Durch Salkowski, an der Landwirtschaftlichen Hochschule in Berlin, wurde er in die physiologische Chemie eingeführt. 1903 wurde er Privatdozent für Chemie an der Universität Berlin, 1906 Professor an der Landwirtschaftlichen Hochschule in Berlin, 1909 Abteilungsvorsteher am Tierphysiologischen Institut der Universität, 1913 Leiter der Biochemischen Abteilung im neugegründeten Kaiser-Wilhelm-Institut für experimentelle Therapie, mit A. Wassermann als Direktor. 1925, nach Wassermanns Tod, übernahm er die alleinige Leitung des Instituts, das 1922 als „Kaiser-Wilhelm-Institut für experimentelle Therapie und Biochemie“ neuorganisiert worden war und 1925 in „Kaiser-Wilhelm-Institut für Biochemie“ umbenannt wurde. 1934 mußte er seine Stellung aufgeben und auch seine Professur sowie die Herausgabe der Biochemischen Zeitschrift niederlegen. Mit Hilfe seines Nachfolgers als Direktor des Instituts, Adolf Butenandt, wurde ihm im Herbst 1936 ein Privatlaboratorium in einer Bäckerei in Berlin-Steglitz eingerichtet, wo Neuberg in aller Heimlichkeit weiterarbeiten konnte, bis er zwei Wochen vor Ausbruch des Zweiten Weltkrieges, im August 1939, nach Holland flüchtete. Dann folgte eine eineinhalb Jahre lange Odyssee: Nach kurzem Aufenthalt an der Universität Amsterdam ging er zunächst nach Palästina, an die Universität Jerusalem. Obwohl er das Land liebte, fühlte er sich nicht mehr jung genug (er war damals schon über 60), um eine Laufbahn in einem Land zu beginnen, das junge und kräftige Pioniere benötigte, um die damals äußerst begrenzten Möglichkeiten und Finanzmittel nutzvoll anzuwenden. So entschloß er sich, nach Amerika zu gehen, wo seine beiden Töchter, Dr. Irene S. Forrest, eine Biochemikerin, und Marianne Lederer, eine Heilpraktikerin, lebten. Auf abenteuerlichem Umweg (über Persien, Indien, Neuguinea) landete er dann Ende Januar 1941 in Los Angeles. Von dort reiste er weiter nach New York, wo er zeitweise mit der New York University und dem Brooklyn Polytechnic Institute und zuletzt mit dem New York Medical College in Verbindung stand. Hierzu schrieb Carl Neuberg am 30. März 1948 an den Generalsekretär der Max-Planck-Gesellschaft Dr. Ernst Telschow (Göttingen):

„Da ich 10 Jahre zu spaet nach U.S.A. gekommen bin, habe ich keine richtige Stelle mehr erhalten. An der New York University bin ich Research Professor, was etwa unserem Honorarprofessor entspricht, auch insofern, als er kein Gehalt bezieht. Den Lebensunterhalt muss ich mir als Consulent fuer die Industrie verdienen, was mir nicht sehr liegt und bei meinem fortgeschrittenen Alter auch kein reines Vergnuegen ist, dafuer aber anstrengend. Etwas Theoretisches kann ich zwar nebenher arbeiten und ich sende Ihnen demnaechst eine Auswahl von Separaten. Englisch habe ich nicht mehr recht gelernt und bin wegen meiner von den Amerikanern nicht verstandenen prodeutschen Einstellung in mancher Hinsicht distanziert. Immerhin geniesse ich wissenschaftliches Ansehen, bin z.B. juengst Fellow der

N.Y. Academy of Sciences geworden und empfing das erste Exemplar der zu meinen Ehren gestifteten Carl-Neuberg-Medaille. (Ich habe dafuer gesorgt, dass die zweite Verleihung an einen alten Dahlemer erfolgte, an Fritz Lipmann. Er ist ein frueherer Mitarbeiter von Meyerhof und hat sich hier Ansehen erworben.)

Meine persoenlichen Schicksale waren bunt. Genau 14 Tage vor Kriegsbeginn habe ich, dank alter militaerischer Beziehungen Deutschland verlassen duerfen, mit einem Handkoefferchen und 10 hollaendischen Gulden. $^{3}/_{4}$ Jahr war ich Gast der Universitaet Amsterdam, reiste waehrend des Krieges mit meinem deutschen Pass (!) durch Frankreich, kam mit einem franzoesichen Truppentransportschiff — auf ihm wurde wegen des ueberwiegenden Contingents elsaessicher Soldaten fast nur deutsch gesprochen — nach Syrien. Von dort ging ich fuer 8 Monate an die Universitaet Jerusalem. In abenteuerlicher Fahrt, die fast 3 Monate dauerte, reiste ich per Maultier, Schubkarren, Auto und schliesslich Schiff ueber Transjordanien, Iraq, Iran, Indien, Ceylon, Niederlaendisch Indien, Neu-Guinea, Hawaii nach Californien, wo ich am letzten Januartag 1941 von meiner in Los Angeles lebenden Tochter in Empfang genommen wurde und schliesslich nach New York expediert. Von allen Erlebnissen, die ich hatte, koennte ich Ihnen tagelang erzaehlen und ich wuensche mir sehr, dass ich ein Wiedersehen noch erlebe."

Trotz der recht schwierigen Arbeitsbedingungen und trotz seines Alters waren seine Produktivität und die Zahl seiner Publikationen in dieser Zeit bis zu seinem Tode am 30. Mai 1956, im Alter von fast 79 Jahren, erstaunlich groß. Obwohl er nach 1945 engen Kontakt mit den früheren Kollegen der Kaiser-Wilhelm-Gesellschaft pflegte, hatte er sich nicht entschließen können, der Einladung von Butenandt zu folgen und an sein altes Institut, das in Tübingen überlebt hatte, zurückzukehren. Ein Grund für die Ablehnung dieses großzügigen Angebots dürfte seine enge Bindung an die in den USA verheirateten Töchter gewesen sein.

Wissenschaftliche Leistungen. Gärung. Um Neubergs geniale Leistungen auf dem Gebiet der alkoholischen Hefegärung zu verstehen, muß man sich kurz mit dem historischen Hintergrund befassen. Die Geschichte der wissenschaftlichen Erforschung der Gärung (Fermentation, von lat. fermentum = Sauerteig) ist eigentlich die Geschichte der Biochemie von den Anfängen zu Lebzeiten von und mit Lavoisier bis in unser Jahrhundert. Die Kenntnis der Gärungsreaktion als Bruttogleichung verdanken wir Joseph Gay-Lussac, dem Lehrer von Justus von Liebig, der 1815 gezeigt hat, daß bei der Gärung Traubenzucker in 2 Moleküle Alkohol und 2 Moleküle Kohlendioxid zerfällt. Der experimentelle Nachweis, daß die Gärung durch lebende Organismen, vor allem Hefezellen, verursacht wird, wurde unabhängig und gleichzeitig 1837 von Charles Cagniard de la Tour (1777—1859), Theodor Schwann (1810—1882), einem Schüler des berühmten Physiologen Johannes P. Müller (1801—1858), und Friedrich T. Kützing (1807—1893) erbracht. Die Vorstellung, daß die alkoholische Gärung und andere als Gärung bezeichnete Reaktionen von lebenden Organismen katalysiert werden, wurde bald allgemein akzeptiert; jedoch die Natur dieses Prozesses stand im Mittelpunkt bitterer Kontroversen zwischen solch führenden Forschern wie Berzelius, Liebig und Pasteur, denn man hatte damals nur sehr vage Kenntnisse über den tatsächlichen Ablauf. Der Begriff *„Fermentation"* wurde auf viele verschiedene Reaktionen angewendet, mit nur vage definierter und häufig sich widersprechender Auslegung. Der französische Chemiker Marcellin Berthelot hat 1860 nachdrücklich darauf hingewiesen, daß lösliche „Fermente" (heute nennen wir sie Enzyme) *innerhalb* der Zelle für die

Gärung verantwortlich seien, ohne Beteiligung irgendeiner „Lebenskraft". Einer der stärksten Vertreter dieser Ansicht war der deutsche Chemiker Moritz Traube (1826—1894). Mit bemerkenswerter Weitsicht stellte er fest, daß die meisten zellulären Reaktionen von löslichen Fermenten katalysiert werden; sie sind die Ursache der wichtigsten chemischen Prozesse nicht nur bei niederen, sondern ebenso auch bei höheren Organismen (Traube 1878). Diese Ansicht wurde später auch von Felix Hoppe-Seyler unterstützt. Das Wort *„Enzym"* prägte Wilhelm F. Kühne im Jahr 1878 (griech. ἐν ζύμη = in Sauerteig), denn der Begriff „Ferment" wurde damals zum Teil noch gleichbedeutend mit Hefezellen gebraucht („geformte Fermente"), was zu erheblicher Verwirrung führte.

Ungefähr um 1850 begann Louis Pasteur sich mit der Fermentation zu beschäftigen. Pasteur war einer der größten Naturforscher der vergangenen zwei Jahrhunderte; er legte die Fundamente nicht nur für die Entwicklung der Biologie und Biochemie, sondern auch für die Mikrobiologie und Immunologie. Meyerhof und Warburg waren, wie bereits erwähnt, große Bewunderer von Pasteur, und seine Vorstellungen und Arbeiten bildeten für sie eine unerschöpfliche Inspirationsquelle. Selbst heute muß der Autor gestehen, daß er beim Lesen von Pasteurs Originalveröffentlichungen nicht umhin kann, von seiner Genialität, seiner Weitsicht und seinem außergewöhnlich klaren Verstand tief ergriffen zu sein (eine Biographie von Pasteur schrieben Duclaux 1896, Vallery-Radot 1900 und Dubos 1950). Eines der ersten Konzepte, das Pasteur in den Fermentationsvorgang einführte, war die grundsätzliche Ähnlichkeit der Vergärung von Zucker zu Milchsäure und von Zucker zu Alkohol, eine geradezu prophetische Aussage, die Meyerhofs Arbeiten entscheidend beeinflußte und erst in unserem Jahrhundert experimentell verifiziert wurde. Pasteurs klassische Beiträge zur alkoholischen Gärung und seine vielen anderen Leistungen führten nicht nur zur Aufklärung grundlegender wissenschaftlicher Probleme, sondern hatten auch große praktische Bedeutung, insbesondere für das Brauereigewerbe. Seine 1857 erstellte „vitalistische" Gärungstheorie (die Gärung ist an die lebende Zelle geknüpft) hat sich allerdings, wie wir im folgenden sehen werden, als falsch erwiesen.

Angesichts der zahlreichen kontroversen Ansichten über die Natur der Gärung kann man sich gut vorstellen, welch große Aufregung Buchners Entdeckung der Fermente in zellfreien Hefepreßsäften, die er 1897 mit „Zymase" bezeichnete, hervorgerufen hat. Während manche Forscher Buchners Befunden mit größter Skepsis begegneten, fanden sie bei anderen höchste Anerkennung, besonders von Pasteurs Schule, darunter Emile Duclaux (1840—1904) und Pierre P. E. Roux (1853—1933). Mit der Entdeckung wurde auch die Vorstellung einer an der Gärung beteiligten „Lebenskraft" eindeutig widerlegt. Einer der stärksten Verfechter der physikochemischen Erklärung von Zellprozessen, Jacques Loeb, brachte seine tiefe Genugtuung über diesen entscheidenden Schlag gegen die „vitalistischen" Theorien lebhaft zum Ausdruck.

In diesem Zusammenhang sei daran erinnert, daß im 19. Jahrhundert, noch vor Buchners Entdeckung, eine ganze Reihe von Fermenten (Enzymen) isoliert worden sind. Theodor Schwann hat 1836 das Pepsin entdeckt, und F. Tiedemann (1781—1861) und L. Gmelin (1788—1853) fanden in Pankreas-Extrakten das „Pankreatin" (später von Wilhelm Kühne Trypsin genannt). Liebig und Wöhler hatten 1837 beobachtet, daß eine aus Mandeln gewonnene kristalline Substanz, Amygdalin genannt, sich durch Emulsin spalten ließ; dies war übrigens das erste Enzym, von dem man eine chemische Wirkung auf eine gut definierte kristalline Substanz nachgewiesen hat. 1848 identifizierte Claude Bernard (1813—1878) die fettspaltende Lipase in Pankreas-Extrakten, die auch in Pflanzensamen vorkommt. 1869 hatte Berthelot aus Hefe ein lösliches Ferment (Enzym) erhalten, das Rohrzucker (Saccharose) in zwei andere Zucker, Dextrose (Glucose) und Lävulose (Fructose) spaltet; er nannte es „ferment glycosique"; später bezeichnete man das Enzym als „Invertase", heute Fructofuranosidase. Als letztes Beispiel sei die Entdeckung der harnstoffspaltenden Urease durch Frédéric Musculus im Jahre 1872 erwähnt. Gegen Ende des 19. Jahrhunderts waren etwa zwei Dutzend Enzyme in löslicher Form isoliert worden. Die vielen heftigen Einwände gegen Buchners Entdeckung eines zellfreien Gärungsenzyms sind deshalb ziemlich überraschend. Buchner erhielt 1907 den Chemie-Nobelpreis für die Entdeckung der zellfreien Gärung.

Die Entdeckung der Zymase durch Buchner sowie die Aufklärung der chemischen Struktur mehrerer Zuckerarten durch Neubergs Lehrer Emil Fischer bildeten in den letzten beiden Jahrzehnten des 19. Jahrhunderts die Grundlage für weitere Fortschritte in der Erforschung und dem Verständnis der alkoholischen Gärung und der Glykolyse. Im Jahr 1906 entdeckten Harden und Young, daß anorganisches Phosphat schnell verschwand, wenn man es einem Hefepreßsaft zufügte; sie vermuteten, daß daraus ein Phosphorsäureester der Glucose gebildet wird. Young konnte dann diesen Ester isolieren und identifizierte ihn als Hexosediphosphat; zwei Jahrzehnte später wurde er genauer als Fructose-1,6-bisphosphat (Harden-Young-Ester) bestimmt. Ferner fanden Harden und Young auch ein an der Gärung beteiligtes, hitzestabiles Coenzym. Meyerhof stellte dann 1918 fest, daß eben dieses Coenzym auch für die Glykolyse benötigt wird, eine neue und wesentliche Stütze für die grundlegende Ähnlichkeit des Mechanismus der beiden Prozesse. Später fand man, daß das Coenzym aus mehreren Komponenten besteht. Jedoch die Bedeutung der Phosphorylierung der Glucose blieb für nahezu zwei Jahrzehnte im Dunkeln.

Diese kurze Erörterung der Geschichte der alkoholischen Gärung war notwendig, um dem Leser die überragende Bedeutung von Neubergs großen Leistungen klar zu machen. Neuberg hatte anfangs 1911 entdeckt, daß die Brenztraubensäure durch Hefe vergoren wird, eine unerwartete Feststellung, da sie im Widerspruch zu der herrschenden Meinung stand. Nur wenig später entdeckte Neuberg das Enzym Carboxylase, das die Decarboxylierung der Brenztraubensäure zu Acetaldehyd und Kohlensäure katalysiert. Zwei Jahre danach legte er dann ein Schema der Vorgänge bei der Gärung vom Zucker bis zum Alkohol vor (Neuberg und Kerb 1913, 1914). In die Analyse der alkoholischen Gärung hat Neuberg eine neue Methode, das sogenannte „Abfangverfahren“ eingeführt. Durch Hinzufügen von Natriumsulfit (Na_2SO_3) zu einer gärenden Hefe-Zucker-Mischung wird Acetaldehyd durch Reaktion mit dem Sulfit „abgefangen“ und Acetaldehyd und Glycerin in zunehmendem Maße gebildet, während die Alkohol- und Kohlendioxidbildung abnimmt. (Dieser Schritt wurde häufig als das zweite Gärungsschema bezeichnet.) Das Verfahren erlangte bald eine große praktische Bedeutung, nämlich für die Massenproduktion von Glycerin in Deutschland während des Ersten Weltkrieges; Neuberg erhielt für diese Erfindung die Delbrück-Medaille der Berliner Landwirtschaftlichen Hochschule.

Kurze Zeit später erstellte Neuberg zwei weitere Schemata der Gärung: erstens den Zerfall von zwei Molekülen Zucker in ein Molekül Alkohol und Essigsäure und zwei Moleküle Glycerin und Kohlendioxid (drittes Gärungsschema), und zweitens den unter bestimmten Bedingungen stattfindenden Abbau des Zuckers zu gleichen Mengen von Brenztraubensäure und Glycerin (viertes Gärungsschema). 1918 entdeckte Neuberg dann ein an der Gärung beteiligtes Hexose-Monophosphat („Neuberg-Ester“); ein Hexose-Monophosphat war bereits 1914 von Harden und Robison entdeckt und später als Glucose-Monophosphat („Robison-Ester“) identifiziert worden. All diese Ester wurden durch Hefe vergoren. Mit Hilfe von neuen, in den 20er Jahren entwickelten chemischen Methoden konnte die genaue Struktur der drei Ester schließlich aufgeklärt werden:

Fructose-1,6-bisphosphat	Glucose-6-Phosphat	Fructose-6-Phosphat
Harden-Young-Ester	Robison-Ester	Neuberg-Ester

Diese Ester sind biochemisch von besonderer Bedeutung, weil sie Durchgangsstufen des Zuckerabbaus nach dem Embden-Meyerhof-Schema sind.

Neubergs Entdeckung der Carboxylase und seine genial konzipierten Gärungsschemata waren Meilensteine auf dem Weg zum Verständnis der alkoholischen Gärung. Es zeigte sich dann auch, daß die Zymase nicht *ein* Enzym, sondern eine Gruppe von Enzymen war, die eine ganze Reihe von chemischen Reaktionen zu katalysieren vermögen. Die neuen Tatsachen und Konzepte bedeuteten für die Biochemiker eine große Herausforderung, nämlich den Versuch zu machen, die an den verschiedenen Schritten der Gärung beteiligten Enzyme zu isolieren und dadurch den Mechanismus genauer aufzuklären. Untersuchungen dieser Art vermochten die Frage beantworten, die für Pasteur so verwirrend war, nämlich warum mehrere Produkte während der Gärung auftreten. Darüber hinaus eröffneten Neubergs Schemata völlig neue Perspektiven; denn sie zeigten den Biochemikern, daß scheinbar einfache Reaktionen aus einer komplexen Reihe verschiedener Reaktionen bestehen können. Ferner waren sie der Anstoß für viele Forscher, sich der Untersuchung von Stoffwechselwegen zuzuwenden, anstatt sich hauptsächlich um die Isolierung und Identifizierung von Zellbausteinen zu bemühen. So kann man Neuberg mit Recht als Begründer der „dynamischen Biochemie“ bezeichnen. Erst gegen Mitte der 30er Jahre, durch die Arbeiten von Meyerhof und seinen Mitarbeitern, Gustav Embden und dessen Schule, Warburg, Carl und Gerty Cori, Dorothy M. Needham und anderen, entstand dann ein vollständiges Bild des komplexen Stoffwechselweges der Glykolyse wie auch der alkoholischen Gärung, was jedoch die historische Bedeutung von Neubergs bahnbrechenden Pionierarbeiten und Konzepten nicht im geringsten vermindert.

Weitere wissenschaftliche Leistungen. Wenn auch Neubergs Beiträge zum Gärungsproblem seine brillanteste Leistung war, verdanken wir ihm daneben eine große Zahl weiterer wichtiger Fortschritte auf anderen Gebieten der Biochemie. Seine wissenschaftliche Aktivität erstreckt sich über einen Zeitraum von mehr als einem halben Jahrhundert. Da wir nicht beabsichtigen, einen vollständigen Überblick über das Werk der dargestellten Forscher zu geben, mögen im folgenden nur einige von Neubergs weiteren Leistungen kurz erwähnt werden.

Um die Jahrhundertwende diskutierte man viel über die physiologische Rolle der Katalase, eines Enzyms, das die Zersetzung von Wasserstoffperoxid (H_2O_2) katalysiert. Das Enzym wurde 1901 von Oscar Loew entdeckt. 1910 entwickelten Frederico Battelli und Lina S. Stern die Hypothese, daß Wasserstoffperoxid bei biologischen Oxidationen (Gewebeatmung) entsteht; da es ein schweres Zellgift ist, muß es sofort wieder entfernt werden. Die Annahme liegt daher nahe, daß die Katalase dazu dient, das Wasserstoffperoxid zu zersetzen. Man versuchte dann, das Problem der Rolle der Katalase mit Modellsystemen zu lösen. Eisenverbindungen (Eisensalze) können die Oxidation organischer Substanzen durch Wasserstoffperoxid katalysieren, wobei, wie man annahm, die zweiwertigen Eisenionen als Sauerstoffüberträger (Transporteisen) fungieren und dabei in dreiwertige Eisenionen umgewandelt werden. Neuberg hatte um 1900 (gleichzeitig mit, aber unabhängig von Henry Dakin in den Vereinigten Staaten) eine Reihe von Untersuchungen über die Oxidation von Fettsäuren und Aminosäuren unter Verwendung von Wasserstoffperoxid in Gegenwart von Eisensalzen durchgeführt. Die dabei entstandenen Produkte verglich er dann mit denen, die im Urin auftreten und in tierischem Gewebe nach Zugabe von Aminosäuren und Fettsäuren gebildet werden, und erhielt damit wichtige Informationen über beim oxidativen

Abbau von Zellbestandteilen entstehende Zwischenprodukte. Diese Untersuchungen waren die Vorläufer von Otto Warburgs Arbeiten über die Rolle des Eisens bei biologischen Oxidationen. Wie wir heute wissen, ist die Katalase ein Eisenporphyrinproteid (Hämoprotein); sie gehört zu einer Gruppe von Enzymen, die an biologischen Oxidationen beteiligt sind und in denen Häm die Wirkgruppe darstellt.

Im letzten Jahrzehnt seines Lebens richtete sich Neubergs Hauptinteresse auf den Mechanismus, durch den unlösliche, in der Natur vorkommende Substanzen aufgelöst werden. Dieses Problem hat mehrere praktische Aspekte, die auch heute noch wenig untersucht und verstanden sind. Viele Polyphosphate bilden lösliche Komplexe mit Metallionen. Deswegen läßt sich zum Beispiel Metaphosphat als Weichmacher für Wasser verwenden. Anorganische Pyrophosphate, die in nahezu allen Geweben im Verlauf gewisser Enzymreaktionen auftreten, werden sehr schnell zu anorganischem Phosphat hydrolysiert. Viele anorganische Polyphosphate sind von biologischem Interesse, denn sie kommen in zahlreichen Organismen, insbesondere bei Bakterien vor, entweder als geradkettige Polyphosphorsäuren oder in zyklischer Form (Metaphosphorsäuren). Neuberg interessierte sich vor allem für die phosphorsäurespaltenden Enzyme, die sogenannten Phosphatasen, die im Organismenreich weit verbreitet sind. Bereits 1928 fand T. Kitasato in Neubergs Laboratorium, daß verschiedene Gewebe (z. B. Hefe und Kaninchenniere) Metaphosphate mit Hilfe von Metaphosphatase in Orthophosphat umwandeln können. Neuberg und H. A. Fischer haben 1937 und 1938 mehrere Metaphosphatasen aus Hefezellen isoliert und ihre Eigenschaften untersucht. 1950 fand Neuberg zusammen mit A. Grauer und I. Mandl eine wasserlösliche Tripolyphosphatase in dem Schimmelpilz Aspergillus oryzae.

Zahlreiche Forscher haben sich sehr bemüht, die Rolle der Polyphosphatasen, die an einer Vielzahl von zellulären Funktionen beteiligt sind, aufzuklären. Da sich Polyphosphate im Gewebe nicht anhäufen, vermutete man, daß möglicherweise die Polyphosphatasen die Anhäufung verhindern; denn die Polyphosphate können Komplexe mit Metallionen eingehen, die eine Gefahr für die lebenswichtigen Zellfunktionen bilden. Neuberg und Mandl fanden, daß diese Fähigkeit zur Komplexbildung sich nicht auf anorganische Polyphosphate beschränkt, sondern auch eine Eigenschaft von ATP (Adenosintriphosphat) ist. Angesichts der großen Bedeutung von ATP für die lebende Zelle könnten solche Komplexe die von der Energie der ATP-Hydrolyse abhängenden zellulären Funktionen beeinträchtigen. Ihre logische Folgerung war, daß Polyphosphatasen (besonders Pyrophosphatase) die Zelle gegen die Anhäufung von Polyphosphaten schützen und die Komplexbildung verhindern.

Zusätzlich zur Carboxylase und mehreren Phosphatasen entdeckte Neuberg zahlreiche andere Enzyme, darunter das Enzym, das den Harden-Young-Ester (Fructose-1,6-bisphosphat) in den Neuberg-Ester (Fructose-6-Phosphat) umwandelt. 1908 klärte er die enzymatische Umwandlung von Adrenalin in Adrenochrom auf. Ferner analysierte er die Struktur einer großen Anzahl von Naturstoffen; dabei erhielt er erstmals Hinweise auf die Beziehung zwischen Inosit (einem Kohlenstoffsechsring) und einfachen Zuckern. Inosit kommt in vielen tierischen Geweben vor, zum Beispiel in der Lunge, im Herzen, im Muskel und in der Leber. Neubergs Untersuchungen über den Inosit führten ihn dann zur Aufklärung der Struktur und Funktion des Phytins (Inosit-hexaphosphat, ein Calcium-Magnesium-Salz) und der Phytinsäure (Inosit-hexaphosphorsäure), zwei Verbindungen, die im Pflanzenreich, insbesondere in Samen, vorkommen. Seine Befunde zeigten eindeutig, daß auch Substanzen, die an der Hefegärung nicht unmittelbar beteiligt sind, als Wasserstoffakzeptoren agieren und dadurch aliphatische oder aromatische Aldehyde zu den entsprechenden Alkoholen reduziert werden können. So führten Neubergs Arbeiten zur breiten Anwendung des Konzeptes der phytochemischen Reduktion. Diese Experimente gewannen bei späteren Untersuchungen über die biologische Oxidation und Reduktion von Steroiden zunehmende Bedeutung. Schließlich sei noch erwähnt, daß Neuberg als erster die Umwandlung von α-Ketoglutarsäure in Bernsteinsäure beschrieb, ein am Citronensäurezyklus beteiligter Reaktionsschritt (siehe Seite 321).

Zusätzlich zu seinem wissenschaftlichen Werk verdankt die Biochemie Neuberg eine große Zahl grundlegend neuer Verfahren, die er und seine Mitarbeiter entwickelt haben. Jahrzehntelang waren diese Methoden wichtige Werkzeuge der Biochemiker. Ein eindrucksvolles Zeichen seiner Schöpferkraft und der Breite seiner Interessen ist die riesige Zahl von Publikationen (ungefähr 900), die aus seinem Laboratorium hervorging. Außerdem schrieb er sechs Bücher, von denen drei sehr berühmt und weit verbreitet wurden (Neuberg 1911a, 1911b, 1913).

Neuberg war zweifellos einer der größten Biochemiker und berühmtesten Forscherpersönlichkeiten seiner Generation. Die Bewunderung für ihn und seine großen Leistungen fand beredten Ausdruck in einer großen Zahl von Ehrungen. Er wurde Mitglied zahlreicher Akademien und erhielt auch einige der bedeutendsten Ehrenmedaillen jener Zeit. In den 20er Jahren wurde er mehrmals für den Nobelpreis vorgeschlagen. 1954 empfing er das Große Verdienstkreuz des Verdienstordens der Bundesrepublik Deutschland aus der Hand des Bundespräsidenten Theodor Heuss.

Persönlichkeit. Neuberg war ein typischer Vertreter des gehobenen Bürgertums im Deutschen Kaiserreich, einer Bevölkerungsschicht, deren Angehörige, mit ihrer hohen Bildung und liberalen und progressiven Einstellung die beste europäische Tradition repräsentierten. Nach Bismarcks Regierungsreform verlor diese Klasse praktisch allen Einfluß und jegliche politische Macht und wurde dann durch die tragischen Ereignisse in unserem Jahrhundert stark dezimiert.

Neuberg war eine sehr starke, aber auch komplizierte Persönlichkeit, ein Mann mit dem ganzen Charme und dem ritterlichen, galanten Benehmen, durch das sich damals ein Bürger von Stande auszeichnete. Aufgrund seiner Schulzeit in einem humanistischen Gymnasium konnte er fließend griechisch, lateinisch und hebräisch lesen und war gut vertraut mit der klassischen Literatur und Geschichte. Charakteristisch für ihn waren seine jugendliche Begeisterung, sein großer Humor und Witz (der bisweilen allerdings sehr beißend sein konnte), alles Eigenschaften, die er sein Leben lang behielt. Immer bestrebt nach Offenheit und Klarheit zögerte er nie, sich in unzweideutiger Weise auszudrücken. Es mag daher kaum überraschen, daß manche Kollegen ihn zwar bewunderten, aber auch fürchteten; viele jedoch waren ihm herzlich zugeneigt und wußten seine starke und aufrichtige Persönlichkeit sehr zu schätzen.

Neuberg liebte Deutschland, wie er es in seinen Jugendjahren erlebt hatte. Er fühlte sich tief in der deutschen Kultur verwurzelt und besonders verbunden mit der großen Ära des Deutschen Kaiserreichs um die Jahrhundertwende. Er hatte damals viele führende Persönlichkeiten aus Kunst und Wissenschaft und auch zahlreiche große Politiker persönlich kennengelernt. Es war immer wieder faszinierend, ihm zuzuhören, wenn er in den großen Schatz seiner Erinnerungen griff und über Ereignisse und Personen erzählte, wobei er stets darauf bedacht war, diese zwar kritisch, aber fair und objektiv zu beurteilen. Neuberg hat die Glanzzeit der Kaiser-Wilhelm-Institute in Berlin-Dahlem miterlebt (er wurde 1913 Abteilungsleiter), und es gab nur wenige, die wie er all die berühmten Leute dort persönlich kannten. Er wußte unendlich viele amüsante Geschichten über sie und auch über die Kollegen von der Universität und der Technischen Hochschule. Der Autor drängte ihn immer wieder, er möge seine Erinnerungen an diese aufregende Epoche und ihre Zeitgenossen zu Papier bringen, da er wie kaum ein anderer mit der ganzen Atmosphäre so gut vertraut war; ein solches Buch wäre ein unschätzbarer Beitrag zur Geschichte der Naturwissenschaft gewesen, eine reiche Quelle von Informationen, die man normalerweise nicht in Geschichtsbüchern findet, eine Darstellung aus der Sicht und der Feder eines kompetenten, vielleicht mitunter recht kritischen, aber sicher stets gerechten und aufrichtigen Zeitgenossen. Leider ist es dem Autor nicht gelungen, sein Anliegen durchzusetzen. Neuberg widmete sich weiterhin ganz seiner Laborarbeit, die für ihn wichtiger war als Memoiren zu schreiben.

Nach einer schweren Virus-Pneumonie im März 1956, von der sich der schon ziemlich leidende Mann nicht wieder erholt hat, schwanden seine körperlichen Kräfte dahin, aber sein Arbeitswille und die Fülle seiner Gedanken und Ideen hielten ihn aufrecht. Für den 15. Mai war ein Vortrag mit Demonstrationen über biochemische Reaktionen geplant gewesen. Neuberg sprach die einleitenden und auch die Schlußworte, während der Vortrag von seiner Tochter Irene verlesen und die Experimente von seiner langjährigen Mitarbeiterin Dr. Amelie Grauer ausgeführt wurden. Er selbst war schon zu schwach zum Stehen. Der Saal, der etwa 300 Personen faßt, war nicht ausreichend, und später Kommende mußten stehen. Professor Nord und Professor Ochoa sprachen nach der Vorlesung. Alle waren tief ergriffen von seiner Hingabe an die Biochemie, seiner Wachheit und geistigen Kraft, trotz seiner körperlichen Schwäche. Alle wußten, daß dies sein Abschiedsvortrag gewesen ist. Zwei Wochen danach, am 30. Mai 1956, ist Carl Neuberg in New York gestorben (Nachrufe: E. Auhagen 1956, A. Butenandt 1956, F. F. Nord 1958).

Die Verfolgung durch die Nazis, das ihm zugefügte Unrecht und Leid beeinträchtigten seine tiefe Verbundenheit mit Deutschland nicht im geringsten. Sein starker Charakter gestattete es ihm nicht, heute das zu verdammen, was er gestern noch verehrt hatte. Im Wohnzimmer seiner New Yorker Wohnung hing eine Photographie von Kaiser Wilhelm II. bei der Einweihungsfeier des Kaiser-Wilhelm-Instituts für experimentelle Therapie (s. Abb. 27, S. 175), jedoch nicht aus Bewunderung für den Kaiser, im Gegenteil, Neuberg übte häufig heftige Kritik an seiner Person und seinen Taten. Das Photo bedeutete ihm ein Symbol für die glorreiche Zeit des Kaiserreiches. Die große deutsche Kultur war, so hoffte er nur vorübergehend, von einer Bande von Gangstern und Verbrechern überwältigt worden, ermöglicht durch eine Bewegung, die aus der Verzweiflung über die andauernde Erniedrigung einer großen Nation erwachsen war.

Trotz der schwierigen und ungünstigen Bedingungen, unter denen Neuberg in New York arbeiten mußte, und trotz seines Alters und der veränderten Umgebung blieb er weiterhin äußerst produktiv. Ständig erschienen neue Veröffentlichungen, und noch immer betreute er eine ganze Reihe junger Biochemiker. Einer seiner letzten Schüler war Dr. Ines Mandl (später Professorin an der Columbia University). Aus Anlaß seines 70. Geburtstages, im Jahr 1947, organisierte die American Society of European Chemists eine Festveranstaltung, an der viele berühmte Biochemiker teilnahmen. Einer seiner ältesten Schüler, F. F. Nord (damals Professor für Biochemie an der Fordham University) war der Hauptorganisator. Neuberg erhielt dabei als erster die ihm zu Ehren geschaffene Neuberg-Medaille. Sie wurde ein begehrter Preis und jährlich vergeben, bis die Gesellschaft aufgrund unglücklicher Umstände in den 60er Jahren ihre Tätigkeit einstellte.

Neuberg war ein leidenschaftlicher Lehrer, ihm war es eine wahre Freude und er war auch stets bereit dazu, mit jungen Leuten zu diskutieren. Sein außergewöhnliches Gedächtnis und seine Literaturkenntnisse ließen diese Diskussionen zu einer unschätzbaren Informationsquelle werden. Trotz seiner zahlreichen Verpflichtungen konnte man sich mit ihm, selbst in den Dahlemer Tagen, ohne weiteres verabreden. In einer einstündigen Diskussion mit Neuberg lernten seine Studenten oft mehr als in Tagen in der Bibliothek.

Dazu ein Beispiel: Neuberg fragte den Autor einmal bei einem Abendessen in New York, ob er schon einmal Hydroxylamin zur kolorimetrischen Bestimmung von Acetylcholin versucht habe. Neuberg wußte von den Arbeiten des Autors über ein von ihm entdecktes Enzym, das die Bildung von Acetylcholin katalysiert (Nachmansohn 1942). Für Untersuchungen über die enzymatische Bildung oder Spaltung einer Verbindung benötigt man eine schnelle und einfache Methode zu ihrer Bestimmung. Damals (1948) gab es jedoch noch keine geeignete chemische Methode für die Bestimmung von Acetylcholin. Die Verwendung von pharmakologischen Biotests für enzymatische Untersuchungen ist mühsam und aus verschiedenen Gründen unbefriedigend. Fritz Lipmann hatte kurz zuvor die Bestimmung von Acetylphosphat beschrieben, mit einer Methode, die der Autor dann zur Bestimmung von Acetylcholin anwendete, jedoch ohne Erfolg zu haben. Neuberg fragte nun den Autor, bei welchem *p*H-Wert er den Versuch gemacht habe; seine Antwort war, daß der *p*H-Wert neutral war. Darauf sagte Neuberg, „der Ärger mit euch jungen Leuten ist, daß ihr die Literatur nicht kennt". Und er zitierte eine Veröffentlichung, die in den frühen 1890er (!) Jahren in Hoppe-Seyler's Zeitschrift für physiologische Chemie erschienen war, in der geschrieben stand: Die Bestimmung von Estern mit Hilfe von Hydroxylamin erfordert alkalische *p*H-Werte zwischen 9 und 10. (Acetylcholin ist ein Ester, während Acetylphosphat ein Säureanhydrid ist, weshalb letzteres bei neutralem *p*H reagieren kann).

Von diesem Gespräch erzählte der Autor am nächsten Morgen Dr. Shlomo Hestrin, der damals im Laboratorium des Autors über jenes Problem arbeitete (er wurde später Direktor des Biochemischen Instituts an der Hebräischen Universität in Jerusalem). Schon zwei Tage danach funktionierte die Methode bestens und wurde bald auch in anderen Laboratorien angewendet für den Test von Enzymen, die Bildung oder Spaltung des Acetylcholins katalysieren, bis sie dann durch noch genauere Methoden ersetzt wurde. Man erhielt damit viele wichtige Ergebnisse; so beobachtete Hestrin zum Beispiel, daß die Reaktion von Acetat mit Hydroxylamin durch das Enzym Acetylcholinesterase wesentlich beschleunigt wird, jenem Enzym also, das Acetylcholin spaltet. Seine Beobachtungen wiesen darauf hin, daß der erste Schritt bei der katalytischen Wirkung der Acetylcholinesterase die Acetylierung des Enzyms sein könnte, das heißt die Bildung eines Acetylenzyms, was sich während des folgenden Jahrzehnts durch eine Vielzahl von Experimenten in mehreren Laboratorien als völlig richtig erwiesen hat. Die Beobachtung Hestrins war der Anstoß für eine weitere bedeutende Entwicklung. Eine große Gruppe von Verbindungen, die sogenannten Organophosphate (zu der die Nervengase und viele Pestizide gehören) bilden ein phosphoryliertes Enzym. Während das acetylierte Enzym schnell (in weniger als einer 1000stel Sekunde) mit Wasser reagiert, unter Bildung von Acetat und unter Wiederherstellung des aktiven Enzyms, reagiert im Gegensatz dazu das phosphorylierte Enzym nicht mit Wasser und wird auf Dauer inaktiv. Der Autor schrieb die tödliche Wirkung der Nervengase der spezifischen Hemmung der Acetylcholinesterase zu, einer Substanz, die lebenswichtige Bedeutung für die Nervenaktivität besitzt. Er postulierte damit eine „spezifische biochemische Läsion" als Grundlage der tödlichen Wirkung der Organophosphate (während die überwiegende Mehrzahl der Forscher die Wirkung der Nervengase einem „allgemeinen toxischen Effekt" zuschrieben). Nun hatte man die Möglichkeit, eine Verbindung zu konzipieren, welche die phosphorylierte Acetylcholinesterase durch Entfernung der Phosphorylgruppe reaktivieren konnte. Durch Wiederherstellung der Enzymaktivität ließe sich die tödliche Wirkung verhindern. Solch eine Verbindung könnte demnach als Antidot bei Organophosphatvergiftungen eingesetzt werden. (Als Antidot bezeichnet man Substanzen, welche die Toxizität resorbierter Gifte vermindern oder aufheben.) Hestrins Experimente wiesen darauf hin, daß Hydroxylamin das Kohlenstoffatom der Carbonylgruppe des Acetylrestes angreift und dadurch die Reaktion beschleunigt. Der Autor nahm deshalb an, daß Hydroxylamin das Phosphoratom der Phosphorylgruppe ebenfalls angreifen und aus dem Enzym entfernen könnte, und er schlug seinem Mitarbeiter I. B. Wilson vor, dieser Frage nachzugehen. Wilson fand dann tatsächlich, daß Hydroxylamin die Enzymaktivität phosphorylierter Enzyme wiederherzustellen vermochte. Es war das erste Beispiel dafür, daß ein „irreversibel“ durch Organophosphate gehemmtes Enzym reaktiviert wurde. Aber leider zeigte sich dann, daß die erforderliche Konzentration zu hoch und die Reaktionszeit zu lang waren, um Hydroxylamin als Antidot einzusetzen; die Arbeit wies also lediglich auf einen Weg zur Entwicklung eines Antidots auf dieser Grundlage. Dies war der Anfang der Bemühungen, ein bei niedriger Konzentration schnell wirkendes Mittel zu entwickeln. Innerhalb von einigen Jahren gelang dann die Entwicklung eines wirksamen Antidots, das noch heute in der ganzen Welt gegen Organophosphatvergiftungen eingesetzt wird und vielen das Leben gerettet hat.

Die einschlägigen Ergebnisse und deren große Folgen, die aus einer Arbeit resultierten, die durch Neubergs Erinnerung an eine mehr als 50 Jahre alte Publikation ausgelöst wurde, illustriert eindrucksvoll den Wert von Neubergs außergewöhnlicher Kenntnis der biochemischen Literatur und seinem Bedürfnis, jüngeren Forschern bei ihren Problemen zu helfen. Die Anekdote soll auch veranschaulichen, wie hilfreich und wichtig ein sorgfältiges Studium der Literatur ist. Wir leben in einer Zeit, in der die Studenten der naturwissenschaftlichen Fachgebiete dazu neigen, jegliche Literatur, die mehr als einige Jahre alt ist, einfach zu ignorieren, ja es gibt sogar auch ältere Forscher, die meinen, daß mehr als 20 Jahre alte Publikationen heutzutage kaum noch einen Wert haben.

Einstellung zum Judentum. Neubergs tiefe und aufrichtige Liebe zu Deutschland stand in keinerlei Konflikt mit seiner Identifizierung mit dem Judentum. Obwohl völlig unorthodox und liberal, war er dennoch stolz auf seine jüdische Abstammung, auf die jüdische Tradition der Hochschätzung intellektueller und ethischer Werte. Er kannte die Bibel gut und war mit der jüdischen Geschichte wohl vertraut. Außerdem war er Mitglied des im Jahr 1893 gegründeten „Central-Verein deutscher Staatsbürger jüdischen Glaubens“. Hauptziel dieses Vereins war der Kampf gegen den unter der Bevölkerung und insbesondere auch in der Regierung weit verbreiteten Antisemitismus sowie der Kampf um die Anerkennung der Juden als deutsche Staatsbürger in der Öffentlichkeit. Unter Berufung auf ihre kulturelle Verbundenheit und ihre echte Liebe zum Vaterland betonten die Mitglieder die Verpflichtung der Juden, aktiv am politischen Leben der Nation teilzunehmen und für die völlige de facto Gleichstellung der Juden zu kämpfen, wo immer diese bedroht war. Um die Jahrhundertwende wurde die Judendiskriminierung besonders deutlich im öffentlichen Dienst und an den Universitäten in der geisteswissenschaftlichen und juristischen Fakultät, jedoch kaum im naturwissenschaftlichen und medizinischen Bereich. Der Central-Verein kämpfte auch gegen die Tendenz, den Leuten einzureden, daß die Juden aufgrund ihres Glaubens anders als die übrigen Deutschen seien. Das heißt die Taufe als Vorbedingung für die Gleichberechtigung zu machen, war nicht akzeptabel.

Neuberg wie auch eine große Zahl anderer deutscher Juden teilten diese Auffassung und diese Prinzipien. Der Status der Juden hatte sich, vor allem in Preußen, im letzten Teil des 19. Jahrhunderts wesentlich verbessert. Viele spielten in den verschiedensten Bereichen eine wichtige Rolle und waren hoch angesehen. Aber noch immer gab es antisemitische Strömungen, die man bekämpfen mußte, bis sie völlig verschwunden waren. Neuberg beteiligte sich an diesem Kampf, wenn immer er Gelegenheit dazu hatte. Die Taufe aus rein opportunistischen Gründen, wie zum Beispiel zur Förderung der eigenen Karriere, lehnte er entschieden ab, da er dies für unvereinbar mit der Menschenwürde hielt. Ebenso verachtete er solche Juden, die ihre Abstammung zu verbergen versuchten. Oft brachte er diese Gefühle sehr heftig zum Ausdruck. Er nahm die Verpflichtung zum Kampf gegen den Antisemitismus sehr ernst.

Ein Beispiel für seine Einstellung ist ein Ereignis in den späten 20er Jahren, als der ungarische Erziehungsminister in Berlin war und einen Besuch bei Neuberg machte. Unter dem faschistischen Regime in Ungarn hatten die Juden damals sehr zu leiden, so daß viele auswanderten. Manche wurden sogar zum Verlassen des Landes gezwungen, darunter namhafte Physiker und Mathematiker. Der Minister bat Neuberg, zwei begabte ungarische Biochemiker als Schüler in sein Institut aufzunehmen. Neuberg hatte kurz zuvor zwei jüdische Biochemiker, die man zum Verlassen des Landes gezwungen hatte, aufgenommen. „Exzellenz, es tut mir leid, aber ich habe meine ungarische Quote gerade erfüllt", war Neubergs Antwort. Der Minister verstand die Bedeutung. Diese Begebenheit und ähnliche Ereignisse, die dem Autor bekannt sind, geben einen Eindruck von Neubergs starkem und mutigem Engagement im Kampf gegen den Antisemitismus und die Antisemiten. Chaim Weizmann, ein großer Bewunderer Neubergs, hat (besonders nach dem Ersten Weltkrieg) häufig bei ihm Rat gesucht für seine Pläne zum Aufbau der Chemie und Biochemie in Palästina. Zwei von Neubergs Schülern wurden dort berühmt: Ernst Simon arbeitete von Anfang an bei Weizmann im Daniel-Sieff-Institut in Rehovot, Jesaiah Leibowitz ging an die Hebräische Universität in Jerusalem.

Als Hitler an die Macht kam, hielt Neuberg, wie viele andere, das Ereignis für eine nur kurze Episode. So glaubte er auch, daß die heftige antisemitische Bewegung bald überwunden und die liberalen Kräfte wieder die Oberhand gewinnen würden. Bei einer Begegnung des Autors mit Neuberg Mitte Januar 1933 (nach Meyerhofs Philosophie-Vortrag) ermahnte dieser ihn, es sei nun höchste Zeit, Privatdozent zu werden, und daß er die Angelegenheit in die Hand nehmen werde. Er wisse, in welch gutem Ruf der Autor stehe und sei sich sicher, daß die Fakultät seinen Vorschlag unterstützen werde. Man verabredete dann eine Zusammenkunft für den 31. Januar zur Besprechung der Einzelheiten. Der Autor bereitete damals gerade seine Emigration vor, da er die Situation für hoffnungslos hielt. Am 30. Januar wurde Hitler zum Reichskanzler ernannt, was den Autor veranlaßte, Neuberg anzurufen, um zu fragen, ob er angesichts der neuen Lage überhaupt kommen solle. Die Antwort war kurz „Ich möchte Sie morgen früh sehen". Am nächsten Morgen äußerte Neuberg dann seine Meinung eindeutig und nachdrücklich: Die Juden sollten sich nicht einschüchtern lassen, sondern sie sollten kämpfen. Das Regime könne nicht lange an der Macht bleiben. Ferner sei er davon überzeugt, daß Gewalttätigkeit und antisemitische Propaganda bald abebben werde; er habe bereits mehrere solcher scheinbar gefährlichen Perioden durchlebt. Der Autor möge seine Habilitationsschrift bis zum Mai fertigstellen.

Am 30. September 1934 wurde Neuberg zwangsweise in den Ruhestand versetzt, doch konnte er zunächst als kommissarischer Direktor am Institut bleiben. Auch seine Position als Herausgeber der von ihm 1906 begründeten berühmten „Biochemischen Zeitschrift", die wesentlich zur Entwicklung der Biochemie beigetragen hat, mußte er aufgeben. Wie bereits erwähnt, hat er 1936 seine Arbeiten in einem Privatlabor in Berlin fortsetzen können und erst kurz vor dem Ausbruch des Zweiten Weltkrieges seine geliebte deutsche Heimat verlassen.

Gustav Embden (1874—1933)

Gustav Embden war einer der führenden Biochemiker seiner Zeit. Sein Name ist untrennbar verbunden mit der Aufklärung der Glykolyse, jenes Stoffwechselweges, den man heute auch als „Embden-Meyerhof-Schema" bezeichnet. Der glykolytische Abbauweg stand damals im Mittelpunkt der chemischen und physiologischen Forschung. Unter dem Einfluß seines Lehrers Franz Hofmeister und seines Freundes Albrecht Bethe richtete sich sein Interesse vorwiegend auf die physiologische Bedeutung der Vorgänge bei der Glykolyse. Embden war nicht nur ein genialer Forscher, sondern auch ein leidenschaftlicher und inspirierender Lehrer, dessen Vorlesungen sich durch eine außergewöhnliche Klarheit auszeichneten. Viele seiner Schüler zählen zu den führenden Biochemikern der folgenden Generation. Unter seiner dynamischen Leitung wurde sein Laboratorium in Frankfurt am Main eines der großen Biochemiezentren in Deutschland. Trotz der durch seinen plötzlichen Tod im Alter von 58 Jahren jäh abgebrochenen relativ kurzen Schaffenszeit hatten seine Arbeiten eine wesentliche Wirkung auf die Entwicklung der Biochemie in unserem Jahrhundert.

Familie und Laufbahn. Gustav Embden wurde am 10. November 1874 als Sohn eines prominenten jüdischen Rechtsanwalts und einer nichtjüdischen Mutter in Hamburg geboren. Seine Ehe mit Johanna Fellner, eine seiner Studentinnen, war sehr glücklich. Da seine Frau keine Jüdin war, galten seine Kinder nach der NS-Terminologie als Vierteljuden. Sein Sohn wurde zum Wehrdienst eingezogen und fiel im Zweiten Weltkrieg. Gustavs Bruder war ein namhafter Neurologe in Hamburg.

Abb. 44. Gustav Embden

Embden studierte Medizin und schloß sein Studium mit der Promotion im Jahre 1899 in Straßburg ab. Danach verbrachte er zunächst einige Zeit in Zürich und ging dann 1903 zu dem Physiologen Franz Hofmeister an die Universität Straßburg. Dieser Schritt hatte einen wesentlichen Einfluß auf sein wissenschaftliches Denken und weckte sein Interesse für die physiologische Chemie. 1904 nahm er ein Angebot von Karl von Noorden an, bei ihm als Assistent einzutreten und sein Chemie-Laboratorium im Städtischen Krankenhaus in Frankfurt am Main zu leiten, das sich dann unter Embden zu einem sehr aktiven Zentrallabor entwickelte. Nach der Gründung der Unversität Frankfurt im Jahr 1914 wurde er Ordinarius für Physiologische Chemie, eine Position, die er bis zu seinem Tode im Jahr 1933 innehatte. An der Universität begegnete er auch wieder seinem alten Freund Albrecht Bethe (Vater des Physikers Hans Bethe), der Ordinarius für Physiologie wurde.

Wissenschaftliche Leistungen. Zu Beginn seiner Forschungen interessierte sich Embden hauptsächlich für chemische Probleme. Einer seiner ersten Beiträge war der Nachweis der Aminosäuren Cystin (so benannt von Berzelius) und Cystein aus den Spaltprodukten von Eiweiß (1901, unabhängig von C. Th. Mörner). Es war zwar bekannt, daß Cystin Schwefel enthält und sich leicht zu Cystein reduzieren läßt, doch die Aufklärung seiner genauen Struktur ist Embdens Verdienst. Beide Aminosäuren spielen eine wichtige Rolle in der Eiweißchemie. Beeinflußt von Hofmeister und Bethe richtete sich sein Interesse dann mehr und mehr auf die physiologische Chemie, insbesondere auf den intermediären Stoffwechsel. Für seine Untersuchungen verwendete er perfundierte, isolierte Organe, vorwiegend Leber, und verbesserte die Methode auf vielerlei Weise. Diese Untersuchungen bildeten die Grundlage für seine späteren Arbeiten über den Kohlenhydratstoffwechsel. Von besonderer Bedeutung sind seine Befunde an perfundierter Leber von Hunden, denen man das Pankreas entnommen hatte, wodurch, wie Josef von Mering und Oskar Minkowski im Jahre 1889 zeigten, die Tiere an Diabetes erkranken. Embden fand, daß in der Leber solcher diabetischer Hunde Aceton gebildet wird. Aceton kann sich unter bestimmten Bedingungen durch Decarboxylierung der Acetessigsäure im Blut anreichern; solche Anreicherungen bezeichnet man auch (nicht ganz korrekt) als „Ketonkörper". Der Mechanismus ihrer Bildung wurde erst viele Jahrzehnte später, nachdem eine große Menge von Informationen über den Intermediärstoffwechsel verfügbar war, aufgeklärt. Embden entdeckte, daß nur Fettsäuren mit einer geraden Zahl von Kohlenstoffatomen (C_4, C_6, C_8 usw.) Aceton bilden, während Fettsäuren mit ungerader Zahl (C_3, C_5, C_7 usw.) Traubenzucker (Glucose) bilden. Die umgekehrte Reaktion, die Bildung von Fettsäuren aus Glucose, blieb im dunkeln und war viele Jahrzehnte lang eine Herausforderung für die Biochemiker. Eine andere wichtige Beobachtung haben Embden und Oppenheimer im Jahr 1912 gemacht, nämlich daß die Brenztraubensäure in der perfundierten Leber als Vorstufe der Acetessigsäure dienen kann; dieser Befund führte sie zu der Annahme, daß Acetessigsäure aus Glucose möglicherweise auf dem Umweg über Milchsäure und Brenztraubensäure gebildet wird.

In den folgenden Jahren richtete sich Embdens Interesse in zunehmendem Maße auf den Intermediärstoffwechsel der Kohlenhydrate. Aufgrund seiner Beobachtungen, daß in perfundierter Leber Milchsäure aus Glykogen oder Zucker gebildet wird, kam er zu der Annahme, daß der Kohlenhydratstoffwechsel in einem Zyklus verläuft. Embden und sein Mitarbeiter Fritz Laquer fanden dann bei ihren Muskelpreßsaftversuchen zwar eine schnelle Milchsäurebildung, aber keine entsprechende Abnahme von Glykogen oder Zucker, wie bei den Experimenten mit perfundierter Leber. Sie deuteten dies als Hinweis darauf, daß es noch eine andere, bisher unbekannte Milchsäurevorstufe geben müsse, die sie als „Lactacidogen" bezeichneten. Außer Milchsäure wurde auch noch eine ungefähr äquimolare Menge von Phosphorsäure gebildet. Diese Beobachtungen legten nahe, daß die hypothetische Vorstufe eine Hexosediphosphorsäure (Fructose-1,6-bisphosphat, Harden-Young-Ester) sein könnte. Tatsächlich zeigte sich dann, daß durch Zugabe dieses Esters sowohl Milchsäure als auch Phosphorsäure zunahmen, ein Befund, der ihre Annahme als richtig bestätigte. Doch von der Auffindung der Hexosediphosphorsäure im Muskelpreßsaft bis zur endgültigen Aufklärung des intermediären Zuckerabbaus war noch ein weiter Weg zu gehen. Als 1914 der Beginn des Weltkrieges diese Forschungen unterbrach, war jedoch die Bearbeitung des genannten Problems immerhin bis zu einem gewissen Grade abgeschlossen, und die bisherigen Erfahrungen und Vorstellungen Embdens, zusammen mit einigen noch während des Krieges gewonnenen Ergebnissen, fanden ihren Niederschlag in den Darlegungen „Über den Kreislauf der Kohlenhydrate und seine krankhaften Störungen". In weiten Kreisen bekannt geworden sind auch seine systematischen Untersuchungen über die leistungssteigernde Wirkung der Phosphorsäure, die er im Auftrag der Heeresverwaltung durchgeführt hat.

Als sich nach dem Kriege wieder neue Schüler und Mitarbeiter um Embden versammelten, machte er zunächst größere Untersuchungen über die Verteilung verschiedener Phosphorsäurefraktionen in der Muskulatur und über das Verhalten des Lactacidogens unter verschiedenen Bedingungen. Je mehr er dabei die Bedeutung der Phosphorsäure erkannte, um so mehr wandte er sein Interesse dem Kontraktionsvorgang selbst zu.

Man möge sich dabei erinnern, daß Meyerhof ungefähr zur selben Zeit (1918) mit seinen Untersuchungen über die chemischen Reaktionen während der Muskelkontraktion begonnen hat. Die gewisse Ähnlichkeit zwischen den untersuchten Problemen führte bisweilen zu Überschneidungen, obwohl die Methoden und die grundlegenden Konzepte sehr verschieden waren. Gelegentlich gab es auch sich widersprechende Ergebnisse, was zum Teil auf unterschiedliche experimentelle Bedingungen, noch häufiger jedoch auf verschiedene Interpretationen zurückzuführen war, wie es sich in den folgenden zwei Jahrzehnten gezeigt hat, einer Zeit, in der die Muskelkontraktion zunehmend in den Brennpunkt der biologischen und biochemischen Forschung rückte.

Embden schloß aus seinen Befunden, daß während der Muskelkontraktion eine reversible Phosphorsäureabspaltung erfolgt, die durch das Lactacidogen verursacht wird. Mit Untersuchungen über dieses Problem begann man in Meyerhofs Laboratorium im Jahr 1926 nach der Entdeckung des Kreatinphosphats. Der Autor hat dann 1927 gezeigt, daß durch die Hydrolyse von Kreatinphosphat während der Muskelkontraktion zunehmend Phosphorsäure gebildet wird und daß Kreatinphosphat unmittelbar nach der Entspannung des Muskels wieder synthetisiert wird (Nachmansohn 1928/29 I). Embden blieb jedoch nach wie vor bei seiner Annahme, daß ein phosphoryliertes Zwischenprodukt des Kohlenhydratstoffwechsels im Verlaufe derselben Reaktion Milchsäure und Phosphorsäure lieferte und damit, wie er meinte, eine „Ansäuerung" des Muskels erfolgt. Eine der größten Stützen von Embdens Überzeugung war die von mehreren Forschern gemachte Beobachtung, daß der Phosphatgehalt des Urins nach Muskelarbeit stark zunimmt. Wie man später herausfand, handelt es sich dabei um aus Kreatinphosphat freigesetztes Phosphat, das in den Urin gelangt, wahrscheinlich weil es schneller vom Muskel in das Blut diffundiert als Kreatinphosphat selbst. Trotz alledem glaubte Embden immer noch an eine Ansäuerung des Muskels. Allerdings ist dabei zu bedenken, daß man damals nur wenig über die physikochemischen Konstanten und Eigenschaften der Phosphorsäureester und deren saure Beschaffenheit wußte. Erst viel später fand man, daß die Kohlenhydratester unter den im Muskel herrschenden Bedingungen stärkere Säuren sind als die bei der Hydrolyse entstehenden Phosphate. Durch die Spaltung eines Kohlenhydratesters wird das Milieu alkalisch. Nach Hydrolyse wirkt Kreatinphosphat als starker Puffer; wenn mehr Kreatinphosphat als Milchsäure gespalten wird, resultiert ein basisches und nicht ein saures Milieu.

Die Lactacidogen-Theorie wurde dann im Jahre 1931 endgültig aufgegeben, nachdem Carl und Gerty Cori nachgewiesen hatten, daß die Zunahme von anorganischem Phosphat unter Embdens experimentellen Bedingungen hauptsächlich auf Adenosintriphosphat (ATP) zurückzuführen war, jener von Lohmann 1929 entdeckten Verbindung, und daß nur sehr wenig, wenn überhaupt, vom Hexosebisphosphat stammte.

Im Verlauf seiner Untersuchungen über phosphorhaltige Verbindungen fand Embden im Muskel die Adenylsäure (Adenosinmonophosphat). Zwei Jahre später (1929) berichteten Embden und Gerhardt Schmidt, daß die aus Kaninchenmuskel isolierte Adenylsäure nicht mit der aus Hefe gewonnenen übereinstimmte. Schmidt entdeckte dann ein Enzym, das die Adenylsäure durch Desaminierung von Adenin in Inosinsäure umwandelt, wobei Ammoniak freigesetzt wird. Embden fand, daß das bei der Muskelarbeit gebildete Ammoniak schnell wieder für die Synthese von Adenin verbraucht wird. Er schrieb daher dem Ammoniak eine Rolle bei der Muskelkontraktion zu. Parnas und der Autor, der damals in Meyerhofs Laboratorium arbeitete, konnten zwar die Bildung von Ammoniak bestätigen, aber nicht dessen schnelles Verschwinden. Kurze Zeit später entdeckte Lohmann das ATP, und schon bald danach gelang der Nachweis, daß die Adenylsäure im Muskel in Form von ATP (Adenosintriphosphat) vorkommt.

Die Entdeckung von Kreatinphosphat und ATP führte innerhalb von wenigen Jahren zur drastischen Änderung sämtlicher Konzepte der an der Muskelarbeit beteiligten energieliefernden chemischen Prozesse und zu einer weitgehenden Klärung der Situation, wie wir im Vorhergehenden gesehen haben. Viele Vorstellungen und Annahmen mußten modifiziert oder gänzlich aufgegeben werden, was gar nicht überraschend ist, wenn man bedenkt, daß Anfang der 20er Jahre die chemischen Reaktionen bei der Muskelkontraktion noch jungfräuliches Gebiet waren. Da man nur spärliche Kenntnisse über diese äußerst komplexen Prozesse hatte, beruhten die vorgeschlagenen Konzepte oft auf reiner Spekulation.

Die Krönung von Embdens Lebenswerk ist das Schema der Glykolyse, das er in seinem letzten Lebensjahr zusammen mit seinen Mitarbeitern H. J. Deuticke, H. Jost, G. Kraft und E. Lehnartz erstellt hat, eine Leistung, die ein eindrucksvolles Zeugnis von seiner Intuitionskraft und seiner genialen Imaginationsgabe gibt. Embden und seine Mitarbeiter haben 1932/33 ein vollständiges Schema des glykolytischen Kohlenhydratabbauweges erarbeitet, das sich wie folgt zusammenfassen läßt (siehe auch S. 309):

Fructosebisphosphat (der Harden-Young-Ester) wird in Glycerinaldehydphosphat und Dihydroxyacetonphosphat gespalten. Aus diesen Phosphaten entstehen Phosphoglycerin und Phosphoglycerinsäure; letztere wird in Brenztraubensäure und Phosphat umgewandelt. Die Brenztraubensäure wird dann in Milchsäure umgewandelt und Phosphoglycerin zu Glycerinaldehydphosphat oxidiert. Das Schema enthält sämtliche Stufen des hypothetischen Stoffwechselweges beim Abbau von Hexose zu Milchsäure (Deuticke 1933, Lehnartz 1933). Doch es war Embden nicht vergönnt, diesen Triumph zu erleben; er starb am 25. Juli 1933, im Alter von 58 Jahren, während eines Erholungsaufenthaltes in Nassau an der

Über die Bedeutung der Phosphoglycerinsäure für die Glykolyse in der Muskulatur.

Von

G. Embden und H. J. Deuticke.

(Aus dem Institut für vegetative Physiologie der Universität Frankfurt a. M.)

(Der Schriftleitung zugegangen am 22. August 1934.)

Zusammenfassung.

Die unter Mitbeteiligung von Phosphorylierungsvorgängen in der Muskulatur stattfindende glykolytische Milchsäurebildung stellt sich nach den voranstehend mitgeteilten Ergebnissen als eine Reihe folgender Einzelphasen dar:

1. Phase: Synthese von Hexosediphosphorsäure aus Polysaccharid und Phosphorsäure bzw. aus 1 Molekül Hexose und 2 Molekülen Phosphorsäure oder aus 1 Molekül Hexosemonophosphorsäure und 1 Molekül Phosphorsäure.

2. Phase: Zerfall des Hexosediphosphorsäuremoleküls in 2 Moleküle Triosephosphorsäure (vgl. Formel II, S. 35).

3. Phase: Dismutation von 2 Molekülen Triosephosphorsäure in 1 Molekül Phosphoglycerinsäure und 1 Molekül Glycerinphosphorsäure (vgl. Formel III, S. 36).

4. Phase: Spaltung der Phosphoglycerinsäure in Phosphorsäure und Brenztraubensäure (vgl. Formel I, S. 34).

5. Phase: Reduktive Umwandlung der Brenztraubensäure in Milchsäure durch Dehydrierung des zweiten Dismutationsproduktes, der Glycerinphosphorsäure, zu Triosephosphorsäure (vgl. Formel IV, S. 36). An der Triosephosphorsäure wiederholen sich die in der 3.—5. Phase geschilderten Vorgänge, bis daß sämtliche Hexosediphosphorsäure in Milchsäure umgesetzt ist.

Hoppe-Seyler's Zeitschrift f. physiol. Chemie. CCXXX.

Lahn an einer Lungenembolie. So blieb es Meyerhof und seinen Mitarbeitern überlassen, die Richtigkeit des vorgeschlagenen Schemas zu bestätigen und die daran beteiligten Enzyme zu isolieren und zu reinigen. Welch eine Befriedigung wäre es für Embden gewesen, daß sein Schema nur geringfügiger Korrekturen bedurfte! Gegen Ende der 30er Jahre waren dann die Vorgänge bei der Glykolyse fast vollständig aufgeklärt. Diejenigen, die sich für diese aufregende Episode in der Geschichte der Biochemie interessieren, seien auf Florkins Beschreibung in seinem Buch „A History of Biochemistry" (Florkin 1975) verwiesen. Die hier gegebene kurze Darstellung mag jedoch hinreichen, um aufzuzeigen, wie sehr es berechtigt ist, den glykolytischen Abbauweg als „Embden-Meyerhof-Schema" zu bezeichnen und damit Embdens Beiträge zur Aufklärung dieses fundamentalen Stoffwechselweges gebührend zu würdigen.

Embden und Meyerhof. Häufig hört man Ansichten über Embden und Meyerhof, die nicht ganz mit der Wirklichkeit übereinstimmen. Es scheint daher angemessen, diese Beziehung von einer höheren Warte aus zu analysieren. Vom Ende des Ersten Weltkrieges bis zum Tode Embdens (eine Zeitspanne von 15 Jahren) widmeten sich beide leidenschaftlich und engagiert der Erforschung der bei der Muskelarbeit ablaufenden chemischen Reaktionen, vor allem der Glykolyse. Es war so gut wie unvermeidlich, daß sich ihre Arbeiten überschnitten und bisweilen unterschiedliche Ergebnisse erhalten und publiziert wurden, was angesichts der Komplexität des biologischen Materials kaum verwunderlich ist. Zum Beispiel fand man in Meyerhofs Laboratorium, daß der Anstieg der Milchsäurebildung parallel mit der Spannung, das heißt mit der Kontraktion verlief, während in Embdens Laboratorium die Milchsäurebildung nicht genau mit der Kontraktion zusammenfiel, sondern etwas länger dauerte. Meyerhof interpretierte Embdens Daten als das Ergebnis einer Überreizung. Embden hielt die Daten für einen Hinweis darauf, daß die Milchsäure nicht direkt an dem Elementarprozeß beteiligt sei, was, wie Meyerhof und Lohmann immer wieder betonten, auch nicht von ihnen behauptet worden war. Diese und auch andere unterschiedliche experimentelle Daten und Interpretationen führten zu manchen Kontroversen; da man in angelsächsischen Ländern wenig Verständnis für derartige Kontroversen hat, wurden sie übergebührlich betont und fälschlicherweise als heftiger Streit zwischen den beiden Männern interpretiert.

Eine Meinungsverschiedenheit betraf die Frage, ob am Elementarprozeß der Muskelkontraktion hauptsächlich Milchsäure (Meyerhof) oder aber Phosphat (Embden) beteiligt ist. Da man damals überhaupt nichts Näheres über diesen Vorgang wußte, waren beide Ansichten rein hypothetisch und damit die Meinungsverschiedenheiten kaum von irgendwelcher Bedeutung. Der erste Hinweis auf einen möglichen molekularen Mechanismus war Engelhardts und Ljubimovas Entdeckung (1939) einer Wechselwirkung zwischen ATP und Myosin; der molekulare Mechanismus wurde aber erst lange nach ihrem Tode in den vergangenen zwei Jahrzehnten aufgeklärt, unter anderem durch die elektronenmikroskopischen Beobachtungen von Hugh Huxley und seinen Mitarbeitern in Cambridge (England).

Als im Jahre 1926 das Phosphokreatin entdeckt wurde, hielt Meyerhof noch immer die Milchsäure für die Hauptenergiequelle, doch die Frage nach dem Elementarprozeß blieb offen. Erst nach Lundsgaards Beobachtung eines direkten Zusammenhangs zwischen Phosphokreatinabbau, Arbeitsleistung und Wärmebildung im durch Jodessigsäure vergifteten Muskel, wobei keine Milchsäure auftrat, begannen Meyerhof und Lundsgaard in Erwägung zu ziehen, daß Phosphokreatin unmittelbar am Kontraktionsprozeß beteiligt sein könnte. Doch voller Zweifel gaben sie diese Annahme schon bald wieder auf. Erst 1934 kamen Meyerhof und Lohmann dann zu dem Schluß, daß ATP primär und direkt an der Muskelkontraktion beteiligt war. Wir haben diese Entwicklungen erwähnt, um zu zeigen, wie sehr die Meinungen über den Primärprozeß lange Zeit hin- und hergingen. Fraglos wurden geringe experimentelle Unterschiede erheblich übertrieben, wahrscheinlich eher von Außenstehenden als von den Forschern selbst. Sowohl Meyerhof als auch Embden hatten großen Respekt voreinander. Dies kommt auch zum Ausdruck in den bewegenden Worten Meyerhofs über Embdens großartige Leistungen und seine Bewunderung für ihn anläßlich der Feier seines 65. Geburtstages und der Übergabe der vom Autor herausgegebenen Festschrift.

Doch kommen wir zurück auf die fundamentalen Unterschiede, die es tatsächlich zwischen den allgemeinen Methoden und grundlegenden Konzepten von Meyerhof und Embden gab. Als der Autor Embden im Jahre 1930 in seinem Laboratorium in Frankfurt besuchte, wurde er sehr herzlich empfangen, und es ergab sich eine eingehende Diskussion über verschiedene Aspekte der Muskelkontraktion; das Gespräch dauerte vier Stunden lang. Am Ende war der große Tisch in Embdens Arbeitszimmer voll bedeckt mit Büchern und Zeitschriften, die Embden aus seinem Bücherregal herausgeholt hatte, um seine Meinung zu belegen. Der Autor war mit Meyerhofs Konzept gut vertraut, da er viele Jahre lang in dessen Laboratorium gearbeitet und während dieser Zeit mit Meyerhof unzählige Diskussionen über ihre Arbeiten gehabt hatte. Nichts kann so hilfreich sein wie derartige persönliche Diskussionen; viele Ideen und Überzeugungen lassen sich im gedruckten Wort nicht voll und ganz ausdrücken, jedoch im persönlichen Gespräch offenbaren sich unsere Gedanken oft viel freier und klarer. Für den Autor war die Diskussion mit Embden ein faszinierendes Erlebnis. Er bewunderte seine Kompetenz und überragende Kenntnis der Chemie, die Klarheit seiner Ansichten, die aufrichtige Begeisterung für ein Problem, seine völlige Offenheit einem (25 Jahre) jüngeren Kollegen gegenüber, den er wie einen gleichberechtigten Partner behandelte und dem er aufmerksam zuhörte. (Dieses Verhalten war um so bemerkenswerter, weil damals in Deutschland ein großer Abstand zwischen einem Ordinarius und einem jungen Wissenschaftler bestand; die in Dahlem und bei den Haber-Kolloquien herrschende Atmosphäre war eine große Ausnahme.) Bei dieser Diskussion wurde dem Autor klar, wie relativ irrelevant einzelne chemische Daten waren. Die eigentliche Kluft zwischen Embden und Meyerhof wurde durch die Unterschiede im grundlegenden Konzept gebildet. Embden betrachtete den Mechanismus der Muskelkontraktion als „kolloidchemischen" Prozeß. Seiner Meinung nach war es die wesentliche Funktion der chemischen Reaktionen, bei der Kontraktion verbrauchte Energie wieder nachzuliefern, wobei er der gemessenen Wärmebildung wenig Bedeutung zumaß. Im Gegensatz dazu spekulierte Meyerhof kaum über die Natur des Elementarprozesses; für ihn bedeutete die Wärmebildung „das, was der Leuchtturm für den Kapitän eines Schiffes in stürmischer See ist", wie er in seinem Nobel-Vortrag sagte. Er war sich dabei voll bewußt, daß man Korrekturen machen mußte, wenn bessere experimentelle Methoden und Bedingungen zur Verfügung standen, was sich auch später bestätigt hat. Aber die Wärmebildung war für ihn als Biochemiker ein wichtiger Indikator, der sich nicht ignorieren ließ und die man durch Analyse der chemischen Reaktionen erklären mußte. Der zweite wichtige Unterschied war Meyerhofs Betonung der Energiefreisetzung durch jede einzelne beteiligte Reaktion. Seinen epochalen Vortrag vor der Philosophischen Gesellschaft in Kiel im Jahr 1913 haben wir bereits erörtert, ebenso seine revolutionäre Entdeckung der zweierlei Arten von Phosphatverbindungen, den energiereichen und den energiearmen Phosphaten, im Jahre 1926 und 1933.

In diesem Zusammenhang sei darauf hingewiesen, daß Meyerhof zehn Jahre jünger als Embden war, und ferner, daß gerade während dieser Epoche, zu Anfang unseres Jahrhunderts die Thermodynamik ihre schnelle Entwicklung besonders durch Walther Nernst und Fritz Haber erlebte, ein Gebiet, das zunehmend an allgemeiner Bedeutung gewann. 1912 hatte Meyerhof ein Jahr lang bei dem physikalischen Chemiker Georg Bredig, einem Freund Habers, gearbeitet. Die Bioenergetik stand immer im Mittelpunkt seines Denkens. Die Zusammenarbeit mit Otto Warburg über die Oxidation (der Sauerstoff ist die eigentliche Energiequelle aller Körperzellfunktionen) brachte ihn nicht nur zur Zellbiologie und Chemie, sondern lenkte sein Interesse in zunehmenden Maße auf die Bioenergetik im allgemeinen, deren Begründer und unangefochtener Pionier er gewesen ist.

Die beiden Schulen standen sich nicht nur respektvoll, sondern auch freundschaftlich gegenüber, ganz im Sinne des gemeinsamen wissenschaftlichen Interesses und unbeeinträchtigt durch Differenzen der experimentellen Beobachtungen und theoretischen Ansichten.

Allgemeines Wachstum der Biochemie in Deutschland

Im Vorhergehenden haben wir über die Aufklärung der Gärung und der Glykolyse berichtet. Die große Zahl der beteiligten Enzyme wurde mit der Zeit isoliert und gereinigt und eine ganze Reihe von ihnen kristallisiert. Da drei der genialsten Forscher, Neuberg, Warburg und Meyerhof, in den Kaiser-Wilhelm-Instituten arbeiteten, wurde Dahlem eines der hervorragenden Zentren auf diesem Gebiet, besonders in den 20er Jahren. Man muß dabei aber auch bedenken, daß der in Dahlem gemachte Fortschritt nur einen kleinen Teil des gigantischen Gebietes der Biochemie repräsentierte. Zweifellos hatten die drei Forscher zu-

Abb. 45. Hans von Euler-Chelpin. Nobelpreisträgertagung Lindau 1960

Abb. 46. Während der Nobelpreisträgertagung in Lindau (1969) eine Erholungspause am Bodenseestrand in Bad Schachen: Hans Krebs, Albert Szent-Györgyi, Konrad Bloch und Feodor Lynen

sammen mit ihren Schulen einen enormen Einfluß auf den Fortschritt auch auf vielen anderen Gebieten der Biochemie. Aber auch so hervorragende Naturwissenschaftler wie Embden in Frankfurt, Wieland in München und Windaus in Göttingen arbeiteten an diesen Problemen. Die biochemische Forschung machte auch in anderen europäischen Ländern und in den Vereinigten Staaten Fortschritte, zum Beispiel in den Laboratorien von Dorothy Needham in Cambridge, Jacob Parnas in Lwow, Hans von Euler-Chelpin in Schweden und Carl und Gerty Cori in den Vereinigten Staaten. Auch auf vielen anderen Gebieten der Biochemie ging die Entwicklung schnell voran. Die Beiträge von Wieland zur Steroidchemie haben wir bereits erwähnt. Eines der wichtigsten Steroide ist das Cholesterin, das im Stoffwechsel eine wichtige Rolle spielt. Obwohl das Cholesterin schon im 18. Jahrhundert entdeckt worden war, wurde seine Struktur erst um 1930 von mehreren Forschern, unter ihnen Heinrich Wieland und Adolf Windaus aufgeklärt. Die Synthese des Cholesterins verdanken wir, wie bereits erwähnt, den brillanten Arbeiten von Feodor Lynen und Konrad Bloch.

Adolf Windaus. Adolf Windaus (1876—1959) war einer der großen Pioniere auf dem Gebiet der Steroide. Der gebürtige Berliner studierte zunächst Medizin, jedoch unter dem Einfluß von Emil Fischer wandte er sich bald der Chemie zu. In Freiburg habilitierte er sich dann mit einer Arbeit über Cholesterin. 1915 wurde er Ordinarius in Göttingen und behielt diese Position bis zu seiner Emeritierung. Windaus ist es gelungen, die Struktur mehrerer Vitamine aus der Gruppe der Steroide aufzuklären und einige davon zu synthetisieren. Berühmt wurde er durch die Darstellung des Vitamin D_2, jenes Vitamins, durch das die Entstehung von Rachitis verhindert wird. Durch seine Leistung konnte die Rachitis in Europa praktisch zum Verschwinden gebracht werden. Von seinen zahlreichen anderen Beiträgen sei die Aufklärung der Struktur des Thiamins (Vitamin B_1) erwähnt, die ihm gleichzeitig mit Robert R. Williams in den Vereinigten Staaten gelang. Karl Lohmann entdeckte in Meyerhofs Laboratorium, daß Thiaminpyrophosphat ein Coenzym ist. Windaus machte auch wichtige Beiträge zur Chemie der Steroidhormone. Für seine genialen Leistungen auf dem Gebiet der Steroide erhielt er 1928 den Nobelpreis. Seinem Schüler Adolf Butenandt wurde elf Jahre später der Nobelpreis für Chemie zuerkannt. Die Zerstörung der Universität Göttingen unter dem NS-Regime und die Judenverfolgung hat ihn tief betroffen und deprimiert.

Ein weiteres bedeutendes Biochemie-Zentrum entstand unter *Franz Knoop* (1875—1946) in Tübingen. Er und seine Schüler, besonders Carl Martius, leisteten eine Reihe wichtiger Beiträge auf dem Gebiet des Intermediärstoffwechsels. Es ist uns natürlich nicht möglich, alle großen Leistungen der damaligen Biochemiker in Deutschland, im übrigen Europa, in den Vereinigten Staaten und anderswo auch nur zu erwähnen; die wenigen Beispiele mögen genügen, um sich eine Vorstellung zu machen von den während dieser Jahrzehnte erzielten großen Fortschritten auf dem Gebiet der physikalischen Chemie, die von grundlegender Bedeutung für das schnelle Wachstum der Biochemie waren.

Wurzeln und Früchte der Zusammenarbeit zwischen jüdischen und nichtjüdischen deutschen Wissenschaftlern

Was aber waren die Faktoren, die den außergewöhnlichen Erfolg und die großen Leistungen begünstigten, die aus der engen Zusammenarbeit zwischen jüdischen und nichtjüdischen Wissenschaftlern während jener Epoche auf den beschriebenen und auf anderen Gebieten, wie der Medizin, resultierten? Eine tiefgreifende Analyse würde die Zusammenarbeit von Historikern, Soziologen, Psychologen und Naturwissenschaftlern erfordern. Meiner Meinung nach läßt sich diese Frage nur schwer beantworten. Doch möchte ich versuchen, wenigstens einige der mir wichtig erscheinenden Faktoren zu erörtern.

Die Naturwissenschaften sind dank ihres internationalen Charakters ein besonders günstiges Gebiet für eine Zusammenarbeit, unabhängig von Nationalität, Rasse oder Glaubensbekenntnis, weit mehr zum Beispiel als die Geistes- und Rechtswissenschaften. Für Atome, Moleküle, zelluläre Funktionen, Mathematik und Mechanik gibt es keine Landes- oder Erdteilgrenzen, sie sind im Prinzip überall gleich auf unserem Planeten, unabhängig von einer bestimmten Zeitepoche oder Tradition. Wir beschränken uns daher auf die spezielle Frage, warum gerade in Deutschland in dem halben Jahrhundert vor Hitler die Zusammenarbeit zwischen Juden und Nichtjuden zu einem so monumentalen Erfolg führte, einem Erfolg, den es kaum vorher anderswo auf der Welt gegeben hat.

Einige der äußeren Faktoren sind bereits beschrieben worden und sollen hier nur kurz in Erinnerung gebracht werden. Nach der Gründung des Kaiserreiches im Jahre 1870 hat die deutsche Führung klar erkannt, daß militärische Stärke allein noch keine wirkliche Macht garantiert. Industrie, Landwirtschaft und natürliche Ressourcen sind ein wesentlicher Bestandteil der wahren Stärke einer Nation. Da die französische und englische Industrie damals, in der Mitte des 19. Jahrhunderts, der deutschen weit voraus war, bedeutete die Entwicklung einer starken deutschen Industrie eine potentiell große Machtquelle. Die Naturwissenschaft und auf ihr basierende Technologien boten dafür eine nahezu unerschöpfliche Quelle. Die deutsche Regierung investierte in die Entwicklung der Naturwissenschaften Geldmittel von einer bis dahin nicht gekannten Größenordnung. Neue Universitäten, Institute und attraktive Positionen schossen wie Pilze aus dem Boden. Der Erfolg davon wurde bereits beschrieben. Menschen- (oder besser Hirn-) Material wurde in noch nie dagewesenem Maße benötigt und rekrutiert, wo immer sich begabte und kreative Leute finden ließen. Die außergewöhnlich günstigen Bedingungen in den Kaiser-Wilhelm-Instituten haben wir schon erwähnt. Die Zahl der Juden in Deutschland hatte beträchtlich zugenommen, und ein großer Teil gehörte zur gehobenen Bürgerschicht; einige der reichsten Familien im Lande waren jüdisch. Die kulturelle und intellektuelle Atmosphäre in vielen dieser Familien stimulierte die Kinder, eine Laufbahn in Kunst oder Wissenschaft zu wählen. In Frankreich und England war die Anzahl der Juden im Vergleich zu Deutschland äußerst gering und die Möglichkeit für eine wissenschaftliche Karriere wegen der wenigen zur Verfügung stehenden Positionen begrenzt. Jedoch in den überseeischen Besitzungen Frankreichs und Großbritanniens konnten talentierte Juden auf vielerlei Art und Weise zu großem Reichtum gelangen, wogegen die paar deutschen Kolonien arm waren und wenig zu bieten hatten. Wie Frédéric Joliot einmal zum Autor sagte, behinderten die Kolonien Frankreichs und Englands die Entwicklung der Wissenschaft im Mutterland. Die Industriellen und Bankiers hatten nur geringes Interesse und Verständnis für den Wert der Wissenschaft und Technik und waren nicht bereit, sie finanziell zu unterstützen. Und auch die Regierung sah keinen zwingenden Grund, besondere Anstrengungen zugunsten der Naturwissenschaften zu unternehmen. Es gab viele andere Wege, um zu Wohlstand und Macht zu gelangen. Die zeitweise extrem rücksichtslose Ausbeutung der großen reichen britischen Kolonien, zum Beispiel Indien, bot zahlreiche Gelegenheiten für unternehmende und talentierte Leute, ohne große Anstrengungen sehr reich zu werden.

Wegen des in der Wilhelminischen Zeit herrschenden Antisemitismus waren die Juden fast ausnahmslos vom Bereich der Regierung und des Militärs ausgeschlossen. Selbst an den Universitäten, wo die höheren Angestellten Beamte waren, gab es besonders in den Rechts- und Geisteswissenschaften stark antisemitische Gefühle. Jedoch in der Medizinischen und besonders in der Naturwissenschaftlichen Fakultät herrschte ein liberaler Geist. Außerdem war der Antisemitismus von Kaiser Wilhelm II. nicht so kompromißlos und fanatisch wie in der Hitlerzeit und betraf auch nicht die Naturwissenschaften. Kaiser Wilhelm wußte und anerkannte, wie viel Emil Rathenau zu Deutschlands Wohlstand, Macht und Ansehen durch die AEG beigetragen hat und wie herausragende jüdische Wissenschaftler und Industrielle das erstaunliche Wachstum der deutschen chemischen und pharmazeutischen Industrie ganz wesentlich gefördert haben. So war es für Walther Nernst, Emil Fischer, Max Planck und viele andere liberale führende Naturwissenschaftler nicht schwer, den Kaiser von der Notwendigkeit zu überzeugen, die brillantesten und genialsten Wissenschaftler für den Ruhm Deutschlands arbeiten zu lassen, selbst wenn sie Juden waren. Während der Weimarer Republik verbesserten sich dann die Bedingungen für die Juden in fast allen Bereichen noch weiter.

Zusätzlich zu diesen äußeren Umständen begünstigten noch andere Faktoren die enge Zusammenarbeit und die vielen, aufrichtigen Freundschaften zwischen nichtjüdischen und jüdischen Wissenschaftlern. Die Fähigkeiten und schöpferischen Kräfte des Menschen beruhen nicht nur auf seiner genetischen Ausstattung, sondern auch auf seiner Erziehung, seinen Erfahrungen und seinem Milieu. Die meisten jüdischen Wissenschaftler in Deutschland haben die gleiche Erziehung und Ausbildung wie ihre nichtjüdischen Kollegen genossen; viele von ihnen hatten humanistische Gymnasien besucht. Sie waren beeinflußt von der gleichen Literatur, von Goethe, Schiller und Hölderlin, sie liebten Bach, Mozart und Beethoven und gingen in die gleichen Konzerte, Opern und Theater. Sie verbrachten ihre Ferien an den deutschen Seen und Meeren, in deutschen Wäldern und Bergen. Ein Großteil der jüdischen Wissenschaftler stammte aus assimilierten Familien. Die meisten von ihnen hatten nur wenig oder überhaupt keine Verbindung zu der jüdischen Gemeinschaft und wußten kaum etwas von den jüdischen Gebräuchen und Traditionen. Sie hingen an Deutschland mit Liebe und Loyalität. Sie waren Juden, weil ihre Vorfahren Juden gewesen waren; für die meisten bedeutete dies nicht mehr als eine einfache historische Tatsache. Zwar hatten einige von ihnen gelegentlich wegen ihres Judentums unangenehme Erfahrungen gemacht, aber die Mehrheit hielt den Antisemitismus für ein Überbleibsel aus dem Mittelalter, der seit der Aufklärung viel an Gewicht verloren hatte und mit dem Fortschritt der Zivilisation früher oder später verschwinden würde. Dazuhin kam, daß die meisten Naturwissenschaftler nur sehr wenig an Politik interessiert waren. All ihre Leidenschaft und Liebe galt der Wissenschaft, der Kunst und der Natur. Unter den nichtjüdischen Wissenschaftlern jener Epoche, um die Jahrhundertwende, gab es viele, die sehr liberal eingestellt waren, wie Max Planck, Emil Fischer, Walther Nernst, Max von Laue, Heinrich Wieland und David Hilbert, die nicht nur kein Vorurteil gegen die Juden hatten, sondern, wie Wieland und Hilbert, sogar aus der Kirche austraten, weniger aus religösen Gründen, sondern weil die Kirche nicht hinreichend liberal und frei von Voruteilen war. Das Zusammenwirken all dieser Faktoren begünstigte und schuf starke Bande zwischen den Wissenschaftlern der beiden ethnischen Gruppen. Ein ständiger Gedanken- und Meinungsaustausch und eine gegenseitige Anregung war die natürliche Folge.

Das schwierigste und interessanteste Problem ist die Frage, ob die beiden ethnischen Gruppen spezielle sich ergänzende Gaben besaßen und ob sie sich gegenseitig auf besondere Art und Weise stimulierten. In der Kunst kommen Unterschiede des Nationalcharakters deutlich zum Ausdruck. Der typisch russische oder deutsche oder französische Charakter, zum Beispiel von Tolstoi und Dostojewski, von Goethe und Hölderlin, von Balzac und Maupassant, ist nicht einfach nur Ausdruck einer bestimmten Epoche und der herrschenden Bedingungen, sondern die künstlerische Manifestation besonderer nationaler Charakteristika. In der Naturwissenschaft hingegen dürften ethnische oder nationale Unterschiede kaum eine Rolle spielen, denn die Problemstellungen sind überall die gleichen, zumindest in der Grundlagenforschung. Existiert nun aber doch ein Unterschied in der Einstellung zu einem Problem oder des methodischen Vorgehens, der mit der genetischen Ausstattung, dem Erbe, der Tradition des Denkens zu begründen wäre? Dies ist eine Frage, auf die sich nur schwer eine Antwort finden läßt. Willstätter hat einmal gesagt, gute wissenschaftliche Arbeit sollte mit einem Fragezeichen und nicht mit einem Ausrufezeichen enden. Die Frage, die wir hier stellen, ist natürlich weitaus komplizierter. Unsere Betrachtung muß also mit einem Fragezeichen abgeschlossen werden. Aber was auch immer die Grundlage der großen Leistungen, die aus der Zusammenarbeit von Juden und Nichtjuden resultierten, gewesen sein mag, jedenfalls haben beide allen Grund, mit großem Stolz auf dieses glorreiche Kapitel ihrer Geschichte zurückzublicken.

V. Weltweite Wirkung der Judenverfolgung auf die Biochemie

Der Zustrom vieler genialer Emigranten aus Deutschland während der Hitlerzeit führte zu einem großen Aufschwung der Atomphysik in den Vereinigten Staaten, England und Frankreich (siehe Kapitel II). Aber nur ungefähr 10 Prozent der weit über tausend Wissenschaftler, die Deutschland verließen, waren Physiker, das heißt manche andere Gebiete profitierten ebenfalls von der Auswanderung so vieler qualifizierter Naturwissenschaftler, insbesondere auch die Biochemie. Als Biochemiker, der Deutschland unmittelbar nach der Machtergreifung Hitlers verlassen hat, konnte der Autor die Wirkungen auf die Biochemie aus nächster Nähe beobachten, zumal viele der Emigranten Kollegen und Freunde waren; deshalb ist er auch mit den Details in diesem Bereich vertrauter als in anderen Zweigen der naturwissenschaftlichen Disziplinen. In der ersten Hälfte unseres Jahrhunderts war die Atomphysik das intellektuell aufregendste Gebiet der Naturwissenschaft, seit den 40er Jahren jedoch ist es die Biochemie. Der spektakuläre Aufstieg der Biochemie, im besonderen der Molekularbiologie, hat unser Wissen auf eine höchst faszinierende Art und Weise verändert und unsere Einsicht in das Verständnis lebender Organismen dramatisch beeinflußt. Die Biochemie ist in fast alle Zweige der Biologie eingedrungen, beispielsweise in die Anatomie, die Physiologie, die Pharmakologie und die Immunchemie und damit auch in die Medizin und die Landwirtschaft. Die gewonnenen Erkenntnisse über die Evolution des Lebens und die molekularen Grundlagen der Genetik haben, wie bereits erwähnt, auch unser philosophisches Weltbild zu beeinflussen begonnen.

Im Folgenden sollen die Auswirkungen der Judenverfolgung auf die Entwicklung der Biochemie nach 1933 anhand der Biographien einiger der zahlreichen genialen Forscher, die ihre entscheidende wissenschaftliche Prägung in Deutschland empfingen, exemplarisch skizziert werden.

Hans Adolf Krebs (1900—1981)

Hans Krebs war einer der ganz großen Biochemiker dieses Jahrhunderts. Von seinem Lehrer Otto Warburg[27]) (Kaiser-Wilhelm-Institut für Biologie in Berlin-Dahlem), bei dem er von 1926 bis 1930 als Assistent arbeitete, hat er gelernt, wichtige und lösbare Probleme zu sehen und originelle Methoden zu ihrer Lösung zu finden. Sein Hauptlebenswerk war der Enträtselung fundamentaler Stoffwechselvorgänge gewidmet. Bei der Analyse solcher Prozesse entdeckte Krebs, daß die Natur dabei Kreisprozesse, sogenannte „Stoffwechsel-

---

[27]) H. Krebs hat das Leben und Wirken von Otto Warburg (gemeinsam mit Roswitha Schmid) in einer inzwischen weit verbreiteten und auch in Englisch und Japanisch erschienenen Biographie dargestellt (1979).

zyklen“ bevorzugt. Auf dieser, seiner größten Entdeckung beruht seine Berühmtheit in der Geschichte der Biochemie. Die Entdeckung wurde ein Meilenstein im biochemischen Denken; sie bildete den Schlüssel für das Verständnis von Stoffwechselwegen, und sie stand in den folgenden Jahrzehnten im Brennpunkt der Untersuchungen des Intermediärstoffwechsels. Es ist eine jener Entdeckungen, die sowohl die experimentellen Arbeiten als auch unsere Vorstellungen von zellulären Reaktionsfolgen ganz entscheidend beeinflußte. Bei einem Stoffwechselzyklus reagiert die zu verändernde Substanz zunächst mit einem niedermolekularen Akzeptormolekül; aus beiden wird eine neue Verbindung synthetisiert, die dann in mehreren Schritten, unter Abgabe der angestrebten Endprodukte eines Abbaus oder einer Synthese, wieder zum Akzeptormolekül wird, mit dem dann der Zyklus neu beginnen kann.

Der erste Zyklus, den Krebs entdeckt hat, war der Harnstoffzyklus (Krebs und Henseleit 1932), seine erste große Leistung, die den Namen Hans Krebs in der Welt bekannt machte. Harnstoff (NH_2—CO—NH_2) ist das Endprodukt von vielen stickstoffhaltigen Verbindungen unseres Körpers; er wird hauptsächlich in der Leber (in den Mitochondrien) gebildet. Albrecht Kossel (1853—1927) und Henry D. Dakin (1880—1952) hatten 1904 gefunden, daß bei der Spaltung von Arginin durch das Enzym Arginase Harnstoff freigesetzt wird. Mit Hilfe der Warburgschen Gewebeschnitt-Technik untersuchte Krebs diesen Vorgang näher und erhielt dabei quantitative Daten und auch Informationen über andere Faktoren, welche die Geschwindigkeit der Harnstoffbildung beeinflussen. Ferner zeigte sich, daß bei Inkubation von Leberschnitten mit Ammoniumsalzen Harnstoff entstand. Völlig überraschend und unerwartet war der Befund, daß Ornithin sowohl die Geschwindigkeit als auch die Menge der Harnstoffbildung förderte. Die Vermutung, daß Citrullin ein Zwischenprodukt zwischen Ornithin und Arginin sein könnte, hat Krebs dann experimentell als richtig nachgewiesen. So ist also in Gegenwart von Arginase die Reaktion eine nicht nur in einer Richtung ablaufende Synthese, sondern ein zyklischer Prozeß, bei dem Ornithin als Katalysator wirkt: Ornithin → Citrullin → Arginin, das durch das Enzym Arginase in Harnstoff und Ornithin gespalten wird. Damit ist der Kreis geschlossen. Es war die erste eindeutig nachgewiesene zyklische Reaktionsfolge.

Ein paar Jahre später (1937) wies Krebs einen zweiten Zyklus nach: den Citronensäurezyklus, auch Tricarbonsäurezyklus oder „Krebs-Zyklus“ genannt[28]). In diesem Zyklus erfolgt die Verbrennung (Oxidation) von Essigsäure, einem Zwischenprodukt des Abbaus von Fetten, Kohlenhydraten und Eiweißstoffen, zu Kohlensäure und Wasser. Er ist die Hauptenergiequelle in allen höheren Lebewesen ebenso wie in aeroben Mikroorganismen und Pflanzen. Seine Aufklärung war von höchster Bedeutung für unser Verständnis davon, wie im Intermediärstoffwechsel die Nährstoffe zur Energiegewinnung für biosynthetische Prozesse genutzt werden. Die biologischen Verbrennungsmechanismen sind seit Anfang unseres Jahrhunderts intensiv untersucht worden. Einen bedeutenden Fortschritt auf diesem Gebiet brachte die Entdeckung von Albert Szent-Györgyi in den Jahren 1934 und 1935, daß Dicarbonsäuren mit vier Kohlenstoffatomen (Bernsteinsäure, Fumarsäure, Malonsäure und Oxalessigsäure) eine katalytische Wirkung auf die Oxidation ausüben. Im Jahre 1937 fand Krebs, daß die Citronensäure (eine Tricarbonsäure mit sechs Kohlenstoffatomen) bei der Oxidation als Katalysator ebenso wie die Bernsteinsäure wirkt. Im selben Jahr fanden Carl Martius und Franz Knoop bei ihren Arbeiten über das Schicksal der Citronensäure

[28]) Hans Krebs bevorzugte die Bezeichnung Tricarbonsäurezyklus.

bei der Oxidation in der Leber, daß dabei α-Ketoglutarsäure entsteht und daß cis-Aconitsäure durch Dehydrierung gebildet und anschließend durch Isomerisierung zu Isocitrat umgewandelt wird. Im selben Jahr wiesen Krebs und Johnson (1937) eine entscheidende Stufe nach, nämlich die Bildung von Citrat aus Oxalacetat und Brenztraubensäure. Auf der Basis dieser Beobachtung schlugen sie den Citronensäurezyklus vor: Citronensäure → cis-Aconitsäure → Isocitronensäure → α-Ketoglutarsäure → Bernsteinsäure → Fumarsäure → Malonsäure → Oxalessigsäure → Citronensäure. Diese Reaktionsfolge wird in der Regel in Form eines Kreises dargestellt.

Wie bei allen Fortschritten in der Wissenschaft, seien sie auch noch so fundamental und bedeutend, traten laufend neue Informationen hinzu, sowohl über den Harnstoffzyklus als auch den Citronensäurezyklus. So fand man im Harnstoffzyklus eine weitere Stufe, nämlich die Übertragung einer Carbamylgruppe auf das Ornithin unter Bildung von Citrullin. Mit Hilfe des Enzyms Arginino-succinat-Synthase wird Citrullin in zwei Schritten, über Aspartat und Arginino-succinat in Arginin und Fumarat übergeführt. Der bei der Umwandlung von Citrullin in Arginin hinzugefügte Stickstoff stammt nicht vom Ammoniak, sondern aus der Asparaginsäure, wie 1954 Sarah Ratner gezeigt hat. Ebenso wie der Harnstoffzyklus ist auch der Citronensäurezyklus erweitert worden, und zahlreiche Details wurden von mehreren Forschern, insbesondere von Severo Ochoa und Feodor Lynen aufgeklärt. Jedoch das Grundschema der beiden Zyklen gilt auch heute noch in unveränderter Form, und das Prinzip des kreisförmigen Ablaufs von Stoffwechselwegen ist heute experimentell gut fundiert. (Wie bereits erwähnt, hat auch Meyerhof die Möglichkeit eines zyklischen Kohlenhydratstoffwechselweges in Erwägung gezogen; seine Experimente wurden jedoch unter ungeeigneten Bedingungen durchgeführt.) Die Entdeckung der kreisförmigen Stoffwechselwege hatte eine katalytische Wirkung auf den Fortschritt der Forschungen auf dem Gebiet des Intermediärstoffwechsels. In den folgenden Jahrzehnten wurden dann eine ganze Reihe solcher Zyklen gefunden. Das Konzept des zyklischen Stoffwechselweges bedeutet daher einen Meilenstein in der Geschichte der Biochemie.

Krebs war ein hervorragender Lehrer. Sein klarer und scharfer Verstand zog zahlreiche begabte Studenten an, und er bildete eine ganze Generation von Biochemikern aus, die aus der ganzen Welt zu ihm kamen. Einer seiner glänzendsten Schüler, Hans L. Kornberg, der wie Krebs in Deutschland geboren ist, hat dessen Begabung als Lehrer anschaulich beschrieben (Kornberg 1968). Krebs war außerdem ein guter und ideenreicher Organisator; dies zeigte sich ganz besonders deutlich, als unter seiner Leitung in Oxford ein neues Institut für Biochemie geschaffen wurde.

In den fast 60 Jahren seiner Forschertätigkeit hat Krebs die Biochemie auf vielfältige Weise bereichert. Sein wissenschaftliches Werk umfaßt 347 Publikationen, von 1923: „Die Färbung des Skelettmuskels mit Anilinfarbstoffen" (eine Arbeit, die er bei Wilhelm von Möllendorff machte) bis 1981: „The evolution of metabolic cycles". Zu seinen wichtigsten Arbeiten gehören die Untersuchungen über die Harnstoffbildung, Harnsäuresynthese, die Rolle der Citronensäure im Stoffwechsel, Glutaminsynthese, Citronensäurezyklus, Kohlenstoffassimilation, Energieumwandlung, Stoffwechselvorgänge, physiologische Rolle von Ketonkörpern, Gluconeogenese in der Leber, Steuerung des Folsäure- und Methioninstoffwechsels. Die Einmaligkeit und große Bedeutung seiner biochemischen Arbeiten, insbesondere über Stoffwechselzyklen, sind weltweit anerkannt. Weniger glücklich waren seine (ziemlich naiven) Stellungnahmen zum Problem der Jugendkriminalität, mit dem er sich in Vorträgen und Publikationen in den letzten Jahren befaßte, und auch seine Ausführungen über wissenschaftspolitische Fragen gaben Anlaß zur Kritik.

Aus den eingangs erwähnten Gründen ist eine detaillierte Beschreibung seiner Arbeiten in diesem Rahmen nicht möglich. Diejenigen, die sich für sein Leben und Werk näher interessieren, seien auf seine Autobiographie hingewiesen (H. Krebs 1981) und auf eine Biographie, die Frederic L. Holmes (New Haven, Conn.) vorbereitet.

Hans Krebs wurde am 25. August 1900 in Hildesheim als Sohn jüdischer Eltern geboren. Sein Vater Georg, ein angesehener Hals-Nasen-Ohren-Arzt, stammte aus Gleiwitz in Schlesien, seine Mutter Alma, geborene Davidson, aus Hildesheim. Seine Vorfahren väterlicherseits, soweit man sie zurückverfolgen kann, lebten seit ungefähr 1760 in Schlesien. Seine Mutter entstammte einer jener jüdischen Familien, die in der Hildesheimer Gegend seit Anfang des 18. Jahrhunderts lebten und eine relative Freiheit und zahlreiche Privilegien genossen. Die Familien von Otto Meyerhof und Carl Neuberg gehörten ebenfalls zu dieser kleinen Gruppe, und, wie bereits erwähnt, gab es zahlreiche Heiraten untereinander. Nach Abschluß seiner Schulzeit am humanistischen Gymnasium Andreanum in Hildesheim studierte Hans Krebs Medizin, zuerst in Göttingen, dann in Freiburg, Berlin (Wintersemester 1922/23) und München, wo er 1923 mit dem Staatsexamen abschloß. 1924 wurde er an der Universität Hamburg als Schüler des Anatomen Wilhelm von Möllendorff zum Dr. med. promoviert. (Seine Doktorarbeit machte er bei Möllendorff bereits während der vorklinischen Semester in Freiburg). Dann verbrachte er ungefähr ein Jahr bei Peter Rona in der Chemischen Abteilung des Pathologischen Instituts der Charité (staatliche Krankenanstalten) in Berlin. Dies war die einzige Abteilung an der Berliner Universität, wo die neuen Entwicklungen in der Biochemie gelehrt und viele berühmte Biochemiker ausgebildet wurden (unter ihnen Ernst B. Chain, Fritz Lipmann, Karl Meyer, Rudolf Schönheimer und Hans H. Weber). Von 1926 bis 1930 arbeitete er als Assistent von Otto Warburg am Kaiser-Wilhelm-

Abb. 47. Hans Krebs (3. von links) bei der Vorstellung seiner Warburg-Biographie im Otto-Warburg-Haus, Berlin-Dahlem, 15. März 1979. — Hans Rotta, Adolf Butenandt, Roswitha Schmid, Severo Ochoa, Feodor Lynen

Institut für Biologie in Berlin-Dahlem, 1930 im Städtischen Krankenhaus Altona bei Leo Lichtwitz, 1931 bis 1933 in Freiburg (bei Siegfried Thannhauser, Fachgebiet Stoffwechselkrankheiten), wo er 1932 Privatdozent für Innere Medizin wurde. In Freiburg machte Krebs seine erste große Entdeckung: der Ornithinzyklus, durch den in der Leber die Umwandlung von potentiell toxischem Ammoniak in harmlosen Harnstoff erfolgt. Durch diese Arbeit wurde er in wissenschaftlichen Kreisen des In- und Auslandes bekannt. Besonderes Interesse daran hatte der britische Biochemiker (und damalige Präsident der Royal Society of London) Sir Frederick Gowland Hopkins (Nobelpreis für Medizin 1929). In seiner Ansprache anläßlich der Jahrestagung der Royal Society am 30. November 1932 hat Hopkins die Harnstoffarbeit von Krebs eingehend erörtert und als typisch für die moderne Methodik und ihre Erfolge herausgestellt. Nachdem Krebs anfangs April 1933 zwecks „Aufrechterhaltung der Sicherheit und Ordnung" von seinem Dienst „beurlaubt" wurde, wandte er sich auf Rat von Albert Szent-Györgyi (Den Haag) an Hopkins mit der Bitte, bei ihm in Cambridge arbeiten zu dürfen („Ich verliere, weil ich Jude bin, nicht nur meine Stellung, sondern überhaupt jede Arbeitsmöglichkeit in Deutschland . . ."). Gleichzeitig bot ihm Otto Warburg (Berlin-Dahlem) einen Arbeitsplatz mit Wohnung, Arbeitszimmer und etwa 250 Mark an, falls er seine Stelle in Freiburg verliere. (Krebs' endgültige Entlassung, begründet durch das „Gesetz zur Wiederherstellung des Berufsbeamtentums" vom 7. April 1933, erfolgte dann mit einem Schreiben vom 15. Juli 1933, unterzeichnet vom Rektor der Universität Freiburg, Martin Heidegger.) Der Einladung von Hopkins folgend, verließ Krebs am 10. Juni 1933 Freiburg in Richtung England, mit einem Großteil der Laborausrüstung, die er in Freiburg mit Mitteln der Notgemeinschaft der Deutschen Wissenschaft und der Rockefeller-Stiftung angeschafft hatte (16 Holzkisten und mehrere Koffer mit Geräten und Chemikalien, einschließlich 2 Warburg-Apparaturen mit 24 Manometern). Diese Ausrüstung war eine enorme Hilfe für seine Arbeiten in Cambridge und später in Sheffield, wo er 1935 Dozent für Pharmakologie und 1945 Professor für Biochemie an der Universität wurde. In Sheffield gelang ihm (1936/37) die Entdeckung des Citronensäurezyklus. Die erste Mitteilung darüber, ein Manuskript, das nur etwa 700 Wörter enthielt, sandte er am 10. Juni 1937 an den Herausgeber der Zeitschrift „Nature". Fünf Tage später bekam er seine Arbeit zurück, mit einem Schreiben, daß für derartige Zuschriften zur Zeit kein Platz zur Verfügung stehe. (Die Arbeit erschien dann bald darauf in einer Festschrift für Carl Neuberg.) Sechzehn Jahre später (1953) erhielt Krebs für die Entdeckung des Citronensäurezyklus den Nobelpreis für Physiologie und Medizin (geteilt mit dem Deutsch-Amerikaner Fritz Lipmann). Der Citronensäurezyklus wird, wie bereits erwähnt, auch Tricarbonsäurezyklus oder — am populärsten — Krebs-Zyklus bezeichnet. Krebs meinte dazu (mit typischer Untertreibung), daß viele Leute den Namen „Krebs-Zyklus" bevorzugen, weil dies die kürzeste Bezeichnung ist. 1938 heiratete er Margaret Fieldhouse aus Wickersley (Yorkshire). Es wurde eine glückliche Ehe, aus der zwei Söhne, Paul und John, sowie eine Tochter, Helen, hervorgingen. Im Jahr 1939 wurde Krebs britischer Staatsbürger. Während des Zweiten Weltkrieges befaßte er sich unter anderem (im Auftrag der britischen Regierung) mit Forschungen und der Organisation von Forschungsprojekten über Ernährungsfragen, insbesondere über Mehl sowie Vitamin A und C. Im Jahr 1954 übersiedelte er von Sheffield nach Oxford, wo er Whitley Professor für Biochemie an der Universität und Fellow des Trinity College wurde. 1958 wurde er geadelt, 1966 Ehrenbürger der Stadt Hildesheim. Nach seiner Emeritierung (im September 1967) konnte er mit Unterstützung des Medical Research Council seine Forschungsarbeiten in Oxford fortsetzen, als Leiter des Metabolic

Research Laboratory im Radcliffe Infirmary. Nebenbei lehrte er als Gastprofessor für Biochemie an der Royal Free Hospital Medical School. Auf dem Forschungssektor galt sein Hauptinteresse der Steuerung der Geschwindigkeit der verschiedenen, an den wichtigsten Stoffwechselwegen beteiligten Reaktionen. Sein Dienstzimmer (neben seinen Labors im Radcliffe-Krankenhaus), das man über eine enge, steile Treppe erreichte (wohl das winzigste Zimmer eines Institutleiters und Nobelpreisträgers!), war so vollgepackt mit Büchern, Zeitschriften und Akten, daß kaum noch ein Stuhl darin Platz hatte.

Hans Krebs lebte sparsam, genügsam und vor allem gesund: Er verabscheute das Rauchen sowie alkoholische Getränke (hielt aber nichts von Mineralwasser oder Heilwasserkuren) und ging gewöhnlich frühzeitig zu Bett. Für eine gesunde Ernährung sorgte Frau Margaret als fachlich gebildete Hausfrau und mit selbstgezüchtetem Gemüse und Obst. Seine Freizeit widmete der Hobby-Botaniker (schon während seines Studiums in Göttingen und München nahm er an botanischen Exkursionen teil) hauptsächlich seinem prachtvollen, viereinhalbtausend Quadratmeter großen Garten um sein Haus in Iffley (etwa fünf Kilometer vom Laboratorium entfernt). Hier sind seine drei in Sheffield geborenen Kinder groß geworden: Paul (Computerfachmann), Helen (Botanikerin) und John (Zoologe). Den Urlaub verbrachte er mit Vorliebe in den Bergen, nahe der geliebten Alpenflora (in seiner Bibliothek nahm Hegis „Illustrierte Flora von Mitteleuropa" einen Ehrenplatz ein). Abgesehen von der Botanik interessierte er sich übrigens besonders für alte Wirtshausschilder. Gesellschaftliche Einladungen suchte er möglichst zu vermeiden (in jüngeren Jahren aus Schüchternheit oder Hemmungen, als berühmter Nobelpreisträger und Sir, weil er nicht als „Tischdekoration" mißbraucht werden wollte). Meist war es das Gefühl der Verpflichtung gegenüber seinen Gast-(Geld-)gebern, das ihn veranlaßte, einer Einladung Folge zu leisten. Bei solchen „Pflichtübungen" konnte er sich gut unterhalten, gewürzt von Zitaten aus dem großen Schatz seiner Literatur-, Latein- und Griechischkenntnisse und von dem ihm eigenen (zum Zynischen neigenden) Humor. Sein Schreibstil wie auch seine Vorträge waren nüchtern, ohne Rhetorik, in der Art einer trockenen Vorlesung.

Hans Krebs stammte aus einer Familie, die seit über zwei Jahrhunderten in Deutschland lebte; so ist es kaum überraschend, daß er keinerlei Bindungen an sein jüdisches Erbe hatte. Doch in vielen Gesprächen mit dem Autor (sie arbeiteten sechs Jahre lang am selben Ort in Berlin, zuerst in Goldscheiders Klinik, dann in Ronas Laboratorium und zuletzt im Kaiser-Wilhelm-Institut für Biologie) zeigte er ein tieferes Interesse an den Wurzeln und Zielen der zionistischen Bewegung als die meisten anderen jüdischen Kollegen. Der Aufstieg der Nationalsozialisten hatte dann zur Folge, daß er sich vollständig mit den Juden identifizierte. Nach seiner Emigration nach England befaßte er sich ernsthaft mit dem Gedanken, an die Hebräische Universität in Jerusalem zu gehen. Er hatte mehrere Unterredungen mit Chaim Weizmann, der damals den Aufbau eines großes Forschungsinstituts in Rehovot plante und hoffte, dort mindestens einige der berühmten aus Deutschland vertriebenen Naturwissenschaftler zusammenzuholen. Die Einweihungsfeier des ersten Instituts (für Chemie) im Jahr 1934, an der Willstätter teilgenommen hat, haben wir bereits erwähnt. Weizmann wollte dann ein zweites Gebäude für Biochemie errichten, das zusammen mit dem Chemischen Institut ein geeigneter Kern für die weitere Entwicklung des Forschungszentrums sein sollte. So lud er Krebs und den Autor zu einem Besuch nach Rehovot im Frühjahr 1936 ein, um mit ihnen den Aufbau dieses neuen Instituts zu besprechen. Krebs war von dem damals in Palästina herrschenden Enthusiasmus, von der einmaligen Atmosphäre in den Kibbutzim, von den großen Leistungen der jüdischen Gemeinschaft, die diese in so kurzer Zeit unter den schwierigsten Umständen vollbracht hatte, zutiefst beeindruckt. Kurz nach seinem Besuch begannen jedoch die ersten ernsten Unruhen unter den Arabern. So mußte man die Pläne zunächst aufschieben und schließlich, angesichts der wachsenden Kriegsgefahr in Europa sowie der starken proarabischen Politik der britischen Regierung aufgegeben.

Nach dem Krieg unterstützte Krebs mit Rat und Tat den Aufbau der Hebräischen Universität in Jerusalem. Mit seiner wissenschaftlichen Kompetenz und seiner großen Erfahrung bei der Organisation von Forschung und Verwaltung leistete er unschätzbare Beiträge zur Entwicklung dieser Universität, die ihn 1960 mit dem Doctor honoris causa ehrte. 1972 wurde er Ehrenmitglied des Weizmann-Instituts, eine Auszeichnung, die in Israel als die höchste wissenschaftliche Ehrung gilt. Von seinen vielen persönlichen Qualitäten seien seine absolute Zuverlässigkeit, seine objektive und faire Beurteilung von Leuten, sein Kooperationsgeist, seine geradezu jugendliche Hingabe und Begeisterung für die Wissenschaft erwähnt. Er war ein treuer Freund und ein bescheidener Mensch, der alles Pomphafte verabscheute. Er war stets bedächtig und handelte selten impulsiv oder ohne vorherige ernsthafte Überlegungen. Und er hatte den Mut, seine Ansichten klar und offen auszusprechen, suaviter in modo, fortiter in re.

Hans Krebs war bis ins hohe Alter ungemein aktiv, als Lehrer, Forscher im Laboratorium, als Teilnehmer an Tagungen und mit Vortragsreisen in aller Welt. Sein erster Besuch in Deutschland erfolgte Ende August 1949 (16 Jahre nach seiner Emigration), um an der Jahrestagung der deutschen Physiologen und Biochemiker in Göttingen teilzunehmen. Das war der Auftakt zu neuen Beziehungen zur alten Heimat. 1952 erschien dann erstmals wieder eine Publikation in einer deutschen Zeitschrift. Von 1960 an hat er regelmäßig an den Nobelpreisträgertagungen in Lindau (im Bodensee) teilgenommen und vorgetragen. Sein letzter Vortrag, bei der 31. Nobelpreisträgertagung (XI. Tagung der Preisträger für Physiologie oder Medizin) am 1. Juli 1981 stand unter dem Thema: „Zur Evolution des Citronensäurezyklus und anderer Stoffwechselwege" (Naturwissenschaftliche Rundschau **35**, 6, 1982). Man mag es als seltsame Koinzidenz betrachten, daß Hans Krebs bei seiner letzten Teilnahme in Lindau ein Thema behandelt hat, das auf die Arbeiten der dreißiger Jahre zurückführt, für die er 1953 mit dem Nobelpreis ausgezeichnet wurde.

Zu regelmäßigen Deutschlandbesuchen führte auch seine Aufnahme als ausländisches Mitglied des Ordens Pour le mérite für Wissenschaften und Künste (1973), zur Teilnahme an den zweimal im Jahr stattfindenden Kapitelsitzungen. Ein gern gesehener Gast war er auch in Halle bei den Veranstaltungen der Deutschen Akademie der Naturforscher Leopoldina, als Mitglied und Ehrenmitglied und Festredner (zuletzt im November 1980 bei der Feier von Kurt Mothes' 80. Geburtstag). Nach Otto Warburgs Tod (1970) führten ihn die Arbeiten an seiner Biographie öfters nach Deutschland, zu Interviews mit Warburgs Verwandten und Bekannten, zu Recherchen im Archiv der Max-Planck-Gesellschaft in München und Berlin, wo er bei der Eröffnung der Bibliothek und des Archivs der Max-Planck-Gesellschaft (Otto-Warburg-Haus) im März 1978 die Festrede hielt.

Am 22. November 1981 ist Hans Krebs im Krankenhaus in Oxford nach kurzer Krankheit (Melanom) verstorben. Bei der Trauerstunde in der historischen (1691 erbauten) Kapelle des Trinity College in Oxford am 26. November 1981 schmückte den schlichten Sarg ein Blumengebinde mit einer schwarz-rot-goldenen Schärpe (Der Bundespräsident der Bundesrepublik Deutschland), auf dem Friedhof lagen daneben Blumen mit der blauen Schärpe vom Orden Pour le mérite für Wissenschaften und Künste und ein Kranz von der

Deutschen Akademie der Naturforscher Leopoldina zu Halle. Prominentester Brite bei der kirchlichen Zeremonie war Pour-le-mérite-Träger Lord (Alexander) Todd (Nobelpreis für Chemie 1957), als Vertreter des Kanzlers des Ordens. Der Abschied von Sir Hans und die letzte Ehre, die dem prominenten britischen Staatsbürger und weltberühmten Wissenschaftler erwiesen wurde, stand somit eindrucksvoll im Zeichen seines Geburtslandes, mit dem er seit über 30 Jahren wieder enge wissenschaftliche und persönliche Kontakte gepflegt hat. Die Aufnahme der Verbindung mit Deutschland nach dem Zweiten Weltkrieg war für Hans Krebs erleichtert durch die Tatsache, daß seine engsten Verwandten kaum unter dem nationalsozialistischen Regime gelitten haben. (Er selbst ging 1933 nach England, sein Vater starb 1939 in Hildesheim nach einem Schlaganfall, seine Mutter 1919 an einer Grippe. Seine Schwester lebte in Israel, sein Bruder in England.) Er kam, wie bereits erwähnt, häufig und gerne zu Vorträgen und Tagungen nach Deutschland. Er liebte und pflegte die deutsche Sprache, bisweilen mit einem peniblen, ja fanatischen Perfektionsdrang, insbesondere auch bei Übersetzungen, die nur selten sein Gefallen fanden.

Hierzu ein Beispiel: (Brief vom 6. Dezember 1978): . . . Abb. 14 „Der Reiter mit seiner Stute" [Otto Warburg] — according to Duden, „Stute" ist ein „zur Zucht verwendetes (weibliches) Pferd". I would prefer „auf seinem Schimmel" . . . Nach Rücksprache mit Warburgs Lebensgefährten Jakob Heiss einigte man sich auf „Schimmel-Stute" (R. Schmid 1982).

So mag es kaum überraschen, daß sein erstes Buch, die Biographie seines großen Lehrers Otto Warburg, in deutscher Sprache in Deutschland publiziert wurde (H. Krebs, R. Schmid 1979). Seine Autobiographie ist eine Woche vor seinem Tode erschienen (H. Krebs 1981). Glücklich der Mensch, der wie Hans Krebs von sich sagen kann: „Weil ich stets Optimist war, mehr als Glück gehabt habe und eine glückliche Gen-Konstellation, habe ich besonders viel vom Leben gehabt." Alle, die ihm begegnet sind, werden den kleinen Mann mit dem großen Geist in unvergeßlicher Erinnerung behalten.

Rudolf Schönheimer (1898—1941)

Trotz der wegen seines tragischen frühen Todes nur kurzen wissenschaftlichen Tätigkeit haben Schönheimers Pionierarbeiten und Ideen einen so tiefen Einfluß auf die Biochemie, Biologie und Medizin gehabt und eine so weitreichende und dauerhafte Spur hinterlassen, daß man ihn zu den führenden Forschern in der Geschichte der Biochemie zählen muß. Sein Genie wurde schon zu Beginn seiner Laufbahn von vielen Kollegen erkannt und bewundert, und er hat, wie die späteren Entwicklungen zeigten, eine wahre Revolution in der Biochemie ausgelöst.

Unter seinen vielen Leistungen ragen zwei Meilensteine hervor, mit denen sein Name für immer verbunden bleibt. Der erste ist der brillant konzipierte und genial durchgeführte Einsatz von Isotopen als Werkzeuge für die Analyse vieler wichtiger und zuvor unangreifbarer Probleme des Intermediärstoffwechsels. Seither wurde die Anwendung von Isotopen unerläßlich und schon fast zur Routine auf vielen Gebieten der Biologie und Biochemie. Der zweite Meilenstein ist der eindeutige Beweis, daß alle Zellbestandteile, ob klein oder groß, ob Proteine oder andere Makromoleküle, sich in einem dynamischen Zustand befinden, daß heißt sie sind nicht statisch, sondern sie werden ständig abgebaut und wieder aufgebaut. Diese Vorstellung hat auch heute noch eine tiefgreifende Wirkung auf viele Probleme und das biologische Denken ganz allgemein. Zwar gab es schon früher einige

Biologen und Biochemiker, die durch theoretische Überlegungen zu dieser Vorstellung gelangten. Es waren jedoch die klassischen Arbeiten von Schoenheimer und seinen Mitarbeitern David Rittenberg und Sarah Ratner, die den klaren und eindeutigen Beweis für diese fundamentale Vorstellung erbrachten. Eine glänzende Darstellung dieses Konzeptes und der Basis, auf der es aufgebaut ist, findet man in Schoenheimers Dunham Lectures (1942), die kurz nach seinem Tode gehalten wurden. Das von ihm entworfene Rohmanuskript haben seine Mitarbeiter Clarke, Rittenberg und Ratner nach seinem Tod überarbeitet; in dieser Form wurden die Vorlesungen dann gehalten und publiziert.

Rudolf Schönheimer wurde am 10. Mai 1898 in Berlin geboren. Nach seiner Schulzeit an einem humanistischen Gymnasium studierte er Medizin an der Universität Berlin, wo er 1922 zum Doctor medicinae promoviert wurde. Anschließend war er ein Jahr am Moabiter Krankenhaus in Berlin tätig; dort begann er sich für die Biochemie im allgemeinen und für Cholesterin im Zusammenhang mit dem Problem der Arteriosklerose zu interessieren. Um eine solide Ausbildung in organischer Chemie zu erhalten, ging er nach Leipzig an das Chemische Institut von Karl Thomas, wo er drei Jahre blieb. Dann verbrachte er ein halbes Jahr in Ronas Laboratorium in Berlin, um seine Lücken auf dem Gebiet der physikalischen Chemie und der Biochemie zu füllen. 1926 ging er dann nach Freiburg im Breisgau zu dem berühmten Pathologen Ludwig Aschoff, der einen wesentlichen Einfluß auf seine Entwicklung hatte. Kurze Zeit danach wurde er Leiter der Abteilung für physiologische Chemie in Aschoffs Institut, wo er seine Untersuchungen über das Cholesterin wieder aufnahm. Schönheimer ist einer der großen Pioniere, die zur Aufklärung der Struktur und Funktion des Cholesterins wesentlich beigetragen haben. 1933 mußte er Deutschland verlassen und emigrierte in die Vereinigten Staaten, wo er zuerst ein Jahr an der Universität Chicago ver-

Abb. 48. Rudolf Schönheimer

brachte. Auf Einladung von Hans T. Clarke ging er dann an das Biochemische Institut der Medizinischen Fakultät der Columbia University in New York. Zunächst arbeitete er über Fettsäuren, ein Gebiet, auf dem jahrzehntelang Hofmeister, Embden, Knoop, Dakin und viele andere geforscht hatten. Die von Knoop verwendeten markierten Substanzen unterschieden sich jedoch in ihren physikalischen und chemischen Eigenschaften von den nicht markierten, so daß sie nicht geeignet waren, zur Lösung der gestellten Fragen beizutragen.

1932 hatte Harold Urey an der Columbia University das Deuterium (schwerer Wasserstoff, D oder ^2H), das Isotop des Wasserstoffs entdeckt. (Für diese Entdeckung wurde er 1934 mit dem Nobelpreis für Chemie ausgezeichnet.) Schönheimer war auf die Idee, Isotope zu verwenden, in Freiburg gekommen, und zwar durch Georg von Hevesy (Nobelpreis für Chemie 1943), der bei botanischen Untersuchungen im Jahr 1923 radioaktive Isotope als Indikatoren einsetzte, um die Verteilung von Blei in Bohnenpflanzen zu verfolgen. Aber damals gab es nur wenige Elemente, deren Isotope man in der biologischen Forschung verwenden konnte. Ureys Deuterium bot eine ideale Möglichkeit, organische Verbindungen ohne Veränderung ihrer chemischen Eigenschaften zu markieren. Durch Vermittlung von Clarke und Urey kam dann David Rittenberg, ein Physikochemiker aus Ureys Laboratorium mit großer Erfahrung auf dem Gebiet der Bestimmung stabiler Isotope, zu Schoenheimer in Clarkes Laboratorium. Aus ihrer Zusammenarbeit entwickelte sich das ganze Gebiet der Verwendung stabiler Isotope für Untersuchungen von wichtigen Reaktionen im Stoffwechsel. Schon bald ergaben dann Experimente mit radioaktiv markierten Fettsäuren neue und aufregende Informationen, die bewiesen, daß ein schneller Austausch zwischen den Bestandteilen der Nahrung und denen des Gewebes stattfindet und nicht nur chemisch identische Fettsäuren ersetzt werden, sondern auch schnelle Umwandlungen, Hydrierung und Dehydrierung sowie Abbau und Verlängerung der Fettsäuren und schließlich deren Reduktion zu Alkoholen erfolgen.

Kurze Zeit später, im Jahr 1935, wurde das stabile Stickstoff-Isotop ^{15}N verfügbar, das Schoenheimer und seine Kollegen alsbald bei Untersuchungen des Aminosäure- und Eiweißstoffwechsels einsetzten. Die Aminosäuren wurden aus isotopenmarkiertem Ammoniak synthetisiert und dem Futter erwachsener Ratten zugefügt. Schon relativ schnell erhielt man eine große Zahl aufregender Ergebnisse. Andere Beobachtungen, wie zum Beispiel der von Krebs entdeckte Harnstoffzyklus oder die durch Transaminase katalysierte Transaminierung, die A. E. Braunstein und seine Mitarbeiter gefunden hatten, ließen sich durch diese neuen Methoden bestätigen. Ferner wurden die Stoffwechselwege der Bildung des Kreatins und der Hippursäure aufgeklärt. Äußerst wichtig war auch die Beobachtung, daß Aminosäuren sehr schnell und ausgiebig in Gewebeproteine eingebaut werden. Diese mit Rittenberg und Ratner gemachten Untersuchungen hat Schoenheimer erstmals in seiner Harvey Lecture (Schoenheimer 1937) dargestellt. Sie führten dann zur Entwicklung des Begriffs vom dynamischen Zustand der Körperbestandteile, jenes Konzept, das einige Jahre später in den bereits erwähnten Dunham Lectures vorgestellt wurde.

Ende der 30er Jahre hatte Schoenheimer eine große Gruppe von hochqualifizierten Mitarbeitern um sich, die seine großartigen Pionierarbeiten fortsetzen konnten: David Rittenberg und Sarah Ratner haben wir bereits erwähnt; unter den zahlreichen anderen waren G. L. Foster, Konrad Bloch, Hans DeWitt Stetten, A. S. Keston, Karl Bernhard, Heinrich Waelsch und Samuel Graff. In den 40er Jahren bildeten sie eine ganz neue Generation im Umgang mit Isotopen aus. Dies war einer der Gründe, warum dieses Laboratorium zu einem der führenden Zentren der Biochemie wurde. Ein radioaktives Kohlenstoff-Isotop

(^{14}C) mit einer sehr langen Lebensdauer wurde 1940 von Samuel Ruben und Martin D. Kamen entdeckt, doch es war erst nach dem Zweiten Weltkrieg verfügbar. Sein reichliches Vorkommen und die Leichtigkeit, mit der man es bestimmen konnte (zuerst mit dem Geigerzähler und später mit Szintillationsspektrometern), hatte zur Folge, daß es überall angewendet wurde und völlig neue Wege auf einer Vielzahl von ganz verschiedenen Gebieten eröffnete.

Schoenheimer war ein ungemein einfallsreicher und origineller Mensch, mit einer tiefen und leidenschaftlichen Hingabe und Liebe zur Wissenschaft. Diese Qualitäten, zusammen mit einem mitreißenden Enthusiasmus, persönlicher Wärme und seinem Verständnis für seine Mitarbeiter, zogen eine große Zahl hochtalentierter und begabter Forscher an. Er war eine kraftvolle und dynamische Persönlichkeit mit breit gefächerten Interessen. Und er besaß auch die ungewöhnliche Fähigkeit, eine große Gruppe zu inspirieren und zu leiten. Wann immer eine Idee seine Aufmerksamkeit erregte, war er völlig davon absorbiert und suchte mit seltener und erstaunlicher Intensität eine Bedeutung oder eine Lösung zu finden. Unglücklicherweise litt er immer wieder unter tiefen Depressionen. Abgesehen von diesen Zuständen war er ein heiterer, fröhlicher und faszinierender Mensch, und auf Parties stand er gewöhnlich schon bald im Mittelpunkt der allgemeinen Aufmerksamkeit. Sein Selbstmord am 11. September 1941 in New York, im Alter von 43 Jahren auf dem Höhepunkt seines schöpferischen Schaffens, kam als schwerer Schock, nicht nur für seine Familie, seine Mitarbeiter und die Columbia University, sondern für die gesamte wissenschaftliche Gemeinschaft, die einen ihrer wahrhaft großen Führer auf so tragische Weise verloren hatte. [Nachruf: Juda Hirsch Quastel, Nature **149,** 15 (1942).]

Schönheimers Familie lebte seit Generationen in Deutschland. Sie war in der deutschen Kultur tief verwurzelt und hatte ihr Interesse an der jüdischen Gemeinde und dem jüdischen Erbe verloren. Rudolfs Vater, Dr. Hugo Schönheimer, wurde 1867 in Leipzig geboren; er studierte Medizin und ließ sich dann als Arzt in Berlin nieder. Sein Hauptinteresse galt der deutschen Literatur. Seine Ehefrau wurde Gertrud Edel, die Tochter eines Arztes. Rudolf heiratete im Jahre 1932 in Freiburg Salome Glücksohn, eine Embryologin.

Rudolf und sein älterer Bruder Fritz (der 1976 im Alter von fast 80 Jahren in New York starb) reagierten auf den wachsenden Antisemitismus in Deutschland, indem sie sich stolz mit ihrer jüdischen Abstammung identifizierten, ebenso wie auch viele andere Juden der jüngeren Generation. Während ihrer Schulzeit waren sie beide Mitglied der jüdischen Jugendorganisation Ivriah. Nach dem Ersten Weltkrieg, an dem Rudolf aktiv als Soldat teilnahm, reagierte er sehr scharf auf den heftigen und gewalttätigen Antisemitismus in Deutschland. Er war nun fest davon überzeugt, daß man eine Lösung finden müßte, nämlich die Etablierung eines Heimatlandes, wo die Juden ihre kreativen Fähigkeiten in Würde und Freiheit entwickeln konnten; dies veranlaßte ihn, der Zionistischen Studentenbewegung beizutreten und auch eine Reise nach Palästina (1926) zu machen. Wenn es auch damals noch keinerlei Möglichkeiten zur Entwicklung seiner Pläne gab, so blieb er stets ein treuer und hingebungsvoller Förderer der Bewegung für ein jüdisches Heimatland. Wenige Wochen vor seinem Tod verbrachte er eine Woche in Woods Hole, um einen Vortrag zu halten. In einem langen Gespräch über die Zukunft Palästinas nach dem Krieg sagte er zum Autor (D. Nachmansohn), daß er nach dem Kriege so bald wie möglich nach Palästina gehen wolle, um zu prüfen, ob und wie er beim Aufbau der Wissenschaft in jenem Land behilflich sein könnte.

Ernst B. Chain (1906—1979)

In der ganzen Geschichte der Medizin gibt es nur wenige Leistungen, die denen von Ernst B. Chain vergleichbar sind. Seine erfolgreiche Darstellung des ersten wirksamen Antibiotikums, des Penicillins, löste eine wahre Revolution in der Medizin aus. Die Verwendung von Penicillin, seiner chemischen Modifikationen sowie vieler anderer Antibiotika, die nach den bahnbrechenden Arbeiten von Chain entwickelt wurden, hat einige der gefürchtetsten bakteriellen Infektionskrankheiten praktisch zum Verschwinden gebracht, wie zum Beispiel die Pest, die Cholera, den Typhus sowie viele der häufig tödlichen Streptokokken-Infektionen, beispielsweise den Scharlach. Die Geschichte ist voll von Berichten über Epidemien, denen die Bevölkerung ganzer Länder zum Opfer fiel. Chains Arbeiten leiteten eine neue Ära in der Medizin ein. Die Anzahl der Menschen, die in den letzten Jahrzehnten durch Antibiotika gerettet wurden, ist wahrscheinlich ein Mehrfaches der Zahl jener, die im Zweiten Weltkrieg ums Leben kamen (schätzungsweise 55 Millionen). Das große Genie Paul Ehrlich, der Vater der Chemotherapie, konnte auf der Suche nach bakterientötenden Substanzen, die wirken, ohne den Wirtsorganismus zu schädigen, die fast unglaubliche Wirksamkeit und breite Anwendbarkeit der Antibiotika im Kampf gegen Bakterieninfektionen nicht voraussehen. Zu Ehrlichs Zeiten steckte die Biochemie natürlich noch in den Kinderschuhen. Chain war nicht nur ein hervorragender und kompetenter Biochemiker, sondern er besaß eine ganze Reihe von seltenen Fähigkeiten. So erforschte er nicht nur die chemischen Eigenschaften biologisch aktiver und wichtiger Substanzen, sondern er scheute keinerlei Anstrengungen, seine Entdeckungen zum Wohle der Medizin anzuwenden. Sein Erfolg mit dem Penicillin war dann auch nicht zufällig, sondern das Ergebnis seiner fundamentalen Forschungsmethodik. Die Vorträge eines Symposiums, das von der Royal Society zu Ehren von Chains 70. Geburtstag organisiert worden war, sind in einem Buch veröffentlicht worden (Hems 1977), mit dem treffenden Titel: „Biologically Active Substances — Exploration and Exploitation". Chain leistete auch zahlreiche wichtige Beiträge zur Erforschung biochemischer Probleme; dabei war er stets darauf bedacht, die neuen Kenntnisse auch für praktische Zwecke zu nutzen.

Ernst Boris Chain wurde am 19. Juni 1906 in Berlin geboren, als Sohn von Dr. Michael Chain (ein aus Rußland eingewanderter jüdischer Chemiker und Fabrikant) und einer deutschen Mutter, die einer jüdischen Familie in Berlin entstammte. Schon während seiner Schulzeit im Berliner Luisengymnasium interessierte sich Ernst für Chemie, ein Interesse, das auch angeregt und gesteigert wurde durch Besuche in seines Vaters Laboratorium und Fabrik (Chemische Fabrik Johannisthal in Berlin-Adlershof). In seinem Elternhaus legte man besonderen Wert auf gute Sprachkenntnisse; so beeindruckte Ernst später oft seine Freunde, indem er fließend Russisch, Französisch, Italienisch, Deutsch und Englisch sprach. Dazuhin war er ein begabter und derart begeisterter Klavierspieler, daß er sich nach dem Abitur zunächst nicht im Klaren war, ob er lieber Musik oder Chemie studieren solle. Aber letztendlich entschloß er sich dann für die Chemie. Sein Studium an der Universität Berlin schloß er 1930 mit der Promotion ab. Anschließend arbeitete er drei Jahre in Ronas Laboratorium im Pathologischen Institut der Berliner Charité, hauptsächlich über Enzyme, insbesondere über Esterasen. 1933, unmittelbar nach Hitlers Machtergreifung, verließ Chain Deutschland und ging nach England, zuerst kurz ans University College in London, dann nach Cambridge als Mitarbeiter von Sir Frederick Gowland Hopkins, den er sehr bewunderte und der seine wissenschaftliche Laufbahn stark beeinflußt hat. Bei seinen Unter-

Abb. 49. Sir Ernst Chain mit seiner Frau Anne. Barcelona, September 1975

suchungen über die Hemmung der alkoholischen Gärung und der Glykolyse durch Schlangengifte in zellfreien Extrakten entdeckte Chain, daß die Hemmung durch die Zerstörung eines Coenzyms durch Hydrolyse zustande kam. 1935 wurde er von Professor Howard Florey (später Lord Florey) eingeladen, zu ihm nach Oxford an das Sir William Dunn Institute of Pathology zu kommen und dort ein biochemisches Laboratorium aufzubauen. Florey verstand so gut wie nichts von Biochemie, doch er war sich über deren große Bedeutung für die experimentelle Pathologie völlig im klaren.

In Oxford untersuchte Chain zunächst die Wirkung des Lysozyms, ein Enzym mit bakteriolytischer Wirkung, das in Tränen, Nasenschleim und Hühnereiweiß vorkommt. 1938 begannen Chain und Florey dann Untersuchungen über antibakterielle Substanzen, die von Mikroorganismen erzeugt werden. Dieses Problem war von besonderem Interesse, weil damals bereits der Zweite Weltkrieg drohte, und Chain hoffte, etwas Nützliches für die Behandlung von Infektionen, an denen im Kriege so viele Menschen sterben, zu finden. Ein Antagonismus (Antibiose) zwischen Bakterien (das heißt die Produktion von Substanzen durch eine Bakterienart, die für eine andere Art toxisch sind) war schon seit langem bekannt. So hatte bereits Louis Pasteur 1877 beobachtet, daß Anthraxbazillen (Erreger des Milzbrandes) durch andere Bakterien zerstört wurden. Und es gab auch schon Versuche, solche antibiotischen Substanzen zu isolieren, allerdings jedoch ohne Erfolg. 1929 hatte der Londoner Bakteriologe Alexander Fleming ein antibakteriell wirksames Stoffwechselprodukt in Kulturfiltraten des Schimmelpilzes Penicillium notatum festgestellt, das er „Penicillin" benannte. Doch ist es ihm nicht gelungen, die Substanz zu isolieren, er war ja auch Bakteriologe und kein Chemiker; aber auch entsprechende Versuche von Chemikern sind mißlungen.

Bei der Suche nach einer Substanz mit bakterientötender Wirkung wählte Chain das Penicillin aus mehreren Gründen. Seine Dialyseexperimente hatten ergeben, daß es sich beim Penicillin um kein Protein, sondern um eine Substanz mit niedrigem Molekulargewicht handelte. Doch bevor man mit ihrer Reinigung beginnen konnte, mußte eine Vielzahl weiterer Eigenschaften bestimmt werden. Hierbei erwiesen sich Geschicklichkeit und Erfahrung mit modernen biochemischen Methoden als entscheidend. Außerdem brauchte man für die Arbeiten die Mithilfe von Pathologen und Mikrobiologen. Mit seinem Enthusiasmus und seiner Zielstrebigkeit gewann er genügend Leute für sein Projekt, wobei er von Florey ganz wesentlich unterstützt und ermutigt wurde. Die Potenz der dargestellten Penicillinpräparate wuchs ständig, und Versuche mit Mäusen zeigten überzeugend das hohe Maß der Wirksamkeit seiner Präparate. 1941 wurde Penicillin dann erstmals bei Menschen angewendet. Aber unglücklicherweise stand nicht genügend Material zur Verfügung, da das Medical Research Council einen Antrag zur Finanzierung der für das Wachstum der Pilze erforderlichen Kulturmedien ablehnte. So suchte Florey Hilfe in den Vereinigten Staaten, wo er dank der starken und großzügigen Unterstützung von A. N. Richards (Philadelphia) große Mengen von Nährbodenmaterial erhielt. Damit wurde es möglich, reines und kristallines Penicillin dem Bedarf entsprechend zu präparieren. Die Ergebnisse waren phantastisch: Fast wie durch ein Wunder wurden hoffnungslos Erkrankte im Nu geheilt. Der triumphale Sieg der Medizin im Kampf gegen bakterielle Infektionen war so überwältigend, daß die Anerkennung auf dem Fuße folgte: 1945 wurde Chain, Fleming und Florey der Nobelpreis für Physiologie und Medizin verliehen und damit ihre Arbeit weltweit gewürdigt.

Die dramatische Geschichte des Penicillins entwickelte sich jedoch nicht problemlos. Viele Schwierigkeiten mußten überwunden werden. Chains Laboratorium litt unter ständigem Geldmangel. Eines Tages im Jahr 1937 wurden die Mittel so drastisch gekürzt, daß man nicht einmal mehr einen Glasstab kaufen konnte. Jedoch für so ein ehrgeiziges Projekt wie die Suche nach Substanzen zur Bekämpfung von Infektionen benötigt man ein Minimum an Laborausrüstung und Material. Hier nun offenbarte sich Chains außergewöhnliche Energie, sein Enthusiasmus, seine Willenskraft und seine Entschlossenheit, jegliches Hindernis zu überwinden: Es gelang ihm, von der Rockefeller Foundation einen Zuschuß von jährlich 5000 Dollar über einen Zeitraum von fünf Jahren zu erhalten. Diese Summe mag uns heute lächerlich gering erscheinen, jedoch in der damaligen Zeit war es viel Geld, das entscheidend zum Erfolg beigetragen hat. Aber die Geldmittel bildeten nur eine Vorausbedingung. Denn wir haben es in erster Linie seiner Weitsicht und seinem Einfallsreichtum, seiner Auffassungsgabe für komplexe biochemische Probleme, seiner unermüdlichen Energie und seiner Hingabe an die Arbeit zu verdanken, daß die Herstellung des ersten Antibiotikums mit heilender Wirkung gelungen ist.

Chain war sich schon von Anfang an im klaren, welch große Bedeutung die Aufklärung der chemischen Struktur des Penicillins hatte, und er begann daran zusammen mit mehreren hervorragenden Biochemikern zu arbeiten. Ähnliche Untersuchungen wurden später auch in den Vereinigten Staaten mit großer Intensität durchgeführt, mit Hilfe vieler führender Chemiker, Institutionen und der Industrie. Die Kenntnis der genauen Struktur und der Eigenschaften ermöglichte geringfügige Modifikationen des Wirkstoffs, durch die der Anwendungsbereich erweitert und seine Inaktivierung durch Penicillinase verhindert werden konnte. Chain hatte 1940 in Bakterien das Enzym Penicillinase entdeckt, das Penicillin hydrolysiert und damit unwirksam macht. Erst dessen Ausschaltung ermöglichte die Gewinnung von Penicillin in größeren Mengen. Die Bemühungen waren erfolgreich, und viele Verbesserungen wurden im Laufe der Zeit erreicht.

Nach dem Krieg versuchte Chain seine kühnen Pläne zur wirtschaftlichen Herstellung des Wundermittels zu verwirklichen: Er wollte in einer Pilotanlage Experimente zur Gewinnung von Penicillin in großem Maßstab durchführen. Seine Bemühungen um finanzielle Unterstützung für diese Versuchsanlage scheiterten jedoch im Kampf mit der Bürokratie und der Trägheit des Establishments, das alle unkonventionellen Projekte und Ideen ablehnte. In dieser Situation kam ihm ein Angebot aus Rom sehr gelegen, von Professor

Domenico Marotta, dem Direktor des Istituto Superiore di Sanità, der den Aufbau eines großen internationalen Forschungszentrums in Rom plante. Marotta gelang es, die notwendigen Geldmittel zu beschaffen, die es Chain ermöglichten, eine biochemische Abteilung mit modernster Ausrüstung und eine Versuchsanlage für fermentationstechnologische Untersuchungen aufzubauen. Schon bald scharte sich eine Gruppe begabter italienischer Mitarbeiter um ihn, und viele hervorragende Kollegen aus aller Welt verbrachten einige Zeit in dem Laboratorium, das in vieler Hinsicht einmalige Möglichkeiten bot.

1948, kurz bevor er Oxford verließ, heiratete er Dr. Anne Beloff, eine junge Biochemikerin, die aus der Schule von Sir Rudolph Peters und Albert Baird Hastings kam. Sie war nicht nur eine gute Biochemikerin, sondern leistete ihrem Mann bei der Organisation, Koordination und Leitung der großen Mitarbeitergruppe unschätzbare Hilfe. Die Forschungsprojekte waren breit gestreut, und während der 15 Jahre, welche die Chains in Rom verbrachten, kamen zahlreiche wichtige Arbeiten aus dem Laboratorium, dessen hervorragende Ausstattung zusammen mit der geballten Intelligenz eine ideale Brutstätte für kreative Arbeit bildete.

Die Villa der Chains entwickelte sich sehr bald zu einem intellektuellen Zentrum, in dem sich interessante Leute aus der ganzen Welt trafen. Eine besondere Attraktion bildeten die Hauskonzerte, mit Ernst als geradezu meisterhaftem Pianisten. Das Familienleben von Ernst und Anne zusammen mit ihren Söhnen Benjamin und Daniel und ihrer Tochter Judith war äußerst glücklich. Anne war nicht nur eine besonders tüchtige Wissenschaftlerin, sondern auch eine hervorragende Gastgeberin. Musik spielte eine besondere Rolle im Hause Chain; alle drei Kinder sind begabte Musiker.

Ende der 50er Jahre wurde es einigen englischen Wissenschaftlern klar, welchen Verlust sie durch Chains Weggang nach Rom erlitten hatten. So beauftragte man Professor P. M. S. Blackett, nach Rom zu gehen, um Chain anzubieten, am Imperial College in London ein biochemisches Institut entsprechend seinem römischen aufzubauen, ein Angebot, das Chain gerne annahm. Mit erheblichen Anstrengungen wurden dann die erforderlichen Geldmittel, für englische Verhältnisse ungeheure Summen, aufgetrieben. Sie kamen hauptsächlich von der Wolfsohn Foundation und dem Science Research Council. 1961 wurde Chain zum Professor für Biochemie am Imperial College ernannt, 1964 erfolgte dann der Umzug von Rom nach London, wo die Chains ihre biochemischen Arbeiten unter besten Bedingungen fortsetzen konnten. Auch nach der Pensionierung (1973) war Chain weiterhin wissenschaftlich tätig, gemeinsam mit Anne, eine Zusammenarbeit, die man als die „Ernst and Anne bimolecular Chain reaction“ zu bezeichnen pflegte.

Chain hat sich nie gescheut, seine Ansichten (oft scharf und kritisch) frei und offen zum Ausdruck zu bringen, eine Eigenschaft, durch die er sich nicht nur Bürokraten und Beamte, sondern auch einige Kollegen zu Feinden machte; jedoch dürfte kaum jemand seinen unschätzbaren Dienst an der Menschheit in Frage stellen. Es gibt nur wenige Wissenschaftler, die eine so große Zahl von Auszeichnungen aus der ganzen Welt erhalten haben (Medaillen, Ehrendoktorwürden, Mitgliedschaften in zahllosen Akademien usw.); 1969 wurde er geadelt. Einen eindrucksvollen und würdigen Tribut zollte ihm die wissenschaftliche Gemeinde aus Anlaß seines 70. Geburtstages (1976), mit einem Symposium unter der Schirmherrschaft der Royal Society in London und von Anne mit großem Bedacht und Geschmack ganz hervorragend organisiert. Viele führende Biochemiker aus aller Welt nahmen an der Tagung teil. Die von seinen Schülern gehaltenen Vorträge gaben ein lebendiges Bild von Ernsts vielseitigen Interessen, und alle drückten ihm in bewegenden Worten ihre

Zuneigung und ihre Dankbarkeit aus. Eine besondere Komponente bildete die musikalische Einlage vor dem Festmahl, wobei zunächst Ernst, allein und mit Kollegen, Klavier spielte und anschließend sein ältester Sohn Benjamin.

Chain war sich stets seiner jüdischen Abstammung bewußt und stolz darauf. Und er war ein begeisterter Förderer der Zionistischen Bewegung. Nach Gründung des Staates Israel und des Weizmann-Instituts in Rehovot engagierte er sich stark für dessen Entwicklung. Er wurde Ehrenmitglied des Instituts und Mitglied des Direktoriums, des wissenschaftlichen und akademischen Beirats und des Leitungsgremiums und spielte bei vielen Entscheidungen eine Schlüsselrolle. Die Mitglieder des Gremiums (überwiegend Geschäftsleute, Industrielle und Bankiers) hielten sehr viel von seinem Urteil und seiner Meinung. Die Anerkennung seiner hervorragenden Dienste für das Institut kam auch bei der bereits erwähnten Geburtstagsfeier zum Ausdruck: Der Präsident des Staates Israel, Professor Ephraim Katzir, und der Präsident des Weizmann-Instituts, Professor Michael Sela, nahmen an der Tagung teil. (Näheres über Ernst Chain findet man in der von Ronald W. Clark geschriebenen Biographie, die 1985 erschienen ist.)

Fritz A. Lipmann (1899—1986)

Fritz Albert Lipmann, in Königsberg (Ostpreußen) geboren, gehört zu den führenden Biochemikern unseres Jahrhunderts. Seine zahlreichen fundamentalen Beiträge zur Enzymchemie, Proteinsynthese und Genetik brachten ihm weltweite Anerkennung. 1953 wurde er für die Entdeckung des Coenzym A mit dem Nobelpreis für Physiologie und Medizin ausgezeichnet.

Lipmann hat, aus der Schule Otto Meyerhofs in Berlin-Dahlem kommend und deshalb mit der Energiegewinnung bei den Gärungsprozessen der lebenden Zellen bestens vertraut, das Prinzip der „energiereichen Phosphatbindung“, um ATP als die zentrale Substanz an-

Abb. 50. Fritz Lipmann. Nobelpreisträgertagung Lindau 1978

geordnet, formuliert und damit die biochemische Forschung in ganz hervorragendem Maße befruchtet. Dabei hat das von ihm zur Charakterisierung der energiereichen Bindung gewählte Zeichen, die *Schlangenlinie* (die auf den Vorschlag seiner Frau zurückgeht) zweifellos eine recht wesentliche Rolle gespielt. Ganz unabhängig von F. Lynen kam Lipmann zum Postulat einer „aktivierten Essigsäure“, die beim biologischen Abbau der Kohlenhydrate entsteht und dann der Zelle bei der Acetylierung von Sulfonamiden oder der Bildung von Citronensäure und, wie sich später herausstellte, auch bei vielen anderen Biosynthesen als Baustein zur Verfügung steht. Er entdeckte dann das Coenzym A und das Vitamin Pantothensäure als dessen Bestandteil und schuf damit die Voraussetzung zur Isolierung des acetylierten Coenzym A aus Hefezellen und seiner Identifizierung mit einem „energiereichen“ Thioester, die in Lynens Arbeitskreis gelang. Das Prinzip der „energiereichen“ Verbindungen zieht sich wie ein roter Faden durch viele von Lipmanns bahnbrechenden Arbeiten. Er entdeckte dann im Carbamylphosphat einen neuen Vertreter dieser Substanzklasse, der im Prozeß der Harnstoffbildung in der Leber oder bei der Biosynthese der Pyrimidinbasen in den Nucleinsäuren als Carbaminsäure-Donor benötigt wird. Ferner klärte er die biologische Aktivierung des Sulfats auf, die bei der Entgiftung phenolischer Verbindungen in der Leber und bei der Biosynthese des Chondroitinsulfats im Knorpelgewebe oder der Sulfatide im Gehirn beteiligt ist. Besondere Bedeutung kommt seinen Arbeiten zur Biosynthese der Eiweißkörper zu. So verdanken wir ihm die Aufklärung der chemischen Bindung in den „aktivierten“ Aminosäuren und den experimentellen Beweis, daß die Aminosäuren mit ihrer Bindung an die zugehörigen Transfer-Ribonucleinsäuren ihre eigene Individualität einbüßen und diejenige der Transfer-Ribonucleinsäure annehmen. Darüber hinaus hat er zur funktionellen Charakterisierung der löslichen Faktoren beigetragen, die bei der Eiweißsynthese an den Ribosomen mitwirken. In den 70er Jahren hat er schließlich mit der Aufklärung der Biosynthese der aus Aminosäuren aufgebauten Antibiotika Gramicidin S und Tyrocidin Einblick in ein ganz neues Enzymsystem der Polypeptidsynthese gewonnen, das allgemeinere Bedeutung besitzt, als man zunächst annahm, und möglicherweise einen Vorläufer des ribosomalen Systems im Zuge der Evolution des Lebens darstellt. Man würde jedoch seiner Bedeutung für die Entwicklung der modernen Biochemie nicht gerecht, würde man nicht auch den nachhaltigen Einfluß erwähnen, den er auf die jungen Wissenschaftler hatte, die bei ihm arbeiteten. Viele von ihnen, und dazu zählen auch zahlreiche deutsche Schüler, wurden durch den Aufenthalt in seinem Laboratorium für immer geprägt. Sie lernten dort seinen Arbeitsstil kennen, der aus der Kombination von strengem Experiment mit Künstlertum bestand. (Laudatio von F. Lynen, bei der Tagung des Ordens Pour le mérite für Wissenschaften und Künste, Bonn 1975.)

Fritz Albert Lipmann wurde am 12. Juni 1899 in Königsberg (Ostpreußen) geboren, als Sohn von Leopold und Gertrud, geborene Lachmanski. Nach Abschluß seiner Schulzeit im Gymnasium studierte er zuerst Medizin an der Universität Königsberg (1917—1919) und München (1919—1922), dann Chemie an der Universität Berlin, wo er 1924 zum Dr. phil. und 1928 zum Dr. med. promoviert wurde. In Berlin arbeitete er zuerst bei dem Pathologen Ludwig Pick, anschließend bei Peter Rona und von 1927 bis 1930 bei Otto Meyerhof im Kaiser-Wilhelm-Institut für Biologie. Danach wurde er Assistent von Albert Fischer, ein Däne, der damals die der Abteilung Physiologie (O. Warburg) angegliederte, jedoch im Kaiser-Wilhelm-Institut für Biochemie untergebrachte Gastabteilung für Gewebezüchtung leitete. Am 23. Juni 1931 heiratete er die Berlinerin Elfreda M. Hall.

Von 1931 bis 1932 arbeitete er mit einem Stipendium der Rockefeller Foundation in P. A. Levenes Laboratorium am Rockefeller Institute for Medical Research in New York. Im Herbst 1932 kehrte er nach Europa zurück und ging wieder zu Albert Fischer, in dessen neues Institut in Kopenhagen. Nachdem der Antisemitismus von Hitler-Deutschland aus sich auch in Dänemark verbreitete, suchte Lipmann nach einer Stellung außerhalb Europas, die er schließlich in den Vereinigten Staaten fand. So verließ er 1939 Kopenhagen und ging nach USA (Einbürgerung 1944), zunächst an die Biochemische Abteilung der Cornell University Medical School in Ithaca, N.Y. (1939—1941), dann als Leiter des Biochemischen Forschungslaboratoriums am Massachusetts General Hospital in Boston (1941—1957), 1957 als Professor für Biochemie an die Rockefeller University in New York City, wo er bis kurz vor seinem Tode als Forscher tätig war. Am 24. Juli 1986 ist er in Poughkeepsie (New York) gestorben. Seine Autobiographie „Wanderings of a Biochemist" ist 1971 erschienen.

Fritz Lipmann hat zahlreiche Ehrungen und Auszeichnungen empfangen, darunter die Carl-Neuberg-Medaille (1948) und 1953 den Nobelpreis für Physiologie und Medizin (zur Hälfte geteilt mit Hans Krebs, Sheffield) für die Entdeckung von Coenzym A und dessen Bedeutung für den Intermediärstoffwechsel. Er war Mitglied mehrerer Akademien, unter anderem Ehrenmitglied der Deutschen Akademie der Naturforscher Leopoldina zu Halle. 1974 wurde er als ausländisches Mitglied in den Orden Pour le mérite für Wissenschaften und Künste aufgenommen.

Lipmann gehörte zu denjenigen jüdischen Emigranten, die bald nach dem Kriege wieder Kontakt mit den deutschen Kollegen aufnahmen. Oft und gerne kam er zu Besuch nach Deutschland, zum Beispiel regelmäßig zur Nobelpreisträgertagung nach Lindau und zu den Tagungen der Gesellschaft für Biologische Chemie. (Bei einer Tagung dieser Gesellschaft in Straßburg kam Lipmanns Liebe für seine Muttersprache so zum Ausdruck: „Ich komme so gerne ins Elsaß, weil ich hier deutsch sprechen und französisch essen kann!") Beim FEBS-Kongreß in Berlin im August 1986 wollte er einen Vortrag halten mit dem Titel „A comparison of sulfation and phosphorylation of proteins"; jedoch einen Monat zuvor hat ein Gehirnschlag seinem langen und reicherfüllten Leben ein plötzliches Ende bereitet.

Weitere emigrierte Biochemiker

Die im Vorhergehenden näher beschriebenen Biochemiker H. Krebs, R. Schönheimer, E. Chain und F. Lipmann wurden willkürlich aus Gründen, die wir am Anfang des Kapitels dargelegt haben, ausgewählt. Die Zahl der Biochemiker, die Deutschland wegen des Hitler-Regimes verließen und die ganz wesentlich zur Bereicherung der Biochemie beitrugen, ist jedoch in der Tat sehr groß. Nur einige von ihnen sollen vertretend für all die vielen im Folgenden erwähnt werden.

Max Bergmann, ein Schüler von Emil Fischer und Direktor des Kaiser-Wilhelm-Instituts für Lederforschung in Dresden, emigrierte 1934 nach Amerika, wo er im Rockefeller-Institut in New York hauptsächlich auf dem Gebiet der Eiweißchemie arbeitete. Zusammen mit seinen Mitarbeitern hat er Pionierarbeiten auf diesem Gebiet geleistet.

Hermann Blaschko, ein Mitarbeiter von Meyerhof in Berlin-Dahlem, verließ Deutschland 1933. Seine Eltern waren gut befreundet mit Max und Hedwig Born (siehe Seite 77). Er ging nach England, wo er große Anerkennung für seine bahnbrechenden Arbeiten über die

Katecholamine fand. Seine jüdischen Vorfahren lassen sich über einen Zeitraum von 500 Jahren zurückverfolgen.

Konrad Bloch, geboren in Oberschlesien, emigrierte 1936 nach New York. Wie bereits erwähnt, wurde er 1964 mit Feodor Lynen für die Arbeiten über den Cholesterin- und Fettsäurestoffwechsel mit dem Nobelpreis ausgezeichnet.

Abb. 51. Konrad Bloch. Nobelpreisträgertagung Lindau 1986

Max Delbrück, gebürtiger Berliner und direkter Nachfahre von Justus von Liebig, promovierte bei Max Born in Göttingen in theoretischer Physik, verbrachte einige Zeit bei Niels Bohr und Wolfgang Pauli und ging dann zu Otto Hahn und Lise Meitner nach Berlin-Dahlem. Delbrück gehört zu der großen Gruppe nichtjüdischer Wissenschaftler, die Deutschland wegen des Hitler-Regimes verließen. Er ging 1937 an das California Institute of Technology in Pasadena, wo er sich mit biologischen Problemen befaßte. 1969 wurde er zusammen mit A. Hershey und S. Luria für Arbeiten über die Replikation und genetische Struktur von Viren mit dem Nobelpreis für Physiologie oder Medizin ausgezeichnet.

Hans Gaffron, eine Autorität auf dem Gebiet der Photosynthese und Mitarbeiter von Otto Warburg, wurde bereits als einer jener nichtjüdischen Wissenschaftler erwähnt, die Deutschland wegen Hitler verließen. Er emigrierte nach Chicago.

Edgar Lederer, ein Mitarbeiter von Richard Kuhn im Kaiser-Wilhelm-Institut für medizinische Forschung in Heidelberg, ging 1933 nach Paris, wo er Direktor eines großen Instituts wurde. Seine zahlreichen brillanten Leistungen haben internationale Anerkennung gefunden.

Gerhardt Schmidt, ein Schüler von Embden, verließ Deutschland 1933 und ließ sich in den Vereinigten Staaten nieder. Er hat zahlreiche hervorragende Beiträge, insbesondere auf dem Gebiet der Nucleinsäuren, geleistet.

Im Zusammenhang mit der Auswanderung aus Deutschland sei daran erinnert, daß nach dem „Anschluß" Österreichs im Jahr 1938 eine große Zahl von jüdischen und nichtjüdischen Wissenschaftlern dieses Land verließen, unter ihnen auch zahlreiche Biochemiker, von denen einige im folgenden genannt seien.

Abb. 52. Max F. Perutz (rechts) und Fritz Lipmann. Symposium zu Lipmanns 80. Geburtstag „Concepts of Chemical Recognition in Biology". Chateau Grignon (Thiveral-Grignon bei Paris). Juli 1979

Max Perutz emigrierte 1937 nach Cambridge, England, wo es ihm gelang, die dreidimensionale Struktur des Hämoglobins durch Röntgenstrukturanalyse aufzuklären, ein Meilenstein in der Eiweißbiochemie. 1962 wurde er zusammen mit John Kendrew mit dem Nobelpreis für Chemie ausgezeichnet, für ihre Forschungen über die Struktur von Sphäroproteinen. Perutz arbeitet heute noch am Laboratory of Molecular Biology in Cambridge.

Am Institut für Biochemie der Columbia University Medical School in New York arbeiteten zwei führende Biochemiker, die aus Österreich kamen: *Zacharias Dische,* der insbesondere auf dem Gebiet der Kohlenhydrate hervorragende Beiträge leistete, und *Erwin Chargaff,* dessen Arbeiten über die Struktur der Nucleinsäuren zum weiteren Fortschritt in der Genetik ganz wesentlich beitrugen.

Felix Haurowitz, von der deutschen Universität in Prag, hat einige Zeit bei R. Willstätter und A. Kossel gearbeitet. Er ließ sich in den Vereinigten Staaten nieder und wurde eine Autorität auf dem Gebiet der Immunchemie und Immunologie.

Der Biochemiker und Physikochemiker *George Hess* kam von Wien an die Cornell University. Er ist führend auf dem Gebiet der Enzym- und Proteinchemie. *Hans Neurath,* ein brillanter Biochemiker und Physikochemiker, ist einer der großen Pioniere in der Enzymforschung. *Henry G. Mautner,* in Prag geboren, arbeitet in Boston (Tufts University School of Medicine); er wurde hauptsächlich durch seine Beiträge zur Molekularbiologie erregbarer Membranen bekannt. *Efraim Racker,* einer der führenden Forscher auf dem Gebiet der oxidativen Phosphorylierung und der Biochemie von Mitochondrienmembranen, emigrierte 1941 nach USA.

Zusammenarbeit zwischen deutschen und israelischen Wissenschaftlern

Eines der bemerkenswertesten Ereignisse der Nachkriegszeit war die Entwicklung der Zusammenarbeit zwischen deutschen und israelischen Wissenschaftlern. Es ist eine Geschichte mit faszinierenden politischen, psychologischen und ethischen Aspekten, die uns lehrt, daß die der Wissenschaft inneliegenden ethischen und geistigen Kräfte die Grundlage bilden können für eine kreative und konstruktive Zusammenarbeit zwischen Nationen, die durch ein unsagbar schweres Verbrechen, durch das Holokaust, dem Millionen von Juden zum Opfer fielen, durch eine unüberwindbar erscheinende Schranke voneinander getrennt wurden.

Konrad Adenauer, der erste Kanzler der Bundesrepublik Deutschland, ein großer Staatsmann und eine starke Persönlichkeit mit außergewöhnlichem Weitblick, war der Mann, dem es gelungen ist, ein verwüstetes und demoralisiertes Land wieder aufzubauen und Deutschland von neuem zu einer der Großmächte Westeuropas zu machen. Schon vor der Hitlerzeit setzte er sich energisch für die Schaffung einer jüdischen Heimat in Palästina ein. In den 20er Jahren war er Mitglied des Pro-Palästina-Komitees, einer Gruppe einflußreicher jüdischer und nichtjüdischer Persönlichkeiten, zu denen Politiker der verschiedensten Parteien von links bis rechts gehörten. Adenauer, dessen feindliche Einstellung und Opposition gegen Hitler und die Nationalsozialisten allgemein bekannt war, wurde von den Nationalsozialisten von seinem Amt als Oberbürgermeister der Stadt Köln abgesetzt (ein Amt, das er seit 1917 innehatte), und nicht nur er, sondern auch seine Familie gerieten in eine schwierige und gefährliche Situation. Der amerikanische Industrielle Dannie Heineman, der aus einer deutschen jüdischen Familie stammte und mit Adenauer befreundet war, riet ihm, sich in einem Kloster zu verbergen, um sein Leben zu retten, während er sich um die Familie kümmern würde.

Als Adenauer 1949 erster Kanzler der jungen Bundesrepublik wurde, betonte er immer wieder, daß es eines seiner Hauptziele sei, die Beziehungen zwischen Deutschland und Israel und dem Judentum im allgemeinen, aus moralischen sowie auch aus politischen Gründen wiederherzustellen. Es war ihm dabei völlig klar, daß man die monströsen Verbrechen, die im Namen Deutschlands begangen worden waren, niemals vergessen konnte, und daß es eine lange Zeit dauern würde und viel Geduld und große Anstrengungen erforderte, die Beziehungen zu normalisieren. Unter der energischen Führung Adenauers und mit Unterstützung mehrerer engagierter deutscher Persönlichkeiten wurde 1952 ein Reparationsabkommen zwischen Deutschland und Israel geschlossen. Der Staat Israel erhielt 800 Millionen Dollar, und zusätzlich wurden zahllose individuelle Wiedergutmachungszahlungen geleistet. Diese Summen sollten genügen, den jungen Staat Israel zu stärken, der sich wirtschaftlich, militärisch und politisch in einer sehr schwierigen Lage befand. Adenauer war sich dabei wohl bewußt, daß Geld, und sei es auch noch so viel, das Holokaust nicht ungeschehen machen konnte; aber er hegte die Hoffnung, daß diese Tat von Israel und der ganzen Welt als eine Geste des guten Willens anerkannt werde, als ein Zeugnis des Geistes des neuen Deutschlands und seiner Anstrengungen, eine fortschrittliche Gesellschaft aufzubauen und das Gewissen der Deutschen zu entlasten, besonders jener, die in heftiger Opposition zum Hitlerregime gestanden hatten.

Wie bereits erwähnt, hatte Chaim Weizmann, Staatsmann und Wissenschaftler, bereits lange vor dem Ersten Weltkrieg die Vision eines großen Wissenschaftszentrums in Palästina. Er war gut vertraut mit der Geschichte von Deutschlands Aufstieg zur Macht mit Hilfe der Wissenschaft und Technik. Dementsprechend setzte er für den Aufbau eines starken jüdischen Heimatlandes die größte Hoffnung auf die geistigen Kräfte der Juden, und er versuchte, wenigstens einige der 1933 aus Deutschland vertriebenen Wissenschaftler für eine Tätigkeit in Palästina zu interessieren. 1932 wurde dann ein kleines Chemisches Institut in Rehovot eröffnet. Doch die sich ständig verschlechternde politische Situation in den 30er Jahren unter der britischen Mandatsherrschaft und der Mangel an finanzieller Unterstützung durch wohlhabende Juden verhinderte die Realisierung seiner großen Pläne. Selbst das kleine Institut machte schwierige Zeiten durch. Jedoch nach dem Kriege erkannten das Weltjudentum und viele reiche Juden, tief erschüttert von dem Holokaust, Weizmanns Weisheit und sein staatsmännisches Format, und man beschloß, ein großes Wissenschaftszentrum, das seinen Namen tragen sollte, zu errichten, als lebendes Denkmal seiner großen Verdienste für sein Land. Weizmann, der 1952 gestorben ist, erlebte noch die Eröffnung des ersten Gebäudes. Innerhalb von einem Jahrzehnt wurde dann ein weiträumiger wissenschaftlicher Campus geschaffen, mit einem Stab brillanter Wissenschaftler, von denen viele an der Hebräischen Universität in Jerusalem studiert und in der Nachkriegszeit in angesehenen Instituten in den Vereinigten Staaten, die damals führend auf dem Gebiet der Naturwissenschaften waren, gearbeitet hatten. Heute ist das Weizmann Institute of Science in Rehovot international berühmt und anerkannt als eines der großen naturwissenschaftlichen Forschungszentren der Welt. Fünfzig bis hundert Wissenschaftler aus führenden Instituten in den Vereinigten Staaten, Deutschland, Großbritannien, Frankreich und anderen Ländern verbringen dort kürzere oder längere Zeit als Gastforscher. Zahlreiche internatio-

Abb. 53. Wolfgang Gentner (rechts) bei der Ernennung zum Mitglied des Board of Governors des Weizmann-Instituts in Rehovot (1975) mit Meyer W. Weisgal, dem Kanzler des Instituts, und dem vormaligen Institutspräsidenten und Außenminister Abba Eban

nale Symposien werden im Weizmann-Institut veranstaltet und viele Wissenschaftler eingeladen, an Tagungen teilzunehmen, Vorträge zu halten oder dort zu forschen. Das Institut ist ein glänzendes Monument für Weizmanns Vision, für die jüdische Wiedergeburt und für die geistigen und moralischen Kräfte Israels.

Im Jahr 1959 besuchte eine Abordnung deutscher Wissenschaftler das Institut, unter Führung von Otto Hahn, dem Präsidenten der Max-Planck-Gesellschaft, Wolfgang Gentner (Direktor des Max-Planck-Instituts für Kernphysik in Heidelberg) und Feodor Lynen (Direktor des Max-Planck-Instituts für Biochemie in München). Alle waren tief beeindruckt von der hohen Qualität der Forschung, von der Energie und dem Enthusiasmus der Menschen und von der hervorragenden Ausstattung. Unabhängig von politischen und moralischen Überlegungen wurde ihnen sofort klar, wie wertvoll und nützlich eine Zusammenarbeit zwischen Wissenschaftlern des Weizmann-Instituts und deutschen Wissenschaftlern wäre. Für die deutsche Wissenschaft, die unter dem Hitlerregime und den Verheerungen des Krieges dermaßen schwer gelitten hatte, würde eine solche Zusammenarbeit einen großen und willkommenen Stimulus bedeuten. Gentner arbeitete dann ein Memorandum aus, das von Otto Hahn unterschrieben und Konrad Adenauer überreicht wurde.

Abb. 54. Josef Cohn und Hans Herken. Berlin, Otto-Warburg-Haus, 12. Oktober 1984

Eine wichtige Rolle in den weiteren Entwicklungen spielte Dr. Josef Cohn. Er wurde in Berlin geboren, studierte dort Soziologie und promovierte 1929 in Heidelberg bei Alfred Weber. In den 20er Jahren war Weizmann des öfteren zu Besuch in Berlin, wo er Josef Cohn mehrmals getroffen hatte. Cohn emigrierte 1933 nach England, 1935 wurde er persönlicher Sekretär von Weizmann, später (1939 bis 1950) Repräsentant von Weizmann in den Vereinigten Staaten. Seit 1950 ist er Europäischer Vertreter des Weizmann-Instituts mit Sitz in Zürich. In all diesen Jahren hat er stets seine ganze Energie dem Weizmann-Institut gewidmet und nach dem Krieg entscheidend zur Entwicklung einer wissenschaftlichen Zusammenarbeit zwischen der Max-Planck-Gesellschaft, der deutschen Regierung und dem

Weizmann-Institut beigetragen[29]). Ein entscheidender Schritt war sein Besuch bei Bundeskanzler Adenauer, vermittelt durch ein Empfehlungsschreiben von D. Heineman. Adenauer, dem er sein Anliegen vortrug, erkannte sofort die politischen und moralischen Implikationen, abgesehen vom wissenschaftlichen Wert, und er versprach Cohn seine Unterstützung. Bei seiner historischen Zusammenkunft mit Ben Gurion im Waldorf-Astoria Hotel in New York sagte Adenauer, daß die deutsche Regierung dem Institut 3 Millionen Mark (damals eine beträchtliche Summe) als Geste der Freundschaft stiften werde. Dies war der Beginn einer stetig wachsenden Unterstützung des Weizmann-Instituts durch die deutsche Regierung, Industrie und Stiftungen, wobei die Stiftung Volkswagenwerk eine Hauptrolle spielte. Unter dem Vorsitz von Gentner wurde dann das „Gentner-Komitee" gegründet. Es trifft sich zweimal im Jahr, einmal in Deutschland und einmal im Weizmann-Institut, um laufende und zukünftige Projekte zu diskutieren. An der Finanzierung des Instituts und seiner Forschungsvorhaben ist die Bundesrepublik Deutschland ganz wesentlich beteiligt.

Es ist wohl kaum überraschend, daß es im Weizmann-Institut großen Widerstand gegen eine Zusammenarbeit mit deutschen Wissenschaftlern gab, oder sogar auch nur gegen die Tatsache, von Deutschland Geld anzunehmen. Zu viele Mitglieder hatten ihre ganze Familie im Holokaust verloren. Für einige von ihnen war jeder Deutsche ein Nazi. Josef Cohn fand jedoch starke Unterstützung von seiten führender Mitglieder des Instituts, wie Amos de-Shalit, Gerhard Schmidt (deutscher Halbjude), Aharon Katchalsky und Michael Sela. Die wissenschaftliche Zusammenarbeit begann zunächst nur langsam, nahm dann aber schnell sowohl an Umfang als auch an Intensität zu. Viele Symposien wurden organisiert, und bald entwickelten sich auch zahlreiche persönliche Freundschaften. Heute bildet die Zusammenarbeit zwischen deutschen Wissenschaftlern und Mitgliedern des Instituts einen wesentlichen Teil seiner Aktivitäten.

Mitte der 60er Jahre, als die diplomatischen Beziehungen zwischen Deutschland und Israel wieder aufgenommen wurden, hat man den ersten deutschen Botschafter, Rolf Pauls, mit sehr feindlichen Demonstrationen empfangen. Er nahm sie ruhig hin. Als der Autor ihn in Tel Aviv, kurz nachdem er Botschafter geworden war, besuchte, betonte er nachdrücklich die große Bedeutung der Zusammenarbeit zwischen der Max-Planck-Gesellschaft und dem Weizmann-Institut. Er war über alle Details bestens informiert und fest davon überzeugt, daß auf lange Sicht diese Aktivitäten die ganze Atmosphäre verbessern und auch zur Verbesserung der politischen Beziehungen beitragen würden. Nach dem Sechs-Tage-Krieg (1967) gab es dann eine deutliche Wende in der Einstellung der Israelis gegenüber Deutschland, ausgelöst durch die starke moralische und materielle Unterstützung der deutschen Regierung und eines Großteils der Bevölkerung. In dieser Zeit hat auch die Hebräische Universität Kontakte mit deutschen Universitäten aufgenommen. Eine besonders enge Beziehung entwickelte sich zur Universität Göttingen. Sie begann mit einem Besuch von Professor Natan Goldblum, mit starker Unterstützung von Manfred Eigen. Seither werden regelmäßig Symposien veranstaltet, an denen sowohl Natur- als auch Geisteswissenschaftler teilnehmen. Die Tagungen finden abwechslungsweise in Deutschland oder Israel statt.

---

[29]) Dr. Joseph Cohn wurde 1976 mit dem Bundesverdienstkreuz I. Klasse, 1979 mit dem Dr. h. c. des Weizmann-Instituts und 1984, anläßlich seines 80. Geburtstages, mit dem Großen Bundesverdienstkreuz der Bundesrepublik Deutschland ausgezeichnet. J. Cohn verstarb am 24. Oktober 1986.

Im ersten Jahrzehnt nach Beginn der Zusammenarbeit zwischen der Max-Planck-Gesellschaft und dem Weizmann-Institut war Wolfgang Gentner die treibende Kraft, und als Vorsitzender des Gentner-Komitees spielte er eine wesentliche Rolle bei der Organisation, der Verwaltung der zur Verfügung stehenden Geldmittel sowie bei der Auswahl der Projekte. Durch seine große Hingabe, seine hervorragende Urteilskraft und durch seine persönlichen Qualitäten gewann er das volle Vertrauen der führenden Wissenschaftler des Weizmann-Instituts. In Anerkennung seiner unschätzbaren Beiträge zum Gedeihen des Instituts wurde er Ehrenmitglied und Mitglied des Direktoriums.

Viele führende deutsche Wissenschaftler haben die Zusammenarbeit zwischen deutschen und israelischen Wissenschaftlern tatkräftig unterstützt, unter ihnen *Manfred Eigen,* Direktor am Max-Plank-Institut für biophysikalische Chemie in Göttingen, der besonders im letzten Jahrzehnt eine entscheidende Rolle spielte. Sein Lehrer war Arnold Eucken, ein Schüler von Walther Nernst. Eigen hat die Physik, Chemie und Biologie durch die Entwicklung von Untersuchungsverfahren revolutioniert, die die präzise Messung sehr schneller Reaktionen ermöglichen. Man kann mit diesen Methoden Reaktionen messen, die im milliardsten Teil einer Sekunde oder noch schneller ablaufen. Für diese Arbeiten wurde Eigen 1967 mit dem Nobelpreis für Chemie ausgezeichnet. Mit seinem Wissen und Können, seiner Dynamik und Ausstrahlung hat er entscheidend zur Förderung der engen wissenschaftlichen und persönlichen Beziehungen zwischen israelischen und deutschen Wissenschaftlern beigetragen. Sein internationaler Ruf und die hohe Achtung, die er in Deutschland genießt, waren dabei eine große Hilfe. Er ist Ehrenmitglied des Weizmann-Instituts und der erste deutsche Wissenschaftler, der einen Ehrendoktortitel der Hebräischen Universität erhielt. Ein anschauliches Beispiel für die Beziehungen, die heute zwischen deutschen und jüdischen Wissenschaftlern herrschen, bildet das Aharon-Katzir-Katchalsky-Gedenktreffen, das 1978 von der Max-Planck-Gesellschaft und dem Weizmann-Institut organisiert wurde und zum Teil in Göttingen, zum Teil in Braunlage im Harz stattgefunden hat. Nicht

Abb. 55. Manfred Eigen, Max-Planck-Institut für biophysikalische Chemie (Karl-Friedrich-Bonhoeffer-Institut), Göttingen

nur eine große Zahl deutscher und israelischer Wissenschaftler, sondern auch viele berühmte Wissenschaftler aus anderen Ländern nahmen daran teil. Eröffnet wurde die Tagung mit einem Klavierkonzert von Mozart, mit Manfred Eigen als Solist und dem Hannoverschen Orchester. Der wissenschaftliche Standard der Darbietungen war sehr hoch. Beim Abschiedsabend hielt Ephraim Katzir eine bewegende Rede, in der er besonders die Stärke und Wärme der neuen Bindungen hervorhob. Zum Abschluß las Eigen einige Kapitel aus Heinrich Heines „Harzreise" vor.

Als Konrad Adenauer Israel 1966 (ein Jahr vor seinem Tod) besuchte, war er sehr beeindruckt von den großen Errungenschaften des jungen Staates, der Schöpferkraft und Hingabe der jungen Menschen. Er ignorierte die feindseligen Demonstrationen einer kleinen Minderheit; als Staatsmann war er weder überrascht noch verletzt. Im Weizmann-Institut erhielt er große Ovationen und die Ehrenmitgliedschaft. Er war zutiefst gerührt und drückte seine große Befriedigung aus über den die Nationen vereinenden Geist und über die Zusammenarbeit in Wissenschaft und Forschung im Dienste des Fortschritts der Menschheit in einer friedlichen Welt, wie sie auf so vorbildliche Weise im Weizmann-Institut zum Ausdruck kommt.

Da dieses Buch dem langjährigen Präsidenten des Leo-Baeck-Instituts in Jerusalem gewidmet ist, wollen wir die Bemerkungen über die Beziehungen zwischen deutschen und israelischen Wissenschaftlern mit einer Geschichte beenden, die ein eindrucksvolles und bewegendes Zeugnis von Leo Baecks ungewöhnlicher Persönlichkeit gibt. Im Vorwort des von H. Lamm 1964 herausgegebenen Buches „Theodor Heuss — An und über Juden" schreibt K. Marx (Düsseldorf) über die erste Begegnung nach dem Krieg zwischen Leo Baeck und Theodor Heuss, dem Präsidenten der Bundesrepublik Deutschland[30]):

Leo Baeck wurde von Heuss empfangen. Sie drückten sich beide die Hände und hielten sie stumm eine ganze Weile fest. Vor Dr. Baeck stand ein Mann, der erste Bürger dieser neuen deutschen Demokratie, mit gesenktem Kopf, fast bleich, und bekam kein Wort über die Lippen. Leo Baeck brach dieses Schweigen: „Wenn ich zu bestimmen hätte, Professor Heuss, dann würde ich dem Berliner Arbeiter und dem Berliner Möbelspediteur ein riesiges Denkmal der Dankbarkeit setzen lassen." Heuss blickte auf. Er fand nur diese Worte: „Wieso . . .? Aber . . .?" Darauf Leo Baeck: „Ich würde dieses Denkmal setzen lassen, weil Berliner Arbeiter, wenn ich mit dem Judenstern auf der Brust neben ihnen auf der hinteren Plattform der Straßenbahn in mein Büro fuhr, mir fast täglich heimlich in meine Manteltasche ihre Frühstücksbrote steckten. Und dem Spediteur, weil der sich anbot, den Juden, die auswanderten, ohne Entgelt dafür zu nehmen, Wertsachen in den für die Auswanderung bestimmten Lift so einzubauen, daß keine Zollbeamten sie finden konnten. Und sie fragten, Professor Heuss, nach einem Aber. Über dieses Aber wollen wir nicht reden, weil es die Vergangenheit berührt. Lassen Sie uns heute über Gegenwart und Zukunft sprechen und über das, was uns beide bewegt."

Denkt man an die ersten Jahrzehnte unseres Jahrhunderts, in denen die enge Zusammenarbeit zwischen deutschen jüdischen und nichtjüdischen Wissenschaftlern zu einem der glorreichsten Kapitel in der Geschichte der Naturwissenschaft führte, so kann man nur hoffen, daß die neue Ära der Zusammenarbeit zwischen deutschen und israelischen Wissenschaftlern wiederum besonders fruchtbar sein wird und zu großen Leistungen zum Wohle der Wissenschaftler, der beiden Länder und der ganzen Menschheit führt. Die schöpferischen Kräfte des menschlichen Geistes, die Wissenschaft und die Kunst, sind vielleicht der mächtigste Faktor im Kampf um die Überwindung der traurigen Vergangenheit.

[30]) Ich danke Professor Herken für den Hinweis auf diese Beschreibung.

VI. Schlußbetrachtung Wissenschaft und Gesellschaft

Die Triumphe, die der Naturwissenschaft im 20. Jahrhundert beschieden waren, übertreffen alles bisher Dagewesene. Die Einblicke in die Struktur des Universums, in die Materie und in die vielen Geheimnisse der Lebewesen resultierten in einer Revolution der Technik, die das Leben der Menschheit überall verändert hat. Die Feststellung von Francis Bacon „Wissen ist Macht" ist nie zuvor auf so spektakuläre Weise bewiesen worden. Keiner hätte wohl am Anfang dieses Jahrhunderts das Ausmaß der Veränderungen, die in einer so kurzen Zeit stattgefunden haben, vorhersehen können. Düsenflugzeuge überqueren die Ozeane in Stunden, zu Beginn des Jahrhunderts benötigte man Wochen mit den schnellsten Dampfschiffen. Über Satelliten können wir auf dem Fernsehschirm in unserem Wohnzimmer den Empfang eines Staatspräsidenten in Peking oder in der Knesset in Jerusalem sehen, und wir können an Opernaufführungen in der Mailander Scala oder im Royal Opera House in London teilnehmen. Menschen gehen auf dem Mond spazieren, und ferngesteuerte Kameras zeigen uns auf dem Fernsehschirm die Oberfläche des Mars, aus einer Entfernung von vielen Millionen Kilometer. Maschinen und Roboter leisten an Stelle der Menschen harte und gefährliche Arbeit. Der Fortschritt setzt sich mit hoher Geschwindigkeit in viele Richtungen fort. Weit verbreitete Infektionskrankheiten wie Pest, Pocken, Cholera, Typhus und Gelbfieber sind praktisch ausgerottet. In der Chirurgie und der Behandlung vieler Krankheiten wurden neue Methoden entwickelt. In der Landwirtschaft konnten die Ernten hundertfach durch den Einsatz von Düngemitteln, Pestiziden, Maschinen und Gentechnik vermehrt werden.

Anfang dieses Jahrhunderts lebten viele Wissenschaftler in einem Elfenbeinturm. Die Wissenschaft war die große Hoffnung der Menschheit; vom Fortschritt der Technik erwartete man eine stetige Verbesserung der Lebensbedingungen und schließliche Beseitigung von Armut und Elend. Selbst die abstraktesten Denker waren sich sicher, daß ihre Arbeit früher oder später zu nützlichen Entdeckungen führen würden. Die Vision von Archimedes „Δὸς μοι ποῦ στῶ καὶ κόσμον κινήσω" (Gib mir einen Punkt, wo ich hintreten kann, und ich bewege die Erde) wurde so interpretiert, daß die Wissenschaft eines Tages in der Lage wäre, Männer und Frauen mit unvorstellbaren Kräften auszustatten, um sie zur Verbesserung ihres Lebens einzusetzen. Tatsächlich hat die Naturwissenschaft die in sie gesetzten Erwartungen in einem gewissen Maße erfüllt: Millionen von Menschen leben länger, gesünder und glücklicher als je zuvor.

Der Wendepunkt kam mit der Zerstörung von Hiroshima und Nagasaki. Der Einsatz der Atombombe war ein entsetzlicher Schock für unzählige Wissenschaftler, wahrscheinlich sehr viel schwerer als für den Laien, der die Implikationen dieses Ereignisses nicht verstehen konnte. Manche Wissenschaftler waren sich bereits im Zweiten Weltkrieg darüber bewußt, daß erst die fortgeschrittene Technik die Zerstörung von Rotterdam und Warschau, von Coventry und Dresden, wo Hunderttausende von Männern, Frauen und Kindern ums Leben kamen, möglich machte. Aber die in Japan eingesetzten Atombomben, denen bald die Entwicklung der Wasserstoffbombe folgte, haben den Alptraum von der Zerstörung sämtlichen Lebens auf diesem Planeten entstehen lassen. Wie allgemein bekannt, ist das Kernwaffen-Arsenal der Vereinigten Staaten und der Sowjetunion groß genug, unseren Planeten hunderte Male zu zerstören. Aber auch andere Nebenwirkungen des technischen Fortschritts stellten sich als Bedrohung für die Gesellschaft heraus. Das schnelle Wachstum der Industrie führte zu unerträglicher Verschmutzung der Luft, der Seen, der Flüsse und selbst der Meere. Eine der gefährlichsten Entwicklungen ist die Bevölkerungsexplosion, die wir nicht zuletzt den großen Fortschritten in der Medizin und der Landwirtschaft zu verdanken haben. In den letzten Jahrzehnten ist eine große Zahl von Büchern über die Auswirkungen der Wissenschaft auf die Gesellschaft erschienen. Viele Tagungen und Symposien finden statt, wobei Fachleute über die verschiedenen Probleme diskutieren. Zahlreiche Lösungen wurden vorgeschlagen, aber die Probleme sind so komplex, daß zur Zeit niemand imstande ist, die aufgeworfenen Fragen leicht zu beantworten. Viele Probleme werden die Arbeit von Generationen benötigen, bis sie auf zufriedenstellende Art und Weise gelöst sind.

Derartige Fragestellungen liegen aber dem Hauptthema dieses Buches fern und sollen deshalb nicht ausführlicher erörtert werden. Da jedoch, wie der Autor immer wieder betont hat, die Naturwissenschaft in Deutschland (und natürlich auch in anderen Ländern) in den ersten Jahrzehnten dieses Jahrhunderts eines der glorreichsten Kapitel in der Geschichte der Menschheit darstellt, dürften einige Bemerkungen über ihren Wert und zu ihrer Verteidigung angemessen sein.

Die Wissenschaft ist eine der stärksten, großartigsten und wertvollsten Ausdrucksformen des menschlichen Schöpfergeistes. Sie hat unser Leben ebenso bereichert wie die Werke von Mozart und Beethoven, Goethe und Shakespeare, Michelangelo und Leonardo da Vinci, die Philosophie von Platon und Kant oder die Bibel, ein Eckstein der westlichen Zivilisation. Die Naturwissenschaft hat nicht nur unser Verständnis des Universums vertieft, ihre Philosophen haben ganz Wesentliches zu unseren moralischen, ethischen und geistigen Werten beigetragen.

Schon in früheren Zeiten hat es Bewegungen gegen die Wissenschaft gegeben, in jüngerer Zeit jedoch stellen sich immer größere Teile der Bevölkerung, ja sogar viele Wissenschaftler geradezu feindlich gegen die Naturwissenschaft, aus einer ganzen Reihe von Gründen: die Gefahr der totalen Zerstörung unseres Planeten durch Atombomben, für die man allein die Naturwissenschaftler verantwortlich hält, die Zerstörung der Umwelt und die Gefahr einer weitverbreiteten Hungersnot aufgrund der Bevölkerungsexplosion. Nach dem Zweiten Weltkrieg expandierte die Naturwissenschaft in den Vereinigten Staaten mit großer Geschwindigkeit, durch die finanzielle Unterstützung der Regierung und des Kongresses, unter dem tiefen Eindruck der während des Krieges erzielten Fortschritte. Die für die Zuteilung der finanziellen Mittel verantwortlichen Stellen, die National Institutes of Health und die National Science Foundation, setzten äußerst hohe Anforderungen an die unterstützten Forscher. Jedoch in den letzten fünfzehn Jahren wurden die finanziellen Mittel drastisch gekürzt, was insbesondere die Grundlagenforschung sehr hart getroffen hat. Viele ungemein wichtige Untersuchungen wurden schwer behindert oder sogar vollständig abgebrochen. Eine große Rolle spielte dabei die feindselige Einstellung der Bevölkerung, die in einer demokratischen Gesellschaft nicht ignoriert werden darf. Die emotionalen, gegen die Wissenschaft (und gegen die Intellektuellen) gerichteten Kräfte sind stark und der Vernunft nicht zugänglich.

Obwohl es ein ziemlich aussichtsloses Unterfangen ist, eingefleischte Wissenschaftsgegner von ihrer vorgefaßten Meinung abzubringen, mögen ein paar Beispiele zum besseren Verständnis der Sachlage beitragen. Die Möglichkeit, daß ein Atomwaffenkrieg das Leben auf unserem Planeten zerstören könnte, läßt sich nicht bestreiten. In diesem Zusammenhang sei daran erinnert, daß Einstein führend im Kampf gegen den Einsatz von Atombomben beteiligt war. Zur 100. Wiederkehr seines Geburtstages im Jahr 1979 widmete ihm das Bulletin of Atomic Scientists seine Märzausgabe, mit dem Titel „Einstein and Peace". Einstein wurde 1946 Vorsitzender des Komitees der Atomwissenschaftler, einer Gruppe, die sich große Sorgen um die Gefährdung der Menschheit durch Atomwaffen machte. Einstein forderte eine übernationale „Weltregierung" als einzige praktikable Lösung für dieses Problem. Das erwähnte Bulletin enthält auch einen eindrucksvollen Artikel von Einstein über die moralische Verantwortlichkeit des Wissenschaftlers, geschrieben im Jahr 1952. Dort unterstreicht er den hohen intellektuellen Wert der Wissenschaft und die großen Wohltaten, die wir ihr zu verdanken haben, und wie sehr ihn die mögliche Gefahr für das Überleben der Menschheit beunruhigt; doch er ruft die Wissenschaftler auf, ihre innere Freiheit und Unabhängigkeit zu bewahren und gegen den Mißbrauch der Macht zu kämpfen. Diese Einstellung steht ganz in Übereinstimmung mit dem Interesse, das er sein Leben lang an politischen und gesellschaftlichen Problemen hatte, wie man in der großen Zahl seiner Biographien lesen kann. Seine Reaktionen weisen auf einen bemerkenswerten politischen Instinkt: Zum Beispiel erkannte er bereits 1920 die Gefahr von seiten der irrationalen antisemitischen Kräfte in Deutschland, und er unterstützte Weizmann bei seinen Bemühungen, in Palästina ein Heimatland für die Juden zu schaffen. International bekannt als leidenschaftlicher Pazifist, überraschte Einstein viele Pazifisten, als er 1933, nach Hitlers Machtergreifung, die Abrüstung der Briten kritisierte und eine starke Aufrüstung befürwortete, um Europa vor der Bedrohung durch die Herrschaft der Nationalsozialisten zu retten.

Nach dem Zweiten Weltkrieg haben zahlreiche namhafte Physiker viel Zeit und Mühe dem Kampf gegen die nukleare Bedrohung gewidmet: Niels Bohr, James Franck, Max Born, Victor F. Weisskopf, Hans Bethe, Werner Heisenberg, um nur einige von ihnen zu nennen. Sie sind von Philosophen unterstützt worden, unter ihnen Karl Jaspers und Bertrand Russel, und auch von vielen anderen Wissenschaftlern und Intellektuellen. Zahlreiche nationale und internationale Bewegungen sind organisiert worden und setzen den Kampf fort. Die Feststellung, daß es Kriege schon seit undenklichen Zeiten gegeben hat und gibt und daß ein Atomkrieg daher unvermeidbar sei, kann nicht überzeugen. Ein Krieg, in dem es Sieger und Besiegte gibt, ist grundsätzlich verschieden von einem Krieg, der sozusagen zum Selbstmord aller Beteiligten führt.

Andererseits ist die Kernenergie auf lange Sicht die einzige Hoffnung für das Überleben der Menschheit. Führende Physiker und Biologen in den Vereinigten Staaten drückten diese Ansicht schon vor einigen Jahren in einer Erklärung aus, die von mehr als achtzig der berühmtesten Wissenschaftler des Landes unterschrieben war. Die aus der Kernspaltung gewonnene Kernenergie bringt, wie bereits erwähnt, viele Probleme mit sich; auf die Kernfusion hingegen setzt man die größte Hoffnung. Ihre Quellen sind unbegrenzt, die Ozeane könnten Energie für die ganze Welt für Millionen von Jahren liefern. Rousseaus idyllische Träume von einer primitiven Gesellschaft sind zu unrealistisch, um hier kommentiert zu werden. Eine moderne Gesellschaft ohne die großen Wohltaten der Technik und Industrie ist undenkbar; um ihren Standard zu halten, benötigt man jedoch riesige Energiemengen, mehr als gegenwärtig zu einem annehmbaren Preis zur Verfügung stehen. Aber die immensen Anstrengungen und eindrucksvollen Fortschritte, die man mit Lasern, Magnetfeldern, Elektronenstrahlen und anderen neuen Werkzeugen gemacht hat, berechtigen zu der Hoffnung, daß Kernfusionsenergie eines Tages in großem Maßstab verfügbar sein wird, was allerdings noch mindestens 50 Jahre oder noch länger dauern dürfte. Bis dahin muß die Menschheit mit dem auskommen, was zur Zeit zur Verfügung steht. Der Einfallsreichtum unserer Wissenschaftler mag noch manche Überraschungen bringen und diesen Zeitraum verkürzen, zumal diese Forschungen finanziell stark unterstützt werden.

Die Bevölkerungsexplosion, nicht zuletzt verursacht durch die wunderbaren Errungenschaften der Medizin und der Landwirtschaft, ist eine ernsthafte Gefahr für die Menschheit. Die Bevölkerung Indiens zum Beispiel ist von 350 Millionen im Jahre 1945 auf mehr als 700 Millionen gewachsen. Aber kann man dafür nur den Wissenschaftlern die Schuld zuschieben? Oder vielleicht auch den Staatsmännern und Politikern? Wäre die Antwort darauf, daß man die Medizin abschafft und es der Pest, Cholera oder Malaria überläßt, die Bevölkerungszahl zu reduzieren? Oder sollten wir gar durch ein Verbot des Einsatzes von Pestiziden den Schädlingen freien Lauf lassen und dadurch die Ernten und damit die Nahrungsmittelproduktion verringern, um die Bevölkerungsexplosion durch Hungersnot einzudämmen (siehe u. a. Perutz 1988).

Die Nebenwirkungen des Industriewachstums waren in vielen Fällen unvorhersehbar, oft aber kamen sie auch durch schlechte Organisation, Unachtsamkeit und Leichtsinn und vor allem Profitsucht zustande, nämlich dann, wenn notwendige Vorsichtsmaßnahmen zugunsten größerer Gewinne vernachlässigt wurden. Die Lösung der mit diesen Fragen verbundenen Probleme erfordert viel Zeit und harte Arbeit. Aber wer wäre denn in der Lage, eine Antwort zu finden, wenn nicht die Wissenschaftler, Ingenieure und Fachleute? Ganz gewiß nicht die Geschäftsleute, die mit der Komplexität des Problems nicht vertraut sind. Zu all den Nebenwirkungen kommen auch noch psychologische, emotionale und soziale Faktoren. Die Luftverschmutzung in den Vereinigten Staaten hat ein Ausmaß von etwa 150 Millionen Tonnen pro Jahr erreicht, 60 Prozent davon werden allein von Kraftfahrzeugen verursacht. Aber wie viele Autofahrer wären bereit, freiwillig ihren Komfort zu opfern und damit einen Beitrag zur Bekämpfung der Umweltverschmutzung zu leisten?

Die paar Beispiele mögen dem Leser dazu helfen, einige der Dilemmas und Probleme, mit denen die Wissenschaftler in ihrem Verhältnis zur Gesellschaft konfrontiert sind, besser zu verstehen. Ihrer Arbeit ist es zu verdanken, daß wir über eine nahezu unglaubhafte Energiequelle verfügen. Aber sie können nicht darüber bestimmen, wie diese Energie verwendet wird. Planck und Einstein, Rutherford und Bohr und viele andere, deren Arbeit den Weg zur Nutzung der Kernenergie (und somit auch zum Bau der Atombombe) ebnete, sollte man nicht für deren Mißbrauch verantwortlich machen, für jene „monströse Perversion der Wissenschaft“, wie Churchill es ausdrückte. Die Wissenschaftler können die Politiker und intellektuellen Führer einer Gesellschaft nicht ersetzen; sie können sie nur beraten und ihnen die notwendige Information für ihre Entscheidung vermitteln. Die endgültige Entscheidung hängt von der Weisheit der Gesellschaft und ihrer Führer ab.

In unserer technisierten Gesellschaft ist die Wissenschaft ein zunehmend wichtiger und unbedingt notwendiger Faktor geworden. Wir brauchen mehr, nicht weniger Wissenschaft, um die ungeheuren Probleme, mit denen die Gesellschaft konfrontiert ist, zu bewältigen, und zwar nicht nur die technischen, sondern auch die durch den überschnellen Fortschritt der Technik verursachten sozialen und wirtschaftlichen Probleme. Die Menschheit steht inmitten von revolutionären Veränderungen mit noch nie dagewesenen Dimensionen. Die Wissenschaft hat zwar eine äußerst wichtige Rolle zu spielen, aber sie kann die Probleme nicht allein lösen. Drastische Veränderungen gingen jedoch bereits in der Wissenschaftlergemeinde vonstatten. Vorbei ist die Zeit des „Elfenbeinturms", man ist sich heute voll darüber bewußt, daß ein Wissenschaftler die Verantwortung für seine Forschungsergebnisse mit zu tragen hat. Dieses Bewußtsein wurde durch die Atombombe ganz wesentlich gefördert. Heute gibt es viele Physiker und andere Wissenschaftler, die nach Kräften für die Verhütung eines Atomkrieges streiten; die Pugwash-Konferenzen und das Bulletin of Atomic Scientists zeugen davon. Aber die Entwicklung des im Elfenbeinturm eingeschlossenen Wissenschaftlers zu einem aktiven und führenden Mitglied der Gesellschaft, das die Verantwortung für den Schutz der Gesellschaft teilt, ist ein langsamer Prozeß. Die Anpassung braucht Zeit, und auch nicht jeder Wissenschaftler ist dafür geeignet. Wir müssen gut geplante, gezielte und gemeinsame Anstrengungen machen, um die großen Aufgaben anzupacken, besonders wenn die Ursachen bereits gut bekannt sind. Die Planung darf jedoch nicht auf die Grundlagenforschung übergreifen, ohne die kein echter Fortschritt möglich ist; hier wäre eine Planung sinnlos. Die Relativitätstheorie wurde von einem kleinen, unbekannten Angestellten im Patentamt in Bern formuliert; er hätte niemals auch nur einen Pfennig von einem Gutachtergremium bewilligt bekommen. Ein dramatisches Beispiel für das Versagen geplanter Grundlagenforschung ist das Projekt, ein Heilmittel gegen Krebs zu entwickeln. Fünf Milliarden Dollar hatte man schon dafür investiert, dann mußte schließlich einer der stärksten Förderer des Projekts den Fehlschlag zugeben. Völlige Freiheit ist eine unabdingbare Voraussetzung für die Grundlagenforschung, deren Fundamente in der Genialität, der Vorstellungskraft und dem Einfallsreichtum der Wissenschaftler liegen.

Die Wissenschaftler können mit Recht stolz sein auf ihre großen Leistungen. Jedoch große Aufgaben liegen noch vor ihnen: Unbekanntes zu erforschen und viele bisher ungelöste Probleme in den Griff zu bekommen. Ihre Anstrengungen können dazu helfen, die menschliche Gesellschaft von den Übeln zu befreien, an denen sie leidet. Die Wissenschaft mit all ihren Errungenschaften steht, wie Einstein es einmal gesagt hat, erst am Anfang ihres Weges. Die Wissenschaftler müssen an vorderster Front kämpfen; sie können es sich nicht leisten, in ihren Bemühungen, das Unbekannte zu erforschen, nachzulassen. Mögen Goethes verheißungsvolle Worte ihr Leitmotiv auf dem dornigen Pfad sein:

„Zu neuen Ufern lockt ein neuer Tag"

VII. Anhang

David Nachmansohn (1899—1983)

David Nachmansohn wurde am 17. März 1899 in Jekaterinoslaw, Rußland (heute Dnjepropetrovsk, UdSSR) geboren. Er studierte an der Berliner Friedrich-Wilhelms-Universität zunächst Philosophie und Geschichte und nahm später das Studium der Medizin auf, das er mit dem Staatsexamen abschloß. 1926 promovierte er bei Alfred Goldscheider über „Die Entstehung des Schlafes" in der Medizinischen Fakultät derselben Universität zum Doktor der Medizin. Zur Erweiterung seiner Kenntnisse in Chemie, Biochemie und physikalischer Chemie arbeitete Nachmansohn 1924 bis 1926 bei Peter Rona in der Charité (Klinikum der Friedrich-Wilhelms-Universität in Berlin) und schloß sich dann Otto Meyerhof im Kaiser-Wilhelm-Institut für Biologie in Berlin-Dahlem an. Er emigrierte 1933 nach Paris (an die Sorbonne) und ging 1939 bei Kriegsausbruch in die USA, zuerst an die Yale University, New Haven, dann (1942) an die Columbia University (College of Physicians and Surgeons) in New York. Am 2. November 1983 ist er in New York gestorben.

Abb. 56.
Kaiser-Wilhelm-Institut für Biologie, Berlin-Dahlem 1929.
Fritz Lipmann, David Nachmansohn, Severo Ochoa, F. O. Schmitt, Ken Iwasaki und Paul Rothschild.

David Nachmansohn war Inhaber zahlreicher Auszeichnungen und Ehrungen für seine mit ungewöhnlicher Intelligenz und Intuition konzipierten Arbeiten, deren Erfolge er stets in selbstbewußter Bescheidenheit mit seinen Mitarbeitern teilte. Sein Enthusiasmus und seine Unbeirrbarkeit bei der Suche nach Wahrheit in Wissenschaft und Leben waren sprichwörtlich. Die Breite seiner Kenntnisse und Interessen erstreckte sich auch auf die schönen Künste, Philosophie und Politik. Er war eine starke Persönlichkeit und mit ansteckendem Optimismus, voller Tatkraft und herausfordernder Anregungen; ebenso bemerkenswert waren seine liebenswerte Freundlichkeit und noble Gastfreundschaft.

David Nachmansohn war einer der ersten jüdischen Emigranten, die unmittelbar nach dem Krieg — trotz erheblicher Anfechtungen — unbeirrt von Amerika aus den Kontakt zu den Wissenschaftlern des durch die Nationalsozialisten diskreditierten Deutschlands wieder aufnahm. Mit der Verleihung der Ehrendoktorwürde der Medizinischen Fakultät der Freien Universität Berlin (1964) wurde „zugleich die hochherzige Haltung eines Wissenschaftlers geehrt, der dem Geist der Verständigung in vorbildlicher Weise gedient hat".

Wissenschaftlich steht der Name N*ACH*mansohn synonym mit der Acetylcholin (ACH)-Theorie der Nervenerregung. Es ist sicherlich mehr als ein amüsantes Wortspiel, die Kurzform ACH für den Cholinester im Namen dieses Wissenschaftlers wiederzufinden. Als David Nachmansohn 1938 das elektrische Organ von Zitteraal und Zitterrochen als biochemisches Untersuchungsobjekt einführte, begann eine noch heute sehr fruchtbare Phase der biophysikalischen Chemie der Nervenproteine. Im Mittelpunkt seines wissenschaftlichen Lebenswerkes steht die Entwicklung einer molekularen Theorie für die Wirkungsweise des Acetylcholins am Acetylcholinrezeptor und an der Acetylcholinesterase. Geleitet von seiner Modelltheorie der Nervenerregung entdeckte und charakterisierte er zwei Nervenproteine: die Cholin-O-acetyltransferase und die spezifische ACH-Esterase (EC. 3.1.1.7). Im Rahmen der Acetylcholintheorie postulierte er für die Interpretation elek-

Abb. 57.
Irwin B. Wilson (links), David Nachmansohn, Earl R. Stadtman, Joseph Richard Stern und Fritz Lipmann

trophysiologischer und biochemischer Daten zwei weitere spezifische Proteine; eines davon — der nicotinische Acetylcholinrezeptor — gilt heute als das strukturell und funktionell am besten charakterisierte Rezeptorprotein.

Die experimentellen Arbeiten Nachmansohns und seiner Mitarbeiter an den ACH-Proteinen deckten mehrere Wirkungsprinzipien auf, die für die allgemeine Biochemie von bleibender Bedeutung geworden sind. Nachmansohn fand heraus, daß die Cholinacetylase ATP als Energiequelle und dazu noch ein Coenzym benötigte. Der Co-Faktor ist in Nachmansohns Labor teilweise gereinigt, später dann von Fritz Lipmann Coenzym A genannt und in seiner Struktur (von Feodor Lynen in seiner Funktion) aufgeklärt worden. Die Nachmansohnschen Experimente zeigten, daß auch außerhalb des Glykolyse-Zyklus ATP im Reagenzglas eine biologische Acetylierung vermitteln kann.

Die brillanten und klassisch einzuordnenden Enzymarbeiten Nachmansohns und seines Mitarbeiters Irwin B. Wilson an der Acetylcholinesterase zeigten eine Reihe von biokatalytischen Prinzipien auf, von denen man heute weiß, daß sie auch anderen Enzymen zugrunde liegen. Wilson und Nachmansohn bewiesen, daß die Katalyse der Acetylcholinspaltung über eine Acyl-Enzym-Zwischenstufe unter Einbeziehung einer Histidingruppe im aktiven Zentrum verläuft. Das gleiche Histidin ist auch bei der irreversiblen Inhibition des Enzyms durch Organophosphate beteiligt. Auf der Grundlage molekularbiologischen Denkens wurde von Nachmansohn und Wilson der erste „wissenschaftlich entworfene" Wirkstoff gegen Organophosphat-Nervengase entwickelt: Pyridinaldoxim-methyljodid (PAM). Dieses Antidot hat in Verbindung mit Atropin zahlreiche Menschen vor tödlichen Organophosphatvergiftungen bewahrt.

Die wissenschaftlichen Pionierleistungen, die von Nachmansohns Labor ausgingen, waren nicht nur auf isolierte Nervenproteine beschränkt. Schoffeniels und Nachmansohn gelang es 1959, die erste brauchbare Einzelzellpräparation (Elektroplax) des elektrischen

Abb. 58. David Nachmansohn mit Jean-Pierre Changeux. Nachmansohn-Symposium, Liège, 27. Mai 1980

Abb. 59. Zu Ehren von David Nachmansohns 81. Geburtstag fand im Mai 1980 in Liège (Lüttich) ein internationales Symposium „Molecular Aspects of Bioelectricity" statt. Vordere Reihe: I. B. Wilson, Hai Won Chang, H. Mautner, M. Eigen, D. Nachmansohn, H. Kewitz, S. Ochoa, E. Katzir-Katchalski, E. Neumann, E. Schoffeniels, I. Silman.

Gewebes des Zitteraals zu entwickeln. Die Elektroplax ermöglichte elektrophysiologische und biochemische Detailuntersuchungen von Enzym- und Rezeptoreigenschaften unter in vivo Bedingungen.

Ein weiteres, heute selbstverständlich erachtetes Wirkungsprinzip wurzelt in einem Postulat von Nachmansohn. In seiner Harvey Lecture schlug er 1953 vor, daß die Bindung des bei der Nervenerregung freigesetzten Acetylcholins an den Rezeptor eine Änderung der Proteinkonformation bewirkt, so daß daraufhin die Zellmembran für Na^+- und K^+-Ionen durchlässig wird. Die Idee einer durch Ligandenbindung ausgelösten Strukturänderung — von Koshland später „induced fit" genannt — hat sich als ein außerordentlich fruchtbares Konzept für das Verständnis von Substrat/Enzym-Reaktionen wie auch von Hormon(Transmitter)/Rezeptor-Wechselwirkungen erwiesen.

Eine Würdigung des wissenschaftlichen Lebenswerkes von Nachmansohn wäre unvollständig, ohne zu erwähnen, daß seine ACH-Theorie der Nervenerregung eine Vielzahl von provokativen Vorschlägen enthält, die noch heute eine kritische Sichtung der Literatur über die verschiedenen Hypothesen herausfordern, aber auch zu neuen Experimenten zur Klärung der kontroversen Thematik stimulieren. Für die wissenschaftliche Arbeit David Nachmansohns gilt in hohem Maße, was er selbst häufig als Wahlspruch zitiert hat: „Was fruchtbar ist, allein ist wahr" (Goethe).

Eberhard Neumann, Bielefeld

Abb. 60. David Nachmansohn und Roswitha Schmid, Liège 1980

Abb. 61. Ephraim Katzir und Edith Nachmansohn. Harnack-Haus, Berlin-Dahlem, 12. Oktober 1984.

Gedenkfeiern

New York. Am 10. Februar 1984 fand in der Kapelle des Columbia-Presbyterian Medical Center ein Memorial Tribute für David Nachmansohn statt. Die Gedenkreden hielten Donald F. Tapley (Dean, Faculty of Medicine, Columbia University), Lewis P. Rowland (Chairman, Department of Neurology, Columbia University), Severo Ochoa (Roche Institute of Molecular Biology), Henry G. Mautner (Chairman, Department of Biochemistry and Pharmacology, Tufts University) und Terrone L. Rosenberry (Case Western Reserve University).

Berlin-Dahlem. Vom 11. bis 13. Oktober 1984 fand in Berlin ein Internationales Symposium in memoriam David Nachmansohn statt (Molecular Basis of Nerve Activity). Das

Abb. 62. Ferdinand Hucho, Jean-Pierre Changeux und Eberhard Neumann. Gedenksymposium für David Nachmansohn. Berlin-Dahlem, Oktober 1984

Symposium wurde von folgenden Institutionen gefördert: Max-Planck-Gesellschaft zur Förderung der Wissenschaften, Société française de Chimie Biologique, The Weizmann Institute of Science, Rehovot, Deutsche Forschungsgemeinschaft, Senator für Wissenschaft und Forschung, Berlin, Freie Universität Berlin und Gesellschaft für Biologische Chemie. Als Ehrengäste waren geladen: Edith Nachmansohn, New York; Hermann Blaschko, Oxford; Josef Cohn, Zürich; Ephraim Katzir, Rehovot; Lady Margaret Krebs, Oxford; Severo Ochoa, Nutley, N.J., und René Wurmser, Paris (S. Ochoa und R. Wurmser konnten nicht teilnehmen). Die Akademische Gedenkfeier fand am 12. Oktober im Harnack-Haus (dem früheren Gästehaus der Kaiser-Wilhelm-Gesellschaft) statt, mit Grußadressen von B. Hess, A. Kewenig, H. Kewitz, E. Katzir und H. Blaschko. Den Gedenkvortrag über das wissenschaftliche Werk von David Nachmansohn hielt Professor Dr. J.-P. Changeux (Paris). Den Abendvortrag hielt Professor Dr. Manfred Eigen (Göttingen) über „Physical Principles in Molecular Biology". (Herausgeber der Konferenz Proceedings: J.-P. Changeux, Paris; F. Hucho, Berlin; A. Maelicke, Dortmund; E. Neumann, Bielefeld. Molecular Basis of Nerve Activity. Walter de Gruyter. Berlin, New York 1985).

Literatur

Ammon, R.: In memoriam Peter Rona. Arzneimittelforschung **10,** 321—327 (1960).

Anrep, B. von: Über die physiologische Wirkung des Cocains. Arch. f. d. ges. Physiol. **21,** 38 (1879).

Auhagen, E.: Carl Neuberg (Nachruf). Biochem. Zschr. **328,** 323—324 (1956).

Baeyer, A. von: Sonderheft für Adolf von Baeyer anläßlich seines 80. Geburtstages. Naturwissenschaften **3,** 557 (1915). Siehe W. Dieckmann, O. Dimroth, P. Friedländer, C. Harries, P. Karrer, R. Meyer, W. Schlenck, H. Wieland, R. Willstätter.

Bayliss, W. M.: Principles of general Physiology. Longmans Green & Co. London 1920.

Beyerchen, A. D.: Scientists under Hitler. Yale University Press. New Haven, Conn. 1977. Deutsche Ausgabe: Wissenschaftler unter Hitler. Physiker im Dritten Reich. Kiepenheuer & Witsch. Köln 1980.

Blumberg, S., Owens, G.: Energy and Conflict. The Life and Times of Edward Teller. G. P. Putnam's Sons. New York 1976.

Bohr, N.: Atomic Theory and the Description of Nature. The University Press. Cambridge, Mass. 1934.

Bohr, N., in: Albert Einstein: Philosopher-Scientist (P. A. Schilpp, ed.) pp. 199—241. Library of Living Philosophers. Evanston, Illinois 1949.

Bohr, N.: Atomic Physics and Human Knowledge. Wiley. New York 1958.

Bohr, N., Kramers, H. A., Slater, J. C.: Über die Quantentheorie der Strahlung. Z. f. Physik **24,** 69—87 (1924).

Bonhoeffer, K.-F.: Nachruf. Chem. Z. **58,** 205—206 (1934).

Born, M.: Natural Philosophy of Cause and Chance. Clarendon Press. Oxford 1949.

Born, M.: Von der Verantwortung des Naturwissenschaftlers. Nymphenburger Verlagshandlung. München 1965.

Born, M.: My Life and My Views. Charles Scribner's Sons. New York 1968.

Born, M.: Albert Einstein, Hedwig und Max Born. Briefwechsel 1916—1955. Nymphenburger Verlagshandlung. München 1969.

Born, M.: Mein Leben. Nymphenburger Verlagshandlung. München 1975.

Broglie, L. de: The Revolution in Physics. Noonday Press. New York 1953.

Butenandt, A.: Carl Neuberg, 29. 7. 1877—30. 5. 1956. Mitt. aus der MPG 5/1956.

Chain, E.: The Chemical Structure of the Penicillins. Nobel Lecture. Nobel Lectures Physiology and Medicine 1942—1962, pp. 110—143. Elsevier. Amsterdam, London, New York 1946.

Chamberlain, H. S.: Die Grundlagen des Neunzehnten Jahrhunderts. Verlagsanstalt F. Bruckmann. München 1899.

Clark, R. W.: The Life of Ernst Chain. Penicillin and Beyond. Weidenfels and Nicolson. London 1985.

Clarke, H. T., Science **94,** 553 (1941).

Clarke, H. T., Science **102,** 168 (1945).

Coates, J. E.: The Haber Memorial Lecture. J. Chem. Soc., p. 1642 (1939).

Cohen, G. D.: Year Book XX of the Leo Baeck Institute, pp. ix—xxi. Secker & Warburg. London, New York 1975.

Crick, F.: Of Molecules and Men. University of Washington Press. Seattle 1966.

Dakin, H. D., Dudley, H. W., J. Biol. Chem. **14,** 155 (1913).

Davis, N. P.: Lawrence and Oppenheimer. Simon and Schuster. New York 1968.

Deuticke, H. J., Erg. Physiol. u. exp. Pharm. **35,** 32 (1933).

Dieckmann, W.: Adolf von Baeyers Arbeiten über die Harnsäuregruppe. Naturwissenschaften **3,** 569 (1915).

Dimroth, O.: Adolf von Baeyers Arbeiten über die Konstitution des Benzols. Naturwissenschaften **3,** 582 (1915).

Du Bois-Reymond, E.: Über die Grenzen des Naturerkennens. Veit & Co. Leipzig 1881.

Dubos, R. J.: Louis Pasteur: Free Lance of Science. Little, Brown. Boston 1950.

Duclaux, E.: Pasteur: Histoire d'un Esprit. Sceaux. Charaire 1896.

Ehrlich, P.: Das Sauerstoff-Bedürfnis des Organismus. Eine farbenanalytische Studie. August Hirschwald. Berlin 1885.

Eigen, M.: Selforganization of Matter and the Evolution of Biological Macromolecules. Naturwissenschaften **58**, 465—523 (1971).

Eigen, M.: Gesetz und Zufall — Grenzen des Machbaren. In: Schicksal? Grenzen der Machbarkeit. Symposium der Carl Friedrich von Siemens Stiftung. Deutscher Taschenbuch Verlag. München 1977.

Eigen, M., Winkler, R.: Das Spiel. Naturgesetze steuern den Zufall. R. Piper & Co. München, Zürich 1975.

Embden, B.: Über die Bedeutung von Ionen für den Chemismus der Muskelkontraktion und den Ablauf fermentativer Reaktionen. Naturwissenschaften **11**, 985 (1923).

Embden, G., Deuticke, H. J.: Über die Bedeutung der Phosphoglycerinsäure für die Glykolyse in der Muskulatur. Hoppe-Seyler's Zschr. f. physiol. Chemie **230**, 29—49 (1934); siehe auch P. Karlson 1977, S. 735—736.

Fermi, L.: Atoms in the Family. My Life with Enrico Fermi. University of Chicago Press. Chicago 1954.

Florkin, M.: A History of Biochemistry. In: Comprehensive Biochemistry. Vol. 31 (M. Florkin, E. H. Stotz, eds.). Elsevier. Amsterdam, Oxford, New York 1975.

Florkin, M.: A History of Biochemistry. In: Comprehensive Biochemistry. Section VI, Vols. 30—34 (M. Florkin, E. H. Stotz, eds.). Elsevier. Amsterdam, Oxford, New York 1977.

Florkin, M.: A History of Biochemistry. Vol. 33 A and B. (M. Florkin, E. H. Stotz, eds.). Elsevier. Amsterdam, Oxford, New York 1979.

Freundlich, H.: Fritz Haber im Karlsruher und Dahlemer Laboratorium. Naturwissenschaften **16**, 1060 (1928).

Franck, J.: Fritz Habers Arbeiten über die Anregung und Ionisierung durch chemische Reaktionen. Naturwissenschaften **16**, 1075 (1928).

Friedländer, P.: Die Bedeutung der Baeyerschen Indigoarbeiten. Naturwissenschaften **3**, 573 (1915).

Fruton, J. S.: Molecules and Life. Wiley-Interscience. New York 1972.

Gerlach, W.: Zur Entdeckung des „Stern-Gerlach-Effektes". Phys. Bl. **25**, 343, 412 (1961).

Gerlach, W.: Otto Stern zum Gedenken. Phys. Bl. **25**, 4/2 (1969).

Goran, M.: The Story of Fritz Haber. University of Oklahoma Press. Norman 1967.

Goudsmit, S.: Alsos. Henry Schumann. New York 1947.

Grande, F., Asensio, C.: Biological introduction: Severo Ochoa and the development of biochemistry. In: Reflections on Biochemistry (A. Kornberg, B. L. Horecker, L. Cornudella, J. Oró, eds.). Pergamon Press. Oxford, New York, Toronto 1976.

Greiling, W.: Im Banne der Medizin. Paul Ehrlich. Leben und Werk. Econ. Düsseldorf 1954.

Haber, F.: Sonderheft für Fritz Haber anläßlich seines 60. Geburtstages. Naturwissenschaften **16**, 1051—1078 (1928). Mit Beiträgen von J. Franck, H. Freundlich, G. v. Hevesy, R. le Rossignol, O. Stern, E. Terres, R. Willstätter, M. v. Wrangell.

Haber, F.: Experimental Studies on the Decomposition and Combustion of Hydrocarbons. R. Oldenbourg. München 1896.

Haber, F.: Outline of Technical Electrochemistry on a Theoretical Basis. R. Oldenbourg. München 1898.

Haber, F.: Thermodynamics of Technical Gas Reactions. R. Oldenbourg. München 1905.

Haber, F.: Fünf Vorträge aus den Jahren 1920—1923. Julius Springer. Berlin 1924.

Haber, F.: Aus Leben und Beruf: Aufsätze, Reden, Vorträge. Julius Springer. Berlin 1927.

Haber, F.: Towards an appreciation of Justus von Liebig. Z. Angew. Chem. **41**, 891—897 (1928).

Haber, F.: Letters to Chaim Weizmann. In: Year Book VIII of the Leo Baeck Institute, p. 103. East and West Library. London 1963.

Hahn, O.: A Scientific Autobiography. Charles Scribner's Sons. New York 1966. Deutsche Originalausgabe: Vom Radiothor zur Uranspaltung. Friedrich Vieweg & Sohn. Braunschweig 1962.

Halban, H. von, Joliot, F., Kowarski, L.: Liberation of Neutrons in the Nuclear Explosion of Uranium. Nature (London) **143**, 470—472 (1939).

Hamburger E.: Juden im öffentlichen Leben Deutschlands. J. B. C. Mohr (Paul Siebeck). Tübingen 1968.

Hamburger, E.: Hugo Preuss: Scholar and Statesman. In: Year Book XX of the Leo Baeck Institute, pp. 179—206. Secker & Warburg. London, New York 1975.

Harries, C.: Adolf von Baeyer und sein Einfluß auf die Entwicklung der Chemie der hydroaromatischen Verbindungen und Terpenkörper. Naturwissenschaften **3**, 587 (1915).

Hartmann, G. R. (Hrsg.): Die aktivierte Essigsäure und ihre Folgen. Walter de Gruyter. Berlin, New York 1976.

Hartmann, H.: Max Planck als Mensch und Denker. Ullstein. Berlin, Frankfurt 1953.
Hecht, S.: Explaining the Atom. Viking. New York 1947.
Heilbron, J. L.: Max Planck. Ein Leben für die Wissenschaft 1858—1947. Mit 19 allgemeinverst. Schriften im Nachdruck der Erstveröffentlichungen. S. Hirzel Verlag. Stuttgart 1988.
Heisenberg, E.: Das politische Leben eines Unpolitischen. Erinnerungen an Werner Heisenberg. R. Piper & Co. München, Zürich 1980.
Heisenberg, W., Z. Phys. **39**, 499 (1926).
Heisenberg, W.: Physik und Philosophie. Hirzel Verlag. Stuttgart 1959.
Heisenberg, W.: Der Teil und das Ganze. R. Piper & Co. München 1969.
Heisenberg, W.: Physics and Beyond. In: World Perspectives (R. N. Anshen, ed.). Harper & Row. New York 1971.
Heisenberg, W.: Schritte über Grenzen. Gesammelte Reden und Aufsätze. R. Piper & Co. München 1971.
Heisenberg, W.: Gesammelte Werke (Hrsg. W. Blüm, H.-P. Dürr, H. Rechenberg). Abtlg. C: Allgemeinverständliche Schriften. Physik und Erkenntnis. Band I: 1927—1955. Band II: 1956—1968. Band III: 1969—1976. Piper Verlag. München 1984/85.
Hems, D. A.: Biologically Active Substances — Exploration and Exploitation. Wiley. Chichester, New York 1977.
Herken, H.: Paul Ehrlich, Pioneer of Chemotherapy. Vortrag anläßlich der Einweihung des Paul-Ehrlich-Flügels des Institute of Biological Sciences, Weizmann Institute of Science, Rehovot, Israel, 25. März 1976.
Hermann, A.: Albert Einstein/Arnold Sommerfeld — Briefwechsel. Schwabe & Co. Basel, Stuttgart 1968.
Hermann, A.: Werner Heisenberg. Rowohlt. Hamburg 1976.
Hermann, A.: Die Jahrhundertwissenschaft: Werner Heisenberg. Deutsche Verlagsanstalt. Stuttgart 1977.
Herzberg, G.: Molekülspektrum und Molekülstruktur. Steinkopff. Dresden 1939.
Hevesy, G. v., Stern, O.: Fritz Habers Arbeiten auf dem Gebiete der physikalischen Chemie und Elektrochemie. Naturwissenschaften **16**, 1062 (1928).
Hieronimus, E.: Theodor Lessing. Otto Meyerhof. Leonard Nelson. Dietrichsche Universitäts-Buchdruckerei. W. Fr. Kästner. Göttingen 1964.
Hill, A. V.: A challenge to biochemists. In: Metabolism and Function. (D. Nachmansohn, ed.). Biochim. Biophys. Acta **4**, 4—11 (1950).
Hill, A. V.: Trails and Trials in Physiology. Edward Arnold. London 1965.
Hoff, J. H. van 't: Imagination in Science. Springer. Berlin, Heidelberg, New York 1967.
Hoffmann, B., in Zus.arb. mit Dukas, H.: Albert Einstein, Creator and Rebel. A Plume Book. New American Library. New York, London 1972.
Hoffman, P.: The History of the German Resistance (1933—1945). MIT Press. Cambridge, Mass. 1977.
Holmes, F. L.: Claude Bernard and Animal Chemistry. Harvard University Press. Cambridge, Mass. 1974.
Irving, D.: The Virus House: Germany's Atomic Research and Allied Countermeasures. W. Krimber. London 1967.
Jaenicke, J.: Haber's research on the gold content of sea water. Naturwissenschaften **23**, 57 (1935).
Jordan, P.: Anschauliche Quantentheorie. Julius Springer. Berlin 1936.
Jung, C. G., Pauli, W., in: Naturerklärung und Psyche. Studien aus dem C. G. Jung-Institut, Vol. IV, S. 109. Rascher. Zürich 1952.
Karlson, P.: 100 Jahre Biochemie im Spiegel von Hoppe-Seyler's Zeitschrift für Physiologische Chemie. Hoppe-Seyler's Z. Physiol. Chem. **358**, 717—752 (1977).
Karrer, P.: Über die Rolle der organischen Arsenverbindungen in der modernen Medizin. Naturwissenschaften **3**, 563 (1915).
Kleinzeller, A. (Hrsg.): Manometrische Methoden. Gustav Fischer. Jena 1965.
Kornberg, A., Horecker, B. L., Cornudella, L., Oró, J. (eds.): Reflections on Biochemistry. In Honour of Severo Ochoa. Pergamon Press. Oxford, New York, Toronto, Sidney, Paris, Frankfurt 1976.
Kornberg, H. L.: Hans A. Krebs. A pathway in metabolism. Soc. Symposia **27**, 39 (1968).
Krebs, H. A.: The History of the tricarboxylic acid cycle. Perspect. Biol. Med. **14**, 154—170 (1970).
Krebs, H. A.: Otto Heinrich Warburg. Biographical Memoirs of Fellows of the Royal Society, Vol. 18, 629—699 (1972).
Krebs, H. A., in Zusammenarbeit mit Schmid, R.: Otto Warburg, Zellphysiologe, Biochemiker, Mediziner, 1883—1970. Wissenschaftliche Verlagsgesellschaft mbH. Stuttgart 1979.
Krebs, H. A.: Reminiscences and Reflections. Clarendon Press. Oxford 1981.

Krebs, H. A., Henseleit, K.: Hoppe Seyler's Z. physiol. Chemie **210,** 33—36 (1932).
Krebs, H. A., Johnson, W. A.: The role of citric acid in intermediary metabolism in animal tissues. Enzymologia **4,** 148—156 (1937).
Krebs, H. A., Shelley, J. H. (eds.): The Creative Process in Science and Medicine. American Elsevier. New York 1975.
Kuhn, H. G.: James Franck. Biographical Memoirs of Fellows of the Royal Society, Vol. 11, 53—74 (1965).
Kupferberg, J.: Three Generations of Genius. Charles Scribner's Sons. New York 1972.
Lamm, H. (Hrsg.): Theodor Heuss — An und über Juden. Econ. Düsseldorf, Wien 1964.
Langmuir, I., J. Am. Chem. Soc. **41,** 868, 1543 (1919).
Laue, M. von: Fritz Haber (Nachruf). Naturwissenschaften **22,** 97 (1934).
Laurence, W. L.: Dawn over Zero: The Story of the Atom Bomb. Alfred A. Knopf. New York 1947.
Lebedev, A. von, Biochem. Z. **46,** 483 (1912).
Lehnartz, E., Arch. physiol. **7,** 475 (1933).
Leibholz-Bonhoeffer, S.: Vergangen, Erlebt, Überwunden. Schicksale der Familie Bonhoeffer. Johannes Kiefel Verlag. Wuppertal Barmen 1968.
Leicester, L. M.: Development of Biochemical Concepts from Ancient to Modern Times. Harvard University Press. Cambridge, Mass. 1974.
Leschnitzer, A.: Saul and David. Lambert Schneider. Heidelberg 1954.
Leschnitzer, A.: The Magic Background of Modern Anti-Semitism. International Universities Press. New York 1956.
Lewis, G. N.: The atom and the molecule. J. Am. Chem. **38,** 762 (1916).
Lewis, G. N., Randall, M.: Thermodynamics and the Free Energy of Chemical Substances. McGraw-Hill. New York, London 1923.
Liebeschütz, H.: Treitschke and Mommsen on Jewry and Judaism. In: Year Book VII of the Leo Baeck Institute, pp. 153—182. East and West Library. London 1962.
Lipmann, F.: Wanderings of a Biochemist. John Wiley & Sons, Inc. New York, London, Sidney, Toronto 1971.
Lipmann, F.: The roots of bioenergetics. In: Energy Transformations in Biological Systems. Ciba Foundation Symposium **31,** 3—68. Elsevier. Amsterdam, Oxford, New York 1975.
Lipmann, F.: A long Life in Times of great Upheaval. Ann. Rev. Biochem. **53,** 1—33 (1984).
Loewe, H.: Paul Ehrlich. Schöpfer der Chemotherapie. Wissenschaftliche Verlagsgesellschaft mbH. Stuttgart 1950.
Lohmann, K.: Biochem. Z. **271,** 264 (1934).
Mehrtens, H., Richter, S. (Hrsg.): Naturwissenschaft, Technik und NS-Ideologie. Suhrkamp Verlag. Frankfurt/M. 1980.
Meitner, L., Frisch, O. R.: Products of the Fission of the Uranium Nucleus. Nature (London) **143,** 471-472 (18. März 1939).
Mendelssohn, K.: The World of Walther Nernst. The Rise and Fall of German Science 1864—1941. University of Pittsburg Press. Pittsburg 1973.
Meyer, R.: Die Phthaleïne. Naturwissenschaften **3,** 576 (1915).
Meyerhof, O.: Zur Energetik der Zellvorgänge. Vandenhoeck und Ruprecht. Göttingen 1913.
Meyerhof, O.: Chemical Dynamics of Life Phenomena. Monographs Exper. Biol. Lippincott. Philadelphia, London 1925.
Meyerhof, O.: Die chemischen Vorgänge im Muskel und ihr Zusammenhang mit Arbeitsleistung und Wärmebildung. Monographien aus dem Gesamtgebiet der Physiologie der Pflanzen und Tiere. Vol. 22, 350 S. Julius Springer. Berlin 1930.
Meyerhof, O.: Neuere Versuche zur Energetik der Muskelkontraktion. Naturwissenschaften **19,** 923 (1931).
Meyerhof, O.: Betrachtungen über die naturphilosophischen Grundlagen der Physiologie. Naturwissenschaften **20,** 311 (1934).
Meyerhof, O., Ergb. Physiol. Biolog. Chem. & Exp. Pharm. (L. Asher, K. Spiro), **39,** 10—75 (1937).
Meyerhof, O.: 50 Jahre Biochemie. Naturw. Rdsch. **4,** H. 1, S. 1—5 (1951).
Meyerhof, O., Lohmann, K., Biochem. A. **168,** 128 (1926).
Meyerhof, O., Lohmann, K.: Über den Ursprung der Kontraktionswärme. Naturwissenschaften **15,** 670 (1927).
Meyerhof, O., Lohmann, K.: Über die Energetik der anaeroben Phosphogensynthese („Kreatinphosphorsäure") im Muskelextrakt. Naturwissenschaften **19,** 575—576 (1931).
Meyerhof, O., Nachmansohn, D.: Neue Beobachtungen über den Umsatz des „Phosphagens" im Muskel. Naturwissenschaften **16,** 726 (1928).
Meyerhof-Symposium, s. H. H. Weber.
Michaelis, A. R., Schmid, R.: Wissenschaft in Deutschland. Niedergang und neuer Aufstieg. Wissenschaftliche Verlagsgesellschaft mbH. Stuttgart 1983.

Michaelis, L.: Zur Erinnerung an Paul Ehrlich: Seine wiedergefundene Doktor-Dissertation. Die Naturwissenschaften **7,** 165—168 (1919).
Monod, J.: Le Hasard et la Nécessité. Editions du Seuil. Paris 1970.
Moore, R.: Niels Bohr. His Life, His Science, and the World they Changed. Alfred A. Knopf. New York 1966.
Mörner, C. Th.: Gustav Embden zum Gedächtnis. Hoppe Seyler's Z. physiol. Chem. **230,** 3—11 (1934).
Morse, P. M.: Edward Uhler Condon. In: Biographical Memoirs, Nat. Acad. Sci., Washington, **48,** 125 (1976).
Mosse, W. E., in: Juden im Wilhelminischen Deutschland 1890—1912. (Hrsg. W. E. Mosse), S. 57—114. J. C. B. Mohr (Paul Siebeck). Tübingen 1976.
Müller-Hill, B.: Tödliche Wissenschaft. Rowohlt Taschenbuch Verlag GmbH. Reinbek 1984.
Nachmansohn-Gedenksymposium: Molecular Basis of Nerve Activity. 784 S. Walter de Gruyter. Berlin, New York 1985.
Nachmansohn, D.: Über den Zerfall der Kreatinphosphorsäure im Zusammenhang mit der Tätigkeit des Muskels. Biochem. Z. I, **196,** 73 (1928); II, **208,** 237 (1929); III, **213,** 262 (1929).
Nachmansohn, D.: Über den Zusammenhang des Kreatinphosphorsäurezerfalls mit Muskelchronaxie und Kontraktionsgeschwindigkeit. Medizin. Klinik **42,** 1—8 (1929).
Nachmansohn, D. (ed.): Metabolism and Function. Elsevier. New York, Amsterdam 1950.
Nachmansohn, D.: Carl Neuberg. Rudolf Virchow Med. Soc. **25,** 75 (1956).
Nachmansohn, D.: Proteins in excitable membranes. J. Gen. Physiol. **54,** S. 187—224 (1969).
Nachmansohn, D.: Proteins in bioelectricity. In: Handbook of Sensory Physiology (W. R. Loewenstein, ed.). p. 18. Springer. Berlin, Heidelberg, New York 1971.
Nachmansohn, D.: (Prefatory Chapter) Biochemistry as Part of my Life. Ann. Rev. of Biochemistry **41,** 1—28 (1972).
Nachmansohn, D.: Highlights of a friendship. In: Reflections on Biochemistry (A. Kornberg, B. L. Horecker, L. Cornudella, J. Oró, eds.), pp. 397—408. Pergamon Press. Oxford, New York, Toronto, Sidney, Paris, Frankfurt 1976.
Nachmansohn, D., Ochoa, S., Lipmann, F. A.: Otto Meyerhof. In: Biographical Memoirs. Nat. Acad. Sci., Washington **3,** 153—182 (1960).
Nachmansohn-Symposium, s. Schoffeniels, E., Neumann, E.
Needham, D.: Machina Carnis; The Biochemistry of Muscular Contraction in its Historical Development. Cambridge University Press. Cambridge, Mass. 1971.
Nernst, H. W.: Theoretische Chemie vom Standpunkte der Avogadroschen Regel und der Thermodynamik. 11.—15. Aufl., 1926, S. 927. Ferdinand Enke. Stuttgart 1893.
Nernst, H. W. Theoretische Chemie. Ferdinand Enke. Stuttgart 1903.
Neuberg, C.: The Urine and Other Excretions of Man and Animals. Springer. Berlin 1911a.
Neuberg, C.: The Carbohydrates. Monograph in Biochemical Manuals. Springer. Berlin 1911b.
Neuberg, C.: Der Gärungsvorgang und der Zuckerumsatz der Zelle. Gustav Fischer Verlag. Jena 1913.
Neuberg, C., Biochem. Z. **49,** 502 (1913).
Neuberg, C., Kerb, J., Biochem. Z. **58,** 158 (1913).
Neuberg, C., Kerb, J., Biochem. Z. **62,** 489 (1914).
Nord, F. F.: Advances in Carbohydrate Chemistry **13,** 1. Academic Press. New York 1958.
Northrop, J. H.: Crystalline Enzymes. Columbia University Press. New York 1939.
Ochoa, S.: Über den Tätigkeitsstoffwechsel kohlehydratarmer Kaltblütermuskeln. Biochem. Zschr. **227,** 116 (1930).
Ochoa, S.: The Persuit of a Hobby. Ann. Rev. Biochem. **49,** 1 (1980).
Ochoa, S.: Gesammelte Arbeiten 1928—1975. Siehe bei Sols, A., Estevez, C.
Pasteur, L.: Réponse à M. Berthelot. Comp. Rend. **83,** 10 (1878).
Pauli, W.: Aufsätze und Vorträge über Physik und Erkenntnistheorie. Friedrich Vieweg & Sohn. Braunschweig 1961.
Pauling, L.: The Nature of the Chemical Bond. Cornell University Press. Ithaca, N. Y. 1948.
Perutz, M. F.: Ging's ohne Forschung besser? Wissenschaftliche Verlagsgesellschaft mbH. Stuttgart 1988 (2. Aufl.).
Peters, R. A.: Otto Meyerhof 1884—1951. Biographical Memoirs of Fellows of the Royal Society, Vol. 9, 175—200 (1954).
Planck, M.: Gesammelte Reden und Aufsätze. Hirzel. Leipzig 1922.
Planck, M.: Vorträge und Erinnerungen. S. Hirzel Verlag. Stuttgart 1949, S. 13.
Planck, M.: The New Science. Meridian Books. Greenwich Editions. Oldbury 1959.
Polanyi, M.: Life transcending physics and chemistry. Chem. Eng. News **54,** 66 (1967).
Quastel, J. H.: Rudolf Schoenheimer (Nachruf). Nature (London) **149,** 15—16 (1942).
Rabi, I. I.: My Life and Times as a Physicist. The Claremont Colleges. Claremont, Calif. 1960.

Rabinowitch, E.: Obituary of James Franck and Leo Szilard. Bulletin of the Atomic Scientists. Vol. 20 (October). Chicago, Ill. 1964.

Racker, E.: Bioenergetics and the problem of tumor growth. Am. Scientist **60,** 56—63 (1972).

Reid, C.: Hilbert. Springer. Berlin, Heidelberg, New York 1970.

Reid, C.: Courant in Göttingen and New York. Springer. Berlin, Heidelberg, New York 1976.

Richarz, M.: Der Eintritt der Juden in die akademischen Berufe. J. C. B. Mohr (Paul Siebeck). Tübingen 1974.

Richter, G.: Physik und Industrie. Aus dem Leben und Wirken des Nobelpreisträgers Prof. Dr. Gustav Hertz. Karl-Marx-Universität. Leipzig 1979.

Röseberg, U.: Niels Bohr. Leben und Werk eines Atomphysikers. Wissenschaftliche Verlagsgesellschaft mbH. Stuttgart 1985.

le Rossignol, R.: Zur Geschichte der Herstellung des synthetischen Ammoniaks. Naturwissenschaften **16,** 1070 (1928).

Sambursky, S.: Das physikalische Weltbild der Antike. Artemis Verlag. Zürich, Stuttgart 1965.

Sambursky, S.: Die Willensfreiheit im Wandel des physikalischen Weltbildes. Eranos-Jahrbuch XXXVIII/1969. Rhein-Verlag. Zürich 1971.

Sambursky, S.: Der Weg der Physik. Artemis Verlag. Zürich, München 1975.

Sambursky, S.: Naturerkenntnis und Weltbild. Artemis Verlag. Zürich, München 1977.

Scheuch, D. W.: Zur Erinnerung an Leonor Michaelis. Z. med. Labor.-Diagn. **20,** 252—256 (1979).

Schlenck, W.: Adolf von Baeyers Stellung zum Problem der basischen Natur des Kohlenstoffs. Naturwissenschaften **3,** 596 (1915).

Schmid, R.: Hans Krebs 1900—1981. Naturw. Rdsch. **35,** 231—235 (1982).

Schmorl, K.: Adolf von Baeyer. Wissenschaftliche Verlagsgesellschaft mbH. Stuttgart 1952.

Schoffeniels, E., E. Neumann (Hrsg.): Molecular Aspects of Bioelectricity. Festschrift and Proceedings of the International Symposium in honour of David Nachmansohn on the occasion of his 81st birthday, Liège, May 25—27, 1980. Pergamon Press. Oxford 1980.

Schönheimer, R.: Über Wasserstoff-Wanderung beim Cholesterin. Die Naturwissenschaften **18,** 881 (1930).

Schoenheimer, R.: The investigations of intermediary metabolism with the aid of heavy nitrogen. In: The Harvey Lectures, 1936—1937, Series XXII, p. 122. Williams & Wilkins. Baltimore 1937.

Schoenheimer, R.: The Dynamic State of Body Constituents. Harvard University Press. Cambridge, Mass. 1942.

Schrödinger, E.: Was ist Leben? Die lebende Zelle mit den Augen des Physikers betrachtet. Leo Lehnen Verlag. München 1951 (2. Aufl.).

Schrödinger, E.: Science and Humanism. Cambridge University Press. Cambridge, Mass. 1951.

Schulin, E.: Die Rathenaus. Zwei Generationen jüdischen Anteils an der industriellen Entwicklung Deutschlands. In: Juden im Wilhelminischen Deutschland 1890—1912. (Hrsg. W. E. Mosse), S. 115. J. C. B. Mohr (Paul Siebeck). Tübingen 1976.

Schwarzbach, M.: Auf den Spuren unserer Naturforscher. S. Hirzel Verlag. Stuttgart 1981.

Science and the Challenges Ahead. National Science Board. National Science Foundation. U.S. Government Printing Office. Washington, D.C. 1947.

Seelig, C. (ed.): Ideas and Opinions by Einstein. Based on *Mein Weltbild* and other sources. Crown Publishers. New York 1954.

Smyth, H. D.: Atomic Energy for Military Purposes. The Official Report on the Development of the Atomic Bomb under the Auspices of the United States Government. Princeton University Press. Princeton, N.J. 1945.

Sols, A., Estevez, C. (eds.): Trabajos Reunidos de Severo Ochoa 1928—1975. 3 Bände, 3016 S. Servicio de Publicaciones, Ministerio de Educación y Ciencia. Madrid 1975.

Staudinger, H.: Zum Gedächtnis von Rudolf Schönheimer. Freiburger Universitätsblätter **13,** H. 44, S. 33—46 (1974).

Stern, F.: Gold and Iron. Bismarck, Bleichröder, and the Building of the German Empire. Alfred A. Knopf. New York 1977.

Stern, R.: Fritz Haber — Personal recollections with a prefatory note by Fritz Stern. In: Year Book VIII of the Leo Baeck Institute, p. 70. East and West Library. London, Jerusalem, New York 1963.

Szilard, L.: Reminiscences. (G. Weiss Szilard, K. R. Winsor, eds.). In: The Intellectual Migration, Europe and America, 1930—1960. (D. Fleming, B. Bailyn, eds.). Harvard University Press. Cambridge, Mass. 1969.

Terres, E.: Die Bedeutung Fritz Habers fur die technische Chemie und die chemische Technik. Naturwissenschaften **16,** 1068 (1928).

Traube, M.: Die chemische Theorie der Fermentwirkungen und der Chemismus der Respiration. Ber. Chem. Ges. **11,** 1894—1992 (1878).

Vallery-Radot, R.: La Vie de Pasteur. Hachette. Paris 1900.
Warburg, O., Meyerhof, O.: Über Atmung in abgetöteten Zellen und in Zellfragmenten. Pflügers Arch. ges. Physiol. **148,** 295 (1912).
Warburg, O., Meyerhof, O.: Oxydation von Lecithin bei Gegenwart von Eisensalz. Hoppe Seyler's Zschr. f. physiol. Chemie **85,** 412—414 (1913).
Weber, H. H.: Zum Tode Otto Meyerhofs. Die Naturwissenschaften **39,** 217—218 (1952).
Weber, H. H. (Hrsg.): Molecular Bioenergeties and Macromolecular Biochemistry. Meyerhof-Symposium, Heidelberg, July 5—8, 1970. Springer. Berlin, Heidelberg, New York 1972.
Weinberg, A. M.: Is Nuclear Energy Acceptable? Bulletin of the Atomic Scientists **33,** (April), p. 54. Chicago, Ill. 1977.
Weiner, C.: New site for the seminar: The Refugees and American Physics in the Thirties. In: The Intellectual Migration, Europe and America, 1930—1960. (D. Fleming, B. Bailyn, eds.). Harvard University Press. Cambridge, Mass. 1969.
West, C. J.: The History of Poison Gases. Science **49,** 214—217 (2. Mai 1919).
Wieland, H.: Adolf von Baeyers Untersuchungen über Peroxyde und Oxonium-Verbindungen. Naturwissenschaften **3,** 594 (1915).
Willstätter, R., Abh. Ann. d. Chemie I, II, III, **317,** 204—374, mit A. Bode, IV, V, VI; mit Ch. Hollander, VII; mit F. Ettlinger, VIII; ibid. **326,** 1—128 (1902).
Willstätter, R., Ber. d. Deutsch. Pharm. Ges. **13,** 50 (1903).
Willstätter, R.: Adolf von Baeyer. Naturwissenschaften **3,** 559 (1915).
Willstätter, R.: Problems and Methods in Enzyme Research. Cornell University Press. Ithaca, N.Y. 1927.
Willstätter, R.: Untersuchungen über die Enzyme. Julius Springer. Berlin 1928.
Willstätter, R.: Fritz Haber zum sechzigsten Geburtstag. Die Naturwissenschaften **16,** 1053 (1928).
Willstätter, R.: Aus meinem Leben. 463 S. Verlag Chemie. Weinheim 1949.
Willstätter, R., Stoll, A.: Untersuchungen über Chlorophyll. Julius Springer. Berlin 1913.
Willstätter, R., Stoll, A.: Untersuchungen über die Assimilation der Kohlensäure. Julius Springer. Berlin 1918.
Witkop, B.: Heinrich Wieland hundert Jahre: Sein Werk und sein Vermächtnis heute. Angew. Chemie **89,** 575 (1977).
Witt, H. T.: Coupling of quanta, electrons, fields, ions and phosphorylation in the functional membrane of photosynthesis. Quart. Rev. Biophys. **44,** 365 (1971).
Wrangell, M. von: Fritz Habers Bedeutung für die Landwirtschaft. Naturwissenschaften **16,** 1071 (1928).
J. C. Poggendorffs biographisch-literarisches Handwörterbuch für Mathematik, Astronomie, Physik mit Geophysik, Chemie, Kristallographie und verwandte Wissensgebiete. Verlag Chemie. Berlin 1936.

Bildnachweis

Abb. 1, 27, 29: Archiv zur Geschichte der Max-Planck-Gesellschaft, Berlin.
Abb. 2: J. L. Heilbron: Max Planck. S. Hirzel Verlag, Stuttgart 1988.
Abb. 3, 6, 15, 18, 21, 22, 25, 33, 38, 39, 47, 57, 59: Archiv Wissenschaftliche Verlagsgesellschaft mbH, Stuttgart.
Abb. 4: Archiv Preußischer Kulturbesitz, Berlin.
Abb. 5: Ruth Gerlach, München.
Abb. 7, 8: Akademie der Wissenschaften zu Göttingen.
Abb. 9, 16, 23, 43: O. R. Frisch: Woran ich mich erinnere. Wissenschaftliche Verlagsgesellschaft mbH. Stuttgart 1981.
Abb. 10, 11, 13, 14, 20, 30, 31, 35, 36, 42, 45, 49, 50, 51, 52, 58, 60: Hans Rotta, Stuttgart.
Abb. 12: Jost Lemmerich, Berlin.
Abb. 19: Archiv Deutsches Museum, München.
Abb. 20, 40, 41, 46, 54, 61, 62: Roswitha Schmid, München.
Abb. 24: Alexander von Baeyer, Starnberg.
Abb. 26, 55: A. Michaelis, R. Schmid: Wissenschaft in Deutschland. Niedergang und neuer Aufstieg. Wissenschaftliche Verlagsgesellschaft mbH. Stuttgart 1983.
Abb. 28: Naturwissenschaftliche Rundschau **39,** 50 (1986).
Abb. 32, 44, 48: Springer Verlag, Berlin, Heidelberg, New York.
Abb. 34: Archiv Nobelstiftung, Stockholm.
Abb. 37: Severo Ochoa, New York.
Abb. 53: Peter Brix, Heidelberg.
Abb. 56: Walter Meyerhof, Stanford, Kalifornien/USA.

Personenverzeichnis

Biographische Angaben über im Buch erwähnte Personen
Die *kursiven* Seitenzahlen verweisen auf Abbildungen

Trotz intensiver Recherchen im In- und Ausland ist es in manchen Fällen nicht gelungen, genaue Daten zu ermitteln. Für Hinweise sind wir dankbar (Prof. Dr. Roswitha Schmid, Wissenschaftliche Verlagsgesellschaft mbH, Birkenwaldstr. 44, D-7000 Stuttgart 1).

Unser besonderer Dank für wertvolle Informationen gilt dem Archiv der Deutschen Akademie der Naturforscher Leopoldina, Halle (Wieland Berg), dem Archiv zur Geschichte der Max-Planck-Gesellschaft, Berlin (Silva Sandow), der Bibliothek im Amerika Haus, München (Gisela Dabbert, Renate Zeschitz), dem Europäischen Komitee des Weizmann Instituts, Zürich (Renate von Bamberg), der Hebräischen Universität, Jerusalem (Benny Mushkin), dem Weizmann Institut, Rehovot (Nechemia Meyers), ferner Otto Hoffmann-Ostenhof, Wien, Jost Lemmerich, Berlin, Gottfried Meyerhof, Halifax, Walter Meyerhof, Stanford, Fritz Freiherr von Rehlingen, München, und Fritz Stern, New York.

A

B

C

D

E

F

G

H

I

J

K

L

M

N

O

P

Q

R

S

Sch

St

T

U

V

W

Y

Z

Nachtrag